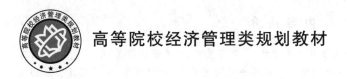

高等院校经济管理类规划教材

跨国公司财务管理案例

何 瑛 编著

北京邮电大学出版社
www.buptpress.com

内 容 简 介

本书聚焦全球知名跨国公司,研究范围涵盖价值创造、投融资模式、营运资金管理、成本管控、收益分配、资本市场行为等财务领域研究热点,并对传统财务管理进行研究内容、研究方法、研究视角方面的拓展,力求提炼跨国公司财务管理成功的精髓,以期能为我国跨国公司的财务管理实践提供经验指导,同时能为 EMBA、MBA、MPAcc 以及会计和财务管理等专业的教师及研究生、本科生提供案例素材。

图书在版编目(CIP)数据

跨国公司财务管理案例 / 何瑛编著. -- 北京:北京邮电大学出版社,2023.3
ISBN 978-7-5635-6882-6

Ⅰ. ①跨… Ⅱ. ①何… Ⅲ. ①跨国公司—财务管理—案例—教材 Ⅳ. ①F276.7

中国国家版本馆 CIP 数据核字(2023)第 021950 号

| 策划编辑:彭 楠 | 责任编辑:彭 楠 陶 恒 | 责任校对:张会良 | 封面设计:七星博纳 |

出版发行:北京邮电大学出版社
社　　址:北京市海淀区西土城路 10 号
邮政编码:100876
发 行 部:电话:010-62282185　传真:010-62283578
E-mail:publish@bupt.edu.cn
经　　销:各地新华书店
印　　刷:保定市中画美凯印刷有限公司
开　　本:787 mm×1 092 mm　1/16
印　　张:24.25
字　　数:606 千字
版　　次:2023 年 3 月第 1 版
印　　次:2023 年 3 月第 1 次印刷

ISBN 978-7-5635-6882-6　　　　　　　　　　　　　　　　定价:58.00 元

· 如有印装质量问题,请与北京邮电大学出版社发行部联系 ·

前　言

新冠疫情肆虐致使资本市场迎来"寒冬时代",中美贸易冲突加之投资者市场悲观情绪弥漫,全球经济的不确定性持续加剧,这势必会对跨国公司的财务策略带来诸多影响。短期来看,全球价值链的断裂和消费市场的萎靡近乎切断了绝大多数跨国公司的现金流来源,促使其重新审视自身的投融资策略。长期来看,作为全球价值链分工环节上必不可少的一环,跨国公司在海外市场的生产经营活动和价值创造路径均遭受不同程度的冲击,致使其不得不重新调整和规划布局。就宏观层面而言,各国积极出台经济刺激政策,从降息和量化宽松两个方面来缓解经济衰退带来的负面影响,借此提振市场经济。就微观层面而言,以全球化生产、复杂化经营为特征的跨国公司逐渐加密其对在线教育、线上办公软件、人工智能、信息安全、新零售、医疗健康、网络游戏与视频等诸多领域的投资布局,同时加速构建线上运营系统以维持在不同国家的业务的正常经营,这为其开发海外投资、重启企业经济带来新的发展机遇。

中美贸易摩擦对跨国公司理财策略势必带来一定程度的影响。一方面,在中美跨国公司投融资受限的背景下,全球跨国公司资金流向有所变化。以高科技为主导的跨国公司在对方国家设立的分支机构和子公司受到国家政策及社会情绪的阻力,融资来源和融资渠道相应减少,投资布局难以顺利推进,海外市场化进程的步伐受到阻碍。另一方面,中美第四轮关税的加征导致遭遇经营寒潮的跨国公司现金流压力持续增加,进出口产品成本骤升,销售利润随之降低。在投融资受限的前提下,这无疑为参与双边贸易的跨国公司带来较大的现金流压力。为此,跨国公司多管齐下,采取多方面措施打好资金管理"防疫战",以此提振企业信心和重启企业经济。投资方面,跨国公司往往重点关注发展中经济体、"一带一路"沿线国家、东南亚国家联盟众国及亚洲的发达国家,研判投资风险,选择发展潜力较大、增长迅速的行业;同时进行前瞻性战略布局和调整,审慎思考如何搭上科技发展的快车,将企业发展与人工智能、大数据和区块链等先进技术紧密关联,以此推动企业自身产业链优化、科技理念领先和产品质量提升的进程。融资方面,跨国公司越来越偏好建立多元化的融资结构,借助东道国的优惠政策规避资金供应潜在风险,利用跨国经营的优势进行多渠道、多国家的融资资源拓展。以债务融资占比低、优先考虑内源融资为特征的新型融资方式逐渐受到跨国公司的青睐。经营方面,宏观环境的下行压力迫使包括跨国公司在内的所有企业反思并重塑商业模式,尤其是消费、用工、外贸、产业生态等"四大承压点"领域的企业。多数跨国公司在线下业务模式受阻的情况下,努力探索与开发线上模式,实现数字化转型下"线下+线上"的业务布局和"双线融合"。由于线上模式的构建对跨国公司的创新能力要求更高,聚焦商业模式创新升级、引入大数据与人工智能等新兴技术，借助互联网平台强化企业的创新升级已逐渐成为发展大势。新业务的正常开展将会适当缓解承压企业的现金流压力，降低跨国公司的经营风险，以便其在劣势经济环境中渡过困境并实现可持续的价值增长。

全球范围内的贸易局势紧张以及投资的大幅缩减也使全球经济进入下行通道。考虑当前国际贸易局势紧张、地缘政治摩擦升级以及新冠疫情大范围蔓延的影响，未来全球经济增速或将继续呈现下降态势，从而对跨国公司的投融资策略带来双重影响。一是跨国公司海外投资可能出现"逆周期"特征。依据传统的市场理论，跨国公司投资应具有"顺周期"特征，当全球经济向好时，企业投资者往往持乐观心态加大投资，扩大海外布局；当全球经济低迷时，企业投资者出于规避投资风险和压低经营成本的目的，会降低投融资的需求。然而在经济下行时期，出于资产价格缩水、"抄底心理"和对被投资国家未来的新经济政策的预期影响，企业投资呈现"逆周期"特征，推动跨国公司不得不进行战略性的投资布局。虽然全球海外直接投资总额在经济下行期间总体呈现下降趋势，但长期来看，跨国公司逆周期投资现象会在某种程度上减缓其经济下行趋势。二是跨国公司面临的融资问题更为严峻。在全球经济下行周期中，各国市场信心不足，资金供应趋紧，加大了企业的融资难度和融资成本，跨国公司还要面临不同国家的宏观经济和政策环境，这就要求跨国公司在融资时综合考虑融资成功率与融资成本和融资风险等。为抵御经济下行的压力和风险，跨国公司在外源融资方面更偏向于选用长期银行贷款、发行长期公司债券等低成本、融资程序相对简单的传统融资方式，有综合性质的可转债、优先股、可交换债券等混合融资方式，以及定向增发等稳健型筹资方式募集股权资本。未来，可能会有更多跨国公司采取海外发行债券、向国际金融组织贷款、向所在国政府贷款、在海外发行股票、设立海外投资基金等方式进行国际融资以优化融资结构，助推其实现可持续发展的目标。

此外，在由跨国公司和金融资本主导的资本全球化日益紧密的今天，财务管理者的角色也正在发生革命性的变化，不仅要立足于财务价值链做好企业"守门人"，还要将财务核算切入业务流程以实现企业市场运营线与行政管控线之间的协同与贯通，更要具备高效的跨地域、跨文化工作能力；不仅要关注运营层面以实现对价值流的精准把控，还要对行业走势有敏锐的洞察力以提供精准的战略支撑，更要构建积极健康的财务文化氛围和明晰合理的财务治理机制；实现从专家型人才向复合型人才、领军型人才的转型。

本书历时3年终于完稿，作为教育部人文社科基金项目"高管职业经历与企业创新研究：作用机理、影响因素与价值效应"（19YJA630025）和教育部新文科研究与改革实践项目"思政引领、科技赋能、融合创新：新文科建设与工商管理专业综合改革与实践"（项目编号：2021050008）的研究成果，其编撰得到了北京邮电大学财务管理精品课程教学团队老师和学生（方子洁、郭家荣、任立祺、张瑜晶、苏亚敏、盛洁、谢雨朦、王远、万歆悦、杨琳、赵映寒、张子怡）的参与、支持和帮助，谨此表示由衷的敬意和感谢！案例分析难免会有一些不足之处，希望得到大家的批评和指正。

作　者

目 录

第一篇 基础内容 ·· 1

案例1 畅爽世界,市值取胜:可口可乐公司市值管理 ····································· 3
一、引言 ·· 3
二、公司简介 ·· 4
三、基于产品市场获取竞争优势的价值创造 ·· 9
四、基于资本市场传递内在价值的价值实现 ·· 19
五、基于产品市场和资本市场双轮驱动的价值经营 ···································· 26
六、借鉴与启示 ··· 37
参考文献 ·· 39
教学用途与目的 ··· 40
思考题 ·· 40

案例2 低价优质巧盈利,会员流量创佳绩:COSTCO商业模式与估值分析 ······ 41
一、引言 ·· 41
二、公司简介 ·· 41
三、基于管理者视角的商业模式分析 ·· 46
四、基于投资者视角的公司价值评估 ·· 56
五、COSTCO在中国发展的优劣势分析 ·· 64
六、借鉴与启示 ··· 67
参考文献 ·· 69
教学用途与目的 ··· 70
思考题 ·· 71

案例3 涉猎通古今,专精筑未来:辉瑞制药财务竞争力综合评价 ···················· 72
一、引言 ·· 72
二、公司简介 ·· 72
三、辉瑞的战略分析 ·· 77
四、辉瑞的财务经营分析 ··· 88
五、辉瑞的价值评估 ·· 105

六、结语 ·· 108
参考文献 ·· 110
教学用途与目的 ··· 110
思考题 ·· 111

案例4 厚积薄发,中华有为:华为基于经营战略与财务战略协同的价值创造 ······ 112
一、引言 ·· 112
二、公司简介 ·· 112
三、华为基于经营战略的价值创造 ·· 119
四、华为基于财务战略的价值创造 ·· 127
五、基于经营战略与财务战略协同的价值创造 ·· 137
六、借鉴与启示 ··· 139
参考文献 ·· 140
教学用途与目的 ··· 141
思考题 ·· 141

第二篇　融资管理 ·· 143

案例5 融资有道,"债"亦变通:特斯拉可转换债券融资分析 ······························ 145
一、引言 ·· 145
二、公司简介 ·· 145
三、中美可转换债券融资差异对比分析 ·· 150
四、特斯拉投融资现状分析 ··· 154
五、特斯拉可转换债券融资分析 ·· 163
六、借鉴与启示 ··· 166
参考文献 ·· 168
教学用途与目的 ··· 169
思考题 ·· 169

案例6 积羽沉舟,独木难支:华晨集团债券违约 ·· 170
一、引言 ·· 170
二、公司简介 ·· 170
三、中国公司债券违约的现状及特点分析 ··· 174
四、华晨集团债券违约的影响因素分析 ·· 180
五、华晨集团债券违约的风险传导机制分析 ··· 186
六、华晨集团债券违约的经济后果分析 ·· 188
七、借鉴与启示 ··· 191
参考文献 ·· 194

  教学用途与目的 ……………………………………………………………………… 195
  思考题 ………………………………………………………………………………… 195
 案例 7 境外债潮纳百企,谋篇布局定乾坤:中石油境外债券融资之道 ……… 196
  一、引言 ……………………………………………………………………………… 196
  二、公司简介 ………………………………………………………………………… 196
  三、中国上市公司境外债券融资发展现状 ………………………………………… 200
  四、中石油境外债券融资发展现状 ………………………………………………… 207
  五、中石油发行境外债券的影响因素 ……………………………………………… 212
  六、中石油境外债券风险识别与防范 ……………………………………………… 216
  七、借鉴与启示 ……………………………………………………………………… 221
 参考文献 ………………………………………………………………………………… 222
 教学用途与目的 ………………………………………………………………………… 222
 思考题 …………………………………………………………………………………… 223

第三篇 投资管理 ……………………………………………………………………… 225

 案例 8 化"散"为整,"药"纳百川:国药集团混合所有制改革与并购 ……… 227
  一、引言 ……………………………………………………………………………… 227
  二、公司简介 ………………………………………………………………………… 227
  三、混合所有制改革情境下国有企业兼并收购民营企业的驱动因素及风险点
    分析 ……………………………………………………………………………… 231
  四、国药集团混合所有制改革的背景及历程 …………………………………… 234
  五、混合所有制改革情境下国药集团并购动因分析 …………………………… 236
  六、混合所有制改革情境下国药集团并购过程分析 …………………………… 238
  七、混合所有制改革情境下国药集团并购效果分析 …………………………… 247
  八、借鉴与启示 ……………………………………………………………………… 254
 参考文献 ………………………………………………………………………………… 255
 教学用途与目的 ………………………………………………………………………… 256
 思考题 …………………………………………………………………………………… 257
 案例 9 "股神"爱财,取之有道:伯克希尔·哈撒韦价值投资 ……………… 258
  一、引言 ……………………………………………………………………………… 258
  二、公司简介 ………………………………………………………………………… 258
  三、伯克希尔·哈撒韦的价值投资理念 …………………………………………… 267
  四、伯克希尔·哈撒韦的价值投资生态 …………………………………………… 270
  五、伯克希尔·哈撒韦的价值投资实例 …………………………………………… 279
  六、借鉴与启示 ……………………………………………………………………… 282

参考文献 ··· 284
　　教学用途与目的 ·· 285
　　思考题 ··· 285

第四篇　营运资金管理 ·· 287

案例 10　运筹唯"沃"巧营运,环环相扣自天成:基于价值链的沃尔玛营运资金管理 ·· 289
　　一、引言 ··· 289
　　二、公司简介 ··· 289
　　三、全球连锁零售业营运资金管理现状分析 ··································· 294
　　四、基于价值链的沃尔玛营运资金管理模式分析 ······························· 304
　　五、借鉴与启示 ··· 316
　　参考文献 ··· 318
　　教学用途与目的 ·· 319
　　思考题 ··· 320

案例 11　三管齐下"控成本",优质服务"赢知己":海底捞价值链成本管控 ············ 321
　　一、引言 ··· 321
　　二、公司简介 ··· 321
　　三、O2O 模式下餐饮行业价值链成本管控 ····································· 327
　　四、海底捞价值链成本管控 ··· 330
　　五、借鉴与启示 ··· 340
　　参考文献 ··· 342
　　教学用途与目的 ·· 343
　　思考题 ··· 343

第五篇　收益分配管理 ·· 345

案例 12　撬动高杠杆,回购增市值:麦当劳的股份回购 ···························· 347
　　一、引言 ··· 347
　　二、公司简介 ··· 347
　　三、中美上市公司股份回购对比分析 ··· 354
　　四、麦当劳"高回报"的股利政策 ··· 360
　　五、麦当劳"高杠杆"的股份回购 ··· 364
　　六、借鉴与启示 ··· 377
　　参考文献 ··· 379
　　教学用途与目的 ·· 379
　　思考题 ··· 380

第一篇

基础内容

在新冠疫情暴发、中美贸易摩擦升级和全球经济持续下行的宏观背景下,跨国公司在海外市场的生产经营活动和价值创造路径均遭受不同程度的冲击。以全球化生产、复杂化经营为特征的跨国公司逐渐加密其对人工智能、信息安全、新零售、医疗健康等诸多领域的投资布局,并加速构建线上运营系统以维持在不同国家业务的正常经营。新一轮技术浪潮也推动跨国公司进行前瞻性战略布局调整,审慎思考如何搭上科技发展的快车,将企业发展与人工智能、大数据和区块链等先进技术紧密关联,以此推动企业自身产业链优化、科技理念领先和产品质量提升的进程。此外,宏观环境的下行压力迫使包括跨国公司在内所有企业反思并重塑商业模式,尤其是消费、用工、外贸、产业生态等"四大承压点"领域的企业,如何跳脱出传统思维模式获取并掌握跨国公司价值创造的核心资源与关键资本,如何通过公司理财帮助跨国公司在低迷经济环境中渡过困境,并在财务战略与经营战略紧密配合、内在价值与市场价值全面协同、产品市场与资本市场整体联动的基础上实现可持续的价值增长,成为全球企业当下亟待关注的重要问题。

案例1　畅爽世界，市值取胜：可口可乐公司市值管理

一、引言

席卷全球的新冠疫情对世界经济发展产生了深远而强烈的冲击，在宏观经济的负面影响快速传导至微观企业的过程中，众多原来仅依靠产品市场生存的企业出现经营受阻等问题，游走在倒闭的边缘。在经济下行成为常态化现象的情形下，企业能否拓宽眼界并善用资本力量，即能否妥善处理产品市场与资本市场协同发展的问题，成为企业在不确定环境下仍能稳定发展的重要议题。产品市场是企业为实现可持续发展而向客户突出产品竞争优势的场所，产品畅销为企业带来丰厚的销售收入，将有益于提升企业的内在价值；资本市场是企业向投资者传递内在价值信息并充分表现其市场价值的场所，企业从多方位视角向资本市场传递信息并沟通互动，有利于为企业的市场价值创造广阔的增值空间。然而，企业不仅需聚焦重视在两个市场的单独表现，还应该密切关注自身价值在两个市场双轮驱动的平衡问题，从而实现企业内在价值与市场价值的契合增长。究其原因，主要有两方面：一方面，企业在资本市场的高市值成绩理应以优质财务绩效作为根本支撑，失去以内在价值为核心的市值增长则可能发展成资本炒作、财务造假等扰乱市场秩序的恶性行为；另一方面，"酒香也怕巷子深"，企业在产品市场销量过硬但在资本市场却无人问津，这实属企业对内在价值低效配置的行为，长此以往将使投资者利益受损，并且使企业难以享受资金融通等资本市场的便利性。因此，市值管理正是帮助企业在两个重要市场最大化其内在价值与市场价值的管理模式，运用该管理模式，能够实现企业可持续价值的增长。

自2007年起，我国上市公司市值管理研究中心每年均发布《中国上市公司市值管理绩效报告》，为沪深A股公司的价值创造能力、价值实现表现和市值管理绩效进行综合打分评价。2020年的报告大体显示，两极分化是市值管理综合评价结果的显著特点，是否已系统性开展市值管理实践日后将成为优质稳健企业的分水岭，未能采用市值管理方法的企业将加剧衰落态势。市值管理是一种实现产品经营与资本运作联动、产业资本与金融资本协同的管理模式，通过实施环环相扣的价值创造、价值实现与价值经营环节，促使企业内在价值最大化以及企业股价充分反映其内在价值，并实现市场价值以内在价值为支撑的相机调控。具体而言，价值创造关注企业在产品市场的经营情况，通过采取手段最大化企业产品价值，从而帮助企业获取产品的市场优势，最大化企业的内在价值；价值实现关注企业在资本市场的市值表现，通过积极地向资本市场投资者展示企业内在价值，减弱信息不对称程度，从而得到投资者的认同与支持，促使企业的市场价值与内在价值契合；价值经营联通产品市场与资本市场两辆驱动企业发展的"马车"，通过评估、判断和分析内在价值与市场价值之间的差距，采取相应的修正策略，使企业利用两辆"马车"双轮驱动内在价值和市场价值实现飞跃，进而提高内在价值与市场价值的契合程度。

作为世界上最大的非酒精饮料公司，可口可乐公司在全球200多个国家和地区提供超过500个品牌的饮料，并且公司的投资价值长盛不衰，在产品市场和资本市场具有广泛而深远的影响力。当前全球经济具有高度不确定性和复杂性，企业需要拓宽战略视野、建立多维

度市值管理体系以谋求长远发展,因此本案例聚焦可口可乐公司市值管理经验,基于价值创造、价值实现、价值经营三个主要视角透视其市值管理总体布局及具体措施。价值创造方面,公司分别通过内部、纵向和横向价值链在产品市场获取产品价值和竞争优势,实现内在价值最大化;价值实现方面,通过公司治理结构、投资者关系管理、企业品牌形象、企业社会责任等角度,向资本市场清晰地传递内在价值信号;价值经营方面,利用资本运营、优化资本结构、股利分配、股票回购等方式实现内在价值与市场价值并进齐升,促进企业在产品市场与资本市场平稳前行。本案例通过总结可口可乐公司市值管理的独到之处,为企业通过产品市场与资本市场双轮驱动自身价值的可持续增长提供经验借鉴。

二、公司简介

可口可乐公司(The Coca-Cola Company,简称"可口可乐";NY:KO)成立于1886年,总部坐落于美国佐治亚州亚特兰大。1886年,美国药剂师彭伯顿发明了可口可乐配方,美味清爽的可口可乐席卷全美市场,随后可口可乐公司开启了成功的全球化进程。作为世界上最大的非酒精饮料公司,可口可乐公司在全球200多个国家和地区提供超过500个品牌的饮料,具有强大的全球市场地位,其旗下产品包揽全球前五大饮料中的四项(可口可乐、健怡可口可乐、芬达和雪碧),可口可乐公司主要通过研发投资和收购投资等资本运营手段丰富产品组合,致力于成为一家全品类饮料公司。专注主业方能行稳致远,可口可乐公司深耕饮料行业,业务结构包括碳酸饮料和非碳酸饮料(水、运动饮料、果汁、茶、咖啡等品类),除了经典产品可口可乐汽水、芬达、雪碧、smartwater、Monster(魔爪能量饮料)、美汁源果汁、绫鹰绿茶、乔雅咖啡、COSTA(咖世家)等产品同样深受全球消费者的青睐。

可口可乐公司的全球影响力广泛而深远,致力于承担社会责任,积极参与慈善捐赠、维护人权、保护环境等。例如,生产饮料将涉及一系列环境污染问题,但可口可乐公司采取水循环、产品包装回收及利用等项目减少对环境的影响,成为为数不多以切实行动保护生态环境的大型饮料制造商。可口可乐商标是世界上最著名且最有价值的商标之一,其品牌影响力也不容小觑。世界品牌实验室是国际领先的品牌价值评估机构,在其首次于2004年编制的"世界最具影响力的100个品牌"中,可口可乐公司便已荣登榜首,从次年开始,"世界品牌500强"榜单扩大编制范围,可口可乐公司仍然蝉联全球第一。此后至今,可口可乐公司每年均基本稳居所在"食品与饮料"行业第一位。值得关注的是,作为"股神"巴菲特长期持有、长年重仓的价值投资标的选择,可口可乐公司自上市以来市值稳定走高,其股利金额连续58年持续增加,因此也享有"股息之王"美誉,投资价值长盛不衰。本部分将按照发展历程、业务结构以及市场与财务业绩的脉络展现可口可乐公司的概况以及发展现状。

(一)发展历程

随着宏观环境和行业竞争形势变化,可口可乐公司的发展历程(如图1-1所示)可划分为五个阶段。

图1-1 可口可乐公司发展历程

第一阶段(1886—1930年):广告营销,全美风靡。自可口可乐诞生以来,消费者习惯在夏季购买可口可乐饮料。而可口可乐公司的CEO为提升可乐销量加强广告营销,一方面将可口可乐与圣诞老人形象绑定,突出冬季仍然是饮用可乐的最佳季节,另一方面利用广告传递"快乐、分享、平等"的观念,使可口可乐融入美式生活价值观,提高消费者对可口可乐的认可度和忠诚度。因此,可口可乐开始成为美式生活必不可少的元素之一。

第二阶段(1931—1970年):海外扩张,对手崛起。在获得本土市场的竞争优势和地位后,可口可乐公司经过不懈努力获得了美国政府的支持,使可口可乐作为军需物资供应美军在全球各地的战场。公司成功利用"二战"机会开启海外扩张征程,将产品遍布全球,不仅有利于拉动产品需求、海外投资建厂和开辟国际市场,还强有力地宣传了品牌形象,深度关联了可口可乐与美国的形象,这均为日后公司的全球化发展奠定了坚实的基础。而竞争对手百事可乐的出现,打破了可口可乐公司一帆风顺的发展之路。20世纪50~60年代,百事可乐公司深耕美国本土市场,利用可口可乐公司因海外发展无暇顾及国内市场的契机错峰竞争。百事可乐在美国国内的市场份额从21%上升至35%,吞噬和占据了可口可乐的市场份额,极大地影响了可口可乐公司业绩。

第三阶段(1971—1990年):全球布局,成效显著。由于可口可乐公司日益完善的全球市场布局,这一阶段严重影响美国经济运转的滞胀问题未对可口可乐公司造成显著影响,公司反而创造出业绩逆势增长的奇迹。20世纪70年代初,可口可乐公司管理层敏锐地指出美国本土软饮料市场已快饱和,可口可乐需转向关注国际市场销量的增长。20世纪80年代初,在可口可乐公司的努力转型下,国际市场软饮料销售量已占公司全部软饮料产量的62%;20世纪90年代初,可口可乐公司实现超过半数利润来自海外市场的目标。

第四阶段(1991—2008年):重创影响,恢复缓慢。20世纪90年代可口可乐公司已成为影响力深远的全球化公司,80%的利润来自海外市场,而这也为公司遭受宏观环境动荡影响埋下伏笔。这一阶段可口可乐公司主要受到双重打击,第一重来自全球性金融危机,业务布局全球的可口可乐公司影响面广泛,在低迷的宏观经济形势下,产品销量与利润呈滑坡式跌落;第二重来自欧洲消费者中毒事件,比利时和法国地区有消费者饮用可口可乐后出现食物中毒症状,欧洲引发的可乐安全恐慌散布至世界各地,于是人们对可口可乐的产品质量与品牌形象陷入巨大的怀疑之中。双重危机使可口可乐公司的产品市场占有率下滑,绩效严重受损,CEO不得已引咎辞职。之后,公司耗费了五年乃至更长的时间才从重创中恢复前行。

第五阶段(2009年至今):主业聚焦,产品多元。随着宏观经济下行和行业竞争的加剧,可口可乐公司坚定聚焦饮料产品主业,利用外延式(并购投资)和内延式(研发投资)等价值增长手段丰富公司旗下产品种类,形成了碳酸饮料和非碳酸饮料(水、运动饮料、果汁、茶、咖啡等)两类业务结构。公司设立全品类饮料战略,期望通过丰富各品类产品来构建更庞大的"饮料帝国"。

(二) 业务结构

可口可乐公司深耕饮料主业,业务结构(如表1-1所示)主要分为碳酸饮料和非碳酸饮料(水、运动饮料、果汁、茶、咖啡等)两类。对于碳酸饮料,可口可乐作为"护城河"般的畅销产品,极强地巩固和保证了公司的市场地位和销售业绩;雪碧作为公司碳酸饮料第二品牌,一方面补充了市场缝隙、扩大了消费人群,另一方面为公司面对百事可乐等竞品提供了销量缓冲空间。对于非碳酸饮料,它们通过渗入非碳酸细分市场并最大限度地覆盖更多的目标消费者,获取其所在市场的竞争优势,帮助可口可乐公司实现了全品类产品战略,从而稳固了其在饮料行业的"龙头"地位。基于可口可乐公司 2020 年的年报数据,全球饮料日消耗量约 620 亿瓶,其中可口可乐公司的饮品占该消耗量达 3%之多(约 19 亿瓶),可见可口可乐"日不落"饮料帝国在全球非凡的市场地位。然而,看似前路坦荡的饮料行业,同样暗藏着诸多风险与危机。一方面,由于消费者需求偏好发生变化,促使消费者选择更多与健康生活方式有关的饮品,这对可口可乐公司的碳酸饮料产品构成重大挑战,而公司及时意识到该需求变化后,不仅努力减少饮料中的糖与卡路里,还为消费者提供低热量、无热量等健康饮品,积极拥抱变化的挑战;另一方面,原有饮料行业竞争者已形成激烈竞争格局,而电子商务的发展又极大地改变了消费者的购物方式,加剧了行业竞争性,因此可口可乐公司不断增强创新与营销能力,拓展业务至具有盈利潜力的各个品类,以便在数字时代保持消费者对品牌的重视度与巩固产品市场份额。此外,2020 年以来,新冠疫情对世界经济的正常运行造成巨大冲击,对于在全球均有业务分布的可口可乐公司同样影响颇深,营业收入、净利润等财务数据较以往表现都有所下降。因此,为了摆脱疫情影响并从诸多企业中脱颖而出,可口可乐公司已加强营销投入、客户关系管理以及特许经营管理等方面的力度,未来将致力于提高产品的吸引力并为客户创造更多价值。

表 1-1 可口可乐公司业务结构

产品大类	产品类别	产品代表	品牌标识
碳酸饮料	—	可口可乐、零度可乐、健怡可口可乐、雪碧、芬达、怡泉等	Coca-Cola、Coca-Cola zero SUGAR、Diet Coke、Sprite、Fanta、Schweppes
非碳酸饮料	水	纯悦、冰露等	纯悦、冰露
非碳酸饮料	运动饮料	Monster、爆锐等	MONSTER ENERGY、POWERADE 爆锐
非碳酸饮料	果汁	美汁源、酷儿等	Minute Maid、酷儿
非碳酸饮料	茶	淳茶舍、唷茶等	淳茶舍、唷!茶
非碳酸饮料	咖啡	乔雅、咖世家等	GEORGIA、COSTA

资料来源:可口可乐公司官方网站。

不同于可口可乐公司聚焦饮料产品主业的经营思路,其在碳酸饮料行业难以忽视的竞争对手百事可乐公司则采用多元化经营的业务战略(如图 1-2 所示)。具体而言,可口可乐公司专注饮料行业,百事可乐公司则谋求多元发展。目前百事可乐公司的业务结构同样具有碳酸饮料与非碳酸饮料(水、运动饮料、果汁)两种品类,但它还通过布局零食和燕麦领域涉猎食品行业,乐事、妙脆角、奇趣、百草味等著名食品品牌均来自百事可乐公司旗下。根据公司年报,截至 2019 年年底,百事可乐公司的食品业务占公司业务比重超过一半(为54%),饮料业务则占比 46%,可见百事可乐公司的经营思路已逐渐偏离饮料业务,开始寻求多元化的业务发展。

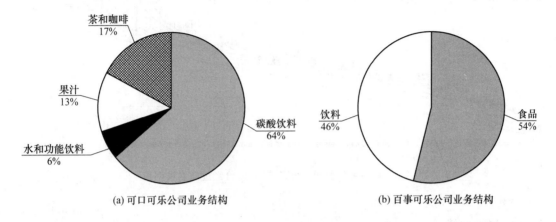

(a) 可口可乐公司业务结构　　(b) 百事可乐公司业务结构

图 1-2　可口可乐与百事可乐公司业务结构

(三) 市场与财务业绩

1. 市场业绩

1919 年,可口可乐公司在美国纽约证券交易所上市(NY:KO),股票价格整体走势一路上扬,同时公司适时适度地采用股利分配、股票回购、股票分割等手段管理公司市值。首先,股票价格方面,在"有效市场假说"条件下,股价是与上市企业有关的宏观信息、行业信息和企业信息的综合反映,图 1-3 显示,2011—2020 年间可口可乐公司股价呈不断上涨的良好态势。2010 年 12 月 31 日可口可乐公司股票收盘价为 23.90 美元/股,至 2020 年 12 月 31 日股价上涨至 54.39 美元/股,累计涨幅达 1.28 倍。2020 年年初,由于新冠疫情影响全球经济活动,绝大多数公司的股价呈"跳水式"下跌,可口可乐公司股票同样受挫,最低点股价缩水至 35.09 美元/股,而后逐渐攀升,恢复至疫情前正常股价水平,并保持明显的上涨趋势。由此可见,可口可乐公司的股票弹性空间大,公司具备稳健的市值管理能力。其次,股利分配与股票回购方面,可口可乐公司的股利分配时间跨度长达 58 年,即截至 2020 年,已连续 58 年实施股利分配,并且股票回购数量已多达 13.27 亿股。而股利和回购行为一般具有明显的市场效应和财务效应,对于市场效应,股利和回购能够传递公司价值被低估的信号,以较低成本提振投资者信心,从而提升公司股价;对于财务效应,股利和回购能够通过优化可口可乐公司股权结构和资产结构,提高每股收益,强化经营现金流利用水平,实现股东价值最大化。最后,股票分割方面,为提升股票流动性,可口可乐公司已实施 11 次股票拆分,短期内有效地提振了公司股价。其中,公司最近一次股票分割时间为 2012 年 8 月 13 日,每一股分拆为两股。股票分割活动利好资本市场投资者,一方面,由于分割后股价降低,投资者能够以相对股票分割前较低的价格购入可口可乐公司的股票;另一方面,由于分割后股数增多,已持有可口可乐公司股票的投资者日后能够获得更多的股利分红和资本利得。

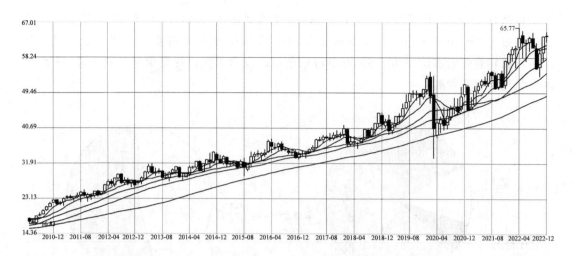

图1-3　可口可乐公司股价走势图（股价经过前复权调整）

资料来源：雪球网。

2. 财务业绩

2016—2020年，可口可乐公司的净利润呈现上升的强势劲头，营业收入呈现先下降后反弹回升的良好态势（如表1-2所示）。但2020年全球新冠疫情肆虐，影响了世界经济活动的正常运转，可口可乐公司所在的饮料行业同样受到冲击，可口可乐公司2020年营业收入、净利润以及盈利能力方面的指标均发生骤减，但总体而言影响幅度处在合理范围内。此外，2017年由于税收改革法强烈影响当年税率，有效税率飙升至82.5%，而公司往年有效税率一般为19.5%左右，因此公司的净利润骤降至1 248百万美元，导致同年销售净利率、总资产报酬率、净资产报酬率、每股收益等指标低于往期水平（但之后即恢复正常税率水平）。

接下来对可口可乐公司的财务业绩分类分析。(1)在经营效果方面，尽管公司在五年间进行并购投资，处理装瓶厂出售或收购以及精简产品线等事宜，但总资产仍然处于良性的规模水平，既无过度增长，也未大幅萎缩。大体来看，营业收入与净利润受到2020年新冠疫情的负面影响，两个指标均高于前一年的水平，具有较大的回弹空间。(2)在成本管理方面，销售毛利率体现企业的生产成本管理水平，可口可乐公司通过优化原材料采购成本和实施轻资产运营模式两个方面来管理成本，使销售毛利率常年稳定在60%左右，而毛利率极高的矿泉水行业仅约为55%，相比之下，可口可乐公司具有出色的生产成本管控能力。成本费用占收比反映企业营业收入中成本费用所占比重，长期来看，可口可乐公司该项指标呈现逐年下降趋势，表明公司生产与经营环节的成本费用控制能力较强。(3)在现金管理方面，充沛的现金流为公司股利分配提供可靠的财务保障，可口可乐公司经营活动净现金流整体表现稳健、现金流量充裕，表明公司具有出色的现金管理能力，为股利分配打下坚实的财务基础。作为触及实质衡量企业现金管理能力的指标，每股经营活动净现金流能够说明企业在维持经营现金流量的情况下，为股东发放股利的最大能力金额。可口可乐公司的每股经营活动净现金流为正，且数值基本超过1，不仅体现了现金流的强劲，还表明主营业务回款能力大、产品竞争性强等产品市场优势。(4)在盈利能力方面，稳步上升的销售净利率表明可口可乐公司已恢复强劲的盈利能力。总资产报酬率和净资产报酬率上升趋势明显，一方面说明可口可乐公司经营效果良好，具有长期稳定的盈利能力，另一方面体现公司一直致力于增加股东获得的利益,使股东价值最大化。此外,作为投资者预测企业成长潜力和经营成果的关键指标,每股收益通常用于衡量股票盈利水平,该指标反映每一股创造的税后利润,每股收益越高,则企业创造的利润越多,从每股收益的上升趋势来看,可口可乐公司普通股股东每一股所享有的净利润不断增多,说明公司的盈利能力正在加强。

表1-2　可口可乐公司 2016—2020 年财务业绩(单位:百万美元)

财务业绩		年份				
		2016	2017	2018	2019	2020
经营效果	总资产	87 270	87 896	83 216	86 381	87 296
	营业收入	41 863	35 410	31 856	37 266	33 014
	净利润	6 527	1 248	6 434	8 920	7 747
成本管理	销售毛利率	60.67%	62.56%	63.05%	60.77%	59.31%
	成本费用占收比	77.54%	75.10%	72.19%	74.24%	74.52%
现金管理	经营活动净现金流	8 796	7 106	7 627	10 471	9 844
	每股经营活动净现金流(美元/股)	2.05	1.67	1.79	2.45	2.29
盈利能力	销售净利率	15.65%	3.62%	20.33%	24.11%	23.53%
	总资产报酬率(ROA)	7.36%	1.42%	7.52%	10.52%	8.92%
	净资产报酬率(ROE)	26.85%	6.22%	37.79%	49.61%	40.48%
	每股收益(EPS)	1.51	0.29	1.51	2.09	1.80

数据来源:Wind,可口可乐公司年报。

三、基于产品市场获取竞争优势的价值创造

作为将经营发展和资本运作相结合的战略管理模式,市值管理通过在产品市场获取竞争优势并取得最大化销售成果的价值创造环节、在资本市场传递企业内在价值信息促使市场价值名副其实的价值实现环节以及根据内在价值与市场价值相机而动并采取灵活调整措施的价值经营环节,提高企业经营绩效,赢得资本市场地位,增强宏观环境风险抵抗力,进而在内在价值与市场价值的双向增长中实现企业可持续价值发展。深谙其道的可口可乐公司通过建立规范的企业市值管理体系,合理设置三大市值管理环节,最终促成内在价值与市场价值相互协调的稳定发展局面(如图 1-4 所示)。

价值创造是市值管理的基础环节。价值创造能够使企业确定关键的价值创造驱动要素,在产品市场获取竞争优势并最大化产品价值,从而实现企业内在价值最大化。具体而言,可口可乐公司进行价值创造主要具有两条最大化企业内在价值的路径。一是通过企业内部生产经营、基本职能等活动确认价值创造要素并实现产品价值增值;二是通过公司外部纵向整合、战略联盟、合资经营等方式降低成本费用并获取竞争优势,从而在产品市场最大

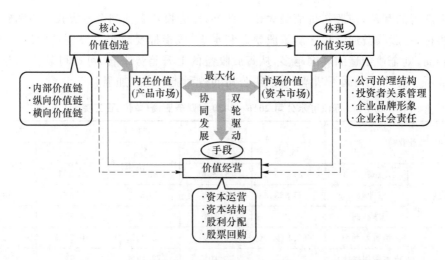

图 1-4　市值管理三大环节

化企业内在价值。这两条路径恰好体现出价值链的分析思想,即价值链是由企业一系列互相独立又互为关联的经营活动构成,涉及企业主体、供应商、渠道商、竞争者、互补者等之间的合作、依赖、竞争等关系,主要分为内部、纵向、横向三条价值链。

第一,对于企业内部价值链,它是指企业内部各项价值作业的增值运动,价值作业涉及生产经营、基本职能、人力资源等活动。内部价值链通过控制成本和创造差异来实现产品增值的目标。第二,对于企业纵向价值链,它是指企业通过协调上下游资源来优化产业链的流程,如上游可涉及提供原材料的供应商,下游可涉及提供销售渠道的渠道商。纵向价值链使企业主动调整到最佳的产业链位置,有利于较大限度地压缩成本。第三,对于企业横向价值链,它是指同类产品在不同生产者之间的增值过程。利用横向价值链视角,一方面可分析行业竞争对手的产品成本,以采取相应的经营战略;另一方面可与同类生产者合作,通过取长补短、互通资源等优势,获取更大的商业利益。但无论采用竞争手段还是合作手段,横向价值链通过分析竞品都能够更明确企业自身产品的竞争优势。企业战略大师迈克尔·波特(Michael Porter)曾言,"企业与企业的竞争,不只是在某个环节竞争,而是在整个价值链上竞争,价值链就决定企业的核心竞争力"。核心竞争力是为公司带来竞争优势的资源,而竞争优势则能够保证公司产品在产品市场充分体现其价值,从而有利于公司在该市场利益最大化。本部分将采用价值链视角,分别从内部价值链、纵向价值链、横向价值链三个角度评析可口可乐公司的价值创造过程。

(一) 内部价值链

1. 研发环节,创造差异

作为打造产品差异与增加产品价值的关键流程,研发环节是可口可乐公司通过内部价值链实现价值创造的基础环节。可口可乐公司对研发环节的重视有利于在产品市场获取更多的竞争优势以实现价值创造。随着消费者消费能力的升级和消费观念的变化,可口可乐公司所在的非酒精饮料市场正发生天翻地覆的消费趋势变化。由于传统碳酸饮料具有含糖量和卡路里量"双高"的特征,追求生活品质的消费者逐渐摒弃这类碳酸饮料并转向主打低糖、低热量的健康的非酒精饮料,此外,特点鲜明的功能性非酒精饮料(如能量型、保健型饮料)也逐渐被大众接受。在消费趋势发生变化的行业背景下,可口可乐公司如何采取与时俱进的行动以适应环境？其答案可在可口可乐全球创新与技术中心中探寻。

由价值链领域著名的"微笑曲线"理论可知，内部价值链各环节创造的价值随着要素密集度的变动而不同，而研发环节需投入的技术、人才、信息等知识密集要素属于高密度要素，因此研发环节能够通过创造产品的独特差异，从而赋予产品更高的附加值，即企业主体在该环节能够创造更多的产品价值。可口可乐公司深谙其道，通过洞察消费者产品需求、饮用习惯和口味偏好等变化，可口可乐全球创新与技术中心利用创新手段研制和改造新产品，创造饮料产品的独特差异，使新产品完美贴合消费者变动的需求并强有力地对标竞争公司的王牌产品。高附加值的可口可乐公司自研饮料一方面具有较强的市场适应度，另一方面能够通过研发创新传递积极的消费信号，从而提高消费者的品牌认可度和产品购买意向。蓬勃旺盛的产品销售业绩有利于保障企业内在价值的提升，进而促进市值管理达成基础环节价值创造的目标。

来自可口可乐中国和日本研发中心的自研产品成绩斐然，不仅在全球大部分国家和地区广泛推广，一些单品的销售收入还成功跻身"十亿美元俱乐部"。表1-3展示了可口可乐中国和日本研发中心的部分研发产品。为了顺应健康软饮料的消费趋势，可口可乐中国研发中心推出了美汁源果粒橙、果粒奶优、FUZETEA茶饮、生姜味可口可乐等特色鲜明的饮品。例如，美汁源果粒橙是中国市场家喻户晓并含果肉的果汁饮料，而原本美汁源是一款美国果汁饮品，但可口可乐中国研发中心创新性地添加真实果肉至果汁里，使其粒粒果粒、阳光健康的品牌形象深入消费者心中，随后可口可乐公司推广美汁源果粒橙至全世界，不久顺利达成十亿美元销售额。此外，生姜味可口可乐是继樱桃味、桃子味、香草味可口可乐的又一次口味创新，满足了中国消费者"姜汁可乐"的饮用习惯，同时生姜味可口可乐也是全球

表1-3 可口可乐公司部分研发产品（以中国和日本研发中心为例）

研发国家	产品类别	产品名称	产品标识
中国	果汁	美汁源果粒橙、果粒奶优	
	茶	FUZETEA茶饮	
日本	运动能量性饮料	水瓶座	
	茶	绫鹰绿茶、爽健美茶	
	咖啡	乔雅咖啡	

资料来源：可口可乐公司官方网站。

第一款可加热饮用的汽水产品。可口可乐日本研发中心面对本国更加激烈的市场竞争,采取"快节奏、差异化"的研发策略,一方面每年自研产品近百种,大部分为全新产品研发,余下部分为改进现有产品配方;另一方面对标日本伊藤园、宝矿力水特等强势竞争对手,通过取其精华、去其糟粕的方式突出自身差异化卖点,打造爽健美茶、水瓶座、乔雅咖啡、绫鹰绿茶等"十亿美元"单品,这些产品成为在美国本土外乏善可陈的可口可乐公司核心品牌。例如,绫鹰绿茶为可口可乐日本研发中心与拥有450年历史的茶叶制造商上林春松共同研制的高档绿茶饮品,当日本民众疲倦于掺杂糖分和香料的饮品刺激时,绫鹰绿茶清新自然的香气和醇厚浓稠的口感为他们带来倍加舒适自在的体验,于是绫鹰绿茶不久便热销日本全国,2015年销量一度高达5 000万箱。可口可乐公司的研发技术已打造出诸多"十亿美元俱乐部"的畅销单品,而公司与产品市场保持与时俱进的秘诀也在于创造差异的研发环节,因此研发环节不仅能充实产品自身价值,还通过差异化为公司带来市场优势,从而以研发为突破口实现价值创造。

2. 生产环节,控制成本

生产环节是可口可乐公司通过内部价值链实现价值创造的重要流程,该环节主要基于"节流"的角度控制生产成本。成本控制作为内部价值链的核心管理行为,不仅可通过优化企业生产成本来提高盈利管理水平,还能通过最大化产品性价比来增强市场竞争优势。不同行业固然有其重视的成本控制关键点,但一般而言,成本控制可分为成本费用构成和成本形成过程两个部分。在成本费用构成角度,成本控制主要包括原材料成本控制、工资费用控制、制造费用控制以及企业管理费控制等方面;在成本形成过程角度,成本控制大体涵盖产品投产前控制、制造过程中控制以及流通过程中控制等方面。经典独特的可乐配方是可口可乐产品屹立于软饮料市场、保持核心竞争力之源,也是优化原材料成本以及实施轻资产运营模式等成本管理行为的重要前提。全球汽水市场曾大量涌出希望分得市场"一杯羹"的可乐制造商,例如我国制造商曾推出崂山可乐、非常可乐等品牌,但除了来自美国的"幸存者"百事可乐公司能够对可口可乐的市场份额造成威胁,其余可乐公司均"倒"在了"纯正汽水口味"的壁垒面前。可口可乐公司就是利用经典独特、难以模仿、不可替代的可乐配方形成的产品核心竞争力而"称霸"汽水界,甚至可口可乐公司本身决定更换汽水口味配方时,遭到了消费者强烈的抗议和反对。因此,可口可乐公司决定自行生产价值性更高的汽水配方,进一步降低配方成本,并且将其他汽水生产环节分包给其他厂商,即形成"轻资产运营模式"。可口可乐公司并非对所有成本控制内容事无巨细地采取管理行为,而是分别从成本费用和成本形成角度,重点选取"原材料成本优化"和"轻资产运营模式"两个方面管理成本,从而达到降低经营费用和增加经营业绩的双重目标,在实现价值创造方面达到事半功倍的效果。

从成本费用角度,对于原材料成本进行优化。原材料采购是生产流程的首要环节,采购后的原材料经过生产加工便成为产品实体的一部分。控制原材料采购成本不仅有利于企业通过减少成本费用来增加销售毛利润,以达成良好的经济效益,在成本下降但效益不变的前提下,还有益于增加产品的价值。可口可乐汽水系列畅销全球,销量排名位居可口可乐公司的产品前列。回味清甜的可口可乐汽水原本以蔗糖作为糖浆甜味剂,但可口可乐公司发现以玉米为原料的高果糖浆甜度为蔗糖的1.2~1.8倍,能够在稳定饮料口味的前提下节省原材料80%的成本。随着可口可乐公司产品布局的全球化,可想而知其生产部门的汽水浓缩液需求庞大,而大幅节省浓缩液原材料采购成本叠加规模效应,能够极大地压缩成本费用水平,为销售毛利率创造上行空间。

从成本形成角度,在轻资产运营模式下,可口可乐公司通过剥离装瓶厂业务来增加成本控制优势,从而赋予可口可乐更强的价值创造能力。装瓶厂负责的生产业务主要为浓缩液的再次加工,即购买可口可乐公司提供的浓缩液,将其与糖浆、水或苏打水混合以制成成品饮料,最后将成品出售给零售商等对象,进入销售与分销环节。因此,可口可乐公司的业务布局与装瓶厂的全球分布密切相关,而轻资产运营模式是伴随着可口可乐"饮料帝国"的布局扩张和成本收缩而诞生的。为加快可口可乐的海外扩张步伐,1980年可口可乐公司在全球投资设有1 400多家装瓶厂;为整合全球直属瓶装业务,2006年可口可乐公司组建装瓶投资集团(Bottling Investment Group);2015年可口可乐公司决定逐步剥离瓶装业务以解决利润下滑问题,通过出售德国、中国、北美和南美等国家和地区的自有瓶装业务,将生产环节所需的瓶装业务外包,以达到收缩生产规模、降低成本以及提高营业利润的目标,从此之后可口可乐公司便一直实施该轻资产运营模式,2020年装瓶厂商数量减少至225家。从经济效果来看,轻资产运营模式带来的成本节约效应直接让可口可乐公司每年约26亿美元的资本开支骤减至13亿美元,此外,考虑可口可乐产品出货规模巨大,轻资产运营模式再一次叠加规模效应,为高销售毛利率提供了有力的支撑。因此,轻资产运营模式充分地为可口可乐的价值创造赋能,通过成本节约和规模效应保障高毛利率实现,从而为公司带来了更多的经济利益,促进了公司内在价值的增加。

可口可乐公司生产环节的成本管理效果卓越,成功利用原材料成本优化和轻资产运营模式有效地控制了成本。从整体来看,销售毛利率是毛利润与销售收入之比,其中毛利润为销售收入与销售成本之差,它能够较为全面地反映企业生产环节的经济效益,销售毛利率越高,表明企业的销售成本比重越小,即产品经过生产环节后的价值增长程度越大。图1-5为可口可乐与百事可乐的销售毛利率水平对比,从图中可以清晰地看出可口可乐公司的生产环节具有明显的优势,销售毛利率比百事可乐公司更胜一筹(一直维持在60%的水平附近),为产品释放了更多价值创造空间,生产环节的价值创造表现出色。从局部来看,相比于独立的可口可乐装瓶厂股票价格波动的市场表现,剥离瓶装业务无疑有助于可口可乐公司股价在资本市场"轻装"上扬。由图1-6所示的可口可乐装瓶公司(NASDAQ:COKE)与可口可乐公司(NY:KO)股票复权价相对走势可见,1990年1月至2018年1月,可口可乐装瓶公司和可口可乐公司股价均一路上升,分别上涨15.8倍和16.1倍,但从最近年份的股价走势来看,可口可乐装瓶厂公司股价波动幅度较为明显,重资产特征的影响因素与其关联密切。另外,根据著名商业数据提供商汤森路透(Thomson Reuters)的数据,2021年可口可乐装瓶公司预测市盈率为14.48倍,而可口可乐公司为21.60倍,这说明可口可乐公司实施的轻资产运营模式普遍受到资本市场的肯定,因此资本市场才能够给予其更高的估值和溢价。精简结构不意味着削弱力量,目前,轻资产运营模式管理下的可口可乐装瓶厂井然有序地开展生产、制造、分销等工作,为全球消费者以每天19亿瓶的产品提供量保障产品正常销售,进而为可口可乐公司的价值创造提供坚实的物质保障。

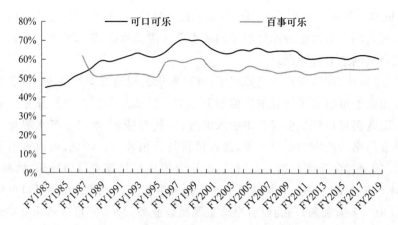

图1-5 可口可乐与百事可乐的销售毛利率水平对比

资料来源:Bloomberg、国盛证券研究所、Wind。

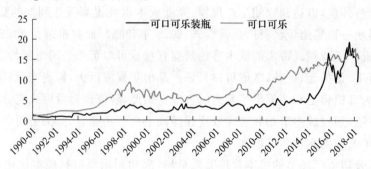

图1-6 可口可乐装瓶公司与可口可乐公司股票复权价相对走势(1990.1.2=1)

资料来源:信达证券研究开发中心、Wind。

3. 销售环节,体现价值

销售环节是可口可乐公司通过内部价值链实现价值创造的最终步骤,在销售环节形成的销售收入即为企业价值创造的直接体现。产品在企业内部价值链传递过程中不断积累与凝聚价值,经销售环节传递给消费者,而产品在产品市场体现的价值即为消费者为获得产品而愿意付出的代价,其形成销售收入的过程亦为企业内部价值链价值创造的最终实现。强大的产品销售能力是可口可乐公司得以在全球扩张并扩大品牌影响力的关键条件,否则可口可乐可能仅是一个美国本土饮料品牌,难以成为"饮料帝国"的百年霸主。那么,可口可乐公司通过何种方式将产品销售的触角伸及世界各地呢?这与可口可乐公司精心设计的特许经营合作模式、渠道分销网络以及品牌营销管理三种方式密不可分。

第一,特许经营合作模式。特许经营是指特许经营权拥有者以合同协议形式,允许特许经营合作者付费使用其产品、商标、技术、营销以及经营经验等的商业经营模式。可口可乐公司与装瓶厂达成合作协议,由装瓶厂在限定区域内生产和销售可口可乐系列产品并承担相关费用,可口可乐公司则提供汽水配方、技术培训和广告营销等支持活动,装瓶厂通过当地渠道销售获得销售收入,可口可乐公司则从其中抽成获利并收取特许经营费用。一方面,可口可乐公司无须在生产资料上额外耗费资金,便可在世界各地批量生产公司品牌产品,还能够"坐享其成"获取产品盈利成果;另一方面,由于当地装瓶厂更能因地制宜铺设销售渠道,可口可乐公司能够抢占先机,比其他全球化竞争对手更快进入目标市场,获取先入为主的市场优势。可口可乐公司拥有中粮集团和太古集团两大中国特许经营合作伙伴,而中粮集团旗下的中粮可口可乐公司是中国区唯一一家中方控股的可口可乐装瓶公司,中粮集团控股65%,可口可乐公司则占其余35%的股份。中粮集团共投资了19家可口可乐装瓶厂,经营包括北京、天津等19个省级地区的销售渠道,分销网络覆盖中国81%的国土面积和51%的人口数量。通过与可口可乐公司特许经营合作,中粮集团在限定省份区域生产、配送、推广和销售可口可乐品牌产品,根据2019年尼尔森公司的市场调研,可口可乐饮料在中国碳酸饮料市场所占份额超过50%,成为毫无争议的行业第一,而占据中国市场渠道半壁江山的中粮可口可乐对此功不可没。中粮可口可乐也在十年内飞速成为可口可乐公司全球十大装瓶集团之一,并且年销售量增长始终位于可口可乐公司中国区第一。因此,正是由于特许经营合作模式的成功运作,可口可乐公司得以获得经营的"杠杆效应",即利用散布在世界各地的装瓶厂辐射出的可口可乐公司全球产品网络,促进产品销量上升,提升公司内在价值。

第二,渠道分销网络。为了有效地实现企业产品销售目标,促成内在价值最大化,企业必须正确制定渠道分销策略。分销渠道连接生产者与消费者的商品流通过程,一方面通过销售活动体现产品价值实现的过程,另一方面通过物流活动反映产品实体的移动。一般而言,可口可乐公司的销售渠道分为现代渠道和传统渠道两种(如图1-7所示),同时会根据各国国情适当地调整和创新渠道政策。现代渠道覆盖人群广、销售渠道短、中间环节少,包括当地大型商超、连锁超市等零售商,可口可乐装瓶厂争取与其建立长期稳定的合作关系以快速满足大部分消费者的需求。传统渠道包括批发商、直营渠道等,依据中国国情还特别设立了"101项目"渠道,扩大了市场覆盖面。具体而言,首先,可口可乐装瓶厂与批发商合作,利用批发商的网络、交通、渠道等资源提高渠道销售效率。其次,直营渠道利用餐馆、百货店、食品店等平均订货量低但销售点密度高的商家提高市场竞争优势。最后,"101项目"指为了加强客户管理,可口可乐装瓶厂与批发商(101伙伴)建立的合作关系,是媲美直销模式的渠道销售方法。一般来说,渠道商自行负责获单、仓储、物流等销售工作,但"101项目"将产品运输、储存和结款工作交给101合作伙伴,而信息传递、客户发展、产品陈列和获取订单工作则主要由可口可乐装瓶厂负责,通过分工合作、优势互补提高销售效率,加快开拓市场的步伐。百事可乐公司的渠道分销主要以城市优先级划分,在重点关注的优先城市倾向于以与直销系统的零售商合作为主,批发协作队伍和传统渠道为辅,在其他城市则大多数情况下与批发商合作(如图1-8所示)。对比可见,可口可乐的渠道分销结构更加丰富和完整,能够辐射更大、更广的销售网络,有利于产品销售目标的顺利实现。

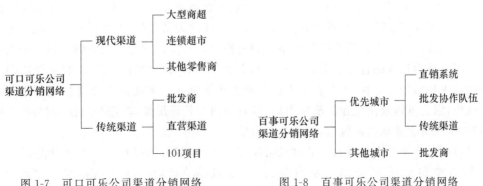

图1-7　可口可乐公司渠道分销网络　　　　图1-8　百事可乐公司渠道分销网络

第三,品牌营销管理。品牌营销是利用市场营销手段使客户形成对企业品牌和产品的认知的过程,不仅使企业品牌符号深入消费者心中,潜移默化地影响消费者的购买行为,还通过品牌营销手段提升品牌价值,促进企业内在价值的实现。可口可乐品牌在世界各地随处可见,拥有无可置疑的知名度,并且品牌价值极高,为2020年世界品牌实验室发布的世界品牌影响力榜单第15名,同时居食品和饮料行业第1名。"可口可乐之父"罗伯特·伍德鲁夫(Robert Woodruff)曾自豪地说,"即使一夜之间世界各地的可口可乐工厂都化成灰烬,凭借可口可乐这个品牌从银行获取贷款,完全能使可口可乐公司东山再起"。而可口可乐公司之所以能够成为国际饮料业霸主,主要是因为公司极度重视品牌营销管理,因此品牌营销部是可口可乐公司市场运作的核心部门。可口可乐公司作为营销业界的翘楚,其众多营销活动堪称行业经典学习案例。可口可乐公司善于借用热点话题或事件提升品牌美誉度和知名度,近些年在奥运营销、数字营销等方面表现尤为亮眼。对于奥运营销,奥林匹克运动会(简称"奥运会")是可口可乐公司品牌建设的重要核心平台,可口可乐公司已与奥运会连续合作超过90年,为赞助奥运会时间最长的企业。鲜红的可口可乐品牌标识为每年的奥运气氛增添了浓烈的兴奋感,奥运会前后期间可口可乐公司主要使用投放奥运主题广告、更换奥运限定包装、邀请体育明星代言、赞助火炬传递等方法输出企业文化、品牌精神,通过与消费者共情奥运时刻获得消费者的品牌认同感,进而促进可口可乐公司产品销售。对于数字营销,虽然可口可乐公司的品牌营销以电视媒体为渠道主体,但是也通过发起线上互动在Facebook、Twitter等国际社交平台积累了大量粉丝。此外,中粮可口可乐作为负责中国市场商之一,因地制宜,利用电商主播带货等方式精准营销,其销售业绩表现不俗。同时,中粮可口可乐与"美团""饿了么""京东"等互联网企业跨界合作,为未来的"大数据营销"铺设基础道路,以加速可口可乐公司向数字化营销转型。

(二)纵向价值链

价值创造不仅来源于企业内部价值链的各项作业,还来自企业在外部价值链找到适合的价值链位置,通过与上游供应商和下游零售商纵向连接的方式,建立更加强大的价值创造渠道。可口可乐公司充分发挥自身讨价还价的优势,利用与上游装瓶厂纵向整合、与下游零售商战略联盟的手段,力求站在产业链的最佳位置,强强合作、优势互补、资源互通,以达到获取市场竞争优势、降低成本费用的目标,这是其价值创造的重点之一。

1. 战略联盟,强强联合

可口可乐公司与战略联盟伙伴经过资源整合后,联盟企业间的协同作业能够提高企业的整体竞争力,其所创造的价值远大于单个企业的价值创造之和。根据企业战略大师迈克尔·波特的定义,战略联盟可看作企业与零售商之间的关系纽带,也是因业务关系而深入发展的公司组合。从两方面简单描述战略联盟的特质,一方面,它是两个或两个以上的企业为追求共同利益而达成的合作协定;另一方面,它是一种特殊的合作关系,联盟企业协同合作时不会丧失各自的独立性,不存在是否被控制的隶属问题。企业需小心谨慎地选择其战略联盟伙伴,因为这体现出企业的战略布局、经营策略等管理思维,若选择失误,则会浪费资源要素投入,加重企业承担的风险,损毁企业价值。

可口可乐公司与众多商家达成过战略联盟合作,但其最为经典的合作伙伴莫过于麦当劳公司与华特迪士尼公司。麦当劳公司(McDonald's Corporation,简称"麦当劳""McDonald's")是全球大型跨国连锁餐厅,在世界各地拥有近3万家分店,它与可口可乐公司自1955年起建立了稳定的战略联盟关系,双方在食品饮料方面互有合作,可口可乐公司为麦当劳主要的饮料提供商(除麦当劳自制饮料外),提供包括可口可乐、健怡可口可乐、雪碧、芬达、fuzetea、美汁源果粒橙等饮品,此外,可口可乐公司还提供全球经营建议供麦当劳参考,例如麦当劳风靡全球的"汉堡＋薯条＋可乐"三件套正是来自可口可乐公司的建议。而麦当劳则充分利用其全球布局快餐店的优势,为所触及的每一处地区的人提供美食以及可口可乐公司的饮品,通过丰富的消费场景销售数据,从消费者视角为可口可乐公司改善产品质量、研发适合消费者口味的产品等方面提供了极大的帮助,并且为可口可乐产品实施精准全面的消费人群推广宣传。可口可乐公司与华特迪士尼公司(The Walt Disney Company,简称"迪士尼""DISNEY")之间的合作同样追溯至1955年,当年迪士尼CEO说服可口可乐公司资助其1700万美元以建造世界上第一个迪士尼乐园,作为协议交换条件,迪士尼授权可口可乐公司成为其独家饮料供应商。中国第一家迪士尼乐园——香港迪士尼乐园所提供的官方饮料为可口可乐产品。此外,当游客步入迪士尼乐园游玩时,乐园各处都可见到可口可乐公司产品广告的痕迹,以迪士尼乐园庞大的客流量来看,其宣传效果不亚于任何媒体渠道的广告投放,迪士尼乐园为可口可乐公司提供了接近消费者、创造价值的机会。

除了大企业间的强强合作,可口可乐公司还把目光转向互联网浪潮活跃的中国市场。近年来,中国互联网营销浪潮席卷商品零售业,网络平台成为产品销售的"新阵地",掌握广泛而翔实的消费者数据则成为助力产品销售的"催化剂"。为推进数字化战略,刺激销售额增长,可口可乐中国与互联网企业达成战略联盟协议,获取用户消费大数据,对数据进行分析,精准把握用户需求,以推动饮料业务的销售增长。首先,联手大众点评网,探索美食场景营销。大众点评网是中国有影响力的消费内容分享平台,深耕生活消费领域,覆盖吃喝玩乐等各类生活场景。可口可乐中国和大众点评网达成战略合作,此前双方已有过"可口可乐城市美食罐寻味之旅"等成功合作经验,现今双方以美食场景营销为核心,利用可口可乐的品牌影响力和大众点评网的生活场景优势,全场景营销可口可乐公司产品,即为消费者提供更多不同场景下饮用可口可乐产品的选择。其次,联手京东超市,挖掘用户消费画像。京东超市隶属于专业综合的网上购物平台京东商城,具有庞大的用户群体,并且善于搜集和分析用户购物大数据。在双方的合作中,可口可乐中国有助于推动京东超市线上饮料品类高速发展;京东超市则能提供京东平台上对于饮料品类千万量级的消费数据的反馈,一方面有利于可口可乐公司进行用户画像挖掘和消费洞察分析,预测消费者的需求变化以及行业流行趋势,另一方面有助于可口可乐公司重新审视市场营销策略,对产品进行改进和研发。最后,联手每日优鲜,助力C2M反向定制。每日优鲜是生鲜类电商平台,致力于建立极速达冷链物流体系,为消费者提供2小时送货上门配送服务。可口可乐中国与每日优鲜合作,开启"统一采购,直接供应"模式,为快速响应消费者需求提供了充足的物资保障,而每日优鲜为可口可乐公司整合消费者数据反馈,以C2M(Customer-to-Manufacturer),即顾客对工厂的反向定制模式帮助可口可乐公司研发新品,把握行业风向、及时调整市场策略。

2. 纵向整合,收放有度

除了与下游零售商达成战略联盟以获取更有利的竞争优势,可口可乐公司还与上游装瓶厂实施纵向整合以降低成本费用,完成更多价值创造内容。纵向整合是指产业链上下游之间的合并行为,通过合并不同层次的业务,加强对企业资源的控制,从而在纵向价值链上获取更多的价值。可口可乐公司根据自身情况需求,利用"收放有度"的纵向整合策略最大化自身价值。当公司在国际化扩张中产品供应告急时,大胆增持装瓶厂,加强生产控制;当公司利润率堪忧,需要"降重"减负时,促成装瓶厂上市,在资本市场售股退出。

从"收"的视角来看,20世纪80年代面对激烈的市场竞争,可口可乐公司亟须整合生产资源,加大产品供应量,其利用优化80%原材料成本的玉米浓缩液为筹码,与装瓶厂展开谈判。具体来说,若装瓶厂希望使用成本节约的可口可乐浓缩液,与可口可乐公司分享成本节约的获利成果,则装瓶厂需要在特许经营条款上作出让步,增强可口可乐公司对装瓶厂生产力度的控制。经过协商谈判,所有装瓶厂最后均接受了可口可乐公司提出的要求,并且可口可乐公司通过特许权回购手段,对装瓶厂的经营活动施加了更深的影响,在生产过程中提高了产品的附加价值,以支持可口可乐公司的供应链管理。不过,可口可乐公司增持装瓶厂股份意味着其扩大资产规模,逐渐倾向"重资产模式",增加了公司经营风险,而这一因素为可口可乐公司重新调整纵向整合策略提供了实施契机。于是,从"放"的视角来看,当可口可乐公司的产品供需饱和后,在特许模式规范下的装瓶厂盈利能力逐步下降,导致可口可乐公司的利润水平降低,此时改善资本结构成为迫在眉睫的管理决策。为了剥离装瓶厂的绝对控股权,可口可乐公司做出如下行动:第一步,成立装瓶投资集团(Bottling Investment Group),集中管理装瓶厂经营活动,实现对供应链的战略调控;第二步,根据资本市场发展情况,助力世界第一大可口可乐装瓶厂(可口可乐凡萨瓶装;NY:KOF)、美国特拉华州可口可乐装瓶厂(可口可乐装瓶;NASDAQ:COKE)等公司上市;第三步,可口可乐公司在资本市场出售其股权,脱离其绝对控股股东身份,通过一系列资本运作降低可口可乐公司重资产比重。不过,可口可乐公司并非一味地剥离装瓶厂股权资产,在合适的市场条件下同样会采取收购装瓶厂部分股份的行为,以提高整体产品生产效率。因此,面对外部经济环境和内部企业成本的变化,可口可乐公司审时度势、顺势而为,利用纵向整合策略,张弛有度,使纵向价值链最大化地发挥了价值,从而有利于公司进行价值创造。可口可乐公司的经验表明,企业决不能一成不变地实施策略,而是需要观察宏观环境变化、审视行业竞争形势、重视企业内部需求、关注潜在风险,从而动态地调整实施策略。

(三)横向价值链

横向价值链反映同一产业内部各个企业之间相互作用而使产品增值的价值运动过程。"以人为镜可以明得失",企业同样应善于利用横向价值链进行分析,分析对标企业的投资、融资、经营、成长、现金、风险、价值等方面,确认企业自身与对标企业之间的差异,通过选择或权衡差异化策略和成本最小化策略,改善已有不足并放大原本长处,从而在产品市场中获取更具主导权的竞争优势。因此,善于分析横向价值链可以帮助企业确定竞争战略和发展方向,为产品创造更多的价值奠定基础。横向价值链上的企业关系通常可以分为竞争与合作两种。竞争是横向价值链中最普遍的企业关系,每个企业努力通过形成产品差异、降低产品成本来获取竞争优势,力图在产品市场上战胜对方。而合作关系的特点明显,为强强联合、取长补短,通常发生在实力较强而优势不同的企业之间,通过优化资源配置、交换核心能力等方式,共同在产品市场实现利益最大化。

1. 行业竞争,摸索方向

竞争关系最能激发企业在产品市场的生命活力,与竞争对手"交战"能够激活企业磨炼核心竞争力、摸索适合的可持续发展路线,从而使企业在价值创造这条路上行稳以远。可口可乐公司与"老对手"百事可乐公司之间可谓棋逢对手,难分伯仲。不过,在两家公司长达几十年的竞争中,并没有出现"伤亡惨重"或者"两败俱伤"的局面,它们反而在市场竞争中碰撞出生命力与活力,逐渐形成各自的差异化特点,摸索出合适的发展路线,在商业世界中自我迭代升级。长期来看,两家公司仍旧在碳酸饮料销售市场名列前茅,但一般而言,可口可乐汽水依然独占鳌头,百事可乐汽水紧随其后,而二者也默认保持当前的份额局面以共同应对来自其他饮料产品的市场冲击。经过时间的沉淀,百事可乐公司走上多元化经营模式道路,饮料和食品行业"两开花",通过收购方式扩大了自身在食品行业的影响力,创造了新的盈利来源;而可口可乐公司坚持饮料主业,利用内部研发和外部并购等方式丰富饮料类别,形成了碳酸饮料和非碳酸饮料的产品布局,公司期望实现全品类饮料战略以巩固自身在行业内无可争议的优势地位,并促进销售收入的提高,以实现内在价值增长。

2. 合资经营,共享优势

除了竞争关系,体现合作关系的合资经营是横向价值链中另一种价值创造方式。现代管理学之父彼得·德鲁克(Peter Drucker)指出,设立合资企业已成为企业普遍的合作趋势,但由于存在干预控制、文化差异等问题,合资企业的经营模式将遇到更多困难。尽管合资企业具有一定的局限性,但对于国际化企业而言,这种共同经营的模式相比于当地新建投资的方式更加节约成本,即与本土企业实现资源与能力共享,合法合规地减少各项财务支出,共同经营,共负盈亏,有利于创造增量价值。作为以碳酸饮料为核心的世界饮料巨头,在公众健康观念逐渐增强、传统碳酸饮料增势疲软的背景下,可口可乐公司近年来关于合资企业的"跨界合作"步伐加快。以可口可乐中国为例,为促进资源协同、激发产品创新,可口可乐公司分别在内蒙古蒙牛乳业股份有限公司(简称"蒙牛")、北京乐纯悠品商贸有限公司(简称"乐纯")注入资金获得股权,涉及乳制品等范围。具体来说,可口可乐中国与蒙牛"联姻",成立了可牛了乳制品有限公司。可牛了乳制品有限公司于2020年10月28日在中国安徽省设立,由内蒙古蒙牛乳业(集团)股份有限公司与可口可乐(中国)投资有限公司共同持股,经营范围包含生产、销售和营销低温奶产品等。蒙牛是中国乳业巨头,双方达成合资协议后,蒙牛优质的奶类资源和成熟的乳制品生产体系将为高端成品低温奶提供质量支撑和消费者信任基础,而可口可乐公司充足的资金、技术以及强势的品牌影响力将卓有成效地实现新产品的推广。此外,作为可口可乐公司在亚太区战略投资的唯一创业公司,中国高端酸奶品牌"乐纯"获得了数亿人民币的战略投资资金。乐纯以互联网运营为核心,在产品运营方面,由消费者选择新口味,3个月内快速上线新品;在客户管理方面,公司在微信、天猫等线上平台"促活、拉新",目前已积累客户数量达百万级,并且通过分析消费者数据促进用户体验;在营销方面,公司采用数字化营销,主要在线上大幅度地投放广告以及开展促销活动。不过,由于乐纯的定位为"高端酸奶",该系列产品价格普遍偏高,因此面对低成本路线的产品竞争时颇有负担。而可口可乐公司掌握大量资金储备、资源通路、营销经验等,必能有效地帮助乐纯解决运营问题,并且乐纯也为可口可乐公司探索酸奶制品领域提供了参考经验。可口可乐公司与其合资伙伴在合作中实现了双赢,通过资源共享、长处互鉴等形式增强了企业的内在价值。

四、基于资本市场传递内在价值的价值实现

价值实现居于价值创造与价值经营之间,为市值管理承上启下的重要支撑环节。价值实现是市值管理的表现与目的,一方面它能够在最大程度上缓解信息不对称问题,通过股价

向资本市场显现企业创造的价值,另一方面它能够以企业内在价值为支撑,实现市场价值稳步上升和利益相关者受益最大化的目标。因此,不同于主要强调公司在产品市场表现的价值管理,市值管理还需考虑企业内在价值在资本市场的反映。由以上可知,价值实现的本质是企业与资本市场沟通对话与良好互动的过程,即企业与资本市场进行及时有效的信息传导,积极向资本市场传达企业创造的内在价值,从而使市场价值与内在价值高度契合,为企业市值稳步提升提供良好的增值空间。但需要注意的是,有别于真正意义上的价值实现,不具备企业实力支撑的资本炒作所带来的股价飙升,仅仅是股市的暂时狂欢,最终会损害股东利益并且损毁企业价值创造能力,无益于企业在资本市场维持优质信誉以及吸引理性投资股东。

作为入选于道琼斯工业平均指数、标准普尔100指数、标准普尔500指数等重要市场指标的成分股,可口可乐公司具有优异的资本市场表现,股价向来表现稳健,整体呈现稳中有进的特点,其市值管理的价值实现环节成果颇丰,因此成为巴菲特等明星投资人的忠实选择。而如此优异的市值表现背后,离不开可口可乐公司的内在价值实力,更不可忽视公司针对资本市场从公司治理结构、投资者关系管理、企业品牌形象、企业社会责任等方面传达企业内在价值的价值实现举措。本部分将依据四个方面(如图1-9所示)剖析可口可乐公司的价值实现过程。

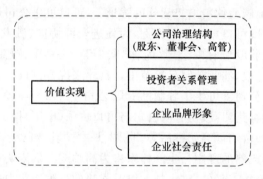

图1-9 可口可乐公司价值实现举措

(一)稳定规范的公司治理结构

Jenson 和 Meckling 系统性地提出委托代理理论之后,人们普遍认识到企业所有权与经营权分离将会产生损害企业价值最大化的代理成本,不利于企业可持续发展。而为了解决企业管理中的代理问题,由股东大会、董事会、管理层构成的公司治理结构应运而生,成为现代企业控制与管理企业经营的制度安排,该制度涉及通过监督与激励手段处理股东与经营者的契约关系等内容,旨在促成企业价值最大化的实现。从现实角度来看,委托代理问题常见于公司治理的实际情形中,而良好的公司治理水平应体现出该公司能够通过监督与激励手段有效地解决委托人与代理人的主要矛盾。可口可乐公司基于股东、董事会和高管这一稳定规范的公司治理结构,能够发挥监督与激励的有效作用,为其高水平的公司治理提供核心支撑,亦为其增加信息透明度、增强股价同步性提供有力保障,即股东层面发挥外部监督功能,董事会层面发挥内部监督功能以及高管层面实现绩效激励效果,缓解委托代理问题,增加企业信息环境透明度,使信息传导机制运转通畅,有助于公司与资本市场充分进行沟通,从而达成公司内在价值迅速可靠地反映于公司股价的价值实现目标。

1. 股权结构稳定

　　稳定的股权结构有助于保障可口可乐公司长期稳健发展,同时专业机构投资者作为大型股东持股,可通过股东大会提出建议或卖出股票等方式有效发挥外部监督功能,帮助公司提升资本市场信息传递效率,降低股价波动性,使股价稳定地表达公司的内在价值。一方面,伯克希尔·哈撒韦公司作为可口可乐公司的第一大股东,一直保持充足的股份比例,未曾减持过其可口可乐公司的股份,并且第二、第三大股东近五年来虽然存在购入和售出股份的交易行为,但整体上呈现增持的良好态势,以上两个要素为可口可乐公司的股权结构奠定了坚实的稳定基础;另一方面,即使可口可乐公司超过半数的股份由机构投资者所持有,但可口可乐公司规模体量庞大,在美国发达的资本市场监管下,机构投资者的交易操作一般不会引起股权结构松散混乱等问题。

　　可口可乐公司持股者的情况如表1-4所示,根据雅虎财经数据,机构投资者持有可口可乐公司约68.20%的股份,超过半数股票归属于机构持股人。其中,Berkshire Hathaway Inc(伯克希尔·哈撒韦公司)、The Vanguard Group(先锋集团)和BlackRock Inc(贝莱德集团)一直为可口可乐公司近年来持股比例超过5%的大股东,持股比例稳定,截至2020年12月31日,其分别持股9.31%、7.27%和6.58%。值得一提的是,伯克希尔·哈撒韦公司为"股神"沃伦·巴菲特(Warren Buffett)创立的财产与意外保险公司,1980年伯克希尔·哈撒韦公司以每股10.96美元(总价1.2亿美元)购入可口可乐公司7%的股份,此后一直瞄准合适时机,持续增持可口可乐股票,成为可口可乐公司第一大股东。作为投资界的成功神话,伯克希尔·哈撒韦公司遵循价值投资理念,未曾减持可口可乐公司股份以套利获现。与买入成本价(约合13亿美元)相比,现今将近220亿美元的可口可乐股票价值早已成为一笔难以想象的巨大资本利得,并且可口可乐公司每年丰厚的股息使第一大股东伯克希尔·哈撒韦公司能够收获长期稳定的现金流,有力地补充了其用于经营保险业务的浮存金。此外,巴菲特本人是可口可乐产品的忠实"粉丝",他酷爱饮用可口可乐汽水,认为可口可乐公司的汽水是能够"征服全世界"的产品,巴菲特十分看好可口可乐公司的成长性与发展前景。总之,受"股神"巴菲特青睐的可口可乐公司已向资本市场证明其投资价值,同时借此机会向资本市场传递其盈利能力与成长能力等信息,吸引资本市场更多理性的价值投资者以及专业投资机构。可口可乐公司超过半数持股者均为具有专业投资判断的投资机构,长期持股使可口可乐公司股权结构稳定,机构投资者已"用脚投票"作出示范效应,为其他资本市场投资者分析、评估、预判企业风险及发展提供最终结果,并且在投资过程中通过自身专业的判断审视、监督企业经营行为,这有利于完善公司治理结构,保障企业具有良好的资本市场表现。

表1-4　可口可乐公司持股者情况(2020年12月31日)

股东名称	持股数量/股	持股比例/%	价值/美元
Berkshire Hathaway Inc	400 000 000	9.31	21 936 000 000
The Vanguard Group	312 557 861	7.27	17 140 673 097
BlackRock Inc	282 886 318	6.58	15 513 485 679
State Street Corporation	171 264 696	3.99	9 392 155 928
Wellington Management Company	99 561 232	2.32	5 459 937 962

续表

股东名称	持股数量/股	持股比例/%	价值/美元
JP Morgan Chase & Company	64 824 823	1.51	3 554 993 293
Geode Capital Management	56 591 227	1.32	3 103 462 888
FMR	56 240 715	1.31	3 084 240 810
Northern Trust Corporation	48 940 215	1.14	2 683 881 390
Morgan Stanley	48 640 574	1.13	2 667 449 078

资料来源：雅虎财经。

2. 董事会运作规范

运作规范的董事会有利于发挥其公司治理的核心作用。一方面，董事会自身结构完善、职能多元、行为规范，另一方面，董事会依托股东利益最大化目标强化内部监督作用，帮助企业顺利实现价值。根据委托代理理论，由于公司所有权与控制权分离，即股东将公司经营权交给经理人掌控，容易出现经理人因自利而侵吞公司利益的行为，造成委托代理问题。而董事会作为股东与经理人联系的节点，帮助股东承担监督管理层行为决策的职责，为股东利益最大化保驾护航，有利于缓解委托代理问题，即董事会监督是解决股东与管理层冲突的重要机制。因此，董事会治理是公司治理结构中的核心环节，也是优化公司治理问题的关键纽带。它通过实施一系列正式或非正式的制度来发挥内部监督职能，保障股东利益不受侵害，为资本信息顺利传递创造了清朗的企业内部环境，成为企业价值实现的关键必要条件。可口可乐公司致力于规范董事会治理，主要体现在董事胜任能力、董事会结构、董事会效能等方面，致力于增强董事会治理效用，促进股东长期利益的增长，加强企业信誉并建立资本市场对企业的信任感。具体而言，要求董事会成员资质深厚，以帮助公司做出成熟决策；要求董事委员会各司其职，以保障公司流程有序运转；要求董事会成员定期评估董事会的有效性，以确保公司治理效用持续发挥。

首先，董事资质深厚。董事对外代表公司参加经济活动，对内执行权力管理公司业务，是企业管理的重要职务之一。此外，董事为董事会带来的经验、知识、能力、社会人脉等人力资本，可视为公司的优质无形资产，为企业价值创造提供重要的人力资源。高资质董事是董事会治理效用稳定发挥的关键因素，若董事资质不达标，则会在很大程度上影响公司决策的正确性、公司治理的有效性以及公司价值的实现性。因此，公司需要行业经验丰富、专业能力过硬、社会人脉发达的董事，以大局意识做出正确、前瞻的经济决策，以满足公司业务需求和商业战略需要，为实现股东利益最大化诉求和公司可持续发展目标作保障。在财务管理方面，由于可口可乐公司涉及诸多国家和地区的交易，业务复杂，货币多元，需要具有丰富的财务经验并且历任高级领导工作的董事胜任；在营销与创新方面，现任可口可乐公司 CEO 詹鲲杰将市场营销与研发技术视为公司重点业务，该核心业务部门的相关董事需具备一定的营销与创新经验，帮助公司聚焦新的价值增加点；在政府关系方面，公司产品销往全球200多个国家和地区，业务具有全球化与多元化特点，因此公司需要与政府实体和非政府组织建立联系，并遵守当地的各项法规，该工作特性要求董事具有广泛的国际视野以及政府或地缘政治专长；在经营管理方面，可口可乐公司的业务遍及全球，复杂交错，并且绝大部分产品由全球装瓶合作伙伴负责生产与销售，增加了统一规范管理的难度，相关董事不仅需要对本公司业务掌握熟练,还要对行业具有广泛而清晰的认知,此外,公司的国际化经营面临更多风险挑战,这就要求董事了解风险管理的相关知识,适当地制定政策,有效管控风险。

其次,董事委员会职能多元。随着董事会规模的扩大、职能的细化,董事委员会制度和相关配套措施便逐渐形成。作为与公司治理、经济环境、法律要求等方面密不可分的企业内部制度安排,董事委员会不仅能够代表董事会负责企业某些独立领域的运行与决策,履行内部监督职能,还能就负责领域向董事会提出咨询建议,强化咨询职能,提高董事会运作的有效性与独立性。设立董事委员会的优势颇多,一方面,委员会职能多元、分工明确,能够提高董事会的决策效率,更好地保障股东利益;另一方面,专门设立的委员会由具有足够胜任能力的董事构成,能够提高董事会决策的正确性,减少公司经营的风险。可口可乐公司共设有七个董事委员会,具体职能如表 1-5 所示。

表 1-5 可口可乐公司董事委员会及其具体职能

序号	董事委员会	具体职能
1	审计委员会	该委员会负有企业财务报告、内部会计制度、财务控制等监督责任,确保企业行为合法合规,以及为董事会与管理层建立道德准则,就相关事宜向董事会提出意见
2	董事会和公司治理委员会	该委员会的设立较为特别,它的责任在于选拔符合董事资质的人才、推荐董事至合适的董事委员会、带领董事委员会年度审查董事会业绩、制定公司治理指导方针、监督董事会以及公司治理事务五大方面,以保障股东的长期利益
3	ESG(环境责任、社会责任与公司治理)和公共政策委员会	该委员会帮助企业在环境、社会、立法、管制以及公共政策等事宜进行规划、控制与监督,使更广泛的利益相关者得到利益保障
4	执行委员会	该委员会组成人员由董事会任命与解聘,处于委员会核心地位,需定期主持董事会会议,协助董事会处理企业重要决策问题,使企业的经营风险得以控制
5	财务委员会	该委员会不仅负责企业相关的财务事务,还需承担监督与管理企业各类金融交易的业务流程的职能,以降低财务风险,并定期评测企业财务相关情况
6	管理发展委员会	该委员会负责企业继任计划顺利平稳交接,为管理层寻找具有胜任能力的人选,强化企业的核心人力资源储备
7	人才与薪酬委员会	在人才方面,该委员会监督企业有关人才、领导力以及文化政策与战略的完整性与有效性,以吸引、激励和保留高素质人才;在薪酬方面,负责薪酬方面的评估与批准,确保薪酬福利等政策不仅合乎企业内部规定,还符合法律法规要求

最后,定期评估董事会有效性。公司采取定期评估董事会有效性的措施,对规范董事行为、维护董事会结构、完善公司治理机制并促进公司可持续发展具有重要意义。良好的公司治理内部环境有利于公司价值的实现。公司董事会的组织结构不能仅仅流于形式,需要格外关注的是其是否正在发挥实质性作用,即通过董事会有效性评估来判断董事会的效能。健全而富有建设性的评估内容是公司治理良好和董事会有效的重要前提,可口可乐公司每年均开展董事会有效性评估流程,并针对董事会、董事委员会和董事会成员的工作征求有效反馈,评估内容包括:第一,董事委员会主席自我评估;第二,董事自我评估并评价所在董事会、董事委员会主席、其他董事的表现;第三,董事会自我评估。通过问卷调查搜集如上评估

内容,获得评估董事会有效性的相关反馈信息,在董事会评估会议召开之前,董事委员会主席提前开会以提供反馈与建议。此后,首席独立董事与每位董事进行一对一谈话,讨论相关观点或建议。最后,每个委员会与全体董事分别召开自我评估会议,讨论问卷调查结果、董事会主席开会要点、首席独立董事谈话反馈等信息,为改善各个委员会的工作表现提供重要建议。

3. 高管激励形式多样

高管激励是指企业为缓解董事会与经理层的委托代理关系,鼓励高管既追求个人利益最大化又兼顾促进企业业绩发展,从而提高公司治理水平,促进价值实现的完成进度。可口可乐公司的高管激励方式主要包括货币薪酬、股票期权以及难以用货币衡量的员工福利等。一方面,对于货币薪酬,薪酬激励作为激励效用最为直接的方式,同样成为可口可乐公司的绩效激励计划方式。2021年2月18日,可口可乐公司人才与薪酬委员会批准了一项奖金发放,为了嘉奖顺利应对新冠疫情以及成功组织企业战略重组,决定给予数名高管30%的年度目标奖金数额(如表1-6所示)。另一方面,对于股票期权,在股权结构设计时,可口可乐公司利用赋予股权的方式对高管产生激励作用,2021年2月17日为最近一次实施股权激励的时间,可口可乐公司对数十位高管赠与股权。其行为逻辑在于,高管拥有更多股权意味着其股权收益占公司总收益比例更大,高管为提升经营绩效以取得更多收益,将会做出符合公司股东利益最大化的行为。相比于基本底薪、年终奖金等传统薪酬激励机制,股票期权的激励效应和治理效应更为显著,即股权激励能够激发高管的工作积极性以达成更佳的公司绩效,同时股权激励能够有效缓解股权代理问题并改善公司治理环境,使公司内部信息更加流畅地传导至外部资本市场,从而为公司与资本市场充分沟通创造有利条件,顺利完成公司价值实现过程。因此,对于公司治理中遇到的委托代理问题,为使管理层行为满足股东利益最大化,除了监督,激励亦是同等重要的解决方法,多元而充足的高管激励有益于鼓励管理者提高工作积极性,促进经营效率,最终推动企业长远发展。

表1-6 可口可乐公司薪酬激励(2021年2月18日)

高管名称	高管职位	薪酬激励金额/美元
James Quincey	董事会主席兼首席执行官	960 000
John Murphy	执行副总裁兼首席财务官	315 000
Manuel Arroyo	首席营销官	236 250
Brian Smith	总裁兼首席运营官	455 175

资料来源:可口可乐公司报告。

(二)积极主动的投资者关系管理

投资者广义上可涵盖公司现有投资者、潜在投资者、证券投资机构以及媒体等群体。而投资者关系管理是一种由上市公司主导的价值实现战略管理行为,旨在改善公司与投资者的关系,提高公司信息透明度,同时发挥资本市场投资者对公司的外部监督功能,如约束管理层或大股东自利行为。这种方法建立了公司与投资者双向沟通的渠道,在输出渠道方面,公司能够向投资者群体充分披露公司信息,获取投资者信任,满足自身融资等需求;在输入渠道方面,公司能够搜集来自投资者群体的反馈和建议,经过投资者关系管理部门整合分类并传送给公司管理层,以作为管理层重要的决策依据。由此可见,投资者关系管理通过披露上市公司信息,运用财务金融和市场营销等知识强化公司与投资者的沟通程度,缓解信息不对称问题,促进投资者对公司的了解和认同,进而达成公司的价值实现目标。

可口可乐公司实施积极主动的投资者关系管理方式,主要体现在沟通主体、沟通方式和沟通内容三个方面。首先,沟通主体是投资者关系管理的对象。若企业需要吸引现有和潜在投资者,则扩大沟通对象的范围尤为重要,可口可乐公司沟通的外部对象来源广泛,主要来自机构投资者、其他资本市场投资者、股票咨询公司、ESG评级机构、行业领袖等,而内部对象包括董事会董事、高级管理人员、不同职能部门员工(如投资者关系部门、法务部门、公共政策部门等)。其次,沟通方式是投资者关系管理的通道。良好的沟通通道不仅能够及时传递公司信息,还能够了解投资者的信息需求以及投资特征,获得投资者最大程度的理解与支持。可口可乐公司的沟通渠道多元,包括线下面对面会议、线上虚拟会议、季度投资者电话会议、ESG主题演讲等方式。最后,沟通内容是投资者关系管理的主题。沟通内容决定是否能赢得投资者的信赖。可口可乐公司的沟通内容涵盖ESG与商业、董事会构成与结构、员工薪酬、商业战略、企业可持续性等。可口可乐公司全方位的投资者关系管理从沟通对象、通道、主题等方面出发,充分根据资本市场的需求进行调整与适应,以推动市场价值提升。

(三)广为流传的优质企业品牌形象

品牌形象是企业制定的关于品牌的独特联想。维护和保持品牌形象具有较大的潜在经济价值,优质的品牌形象具有广告效应,有助于企业改善所处行业环境,积累巨大声誉资本,从而最终影响企业价值。世界品牌实验室是国际领先的品牌价值评估机构,其于2004年编制"世界最具影响力的100个品牌"中,可口可乐公司荣登榜首,从次年开始"世界品牌500强"榜单扩大编制范围,可口可乐公司仍然蝉联全球第一。此后至今,可口可乐公司基本稳居所在"食品与饮料"行业第一位。可口可乐公司的品牌形象至2021年已延续长达135年,并且可口可乐商标是世界上最著名且最有价值的商标之一,其广为流传的优质品牌形象有益于获得资本市场投资者的认可,成功获取体现在股价上的资本溢价。

品牌形象的内容可由有形与无形两部分构成。有形内容表示品牌形象与产品功能性代表的部分以及对消费者的承诺,当消费者一接触品牌形象,就可联想出与品牌形象相关的功能性特征,例如,消费者会将可口可乐品牌形象联系为夏日中清凉解渴的美味饮料,并且随着可口可乐在中国的品牌营销策略逐渐推广深入,可口可乐系列汽水成为欢度佳节见证家庭团圆不可或缺的代表性饮品。无形内容包含品牌形象的独特魅力以及个性特征,即品牌形象为消费者带来的精神感受与文化依托,反映出消费者的情感需求,例如,可口可乐象征自由、奔放、热情的美国典型文化,此外,"二战"时期,可口可乐汽水也成为美军思念家乡、排解忧虑的解忧饮品。深入人心的品牌形象在市场竞争中具有极大的优势,一方面可降低消费者的选择成本,即消费者因接受并信任品牌形象传递的核心观念,在众多类似产品中快速选择该企业产品,另一方面可降低企业品牌营销成本,即基于已有的影响力广泛的品牌形象,企业能够以较低的营销成本达到相同效果的市场营销的目的,同时给予消费者更深入内心的印象。纵使可口可乐公司实施的全品类战略已增加不少新款饮品,但当消费者看到该产品为可口可乐公司旗下并由其监制生产时,内心自然产生信赖感,便顺利促成其第一次进行新品尝试,而若没有可口可乐公司品牌背书,新产品很难打开市场缺口;由于可口可乐公司产品众多,当其各自进行品牌营销时,无疑加强了可口可乐公司的总体品牌形象,该品牌影响效应类似于乘数效应,即不仅能够达到产品品牌宣传的效果,每次宣传还能够使总体品牌形象传入消费者耳中,加强可口可乐系列产品全面性的消费者印象。

(四) 持续履行的企业社会责任

企业社会责任作为实现企业价值的重要因素,已成为企业可持续发展不可忽视的动力。企业一般采用支持慈善事业回馈社会、合法遵守商业规则、高效利用资源保护环境、尊重人权保障员工权益等方式来履行社会责任。虽然在大多数情况下,企业社会责任的积极效用具有时滞性,经过较长时间才可看到经济效益,但从长远来看,企业履行社会责任通过提升企业的社会声誉、增强员工忠诚度等方式提高了企业绩效,既创造了经济价值又实现了社会价值,有助于企业内在价值与市场价值双重齐升。基于可持续发展的思想,在企业存续过程中除了考虑企业的商业运作,还需要加入对利益相关者的考量,以保证企业时刻适应复杂多变的经营环境。斯坦福国际研究院首次提出利益相关者理论,认为企业不仅需要满足股东利益,还要承担对社会、顾客、供应商、员工等其他利益相关者的责任。企业社会责任则能够较好地涵盖如上要求,并且全球重要商业杂志《财富》《福布斯》均加入"社会责任"指标用于衡量世界企业排名。

对于可口可乐公司而言,商业盈利与社会责任相辅相成、互融共生,不可相互独立。"畅爽世界,带来积极改变"是公司保持基业长青的初心,凝聚社会群体、公司员工等各方力量,可口可乐公司力求在多方面不断实现其社会责任价值。第一,资源循环,保护环境。在"世界 500 强"企业中,可口可乐公司第一个实现 100% 水回馈的目标,将生产饮料所用水量的 155% 安全地回馈给自然和社区;发展循环经济,可口可乐公司计划到 2030 年,每使用一个包装就回收并循环利用一个同类包装物,目前公司已开始投入资金与技术研发低塑料含量的塑料瓶。第二,慈善捐赠,回馈社会。2019 年年底暴发的新冠疫情一直牵动着世界人民的心,可口可乐基金会为支持中国抗击疫情累计捐助超过 100 万美元,追加捐助的口罩、隔离服等医疗物资也陆续运至中国抗疫前线。第三,尊重人权,保障员工权益。尊重员工人权是可口可乐公司的基本价值观,主要表现在接受员工的种族、性别、肤色、国籍、民族、残障、性取向等多元化和包容性方面。具体而言,可口可乐公司在美国约有 8 900 名员工,其中女性和有色人种分别占 38% 和 43%,公司积极推行 10 年期的性别平等计划,除了计划和发展女性工作能力外,还争取提高女性高管比例;定期分析薪资公平性,在合法合规的前提下调整不同种族、性别、年龄的薪资差异,以确保薪资水平的合理性。

五、基于产品市场和资本市场双轮驱动的价值经营

价值经营是指企业评估和判断内在价值与市场价值之间的背离程度,并分析该差距的形成原因,以采取一定的措施来提高内在价值与市场价值的契合程度。根据价值经营动态调整原理可知,若企业市值显著高于内在价值,即股价被市场高估时,企业可采取实施资本运营、优化资本成本等价值经营方式,利用企业的市场溢价优势来降低投融资成本,聚焦能为企业创造价值的项目,另外,该投融资行为还能够提升企业内在价值的创造空间,进而促使内在价值与市场价值曲线趋于吻合;若企业市值显著低于内在价值,即股价被市场低估时,企业可采取股利分配、股票回购等价值经营方式,向市场传递积极信号,提升企业市值表现,减缓内在价值偏离企业市值的程度。价值经营是市值管理的重点,它紧密结合市值管理

中的价值创造和价值实现环节,形成一个闭合循环,帮助企业市值围绕内在价值遵循资本市场规律相机而动,从而实现产品市场和资本市场双轮驱动企业可持续发展的效果。可口可乐公司苦练"内功",基于产品市场,通过价值链最大化企业内在价值;勤练"外功",基于资本市场,多维度展现企业市场价值。而价值经营正是驱动可口可乐公司在这两个市场齐头并进的"马车",双轮并驱,保障了公司内在价值与市场价值的同步飞跃。本部分将主要从资本运营(并购投资、研发投资、业务剥离)、资本结构、股利分配、股票回购四个主要方面,描绘可口可乐公司价值经营的商业蓝图。

(一) 实施资本运营,促进价值增长

以并购投资、研发投资、业务剥离为代表的资本运营涉及企业投资活动,而投资活动必然要求企业具有充实的投资现金流作为支撑,从而保障当内在价值低于市场价值时,资本运营的相关措施能发挥促进企业价值增长的作用,进而促使价值经营敏捷地调节内在价值与市场价值的平衡。从可口可乐公司投资活动产生的现金流量(如表1-7所示)可看出,总体而言,可口可乐公司具有明显的对外投资以促进价值增长的倾向,符合处于成熟周期的企业的投资特征。其中,第一,购建与处置无形资产及其他资产项目,表示公司的购买和出售有价证券投资和短期投资,为可口可乐公司现金管理策略的组成部分,有益于提高资金利用效率、降低资本成本水平。第二,收购附属公司项目,与公司的并购投资业务密切相关;2020年主要由于收购美国乳制品公司Fairlife,该项目流出现金10.52亿美元;2019年因收购英国咖啡零售巨头COSTA与尼日利亚果汁品牌CHI以及获得西非部分国家瓶装业务控股权,流出现金55.42亿美元;2018年收购美国运动能量饮料BodyArmor以及取得西亚部分地区瓶装业务控股权,造成现金流出12.63亿美元。除了对瓶装业务实施长期股权投资,公司还大量实施并购投资,以扩充和完善可口可乐系列产品线,形成经营、财务等协同效应,实现价值外延式增长。第三,处置固定资产项目,体现公司业务剥离"去繁从简"的聚焦价值思想,为其他更重要的产品腾让价值创造空间。第四,其他投资活动项目,该项目包括关键的研发投资项目,通过加快产品更新迭代、研发全新产品来填补市场空白,因此研发投资成为公司内部不可或缺的价值创造的有机部分。

表1-7 可口可乐公司投资活动产生的现金流量(单位:百万美元)

投资活动项目	2018年	2019年	2020年
购建无形资产及其他资产	(7 789)	(4 704)	(13 583)
处置无形资产及其他资产	14 977	6 973	13 835
收购附属公司	(1 263)	(5 542)	(1 052)
出售附属公司	1 362	429	189
购买固定资产	(1 548)	(2 054)	(1 177)
处置固定资产	248	978	189
其他投资活动	(60)	(56)	122
投资活动净现金流	5 927	(3 976)	(1 477)

数据来源:可口可乐公司年报。

1. 并购投资,外延增长

作为企业资本运营的重要手段,并购投资与产品市场战略联动,通过在资本市场实施相

关操作，优化资源配置、调整产品结构、实现资产重组、抢占更多市场份额，进而达到通过并购外部项目便可引起价值增长的效果，即实现"外延式增长"。并购投资泛指企业兼并或收购另一家企业，从而获得部分或全部资产所有权或企业控制权，其实质是企业产权让渡行为，即被并购方以出让企业控制权获得一定收益，并购方付出一定代价获得控制权。并购投资同样是价值经营的重要手段，在并购投资决策过程中，高市值企业利用更强的资本市场地位与被并购方谈判，以压缩并购成本并获得更多盈利空间，并且当企业利用股票支付并购金额，可用较少溢价股份获得被并购方标的，再一次有效降低了企业并购的成本，从而助力企业创造更多价值。此外，成功的并购投资促进企业每股收益（EPS）上升，这就吸引更多资本市场投资者购入优质公司股票，帮助企业在产品市场与资本市场获得双赢局面。表1-8展示了可口可乐公司近年来的重要并购情况。

为了追求企业的长远发展，多数企业选择采用产品多元化战略来扩张商业版图。并购投资可以快速扩充产品线并且更为迅速地实现产品多元化的目标，深受资本实力雄厚的企业的青睐。判断并购投资成功与否的重要指标为是否产生协同效应。协同效应是指并购后企业的竞争力增强，使得产生的总体价值大于并购前两家企业价值之和的效果，若企业独立运作则无法创造该价值之和。作为并购投资的重要动因，协同效应主要可分为管理协同效应、经营协同效应、财务协同效应等方面。第一，管理协同效应是指，对于企业管理活动，并购通过提高管理效率、节省管理费用以及充分利用管理资源所产生的经济效益。具体而言，根据差别效率理论，管理效率较强的并购方将施加影响于管理效率较弱的被并购方，使得被并购方的管理效率提升至并购方同等水平；并购投资使多家被并购企业受控于并购企业，减少并购企业的单位产品管理费用；由于管理资源是不可分的有机整体且管理资源流出将造成管理信息流失，因此管理能力较强的企业可在被并购企业充分利用其过剩的管理资源，既解决了企业冗余的管理资源利用率问题，又改善了低效的企业管理问题。可口可乐公司规模庞大，管理层级复杂，并购投资能够扩大其产品系列范围，有利于充分调动公司剩余管理资源，使缺乏有效管理的被并购企业得到公司的优质管理资源，实现管理协同效应。

第二，经营协同效应是指，并购为企业生产经营活动带来效率提升所产生的经济效益。并购所产生的规模经济、成本降低、市场份额扩大、优势互补等方面能够改善公司的经营活动，从而提高经济效益。具体而言，可口可乐公司近年来已收购数十家饮品企业，产品范围包括果汁、乳饮料、咖啡、茶饮等内容，可口可乐公司已有的生产规模、经营经验、品牌影响力等优势能够补充被并购企业所缺乏的资源与能力，帮助其产品在内部价值链上超额增值，在产品市场获得更多竞争优势，有利于可口可乐公司实现经营协同效应并获得经济效益。

第三，财务协同效应是指，实施收购的企业通过并购投资，利用其充裕的现金流，投资于被收购企业的高投资报酬率项目，从而提高资金使用效率。从财务管理学科视角看，并购投资为资金供求搭建了通路，即收购企业资金过剩却缺乏可行的投资机会，企业市场增速减缓并寻求价值增长突破，而被收购企业通常为新兴企业，缺乏自由现金流量且融资渠道受限，企业经营风险较大但具有长远发展空间，因此并购投资较好地满足了双方企业的供给需求，通过合理匹配资金走向，收购企业最大化资金使用效率并获得投资盈利，被收购企业受到资本驱动得以生存，有机会在产品市场参与竞争。财务协同效应是可口可乐公司实施并购投资的关键动因，由于公司属于饮料制造业成熟企业，现金流充足但内部合适的投资项目甚少，若将多余现金全部用于股利发放，虽然有益于股东财富增长，但不利于企业可持续发展，因此可口可乐公司开始寻找外部投资机会，并购新兴企业以寻求新的外部价值增长点，通过注入资金缓解新兴企业资金匮乏、资本成本高昂等困难，帮助这些企业更快实现经济收益。而全面收购COSTA（咖世家）无疑是可口可乐公司一个大胆使用现金流的举措。2018年，可口可乐公司决定以39亿英镑（约合51亿美元）收购全球第三大咖啡连锁品牌COSTA，该收购额已占可口可乐公司四分之一的现金流，为其公司历史上最大的一笔收购。COSTA拥有近4 000家门店以及超过8 200个咖啡自动贩卖机（COSTA EXPRESS），有利于为可口可乐公司在欧洲、亚太、中东和非洲等地区搭建成熟而强大的咖啡销售平台，并在咖啡饮料品类中创造新的价值增长点，实现财务协同作用。在激烈的饮品行业竞争中，可口可乐公司倾向于通过收购整合外部资源，短时间内促成全品类饮料战略布局。因此，并购投资是外部产品对现有产品线的有益补充，在企业内在价值低于市场价值的情况下，丰富产品销售内容，实现价值外延式增长，从而起到价值经营的作用，即提高企业内在价值以填补其与市场价值的差距。

表1-8　可口可乐公司近年来重要并购情况

年份	并购产品	产品国家	产品内容	产品标识	并购作用
2015	Monster	美国	能量饮料		补充公司能量饮料业务空白
2015	中绿粗粮王	中国	植物饮料		迎合谷物饮料市场并丰富产品线的选择
2015	Suja Life	美国	果汁		深耕果汁市场，丰富产品线
2016	Ades	阿根廷	大豆类植物饮料		继中绿粗粮王后又一布局植物饮料的重要举措，公司看好该领域健康饮品的特点
2018	Organic & Raw Trading	澳大利亚	有机康普茶饮料		进军澳洲有机益生菌饮料领域
2018	BodyArmor	美国	运动饮料		NBA巨星科比的第一个投资项目，此次收购意在对抗佳得乐运动饮料品牌（来自百事可乐公司）
2019	CHI	尼日利亚	果汁		拓展公司在西非地区的品牌影响力以及产品内容
2019	COSTA（咖世家）	英国	咖啡热饮、咖啡自贩机		深入咖啡热饮市场，引入COSTA门店与贩卖机，有利于飞跃式地发展公司现有的咖啡阵容
2020	Fairlife	美国	乳饮料		扩充高端乳制品产品

2. 研发投资，内生增长

企业为获得新产品而投入人力、财力、物力以提高企业效益的经济活动，即为研发投资。研发投资通过现金投资转化成企业未来价值增长的机会，能在较大程度上提高企业的成长能力和盈利能力，为企业的持续价值创造提供长期发展的前提。企业的可持续发展不可缺少研发创新能力，而研发投资是提高企业创新能力、增强企业产品市场竞争力的重要资源和前提。从投资视角来看，研发投资所包含的研发活动具有周期长、金额高、收益高、风险高等特点，即企业研发活动从投入到产出需要经过漫长的试错过程，不可一蹴而就，并且由于研发投资大多数属于知识密集型创新，相关的人力、设施等支出需要企业投入大量资金，另外，高收益项目往往伴随高风险，虽然研发活动具有不确定性，但是一旦企业成功掌握特定的研发技术，便可在产品市场形成坚固的进入壁垒，阻挡其他企业参与竞争，从而独享具有盈利性的市场份额。

近年来全球经济增速减慢，饮料行业竞争日趋激烈，而研发技术日新月异，企业提升研发水平成为适应和开拓市场的重要渠道。在残酷的市场竞争中，可口可乐公司努力把握消费者偏好和市场趋势变化信息，通过研发投资产出满足消费者与市场需求的产品。作为企业战略决策的制定者，CEO拥有对研发创新决策的控制权，可口可乐公司CEO詹鲲杰表示，研发创新让可口可乐公司的毛利率显著提升，2019年对该指标贡献的增量高达29%。研发投资一方面通过研制和改良产品帮助企业稳固并发展市场优势，加快产品更新换代的速度，提高产品市场份额，增加企业销售收入，另一方面通过率先发布产品进入新的细分市场，形成企业新的利润增长点和价值创造空间，二者均为企业带来价值创造的超额收益，可见研发投资是企业价值创造的有机组成部分。

3. 业务剥离，聚焦价值

资本运营手段使价值经营沿袭企业价值曲线收放自如，并购投资与研发投资可视为"放"的维度，利用拓展产品线、寻求创新增长点的方式使企业价值顺势增长，而业务剥离则可视为"收"的维度，通过合理舍弃市场吸引度低的产品，减少企业冗余资产，精简现有产品线，重新聚焦产品市场重点，可以为企业下一次产品推出创造充足的空间与资源。业务剥离即企业出售部分或整块业务，利用该手段既可以帮助企业辨别优质业务，整理形成新的业务优势，又可以剔除劣势业务，精简产品线，释放产品发展空间。根据企业核心能力理论，形成企业核心竞争力的独特资源，来自生产经营、研发创新、销售营销等过程中难以模仿且能够带来超额利润的技术、机制、文化等，企业不可能精通所有业务，唯有聚焦培育核心竞争力以及有效分配资源于核心业务，才可保持市场竞争地位。而拥有优势业务是企业实施多元化战略的基础，盲目多元化将导致企业资源分散、运作成本增大，从而不利于企业长期持续经营，因此企业必须调整和精简其业务，以集中资源、建立长期核心竞争力以及增强市场适应能力。

一般而言，企业主要出于两种原因剥离业务。其一，企业产品市场战略调整。为了增强市场竞争力、加强市场竞争优势，企业需要采取业务剥离以配合产品市场战略需求，剥离后业务复杂性降低，可助力企业回归核心业务增长，催化核心业务绩效提升。其二，企业退出战略。当企业决定放弃某项业务运营时，及早出售业务才可处于更有利的谈判地位，获得更多出售收益，对股东产生更有益的价值。在近五年中，可口可乐公司推出大约2 000种饮料产品，经公司内部调查发现，其中30%的饮料仅占1%的总销量，于是在2018年和2019年，可口可乐公司便砍掉了1 300多种产品,2020年公司继续剥离了小有名气但销量不佳的果汁品牌Odwalla、Zico椰子水等产品,未来计划将旗下全资或部分拥有的全球500种品牌精简至300种。在全品类战略的指导下,盲目扩充产品范围绝非最终目标,而应重新整合优势资源,聚焦重点产品。随着老品牌的退出,更加适合当前市场偏好的新品牌将会占据市场缺位。该以退为进的方法实为一种良好的价值经营,在优胜劣汰的商业法则中,可口可乐公司旗下产品将创造更大的价值。此外,基于业务角度,一方面,出售部分业务可增强产品市场业务集中度,提升可口可乐公司总体业务经营效率,资本市场对该正面信息的接收将为企业市值表现锦上添花;另一方面,企业为投资者提供真实完整的信息有助于资本市场合理体现企业价值,而过度多元化的企业囿于其业务结构的复杂性,信息传递内容可能掺杂过多噪声,导致资本市场难以客观评估企业价值,因此可口可乐公司的业务剥离手段通过明晰主业来帮助企业提高信息有效度,为企业价值实现提供充分保障。竭泽而渔不可取,若企业失去重点思维大量投放市场产品,则只会无法实现产品市场的成功并且快速耗尽原有商业资源,而以守为攻的业务剥离则是一种简洁的资本运营策略。它能帮助企业重新思考产品战略并聚焦核心业务,无利可图的其他产品则需要被移除产品线以留出新产品的发展空间,并且剥离产品所获得的经济收益亦可作为未来价值增长的资源。

(二) 优化资本结构,降低资本成本

在优化资本结构的考虑下,债务融资能够发挥降低资本成本以及提升企业价值的作用,成为可口可乐公司促进企业价值增长的价值经营手段之一。资本结构涉及企业的融资行为,基于MM理论,在完善的资本市场以及投资者为理性人等前提假设下,Modigliani和Miller认为企业价值与资本结构无关,即负债经营企业的价值等于无负债经营企业的价值,但该前提假设过于完美,与实际企业面临的经济情境不符。因此,修正后的MM理论考虑所得税的影响,即由于负债产生的利息可以在税前扣除,相当于增加能够流入股东的税后现金流量,此时提高的财务杠杆便可增加企业价值。同时,根据优序融资理论和信号传递理论,出于资本成本最小化的考虑,企业更倾向于债务融资而不是股权融资,并且企业通过发行债券来进行债务融资则传递出经营良好的积极信号。从图1-10亦可看出,为了最大化地优化公司的资本结构,2016—2020年可口可乐公司的负债占比浮动在75%左右,保持较高程度的资产负债率。

从企业内外部情形综合考虑,可口可乐公司适合债务融资的理由如下。就企业外部环境而言,可口可乐公司处在相对发达的美国资本市场,外部融资渠道多元,股票市场与债券市场发展较为平衡,并且证券监管部门的监督管理职能较为完善,致使优质企业不仅能吸引到丰富的融资机会,还受到健全的法律法规保障,因此该因素在宏观经济层面对可口可乐公司选择债务融资起到良好的支撑作用。就企业内部特征而言,第一,从企业生命周期来看,可口可乐公司属于成熟型企业,虽然在资本市场进行股权融资无须还本付息,但考虑货币时间价值与投资风险价值,来自股东的资本成本从长期来看最为昂贵。第二,从借债能力来看,可口可乐公司凭借其强势的跨国企业实力,能够取得强大的资本市场地位并较为轻松地进入全球重要的金融市场,从而以较低的有效债务成本借入资金,此外,叠加公司财务部门对债务组合的专业管理,总体借贷成本将会更低。全球专业的信用评级机构标准普尔和穆迪,经过对可口可乐公司资本结构、财务情况、财务政策等方面的考量,分别给予其A+和A1的最高等级评价,因此可口可乐公司获取债务融资更加无往不利,最大化地降低了公司

的资本成本,为企业创造财富奠定了良好的财务基础。第三,从偿债能力来看,可口可乐公司在短期和长期均具有稳健的偿债能力,流动比率与速动比率是典型的短期偿债能力指标,代表企业偿付流动负债的能力,如图1-11所示,整体而言两项指标大致在1以上,表明流动资产以及速动资产可以作为偿还公司流动负债的安全保障,而利息保障倍数作为揭示长期偿债能力的代表性指标,反映了企业经营所支付债务利息的能力,可口可乐公司该项指标表现则远超出基准水平1,在均值10的附近波动,表明债务以及其所产生的利息不会影响公司正常经营,公司长期偿债能力极强。第四,从重要融资活动来看,可口可乐公司近五十多年均实施股利分配,并且股票回购活动也在近三十年来高频发生,虽然这些活动引致的资金需求将激发更多的资本市场融资需要(如表1-9所示),但高频率的现金分红以及股票回购行为有利于优化公司在资本市场的良好形象,以便吸引更多的外源融资。总之,可口可乐公司充分发挥债务融资优势,持续优化资本结构,通过降低资本成本、节约纳税费用等途径产生了更多的经济效益,实现了企业价值的增长,债务融资成为着实有效的价值经营工具。

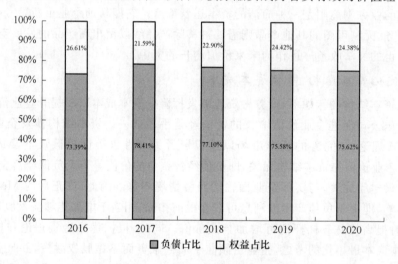

图1-10 可口可乐公司权益负债占比(%)

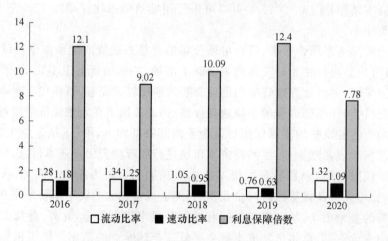

图1-11 可口可乐公司偿债能力

表 1-9 可口可乐公司融资活动产生的现金流量(单位:百万美元)

融资活动项目	2018	2019	2020
发行债务	27 605	23 009	26 934
偿还债务	(30 600)	(24 850)	(28 796)
发行股票	1 476	1 012	647
回购股票	(1 912)	(1 103)	(118)
发放股利	(6 644)	(6 845)	(7 047)
其他融资活动	(272)	(227)	310
融资活动净现金流	(10 347)	(9 004)	(8 070)

数据来源:可口可乐公司年报。

(三) 连续股利分配,释放利好信息

股利分配是资本市场的投资者获取回报的重要方式,符合价值投资长线持有的科学理念。从企业外部视角来看,由于企业与资本市场投资者存在信息不对称问题,投资者难以及时准确地了解企业的经营与财务信息,而股利分配可视为企业向资本市场释放特定利好信息,从而促进市场价值匹配企业价值的稳定平衡状态。股利是反映企业经营情况的财务信息指标之一,企业派发现金股利体现其财务基础雄厚且盈利能力强劲,但市场价值却处于被低估的不匹配状态,而市场价值低于企业价值的价值投资理念则强力地吸引众多投资者入手,此外,它还预示着企业管理层对企业长期发展的乐观态度,从而帮助投资者正确判断企业价值,增强其长期持有股票的信心。因此,股利分配的利好消息能够传递企业的实际价值,刺激股价上升,进而推动企业的市场价值逐渐恢复正常水平(如图1-12所示)。

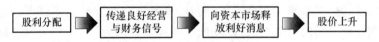

图 1-12 股利分配的信号效应

从企业内部视角来看,随着企业规模的增大以及经营趋于规范化,企业内部治理易于出现两类代理问题。第一类代理问题认为,由于企业控制权和经营权分离,企业的控制者股东难以有效地对经营者采取监督手段,导致管理层可能谋求个人私利并滋生机会主义行为,损害股东利益的最大化,因此企业控制者与经营者的利益冲突成为公司治理的主要矛盾。大股东与中小股东的利益冲突为企业现实治理状况中亟待关注的第二类代理问题,它存在于股权集中的治理结构中,即大股东一股独大,占有重要决策的话语权,其可能为一己私利作出侵害中小股东利益的决策而难以受到反对。对于第一类代理问题,股利分配从监督机制的角度解决股东与管理者的利益冲突,即分配现金股利通过减少企业自由现金流,一方面有益于股东财富的增加,增加企业价值,另一方面有助于降低管理层可支配现金流并抑制其过度投资倾向,从而缓解第一类代理问题,提高企业经营和治理效率。对于第二类代理问题,股利分配客观上减少了大股东产生机会主义行为所依赖的资源和利益,即现金股利分配减少了企业的自由现金流,从而在一定程度上避免了大股东关联交易、过度投资等利用自身优势地位掠夺企业资源并侵害中小股东利益的"掏空"行为。因此,股利分配亦可发挥其公司治理效应(如图1-13所示),有效降低两类代理成本,为企业治理提供内部环境保障,有益于

企业价值的提升。

图 1-13　股利分配治理效应

实施股利分配行为与公司投资、融资、经营活动的情况密不可分。首先,在投资活动方面,根据企业生命周期理论,由于所处发展阶段存在差异,企业的盈利能力与投资机会会影响股利支付水平。例如相比于成长型企业,成熟型企业盈利能力较强但投资机会偏少,这导致企业拥有充裕或过量的现金流,而该良好的财务基础为高股利支付水平提供了有利的实施条件。可口可乐公司作为饮料行业百年的老牌企业,已步入成熟型企业区间,其盈利能力平稳上升,但经营活动现金流仍大量闲置,需要通过股利分配方式来有效利用,以降低资本成本。其次,在融资活动方面,其一,大型规模的企业具有一流且专业的资金管理部门,能够使资金在各个部门高频率、高效能地流动,增强业务部门被资金支持的效率,从而通过优化资金配置效率来有效地缓解企业的融资约束,同时企业也降低对外部资本市场的需求并转向能够满足日常经营的内部融资渠道,进而更倾向于通过发放股利来解决资金冗余问题。其二,当企业面对内部融资需求时,除了资本市场的正常融资渠道,在不影响重要经营活动的情况下公司可通过出售其非核心业务来获取融资所需资金,该融资方式能够有效地降低公司的持现需求,即灵活多样的融资方式能够减缓公司现金流紧缺问题,企业更倾向于通过发放现金股利来降低现金储存量。近年来,可口可乐公司已通过业务剥离等方式处置了千余个无用产品,这为公司带来了现金流入;同时,董事会财务委员会不仅严格监管公司的财务事务,还定期评测公司的财务情况,以降低财务风险。因此,二者均为财务融资管理提供了保障,降低了可口可乐公司的现金流需求。最后,在经营活动方面,可口可乐公司在产品市场实施多元产品战略,该战略能够帮助企业明确核心业务,降低总体成本。从经营角度来看,多元化的产品经营需要横跨多个业务部门和战略单元互相配合,各个部门和单元协同合作能够减少运营成本,降低企业财务风险,增强现金流的稳定性并且减少出于预防动机而持有的现金量(为提高资金利用率与资本报酬率,可口可乐公司有动机通过发放股利降低现金留存)。然而,股利分配行为不能仅考虑企业特征,外部环境亦对其影响深远。全球宏观经济进入下行周期,具有吸引力的投资机会减少,并且低利率环境使企业为降低加权平均资本成本,更倾向于减少内部融资而转向负债融资,因此及时将股利分配给股东有利于最大化股东的财富;对于资本市场环境,可口可乐公司总体规模庞大且现金流雄厚,其极好的资本市场信用评级有利于拓宽资本成本较低的外部融资渠道,在降低公司现金持有倾向的同时也为其发放现金股利创造了前提条件。

可口可乐公司最早的股利分配时间可追溯至1962年,自该年以后,截至2020年公司每股的年度股息连续58年持续增加,并且发放的股息总额逐年增高,为股东持续回馈了实在的企业价值(如图1-14所示)。从图1-15中亦可看出,可口可乐公司具有稳定的派息率,表明其一直极其重视并切实回馈投资者,而由于公司具有充足而丰厚的留存收益,因此尽管股息金额已接近或者超过当年净利润,公司仍然能够保持正常运转。此外,股利分配的信号效应与治理效应作用于资本市场,有利于刺激可口可乐公司股价持续走高,继而推动公司市值随着内在价值水涨船高。

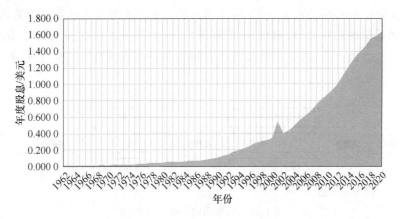

图 1-14　可口可乐公司年度股息(1962—2020 年)

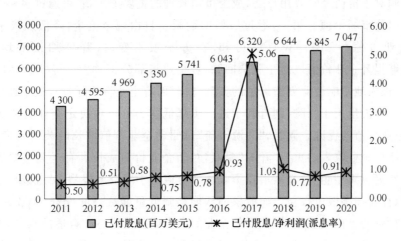

图 1-15　可口可乐公司已付股息及已付股息与净利润比例(2011—2020 年)

(四)高频股票回购,提振股票价格

企业利用自有资金或其他渠道融资而来的资金,在资本市场委托证券公司购买本企业流通股票的行为,即为股票回购。若购回的股票用于企业股权激励,其可被处置为"库存股"。但无论股票回购用于何种目的,企业净资产与总股数均会减少,这将引致一系列提振股价的市场效应,进而促进企业市场价值提升。相比于股利分配,由于资本利得税一般低于股利所得税,通过股票回购来回馈股东成为体现企业价值的更佳选择。对于成熟企业而言,长期维持高水平的利润增长难以符合现实情况,而可口可乐公司保障股东权益的净资产报酬率指标却逆势上扬,其强劲驱动力与股票回购措施密不可分。

股票回购是提振股票价格的"强心剂",其运作逻辑如下(如图 1-16 所示):首先,企业实施股票回购,在净利润不变的前提下,净资产和总股本减少;其次,总股本作为每股收益的分母项,在分子项净利润不变时,其降低说明投资者对每股收益的期望值提高,每股收益上升的表现强烈刺激投资者投资其认为前景良好的股票,促进股价上涨,同样可知净资产作为净资产报酬率的分母项,其降低说明关乎投资者利益获得的净资产报酬率上升;再次,净资产报酬率的正向变动还传递出公司盈利情况良好的财务信息,但市盈率的分母(每股收益)上升导致衡量企业市场价值的市盈率回落,表明目前企业市值未与实际企业价值相匹配,即企业发出股价被低估的信号;最后,根据价值投资的理念,投资者应选择虽被市场低估但具有真实价值创造能力的企业,因此理性投资者会相继在资本市场购入该股票,进而提振企业股票价格。

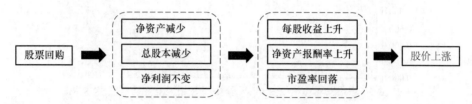

图 1-16　股票回购提振股价逻辑

股票回购对于价值经营效用显著,成为市值管理的重要工具,它可通过多种方式同时提升企业价值以及市场价值。第一,通过股票回购减少自由现金流量,降低加权平均资本成本。根据企业价值 = EBIT/WACC 可知,在分子项不变时,降低加权平均资本成本(WACC)能够提升企业价值。对于股票回购,若企业将部分正常生产经营活动所需资金用于回购,则会极大地影响企业创造价值的实现过程,而若企业将边际收益低于加权平均资本成本的自由现金流量用于回购,则有利于进一步降低作为分母项决定企业价值的加权资本成本,促进企业价值的提升。同时,"开源节流"是驱动企业价值增长的关键要素,而提升投资效率作为增加企业收入的重要"开源"要点,对于企业价值成长具有至关重要的作用。可口可乐公司作为成熟型企业,其新增投资收益率普遍低于净资产报酬率,难以创造更多增量价值,长此以往将损害股东权益。而股票回购能够降低可能被过度投资、无效并购、随意支出等非效率投资的自由现金流量,从而使企业的现金储备量维持在合适的水平,进而激活企业投资效能并促进企业价值提升。第二,通过股票回购实施股权激励,改善公司治理水平。可口可乐公司的股票回购一部分用于企业管理层以及员工的股权激励,而增加管理层持股比例有利于降低企业代理成本,即通过激励机制将管理者的经营业绩与所得利益挂钩,管理者有充足的动力尽心尽力工作以获得利得回报,并且从长期来看,股权激励能够加强企业对外界高素质人才的吸引力,从而推动企业未来的发展。此外,适度激励企业员工有利于激发其工作积极性,使其作为业绩"催化剂"更快地促成企业的绩效目标,从而使企业的市场价值得以顺势提升。第三,通过股票回购释放财务信号,提升投资者信心。股票回购是重要的市值管理工具,在股价被低估时,企业通常利用发布股票回购信息来向资本市场传递积极财务信号,增强投资者信心,从而使股票价格趋于合理化。基于信号理论,股票回购与股利分配均在资本市场具有信号效应,但股票回购方式提振股票价格的作用更加直接和明显。自1984年起,可口可乐公司已正式宣布并实施了九次股票回购计划(如图 1-17 所示)。具体而言,从宣布回购计划的当年开始,往后逐年实施回购不等量股份的行为,直至回购的目标股数达成。假设 2019 年设立的回购计划顺利达成,可口可乐公司的股票回购便已达到 13.27 亿股之多,而每年宣布回购股份的消息便可获得股价上扬的市场效应,为价值经营精密调控市场价值水平提供了有力的工具保障。

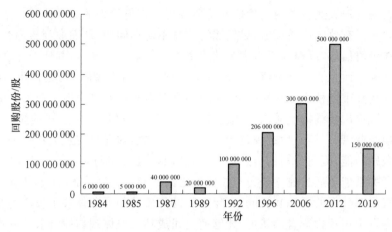

图1-17 可口可乐公司股票回购计划

资料来源:可口可乐公司官网。

六、借鉴与启示

本案例通过对全球饮料巨头可口可乐公司的市值管理进行分析,剖析了价值创造、价值实现、价值经营三个环节如何各自发挥作用并相互依托、环环相扣,以及如何妥善处理产品市场与资本市场协同发展的平衡驱动问题,并最终实现公司内在价值与市场价值最大化,为其他企业着手建设规范的市值管理体系提供了借鉴与启示。可口可乐公司根据市值管理的蓝图规划,不仅打造出更庞大的饮料产业"帝国",还巧妙借助资本市场力量获取资本支持,为可口可乐公司的可持续发展筑建了安全稳固的"护城河"。总之,当前全球经济具有高度的不确定性和复杂性,需要企业拓宽战略视野,借鉴可口可乐公司的市值管理经验,建立多维度的市值管理体系。

(一)强化企业产品市场的竞争优势,实现可持续价值创造目标

基于企业内在价值最大化的价值创造是市值管理的起点环节,同时也是市场价值在资本市场高速增长的现实基础,脱离实际内在价值的市值炒作将损毁企业可持续发展能力,并损害投资者利益。企业管理者应不断提高企业在产品市场的竞争优势,从而通过旺盛的销售业绩增加企业内在价值,实现可持续价值创造目标。可口可乐公司站在价值链视角,在内部价值链方面,通过内部生产经营、基本职能等活动确认价值创造要素,从而使产品价值经过研发、生产、销售等环节逐渐增值;在纵向价值链方面,充分发挥波特五力模型中的有利地位优势,利用与上游装瓶厂纵向整合、与下游零售商战略联盟的手段,强强合作,优势互补,资源互通,既降低了经营成本费用,又达成了获取市场竞争优势的目标;在横向价值链方面,为帮助企业确定竞争战略和发展方向,使产品创造更多的价值,与同行业合资伙伴在战略联盟中实现双赢,通过资源共享、长处互鉴等方式增强了企业的内在价值。因此,企业应通过适合所属行业特征的手段,持续增强自身产品的产品市场竞争优势,从而有利于企业在该市场获取最大化的内在价值,实现可持续价值创造。

(二)积极与资本市场传递价值信息,反映合理的价值实现状态

能够最大程度地表达企业内在价值的价值实现为市值管理的成果体现。企业应积极与资本市场建立多元有效的沟通渠道,尽量缓解信息不对称问题,从而顺利传递企业产品市场所创造的内在价值信息,以提高资本市场的投资者对企业的认同度,并使企业享受市场溢价等资本市场红利。而企业市场价值应反映真实合理的价值实现状态,无企业内在价值支撑的资本炒作等扰乱市场秩序的恶性行为,将会损害股东利益并且损毁企业的价值创造能力,使企业难以在资本市场维持优质信誉、吸引潜在投资者。可口可乐公司的多重价值实现方法有益于其他企业借鉴学习:稳定规范的公司治理结构能够通过缓解委托代理问题,有效地发挥监督与激励功能,提高公司的信息透明度,从而提高公司与资本市场的沟通效率;积极主动的投资者关系能够通过建立公司与投资者之间的双向沟通渠道,缓解信息不对称问题,从而促进投资者对公司的了解和认同;百年老牌的优质品牌形象体现了较高的企业价值,并且有益于获得资本市场投资者的认可,能够使公司成功获取体现在股价上的资本溢价;持续履行的社会责任,既创造经济价值又实现社会价值,有助于企业的内在价值与市场价值双重齐升。从本质而言,价值实现通过与资本市场传递价值信息,实施良好互动,帮助提高企业市场价值与内在价值的契合度,从而拓宽市场价值稳步提升的增值空间。

(三)协同发展产品市场与资本市场,采取合适的价值经营手段

密切关注企业在产品市场与资本市场协同发展的价值经营,是市值管理的重要手段。企业应时刻关注内外部环境的变化,防止企业内在价值与市场价值错位脱节,应动态调整产品市场策略与资本市场策略,在这两个市场双轮驱动实现价值和市值飞跃。可口可乐公司灵活地运用价值经营手段调整其内在价值与市场价值的契合程度:若市场价值显著高于内在价值,可口可乐公司采用包括并购投资、研发投资等资本运营手段以及优化资本结构的措施,利用企业的估值优势降低投融资成本,并拓宽价值产品系列,创造新的价值增长点,从而促使企业的内在价值提升并逐渐与市场价值曲线吻合;若市场价值显著低于内在价值,则需要使用包括"股价强心剂"在内的股利分配、股票回购、业务剥离等方式,向资本市场释放积极信号,聚焦产品价值,提升现有和潜在投资者的信心,改善市场价值表现,减缓内在价值偏离市场价值的程度。面临当前的经济环境窘境,可口可乐公司股价一度受到新冠疫情冲击,股价最低跌至38美元/股,市场价值严重与内在价值脱节,然而公司仍然照常分配季度股息、宣布最新股票回购计划、剥离多余产品以精简产品线等,这一方面能够增强资本市场对可口可乐公司财务业绩以及现金流充沛的信心,促进市场投资以恢复股价,另一方面公司自身聚焦挖掘重点产品价值,增强内在价值实力以度过经济寒冬,最终成功恢复到疫情前的正常股价水平,基本摆脱了宏观环境危机。因此,价值经营紧密结合了企业在产品市场与资本市场的表现结果,采取合适的价值经营手段能够帮助企业市值围绕内在价值相机而动,从而实现双轮驱动企业可持续发展的效果。

(四)促进内在价值与市场价值齐升,建立规范的市值管理体系

区别于仅注重内在价值增长的价值管理,市值管理体系丰富而全面的考量对于企业经营而言更加可靠和有效。市值管理是对企业内在价值与市场价值的综合管理,企业应建立规范的市值管理体系,帮助企业在产品市场和资本市场获取优势地位,使产品市场与资本市场双轮驱动企业价值可持续增长。不过,规范的市值管理体系由企业价值作为核心支撑,不

断驱动市值沿着内在价值契合式增长,而非资本市场操纵市值的"伪市值管理"。从长期来看,可口可乐公司一直秉持着厚积薄发的发展态度,在市值管理体系指导下凭借实力过硬的产品表现以及恰如其分的市值管理手段,使股价以长虹般的气势穿越牛市和熊市,实现以内在价值为核心的市值飞跃,公司可持续发展的成长潜力值得期待。而对于中国资本市场,中国上市公司市值管理研究中心发布的《2020年度中国上市公司市值管理绩效报告》显示,市值管理绩效愈发出现两极分化,即高分公司与低分公司的数量明显增加,并且最高分与最低分均打破历届记录。面对中国上市公司市值管理绩效分化加剧的现象,上市公司应首先建立科学、规范、系统的市值管理体系;其次应利用市值管理手段对症下药,解决内在价值与市场价值不匹配的问题;最后,上市公司应在遵守产品市场与资本市场规则的前提下,不断提升其内在价值与市场价值,以合法合规的市值管理体系实现公司的可持续发展。总之,尽管宏观环境变化多端,企业仍然要以乐观开放的姿态拥抱各种挑战与机遇,而建立市值管理体系将成为更多上市公司促进内在价值与市场价值齐升的最佳选择。

参考文献

[1] 李旎,蔡贵龙,郑国坚.市值管理的综合分析框架:理论与实践[J].会计与经济研究,2018,32(2):75-95.

[2] 张济建,苗晴.中国上市公司市值管理研究[J].会计研究,2010(4):82-88,96.

[3] 徐昭.上市公司市值管理的有效性研究——基于企业并购绩效的实证分析[J].经济理论与经济管理,2017(1):68-83.

[4] 国盛证券.食品饮料行业专题研究:软饮料专题之可口可乐[EB/OL].(2020-08-10)[2021-02-18].https://data.eastmoney.com/report/zw_industry.jshtml?infocode=AP202008101397557283.

[5] 信达证券.从可口可乐的生产看轻资产与重资产商业模式[EB/OL].(2018-05-22)[2021-02-18].http://webview.hibor.com.cn/docdetail_2356126.html.

[6] 刘柏,郭书妍.董事会人力资本及其异质性与公司绩效[J].管理科学,2017,30(3):23-34.

[7] 吕长江,严明珠,郑慧莲,等.为什么上市公司选择股权激励计划?[J].会计研究,2011(1):68-75,96.

[8] 崔登峰,邵伟.企业社会责任、营销能力与企业绩效——基于环境不确定性的调节[J].经济与管理研究,2018,39(7):134-144.

[9] 何音,李健,蔡满堂,等.企业社会责任与企业价值:营销竞争力与顾客意识的作用机理[J].管理工程学报,2020,34(2):84-94.

[10] 林钟高,刘捷先,章铁生.企业负债率、研发投资强度与企业价值[J].税务与经济,2011(6):1-11.

[11] 邱玉兴,胡晶莹,周阳.CEO权力、研发投资与中小企业价值研究[J].会计之友,2019(11):67-71.

[12] 王维,金娜,章品锋.CEO背景特征、研发投资与企业价值研究——以高新技术企业为研究对象[J].会计之友,2016(5):33-37.

[13] 唐清泉,李萍.资产剥离与业务重组的有效性研究[J].当代经济管理,2016,38(7):

14-24.

[14] 杨兴全,张丽平,陈旭东.市场化进程与现金股利政策:治理效应抑或缓解融资约束?[J].经济与管理研究,2014,(5):76-84.

教学用途与目的

1. 本案例主要适用于"战略管理""财务管理""资本运营"等课程中公司财务战略、市值管理与投融资相关领域的教学。

2. 适用对象:本案例主要针对 MBA、MPAcc、EMBA 和企业管理人员,以及经济类、管理类专业的高年级本科生和研究生。

3. 教学目的:面对全球经济持续低迷的宏观经济环境,企业亟须选择一条可持续发展的赛道以深耕自身价值,而市值管理正是帮助企业在产品市场和资本市场最大化其内在价值与市场价值的管理模式,从而实现企业的可持续价值增长。作为世界上最大的非酒精饮料公司,可口可乐公司在全球具有广泛而深远的影响力,主要基于价值创造、价值实现、价值经营三个层面打造其市值管理体系,以实现产品经营与资本运作联动、产业资本与金融资本协同的效果,为上市公司通过产品市场与资本市场双轮驱动企业价值可持续增长提供了经验与借鉴。通过对本案例的分析,帮助读者理解和掌握以下重要知识点:

(1) 市值管理的内涵与核心内容;
(2) 上市公司基于价值链进行价值创造的关键路径及具体措施;
(3) 上市公司价值实现的主要举措;
(4) 当内在价值与市场价值存在偏差时,上市公司可采用的价值经营调整策略;
(5) 正确理解"市值管理"与"伪市值管理"。

思 考 题

1. 上市公司如何基于产品市场和资本市场双轮驱动内在价值与市场价值的增长?
2. 可口可乐公司如何通过内部、纵向和横向价值链,实现价值创造的协同效果?
3. 可口可乐公司如何利用扩张与收缩型资本运营手段,以促进价值增长?
4. 可口可乐公司如何实施股利分配以及股票回购等资本运作行为,以提升市场价值?
5. 上市公司应该如何防范"伪市值管理"风险?

案例 2 低价优质巧盈利,会员流量创佳绩:COSTCO 商业模式与估值分析

一、引言

近年来,随着互联网和大数据技术的高速发展,电商行业凭借其高效率、低成本优势在互联网科技的承载下异军突起,加剧了零售渠道间的竞争,不断挤压着全球线下零售企业的生存空间。随着购物中心、网络购物、无人零售等新兴业态的出现,加之房屋租金、人力成本等运营成本逐年提升,传统实体零售企业被迫处于内外交困的境地,不少企业面临破产或者被迫区域性退出市场的局面。美国作为具有百年零售历史的成熟市场,孕育了众多全球知名零售巨头,而这些"巨头"也难逃这场没有硝烟的战争带来的命运更迭:百年老牌西尔斯百货(Sears)在 2006—2018 年的十几年间市值缩水 99%,最终于 2018 年宣布破产;曾经的零售巨头彭尼百货(J. C. Penney)目前市值不足 2.3 亿美元,面临摘牌危机,整个零售行业迎来重新洗牌的风波。中国作为被美国零售企业一向看好的海外沃土,已成为新零售发展最为迅猛的国家,如今传统零售企业的生存岌岌可危,曾经布局中国的海外零售企业正逐步撤出这片市场——沃尔玛 2012—2018 年在中国陆续关闭门店近百家,玛莎百货全面退出中国市场,家乐福中国和麦德龙中国陆续被收购,都昭示着传统零售企业的寒潮来临。

而在这一系列传统零售企业没落的风波中,COSTCO WHOLESALE(简称"COSTCO")不退反进、势如破竹般跻身全球零售商前三,它以"低价+高品质+优质服务"的核心零售理念和极具特色的商业模式稳健发展,市值非但未缩水,反而一路高升,COSTCO 也因此成为世界企业竞相模仿的典范,被小米科技有限公司 CEO 雷军、网易严选 CEO 柳晓刚和拼多多创始人黄峥等众多商业精英视为商业模式创新的灵感源泉,更被巴菲特赞誉为"芒格临死都要夸赞一次的神奇超市"。在众多海外零售企业逐步退出中国市场的同时,COSTCO 逆流而上选择进军中国,2019 年 8 月 27 日,COSTCO 上海闵行店的火爆开张让这家"神奇超市"正式走入中国消费者的视野,其别具一格的商业模式也成为热点话题。正如著名的管理大师彼得·德鲁克所说,"当今企业之间的竞争,不是产品之间的竞争,而是商业模式之间的竞争",商业模式愈发成为企业生存发展之根本,因此探索独具特色的商业模式是企业制胜的关键。本案例从企业经营的价值维度出发,借鉴国内外学者的相关研究成果,深入剖析 COSTCO 为业内津津乐道的商业模式如何成就其"神奇超市"的价值神话,总结其价值主张、运营、盈利等多方面的独到和精明之处,为国内零售业态提供经营思维和商业模式创新的新思路。

二、公司简介

COSTCO WHOLESALE(NASDAQ:COST)于 1983 年在美国华盛顿州西雅图成立,其前身是由 Sol Price 于 1976 年成立的全球第一家提出"会员制量贩销售"概念的零售店——Price Club。COSTCO 是目前全世界销售量最大的连锁会员制仓储式量贩店,并在 2018 年一跃成为全球第二大零售企业,在美国《财富》杂志公布的"2018 年世界 500 强"排行榜中居第 35 位,主

营商品种类有食品、生鲜、杂项、家电玩具、服装日用和其他周边服务六大类。除此之外，COSTCO还是全美最大的有机菜市场、最大的红酒零售商和汽车零售商。据2018年公司年报，COSTCO共开设782家门店，遍布美国、加拿大、英国、韩国、日本、中国等11个国家，在全球范围内共计雇佣24.3万名员工。截至2019年9月，COSTCO共有9 850万持卡会员，770万家企业会员，共办理了5 390万张家庭卡，4 290万张金星卡，330万张企业会员附属卡。本部分将从发展历程、业务分布、财务绩效三个方面展示COSTCO的基本概况。

（一）发展历程

COSTCO这家"神奇超市"的成长之路，可分为以下三个阶段。

1. 初创期(1954—1984年)：探索模仿，定型"大卖场"模式

早在1954年，创始人Sol Price就开启了传统零售商店的探索之路，在他的构思下，首家折扣百货商店Fed-Mart诞生在美国加州的圣地亚哥市，Fed-Mart首次应用一站式购买各种低价商品的经营模式，被视为Price Club和COSTCO的最初灵感。然而这家百货超市并没有顺利成长，而是于1975年被一家德国零售商收购，后因发展计划失败在1982年倒闭。在百货商店被收购后，Sol Price重新构想通过建立一个购物俱乐部，聚集个别会员的零散购买力，统一向生产厂家大批量订货，既省去分销成本，又能实现规模效应，于是1976年Price Club应运而生（它被称为全球第一家会员制仓储批发卖场），从此开启了"warehouse store"的零售模式。最初Price Club以服务小型企业为主，后来开始服务更广大的消费群众，服务范围扩大至一般个人消费者。到1979年，Price Club已经有两个卖场、900名雇员，以及20万名会员，实现了100万美元的年利润。1980年，Price Club公司上市，1989年，Price Club已经成为美国最赚钱的公司之一。

在看到Price Club的成功后，身为律师的Jeffrey Brotman联想到"大卖场"模式——把折扣超市和百货公司合为一体，并笃定地认为该模式将在美国大受欢迎。于是他带着这样的商业计划找到了在Price Club担任过高管的Jim Sinegal，二人一拍即合。1983年9月，二人创办的第一家COSTCO在美国西北部的华盛顿州西雅图市顺利开业，这家"神奇超市"的辉煌之路就此展开。

2. 快速发展期(1985—2007年)：加速扩张，打造全面业务生态

在美国本土开设四家分店后，Jeffrey Brotman开始将目光投向国际市场。1985年，COSTCO在加拿大开设了第一家海外卖场，标志着COSTCO开始向海外市场快速扩张。1993年是COSTCO历史上极为重要的一年，正值COSTCO成立十周年之际，Price Club与COSTCO正式合并为Price COSTCO。1994年，COSTCO在韩国汉城（今首尔）开设第一家分店，标志着COSTCO进军亚洲，随后，COSTCO于1997年在高雄开设中国台湾第一家卖场，1999年在福冈开设日本第一家卖场，其扩张速度令人惊叹，短短十年间开设了200家卖场。在快速发展中，为了提高与供应商的议价能力并为消费者提供品种丰富、物美价廉的商品，COSTCO在1995年推出自有品牌Kirkland Signature，该品牌以其优质、高性价比的产品深受消费者的青睐，也大大地增强了企业与供应商的议价能力。除了提供保健品、坚果等一系列健康食品，Kirkland还在一步步涵盖牛奶、有机蔬菜、卫生纸、男式衬衫、高尔夫球等衣、食、住、行方面的上百种门类。另外，源于灵敏的商业感知，1998年Kirkland开通购物网站http://www.costco.com，将COSTCO的服务带到线上，没有错过互联网发展的时代。1998年，Price Cost正式更名为COSTCO WHOLESALE，不甘心仅局限于生活零售业务的"神奇超市"开始探索更加宽广的业务生态,在2000年开展旅游业相关零售业务,2002年在华盛顿州柯克兰开张了第一家以高端家具和配件为特色的"Costco Home",标志着首次推出家具业态。2006年,COSTCO首次推出洗车设施,服务开始向零售周边服务涉足。

在快速发展期,COSTCO快速拓展海外市场并全方位布局零售业务生态,为日后的腾飞打下了坚实的基础。首先,大力推进扩张海外市场战略,加快国际化的进程。其次,与生产厂商联手打造自有品牌,增强其议价能力的同时为客户提供更多低价优质的商品,并以敏锐的战略眼光上线网购平台,尽管仍然以线下实体店业务为主,但没有错过互联网发展带来的机遇。最后,拓展旅游、家具、周边服务等全方位的零售业态,尽可能覆盖家庭的多种零售消费,用"一站式"的经营模式锁定消费者。

3. 成熟期(2008年至今):经受金融危机考验,二次发展实现逆境反超

2008年受金融危机影响,美国消费者的消费额度受到抑制,各大零售商均遭遇业绩低谷,COSTCO的业绩增长速度亦有所下降。如图2-1所示,圈出位置为2008年金融危机期间,COSTCO股价出现下跌情况,由2007年12月的52.6美元/股下降至2008年年底的40美元/股。金融危机过后,美国中产阶级的消费理念渐渐转变,开始更加注重商品的价格和质量,COSTCO物美价廉的策略和会员制量贩店模式优势逐步显现,营收、门店数均稳步增长,营收增速在2010年和2011年分别为9.13%和14.07%,远超同行业竞争者。COSTCO通过其与众不同的商业模式,实现了营业收入和净利润的快速恢复,股价一路飙升,进入第二轮快速发展阶段,实现了逆境反超。十年来,COSTCO经受住了金融危机和互联网电商崛起对线下零售业的考验,依靠自身的商业模式稳步成长。时至今日,COSTCO已经成为美国第二大零售商,全球会员达9 430万人。截至2019年11月,COSTCO的市值达到1 314亿美元,成为全球众多创业者的模仿典范。

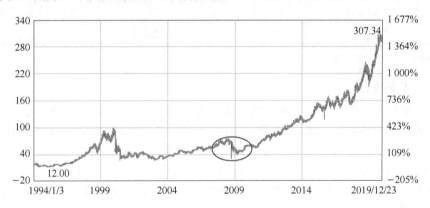

图2-1 COSTCO上市至2019年的股价走势图

资料来源:新浪财经。

(二)业务分布

截至2019年11月,COSTCO共开设785家门店,遍布美国、加拿大、英国、韩国、日本、中国等11个国家。由表2-1和表2-2可以清晰地看出,COSTCO的门店主要集中在美国和加拿大两国,由于加拿大的人口密度、家庭结构、饮食习惯与美国最为相似,因此加拿大是COSTCO进行全球扩张的首选国家;中国台湾、韩国、日本是COSTCO进入亚洲市场时选择的三个国家/地区。COSTCO的扩张政策经由最初十年的激进态度后转向谨慎态度,在国际市场上的开店速度相比早些年有所放慢(见表2-2),另外在进入陌生国家和地区前有较长的考察期,以中国市场为例,2019年8月27日,COSTCO在中国上海闵行开张了中国大陆第一家线下门店,然而早在2014年COSTCO就与阿里巴巴达成合作,在天猫国际上线旗舰店,用以观察中国消费者和探索中国零售市场、做出精准的消费者画像,时隔五年才踏入中国大陆地区。

表 2-1　COSTCO 开店国家/地区分布

国家/地区	门店数	国家/地区	门店数
美国	546	加拿大	100
英国	29	中国台湾	13
韩国	16	日本	26
澳大利亚	11	墨西哥	39
西班牙	2	冰岛	1
法国	1	中国大陆	1

资料来源:COSTCO 2018 年年报。

表 2-2　COSTCO 历年开店数量

年份与合计	美国	加拿大	其他国家/地区	合计	全部运营中的店铺
2015 年及以前	480	89	117	686	686
2016	21	2	6	29	715
2017	13	6	7	26	741
2018	13	3	5	21	762
2019	16	—	4	20	782
2020(截至 2019.12.31)	3	—	—	3	785
合计	546	100	139	785	

资料来源:COSTCO 2018 年年报。

(三) 财务绩效

由表 2-3 可见,COSTCO 呈现规模持续扩大、盈利稳定、营运能力较强、未来发展能力良好的态势。从总体规模上来看,截至 2019 年 9 月 1 日,COSTCO 的总资产规模达到 454 亿美元,同比增长 11.19%,主营业务收入和净利润实现稳定双增长,2018 年度分别达到 1 527.03 和 36.59 亿美元,同比增长 7.86% 和 11.19%,较 2017 年增长速度稍有放慢。盈利能力方面,就每股收益这一指标而言,COSTCO 近几年的表现非常亮眼。对比另外三家上市的美国零售百货企业沃尔玛(Walmart)、克罗格(Kroger)、塔吉特(Target),COSTCO 自 2013 年以来保持着良好的上升势头(如图 2-2 所示)。在零售巨头沃尔玛的每股收益连年下跌的情况下,COSTCO 几乎每年同比稳定上升,自 2015 年后这一指标一直领先于其他三家零售企业。另外值得关注的是营业总成本占营业总收入之比高达 97%,往年数据也在 96% 左右,结合 11% 左右的较低销售毛利率,可以看出 COSTCO 并未在商品销售上获得主要利润,其营业收入几乎全部弥补了营业成本,体现了 COSTCO 的低价销售策略。营运能力方面,COSTCO 的存货周转天数保持在 31 天左右,应收账款周转天数在 4 天左右,亚马逊近五年的存货周转天数在 44 天左右,应收账款天数在 17~20 天内波动,相比之下,COSTCO 的营运周转能力尤为出色。偿债能力方面,COSTCO 的资产负债率基本在 65%以上,据统计,美国零售行业的平均资产负债率在 60% 左右,可见 COSTCO 的负债占资本结构比例较高,可能会有较大的偿债压力。股利政策方面,自2013年以来COSTCO每年每股派息占每股收益的比重均超过25%,尤为特别的一点是COSTCO在2012年12月、2015年2月、2017年5月分别发放了每股7美元、5美元、7美元的特别股息,不可谓不慷慨。综上所述,COSTCO的整体财务绩效呈现稳中向好的发展态势。

表2-3 COSTCO 2014—2018年财务绩效一览表

指标		年份				
		2014	2015	2016	2017	2018
投资经营规模/百万美元	主营业务收入	116 199	118 719	129 025	141 576	152 703
	净利润	2 377	2 350	2 679	3 134	3 659
	总资产	33 440	33 163	36 347	40 830	45 400
	净资产	10 843	12 332	11 079	13 103	15 584
偿债能力	资产负债率/%	67.57	62.81	69.52	67.91	65.67
	流动比率	1.05	0.98	0.99	1.02	1.01
	利息保障倍数	30.06	28.21	31.14	28.94	32.77
盈利能力	净资产收益率/%	20.74	20.71	23.44	26.59	26.10
	总资产报酬率/%	11.22	11.27	12.01	11.92	11.40
	销售净利率/%	2.07	2.00	2.10	2.25	2.43
	销售毛利率/%	11.09	11.35	11.33	11.04	11.02
	营业总成本/营业总收入/%	96.99	97.02	96.92	96.95	97.00
	每股收益/(美元/股)	5.37	5.33	6.08	7.09	8.26
营运能力	存货周转天数/天	30.93	31.27	30.25	30.51	30.39
	应收账款周转天数/天	3.67	3.75	4.06	3.94	3.78
	总资产周转率/%	3.50	3.56	3.71	3.67	3.54
成长能力	主营业务收入增长率/%	3.16	2.17	8.68	9.73	7.86
	总资产增长率/%	1.26	−0.83	9.60	12.33	11.19
	净利润增长率/%	15.50	−1.14	14.00	16.98	16.75

资料来源:根据COSTCO 2014—2018年年报、Wind数据整理。

图2-2 四家公司每股收益对比图

数据来源:东方财富网。

三、基于管理者视角的商业模式分析

正如著名的管理大师彼得·德鲁克所说,"当今企业之间的竞争,不是产品之间的竞争,而是商业模式之间的竞争"。商业模式是企业生存发展之根本,一个有效而持续的商业模式对企业有着重大的意义,可以使企业创造出新的市场价值,形成独特的竞争优势,以实现持续、稳健的发展。每个在行业激烈的竞争中稳健成长、不断扩大规模的成功企业都有其独具特色的商业模式作支撑,然而如何设计合适的商业模式是众多企业的难题所在。对于商业模式的定义,学术界众说纷纭,其中最为广泛接受的是价值论,即认为商业模式的最终目的是增加企业价值,本质内容包括价值主张、支撑企业价值创造与传递及价值获取的运营模式和盈利模式,或者说商业模式是价值主张、运营模式和盈利模式三者的组合。参考文献[19]提出的三维度模型(如图2-3所示)对商业模式的构成要素进行了高度概括,体现了各要素间的反馈机制,能够反映商业模式的基本内涵,被学术界广泛认可,故本案例采用该模型来分析COSTCO的商业模式。

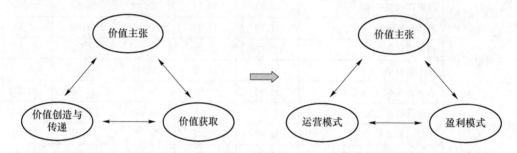

图2-3 企业经营的三维度模型(左)及商业模式三维度模型(右)

如图2-3的三维度模型所示,首先,企业结合自身定位和所拥有的独特资源提出价值主张,重在阐明企业能为顾客提供什么价值,反映了企业对顾客的价值承诺,同时还界定了这一价值主张定位的目标顾客。其次,企业设计运营模式来实现价值主张以达到价值创造的目的,再以有效的方式将价值传递给目标顾客。换言之,价值创造与传递是企业建立和协调与顾客、商业伙伴之间的关系,把各方资源转化为顾客价值并传递给顾客的过程。最后,价值获取是企业从产出的总体经济价值中取得一定份额价值的过程或机制。企业通过价值传递来满足顾客需求的同时提高了顾客的忠诚度,带来了更大规模的需求群体的增长,驱动盈利模式实现利润回报和价值提升。COSTCO正是以这样的价值逻辑设计出独特的商业模式,在竞争激烈的零售行业中逐渐成长为美国零售巨头之一。COSTCO从其"低价""高品质""优质服务"的价值主张出发(如图2-4虚线框内所示),通过设计一系列精细的业务体系并进行运营来实现价值创造,在销售高性价比的商品和提供优质服务的同时向会员群体传递价值,提高了会员的满意度和忠诚度;在维持老会员群体黏性的同时吸引新会员,实现了会员规模的持续扩大,驱动其"不赚商品差价,只赚会员费"的盈利模式,最终成功实现了企业的价值获取。

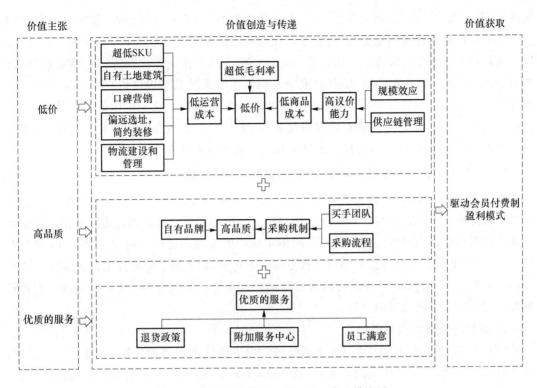

图 2-4　COSTCO 基于价值导向的商业模式图

（一）价值主张，三方面兼顾凸显竞争优势

鲜明、独特、清晰的价值主张是整个商业模式的灵魂，它不仅是整个商业模式设计的源头和出发点，后续实现价值创造的业务体系设计也都要围绕这个核心进行。一个好的价值主张必须被严格定义，并得到员工、顾客、股东和投资者的深刻理解。价值主张的内涵可以从三个层面理解。从企业层面来看，价值主张源于企业家在设计商业模式时的"远见"，基于企业的独特资源和定位，结合对行业发展的预测来清楚阐述企业的业务本质，构造一个价值生态系统，并将企业、顾客、相关利益者纳入其中。从产品层面来看，价值主张体现为企业的一种产品营销口号，是对企业提供的产品、服务以及企业运行策略等方面的描述，清晰地阐明了企业的产品或服务与竞争者的不同，提供了顾客购买产品或服务的理由，是企业通过广告向顾客所要传递的企业诉求和能力证明。从顾客层面来看，价值主张阐述了顾客能从企业的产品和服务中获得的价值，企业力图通过寻找产品和服务中的关键顾客价值要素并将其加入到价值主张中来让顾客满意。

COSTCO 在其近 40 年的发展过程中，始终坚持的承诺和核心理念为"为所应为，勇于承担应尽的责任与义务，以尽可能低的价格持续为会员提供高品质的商品及服务"，由此可提炼出其价值主张，即销售"低价、高品质"的高性价比商品，提供"极致消费体验"所需要的优质服务（如图 2-4 中虚线框内所示），将价值传递给"会员群体"。COSTCO 在简短的核心理念里清晰地阐明了企业提供怎样有别于竞争对手的产品及服务，服务于什么类型的客户群体以及顾客能从产品中获得怎样的价值，也潜在说明了企业的盈利模式——不赚商品差价，通过提供高性价比商品和优质服务来满足会员，赚取会员费。沃尔玛（Walmart）的价值主张是"天天低价",以"为顾客省钱,让他们生活得更好"为口号进行经营,其所追求的更侧重于低廉的价格和优质的服务两方面,强调在同等商品品质下尽量压低价格出售,将高品质这一关键点处于第二层级考虑。塔吉特(Target)的价值主张是提供"高品质、高品位"的折扣商品,不过分强调最低价格,反而侧重于将高品质的高级商品提供给具有高端品位的群体。相比于沃尔玛和塔吉特,COSTCO同时兼顾低价、高品质和优质的服务三个价值主张,让顾客群体形成进店购买只需根据偏好挑品牌,无须担心品质和价格的购买信仰,这就是COSTCO在价值主张这一阶段优于沃尔玛和塔吉特的关键所在。

(二)价值创造与传递,多路径并举实现价值主张

恰恰因为COSTCO在价值主张中坚持三方面兼顾,其运营模式中业务体系的设计必须精细有效才能支撑"低价""高品质""优质服务"下的价值实现。价值创造的过程亦是企业建立和协调与顾客、商业伙伴之间的关系,同步实现价值传递的过程。对于COSTCO这类零售企业而言,价值创造与价值传递的过程更加密不可分,向上游供货商购买货源的同时传递互惠共赢的价值观念,向下游顾客销售商品和提供服务的同时传递"低价、高品质、优质服务"的价值主张,二者具有同步性。

1. 高效率低成本保障低价

COSTCO的商品"低价"这一价值主张的实现主要依靠三方面保障:一是COSTCO内部的低成本运营,二是从供应商端进货的低成本货源,三是差异化盈利模式下对超低毛利率的控制,三方发力最终实现低价商品的供应。

(1)多方发力实现低成本运营

超低SKU带来高存货周转率。SKU(Stock Keeping Unit,库存量单位)属性可以理解为,同一种商品,产品和产品之间某些属性不同,用以区别这些不同产品的属性即为SKU属性。比如某个款式的牛仔裤,有S、M、L、XL四种尺码,有蓝、灰、黑三种颜色,则尺码和颜色都是SKU属性,那么XL号码的黑色牛仔裤就是一个SKU。COSTCO的特色之一便是精简SKU,针对每种需求通常只精选出来2~3种热销产品,其门店平均SKU维持在3 800个左右,而美国其他同等规模超市的平均SKU一般在4.5万~14万个之间。3 800个SKU中包括各种合作的知名品牌、价低质优的私人品牌和自有品牌。在每种商品的分类下,COSTCO只提供1~3种SKU,将商品限制在能快速销售的型号、尺寸以及颜色上,舍弃销售不佳的产品,从而省下管理费用和存货费用,同时保持了高存货周转率。超低SKU策略下的单个SKU进货量非常大,形成了对供应链的绝对控制,通常COSTCO会将同一个SKU分配给几家供应商来生产,形成多条供应链随时供货的有利条件,不会被单家供应商的供货速度所影响和限制,因此COSTCO无须耗费大量仓储费以备补货,进而有效地降低了库存成本。高存货周转率在有效降低运营成本的同时减少了占用资金,为企业带来充裕的现金流。从图2-5来看,COSTCO的存货周转率维持在12%左右,分别达到了沃尔玛的1.5倍、塔吉特的2倍左右。相比于沃尔玛平均42.83天和塔吉特平均58.43天的存货周转天数,COSTCO的平均存货周转天数仅为29.74天,展现了它强大的运营能力。

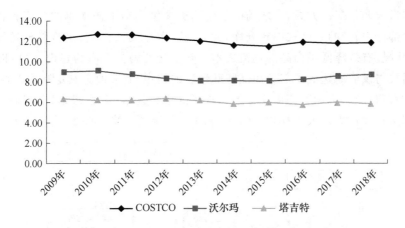

图 2-5　COSTCO、沃尔玛和塔吉特的存货周转率对比图

除了精选 SKU 带来的高存货周转率降低了运营成本外，COSTCO 在开店策略上也大有文章：自有土地建筑、偏远选址、简约装修、口碑营销等多重开店设计有效地降低了传统实体门店建设的租赁费用、建设装修费用、营销费用等必要性支出。据 2018 年年报数据，COSTCO 旗下 782 家门店中有 80% 的门店通过买地自建的方式开设，其余 20% 的门店采用不完全租赁，不完全租赁是指仅租用土地使用权，门店建设由 COSTCO 自己进行，这种模式极大地降低了长期租赁土地的费用。但对于一家需要大量销售、快速扩张的零售公司而言，自有物业扩张一般会带来资本投入过大和扩张速度较慢的问题，违背其发展逻辑。COSTCO 得以解决这两项问题的核心在于其门店装修风格极简。COSTCO 一向主张简约装修，无过多的装饰和复杂的内部架构，门店的整体建筑为平层大型仓库，内部放置大量货架和简单配套设施来紧凑地排列商品，该风格使得 COSTCO 自有门店的平均建设期仅 110 天，大大地短于同等面积门店 6 个月的建设期，在节省施工费用的同时也不会拖累公司的扩张速度。另外，COSTCO 在进行新店选址时往往会定址于价格较为便宜的郊区或者未开发的地段，且位于高速道路附近，便于顾客驱车前往购物，既满足仓储式门店对大面积的需求又可以降低土地成本。以 COSTCO 在中国开设的第一家门店为例，上海闵行店位于上海市闵行区朱建路上，沪常高速公路旁，距离上海市中心直线距离近 19 公里，既避开了高价且拥挤的地段以节省土地成本，又距离高速公路较近便于顾客开车到店购物。除此之外，COSTCO 将口碑营销做到极致，不投放任何广告，仅依赖企业自身的品牌声誉，实现了零营销费用，除了在建设工地外放置牌子提示将有一家新店在此开张外，新店开张时不会做付费营销。综上，COSTCO 极简的门店风格、偏远选址买地建店和极致的口碑营销，大大地降低了租赁成本、建设成本和营销费用，在开店之初便开启了低成本运营之路。

COSTCO 的物流建设和管理也为低成本运营作出了贡献。COSTCO 自 2001 年起持续投入资金建设交叉码头仓库（cross-dock depot），据 2018 年年报，COSTCO 共建设了 24 个仓库，占地面积达 1 100 万平方英尺（1 平方英尺≈0.092 9 平方米），支持 782 家仓储店的运行。商品从制造商处接收到仓库分配，随后运送到门店耗时通常不到 24 小时。仓库的装货、卸货月台分设在中心仓库的两端，送至配送中心的商品有些入库储存，有些直接装车送往门店（称为"直通作业"），库存信息管理系统会尽量安排直通作业，商品不加停留直接送离，以减少中心仓库的仓储费用。如图 2-6 所示，广泛的交叉码头仓库系统根据门店的分布距离和顾客需求调整配送方式,从之前的供应商交叉供货给不同地点的门店到目前形成的"部分直通,部分中转"的一站式中转仓库,大大地改善了交叉供货、多步骤输送导致的低效率、高成本状况,有效降低了商品的物流成本。除了交叉码头仓库的建设,COSTCO还利用自己的话语权与供应商达成了部分商品特殊包装的约定,制造商为其定制可以直接运输、上架并销售的特殊包装,货物大多以完整的托盘形式进行运输,全程搬运、上架店内员工都可以使用叉车进行操作无须人工摆货,从进货源头上提高了效率且降低了人工成本。

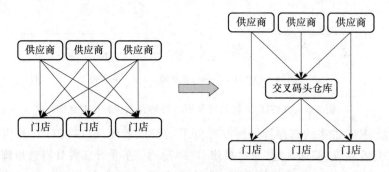

图 2-6　COSTCO物流体系变更图

(2) 议价能力保证低成本货源

COSTCO通过规模效应和高效的供应链管理来驱动议价能力的提升,再以其强大的议价能力从供应商处获得市场上最低价格的商品,以实现降低采购成本的目的。COSTCO的规模效应源于常年维持在3 800个左右的超低SKU和大件包装出售的经营方法,使得单店每SKU销售额远高于其他同类连锁会员量贩店。从图2-7可见,COSTCO近几年单店每SKU的年均销售额超过4万美元,相比之下山姆会员店(Sam's CLUB)的该指标约为2万美元。超高的单品销售额对供应商来说是巨大的诱惑,使得很多知名品牌愿意主动降低价格为COSTCO供货。另外,COSTCO对于供应链的高效管理营造了供应商们竞争激烈的局面,在店内上架的每种SKU都会交给多个供应商进行生产供货,因此一旦某家供应商无法及时供货、供货价格和质量出现问题,COSTCO能够迅速找到可替代的资源,放弃与该家供应商的合作。在这样"供大于求"的竞争环境下,供应商们看中了COSTCO带来的超高单品销售额和货源购买量,不惜在与竞争对手的竞价中逐渐压低商品和配送等相关价格来争夺COSTCO这块"香甜的蛋糕",而COSTCO在竞争中"坐收渔翁之利"获取低价货源。

另外,COSTCO积极重塑与供应商的关系以实现互惠共赢,不仅参与到供应商的生产和物流过程中帮助解决问题和提出更好的改进方案,还为融资困难的供应商提供供应链金融业务,在良好的合作关系形成后,供应商会愿意以低于别家零售超市的进货价格为门店供货。例如COSTCO一开始出售的鲑鱼片和在附近杂货商店购买到的并无差异,消费者买回后仍需自行处理,价格为5.99美元。COSTCO随后向食品供应商建议加入修剪脂肪、剥皮和剔骨等生产流程,大量购买无须处理的鲑鱼片以出售差异化商品,同时由于大批购买,鲑鱼片的价格降至4.99美元,既帮助供应商改进了生产流程、促进了销量,又实现了商品的差异化,赢得了消费者的好感。考虑上游中小企业的供应商融资困难且对应收账款依赖性过大、延误生产周期,COSTCO推出"反向保理＋动态贴现"的供应链金融模式,利用其核心企业的信用和影响力与银行或保理机构签订合同,帮助上游中小企业的供应商取得贷款,缩短现金回款周期,实现营运资金的快速周转,提高了生产速度并增加了批次。与此同时,COSTCO 也可以更好地控制和降低整个供应链中的成本和风险,在提高短期资产收益的同时零风险、高效地将经营资本盘活,实现互惠双赢的愿景。

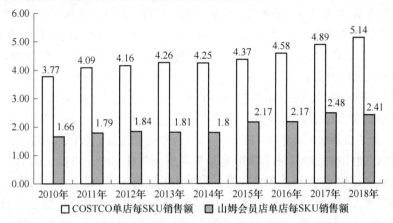

图 2-7　COSTCO 和山姆会员店单店每 SKU 销售额对比图(单位:万美元)

资料来源:根据公司年报、兴业证券整理。

(3) 经营逻辑锁定超低毛利率

毛利率不超过 14% 是 COSTCO 在商品销售方面最为严格的规则,也是其成功的秘密武器之一。COSTCO 从开业之初便对于公司的经营逻辑有着深刻的理解并严格遵守,近四十年的经营中对于低毛利率的坚持始终没有放松。从图 2-8 可以清楚地看出 COSTCO 的商品销售毛利率不到沃尔玛(24% 左右)的一半,同时仅为塔吉特(30% 左右)的三分之一左右,在 11% 上下波动,最高达到 11.35%,也始终没有超过 14% 的防线。COSTCO 的经营团队对于低毛利率的坚持为消费者带来了真正的低价商品——将低成本运营和低成本货源两方面挤压的成本和差价尽数补贴给顾客,为公司打下了坚实的群众基础,树立了优良的品牌声誉。

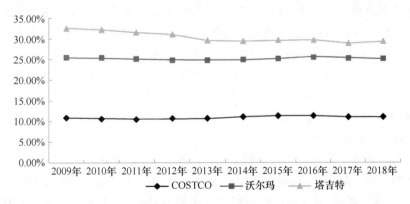

图 2-8　COSTCO、沃尔玛和塔吉特的毛利率对比图

注:此处毛利率的计算是由毛利润除以净销售额,不包括会员费收入。

2. 严选商品与自有品牌铸就高品质

(1) 采购机制实现品质严选

对于超市/卖场而言,货源质量往往由采购团队全权把控,因此采购团队的重要性不言而喻,他们不仅要具有识别好物的独到眼光,把握市场动向,而且作为公司第一线的议价者还需具有较强的谈判能力,采购团队的专业性和采购机制的严格性直接决定了上架商品的品质和销售效果。COSTCO 的采购团队往往源于内部选拔,挑选由基层晋升、熟悉采购和商品流通环节的员工加入采购团队,不断实践积累经验。为了吸引和稳定采购人才,COSTCO 向其提供了较高的薪酬,根据 Glassdoor 和 Indeed 网站数据,采购人员每年的工资在 5.9 万~7.5 万美元之间,远高于销售部门的 2 万~3 万美元。另外据招商证券整理,COSTCO 采购人员的时薪在 13.38 美元左右,显著高于山姆会员店采购人员 11.84 美元的时薪。在采购过程中,COSTCO 始终坚持"以消费者为中心",将采购团队打造成消费者的"买手",即站在消费者追求物美价廉的角度严格挑选每种 SKU。例如在选择一款果酱时,"买手"们不仅会亲自品尝几十种品牌的果酱,综合考虑其甜度、酸度、粘稠度等因素,还会前往工厂实地考察制作过程以保证了解影响果酱品质的各种因素。对所采购的商品有深刻理解,反复试用众多品牌且综合价格因素后,采购团队将新的 SKU 名单上递至管理层,再由管理层人员进行二次挑选,验证其质量,才能最终接受一款商品上架。综上,COSTCO 通过内部选拔买手机制和高薪酬吸引人才的策略打造了精英采购团队,结合多层级严格筛选的采购流程共同实现了高品质产品的追求。

(2) 自有品牌倒逼合作品牌

自有品牌 Kirkland Signature 一直被业界认为是 COSTCO 实现高性价比背后的王牌。目前 Kirkland 已成为"健康、优质、低价"的象征,其保健品、坚果等是全美销售排名前列的产品,其生鲜、生活用品、服装服饰、体育用品等产品涵盖了衣、食、住、行的上百种门类,占据 COSTCO 总销售额的 20% 以上并逐年提升。Kirkland 采用 OEM 供应模式,即将商品的设计权紧紧地把握在公司内部,根据市场需求或个性化诉求调整设计方案,与每个商品领域中最具实力的公司合作,定制其最有优势、最高质量的产品,在保证质量的同时压缩了从知名品牌企业进货的品牌溢价,实现了高品质和低成本的双目标。一方面,自有品牌商品进一步巩固了 COSTCO 高性价比的品牌声誉,带来了积极、正面的影响;另一方面,自有品牌的成功使合作品牌和供货商产生危机感,一旦 COSTCO 认为某种商品未能达到要求的品质和低价,会立刻放弃合作并在市场上寻找新的合作伙伴。如果某种商品没有理想的合作品牌和供应商,COSTCO 会将该种商品纳入到自有品牌体系中进行设计和生产。鉴于自有品牌对市场潮流的敏锐性和较强的商品复刻能力,供应商会在失去 COSTCO 这条优秀销售渠道的同时新增一个强劲的对手,因此自有品牌的存在保证了 COSTCO 商品高品质的实现。

3. 售前售后全流程打造优质服务

(1) 高满意度员工传递高质量服务

一家成功的企业不仅需要精英管理层制定战略方针,更需要员工对战略方针精准执行。员工是企业的门面,是第一线接触顾客的群体,因此员工表现的优劣直接影响顾客的消费体验。COSTCO 深谙此理,通过打造高福利的员工体系,提升员工满意度进而将优质服务传递给消费者,实现了提高顾客满意度和忠诚度的目标。COSTCO 重视经营理念在员工中的传承,提供了较为完善的晋升机制,实现了员工从基层销售人员向门店经理甚至更高管理层晋升的可能,在这种机制中晋升的员工更加了解公司的经营理念且善于落实。值得赞誉的是,COSTCO 的最高管理层几乎全部提拔自公司内部。COSTCO 在员工管理方面有高福利、高效率、高满意度和高保有率四大特点。COSTCO 的高员工福利一向为业内津津乐道,其员工时薪水平明显高于行业平均水平,最高时薪可达22美元,高出沃尔玛员工时薪(13.38美元)的40%。除此之外,员工享受充分的健康和牙科保险,入职一年的新员工退休储蓄账户可获得股票期权奖励,感恩节坚持闭店放假让员工回家团圆,提供完整的内部晋升机制等。高福利激励下员工的留职率和创收显著提升:据调查,COSTCO员工满意度高达80%,员工首年跳槽率仅17%,远低于行业平均值44%,入职一年以上员工的离职率为5%,管理层离职率不到1%,高保有率降低了公司每年为招聘新员工而支出的招聘和培训费用。根据年报,2018年COSTCO的员工共计25.4万,其中全职员工14.9万,兼职员工10.5万。2018年COSTCO的门店数为782家,营业收入为1527.03亿美元,计算可得平均每个员工创造营业收入60.12万美元,远高于同时期沃尔玛的23.38万美元。于公司而言,COSTCO员工的高保有率和高工作效率带来的创收弥补了高福利的支出;于顾客而言,员工的高积极性将大大地提升服务质量,带给顾客极致的消费体验,提升顾客满意度进而增加顾客黏性。

(2) 配套服务设施提供一站式消费

COSTCO在其近四十年的发展中已经不再仅仅是商业超市,在传统零售商品的销售之外,围绕门店的消费场景衍生出一系列生活服务配套设施,为前来消费的顾客提供一站式服务,促进顾客消费的同时起到增加顾客黏性的作用,附加服务类收入在营业收入中的占比也在逐年提升,2018年达到19.13%。配套设施包括加油站、美食广场、配镜中心、照片冲洗店、药店、助听器中心、打印复印店和洗车中心等,能为其会员提供各种高附加值服务。其中值得一提的是COSTCO旗下的加油站同样贯彻了高性价比的价值主张,2017年和2018年分别名列美国最便宜汽油品牌第1名、第2名,基本是同类竞争者中价格最低的。COSTCO美食广场提供的低价引流产品也可圈可点,自公司成立以来从未涨过价的热狗套餐、仅售4.99美元的整只烤鸡等低价引流产品持续吸引着顾客,同时,美食广场经常开展试吃活动,为顾客带来良好的体验式消费。另外,洗车中心的员工可为会员免费更换轮胎、进行检修等。一站式服务设施使得顾客在购物后还可就近享受美食和生活服务项目,店内零售与周边服务中心协同打造的综合型商业圈提升了顾客的消费体验。

(3) 无理由不限时退货政策提升顾客满意度

COSTCO提供的售后服务始终践行让顾客消费"无后顾之忧"的信条,以"尊重顾客,方便顾客,服务顾客"为理念,无理由、不限时退换货,保证顾客无忧虑消费。当顾客对购买的商品不满意时,无论是因为购买后产品降价还是因为使用体验不好等原因,都可以无须说明任何理由、无须任何费用退货,比如购买商品后发现该商品在30天内降价了,顾客可凭购买收据在任何门店申请退差价,甚至连吃一半的烤鸡、用过很久的电器也不会遭到拒绝,大多数超市拒绝退换的生鲜产品COSTCO也一概接受。作为COSTCO的会员,甚至可以在任何时候申请无条件退会员卡并得到全额退款。这样全球罕见的退换货政策一边鼓励消费者无所顾忌地消费,一边获取消费者的信任和青睐,能够在深入接触消费者的同时了解商品质量问题及消费者喜好,便于调整商品上架。

(三) 价值获取,商品服务驱动会员付费盈利

盈利模式反映价值获取机制,本质是企业在向顾客传递价值的同时赚取利润的方式,也是商业模式三维度模型的最后一步。COSTCO以精细的业务体系和高效的运营模式完成对"低价、高品质、优质服务"的价值创造,并通过销售商品和提供服务的过程为顾客带来极致的消费体验。COSTCO从商品和服务两方面向会员群体传递价值,提高会员的满意度和忠诚度,从而驱动差异化的会员付费制盈利模式。持续增长的会员规模为企业带来稳定的会员收入,成功实现了商业模式的最终目的——价值获取。

1. 会员定位及会员体系

　　Stifle的调查结果显示,约有25%的COSTCO会员每年收入超过10万美元。根据Perfect Price的调研报告,COSTCO单程人均消费额为136美元,并且25%的消费人群客单价在100～200美元之间,远远超过沃尔玛、Whole Foods等。根据2018年年报估算,会员在COSTCO的年人均消费额为1550美元,结合由PEW研究中心提供的数据,假设中产阶级的收入在4.2万～12.6万美元之间,则其在COSTCO的年均消费占比在1.23%～3.69%之间。通过上述消费数据分析可见,与沃尔玛泛长尾覆盖各个阶级不同,COSTCO聚焦需要大量购买物品的中小企业和中产阶级家庭,拥有大批的中产阶级顾客。据统计,2018年美国总人口达到3.27亿人,以收入进行划分,中产阶级人数约2.13亿,占总人口的比重达到65%。中产阶级平均家庭收入在8万美元以上,拥有较高学历和稳定的工作,家庭内子女2～5个,日常采购需求量大,具有消费能力和意愿较强、青睐高品质和高性价比商品、购物时间有限且可驱车前往等群体消费特征,与COSTCO提出的低价、高品质和优质服务三大价值主张相契合,上文提到的偏远选址、简约装修、精简SKU等设计也由价值主张中的高端定位出发。

　　COSTCO在会员体系的构造上划分鲜明,精准聚焦。由图2-9可见,COSTCO的会员卡可以简单分为两类,一类是适用于个人的金星会员卡;另一类是企业会员卡,仅限于企业办理,包括具有营业执照、零售许可证或具有类似证明的一人企业。企业会员的特殊之处在于,除了购买商用物品时(如餐馆购买食物原材料)可能会免收销售税,还可以办理多张附属卡以便关联企业或者不同的员工去购物。金星会员和企业会员(包括企业附属卡)组成了付费会员体系,由图2-10可见,金星会员的数量增长速度较快,占比逐年增加,2018年金星会员占所有会员人数的比重约为80%。所有付费会员凭主卡都可以免费办理一张家庭卡,家庭卡的作用主要是可以放宽进入卖场的人数,会员凭会员卡进入卖场,单张会员卡只能带两人同入,如果是家庭卡则最多可带六个人一同进入卖场购物,享受全家购物的快乐时光。除了企业会员附属卡外,所有普通会员卡(包括个人和企业)均有资格升级为高级会员卡(即图2-9显示的黑卡),但需支付60美元的额外年费,即每年支付120美元。除了美国和加拿大地区,墨西哥和英国也提供升级高级会员的服务,但其年费因地区而异。高级会员在符合条件的购买活动中(Food court、汽油、烟酒、邮票等商品不参与返现)每年可享有消费总额2%的现金回赠,可在全球的COSTCO门店内抵用,在美国和加拿大每年最高回赠额度可达1000美元,也就是说,假设一个持有高级会员卡的家庭每月在COSTCO花费500美元,一年下来即可通过现金回赠完全补贴会员费。另外,高级会员在购买汽车、家庭保险以及餐饮、旅游等诸多方面均享受福利。据COSTCO的年报披露,2018年高级会员占付费会员总

图2-9　会员卡种类及收费

数的39％,购物频率和购买量都远远高于普通会员,购买总额占COSTCO总销售额的三分之二。可见这2％的返点政策极大地吸引了高级会员,增加了其购物频次和消费额,进而提高了用户黏性。

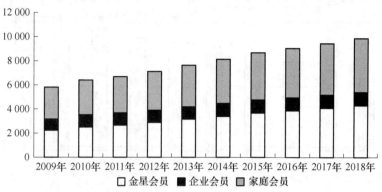

图2-10　COSTCO 2009—2018年会员人数增长情况

数据来源:根据COSTCO 2009—2018年年报整理。

2. 会员付费制的盈利模式

在COSTCO的收入体系中,按地区收入分类,其中美国地区收入占比约73％,加拿大地区收入占比14％左右,除美国和加拿大外的所有国家收入总和占比约13％,可见COSTCO的财务和运营绩效极度依赖美国和加拿大。COSTCO的收入体系按类别收入分类可分为三大块,第一类是门店内的零售收入,食品和日用百货、硬件百货、生鲜食品、服饰纺织品四类收入占比约为78％;第二类是门店外的附加服务,包括加油站、药房、光学眼镜部、美食广场和助听器中心等配套生活设施带来的收入,这类附加服务带来的收入占比逐年增加,于2018年达到了19.13％,直接体现了COSTCO近些年在周边服务设施建设方面的侧重;第三类较为特殊的收入来源即为会员费,在收入体系中占比仅2.3％左右,看似作用微小实则不然。

在COSTCO的利润体系中,正如图2-11所示,会员费以平均2.3％的营收占比支撑了高达70％的营业利润,这充分说明了,无论是传统零售企业以"利润＝商品价格－成本－费用"为主的盈利模式,还是服务中介的"利润＝商品价格×服务费用－服务成本"盈利模式,与COSTCO的盈利模式都不尽相同,其盈利与商品成本价格和销售量无关,而是依靠尽可能地压低商品出售的毛利率,仅利用其基本覆盖期间费用(如图2-12所示)。COSTCO的利润只与会员人数直接相关,即"利润＝会员人数×会员费单价"。因此COSTCO更像是传统零售企业中的服务平台,通过会员制这种模式与顾客签订了"服务契约",当顾客办理会员后,COSTCO就与其成为一致的利益共同体。COSTCO放弃通过传统零售企业的赚"差价"来经营,而是将会员和自己绑在同一链条中,思考如何给会员最物美价廉的商品和最极致的消费体验,建立起忠诚度极高、规模稳定增长的会员群体,最后通过配套生活服务设施引流变现及会员费获利,脚踏实地地积累付费会员,实现了稳定的、可持续的盈利模式。这一盈利模式在零售企业中可谓"鼻祖",也成为众多互联网企业竞相模仿的典范。通过类比可发现,COSTCO的会员等同于互联网平台积累的用户,COSTCO所提供的高性价比的商品就是互联网平台向用户提供的优质内容,通过免费的优质内容吸引稳定、忠诚度极高的用户群体,向其收取进入平台的"门槛费",凸显了COSTCO商业模式的精彩之处。

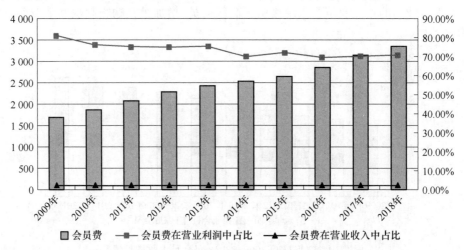

图 2-11　会员费收入及占营业利润比例情况(单位:百万美元)

数据来源:根据 COSTCO 2009—2018 年年报整理。

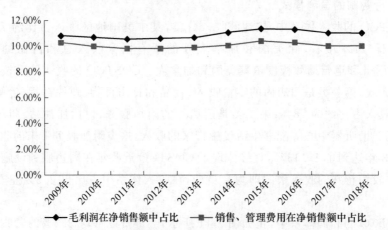

图 2-12　毛利润和期间费用在净销售额中的占比情况

数据来源:根据 COSTCO 2009—2018 年年报整理。

四、基于投资者视角的公司价值评估

(一) 方法原理

自由现金流量折现法的基本原理是公司的实际价值等于所有未来自由现金流量的现值。自由现金流量模型的一般形式如下:

$$公司价值 = \sum_{t=1}^{\infty} \frac{\text{FCF}_t}{(1+\text{WACC})^t}$$

其中,FCF_t 是 t 年的公司自由现金流量,资本成本 WACC 为折现率。

自由现金流量模型一般分为两种类型:永续增长模型和两阶段增长模型。

永续增长模型假设公司未来长期稳定、可持续地增长。在这种情况下,公司有永续的增长率和投资资本回报率。永续增长模型的一般形式如下：

$$公司价值 = \frac{FCF_t}{WACC - g}$$

其中，FCF_t 为下一年预期的自由现金流量，g 为预测的永续增长率。

两阶段增长模型适用于营业收入增长率呈现两阶段特征的公司。第一阶段为超常增长阶段，公司的营业收入增长率明显高于永续增长阶段的营业收入增长率，公司处于快速成长阶段；第二阶段具有永续增长的特征，公司已进入成熟阶段，持续保持较低增长率，与经济增长速度基本持平。两阶段增长模型的一般表达式如下：

$$公司价值 = \sum_{t=1}^{n} \frac{FCF_t}{(1+WACC)^t} + \frac{V}{(1+WACC)^n}$$

其中，FCF_t 为预测期内第 t 年的自由现金流量，V 为永续期的公司价值，WACC 为公司的加权平均资本成本。预测期以后的时间，称为"后续期"或"永续期"，在此期间假设公司进入稳定状态，有一定的增长率，可以用简便方法直接估计永续期价值。公司永续期价值的表达式为：

$$V = \frac{FCF_{t+1}}{WACC - g}$$

其中，FCF_{t+1} 为预测期后第一年的自由现金流量，g 为永续期收入增长率。

两阶段增长模型中，公司的整体价值等于预测期公司价值与永续期公司价值之和。预测期的公司价值为历年的自由现金流量折现之和，永续期的公司价值为按永续增长模型计算出的公司价值现值。由此可见，预测期和永续期的划分是相当重要的。一般在实务中，详细的预测期为 5～7 年，如果有疑问应当延长，但很少超出 10 年。根据竞争均衡理论，永续期的销售增长率大体等于宏观经济的名义增长率，约为 2%～6%。销售收入增长率高于或低于正常水平的公司，通常在 3～10 年内恢复到正常水平。一般来说，两阶段增长模型能够更加贴近公司的实际情况，能更合理地评估处于成熟期的公司的价值，故本案例以两阶段增长模型对 COSTCO 进行价值评估。

（二）估值过程

根据公司历年的数据发现 COSTCO 近几年的销售收入增长率在 8% 左右，远高于美国 GDP 增长率，而一般来说，销售收入增长率高于正常水平的行业会在 3～10 年内恢复到正常水平，在此我们将预测期选为 5 年，即 $n=5$，5 年之后即为永续增长期。考虑美国近些年 GDP 增长率虽呈现良好的上升趋势但仍未突破 3%，以及 COSTCO 的业务开展到众多 GDP 增速较高的国家，一定程度受到这些国家经济的影响，因此保守估计未来的宏观经济增长率在 3.5% 左右，即 COSTCO 的永续增长率 $g=3.5\%$。对于自由现金流量的计算，使用目前广为接受的由汤姆·科普兰（Tom Copeland）教授提出的计算公式：

自由现金流量＝（税后净营业利润＋折旧及摊销）－（资本性支出＋营运资本增加）

税后净营业利润＝息税前利润×（1－所得税税率）

息税前利润＝销售收入－销售成本－主营业务税金及附加－营业费用－管理费用

接下来运用销售百分比法对各项财务数据进行预测。收入预测是整个计算的预测起点，大部分涉及的财务数据都与销售收入有内在联系，在考虑公司的销售收入预测时，不仅要关注公司战略、经营理念和扩张计划等方面，还要关注宏观经济环境和行业因素给公司经营带来的影响。宏观经济环境方面,COSTCO的业务分布集中在美国,深受美国经济发展的影响,2016—2018年美国的GDP增长率为1.57%、2.22%、2.86%,经济呈现良好上升态势。美国零售销售指数、消费者信心指数等数据的上升也显示普通消费者的消费意愿持续向好。另外,随着美国中产阶级占比的提高,商品的品质、价格和消费时的服务质量成为影响消费决策的主要影响因素,而COSTCO最大的竞争优势恰是其提供的近乎成本的低价优质商品和极致的消费体验。因此中产阶级占比提升和消费者消费能力增强的趋势将给COSTCO带来更大的发展舞台,进军中国大陆的举措也使其走入中国消费者的视野,COSTCO将迎来更大的受众市场,未来也将呈现积极发展的态势。另外,美国2017年12月2日通过了30年以来的首次减税法案,企业所得税由原本最高35%的八级累进税率下降至21%,大幅降低了企业的税收负担,有利于提高企业的销售额和利润率。零售行业方面,美国的超市行业发展已有90余年,形成了成熟稳定的行业结构,不会出现颠覆性变革。当零售业龙头沃尔玛近五年净利润连年下降,多家传统零售企业遭遇不同程度的低谷时,COSTCO以其独具特色的商业模式和盈利机制突破重围,实现了净利润率的持续上升,并将迎来更大的市场空间。在众多积极影响下,可以预测COSTCO的销售收入增长率将在预测期内保持较高的增长。随着COSTCO在零售市场上的占有量趋向饱和,其拥有的各种资源也达到了一定的规模,在未来几年的发展中会放慢增长速度,销售收入增长率将回落到宏观经济增长率的范围内,从预测期跨入永续期,实现长期稳定的增长。

由表2-4中COSTCO 2012—2018年的销售收入增长率,发现该公司的增长率维持在7%~8%之间,说明COSTCO经过早些年的快速扩张期,已经进入平稳增长期。考虑2014年、2015年两年的净销售额和销售增长率结果受到所有外币兑美元汇率变动和汽油价格下跌的严重不利影响,因此排除2014年和2015年的数据,将2012年、2013年、2016年、2017年和2018年五年的销售收入增长率进行平均,得到其平均值为7.89%。考虑COSTCO开拓中国大陆市场后有新的销售增长点,以及上文分析显示其未来发展前景良好,因此假设2019年的销售收入增长率较2018年稍有上升,为8%。根据竞争均衡理论,企业在进入永续期后的增长率大体与宏观经济增长水平相等,因此本案例假设COSTCO从2019年起,以每年0.5%的下降速度度过5年预测期后回落到3.5%的永续增长率,进入永续增长期,则2019—2023年的增长率和销售收入如表2-5所示。

表2-4 历史销售收入及增长率

年份	2012年	2013年	2014年	2015年	2016年	2017年	2018年
销售收入/亿美元	1 051.56	1 126.40	1 161.99	1 187.19	1 290.25	1 415.76	1 527.03
销售收入增长率	6.07%	7.12%	3.16%	2.17%	8.68%	9.73%	7.86%

资料来源:根据COSTCO 2012—2018年年报整理。

表2-5 2019—2023年的销售收入预测

年份	2019年	2020年	2021年	2022年	2023年
2019—2023年增长率	8.0%	7.5%	7.0%	6.5%	6.0%
销售收入/亿美元	1 649.19	1 772.88	1 896.98	2 020.29	2 141.50

根据销售成本、销售费用和管理费用在销售收入中占比的历史数据发现三者的占比较为稳定，从上文对COSTCO低成本运营的分析可知，该公司坚持超低毛利率在11%左右和偏远选址、简约装修等一系列开店策略保证了销售成本、销售费用和管理费用在销售收入中占比的稳定性，因此作者计算出三者2014—2018年占比的平均数86.87%、9.93%、0.06%，作为各自2019—2023年在销售收入中的占比，进而确定2019—2023年的销售成本、销售费用和管理费用。另外，COSTCO公布的利润表中并无主营业务税金及附加一项，暂不考虑。从表2-6中可以知道折旧及摊销历年在收入中的占比较为稳定，维持在1%左右，波动性不大，且据COSTCO年报可知该公司未来几年内没有大批购置资产的计划和改变折旧方法的说明，因此折旧及摊销在销售收入中的占比不会出现大幅波动，故取2014—2018年五年占比的平均值1.02%作为2019—2023年的占比。

资本支出等于经营性长期资产支出减去经营性长期负债的增加额。其中，经营性长期资产支出包括长期投资、固定资产、无形资产、其他无形资产，经营性长期负债包括长期应付款、专项应付款和其他长期负债。从表2-6中可见，2012—2018年资本性支出在销售收入中的占比稍有波动但幅度较小，变动局限在0.3%左右，说明COSTCO在多年的经营中已经形成了各项财务数据相对稳定的比例结构，因此同样取2014—2018年占比的平均值2.06%来预测。

营运资本的计算公式为营运资本=经营流动资产-经营流动负债，而非全部的流动资产减去流动负债，其中经营流动资产包括货币资金、应收票据、应收账款、其他应收款、预付账款、存货等，经营流动负债包括应付票据、应付账款、预收账款、应付职工薪酬、应缴税费、其他应付款等。从表2-7中可见营运资本增加没有明显的变动趋势，因此本案例舍弃2015年和2016年出现较大异常波动的数据，取其余五年数据进行平均作为接下来计算的依据，平均占比为0.4%。

COSTCO的企业所得税率受美国2017年年底的税改影响。联邦税从原来最高为35%的八级累进税率降低为21%的单一税率，加上州、地方约为4%的企业所得税税率，COSTCO未来面临的税率保守估计为25%，因此本案例令税率为25%。需要说明的是，计算WACC时本应该使用COSTCO公司2018年的有效税率，但是考虑该值将作为未来几年自由现金流计算折现的折现率，而公司未来面临的税率是25%左右，因此计算WACC时税率选择为25%。

综上，完成对各项财务数据的预测后，2019—2023年的自由现金流计算结果如表2-8所示。

表2-6 历史各项财务数据在收入中占比

单位：亿美元

年份	2012年	2013年	2014年	2015年	2016年	2017年	2018年
销售成本	919.48	984.58	1 010.65	1 029.01	1 118.82	1 231.52	1 328.86
成本占收入比	87.44%	87.41%	86.98%	86.68%	86.71%	86.99%	87.02%
销售费用	101.04	108.99	114.45	120.68	129.50	138.76	149.94
销售费用占收入比	9.61%	9.68%	9.85%	10.17%	10.04%	9.80%	9.82%
管理费用	0.51	0.63	0.65	0.78	0.82	0.68	0.86

续表

年份	2012年	2013年	2014年	2015年	2016年	2017年	2018年
管理费用占收入比	0.05%	0.06%	0.06%	0.07%	0.06%	0.05%	0.06%
折旧及摊销	9.46	10.29	11.27	12.55	13.70	14.37	14.92
折旧及摊销占收入比	0.90%	0.91%	0.97%	1.06%	1.06%	1.02%	0.98%
资本性支出	20.83	19.93	23.93	26.49	25.02	29.69	29.98
资本性支出占收入比	1.98%	1.77%	2.06%	2.23%	1.94%	2.10%	1.96%
营运资本增加	2.06	6.65	5.47	−10.10	21.71	6.69	4.09
营运资本增加占收入比	0.20%	0.59%	0.47%	−0.85%	1.68%	0.47%	0.27%

资料来源：根据COSTCO 2012—2018年年报、Wind公开数据整理。

表2-7 2019—2023年预测

单位：亿美元

年份	2019年	2020年	2021年	2022年	2023年
销售成本	1 432.73	1 540.19	1 648.00	1 755.12	1 860.43
销售费用	163.84	176.12	188.45	200.70	212.74
管理费用	0.96	1.03	1.10	1.17	1.24
折旧与摊销	16.76	18.02	19.28	20.53	21.76
资本性支出	33.94	36.49	39.04	41.58	44.07
营运资本增加	6.59	7.08	7.58	8.07	8.55

表2-8 2019—2023年自由现金流量

单位：亿美元

年份	2019年	2020年	2021年	2022年	2023年
销售收入	1 649.19	1 772.88	1 896.98	2 020.29	2 141.50
减：销售成本	1 432.73	1 540.19	1 648.00	1 755.12	1 860.43
减：销售费用	163.84	176.12	188.45	200.70	212.74
减：管理费用	0.96	1.03	1.10	1.17	1.24
息税前利润	51.67	55.54	59.43	63.29	67.09
税率	25%	25%	25%	25%	25%
税后经营净利润	38.75	41.66	44.57	47.47	50.32
加：折旧与摊销	16.76	18.02	19.28	20.53	21.76
减：营运资本增加	6.59	7.08	7.58	8.07	8.55
减：资本性支出	33.94	36.49	39.04	41.58	44.07
自由现金流量	14.98	16.10	17.23	18.35	19.45

自由现金流量估值模型中对于折现率的选择应用最为广泛的是该公司当年的加权平均资本成本，因此本案例取COSTCO 2018年的加权平均资本成本作为未来现金流的折现率，计算公式为：

$$WACC = (E/V) \times R_e + (D/V) \times R_d \times (1 - T_c)$$

其中：R_e 是股权资本成本；R_d 是债权资本成本；E 是公司股本的市场价值；D 是公司债务的市场价值；$V = E + D$ 是公司的市场价值；E/V 是股本占融资总额的百分比；D/V 是债务占融资总额的百分比；T_c 是企业税率，取值为 25%。

根据 COSTCO 公司 2018 年年报，股本为 155.84 亿美元，负债为 298.16 亿美元，即

$$E/V = 155.84 \div (155.84 + 298.16) = 34.33\%$$
$$D/V = 298.16 \div (155.84 + 298.16) = 65.67\%$$

根据 COSTCO 公司 2018 年年报，该公司在 2018 年经营年度存在 7 笔不同利率和金额的银行借款，具体债务筹资情况如表 2-9 所示，计算可得 2018 年的债权资本成本 $R_d = 2.30\%$。

表 2-9 COSTCO 2018 年债权资本成本

单位：百万美元

贷款数额	本年利息	贷款利率
1 200	20	1.70%
500	9	1.75%
1 000	22	2.15%
500	11	2.25%
800	18	2.30%
1 000	28	2.75%
1 000	30	3.00%
合计		平均贷款利率
6 000	138	2.30%

数据来源：根据 COSTCO 2018 年年报整理。

计算股权资本成本时使用资本资产定价模型来估算，公式为：

$$R_e = R_f + \beta \times (R_m - R_f)$$

其中，R_f 是无风险利率，选取 2019 年各月英为财情网站公布的美国十年期国债利率均值 2.08%；β 是风险系数，选用雅虎财经公布的 COSTCO 公司的风险系数 0.88；R_m 是市场收益率。本案例采用历史数据来估算权益市场平均收益率，选取较长的时间跨度，取 2010—2019 年的纳斯达克年末收盘指数代表市场收益值（以 IXIC 代表），那么权益市场每年的收益率计算公式为：

$$R_m = \frac{IXIC_t - IXIC_{t-1}}{IXIC_{t-1}}$$

则 2013—2019 年的市场收益及市场收益率如表 2-10 所示。

表 2-10 2013—2019 年市场收益及市场收益率

年份	2013 年	2014 年	2015 年	2016 年	2017 年	2018 年	2019 年
市场收益	3 019.51	4 176.59	4 736.05	5 007.41	5 383.12	6903.39	6 635.28
市场收益率	38.32%	13.40%	5.73%	7.50%	28.24%	−3.88%	32.98%

数据来源：东方财富网。

计算权益市场平均收益率时,为了更合理地预测风险溢价,本案例采用几何平均数算法,由此得出权益市场的平均收益率 $R_m=11.59\%$。综上可得:

$$R_e = R_f + \beta \times (R_m - R_f)$$
$$= 2.08\% + 0.88 \times (11.59\% - 2.08\%)$$
$$= 10.45\%$$
$$\text{WACC} = (E/V) \times R_e + (D/V) \times R_d \times (1 - T_c)$$
$$= 34.33\% \times 10.45\% + 65.67\% \times 2.30\% \times (1 - 25\%)$$
$$= 4.72\%$$

COSTCO 的公司价值等于其预测期价值加上永续期价值,预测期价值为未来 5 年的自由现金流量折现值之和,永续期价值为按永续增长模型得出的价值折现额,计算过程如下:

$$\text{预测期现值} = \sum_{t=1}^{5} \frac{\text{FCF}_t}{(1+\text{WACC})^t}$$
$$= \frac{14.98}{1+4.72\%} + \frac{16.10}{(1+4.72\%)^2} + \frac{17.23}{(1+4.72\%)^3} +$$
$$\frac{18.35}{(1+4.72\%)^4} + \frac{19.45}{(1+4.72\%)^5}$$
$$= 74.70(\text{亿美元})$$

$$\text{永续期价值} = \frac{\text{FCF}_{t+1}}{\text{WACC} - g}$$
$$= \frac{19.45 \times (1+3.5\%)}{4.72\% - 3.5\%}$$
$$= 1\,651.96(\text{亿美元})$$

$$\text{永续期现值} = \frac{1\,651.96}{(1+4.72\%)^5} = 1\,311.83(\text{亿美元})$$

因此,自由现金流估值法下 COSTCO 的整体价值为 74.70+1311.83=1386.53 亿美元,根据公司 2018 年年报,COSTCO 目前发行在外的普通股股数为 439 656 950 股,因此通过自由现金流模型估值得到的股价约为 138 653 427 824÷439 656 950=315.37 美元。华尔街 JP Morgan、Stifel 和 Deutche Bank 三家权威投资银行在 2020 年年初对 COSTCO 的目标价预测如表 2-11 所示,另外雅虎财经综合 24 个分析师预测的目标价计算出均值为 311.75 美元,与本案例通过自由现金流模型估值所得结果 315.37 美元相近,说明估值结果具有参考价值。COSTCO 在 2019 年 12 月 31 日当天的收盘价为 293.92 美元,说明资本市场对其价值判断出现偏差,呈现低估状态。尽管 COSTCO 凭借其独特的商业模式和盈利机制逐渐为投资者所认同和看好,逆流而上进入中国大陆市场的举措也为其带来了正面影响,获得了更多投资者的关注,在短短五个月中股价上涨 35.17 美元,涨幅高达 12.6%,但估值结果证明 COSTCO 真正的价值远不止于此。

表 2-11 COSTCO 相关盈利预测

机构名称	目标价	EPS(2020E)	P/E	销售收入(2020E)	预测日期
J.P. Morgan	330	8.79	33.5	1 639.17 亿	2020-1-9
Stifel	310	8.77	33.6	1 631.7 亿	2020-1-8
Deutche Bank	289	8.71	33.8	—	2020-1-8

数据来源:投行研报、Wind。

(三)风险分析

目前,COSTCO依然以其独特的商业模式和经营逻辑稳居零售行业前列,带着被"股神"巴菲特充分肯定的光环被各行各业的精英们追捧为学习榜样和创业灵感。在未来的发展中,COSTCO将继续将其商业模式深入国际市场,扩大经营范围,探寻新的市场增长点和盈利空间。伴随着高调进入中国市场的举措,COSTCO获得了更多国际投资者的关注,但在其未来的发展过程中仍有以下几点风险需要投资者重视。

第一,主要业务地区集中和利润来源单一的风险。从门店分布的地区来看,COSTCO的财务和运营绩效高度依赖于美国和加拿大市场,二者所占份额高达2018年度净销售额和营业收入的87%和84%。而在美国内部各洲之间业务分布同样不均,加利福尼亚州集中了大批门店,其营业收入占2018年美国净销售额的30%。在这种高度依赖某一部分地区业务的经营模式下,该地区门店销售收入增长的放缓或持续下降,劳动力、医疗保健和能源成本的增加带来的运营成本的提高,较高的失业率和低迷的房地产市场等经济状况的变化或不确定性,都可能对COSTCO最终的业绩造成重大不利影响。另外,从利润来源看,根据前面对COSTCO商业模式的分析可发现其利润主要来源于会员收入,占净利润的70%左右。难以维持用户黏性导致老会员续订率下降,或者难以引流新会员注册导致的市场份额萎缩等问题,都将严重影响公司近期和长期的盈利潜力。

第二,电商和新零售业态挤占市场的风险。近十年来,电商行业在互联网技术的孵化下快速发展、异军突起,不仅成功打造了线上平台购物场景,还渗透式地培养着消费者线上碎片化的消费习惯,引领零售行业变革的同时不断挤压着传统零售企业的生存空间。对于COSTCO而言,其旧有"势力范围"正在被亚马逊Prime会员蚕食,在"亚马逊效应"的笼罩下能否充分保护自己的美国市场份额不受电商的影响,成为COSTCO在美国本土发展的一大难题。另外,COSTCO正实施中国市场扩张计划,中国作为电商渗透率远超其他国家的市场,创造了阿里巴巴、京东、苏宁易购等一系列"电商神话"。目前中国零售行业快速更迭,迎来了"线上+线下"深度结合的"新零售"时代,后者可能拥有更强的财务资源和技术能力、更好的商品获取渠道以及更高的市场渗透率,因此COSTCO未来在中国市场的发展不得不面临本土实体零售企业、电商平台、新零售业态的多方夹击。在性价比与便利性方面,电商与新零售注定不会相让,COSTCO是否会"输血应战",以何种方式参与进去尚未可知。面对众多强劲的竞争对手,COSTCO未来能否实现在保持原有市场份额的同时成功扩张新市场,具有不确定性。

第三,新冠疫情的负面影响。此次疫情对全球零售业的影响非常明显,作为传统实体零售企业的COSTCO不得不面临三大严峻的现实问题。一是供应链瓶颈越来越明显。随着各国不同程度的交通封闭,各种运输线严重受阻,与此同时,部分仓库和运输人员无法复工或暂时停工也导致供应链效率和吞吐能力大幅降低。二是供应链受阻后的存货告急。上游工厂和供应商暂时无法复产,导致零售店货源紧张,现有库存不足以长期维持销售。COSTCO以往"低库存"的经营策略,使得其货物库存量较同类规模的竞争对手低,带来的影响更加不利。三是疫情影响下消费者消费习惯的改变。疫情防控期间居家隔离的政策使得消费者对线上和全渠道的偏好持续上升,对社区/近生活圈的偏好更加显著。对于配送到家和线上购买的消费模式需求大量增加,这种现象的影响在疫情之后也会延续,传统零售门店典型的"到店消费"模式将受到巨大冲击。另外,消费者对生鲜的偏好明显影响其消费决策。作为与民生关系最为密切的品类之一,在此次疫情之后,生鲜在消费者的购买决策当中将会占据更大比重。生鲜商品的质量、安全性、新鲜度、丰富度、配送的履约时间、性价比等都会对消费者的购买渠道和零售商选择产生更大的影响。于COSTCO而言,生鲜布局恰好是其商品结构的薄弱之处,直接影响其竞争能力。综上,能否从这场全球疫情带来的零售风波中全身而退,成为COSTCO未来短期内面临的风险。

第四,跨国企业经营的风险。COSTCO近些年来始终在实行全球扩张计划,截至2019年年底在世界范围内共开设了785家门店,包括加拿大在内的国际业务分别占净销售额和营业收入的27%、35%,另外,上海闵行店的开张标志着COSTCO向中国市场扩张。作为一家标准的跨国公司,其跨国经营难以避免地面临以下几种风险。(1)法律和政策风险。国际业务使公司面临与业务所在国家或地区特定的立法、会计法规、监管限制以及政策变更(例如英国脱欧)、对外贸易政策(包括关税和贸易制裁:中美贸易摩擦)、货币和财政政策等政治和经济因素相关的风险。(2)汇率波动风险。编制合并财务报表时使用当前汇率将国际业务的财务报表从他国货币转换为美元,随着公司持续向国际市场扩张,对汇率波动的敞口可能会进一步增加,因此负面的美元汇率波动可能会对COSTCO国际业务的业绩产生不利影响。另外,部分商品购买活动是以其销售国家/地区以外的货币支付,汇率波动可能会提高商品成本,COSTCO为了维持始终坚持低价的定价策略,溢出的商品成本并不会传递给会员,而是由公司自己承担外汇压力,进而对商品利润率产生影响。(3)其他国家经济因素的影响。更高的能源和汽油成本、通货膨胀、失业率、医疗保健成本、消费者债务水平、金融市场动荡、房地产市场疲软、消费者信心下降、与政府财政和税收有关的变动以及不确定的政策等诸多因素都会给COSTCO在国际地区的经营带来负面影响。

五、COSTCO在中国发展的优劣势分析

近些年来,随着移动互联网、人工智能、大数据等新兴技术的发展以及在零售场景中的应用,中国新零售企业快速崛起,冲击传统零售业,在激烈的竞争中快速更迭商业模式,已经形成了较为成熟稳固的零售链条。当COSTCO以其独特的商业模式进军中国市场时,不免让人担忧其是否只是将美国的成熟模式照搬到中国门店,是否已经有较为完整的中国消费者画像和本土开发的方案,其商业模式在美国、加拿大等国家的成功毋庸置疑,在中国大陆是否会水土不服难以分说。下文将从COSTCO进入中国市场的优势和劣势两方面来分析其在中国能否得到长足发展。

(一)优势:厚积薄发,低调探索

提前练兵,线上布局。COSTCO在其海外扩张战略上始终谨慎而老练,除了在人口结构、地理分布、消费习惯较为相似的美国和加拿大两国开店速度较快外,在进入其他国家/地区时,会有较长的考察和探索时期。因此早在2014年COSTCO看好中国消费市场当前及未来巨大的增长空间时,就与阿里巴巴旗下的天猫国际达成战略合作,线上开设海外旗舰店,主营自有品牌Kirkland旗下的进口食品和保健品,并打破会员限制降低购买难度,以跨境电商零售进口方式打开中国市场。这一合作的巧妙之处在于,COSTCO认识到电商在中国的渗透度和新零售企业强大的竞争能力后,选择在开设实体店之前与电商霸主——阿里巴巴合作,而天猫无疑是走入中国消费者视野最好的流量平台。两年时间内,COSTCO在

中国市场"先线上后线下"的策略收获了亮眼的成绩,每年"双11"在天猫国际的销售额都名列前茅,店铺 SKU 从最初的几十种扩展到 400 多种,覆盖品类涵盖零食、葡萄酒、保健品、母婴用品、居家百货,最畅销的几个产品总销量都在数十万量级。经过四年的成功探索,COSTCO 通过天猫运营数据,掌握了中国消费者精准的消费画像,于 2018 年 5 月公布入驻中国内地计划,首家实体店最终确定落户上海市闵行区。实体店开业前夕,COSTCO 还悄悄开放了精心设计的简体中文网站和 App,大量积累线上流量并向线下实体店引流,帮助线下门店快速积累顾客群。

因地制宜,经验在前。很多人担心 COSTCO 商业模式水土不服的主要原因是中国典型的少量多次的亚洲消费模式与美国截然不同,但事实上,COSTCO 并不是首次进入亚洲市场,早在 1997 年 COSTCO 就已经在中国台湾高雄市开设了首家门店。正如目前人们对于 COSTCO 的担忧一样,由于当地消费习惯的不同,起初 COSTCO 大批量、会员制的消费模式并未受到台湾居民的青睐,高雄店连续 5 年遭遇亏损。后来 COSTCO 一方面通过对消费者数据的积累分析,积极作出改变以迎合当地消费者需求,如降低沙拉酸度、降低鸡肉三明治热量等;另一方面,COSTCO 仍坚持低价、高品质和优质服务的价值主张,最终以其高性价比的商品和优质的服务打动消费者,使之开始愿意为会员制付费,实现付费会员制的正常运转,成功打开了台湾市场。与积极调整商品迎合台湾消费者需求不同,COSTCO 在进军日本市场时困扰于日本复杂而稳定的流通体系,COSTCO 与首选地东京的供应商谈判时很难切入供应链,被迫放弃消费能力强的东京市场转而以二线城市福冈为突破口,获得了日本厂商和中间商们的让步,福冈的 COSTCO 开业之时厂家直供的商品占 70%,没有当地供应商的大力支持。但 COSTCO 始终坚持其商业模式,最终高性价比的商品逐步受到了日本消费者的认可,吸引了更多的日本供应商愿意与其进行深度合作,COSTCO 得以成功打开日本市场。据 2018 年年报,COSTCO 在日本已有门店 26 家,2018 年销售额约为 33.6 亿美元;COSTCO 在中国台湾已成功运营 13 家门店,2018 年销售额达 27.8 亿美元,其中三家门店销量跻身世界前十,会员保留率高达 89.4%。

抓住零售本质,聚焦一线城市。对于零售业来讲,无论具有百年历史的传统实体零售还是近几年崛起的线上新零售,其本质都离不开选品、价格和服务的"三板斧"。当前新零售的思维逻辑切换到了以人为切入点重构零售闭环,然而本质上聚焦人的消费体验要素,仍然是零售的重中之重。从选品方面来看,低 SKU 策略始终是 COSTCO 的招牌优势之一,适合当下中国中产阶级消费者快节奏的生活步调,COSTCO 作为中介平台接手消费者遴选商品的权利,替顾客节省甄选商品的时间,且有能力以其多年的品牌声誉作保赢得中国消费者的信任。从价格方面来看,低价始终是影响消费者购买决策最为敏感的因素,消费者在某种程度上追求低价带来的满足感。尽管中国消费者正逐渐从价格敏感者转向价值敏感者,但 COSTCO 始终在实施低价策略的同时坚持商品严选保证高品质,因此无论从价格方面还是品质方面都将吸引中国消费者。从服务方面来看,无论试吃试用、周边一站式消费设施的建设还是苛刻到极致让利的售后服务,COSTCO 很难不赢得中国消费者的好感。总的来说,COSTCO 对于零售"三板斧"的驾驭自有其独到之处,不论何种零售业态、哪个地区经营,它所掌握的零售本质都会吸引消费者。另外,COSTCO 实体店扩张策略中选择的城市聚焦北上广深等一线发达城市,并非全国性扩张。一线城市人均 GDP 高于 10 万元,集中了全国大多数的中产阶级消费群体,该群体的收入水平、消费观念、消费潜力、对会员的认同程度与美国中产阶级更加贴近,为COSTCO商业模式的本土化提供了可能。

(二) 劣势:百里异习,难以求同

第一,中美两国主流零售业态大相径庭。首先,从中美两国人口分布来说,中国人口密度远高于美国。据招商证券整理,美国地广人稀,2018年人口密度为35.76人/平方千米,而中国人口较为稠密,2018年人口密度为148.35人/平方千米,约为美国的4倍。人口分布密度的截然不同直接导致了两国主流零售业态的不同,对地广人稀的美国来说单店面积大、大卖场、仓储式的零售超市更受消费者欢迎,而在人口密度大的中国,消费者更加偏爱小型超市和连锁便利店。其次,从家庭结构看,美国家庭平均人口数高于中国,2017年美国家庭平均人口为3.14人/户,中国约为2.99人/户,这决定了美国家庭的日常消费数量和速度明显高于中国家庭,因而更加倾向于少次多量的批发式购物,与中国家庭少量多次零售式的购买模式不同。最后,从消费习惯来看,中国人对生鲜食品的消费量和消费占比远高于美国人,占据所有食物、百货和个人护理用品总消费的55%,这直接决定了中国零售卖场中生鲜销售的重要性地位。2018年COSTCO主营业务中生鲜品类占比为17.07%,而中国大卖场的"龙头"永辉超市2018年生鲜品类销售占比为48.31%,约是COSTCO的三倍。因此COSTCO这类仓储式大卖场从美国开到中国将面临脱离主流零售业态、调整店内商品销售比重的局面。

第二,中美零售行业流通体系与竞争格局截然不同。中国零售行业主要呈现企业规模小、数量多的激烈竞争局面,单个企业的销售规模和市场占有率都明显低于同等地位的美国零售企业。据欧睿数据调查,美国前五家大卖场、标准超市的市场占有率分别高达100%和45.3%,而同等对比下国内仅为53.3%和3.20%。因此中国零售行业较低的集中度以及零售商较小的销售规模导致零售商在零供关系中多处于被动地位,难以绕过众多中间环节与制造商直接议价,而美国零售商没有中国式的分级经销商与代理商,许多制造商和大型零售商都建立了自己的批发机构,商品跳过烦琐的中间经销环节直接进入消费环节,这也是COSTCO在美国零售市场上较为有利的一点。另外,COSTCO在美国庞大的销售规模使其对上游供应商具备较强的议价能力以保证低价高质商品的来源,这也是其核心竞争优势之一,但初入中国大陆的COSTCO尚不具备规模优势,目前上海COSTCO的商品主要由台湾供应,由顺丰提供"台湾-大陆干线+清关+派送"的物流服务,未来供应链本土化之路尚需探索。在竞争格局方面,根据欧睿数据统计(如图2-13所示),中国电商渗透率自2013年以后成功超越美国,并逐渐拉开距离,2018年超出美国近10%。由于线下流通效率低下、快递人力成本相对低廉、实际税收较少等多种因素,中国电商行业的发展位于世界领先水平,对COSTCO这类传统零售企业形成一定冲击。

第三,会员制在中国尚未得到完全认同,退卡政策易成为"黄牛党"商机。一方面,中国消费者的整体收入水平远不及欧美国家,按照经济学的逻辑,低收入人群对于价格变动的敏感程度要显著高于高收入人群。在中国,愿意成为商家会员的大都是大中城市里收入水平相对较高的人群,每年例行支付会员费对他们来说没有压力。然而对于绝大多数中低收入人群来说,支付会员费相当于抬高了购物门槛,再加上非会员无法享受到各种优惠与福利,使得会员人群与非会员人群之间宛若隔开了一道屏障,人与人之间的距离被拉大,自然容易滋生对商家的抵触心理,会员制也因此难以得到认可与推广。国内大型电商企业从2015年才开始涉足会员业务,消费者对会员制的概念和接受度尚未积累起来。COSTCO在美国能够积累众多付费会员,是因为它具备高性价比、品类丰富的商品,以及在供应链上游的议价能力和渠道把控力,保证商品低价供给。另一方面,在中国,COSTCO 的退卡政策有可能面临"羊毛党"与"黄牛党"的挑战。按照 COSTCO 的政策,即使在会员卡到期之前要求退卡,也会退还当年的全额会员费。中国市场的特殊性在于,从电商到内容市场,"羊毛党""黄牛党"无处不在,其转战线下零售的情况或许可以预料。比如,"黄牛党"一次性购买大量会员卡,然后将这些会员卡分销出去或出租收取单次使用费,假设每张卡每天如果能周转 7～8 次,一年的营收额就非常可观了。在美国,COSTCO 面对的是一个相对简单的市场,但其在中国市场面临着诸多复杂性与特殊性,类似于上述的"黄牛党"很有可能成为会员制的中大型"代理",一旦他们服务大量散客,COSTCO 的会员生意也会因此多了许多不确定性。

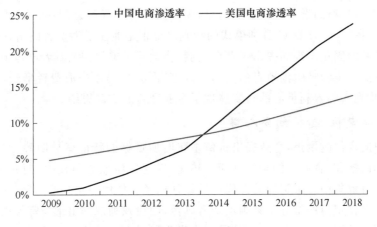

图 2-13 中美电商渗透率对比

资料来源:Euromonitor,招商证券。

COSTCO 作为世界零售企业的佼佼者,在海外扩张方面有着丰富的经验和专业的团队,有能力及时完成中国本土化调整。进入中国市场,COSTCO 必然面临中美国情相差较大、零售流通体系与竞争格局截然不同、规模优势难以发挥等艰巨挑战。但 COSTCO 并非毫无准备,一是历经四年线上的低调探索后才谨慎开设实体门店,足以描绘中国消费者的画像;二是在消费者习惯和零售流通体系相似的中国台湾、日本两处亚洲地区有成功运营的经验,证明了 COSTCO 有较强的应变能力,可以适时调整以迎合亚洲市场;三是国内门店选址于北上广深等一线城市,消费群体的收入水平、消费观念和对会员的认同程度与美国本土相似,也会助力其商业模式在中国的适应。因此如果 COSTCO 能始终抓住零售本质、坚持其价值主张,最终将以物美价廉的商品和优质服务获得中国消费者的认可,届时中国大陆市场将成为 COSTCO 一展宏图的沃土。

六、借鉴与启示

COSTCO 凭借其对"低价、高品质、优质服务"三个价值主张的坚持,配合精细的业务体系(进行高效率、低成本运营),实现了价值创造与传递,驱动了付费会员制这一盈利模式的良好运作,使得公司在传统零售行业被挤压的洪流中不退反进、日益壮大。随着各行业的竞争愈发激烈,企业往往困于如何应对挑战从而能使自身在竞争中长久发展,商业模式创新恰是企业获得长期竞争优势的根本所在,COSTCO独具特色的商业模式可为众多企业进行商业模式创新提供一些新思路。

(一) 逆向盈利,转变经营思维

传统零售超市/卖场往往以通过实体店"大批量买入、小批量售出"来赚取商品差价为主要盈利模式,其商业活动可以简单概括为"采购、陈列、促销、销售",通过大批量集中采购的模式与上游供应商进行价格谈判以获得价格优势,再适当地加价,向消费者零散销售获得中间差价。然而现代零售已经逐渐从由零售商引导消费转变为由消费者决定商品趋势,零售企业与消费者之间不再是单纯的交易商品所形成的单个流程,而是持续性的对话和反复构建关系的过程,进而零售商的角色应向连接品牌和消费者的平台方向发展。在这样的发展趋势下,消费者所具有的潜在价值显而易见,因此企业应创新经营思维,从"商品经营者"转变为"用户经营者"。COSTCO盈利模式的特别之处正是抓住了消费者的潜在价值,放弃通过商品差价盈利的固化思维而提出付费会员制,将运营对象放到消费者群体上,将传统用来获取差价的商品定位为吸引消费者的高品质内容,而会员费才是消费者享受内容所缴纳的"门槛费",从货到人的盈利重心的转变体现了企业经营的逆向思维。

(二) 精准定位,选择细分人群

目标用户的定位越聚焦,企业提出价值主张时所依据的特征就越明确。当今零售行业的发展空间趋向饱和,企业间的竞争逐渐白热化,在这样激烈的角逐中,拥有精准明确的目标客户定位是有效集中有限资源发挥优势的最佳途径。任何一家想要问鼎行业的企业必须在清晰的客户群体定位的指导下刻画消费者画像,围绕该画像提出量身定做的价值主张,进而抓住客户群体的痛点营销产品或服务,在为客户群树立与其他人群不同、享有特殊待遇的被关注感的同时体现企业经营中"专注"的学问。正如本案例中提及的COSTCO精准聚焦美国中产阶级并根据其消费特征有针对性地提出了"低价、高品质、优质服务"的价值主张,围绕价值主张集中调动有效资源打造高性价比的商品和极致的消费体验,最大程度地吸引和维护该阶级的客户群体。在激烈的竞争市场上,敢于把不需要的客户群体拒之门外,看似偏离常规的营销体系,事实上恰恰可以体现企业经营中的智慧和胆识,有所取舍方能成就专注。

(三) 效率为王,加速价值创造

降低成本最好的办法,就是提高运营效率,周转速度越快,零售企业的利润就越大。运营效率在当前竞争激烈的商场中变得越来越重要,过往依赖于模式创新、投资拉动、市场增长所带来的盈利空间越来越小。随着中国社会的快速发展,过去的企业依赖开发新产品和创新渠道能够抢占到的人口增长、商业增长和互联网增长带来的红利越来越少。此时企业就不能再通过跑马圈地的方式进一步扩张,只能通过提升自己的运营效率来抢占竞争对手的市场份额。COSTCO在"效率至上"的方法论指导下通过改进物流系统增加中心仓库、机械化店内操作缩短门店运营时间、提高员工效率等措施成功地实现了每个员工创造的销售收入远高于同类竞争者。运营效率的提高一定程度上加快了价值创造的速度,因此如何提升运营效率成为当前企业在行业洪流中想要脱颖而出必须斟酌的决定因素之一。COSTCO在提高经营效率方面带给零售企业的启示中最为重要的一点是尽可能地用数字化系统和机械来减少员工的可替代劳力,将员工的价值完全保留至顾客服务中,最大化人力效率是实体零售企业在现代科技辅助下加快价值创造的重点。

(四) 专注细节,提高客户黏性

所谓客户黏性,指的是客户对于品牌或产品的忠诚度、信任感与良性体验等结合起来形成的依赖感和再消费期望值,是建立在企业和顾客彼此信任和选择基础上的纽带。随着国民收入水平和生活水平的不断提升,消费者的消费观念逐渐发生转变,由最初敏感于产品价格发展到更加侧重产品品质和消费中所感知到的服务体验,这直接决定了当代零售业要在把控商品品质以提高客户认可度的同时布局服务设施,在服务中添加更加人性化的细节,为客户打造极致的消费体验。差异化、高性价比的商品和极致的消费体验往往是企业留住存量客户的同时发展新客户的主要因素。正如COSTCO在门店周边开设一站式服务设施的举措,通过儿童配镜中心、汽车维修中心、加油站等的建设将服务细节深入中产阶级家庭生活所需要的方方面面,成功做到了以物美价廉的商品引流,用优质服务增加客户黏性,实现了较高的会员保留率和规模增长。

(五) 不拘当下,关注企业未来

巴菲特曾言,"在投资中,时间是优质企业的朋友,是劣质企业的敌人"。企业是否具有长期的竞争优势来支撑未来发展,是投资者长期持有其股票并实现盈利的根本保证。因此成熟的价值投资者在选择一家企业进行长期投资时应该具有战略性目光,不被当下市场高涨或低落的"情绪"左右,善于识别和评估目标企业内在的核心竞争力和发展前景,至少从以下几个方向去综合衡量企业的真实价值。第一,判断企业所在行业的发展空间和行业格局如何;第二,关注企业本身真正的、独具特色的核心竞争力能否为企业带来可持续的价值提升,正如COSTCO差异化的盈利模式、高效的运营模式成为支撑其未来持续发展的竞争优势;第三,评估资本市场对企业价值的判断是否存在偏差,企业是否处于被低估状态;第四,慎重考虑企业未来发展可能遭遇的各种风险,例如行业竞争加剧、宏观经济波动、企业负面事件影响等会折损企业价值的风险。真正好的投资决策需要投资者基于多方面的综合分析和长远规划做出,价值投资不是"追涨杀跌"的投机博弈,只有不囿于当下,关注企业长远的未来才能挖掘到真正的宝藏!

参 考 文 献

[1] 邓新明,刘禹.Costco:实体零售平台模式先行者[J].中欧商业评论,2019(4):58-67.

[2] 丁晔.基于自由现金流量的公司价值评估[D].北京:财政部财政科学研究所,2012.

[3] 焦媛媛,李智慧,付轼辉.我国跨境电商商业模式创新路径分析[J].商业经济研究,2018(20):63-66.

[4] 李端生,王东升.基于财务视角的商业模式研究[J].会计研究,2016(6):63-69,95.

[5] 李飞,米卜,刘会.中国零售企业商业模式成功创新的路径——基于海底捞餐饮公司的案例研究[J].中国软科学,2013(9):97-111.

[6] 李飞,贾思雪,王佳莹.中国零售企业商业模式创新要素及路径——基于胖东来的案例研究[J].技术经济,2015,34(1):37-45.

[7] 陆佳妞.连锁零售企业价值评估研究[D].大连:东北财经大学,2012.

[8] 盛亚,吴蓓.商业模式研究文献综述:兼论零售商业模式[J].商业研究,2010(6):

40-43.

[9] 汤岩.从COSTCO看零售付费会员制度[J].现代商业,2019(32):3-4.

[10] 陶薇.美国好事多(Costco)超市营销策略分析及启示[J].对外经贸,2014(7):110-112.

[11] 魏炜,朱武祥,林桂平.基于利益相关者交易结构的商业模式理论[J].管理世界,2012(12):125-131.

[12] 王东升.平台商业模式企业成长阶段的财务战略——基于创新扩散理论视角[J].会计之友,2019(11):37-44.

[13] 吴晓波,姚明明,吴朝晖,等.基于价值网络视角的商业模式分类研究:以现代服务业为例[J].浙江大学学报(人文社会科学版),2014,44(2):64-77.

[14] 王雪冬,冯雪飞,董大海."价值主张"概念解析与未来展望[J].当代经济管理,2014,36(1):13-19.

[15] 王一卉.基于中国零售市场比较的大型综合超市典型盈利模式分析[J].商业时代,2013(35):34-36.

[16] 杨明君.互联网背景下传统零售企业的盈利模式研究[J].商业经济,2016(8):30-32.

[17] 袁荃.电商冲击下连锁零售业会员服务体系创新构建——以Costco为例[J].商业经济研究,2017(23):74-77.

[18] 于霞.基于双边市场理论的大型超市盈利模式演化研究[J].中国市场,2019(36):25-26.

[19] 张敬伟,王迎军.基于价值三角形逻辑的商业模式概念模型研究[J].外国经济与管理,2010,32(6):1-8.

教学用途与目的

1. 本案例主要适用于"财务管理""战略管理""商业模式创新"等课程中商业模式及上市公司价值评估的教学。

2. 适用对象:本案例主要针对MBA、EMBA、MPAcc和企业管理人员,以及经济类、管理类专业的高年级本科生及研究生。

3. 教学目的:随着新业态在互联网科技的承载下如雨后春笋般涌现,商业模式愈发成为企业生存发展之根本,探索独具特色的商业模式成为企业在竞争中制胜的关键。作为管理学的经典研究对象之一,商业模式要求企业整合自身与相关利益者的资源以形成能够实现价值主张、价值创造与传递、价值获取的组织机制及商业架构。同时,上市公司价值评估是财务管理及价值投资课程中的核心知识点,旨在通过对企业经营、投资、融资等行为的分析并结合未来发展预测以估算企业价值并发表专业意见,为相关利益者的经济决策提供支撑信息。COSTCO作为全球前三的老牌零售企业,以其极具特色的会员制商业模式稳健发展,在全球经济低迷、传统零售业日渐没落的浪潮中市值一路高升,成为世界企业竞相学习的典范。本案例从价值主张、价值创造与传递和价值获取三方面深入剖析了COSTCO的商业模式,总结了其顾客价值主张、运营模式和盈利模式的独到之处,可为国内企业提供经营思维和商业模式创新的新思路。通过对本案例的分析和探讨,能够帮助学生理解和掌握以下重要知识点：

(1) 商业模式的内涵、核心内容及分析框架；

(2) 传统零售企业商业模式的特点；

(3) COSTCO 及山姆会员店等零售企业"会员制"商业模式的特点；

(4) 上市公司价值评估方法中自由现金流折现法的具体应用。

思 考 题

1. 新零售时代零售企业面临的挑战有哪些？新的商业模式将如何影响企业的战略发展？

2. 请总结 COSTCO 在价值主张、价值创造与传递、价值获取各环节的关键举措，并评价这些举措相比于传统零售商业模式的优势所在。

3. 请思考 COSTCO 的"会员制"商业模式在其他行业中的应用，结合不同企业的特征总结该种商业模式应用的差异性。

4. 除本案例所使用的价值三角形分析框架外，还有哪些经典的商业模式分析框架？

5. 由于新冠疫情的蔓延，COSTCO 作为跨国零售企业面临商品供应链被阻断和消费者消费习惯改变等困境，其线下经营一度受到严重影响。如果你是企业经营者，将采取哪些举措继续维持并推进企业的可持续发展？

案例3 涉猎通古今，专精筑未来：辉瑞制药财务竞争力综合评价

一、引言

"药，治病草也"。自古以来，药就承载了帮助人们解除疾病、恢复健康的重要使命，因而制药是利国利民、永远不会衰落的朝阳产业，同时，在资本市场上医药板块是典型的内需拉动型行业，向来以兼具成长和消费特性而深受投资者青睐。近年来，随着生物医药行业的蓬勃发展，市场上涌现了一代又一代的行业先锋，有如辉瑞公司、罗氏制药、默克（美国及加拿大以外的地区称"默沙东"）等久负盛名、久经沙场的百年老企，也有如安进、艾伯维等在近几年或几十年迅速发展起来的年轻企业。其中，辉瑞公司（简称"辉瑞""Pfizer"）是一家拥有170多年历史的美国药企，其产品覆盖诸多医疗和健康领域，研发和生产能力均处于全球领先地位。

从首家生产青霉素的公司到多元化发展，从二十世纪七八十年代的失意到如今的声名显赫，辉瑞凭借自己的创新能力和独特的商业价值成长为全球制药巨头。然而，辉瑞的发展之路并非一帆风顺。近几年，辉瑞的业绩表现再未达到过2010年前后的光彩，"专利悬崖"带来的紧迫感与自身创新成果的稀缺性令辉瑞在资本市场表现不佳。同时，新生力量在某些方面的创新能力甚至可以碾压大型药企，行业多极化的发展开始不断侵蚀辉瑞"老大哥"的地位，加之美国大选等政治波动很有可能造成药品大幅降价，辉瑞的发展似乎受到极大的阻力。尽管时代形势严峻，这家元老级制药品牌仍凭借其独特魅力在"乱世"中屹立不倒。除了通过并购获得技术力量和优质产品之外，其强大的营销能力、机敏的洞察能力及稳定的财务能力亦保证了其对外紧跟市场步调，对内迅速果断调整。如今，辉瑞仍怀着满腔热血游走在技术与资本的市场，一面靠着研究和创新搏击着人类疑难杂症的病痛，一面靠着雄厚的资金实力扮演着"大鱼吃小鱼"中的大鱼角色。辉瑞作为有百年历史的国际制药巨头之一，在价值创造方面表现出色，本案例从战略视角出发剖析辉瑞的财务状况，进行企业价值评估，并结合企业内部优劣势、外部环境存在的威胁和机会等非财务信息与基本财务信息进行分析，探析其发展中的优势及不足。

二、公司简介

被誉为"宇宙大药厂"的辉瑞公司创建至今已经有170多年的历史，经过一个半世纪的积累、研发、并购与扩张，辉瑞已经拥有世界上最先进的生产设施、检测技术、质量保障体系，它在2004年成为道琼斯工业指数的成分股，也是生物医药板块的"明星股"，并屡屡登上"世界500强"的榜单，美国《财富》杂志显示其在2019年"世界500强"中位列第198名。

（一）基本情况

辉瑞公司于1942年在美国特拉华州注册，于1944年在美国证券交易所上市，是一家以研发为基础的全球性生物制药公司，总部位于美国纽约。辉瑞主要在全球开发、制造和销售药品及保健品，研究内容涵盖内科学、疫苗学、肿瘤学、炎症与免疫学、罕见疾病领域，核心方

向有肿瘤、心血管、疫苗、自身免疫。辉瑞的产品市场主要分为发达市场和新兴市场,发达市场包括美国、西欧、日本、加拿大、韩国、澳大利亚等国家和地区,新兴市场包括亚洲的其他国家、拉丁美洲、东欧、非洲、中东等。

2018年7月,辉瑞将原先的两大业务部门,即辉瑞创新健康部门与辉瑞基本健康部门拆分重组为三项业务部门,形成了新的全球架构,包括 Biopharma(创新药物业务部门)、Upjohn(成熟药物业务部门)和 Consumer Healthcare(消费者健康业务部门)。Biopharma 由辉瑞创新健康部门和新成立的、面向医院的新药部门两部分构成,其中,新药部门专注于无菌注射剂和抗感染药的推广。此外,辉瑞将生物类似物管线与肿瘤、感染,以及免疫学业务进行整合,把更专业的力量和精力放在这些重要的疾病领域。随着全球老龄人口的不断增加,辉瑞期望 Biopharma 能够满足全新的医疗需求。Upjohn 专注于专利过期或即将过期的重磅药物,如 Lyrica(乐瑞卡,通用名"普瑞巴林")、Lipitor(立普妥)、Norvasc(络活喜)、Viagra(万艾可)等,以及部分仿制药。该部门将在全球范围内开展业务,拥有独特的制造方法、营销手段、管理政策等。Consumer Healthcare 专注于辉瑞的全部非处方药产品,它将继续在独立的制造线与监管体系下相对自主地运作。辉瑞的首席运营官认为,全新的架构设计将使辉瑞能够更好地针对不同领域的不同患者,优化资源配置效率。

图 3-1 所示为辉瑞全球架构调整示意图。2018年12月,GSK(葛兰素史克)与辉瑞达成协议,双方将旗下的消费者保健业务整合,成立了一家新的合资公司,该交易于2019年8月正式完成,一家定位于止痛、呼吸、维生素和矿物质补充剂、消化系统健康、皮肤健康以及治疗性口腔健康领域的领军企业随之诞生。2019年7月,辉瑞与最大的仿制药企业 Mylan(迈兰)联合宣布达成最终协议,将 Upjohn 与 Mylan 合并,创建一家新的全球制药公司,该项交易在2020年完成。调整架构后的辉瑞把目光聚焦到了创新药物上,成熟药和消费者医疗健康则退居二线。

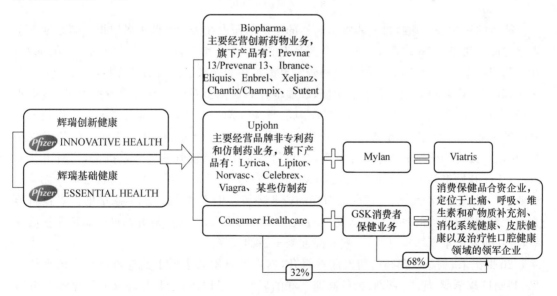

图 3-1 辉瑞全球架构调整

(二) 发展历程

辉瑞的发展历史如图3-2所示。辉瑞公司创立于1849年,早期主要经营和生产化工产品。20世纪中叶前,辉瑞的突破性发展主要得益于战争。1861年爆发的南北战争提供了辉瑞发展的机会,辉瑞在战争中通过向军队提供大量的药品得以迅速成长,借机成为美国国内较大的化学品生产企业之一。南北战争之后辉瑞的主要产品是柠檬酸。1928年亚历山大·弗莱明(Alexander Fleming)发现青霉素后,辉瑞公司开始介入抗生素的生产,并逐渐将企业的重心转移到抗生素领域,此后,辉瑞公司对发酵工艺进行了深入研究,并将其用于柠檬酸和青霉素的生产。第二次世界大战提供了辉瑞又一次发展的机会,当时,辉瑞是唯一使用发酵技术生产青霉素的企业,这种工艺的产量极大且生产成本非常低,辉瑞向美国军方提供了大量相对廉价的青霉素产品,并利用这一机会飞速扩张。

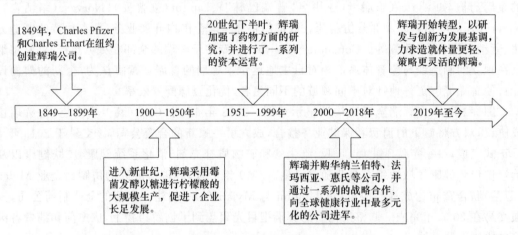

图 3-2 辉瑞的发展历史

战后的辉瑞公司通过进一步加强药物的生产与研发在美国制药市场取得一席之地。土霉素的成功研发,使辉瑞取得了第一个药品专利权,并给其产品打上了"辉瑞品牌"的标签,此后的四环素、吡罗昔康等药物的成功研发也都给辉瑞带来了巨大的经济利益。20世纪60年代,制药企业掀起多元化发展的潮流,辉瑞也开始逐渐沉迷于疯狂收购各类业务,追求极速成长与规模至上。在1961年至1964年间,辉瑞收购了14家生产非处方药和日用快速消费品的企业。20世纪70年代DNA重组和遗传工程学发展迅速,制药业迎来新的发展契机,相比于致力于研发的竞争对手默克,辉瑞的多元化战略使其错失大量机会,当时上任的辉瑞CEO开始带领公司将重心从收购转移到研发,并为此剥离了一部分与核心业务无关的产业。20世纪80年代末,美国药品市场的行业环境发生了本质改变,需求端购买者议价能力的提升、政府政策的改变对各大药企造成了一定的压力,辉瑞此时开始彻底剥离非核心业务,并在研发上渐渐取得进步,一些新品迎来不菲的回报。

20世纪末,创新型药物的研发成本飙升,辉瑞的研发效率低于其他行业巨头的平均水平,利润日益单薄,能支持营收持续高速上涨的后续产品匮乏,于是辉瑞又开始了通过并购来赢得畅销药品的资本扩张之路。21世纪以来辉瑞的大型并购史见表3-1。2000年,辉瑞斥资930亿美元收购Warner-Lambert(华纳-兰伯特药厂),利用自身营销优势将华纳-兰伯特旗下的降脂药Lipitor(立普妥)推广至全世界。2002年,辉瑞用600亿美元买下

Pharmacia(法玛西亚),获得其"明星产品"——治疗关节炎的Celebrex(西乐葆),成为美国最大的药品生产企业。2009年,辉瑞以股份加现金方式收购药企Wyeth(惠氏),拥有了全球销售额最高的7价肺炎疫苗"沛儿",并开始了从化学制药领域到生物制药领域的转型。2015年,辉瑞斥资约168亿美元收购美国药物及医疗设备制造商Hospira Inc(赫升瑞公司),扩充了无菌注射生物仿制药管线。随着传统药物的销售增长放缓,辉瑞开始转向新型药物,如抗癌药物,以推动收入增长。2016年,为完善肿瘤药物产品线,辉瑞以140亿美元现金收购美国抗癌药制造商Medivation,获得其年销售额20亿美元的抗前列腺癌药物Xtandi。截至2018年年底,辉瑞已在全球拥有58个生产基地,业务遍布全球约125个国家和地区。在2019年,辉瑞斥资114亿美元收购Array制药,强化肿瘤创新药管线和远期研发实力,进一步夯实核心竞争力。

表3-1　21世纪以来辉瑞的大型并购史

时间	并购企业	动因
2000.02	华纳-兰伯特药厂	完善辉瑞心血管产品线,获得重磅炸弹药物立普妥
2002.07	法玛西亚	获得西乐葆等重磅产品以补充产品线
2009.01	惠氏	促进公司生物制药的发展
2015.02	赫升瑞	补充生物仿制药产品线
2016.08	Medivation	完善抗肿瘤药物产品线,获得年销售额20亿美元的抗前列腺癌药品Xtandi
2019.06	Array制药	强化肿瘤创新药管线和远期研发实力

"创新、敢冒风险和大胆决策"的辉瑞在21世纪后与初心渐行渐远,一系列的并购帮助辉瑞转型升级为生物制药公司,但不停地扩大资产规模使辉瑞的重心偏向于资本运作而非研发创新,致使其近年来在创新方面的表现远不如其知名度。不过辉瑞能够根据自身特性及市场变化作出积极迅速的调整。为了应对创新能力的不足,辉瑞在2019年实行业务重组,试图通过造就一个体量更轻、策略更灵活的辉瑞来进入以研发为主的赛场。辉瑞CEO在2019年1月曾表示,"这是我们经过深思熟虑作出的决定,希望辉瑞成为一家独一无二的创新公司,以更好地实现我们的目标:为患者治疗带来突破性改变"。"宇宙大药厂"的未来将在很大程度上取决于其研发工作的进展,以及能否推出足够有力的重磅产品。

(三) 主要产品的专利现状

截至2018年12月31日,辉瑞的主要产品业绩来自拆分重组前的两个部门。创新健康部门主要致力于开发并商业化一系列的新产品,以改善患者的生活、提高药品的质量,涵盖领域包括内科学、疫苗学、肿瘤学、炎症与免疫学、罕见疾病和消费者保健。基本健康部门主要致力于发达市场和新兴市场上已失去或将很快失去市场独占性的产品,包括传统品牌药、仿制药、仿制无菌注射剂、生物仿制药以及包括抗感染剂在内的精选品牌药。

辉瑞的市场独占性主要来自专利保护,专利保护期内其可在该市场上形成垄断,辉瑞在2018年的报表中披露了一些主要产品的专利到期时间。其中,Lyrica是全球最畅销的镇痛药,它在2017年带给辉瑞50.65亿美元的销售额,但在2018年,由于一些国家和地区的专利到期,其销售额下滑至49.7亿美元。专利保护期的失效往往会引起企业的警觉,辉瑞在近几年迎来"专利悬崖",这促使其进行了内部资源整合和外部资本运作。由表3-2可知,2020—2025年间辉瑞有7种产品面临专利到期的困境。

表 3-2　辉瑞主要产品专利情况

药物名称	美国产品专利到期时间	欧盟产品专利到期时间	日本产品专利到期时间
Lyrica(普瑞巴林)	2019 年	2014 年	2022 年
Chantix/Champix(伐尼克兰)	2020 年	2021 年	2022 年
Sutent(舒尼替尼)	2021 年	2021 年	2024 年
Ibrance(哌柏西利)	2023 年	2028 年	2028 年
Inlyta(阿西替尼)	2025 年	2025 年	2025 年
Xeljanz(托法替尼)	2025 年	2028 年	2025 年
Prevnar 13/Prevenar 13(肺炎球菌疫苗)	2026 年	2026 年	2029 年
Eucrisa	2027 年	未批准	未批准
Eliquis(阿哌沙班)	2028 年	2026 年	2026 年
Xtandi(恩杂鲁胺)	2027 年	暂未生效	暂未生效
Besponsa	2027 年	2023 年	2028 年
Xalkori(可唑替尼)	2029 年	2027 年	2028 年
Bavencio	2033 年	2032 年	2033 年

(四) 市场表现

辉瑞在世界范围内受到患者们的极大认可。根据 2018 年辉瑞年报的估计,全世界有超过 7.84 亿人在使用辉瑞的药物和疫苗,至少有 0.65 亿的婴儿和老年人因辉瑞的疫苗而免受疾病的侵害,超过 0.48 亿的心血管病患者得益于辉瑞的药物而降低了心脏病发作或中风的风险,有 300 万"烟民"在使用辉瑞的戒烟疗法,120 万患者接受了辉瑞的抗癌症药物治疗。

2018 年,辉瑞表现出稳健的财务业绩,销售收入同比增长约 2%,该增长主要源于包括 Ibrance、Eliquis、Xeljanz 和 Prevnar 13 等几个畅销药物及疫苗销量的持续增加,同时,辉瑞在新兴市场和生物仿制药行业也实现了一定的收入增长,帮助辉瑞抵免了因失去市场独家经营权(LOE)而产生的近 17 亿美元的收入损失。辉瑞的业务广泛涉及各个疾病领域,目前其在研项目集中于疫苗、免疫炎症和罕见病,抗肿瘤板块也是辉瑞的核心攻克方向。辉瑞在这一年依旧维持了较高的研发投入,达到 80 亿美元。同时,辉瑞在 2018 年通过股息和股票回购的组合方式直接向股东返还了 202 亿美元。

表 3-3　辉瑞 2016—2018 年财务表现(单位:百万美元/股,每股数据除外)

财务表现	2016 年	2017 年	2018 年	2017 年同比增长率	2018 年同比增长率
营业收入	52 824	52 546	53 647	−0.53%	2.10%
营业成本	12 322	11 228	11 248	−8.88%	0.18%
销售、信息和行政费用	14 844	14 804	14 455	−0.27%	−2.36%
研发费用	7 892	7 683	8 006	−2.65%	4.20%
重组费用和某些与收购有关的费用	1 565	351	1 044	−77.57%	*
其他收入	3 794	1 416	2 116	−62.68%	49.44%
持续经营净利润	7 229	21 353	11 179	*	−47.65%

续 表

财务表现	2016年	2017年	2018年	2017年同比增长率	2018年同比增长率
已终止经营业务净利润合计	17	2	10	−88.24%	*
归于辉瑞公司的净收入	7 215	21 308	11 153	*	−47.66%
归属于辉瑞公司普通股股东的稀释每股收益	1.17	3.52	1.87	*	−46.88%
稀释的加权平均股份	6 159	6 058	5 977	−1.64%	−1.34%
已发行普通股数量	6 069	5 979	5 717	−1.48%	−4.38%
总资产	171 615	171 797	159 422	0.11%	−7.20%
非流动负债总额	80 660	69 714	63 807	−13.57%	−8.47%
辉瑞公司股东权益总额	59 544	71 308	63 407	19.76%	−11.08%
普通股每股股东权益	9.81	11.93	11.09	21.61%	−7.04%
经营活动产生的现金净额	16 192	16 802	15 827	3.77%	−5.80%
物业、厂房及设备添置	1 823	1 956	2 042	7.30%	4.40%
回购普通股	5 000	5 000	12 198	0.00%	*
支付的现金股利	7 317	7 659	7 978	4.67%	4.17%

注：资料来源于辉瑞官方网站。表中 * 表示计算没有意义或结果等于或大于100%。

另外，根据券商的数据可知，2019年辉瑞全年实现总收入517.50亿美元，同比下降3.54%。其中生物制药业务单元收入394.19亿美元，同比增加8%，Upjohn（辉瑞普强）业务收入102.33亿美元，同比下降16%，消费者保健业务收入20.98亿美元，同比下降40%。辉瑞的股价在2018年上涨近19%，但在2019年下跌了10%以上，截至2019年年底，辉瑞的市值在2 175亿美元左右，市盈率约为13倍，股息率为3.84%，受"专利悬崖"与业务重组的影响，其在2019年的表现落后于其他制药股。目前辉瑞的核心战略是致力于创新药业务，稳固全球创新药领导企业的地位，满足消费者对药品的需求，以此提高对股东的回报。

三、辉瑞的战略分析

（一）宏观环境分析

医药行业具有高技术、高风险、高投入、高回报的特点，长久以来是发达国家竞争的焦点。经济全球化促使医药行业的竞争日益激烈，同时，随着生物技术的进步及其在医药领域的广泛应用，生物医药成为医药行业发展的重点领域，大型跨国药企置身其中，深受瞬息万变的宏观环境的影响。本案例采用PEST分析方法，从政治（Political）、经济（Economic）、社会（Social）、技术（Technological）四个方面展开，对医药行业所处的宏观环境进行分析。

1. 政治环境分析

美国的医药产业在较成熟的政治环境下起步早、发展快，受政府的高度监管，不断修订和完善的政策法规一方面带来了行业的高标准、严要求，另一方面也促进了美国制药业的创新发展。根据Bernard Munos对美国1950—2008年的药物创新情况分析可知，由于美国制定了比其他国家更严厉的药物研发及生产法规，其药物创新能力得到了有效的提高，激励生物医药创新的政策法规体系是美国生物医药产业快速发展的一个重要保障。"在美国,做药就是做专利",专利保护法给予制药商充分的垄断经营权,但法律并不仅仅通过专利来维护以创新为主的制药商利益,也为其竞争对手即仿制药企业设立了相应的支持机制。1984年,美国出台了《药品价格竞争与专利期补偿法》,该法案促使各州尽快通过了各自的"药物替代"法,这在美国医药产业百年发展历程中具有重要的里程碑意义,使仿制药的处方药占有率从1984年的不到19%,上升到2015年的90%左右;专利药的平均专利有效时间缩短了3年,仿制药的入市时间提前了3年,新药研发投入回报率降低了12%。陆续出台的众多法律法规,规范和引导了美国制药业发展的制度体系,为了获得专利和面对仿制药的竞争,原创制药企业必须投入更多的资金,用更短的时间,上市更多的新药,这极大地促进了新药的研制与开发,推动了美国生物医药产业的快速发展,促进了生物医药行业的兴盛。除了专利保护、药物替代的相关法规外,美国不断进行的医疗改革政策也给药品企业带来了挑战与机遇,决定一种新药能否成为重磅畅销药的因素,除却疗效、安全性和市场规模,价格和保险支付也是至关重要的一环。美国是以市场经济为主导的医疗保险体制,国家在医疗方面的开支增速和数额常年远高于其他发达国家,特朗普总统上台前,美国历届政府对药品价格的干涉相当少,由于没有全国性的价格控制、全国性的药品目录,以及消费者费用共付的统一政策,药品价格更多是由市场供需总体趋势决定的,由药品企业进行定价,而不受政府直接决定,这就赋予了药品企业极高的议价能力。特朗普总统上台后,虽然意图通过政府施压来降低药品价格,提升公民福利,但美国现行的官僚体系给这种医改方案造成了极大的阻碍,美国的药价形成机制没有本质变化,药品企业仍处于拥有高议价能力的受益方。美国制药业的法律支撑体系如图3-3所示。

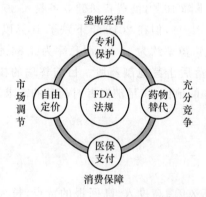

图3-3 美国制药业的法律支撑体系

资料来源:参考文献[4]。

2017年12月特朗普政府开始大规模推出税改政策,新税法《减税和就业法》("TCJA")颁布,企业最高税率从35%降至21%,更新后的税收政策将有助于以全球市场为阵地的美国大型跨国公司进一步加大在美国的投资,并创造工作机会。美国政府主导的包括税收政策在内的制度安排和制度变迁给予了生物医药产业极大的政策支持,独立而完善的医疗保障体系为生物医药产业的发展奠定了基础,这为辉瑞在美国本土的成长创造了许多有利条件。

2. 经济环境分析

美国是世界上最大的医药消费国和生产国,拥有全球最大的医药市场。2008年国际经济危机后,美国的制造业、零售业等产业萎缩,房地产业不景气,但包括制药业在内的大健康产业却一枝独秀,此后,大健康产业产值在GDP的占比逐年攀升,成为美国经济的支柱产业。根据统计数据,2018年至2019年7月,美国大健康产业投资项目中生物技术和制药是投资最密集的领域。医药行业对于美国的发展至关重要,其中,生物医药产业属于技术资本密集型部门,成为美国摆脱金融危机影响,实现经济温和发展乃至持续扩张的新增长点。目前,美国仍然是世界上第一大经济体,是世界首个也是唯一一个GDP总量超20万亿美元的国家。2018年,美国的GDP总量是20.494万亿美元,人均GDP约为6.26万美元,位居世界前十,人均年收入(税前收入)为3.6万美元。经济的快速发展和人民生活水平的日益提高,为人们追求健康提供了物质保证。德勤在2019年全球生命科学展望中提到,全球卫生支出正在上升,预计在2018—2022年间,60个国家的医疗支出复合年增长率将达到5.4%,而2013—2017年间的复合增长率仅为2.9%,除北美以外,所有地区的支出增速预计都将快于2013—2017年的支出增速。如图3-4所示,以2006—2016年美、中、日、英的医疗卫生支出总额占GDP比重为例可知,四个国家的医疗卫生支出均呈上升趋势,其中,美国的支出占比遥遥领先于其他三个国家,日本的支出占比在2011年突破10%,英国的支出占比在2016年时接近10%,中国的支出占比保持了稳定的增长,维持在4%以上。未来全球药品支出的增长速度将超过整体医疗支出,预计到2024年,全球处方药销售额将从2019年的0.9万亿美元增至1.2万亿美元。从2018年到2024年,药品的复合年增长率预计为6.4%,是2011年至2017年1.2%的5.3倍。从美国乃至全球的经济环境来看,长期内,医药行业稳中求进,在经济环境没有发生大趋势逆转的情况下,拥有比较优渥的发展条件。

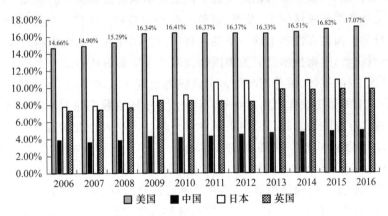

图3-4 美中日英的医疗卫生支出总额占GDP比重

资料来源:Wind。

3. 社会环境分析

由于生存环境、生活方式与理念,以及社会人口老龄化进程的加快等诸多因素的影响,美国人民对于健康的需求不断提高。为了提高国民健康水平,美国开始推动医疗行业从"诊断和治疗"系统向"健康维护和管理"系统转变,多方面的社会因素为美国医药行业的发展创造了条件。按照联合国的标准,一个国家或地区,65岁以上老年人的数量达到总人口的

7%,即进入老龄化社会。联合国发布的《2019世界人口展望》报告中显示,2050年,预计全球人口将达到97亿,全球人口平均预期寿命增至77.1岁,全球65岁以上老人占比将由11%上升到16%,全球每6个人中就有1个人的年龄在65岁以上,人口老龄化问题正逐渐加剧。美国也正面对步入老龄化社会的担忧,根据美国人口普查局数据,2019年美国人口较2018年增加约150万人,同比上升近0.5%,创一个世纪以来增长最慢纪录,与此同时,随着美国"婴儿潮一代"步入七八十岁,人口持续老龄化,预计到2060年,美国人口年龄中位数将从2019年的38岁提高到43岁,届时每4个人中就有1个65岁以上的老年人。老龄化是美国和很多发达国家面临的严峻挑战,持续老龄化导致终端医疗需求快速上升,向产业链上游传导,刺激生产端医药制造业的发展。除此之外,人们健康理念的提升鞭策了医药行业通过不断创新来寻求商机。美国国家卫生统计中心数据显示,2017年、2018年致死率排名前十的因素有心脏病、癌症、意外伤害、慢性下呼吸道疾病、中风、阿尔茨海默病、糖尿病、流感和肺炎、肾脏疾病、自杀,几乎73.8%的死亡由上述原因造成,而与疾病相关的因素有8个,这些危害人们健康的因素可通过不断提升的医疗水平得以解决。辉瑞的核心研发领域包括抗肿瘤药物,其在该领域取得的研发进展不仅会为企业带来源源不断的收益,更会为全人类的健康事业贡献一份力量。美国老龄化的加速以及人们对于健康相关产业和产品的了解与接受度,促进了医药产业的长足发展。

4. 技术环境分析

科技的日新月异是医药产业快速发展的关键力量,继信息技术变革后,物理、数字和生物世界融合在一起,生物技术革命开始引领第四次科技革命,在生物医药领域得到了广泛的应用。生物和细胞生化科技方面的突破性研究大大地降低了医药产品的成本,增强了产业竞争力和经济承担能力,其发展和创新突破了传统化学制药研究模式的瓶颈,提高了新药研制的成功率,是生物医药领域诞生、发展、繁荣的前提和基础。美国生物医药产业在"二战"后发展迅速,目前美国拥有世界上约一半的生物制药公司和一半的生物制药专利,已在世界范围内确立绝对优势,生物技术已成为美国高技术产业发展的核心动力之一。近年来,生物制药产业在基因工程、抗体、医药用酶等多个领域都出现了技术突破,生物技术产品预计将为各大药企在未来的销售额作出稳定贡献。除此之外,随着数字化对制药行业各个方面的持续影响,一些具有前瞻性的制药公司正在尝试将新技术纳入企业内部以获取更多的商业价值,这些推动生命科学数字化转型的技术有人工智能、医疗物联网、软件即医疗设备(SaMD)、区块链、DIY诊断和虚拟护理、未来的出行。其中,人工智能初步开始应用于生命科学领域,可帮助企业智能地使用数据,有可能彻底改变诊断过程、治疗计划、患者监测和药物发现。数字化有利于帮助药企建立丰富的网络和协作生态系统,为企业价值创造提供良好的空间,有助于企业形成自身的竞争优势,并加速其学习过程。以生物技术与数字科技为代表的技术创新使生物制药产业发展迎来新的黄金时期,这对于决意以创新为主导的辉瑞来说是大力发展的时机。

(二)医药行业分析

1. 生物制药的兴起

医药产业在投资界被称为"永不衰落的朝阳产业"。从18世纪至今,美国医药产业经历了从孕育到诞生、从起步到发展、再到高新期的历程,如图3-5所示。20世纪以来,传统化学制药的创新瓶颈越来越难以突破,新化学药品的研发数量呈明显下降趋势。受市场风向变化、科学技术进步的影响,生物制药得以蓬勃发展。美国食品药品监督管理局(FDA)批准的新药中,化学分子药物日益减少,生物技术药物日益增多,生物制药在新药研发中占据的比重越来越大。

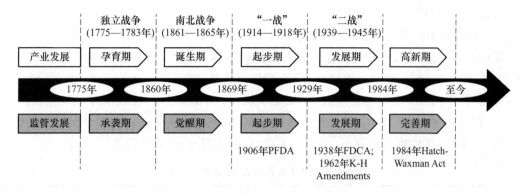

图 3-5　美国医药发展历程纵览

资料来源:参考文献[7]。

生物制药市场发展迅猛,研究成果数量迅速上升,尤其在生物疫苗、基因工程药物、重组蛋白药物、基因药物等领域,发展前景良好。生物制药逐渐成为各大药企的战略重点和追捧的主流研发领域。相比于传统的化学药物,生物药物毒副作用较小,疗效确切且附加值高,发展潜力巨大,在面对一些疑难杂症时更具优势。化学药、普药企业纷纷向生物制药企业转型,或者强化生物制药的业务单元,2009年,辉瑞凭着优秀的洞察力及多年积攒的经验,通过收购惠氏实现了从化学药巨头向生物制药企业的转型。

2. 医药行业现阶段特点

随着经济的平稳发展,医疗模式逐渐转型,人们的健康意识发生了巨大的变化,全球对药品的需求日益强劲,新兴市场的快速发展带动了全球医药市场需求的持续增长。为满足市场需求,药企的新药研发投入总体维持在较高水平,提高创新能力仍是制药企业提高竞争力的主要手段。现阶段医药行业主要有以下四个特点。

(1)中小型企业崛起,行业多极化发展

近年来,中小型制药企业发展迅速,2005年,全球前十五大制药巨头的总销售额占全球药品销售额的62.92%,但2018年下降至49.75%,说明中小企业的快速发展削弱了制药巨头的影响力,制药行业正在走向多极化。导致中小型制药企业快速发展的原因主要有四点。第一,慢性病药物研发逐渐陷入困境,创新药研发的资本流向了抗癌药和治疗罕见病的"孤儿药"。相比于慢性病药物的开发,"孤儿药"和抗癌药的研发成本更低,中小型公司依托这类药物的研制可以得到快速发展。在美国,罕见疾病定义为影响少于20万人的疾病或状况,尽管大多数罕见病影响不到1万人,但它们对公共健康的影响却是深远的。在美国,罕见疾病影响了约3000万人,因此"孤儿药"的研制至关重要。第二,高度活跃的资本市场提供了便捷的融资渠道,让中小型公司布局创新药成为可能。2019年在纽约证券交易所和纳斯达克上市交易的实体公司总共有177家,其中属于医疗保健行业的公司有76家,占比高达 42.9%,在美国有大量未营利且还在从事研发的生物医药公司得益于 IPO 获得融资。第三,相比于"尾大不掉"的制药巨头,中小型研发公司的模式更加灵活多变,研发效率更高,因此近年来,制药巨头们纷纷加强与中小型公司的合作与交流。第四,随着人工智能的引入,未来研发成本有望大幅下降,这将进一步降低制药行业的门槛,削弱大型制药企业的资本优势并促进制药市场的多极化发展。

(2) 税收政策放宽,并购市场回暖

特朗普上台后,曾受奥巴马任职时期严厉税收政策影响而一度放缓的医药行业并购活动开始重新活跃。根据生物技术网站 GEN 的统计数据,2019 年上半年,生物制药公司完成或宣布的 TOP10 交易总价值已超过 2 500 亿美元,而 2018 年上半年 TOP10 收购总计 1 702 亿美元,同比增加 47%。2019 年生物医药行业并购市场持续火热,一些在 2018 年尚未敲定的天价并购案也尘埃落定。表 3-4 所示为 2019 年医药行业 10 大并购交易。

表 3-4 2019 年医药行业 10 大并购交易

日期	收购方(Acquire)	被收购方(Target)	金额/亿美元
2019-1-3	百时美施贵宝(BMY)	Celgene	740
2019-6-25	艾伯维(ABBV)	Allergan	630
2019-1-7	武田(TAK)	Shire	586
2019-2-25	丹纳赫(DHR)	GE BioPharma	214
2019-8-26	安进(AMGN)	Celgene(收购银屑病治疗药物阿普斯特)	134
2019-6-17	辉瑞(PFE)	Array BioPharma	114
2019-1-22	礼来(LLY)	Loxo Oncology	80
2019-3-29	阿斯利康(ANZ)	Daiichi-Sankyo(收购单抗 deruxtecan)	69
2019-2-15	葛兰素史克(GSK)	Tesaro	51
2019-2-25	罗氏(RHHBY)	Spark Therapeutics	43

药企自主研发新药的投资回报率(RoI)日益缩减,是推动当前生物制药企业收购兼并浪潮的关键因素。如图 3-6 所示,德勤健康解决方案中心分析全球 TOP 12 的制药公司数据后发现,2019 年医药行业研发的投资回报率处于 2010 年以来的最低水平,仅为 1.8%,较 2018 年的 1.9% 略有下降。投资回报率下降的原因有很多,例如监管环境更加严格,药物研发状况不断变化,开发新药并将新药投放市场的平均成本不断上升等。因此,在自主研发创新药物的同时,老牌巨头制药企业希望依托其雄厚的资金实力,通过收购与兼并规模较小、构架精简的制药公司来获取其已有的药物,以保持创新能力,提高投资回报率。除此之外,主要产品专利即将到期、通过收购来补充管线或快速做大经营规模等原因也促成了医药生物领域的并购整合。因此,大型制药公司越来越仰赖于合并、收购,通过资本运作整合资源,可以大幅降低企业的时间投入和风险承担,从而获取超额回报。在并购市场蓬勃发展的背景下,并购已成为制药企业提升销售收入的重要渠道,2019 年全球 33% 的预测销售额来源于收购。

图 3-6　2010—2019 年医药行业研发的投资回报率

资料来源：德勤健康解决方案中心，《2019 医药创新回报率评价》。

(3) 亚洲市场成长迅速，制造销售重心转移

亚洲地区的劳动力成本优势、固有成本优势以及药品专利制度和医疗体系逐步完善，促使全球医药 CMO 市场开始逐步、持续地从西方成熟市场转移至亚洲新兴市场。近年来，亚洲经济发展迅速，居民购买力和生活水平显著提升，与此同时，人们的生存环境、生活方式也发生了变化，如环境污染加剧、饮食习惯改变等，这对人们的健康产生了一定的影响，激发了更大的药品消费需求，欧美先进的医药和医疗器械也因此越来越受欢迎。2018 年，亚洲约占全球药品总支出的 30%，预计这一比例会随着该地区医疗负担的增加而上升，特别是在慢性病治疗方面。世界卫生组织(WHO)曾预测，到 2020 年，亚洲癌症治疗市场的规模将达到 1 500 亿美元，比 2015 年的 1 070 亿美元增长约 40%，这一涨幅主要源于印度以及中国癌症患者的大幅增加，其中印度的癌症患者增幅达到了 5 倍，而中国每年的癌症确诊病例也达到近 400 万人。值得注意的是，2018 年初艾意凯咨询公司针对国际生物医药企业的调研结果显示，中国是生物医药企业投资选择的前四大市场之一，在多种因素的共同作用下，中国已经成为全球生物医药行业增长的主要动力源。2015 年，中国超越日本成为全球第二大药品国家市场，2018 年中国医药市场规模约为 1 370 亿美元，占全球市场 11.37%。

(4) 行业集中度提高，全球竞争趋势加剧

全球竞争是许多行业需要面对的挑战，医药行业首先受到影响。在现有的市场中，发达国家以生产专利药为主要的盈利增长点，此种模式在未来的发展中仍会持续。但预测显示，未来 20 年内，全球药品专利将大规模到期，专利新药上市的速度减缓、品种数量下降，随着国际上的重磅级生物药面临专利悬崖期，生物仿制药迎来了难得的机遇，各国为控制医疗支出，将努力推进仿制药市场的发展。生物仿制药正在吸引许多新的参与者进入生物制药行业，其中包括生物仿制药较少和不受管制的国际市场，如中国和印度等亚洲国家正在引入新的设施和技术以提高生产能力，这些参与者进入生物仿制药市场，将带动仿制药在全球药品市场中的份额不断提升。美国作为生物制药研发的主要地点，也是开发生物仿制药数量最多的国家，随着美国生物仿制药市场的开拓，全球生物仿制药产品的研发趋势正在加快，不久之后生物仿制药将会成为生物制药的最大市场之一，原研药将不得不面对低价仿制药的冲击，但同时，仿制药也需要面对准入竞争者打响的价格战。原研药与层出不穷的仿制药企

业共同提高了生物制药行业的集中度。在过去的 20 年中,销售额一直保持着近 14% 的速度持续增长,2018 年,生物治疗药物的销售额已超过 2 000 亿美元。随着创新产品渠道的完善和国际销售额的增长,2020 年全球生物医药产业进入快速发展期,生物医药行业的集中度不断提高,行业收入得到进一步的增长,未来企业之间的竞争将愈加激烈,全球性的竞争不可避免。

(三) SWOT 分析

创新是辉瑞现阶段发展的主要战略基调。自 2011 年辉瑞实施转型,其公司战略主要立足于四方面。第一,研发和创新。对辉瑞而言,创新药是高利润的保证,也是价值创造的源动力。辉瑞通过大力投资研发,积极追求生产高价值、高度差异化的药物和疫苗,并奉行产品领先的价值主张和差异化战略。第二,企业价值最大化。辉瑞在进行投资和企业资源的调配时,优先站在为股东创造最大长期回报的角度来抉择。在日趋严格的监管条件、日益激烈的全球竞争、日渐加剧的创新难度背景下,辉瑞为保持价值创造的步伐积极进行分拆重组,将原先的两大业务部门(创新健康部门与基本健康部门),调整为创新药物、成熟药物、消费者健康三项业务部门,新架构不仅反映了辉瑞业务的自然演进,更体现了企业追求价值最大化的思想。第三,树立社会形象。辉瑞十分注重在全球市场塑造百年药企的国际形象,通过积极推进优质产品、先进疗法,辉瑞争取到更多的销售渠道、交流合作机会,这使其在利好公众的同时有效地扩大了知名度与影响力。第四,创造利于员工团结协作的企业文化。辉瑞在战略要务中着重强调要加强团队建设,在组织内形成和谐友爱的工作氛围,例如倡导在员工间培养默契、提高协作效率,鼓励上下级间公开、坦率地对话。辉瑞对内、对外积极主动的战略思维彰显了行业巨头对时代的机敏与洞察力、对未来的信心与前瞻性、对消费者负责的心态与担当,通过 SWOT 分析法可以更清晰地对辉瑞进行战略分析。图 3-7 为辉瑞的 SWOT 分析示意图。

图 3-7 辉瑞的 SWOT 分析

1. 辉瑞的优势分析

辉瑞的优势主要体现在其拥有强大的研发管线和优渥的资源实力。走过 170 载春秋的辉瑞,拥有强大且丰富的产品线,2020 年伊始,辉瑞就有 95 个临床研究项目正在进行,包含炎症和免疫学方向在研管线上的24个进展项目，内科学方向的10个项目，肿瘤学方向的40个项目，罕见病方向的14个项目，疫苗方向的6个项目，医院（抗感染药）方向的1个项目。未来几年，辉瑞将有25个非常有获批潜力的药品投入市场，其中15个可能成为重磅产品，市场潜力巨大。

表3-5列举了辉瑞的核心产品，其中，艾乐妥（药品商品名为Eliquis，药品通用名为阿哌沙班）与哌柏西利（Ibrance）是辉瑞的"明星"药物，具有高增长率与逐步扩大的市场份额。2018年，艾乐妥作为销售额最高的小分子药物，总共创下98.72亿美元的销售业绩，该药物由辉瑞与百时美施贵宝联合开发，辉瑞从中获得34.34亿美元的收入，同比提高36％，其主要驱动因素是用于治疗非瓣膜性心房颤动药物的持续增加以及口服抗凝血药市场份额的增大。哌柏西利（Ibrance）在2018年贡献了41.18亿美元的销售收入，它是辉瑞研发的一种口服性抗CDK抑制剂，是全球首个CDK4/6抑制剂，凭借其疗效优势，已经成为一线ER+、HER2-乳腺癌（占比60％）用药，销售业绩接连攀升，有望成为全球最畅销的抗乳腺癌药物，估计峰值年销售额将超过60亿美元。沛儿13（Prevnar13）是辉瑞旗下的"利润奶牛"，长期以来一直是全球针对肺炎最畅销的疫苗，其最初由惠氏公司研制，后被辉瑞在2009年收购。2018年，沛儿13的销售额高达58.02亿美元，增长速度为4％，尽管其增长速率较低但拥有极高的市场份额与认可度，是稳定的现金牛产品，具有销售量大、产品利润率高的财务特点，可以为企业提供资金，而且由于增长率低，也无须加大投资，是企业回收资金、支持如"明星产品"等其他产品投资的后盾。辉瑞的资源优势主要源自其技术力量、人力资源及客户市场。辉瑞通过自身的组织管理、研发创新与资本运作，获得了全球领先的技术优势与人才优势。根据其官方网站的数据，2018年，辉瑞在全球共拥有58个生产基地、9万余名员工，新增180多个研发合作机构，研发平台覆盖基因疗法、精密医学、药物科学、生物仿制药。同时，辉瑞强大的营销能力也有助于其在多个领域取得较高的市场份额，获得长期稳定的客户资源。辉瑞积极与全球范围内的卫生组织、政府以及当地企业建立广泛的合作伙伴关系，提供优质的卫生服务和卫生支持系统，致力于保证业务的连续性，满足客户的不同需求，这使其分公司遍布世界各地，极大地促进了其药品在世界范围内的可及性，为其积累了优质的客户资源。多年积攒的口碑为辉瑞塑造了"宇宙大药厂"的企业形象，丰富了辉瑞融资渠道的资源。良好的债券评级使其拥有较强的融资能力，截至2018年年底，标准普尔、穆迪对辉瑞长期债务的评级分别为AA和A1，表示其偿还债务能力很强，投资品质优良。

表3-5 辉瑞核心产品

药物	适应证	靶点	2017年销售额/亿美元	2018年销售额/亿美元	增长速率
Ibrance（哌柏西利）	乳腺癌	CDK4/6抑制剂	31.26	41.18	32％
Sutent（舒尼替尼）	胃癌、GIST	PDGFR-α、VEGFR多靶点激酶抑制剂	10.81	10.49	-3％
Xtandi（恩杂鲁胺）	前列腺癌等	非甾体雄激素受体拮抗剂	5.9	6.99	18％

续表

药物	适应证	靶点	2017年销售额/亿美元	2018年销售额/亿美元	增长速率
Xalkori（可唑替尼）	NSCLC	ALK抑制剂	5.94	5.24	−8%
Eliquis（阿哌沙班）	静脉血栓栓塞症	凝血因子Xa抑制剂	25.23	34.34	36%
Lipitor（阿托伐他汀）	高胆固醇血症	HMG-CoA抑制剂	19.15	20.62	8%
Viagra（西地那非）	勃起障碍	PDE-5抑制剂	12.04	6.36	−47%
Prevnar 13（肺炎球菌疫苗）		肺炎	56.01	58.02	4%
Lyrica（普瑞巴林）	神经痛、纤维肌痛	ADCNA2D阻滞剂	50.65	49.7	−2%
Xeljanz（托法替尼）	类风湿关节炎	JKA抑制剂	13.45	17.74	32%
Enbrel（依那西普）	自身免疫	TNF-α抑制剂	24.52	21.12	−14%

资料来源：药渡网。

2. 辉瑞的劣势分析

辉瑞的劣势主要表现为专利悬崖和研发及运营方面的不足。辉瑞不得不面对重磅药物的专利接二连三到期的问题，专利悬崖给其带来巨大的冲击，短时间内将"明星产品"变为"问题产品"或"瘦狗产品"，造成收入断崖式下降。立普妥（药品商品名为Lipitor，药品通用名为阿托伐他汀）曾是辉瑞的"拳头产品"，但随着其专利到期，仿制药迅速进入市场，抢占了辉瑞在降血脂药市场上的部分份额。立普妥的销售额下降幅度高达90%，从最开始销量夺冠的"明星产品"，降至拥有一定增长率，但市场份额较低的"问题产品"。乐瑞卡（药品商品名为Lyrica，药品通用名为普瑞巴林）自2004年上市以来销售额稳步增长，并于2008年成为辉瑞当时最畅销的药物，拥有体量较大的总体市场。2018年乐瑞卡为辉瑞带来了49.7亿美元的收入，其中美国市场贡献35亿美元，原本这款药物会在2018年年底遭遇美国的专利悬崖，但辉瑞成功获得了6个月的专利延期，为其提供了喘息的空间，在美国失去专利保护后辉瑞将损失近90%的美国抗高血压药物市场份额。万艾可（药品商品名为Viagra，药品通用名为西地那非）于1998年3月获批上市，目前由于失去专利保护，受到仿制药的严重威胁，销售额惨淡，增长率为负且接连失去全球各地的市场，沦为"瘦狗产品"。专利悬崖是辉瑞发展中的极大劣势，但其积极采取应对措施，将分拆后主管成熟药物的Upjohn（辉瑞普强）部门与迈兰合并，减少了一些产品收入效果不佳带来的负面影响。研发及运营不足是辉瑞的另一项劣势。新药研发十分"烧钱"，据统计，研发一款创新药，需要至少10亿美元，耗费10~20年的时间，并将极大概率面临二期、三期临床试验的失败。研发效率、投资回报率不高是辉瑞力耕医药行业不可避免的劣势。同时，一向以"买买买"著称的辉瑞需要面对"大企业病",并购后产生的庞大"家产"将分散企业注意力,后期整合也需要耗费企业精力,企业越大越会出现运作效率低下的现象。不过辉瑞巧用"断舍离"的理念有效地应对了这一劣势,如整合惠氏期间,辉瑞无法领导原本的14个治疗领域,于是充分评估每个领域后将管线大幅度"瘦身",只保留了5个具有市场前景、可以潜心钻研的领域。

3. 辉瑞的机会分析

辉瑞的机会主要表现为亚洲市场的崛起、仿制药行业的繁荣及科技进步。近年来,发展中国家的药品市场有较强劲的增长空间,随着亚洲城市化的快速推进和中产阶级的兴起,人们对成熟的品牌药和仿制药具有强劲的需求。辉瑞牢牢把握开拓新兴市场的机会,将目光瞄准亚洲,把成熟药物业务部门Upjohn的总部设在中国上海,辉瑞普强是跨国药企在中国设立的首家全球业务总部。辉瑞把全球市场分为三个部分,分别是发达市场(西欧、北美、澳大利亚、新西兰、日本、韩国)、中国市场(中国大陆、香港地区、澳门地区、台湾地区)和发展中市场(非洲、中东、东南亚部分地区)。中国市场被单独列为一个市场区域,在辉瑞的业务营收中占有很大的比重。2018年,辉瑞近8%的收入源于中国市场。2016—2018年,辉瑞在美国、日本、中国及其他国家和地区的收入情况如图3-8所示。

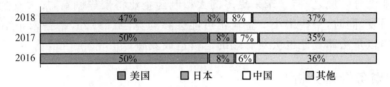

图3-8 按国家市场划分的辉瑞收入情况

资料来源:辉瑞年报。

同时,随着近年来仿制药行业的兴盛,辉瑞在非专利药品市场拥有了开拓的机会。生物仿制药毛利率较低,但可为企业周转资金提供一定的支持,对辉瑞来说是长期利好。开拓仿制药市场、扩大药品可及性的机会是促进Upjohn与迈兰合并的另一重要影响因素,迈兰在全球范围内有超过7 500种产品在售,其抗逆转录病毒疗法拯救了全球约40%的艾滋病毒携带者及患者;Upjohn拥有包括立普妥、络活喜在内的至少20个世界级品牌,合并后的新公司在产品和渠道两方面都具有相当的实力。科技进步是有利于生物制药行业整体的机会,一些新技术诸如人工智能、区块链发展迅速,未来将创造无限的可能。据德勤发布的《2019医药创新回报率评价》预测,未来新药研发的成本将从传统的发现和开展试验转为大型数据集、高级计算机能力以及云储存等过程的花费。万物互联的时代,创新不单是一个领域的事情,而需要综合运用现有的科技力量。辉瑞紧随科技潮流,积极支持新兴的、高度网络化的生态系统发展,努力发掘健康创新方面的机会。同时,辉瑞的创新不仅停留在产品和技术方面,其在商业模式方面也在不断革新。例如辉瑞致力于以内容联结患者和医生,积极加入"码上放心"平台,依托追溯码技术,提供给消费者更多行之有效的药物鉴别手段。

4. 辉瑞的威胁分析

辉瑞的威胁主要源于社会政治的不确定性以及同行竞争。企业经营过程中不可避免地会面临政府施加的政策压力。不同国家具有不同的政策且会随着时间的改变而发生调整,政策的差异性和未知性会对辉瑞的发展造成一定威胁。例如2016年,辉瑞以1 600亿美元收购艾尔建的计划被美国政府出台的严厉打击"税负倒置"的政策阻碍。2015年11月,辉瑞宣布与注册地在爱尔兰都柏林的艾尔建达成并购交易,以期将原本为25%左右的企业税率降到17%左右,交易预计在2016年下半年完成,但美国财政部2016年4月4日发布新政打击税收倒置行为,包括限制海外企业倒置收购美国公司的能力和限制"收益剥离"。新政对辉瑞和艾尔建之间的并购交易形成阻碍,致使辉瑞被迫放弃收购计划并支付了4亿美元的赔偿金额。2014年,辉瑞试图并购英国制药公司阿斯利康时,受到英国、瑞典政界的反对,最终以失败告终。在中国市场,随着"医改"的持续推进,一致性评价利好利空政策兑现、抗癌药降税降价、"4+7"带量采购从试点到扩围等一系列新政相继落地,传统以药养医的模式被逐步破除,市场环境发生了颠覆性的改变,曾经极大利好医药产业的时代已经过去。辉瑞深受政策带来的负面影响,例如曾经在福建省销量位居前5的立普妥和络活喜,在"4+7"试点中落标后销量跌出了前20名,致使辉瑞2019年第二季度中国区销售额大幅下滑。辉瑞面临的另一项威胁是仿制药及原研药行业激烈的同行竞争。日益激烈的仿制药市场让初入该行业的辉瑞面临巨大风险,随着大批生物原研药的专利保护到期,将会有大量企业涌入生物仿制药市场,高达600亿美元的全球药品市场可能会出现从原研药向仿制药分化的趋势。除此之外,辉瑞还面临着同样以创新为主基调的企业带来的威胁,创新力是生物医药行业的主要推动力,多家原研药公司曾强调"创新生物疗法在全球都是企业和资本最为关注的医疗健康产业细分领域之一"。未来更多的大型制药企业将聚焦创新,加大资金投入以进行专利药物的研发,同时,一些中小型企业也可能会参与竞争。另外,一些未了结的诉讼案带来的未知风险以及法律责任也会对辉瑞的运营造成威胁。

四、辉瑞的财务经营分析

(一) 投资管理分析

企业投资按投资方向和范围的不同可分为对内投资和对外投资。对内投资指把资金作用于企业内部,形成各项流动资产、固定资产、无形资产和其他资产;对外投资反之,指把资金作用于企业外部的其他单位。辉瑞2014—2018年的各项资产占比没有发生重大变化,由图3-9可知,辉瑞以对内投资为主,对外投资为辅,且不存在交易性金融资产,2014—2018年,短期投资平均约占12.39%,长期投资平均约占5.97%,二者均呈逐年递减的趋势。辉瑞的短期投资主要分为三类,分别是权益性证券、持有至到期债务证券、可供出售债务证券,其中可供出售债务证券的占比较高,在2018年为85.29%,主要是对非美国的政府和机构、企业进行投资。长期投资包括权益性证券、买卖股票证券、可供出售债务证券、持有至到期债务证券、按权益法或成本法进行的私募股权投资,其占比从2014年到2018年有所下降,2018年仅为1.7%,主要是因为可供出售债务证券的减少。值得注意的是,商誉在辉瑞的资产中占比较大,这与其活跃的资本运营行为相关。辉瑞通过不停地合并收购来扩建自己的研发管线,频繁并购形成了巨大的商誉,致使其总量占比达总资产的30%以上,过高的商誉是辉瑞经营的不确定性因素,一旦收购的资产并未带来预期的收益,或亏损,都会对企业造成一定的影响,存在潜在的投资风险。不过,辉瑞2018年的商誉减值审查工作显示,其商誉均未减值,且目前不存在重大减值风险。

辉瑞的对内投资主要集中于非流动资产,其重点领域是无形资产,基础设施的投资以及存货的占比较小,且保持稳定。创新是辉瑞的灵魂,专利是辉瑞形成市场独家经营壁垒的重要手段。辉瑞的无形资产主要分为有寿命和无期限两类,其中有寿命的已开发技术权利占无形资产的86.72%;无期限的无形资产部分包括品牌价值、知识产权研发等,约占无形资产的11.83%。作为医药行业的领先者之一,辉瑞极其重视研发(R&D),每年都会斥巨资支持研发活动,其主要通过内部研发活动和与第三方机构建立共同投资基金来进行创新布局。由于医药行业对创新具有较高的要求,近年来,辉瑞的研发费用占收入的比例一直维持在15.4%左右,该指标是判断企业研发投入最重要的标准之一,且辉瑞研发费用的绝对值基本保持在80亿美元上下,这是一笔不菲的支出,如表3-6所示。

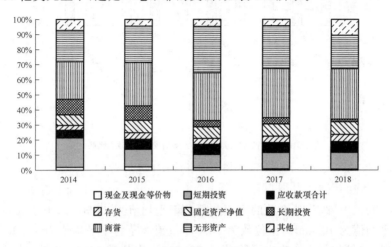

图 3-9 辉瑞 2014—2018 年资产结构

表 3-6 辉瑞的研发费用及占比(单位:亿美元)

年份	2014 年	2015 年	2016 年	2017 年	2018 年
研发费用	83.93	76.9	78.72	76.57	80.06
占收入百分比	16.9%	15.7%	14.9%	14.6%	14.9%

资料来源:辉瑞年报。

2018年销售额最高的15家制药公司对新药研发的投入总计达到1 000亿美元,其中辉瑞贡献的研发投入值达到80.06亿美元,排第五。图3-10展示了2018年研发投入TOP10的药企研发投入的大致区间,以及研发费用占收比,罗氏2018年以109.8亿美元位居榜首。榜单中的其他公司排名总体与2017年变化不大,强生、默沙东、诺华、辉瑞等大型医药公司仍稳居榜单前列。对比2018年排名前十的其他高研发费用企业,辉瑞的研发投入占比偏低。前十家企业研发费用占收比的平均值为19.01%,中位数为18.4%,辉瑞的研发费用占收比低于平均值和中位数,尚有提高的空间。随着人口老龄化的持续,社会对创新药物的需求将不断增长,生物技术的快速发展会带来突破性的治疗方案,这二者是创新药品迅速增长的基础,研发资金的投入则是保证企业能够不断推出创新药品的重要力量。

辉瑞对外投资的亮点是行业内并购,扩大产品线。2010年,辉瑞以36亿美元收购King pharma,获得阿片类药物管线;2015年,以170亿美元收购Hospria,在整合内部医疗器械业务的同时,补充了生物仿制药产品线;2016年,辉瑞通过收购Medivation获得Xtandi等小分子肿瘤药物管线,同时通过收购Anacor获得皮疹药物crisaborole;2019年,辉瑞以114亿美元收购Array BioPharma,获得其用于治疗黑色素瘤的药物Braftovi、Mektov,以进一步布局抗肿瘤药物市场。经过一系列的投资行为,辉瑞的生物制品管线已逐步完善,抗肿瘤药物管线基本形成。频繁的并购活动促使辉瑞的企业价值快速增长,适时的资本运作既可以帮助辉瑞完善生产线、构建核心战略业务单元,又能及时弥补辉瑞自身创新能力的不足。

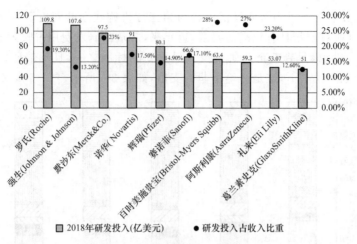

图3-10 2018年研发投入TOP10药企

资料来源:FierceBiotech。

2018年TOP10[①]医药类企业的净资产报酬率平均值为23.31%,中位数为24.41%;总资产报酬率平均值为10.85%,中位数为10.87%;销售净利率平均值为19.93%,中位数为18.61%;息税前利润/营业总收入平均值为26.33%,中位数为23.95%。如图3-11所示,辉瑞对内投资的投资效果适中,净资产报酬率(17.59%)和总资产报酬率(7.97%)低于行业水平,销售净利率(20.85%)和息税前利润/营业总收入(24.61%)与行业水平相当。近年来,医药行业整体面临投资回报率低下的情况,规模溢价带来的收益越来越小,很多药企都在进行业务整合。2018年,医药类企业整体投资效果呈现比较大的差异性,但与行业内领跑者的水平持平,罗氏、诺华、强生、默沙东四家企业是行业内处方药销售额仅次于辉瑞的四家药企,这几家企业的投资效果相近,罗氏的表现稍微突出。综上所述,近年来几家医药巨头在投资上的表现相当,辉瑞若想持续领跑,就需要在保持稳定投资效果的基础上做出更多的创新。

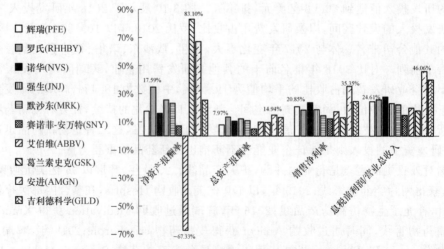

图3-11 TOP10医药类企业2018年投资效果分析

资料来源:Wind、新浪财经。

---

① 排名依据2019年6月12日的PharmExec(美国制药经理人杂志)。

（二）融资管理分析

融资活动是企业扩大生产规模、扩张经营、促进资产增值的主要途径,良好的融资管理将帮助企业尽可能以较低的资本成本获得发展所需的资金或资源。辉瑞主要采用的融资方式是债权融资,如图3-12所示,其2014—2018年的资产负债率平均值为60.56%。辉瑞拥有较高比例的负债,善用财务杠杆为企业带来经济效益。不过这样的举债行为对其长期债务的评级产生了一定的影响,如2018年辉瑞收购Array生物制药公司之前,净债务规模约为其税前利润的1.7倍,收购后变为2.5倍,杠杆率进一步提高,这一交易引起了标准普尔分析师的警觉,认为其标准普尔评级或不足AA级,将其列为"负面观察"。

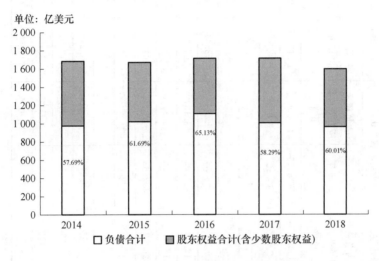

图3-12 辉瑞2014—2018年权益负债占比

表3-7所示为辉瑞2014—2018年的资本结构。由辉瑞的资本结构可知,其通过债务获得的资金大于股权融资,约占负债及所有者权益的60%,其中流动负债占负债及所有者权益的比例低于20%,非流动负债占40%以上。流动负债主要由应付账款及票据、应交税金、短期借款及部分到期的长期借款、其他流动负债构成,非流动负债主要由长期借款、其他非流动负债构成,其他非流动负债中包含养恤金福利和退休后福利负债、递延所得税负债、其他应交税款等。辉瑞的长期借款占负债及所有者权益的比例在2016—2018年间递增,2018年时占比达到20.64%,超过同年流动负债占比,不过长期借款的绝对值同比有所下降,长期债务本金合计达到325.58亿美元,由11项长期票据组成。辉瑞的长期票据主要用于一般公司用途,包括再融资、赎回或回购现有债务以及偿还商业票据。辉瑞债务规模扩大的重要驱动因素之一是收购活动。通常,收购需要的资金数额较大,企业的现金流很难及时满足需要,所以当市场上出现有助于辉瑞完善生产线、弥补研发不足的机会时,其可利用借款,迅速、有效地筹集资金进行资本运作。辉瑞常年资本运作频繁,并购行为常见,高负债率符合其乐于"买买买"的习惯,这为其企业价值增长创造了有利的条件。辉瑞在股权融资方面采用了优先股与普通股两种方式来筹集资本,归属母公司的股东权益占负债及所有者权益的比例约为40%,近年来变化幅度不大,较为稳定。

表 3-7 辉瑞 2014—2018 年的资本结构（单位：亿美元）

财务数据	2014年	占负债及所有者权益比重	2015年	占负债及所有者权益比重	2016年	占负债及所有者权益比重	2017年	占负债及所有者权益比重	2018年	占负债及所有者权益比重
负债及所有者权益	1 692.74	100.00%	1 674.60	100.00%	1 716.15	100.00%	1 717.97	100.00%	1 594.22	100.00%
应付账款及票据	34.40	2.03%	36.20	2.16%	45.36	2.64%	46.56	2.71%	46.74	2.93%
应交税金	5.31	0.31%	4.18	0.25%	4.37	0.25%	4.77	0.28%	12.65	0.79%
短期借贷及长期借贷当期到期部分	51.41	3.04%	101.60	6.07%	106.88	6.23%	99.53	5.79%	88.31	5.54%
其他流动负债	125.19	7.40%	152.01	9.08%	154.54	9.01%	153.41	8.93%	170.88	10.72%
流动负债	216.31	12.78%	293.99	17.56%	311.15	18.13%	304.27	17.71%	318.58	19.98%
长期借贷	315.41	18.63%	288.18	17.21%	313.98	18.30%	335.38	19.52%	329.09	20.64%
其他非流动负债	444.80	26.28%	442.46	26.42%	492.63	28.71%	361.76	21.06%	308.97	19.38%
非流动负债	760.21	44.91%	730.64	43.63%	806.61	47.00%	697.14	40.58%	638.06	40.02%
负债	976.52	57.69%	1 024.63	61.19%	1 117.76	65.13%	1 001.41	58.29%	956.64	60.01%
优先股	0.29	0.02%	0.26	0.02%	0.24	0.01%	0.21	0.01%	0.19	0.01%
普通股权益总额	712.72	42.10%	646.93	38.63%	595.19	34.68%	712.87	41.49%	633.88	39.76%
少数股东权益	3.21	0.19%	2.78	0.17%	2.96	0.17%	3.48	0.20%	3.51	0.22%
股东权益合计	716.22	42.31%	649.97	38.81%	598.39	34.87%	716.56	41.71%	637.58	39.99%

除了外部融资,辉瑞还依托自身内部产生的现金流,即内源融资也是其获得资金的重要来源,根据啄序理论,内部筹资是企业首选的融资方式,可减少对股价不利的信息传导,并且一般不产生筹资费用,资本成本相较于债券融资和股权融资最低。2018年,TOP10药企的资产负债率平均值达到69.8%,中位数为63.75%,有8家企业的资产负债率达到60%以上,由此可见,大型药企对债权融资的依赖度普遍较高。表3-8所示为TOP10医药类企业2018年内源融资效率的对比。从内源融资效率看,由于吉利德科学在2018年拥有较高额度的折旧与摊销,该项不产生实际的现金流出,故其内源融资额排第一,但其净利润排名较靠后,经营活动为企业创造的利润不及榜单前五的药企。辉瑞的净利润排第三,略落后于诺华和强生,内源融资额排第四,整体表现良好,胜于行业平均水平。辉瑞奉行股东友好型策略,保持了较高的股息输出,2018年发放股息额排第二,仅次于强生。2019年,辉瑞的股息率接近3.4%,高于同期强生的2.7%,过去10年,股息令辉瑞的总回报提高了近69%。过高的现金分红对企业的内源融资造成一定的负面影响,辉瑞力求在公司发展与回馈股东间保持最佳平衡,满足企业运作的同时维护其在资本市场上的良好形象,以便于其通过各种外部渠道吸纳资金。综上所述,辉瑞的融资结构与行业内其他药企相似,债券是其主要的融资途径,股权融资次之,辉瑞在回馈股东方面表现较为突出,较高的股息率为其塑造了良好的市场形象。

表3-8 TOP10医药类企业2018年内源融资效率对比(单位:亿美元)

企业	净利润	折旧与摊销	股息	内源融资额
辉瑞(PFE)	111.53	63.84	79.78	95.59
罗氏(RHHBY)	106.25	36.29	73.39	69.14
诺华(NVS)	126.11	68.92	69.66	125.37
强生(JNJ)	152.97	69.29	94.94	127.32
默沙东(MRK)	62.20	18.12	51.72	28.60
赛诺菲-安万特(SNY)	49.23	48.93	43.14	55.02
艾伯维(ABBV)	56.87	17.65	55.80	18.72
葛兰素史克(GSK)	45.80	43.69	49.64	39.85
安进(AMGN)	83.94	19.46	35.07	68.33
吉利德科学(GILD)	54.55	190.24	29.71	215.08

(三) 经营能力分析

企业的经营能力主要指企业对资产的营运能力,合理地运用资产可以增加企业价值,产生令股东、债权人、管理者均满意的经营效果,经营能力可反映企业多方面的素质。经营结果最直观的体现就是盈利水平,如图3-13所示,辉瑞在2014—2018年五年间的盈利能力欠佳,整体表现平稳,净资产收益率有小幅度的增长,总资产报酬基本稳定在不到8%,EBIT占收比在经历三年的下降后有所增长。2017年净资产收益率、销售净利率均出现较大幅度的增长,这一现象主要源于特朗普的"税改"政策,除却"税改"造成当年净利润出现激增的特殊影响,即通过总资产报酬率、息税前利润(EBIT)占收比可得,辉瑞的盈利水平仅有小幅起色,EBIT占收比2017年同比增加7.78%,达到25.83%,不及2014年的27.42%。2018

年,净资产收益率、销售净利率、EBIT占收比均有不同幅度的下降,但通过排除"税改"的影响可知,2017年与2018年的盈利水平相近。尽管2018年较2017年净资产收益率下降明显,但总资产报酬率仍有0.06%的提升,这主要是因为辉瑞在这一年进行了业务部门重组,资产规模下降,体量变轻。通过经营分析可见,近年来辉瑞的盈利性欠佳,尽管其在销售收入的数据上保持领先地位,但寻求新的增长点才是打破瓶颈的关键,因此,辉瑞致力于通过积极的业务调整扭转盈利水平止步不前的局面。

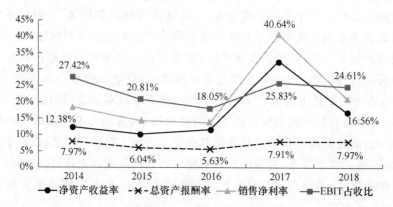

图3-13 辉瑞2014—2018年盈利能力分析

由辉瑞的主要成本费用结构(如图3-14所示)可知,2014—2018年间,辉瑞的营业成本占收比维持在20%左右,其在生产成本管理方面的变动不大。辉瑞的销售、信息及行政费用占收比稳定在28%左右,2018年时下降至26.94%,约为144.55亿美元,高于企业的生产成本、研发费用。高比例的销售费用是医药行业的共性,2018年,TOP10医药类企业的销售、信息及行政费用占收比平均值为25.96%,中位数为26.99%,辉瑞位于中间水平。辉瑞在销售方面付出颇多,造就了其一流的营销能力,通过医药代表等多种手段,辉瑞不断拓宽销售渠道,维护客户关系,与医疗机构等建立长期合作关系,通过"适当研发+一流营销"赢得了国际制药领域的话语权。辉瑞充分利用其销售优势,实现了业财协同效应,在一定程度上弥补了企业研发成本上升和风险加剧造成的利润损失。

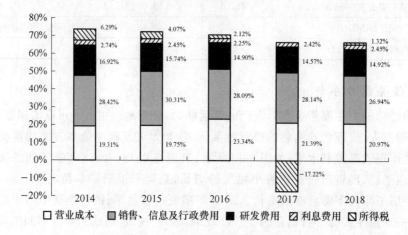

图3-14 辉瑞2014—2018年的成本费用结构(占收比)分析

经营能力的重要体现之一是企业各项资产的周转率,该指标主要用来衡量公司资产管理效率,一般来说,周转率越高越好,说明企业对资产的使用效率较高,相同时间里创造的价值越多。表3-9为辉瑞2014—2018年营运状况分析,由表中数据可知,辉瑞的各项周转率近年来变动幅度不大,维持在较稳定的水平,说明其整体运营状况平稳。辉瑞的应收账款周转率在2014—2018年间有一定幅度的提升,说明其提高了对应收账款的管理水平,加强了对现金的回收和管理,收益质量在逐步改善;辉瑞的存货周转率和固定资产周转率存在一定的波动,分别维持在1.5和3.9上下,说明其存货资产变现能力和厂房、设备等固定资产的利用效率近年来没有得到显著改善,尚有提高的空间。2018年,辉瑞的存货包括62.61%的在产品、30.12%的完成品和7.27%的原材料,其中在产品占比最高,占用的资源最多。值得注意的是,由于辉瑞不断进行业务整合,剥离非核心资产,其资产周转率近年来得到了有效的提高。由图3-15可知,辉瑞2014—2018年的营业周期平均天数约为289天,主要的波动趋势与存货周转天数一致,营业周期是决定企业流动资产需要量的重要因素,辉瑞完成资金回笼即从取得存货到销售存货并收回现金的时间是9~10个月,TOP10医药类企业营业周期的平均值为218天,中位数为205天,为7个月左右,辉瑞的营业周期在行业内较长,适当缩短营业周期将有助于提高企业的变现能力和经营效益。

表3-9 辉瑞2014—2018年营运状况分析

各项资产的周转率	2014年	2015年	2016年	2017年	2018年
应收账款周转率	5.50	5.80	6.44	6.39	6.60
存货周转率	1.62	1.46	1.72	1.57	1.49
固定资产周转率	4.09	3.83	3.90	3.87	3.94
总资产周转率	0.29	0.29	0.31	0.31	0.32

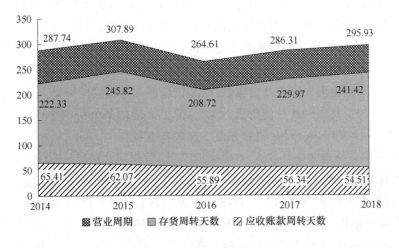

图3-15 辉瑞2014—2018年营运状况

由表 3-10 可得，2018 年，TOP10 医药类企业应收账款周转率平均值为 6.09，中位数为 6.16，辉瑞处于中等偏上的水平，拥有较高的应收账款管理能力；存货周转率平均值为 2.81，中位数为 2.59，辉瑞处于偏下水平，存货周转率低下导致其营业周期偏长，资金回流速度慢；固定资产周转率平均值为 4.68，中位数为 3.83，辉瑞属于行业内中等水平；总资产周转率平均值为 0.45，中位数为 0.44，辉瑞处于偏下水平，低于其他行业内巨头，这说明其对资产整体的经营效果较差，资产投资规模与销售水平之间的配比情况较逊色，尚有提升空间。综上所述，辉瑞的整体资产营运能力在行业内并不突出，主要受累于存货的管理水平，但其近年来进行的积极的业务调整将有利于降低资产规模，提高运营效率。

表 3-10　TOP10 医药类企业 2018 年营运状况分析

企业名称	应收账款周转率	存货周转率	固定资产周转率	总资产周转率
辉瑞(PFE)	6.60	1.49	3.94	0.32
罗氏(RHHBY)	5.62	2.61	2.61	0.72
诺华(NVS)	6.14	2.66	3.31	0.38
强生(JNJ)	5.91	3.12	4.79	0.53
默沙东(MRK)	6.07	2.56	3.29	0.50
赛诺菲-安万特(SNY)	4.93	1.60	3.71	0.34
艾伯维(ABBV)	6.26	4.81	11.52	0.50
葛兰素史克(GSK)	6.26	1.86	2.81	0.54
安进(AMGN)	6.97	1.42	4.77	0.32
吉利德科学(GILD)	6.17	6.01	6.06	0.33

（四）成长能力分析

2005—2018 年，除了 2010—2012 年间辉瑞的营收有大幅度的提高，其他年份，辉瑞的营收水平基本稳定在 500 亿美元。为追求更明确的业务重心和增长速度更快的平台，辉瑞在逐渐剥离非核心业务。如今，辉瑞的大部分收入来自生物制药产品，但生物制药行业竞争激烈且监管严格，会出现许多特定于行业的挑战，给辉瑞的业绩蒙上诸多未知的阴影，并抑制其成长能力。未来辉瑞的生产经营能力将极大地依赖于外部经营环境，如行业竞争程度、国家与地区政策和企业内在素质及资源条件，如创新能力与研发成果等。事实上，辉瑞近年来成长表现欠佳的主要原因就是创新能力匮乏，摩根大通的某分析师曾评论，"如果查看一下辉瑞的历史，你会发现该公司在创新方面一直举步维艰"。

2018 年，辉瑞创新健康累计收入 334.26 亿美元，营收同比增长 6%，辉瑞基本健康整体表现欠佳，累计收入 202.21 亿美元，营收同比下降 4%。整体来看，辉瑞营业收入同比增长 2.1%，净利润同比下降 47.66%，收入净增长额为 11.01 亿美元，收入增长主要源于产品销量增加、销售渠道拓宽。与此同时，仿制药市场兴盛、价格战引起的竞争、资产剥离及一些药品不景气也给辉瑞的业绩带来了消极影响。辉瑞的主要产品较 2017 年增长了 28.15 亿美元的收入，Prevnar 13/Prevenar 13 全年销售额 58.02 亿美元，同比增加 4%，Eliquis、

Ibrance、Xtandi 三款药物同比涨势强劲,其中 Eliquis 的销售额同比增加 36%。美国与欧洲作为辉瑞的发达市场拥有较强的购买力,辉瑞旗下的生物仿制药、新推出的药物在这两个市场上较 2017 年增长了 4.12 亿美元的收入,占增长净额的 37.42%,新型产品组合和生物仿制药组合是辉瑞的两个关键驱动因素。辉瑞的消费者保健业务也在 2018 年取得了增长,同时,辉瑞 CentreOne 通过服务制药企业的供应链体系,同比收入增加 0.45 亿美元,其在新兴市场上的表现有所进步,但在发达市场上表现欠佳。收入增长额的抵减项主要体现在三个方面。第一,一些市场上的专利到期,辉瑞失去独家经营权,导致仿制药市场兴盛,消费者的选择变得多元化,市场竞争日益激烈,特定药品的收入难及往昔;第二,一些产品组合受美国制药行业价格战的影响,在发达市场上竞争失利,出现收入下滑的现象;第三,2017 年 2 月,辉瑞完成了对 Hospira(赫升瑞)输液系统业务的剥离。2018 年的财务业绩不再反映 HIS 全球业务对辉瑞营收的任何贡献,因此与 2017 年相比,其收入下降约 0.97 亿美元。

由图 3-16 和图 3-17 可知,2008—2018 年辉瑞的业绩稳健,业务呈现"此消彼长"的状况,营业收入增长率与营业利润增长率、利润总额增长率的变化趋势几乎吻合,但与净利润增长率的趋势不完全匹配,并多次出现营收增长率与净利润增长率正负不对等的情况,这主要与每年非经营性损益、重组费用等不确定因素的影响有关。辉瑞归属母公司的股东权益增长率长期为负值,仅在 2017 年时为正,这与其收缩型战略有关,但足以见得,辉瑞近几年自身成长的阻力较大。2017 年度,辉瑞营业收入增长率为负但净利润增长率为正,并且净利润增长率高达 195%,其主要原因是所得税费用为负,造成当年净利润突增,其营业成本、其他费用及支出没有较大的涨跌,都维持在比较稳定的水平。2017 年 12 月特朗普政府推出的税改政策对辉瑞的递延所得税资产和负债产生了一定的影响。成长性不足的压力迫使辉瑞反思转型。2019 年辉瑞开始以新的全球架构进行运营,并通过战略合作等手段将自己的非创新业务推至次要地位,主要举措就是将旗下新诞生的两大业务部门,即成熟药物业务部门和消费者健康业务部门,分别与迈兰、葛兰素史克消费者保健业务进行合并,从而集中精力进行研发与创新,其未来的潜在成长空间值得期待。

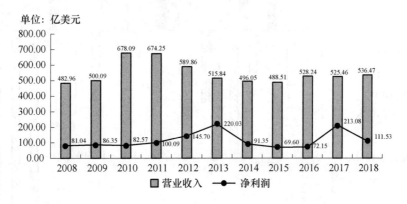

图 3-16　辉瑞 2008—2018 年营业收入及净利润状况

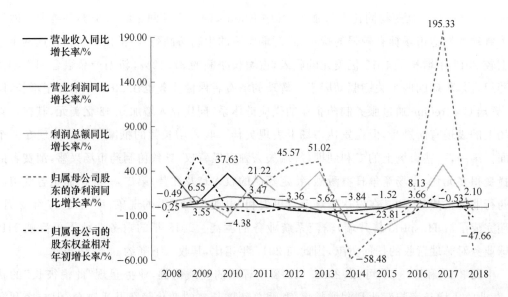

图 3-17 辉瑞 2008—2018 年十年间的成长性

2018 年是制药界风起云涌的一年,本案例列举的 10 家大型跨国制药公司基本表现出坎坷的发展趋势。如图 3-18 所示,10 家药企中有 6 家总资产增长率为负,5 家可持续增长率为负,仅有一家营业收入增长率高于 10%,整体呈现出资产规模收缩的态势。现阶段,"大象难以翩翩起舞",药企的规模溢价越来越低,全球的药企都在进行业务整合,剥离或出售边缘业务,这与医药行业严格的政策监管、激烈的竞争以及高研发投入未必产生高回报的行

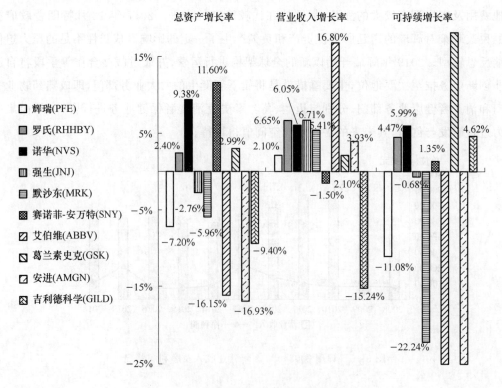

图 3-18 TOP10 医药类企业 2018 年成长能力分析

业属性相关。辉瑞的主营业务收入增长率在9家药企中属于偏下水平,其总资产增长率与可持续增长率均为负值,与其不断实行的商业模式转型有关。2018年至2019年年底,辉瑞逐渐剥离了最后几个消费品牌,包括Advil和ChapStick,同时还会剥离一个已过专利期的昔日热卖产品的部门。这些资本运作行为对辉瑞的企业规模造成了一定的影响,缩减了其资产,阻碍了其营业收入增长率的提高。综上所述,辉瑞的成长能力与未来其业务调整、发展方向、研究突破有很大的关联,目前通过财务比率分析可知其近年来业绩稳定,新产品的推出与新兴市场销售渠道的拓宽恰好弥补了"专利悬崖"带来的收入损失,表现为整体成长性略差。

(五) 现金管理分析

充沛的现金流量是企业稳健理财的出发点和归宿点,企业进行现金管理主要是为了满足日常生产经营中的交易性需求,发生意外时的预防性需求,出现不寻常购买机会时的投机性需求。辉瑞主要依靠经营活动、短期投资、短期商业票据借款和长期债务来获得现金流量,以满足企业的流动性要求。辉瑞持有现金主要是为了满足其交易性动机,近年来,大型药企都在研发时频频遭遇瓶颈,只能通过并购获得相对优势,而现金并购可以迅速、直接地达到并购目的,使辉瑞可以灵活地把握最佳并购时机,并防止现有股东权益被侵占,不会导致股权稀释和控制权转移。图3-19反映了辉瑞2014—2018年现金及现金等价物占总资产的比重,由图中可以看出,受体量减轻的战略影响,该指标整体呈下降趋势。

图3-19　辉瑞2014—2018年现金及现金等价物占总资产的比重

通过分析辉瑞2014—2018年的现金流入结构(如图3-20所示)可知,2014—2016年,辉瑞投资活动产生的现金流入占现金总流入的比重较大。2017年,由于递延所得税资产与负债受市场汇率变动影响,辉瑞的净利润有了显著的提升,致使该年通过经营活动产生的现金流入占比反超投资活动产生的现金流入占比。2018年,经营活动与投资活动产生的现金流入占比相近,筹资活动在2014—2018年产生的现金流入占比一直较低。

如图3-21所示,通过分析辉瑞2014—2018的现金流量净额数据可知,辉瑞主要依赖经营活动产生正向的现金流量,该现金流量净额值围绕160亿美元上下波动,波动大小与当年的销售收入相关,同时,收款和付款的时间也会对辉瑞的现金管理造成一定的影响。日常经营活动中,企业倾向于加速收款和推迟付款,在不损失顾客和不影响企业信用的前提下,缩短应收账款的收回时间和推迟应付账款的支付时间可以帮助企业减少资金占用,形成商业信用融资。辉瑞的生物制药直接面向如医生、药剂师等医疗保健提供者和消费者,辉瑞的处方药虽然主要供给批发商,但也直接面对零售商、医院、诊所、政府机构和药房,灵活多样的销售渠道有利于辉瑞满足各类需求者的偏好,进行适当的应收账款管理,不断提高资金回流速度。辉瑞的投资活动对现金流量净额的影响较小,在 2018 年时为正,主要由于出售长、短期投资增加了回收金额,以及用于收购的现金下降,减少了流出金额。辉瑞筹资活动产生的现金流量净额常年为负,其中归还长期债务本金和发放现金股利占现金流出总量比重较大,与辉瑞力求打造股东友好型的资本配置相关。2018 年,辉瑞筹资活动发生的现金流出量达到 204.41 亿美元,同比增加 56.82%,其中现金股利为 79.78 亿美元,同比增加 4%,涨幅不大,对现金净流量额的影响较小。造成现金流出量大幅度增加的主要原因有两点。第一,回购普通股,辉瑞 2018 年较 2017 年增加购买了 72 亿美元的普通股。2017 年年底,美国新颁布的税法也给辉瑞的现金管理带来一定的影响,由于"税改"鼓励美国企业海外利润回流,辉瑞随即宣布回购 100 亿美元的公司股票,并且提高了 2018 年第一季度的股息分红。通常,当公司有多余现金并看好未来发展时,公司会进行股票回购,这是公司将利润返还给股东的另一种形式,可看作现金股利的替代方式。回购动因是通过减少股票总数来增加现有股票价值,可向市场传递股价被低估的信号。第二,短期贷款金额降低。辉瑞 2018 年通过短期借款筹集到的金额同比减少了 23 亿美元。辉瑞在经营活动、投资活动、筹资活动三方面保持着一定的平衡,以经营活动为主对企业进行"造血",以满足日常活动中现金流动性的需要。

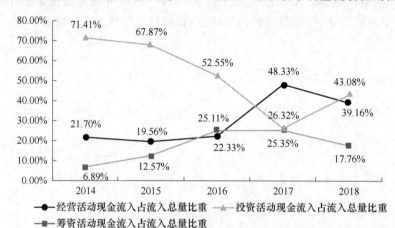

图 3-20 辉瑞 2014—2018 年现金流入结构分析

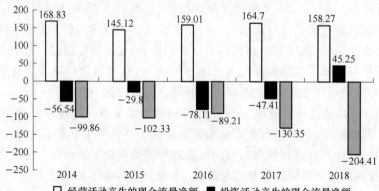

图 3-21 辉瑞 2014—2018 年现金流量净额(单位:亿美元)

图 3-22 所示为 TOP10 医药类企业 2018 年现金生成能力比较,由图中可知,辉瑞的销售现金比率、自由现金流占收比高于行业中位数,属于中等偏上水平,说明其销售质量较好,对应收账款的管理及赊销政策的制定都有比较好的把控,促进了资金的流动;同时,自由现金流占收比反映了辉瑞的经营业绩较好,有较高的投资价值。辉瑞的资产现金回收率低于行业中等水平,这与其庞大的资产规模有关。现阶段,辉瑞正在逐渐转型,适时剥离业务,缩减资产规模,以提高资产效益。综上所述,辉瑞的现金管理能力处于行业中等水平,资金利用率与投资收益质量相对较高,这与其较优秀的应收账款管理能力密不可分。

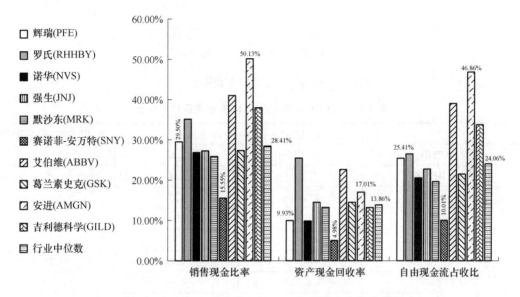

图 3-22 TOP10 医药类企业 2018 年现金生成能力比较

(六) 风险分析

通常情况下对企业进行财务风险分析时,需重点关注其偿债能力。辉瑞的偿债能力有一定的协议及政策支持作保障,根据其 2018 年年报可知,辉瑞在银行和其他金融机构拥有一定的信贷额度和循环信贷协议。截至 2018 年 12 月 31 日,辉瑞共有 75 亿美元的信贷总额度尚未使用,其中有 70 亿美元的循环信贷额度于 2023 年到期,可用于支付近年商业票据与借款。除了信贷额度可以担保辉瑞债权人的利益,辉瑞的流动资产管理措施也可以降低其财务风险。日常经营活动中,辉瑞会保留大于商业票据和其他短期借款额度的现金及现金等价物、短期投资,以备不时之需,避免资金链断裂。如图 3-23 所示,2015—2018 年间,辉瑞的平均流动比率维持在 1.42 上下,变动不大,但较 2014 年有明显的下降,这主要是因为现金及现金等价物减少。由表 3-11 可得,2018 年 TOP10 医药类企业流动比率的平均值为 1.61,中位数为 1.41,现金流量利息保障倍数的平均值为 14.12,中位数为 10.58。通过对比 TOP10 医药类企业的存量比率和流量比率可知,罗氏通过经营活动产生的现金偿还利息费用的能力最高,强生次之,但二者的流动比率均不及辉瑞,辉瑞的资产变现能力更胜一筹。综上所述,辉瑞的长期偿债能力和短期偿债能力都属于行业内中等水平,加上有银行等金融机构的协议担保,其财务风险偏小,且近年来偿还短期负债的能力有所提升。

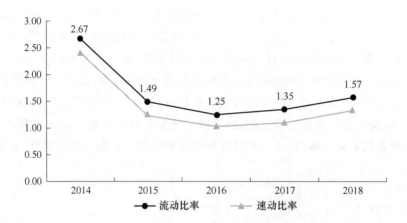

图 3-23 辉瑞 2014—2018 年偿债能力分析

表 3-11 TOP10 医药类企业 2018 年偿债能力分析

企业名称	资产负债率	流动比率	现金流量利息保障倍数
辉瑞(PFE)	60.01%	1.57	12.03
罗氏(RHHBY)	61.33%	1.4	26.85
诺华(NVS)	45.94%	1.2	14.91
强生(JNJ)	60.93%	1.47	22.09
默沙东(MRK)	67.47%	1.17	14.15
赛诺菲-安万特(SNY)	47.01%	1.42	12.76
艾伯维(ABBV)	114.23%	0.98	11.74
葛兰素史克(GSK)	93.68%	0.75	10.71
安进(AMGN)	81.18%	2.79	8.11
吉利德科学(GILD)	66.18%	3.38	7.80

(七) 价值分析

辉瑞是一家纯粹的制药公司,在全球享有盛名,其市场表现反映了企业的价值创造能力。通常,投资者对自身的投资回报有一定的期望,这就要求公司必须关注企业价值最大化,为股东创造财富,并以此为财务管理的目标,在增长业绩的同时削减开支,不断优化资本结构,实现企业价值的长期增长。衡量这一能力的重要指标是经济增加值(EVA),它可以评价企业业绩,反映企业真正的价值创造能力。重研发、懂营销、会收购是辉瑞价值为正的因素,适当缩减资产规模、提高营运效率、改善盈利能力是辉瑞持续创造价值的关键。

图 3-24 展示了辉瑞 2016—2018 年的 EVA 值,用于计算辉瑞 2016—2018 年 EVA 的数据部分来源于其年报。在计算加权平均资本成本(WACC)时,采用 CAPM 模型计算权益资本成本,即其中的无风险利率参考美国 10 年期的国债发行利率;系数参考 Wind 资讯中系数计算器得出的原始值;市场组合平均收益率参考标准普尔 500 指数公布的年度股票价格指数收益率,取 15 年的算术平均收益率作为运算值;债务资本成本以美国银行贷款基准利率作为计算基础。

辉瑞的财务战略矩阵(如图 3-25 所示)反映了其近年来的坚韧品质。2016—2018 年,辉瑞的 EVA 率均大于 0,表明辉瑞属于创造价值的企业;2016 年与 2018 年辉瑞的实际增长率大于可持续增长率，处于现金短缺的状况。企业对生产资料的运营能力极大地影响了企业价值的创造能力，而现金流是公司价值及其整个运动过程的综合、动态反映。短期内，辉瑞可以通过降低股息率、淘汰"瘦狗产品"提高价值创造能力，长期来看，积极的业务调整才是企业实现新一轮成长的重要因素。辉瑞的股票自2000年以来一直落后于标准普尔500指数，在2008—2018年间，辉瑞的销售额只在2010年表现出强劲增长的态势，之后销售额增长率一直为负，仅在2016年和2018年为正，且幅度不高。过于广泛的产品线、创新受挫及"专利悬崖"等问题，是辉瑞近年来收益较低、市场表现不佳的根本性原因，但其仍通过固有素质保持了价值的净增长，辉瑞在研发管线、技术人才方面的优势为其可持续性发展打下了坚实的基础，投资中的并购回报、融资中的财务杠杆辅助其在变革中稳健前行。

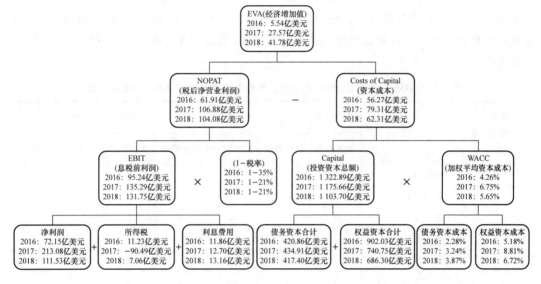

图 3-24 辉瑞 2016—2018 年 EVA 值

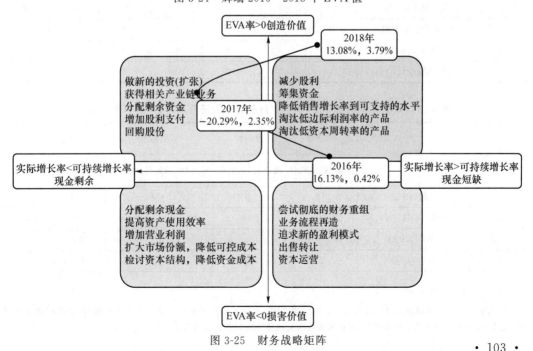

图 3-25 财务战略矩阵

(八) 财务竞争力综合分析

财务竞争力是基于价值导向的风险管理、盈利管理和成长管理动态平衡的综合实力体现,根植于企业的财务资源和财务管理活动,以企业风险控制能力、盈利能力和成长能力为表征。财务竞争力可以从综合绩效、现金流量、经济增加值等角度出发加以衡量、评价。其中,综合绩效更关注企业的融资效率、投资效果、资产管理、现金管理和成长管理,现金流量更关注企业经营发展的安全性、盈利性和可持续性。为研究辉瑞的财务竞争力和反映各家制药公司业务的整体实力,本案例根据 *PharmExec*(美国制药经理人杂志)公布的 2019 年全球制药企业 50 强名单①,选取罗氏(RHHBY)、诺华(NVS)、强生(JNJ)、默沙东(MRK)、赛诺菲-安万特(SNY)、艾伯维(ABBV)、葛兰素史克(GSK)、安进(AMGN)、吉利德科学(GILD)九大跨国制药公司为对比公司,基于综合绩效和现金流两个视角,运用因子分析模糊矩阵评价法对各公司的财务竞争力得分进行排名,通过对各公司 2018 年财务数据的分析计算可得表 3-12 和表 3-13。

表 3-12 TOP10 医药类 2018 年企业财务竞争力得分及排名(基于综合绩效)

2018 年处方药全球销售收入排名	公司名称	风险管理	盈利管理			成长管理	财务竞争力	
		融资效率	投资效果	资产管理	现金管理	成长能力	得分	排名
1	辉瑞(PFE)	3	6	9	7	7	5.23	9
2	罗氏(RHHBY)	5	2	4	3	4	6.21	3
3	诺华(NVS)	7	4	6	9	3	5.62	6
4	强生(JNJ)	4	5	3	5	5	5.83	4
5	默沙东(MRK)	8	9	5	8	6	5.44	8
6	赛诺菲-安万特(SNY)	6	10	10	10	2	4.81	10
7	艾伯维(ABBV)	9	7	1	2	10	5.53	7
8	葛兰素史克(GSK)	10	8	7	6	1	5.73	5
9	安进(AMGN)	2	1	8	1	9	6.73	1
10	吉利德科学(GILD)	1	3	2	4	8	6.47	2

表 3-13 TOP10 医药类 2018 年企业财务竞争力得分及排名(基于现金流)

2018 年处方药全球销售收入排名	公司名称	安全性		盈利性		可持续性		财务竞争力	
		流动性	结构性	效率性	效益性	充足性	稳定性	增长性	得分	排名
1	辉瑞(PFE)		10	8		7			−0.63	10
2	罗氏(RHHBY)		4	1					1.22	1
3	诺华(NVS)		6	9		5			−0.31	8
4	强生(JNJ)		2	5		4			−0.03	5

---

① *PharmExec*(美国制药经理人杂志)于 2019 年 6 月 21 日公布了全球前 50 名医药企业榜单,排名依据的是各制药公司在 2018 年的处方药全球销售额,该榜单被认为是最能体现制药企业实力的一份权威榜单。

续表

2018年处方药全球销售收入排名	公司名称	安全性		盈利性		可持续性			财务竞争力	
		流动性	结构性	效率性	效益性	充足性	稳定性	增长性	得分	排名
5	默沙东(MRK)	7		6		3			−0.11	6
6	赛诺菲-安万特(SNY)	9		10		10			−0.61	9
7	艾伯维(ABBV)	5		3		6			0.14	4
8	葛兰素史克(GSK)	8		7		2			−0.15	7
9	安进(AMGN)	3		2		8			0.28	2
10	吉利德科学(GILD)	1		4		9			0.19	3

从表3-12和表3-13可知,辉瑞基于综合绩效和现金流的总体排名均比较靠后,财务竞争力综合得分分别排名第9位和第10位。受现金短缺、资产管理不佳、成长乏力的影响,辉瑞总体表现较差,但其投融资能力属于中等偏上水平。投融资表现差强人意主要源于辉瑞扬长避短,投融资并重。投资方面,辉瑞注重把握固有优势,不断充实研发管线,丰富各类资源,利用资金实力并购技术型企业,保证了投资效果;融资方面,辉瑞善用财务杠杆效应,保持低资本成本的同时又格外注重发放股息,并有效控制长短期风险,这为辉瑞建立了良好的融资信用。辉瑞资产管理方面得分较低的原因是企业在2018年实行业务重组,由于辉瑞正处于战略转型的过渡期,剥离非核心业务、缩减资产规模等行为导致其短期内财务指标不理想。受制于自身的创新能力,辉瑞近几年未能连续推出重磅产品,由于没有足够多的新产品代替专利到期后的旧产品,辉瑞的成长能力表现欠佳,但推动明星业务、实行产品差异化战略保持了辉瑞现有的收入水平。辉瑞在现金方面面临捉襟见肘的尴尬境地,2018年辉瑞通过经营活动产生的现金流难以弥补筹资和投资活动的现金支出,"专利悬崖"造成的收入损失、偿还长期债务、回购股票、现金分红等一系列因素导致辉瑞在现金管理方面处于劣势。近年来,医药行业发展多采用以提高资产周转率、降低资产负债率、追求高利润率为主的轻装上阵模式,辉瑞正在加紧向此模式转型升级的步伐。现阶段受企业内部环境变化的影响,辉瑞的财务竞争力整体不如其他药企,但随着公司的战略落实、治理框架逐步完善,其财务竞争力将会有所提高。

五、辉瑞的价值评估

历史数据反映辉瑞过去的业绩表现,收入预测体现辉瑞的未来估价。价值评估可以帮助投资者和管理者改善决策,被广泛应用于投资分析、战略分析和以价值为基础的管理决策中,而现金流量折现模型是企业进行价值评估应用最广泛的方法之一。本案例采用自由现金流量模型,分预测期和后续期两阶段对辉瑞进行价值评估,即企业价值=预测期价值+后续期价值,为辉瑞的财务竞争力提供更加完善的分析视角。

(一) 营业收入预测

辉瑞近年来的营业收入在500亿美元上下浮动,自2010年达到37.63%的营收增长率后,辉瑞再未取得如此高的跃升,增长率长期为负。同时,市场对辉瑞积极的业务调整褒贬不一,2019年7月底,投资者对辉瑞剥离成熟药品业务表达了悲观情绪,即辉瑞普强与迈兰合并的交易引起了股价下跌,加之辉瑞还在经受"专利悬崖"造成的负面影响,因此,各券商对于2020年辉瑞的营业收入并不看好。预测期,本案例选取雅虎财经对几家券商预估辉瑞营业收入的均值作为2020年和2021年的计算基础。随着辉瑞的业务调整逐渐趋稳,"明星产品"不断走红,以及"专利悬崖"结束,辉瑞2022年及之后的表现将可能与2010年前后类似。各大券商均对崭新的辉瑞抱有较高期望,未来,以创新为战略目标的辉瑞将把更多精力投入重磅药品研制过程,辉瑞将迎来新的增长时机,故2022年及之后三年的增长率参考了辉瑞2010年前后三年的表现、辉瑞管理层的预计及华尔街的预测,选取为6%。竞争均衡理论认为,企业不可能永远以高于宏观经济增速的速度发展,而美国2014—2018年GDP增长率平均值约为4%,辉瑞2019—2024年营业收入的平均增长率为2.26%,小于美国GDP增速,以该值为后续期增长率。辉瑞2020—2024年营业收入预测见表3-14。

表3-14 辉瑞2020—2024年营业收入预测(单位:亿美元)

年份	2020年	2021年	2022年	2023年	2024年
营业收入	498.10	512.20	542.93	575.51	610.04
同比增长率	−3.75%	2.83%	6%	6%	6%

(二)各指标销售百分比预测

本案例根据2014—2018年辉瑞各指标占营业收入的百分比,采用以5年为计算周期的移动平均法预测了辉瑞2020—2024年各项指标占预测营业收入的百分比,见表3-15。

表3-15 辉瑞2020—2024年各项指标占营业收入的百分比预测

年份	2020年	2021年	2022年	2023年	2024年
EBIT/营业收入	22.53%	22.87%	23.84%	23.44%	23.20%
资本性支出/营业收入	3.77%	3.91%	3.93%	3.87%	3.83%
折旧与摊销/营业收入	11.32%	11.47%	11.58%	11.51%	11.43%
营运资本变动/营业收入	0.61%	0.50%	0.57%	0.19%	0.57%

(三)折现率预测

对辉瑞进行估值时,采用加权平均资本成本作为自由现金流的折现率,债务资本成本参考2016—2019年美国银行贷款基准利率,为4.74%,权益资本成本采用CAPM模型进行计算。其中,无风险利率参考2016—2019年美国10年期的国债发行利率的均值,为2.60%;系数参考2016—2019年Wind金融计算结果的均值,为0.8925;市场组合平均收益率参考标准普尔500指数公布的2005—2019年以来股票价格指数收益率的平均值,为7.47%。权益资本与债务资本的占比分别参考其2016—2018年占比的平均值,由此计算出的WACC即平均加权资本成本为6.16%,该值为自由现金流量的贴现率。

(四)计算股票的内在价值

根据上述对辉瑞营业收入、相关指标及折现率的预测,可计算辉瑞的预测自由现金流,并估算出其股票价值。其中,自由现金流=EBIT×(1−税率)+折旧及摊销−资本性支出－营运资本变动,估算结果见表 3-16。

表 3-16　辉瑞 2020—2024 年自由现金流估算(单位:亿美元)

年份	2020 年	2021 年	2022 年	2023 年	2024 年
营业收入	498.10	512.20	542.93	575.51	610.04
税率	21%	21%	21%	21%	21%
EBIT	112.22	117.14	129.43	134.90	141.53
折旧与摊销	56.38	58.75	62.87	66.24	69.73
资本性支出	18.78	20.03	21.34	22.27	23.36
营运资本变动	3.04	2.56	3.09	1.09	3.48
自由现金流	123.22	128.70	140.69	149.45	154.69

得出自由现金流后,即可通过计算继续求得公司价值及股价。其中,后续期的自由现金流可通过公式 $\dfrac{现金流量_{t+1}}{资本成本-现金流量增长率}$ 求得。评估结果见表 3-17。

表 3-17　辉瑞价值评估

年份	2020 年	2021 年	2022 年	2023 年	2024 年	后续期
自由现金流/亿美元	123.22	128.70	140.69	149.45	154.69	4 056.14
资本成本	6.16%	6.16%	6.16%	6.16%	6.16%	6.16%
贴现率	0.942 0	0.887 3	0.835 8	0.787 3	0.741 6	0.741 6
贴现现金流/亿美元	116.07	114.20	117.60	117.66	114.73	3 008.21
公司价值/亿美元	3 588.47					
公司股权价值/亿美元	2 313.13					
普通股股数/亿	55.34					
每股价值/美元	41.80					

截至 2019 年 12 月 31 日,通过计算得到的辉瑞每股股票内在价值为 41.80 元,辉瑞当天实际的收盘价为 38.8 美元,略低于预估值。通过市盈率模型估值可知,2019 年年底,辉瑞的市盈率在 TOP10 医药类企业中最低,为 12.56 倍,其他九家药企的市盈率均值为 22.53 倍,辉瑞的每股收益为 2.87 美元,根据公式目标企业每股价值＝可比企业市盈率×目标企业每股收益可知,辉瑞的股价预估为 64.67 美元,远高于现行股价。如图 3-26 所示,结合券商数据与两种估值方法可知,辉瑞的股价被市场低估。

事实上,2019 年辉瑞在资本市场上的表现并不优秀,市值已由 2019 年 1 月 1 日的 2 394.85 亿美元跌至 2019 年 12 月 31 日的 2 147.24 亿美元,1 年时间内跌去 247.61 亿美元的市值,尤其当公司发布辉瑞普强与迈兰合并的消息后,其股价大幅跳水。辉瑞近年来曾多次回购股票,在答谢股东的同时力求向市场传递股价被低估的信息,但该行为并没有拉动股价大幅度上升,其股价反倒受企业内部调整、完善公司架构等行为的影响而下降。在 2020 年年初的摩根大通医疗健康大会上,辉瑞 CEO 曾表示股价被华尔街低估,并指出分析师对辉瑞的前景预测和辉瑞自身的前景预测之间存在很大差距。股价低估危机与辉瑞近年来的过于"低调"有关,辉瑞近几年没有举办研发日活动,使得对辉瑞知之甚少的投资者和公众无法及时看到研发过程中取得的一些重大进展,进而导致信息不对称。由此可见,辉瑞在价值经营方面还需要努力,其现阶段的发展比较不稳定,多种因素都会干扰市场评估,进而反映在股价上。辉瑞目前的业绩虽不能向市场传达股价高增长的信号,但其未来发展潜力较大,股票价格会围绕股票价值上下波动,虽然现在辉瑞的股价有较大的概率被市场低估,但终归会向其真实价值靠拢。

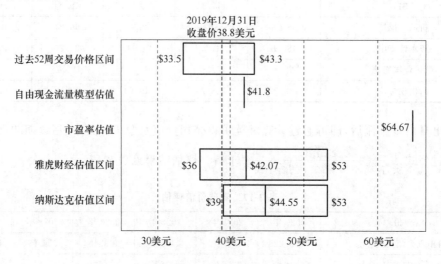

图 3-26　辉瑞价值评估详情

不过未来辉瑞的企业价值将极大地受制于其重磅产品的预期收益和自身创新成果,曾经辉瑞通过资本运作获取创新能力的方法只能为缓兵之计,不是长久发展之道,对药企而言,自身强大的创新能力才是可持续性发展、赢得资本市场与品牌形象的重要力量。投资者在面对辉瑞时需要考虑一定的投资风险,主要体现在四个方面:首先,创新药的投资与研发是最大的不确定性因素,如若失败将造成不小的亏损;其次,生物仿制药市场竞争日益加剧,辉瑞普强与迈兰的合资公司日后表现尚不能明确定论;再次,受美国政治波动的影响,各类药品有大幅降价的风险;最后,辉瑞作为大型跨国制药公司,需要处理各类运营管理中的问题,包括汇率波动、各类未了结诉讼等,这些风险事项在投资时均需考虑在内。

六、结语

辉瑞是现代制药行业的缩影,多年来,其坚定不移地投入研发,凭借并购弥补研发短板,通过多元化经营降低风险,依赖"规模至上"维持收入。尽管现阶段的格局越来越不适合"大象翩翩起舞",但辉瑞正积极应对"尾大不掉"的困境,通过多种手段来解决规模溢价越来越低的问题。辉瑞的价值创造不仅体现在制药界的功成名就,更在于传承百年的精神及为人类创造的福祉。

(一) 优势分析

首先,差异化战略定位,强调产品领先的价值主张。为客户创造价值的企业,才有机会改善财务业绩,成就企业价值。通过行业分析和战略分析可知,在客户价值定位上,辉瑞以"致力于人们的健康生活"为企业的价值观,长久以来把"在改变患者生活方面作出突破"作为公司目标,实行基于产品的差异化战略,力求生产不同领域的高品质药物,打造对患者有重要意义的生物制药公司。辉瑞的战略思想、庞大的规模与丰富的管线造就其"宇宙大药厂"的称号,辉瑞在作为营利组织创造经济利润的同时,也作为对抗病痛的组织保卫人类健康,精准的企业定位与价值主张有利于辉瑞维护客户关系,实现价值增长。

其次,并购活动驱动价值增长,强调适时的资本运作。频繁的并购活动是辉瑞价值驱动因素中的一大特色,辉瑞通过适时的资本运作获得核心战略业务,剥离与企业现阶段发展不相吻合的部分资产,在弥补创新不足的同时保证企业相对稳健的业绩收入。辉瑞每一次资本运作都充分体现了其战略考量,为企业战略转型奠定了基础。一系列的合并收购与分拆重组造就了辉瑞从化学制药巨头到生物制药巨头的转变,帮助其在不同的历史节点完成一次又一次的转型升级,实现了百年不老、价值增长的成就。不过未来,崭新的辉瑞将把实现价值增长的主要驱动因素从并购转变为创新,其正在打造一家规模较小、以科学为基础、专精于创新的公司。

再次,财务数据反映价值成果,强调企业运营的市场表现。股东价值的增加源于提升收入成长性和提高生产率,即增加收入来源,降低企业成本。良好的投融资经营策略将有利于企业实现财务目标。辉瑞在企业运营上的表现造就了其优秀的财务数据成果,帮助其巩固了在药企中的领先地位。辉瑞在多个领域表现了科学投资的想法,近年来其为落实公司战略、改造组织体系进行了业务重组,将自主研发作为投资的核心方向,同时,在研发过程中会及时淘汰不合适的研发管线,以便将资金重新进行更好的分配。辉瑞强大的融资能力保证其能够在维持较低资本成本的同时稳定发展。通过融资、经营、风险分析可知,辉瑞保持了较高负债的资本结构,资产负债率常年高于60%,形成了财务杠杆效应,有利于创造更多的价值,同时,可以帮助辉瑞以较低的资本成本获取资金以实现日常经营活动,尤其可以满足其在销售、信息及行政方面的支出。高销售费用是医药企业的共同特征之一,辉瑞也不例外,但其更善于把握和发挥营销的力量,极大地发挥了渠道销售的优势。通过建设以医药代表为核心的销售渠道和发展战略联盟等方法,辉瑞可以有效减少销售环节,并通过直接接触医生来提高药品的知名度。

最后,落实企业责任,强调对股东的直接回馈。财务管理的目标是实现企业价值最大化,服务于股东利益。辉瑞在回馈股东方面处于业内较高水平,日常运营中,辉瑞保持了较高的股息政策,并在过去十年通过股票回购的方式对股东予以回馈。通过上文分析可知,辉瑞近年的营收状况并不乐观,其在资本市场上的表现不如标准普尔500指数整体的情况,且研究和创新所需的资金日趋增加。不过这些因素并没有改变辉瑞一如既往对股东的高股息率,其股东友好型的分配策略在全球药企中的表现名列前茅,在一定程度上树立了企业对股东尽心尽责的形象,有助于其获得声望以及后续在资本市场上筹集资金。

(二) 不足分析

首先,自身创新能力难以驱动价值增长,致使企业成长性欠缺。辉瑞近几年来面临成长乏力、亟须创新的问题。通过对辉瑞的财务竞争力分析可知,自2010年后,辉瑞缺乏创新药物的推出,加之近年来遭受"专利悬崖"的阵痛,其增长出现乏力,营收状况不及往昔,创新能力有待增强。"专利悬崖"与频繁的并购行为侧面说明辉瑞亟须提高自身创新实力,辉瑞成为生物制药企业后,将侧重于不同治疗领域的旧策略复制并运用到了生物制药上,使其没有成为新型专业化的生物制药公司,因此在创新方面很难集中精力,并有重大突破。不过辉瑞已经注意到这些问题,并对自身架构进行了重要调整,其未来的成长性与创新能力值得期待。

其次,市值管理能力不佳,企业在资本市场上的表现不足以反映企业内在价值。辉瑞还面临着价值低估危机、股价惨淡等问题,通过对辉瑞的价值评估可知,其股价被市场低估,市盈率低于同期其他药企,市值管理方面表现不佳。2019年年底,其股价低于自由现金流量模型、市盈率模型及一些券商的预估价值,在后续经营调整中,辉瑞应完善治理体系,进一步提升企业价值增长空间,使股价能够真实地反映公司的管理优势。企业需要实现公司市值与盈利能力递增的良性循环,关注资本市场上投资者的情绪,并通过适当的宣传来凸显自身的发展潜力。

参考文献

[1] 何瑛.中国企业财务管理案例[M].北京:经济管理出版社,2013.
[2] 孔洁珉,袁跃.春天里,像辉瑞那样做药[J].首席财务官,2012(3):36-47.
[3] 刘月超.百年辉瑞[J].高科技与产业化,2008(2):51-53.
[4] 孟八一.药物专利的商业之道[J].中国食品药品监管,2018(8):4-13.
[5] 张海龙.浅析四大跨国制药巨头公司专利现状[J].中国发明与专利,2017,14(10):42-47.
[6] 王飞.美国生物医药产业创新的升级规律及启示[J].南京社会科学,2019(8):29-35.
[7] 王鑫,刘晓中,甄橙.美国医药产业百年发展历程[J].生物学通报,2018,53(3):58-61.
[8] 方陵生.2019年全球生命科学展望[J].世界科学,2019(7):40-43.
[9] 陈艺妮,付韬,张金玲.基于哈佛分析框架下的康恩贝财务分析[J].财会月刊,2017(13):100-105.
[10] 万慧玲.辉瑞公司的企业战略探究[J].中国商界(下半月),2010(5):226,228.
[11] 朱耘.揭秘辉瑞制药的"创新处方"[J].商学院,2018(10):62.
[12] 于文蕾,何瑛.互联网企业财务竞争力评价[J].新理财,2018(Z1):21-24.
[13] 何瑛.基于价值导向的电信运营企业财务竞争力综合评价与提升路径研究[J].中国工业经济,2011(11):109-118.
[14] 马忠.公司财务管理案例分析[M].北京:机械工业出版社,2017.

教学用途与目的

1. 本案例主要适用于"财务管理""财务报表分析"等课程中公司战略分析、财务经营分析与公司价值评估等相关领域的教学。

2. 适用对象:本案例主要针对 MBA、MPAcc、EMBA 和企业管理人员,以及经济类、管理类专业的高年级本科生和研究生。

3. 教学目的:持续下行的经济形势与复杂的市场环境,使得身处其中的制药企业不仅要承载治病、救命的社会责任,更要考虑如何维系企业的可持续发展。辉瑞作为一家跨越世纪的元老级制药品牌，在美国乃至全球市场都享有一定的声誉，这家企业凭借敏锐的商业思路、精巧的资本运营、灵活的产品线设计等多方面的协同，在百年发展历程中表现出极强的韧性。本案例通过构建基于战略分析的财务经营分析框架，基于定性与定量分析，对辉瑞的财务竞争力作出综合评价，为不同相关利益者对企业进行综合评价提供借鉴与思考，有利于企业通过提升自身财务竞争力赋能企业价值增长。本案例旨在帮助读者理解和掌握以下重要知识点：

（1）不同利益相关者对于企业的关注重点；
（2）财务综合分析的思路与方法；
（3）财务综合竞争力的评价方法；
（4）上市公司提高财务竞争力的策略；
（5）什么是财务战略矩阵。

思 考 题

1. 不同利益相关者对公司的关注点有哪些区别？
2. 如何站在管理者的角度对辉瑞公司进行财务综合分析？
3. 辉瑞公司的投资者应如何制定自己的投资策略？
4. 与同行业其他公司相比，辉瑞公司的财务竞争力如何？通过综合财务指标分析有哪些方面亟待改进？系统总结辉瑞公司的优势与不足。
5. 简述当前宏观经济环境下跨国公司提高财务竞争力的主要路径。

案例4 厚积薄发,中华有为:华为基于经营战略与财务战略协同的价值创造

一、引言

20世纪末以来,经济全球化的快速发展和科技水平的日益提高使得ICT行业以信息技术和通信技术为依托成为蓬勃发展的新兴领域,并在全球驱动了新一轮经济增长和技术创新,成为各国必争的战略发展高地。改革开放的红利推动中国一批科技企业融入全球化浪潮,但起初主要表现为劳动密集型的特点,为国外高科技企业生产加工环节提供廉价、充裕的劳动力,依靠低成本战略从低端进入全球价值链。而知识经济的发展使得市场变化日新月异、竞争日趋激烈,经济增长模式由资源导向逐渐转变为技术、知识导向,生产环节不断边缘化、附加值大幅下降,传统业务日渐萎缩。随着消费者对产品需求的提高,ICT行业价值链的重点环节逐渐上移,核心技术和关键人才逐渐取代了财务资本在价值增值中的关键性作用,如何转变发展模式并提高自身核心竞争力成为企业最为关注的问题。在国家创新政策的大力支持下,越来越多的国内企业也意识到打造核心竞争力才是实现长盛不衰的重要法宝,并开始由以劳动力为主导的资本密集型企业逐渐向以技术创新、品牌价值为主导的知识密集型企业过渡,不断向价值链高端攀升,华为技术有限公司(简称"华为")、中兴通讯股份有限公司(简称"中兴")等中国企业因此实现了实力累积和规模扩张,成为科技巨头并在全球市场占据了一席之地。随着全球价值链的地位分工和资源争夺日益激烈,美国从政策和技术方面加紧对中国企业施压,ICT行业因其战略地位重要首先成为被管制的领域,中国的科技公司首当其冲成为其管制对象,但培养核心技术需要日积月累,不是一朝一夕间能够成功,多数企业因缺乏核心技术目前仍被动地处于价值链低端。在此背景下,我国高科技企业亟须寻找一个解决方案来缓解外部影响、提升自身价值创造水平,以实现可持续发展。

三十年河东,三十年河西。三十余年的发展造就了华为从"一无所有"到"跻身主流"的"神话"。靠代理销售交换机起步到持有全球有效专利累计超过11万件,面对美国政策的施压能够展现出非凡的技术实力和持续发展的韧劲,华为对公司价值的打造路径无疑为我国科技企业提供了一种发展思路和模式。本案例将从价值定位出发,对华为基于经营战略和财务战略的价值创造进行研究和分析,进而总结出华为实现协同价值创造的路径,促使我国高科技企业跳出传统思维、转移成本管理重心并拓展成本管控视角,依靠技术研发和品牌价值撬动更大的产品价值,脚踏实地地培育核心技术竞争力,扎根于客户并将客户需求作为各方面业务的活力引擎,通过经营战略与财务战略的协同来构建日益高效的价值链和繁荣的生态系统,致力于实现可持续的价值创造。

二、公司简介

华为技术有限公司(以下简称"华为")由任正非于1987年创立,总部位于深圳市,是一家100%由员工持股的民营企业。经过三十余年的发展,华为拥有约19.5万名员工,业务遍及全球170多个国家和地区,服务覆盖30多亿人口。将"以客户为中心,以奋斗者为本,

长期坚持艰苦奋斗"作为核心价值观,华为持续聚焦ICT(信息与通信技术)主航道,始终坚持不上市,以技术立本,现在已成为全球领先的ICT基础设施和智能终端提供商。华为的发展"起"于运营商业务,通过对4G技术多年的积累,于2017年首次超过爱立信成为全球最大的电信设备运营商;"承"于以智能手机为核心的消费者业务,并进一步扩展和完善非手机业务以构建"1+8+N"的战略布局,通过运营和打造极致供应链,使得消费者业务于2018年首次超过运营商业务成为销售收入的主力;"转"于企业业务扩展ICT产业,基于在运营商业务中积累的能力来打造无处不在的连接、无所不及的智能,为世界提供最强算力,让"云"无处不在;最后,将三大业务"合"在一起完善全球布局,并基于客户需求不断进行技术创新,以此实现销售收入的逐年连续增长。本部分主要从发展历程、业务结构、财务概况和管理体系四个方面展示华为的基本概况,并对华为作出基于可持续发展的价值定位。

(一) 发展历程

华为以2.1万元注册资本起步,如今发展到年销售收入将近9 000亿元的科技巨头,其经历了不同的发展阶段,才得以渡过"寒冬",进行大规模的扩张,以开放的姿态探索国际化道路,并在全球打造三大业务布局,通过生态联动将成熟期无限延长,最终得以创造出屹立不倒的"神话"。华为的发展之路主要分为以下四个阶段。

(1) 初创求存阶段(1987—1994年)

华为成立的初期,"无技术、无资本、无产品、无人才"是其"鲜明"的标签,其首要任务就是活下去。靠生产和制造用户交换机(PBX)等通信设备起家,华为起初只是从事用户交换机的销售代理业务,为了活下去便义无反顾地开始了自主研发之路。凭借着"狼狈精神",华为于1989年自主研发出了用户交换机,并于1994年开发出了第一个可以大规模进入电信运营商市场的产品——C&C08数字程控交换机,真正终结了无产品、无技术的贸易阶段。

(2) 成长扩张阶段(1995—1997年)

成长扩张阶段是华为粗放式的扩张时期,华为打出了"狼性文化"标签,其组织规模和销售收入迅速扩张,销售额从1994年的8亿元增长到1998年的89亿元,实现了十多倍的快速增长。至此,华为正式步入中型企业之列。在此阶段,华为开启了"农村包围城市"的国际化之路,首先从发展中国家开始探索国际化。1996年,华为与中国香港的和记黄埔集团签订了首份固定电话网络产品供应商合同;同年,与俄罗斯建立合资公司,迈出了进军国际化市场的第一步,随后与巴西和埃及也建立合资公司。

(3) 开放规范阶段(1998—2010年)

开放规范阶段是华为最为开放的阶段,1999—2000年,华为陆续进入了非洲、中东、亚太和拉美等地区,其品牌终于在第三世界打响。同时,华为开启海外主战场的业务布局,进军欧美市场。发生于2003—2004年的华为思科案加速了华为扩展欧美市场的步伐。2006年,华为在西班牙与沃达丰联手建立了移动创新中心。到2008年,华为已与全球400多个运营商建立了合作伙伴关系。在此阶段,为改变粗放式的管理方式,华为于1998年建立任职资格体系并颁布了《华为基本法》。以IBM的IPD(集成产品开发)和ISC(集成供应链)变革咨询为主轴,华为与10多家著名咨询公司开展合作,加强规范化管理以全面打造适应国际化市场的管理平台。

(4) 成熟转型阶段(2011年至今):2011年以来,华为基于客户对象划分了三大产业群——运营商业务群、企业业务群和消费者业务群。以运营商业务起家的华为在此阶段又实现了消费者业务的蓬勃发展,以智能手机业务为核心,以"华为+荣耀"的双品牌战略实现了市场全覆盖。2012年,华为成为国内第一家推出自研手机移动中央处理器的手机厂商,消费者业务于2018年首次超越运营商业务成为销售收入的"主力军"。中美贸易摩擦期间,面对美国制裁和芯片断供,消费者业务重点受到冲击,华为于2020年11月将"荣耀"剥离并自主研发麒麟芯片,同时大力培植PC、穿戴设备、耳机音箱等非手机业务,以自主研发的"鸿蒙+欧拉"布局操作系统的基本框架来扭转ICT行业"缺芯少魂"的局面。同时,华为积极布局企业业务并在超过600个场景落地和探索智能体应用,截至2021年年底,全球已有700多个城市、267家"世界500强"企业选择华为作为数字化转型的合作伙伴。

经过30多年的发展和对国际化道路的探索,华为从发展中国家到发达国家循序渐进地进入国际市场,已成为运营商设备行业的全球领军者之一。华为深刻意识到,如今的竞争已然不再是单个企业之间的"碰撞",而是产业链和产业链之间的竞争。所以,华为自2009年起提出"深淘滩,低作堰"的原则,并始终贯彻实施,以客户为先,以技术立本,不断巩固核心竞争力,同时善待合作伙伴,和产业链上下游的伙伴一起开展生态联动,顺应"数字化"和"碳中和"的趋势,打造具有持续竞争力的商业生态。

(二)业务结构

华为自2011年以来,基于客户对象将产业群划分为运营商业务、企业业务和消费者业务三大板块,并积极开展全球业务布局。运营商业务主要为全球电信运营商提供产品、服务和解决方案,具体包括无线网络与云核心网、固定网络、云与数据中心、服务与软件等。自2018年起,华为抓住并受益于5G建设的时代机遇,大力探索5G新应用,一定程度上缓解了内外部环境压力。截至2021年年底,华为协同运营商以及合作伙伴在20多个行业累计签署了3 000个"5G to B"项目合同,为运营商规模化地部署5G奠定了基础。消费者业务是华为的2C业务,以消费者为主,主要为消费者和商业机构提供手机和非手机业务。消费者业务以智能手机业务为核心,不断建设"1+8+N"全场景智慧生活战略,其中"8"即非手机业务,包括平板计算机、PC(个人计算机)、VR设备、可穿戴设备、智慧音频、智慧屏、智能音箱和车机,"N"代表泛IoT设备。以HarmonyOS(鸿蒙系统)和HMS(华为终端云服务)生态为核心驱动及服务能力,华为围绕智慧办公、智能家居、运动健康、智慧出行和娱乐五大生活场景,为消费者打造多种设备无感连接、能力共享、信息内容无缝流转的智慧生活体验。企业业务坚持"平台+生态"的战略,融合AI、大数据、云、物联网、视频、数据通信等技术,打造支撑数字化的ICT基础设施并构建数字平台,为政府及公共事业单位、金融、能源、交通、汽车等各行业客户提供数字化转型相关的产品及服务,助力企业的数字化和智能化转型。近几年,华为顺应"数字化"和"碳中和"的趋势对三大业务结构进行了布局和调整,并逐渐开展新一轮的产业重组,聚焦联接、计算、终端、智能汽车部件、云服务、数字能源6大领域,着力打造繁荣的鸿蒙、欧拉、昇思生态,与合作伙伴一起更好地为客户群创造价值。

(三)财务概况

1. 整体财务概况

近年来,华为整体经营稳健、业务持续健康发展,整体财务状况良好(如表4-1所示)。截至2021年12月31日,华为总资产规模为9 829.71亿元,同比增长12.1%;当年销售收入为6 368.71亿元,同比下降28.6%,但净利润却达到了1 137.18亿元,同比增长75.9%,

营业利润率随之增长到19.1%。近几年,华为进行业务结构调整并改善经营质量,出售荣耀、超聚变等非核心业务,同时对半导体产业链进行大手笔投资,以将资源重点投入核心业务领域。财务结果反映出华为确实受到美国政策和技术管制的影响,但这却是以华为为代表的中国科技巨头必经的"阵痛期"。

表4-1 华为2017—2021年主要财务指标

指标	2017年	2018年	2019年	2020年	2021年
销售收入/百万元	603 621	721 202	858 833	891 368	636 807
营业利润/百万元	56 384	73 287	77 835	72 501	121 412
净利润/百万元	47 455	59 345	62 656	64 649	113 718
营业利润率/%	9.30	10.20	9.10	8.10	19.1

资料来源:根据华为年报整理。

(1) 收入及利润率

利润率是衡量企业盈利能力的重要指标,营业利润率反映出企业每取得一单位收入所增加的利润。华为的利润水平一直呈现上升趋势(如图4-1所示),收入规模在2021年之前也实现了逐年上升。华为的营业利润率较为稳定并大体保持在8%~12%的区间内,而同期的苹果公司(简称"苹果")可以达到25%及以上,三星集团(简称"三星")则维持在15%~20%的水平,华为与这两家公司相比稍有逊色。不同于苹果和三星主打消费者业务,华为实现ToB端和ToC端双向发展,以三大业务共同驱动高质量发展。而且华为一直追求的是"一定利润率水平上的成长最大化",不仅追求利润更追求长远的发展,进一步分析研发费用、销售和管理费用以及雇员费用会发现华为的利润率水平不足为奇。

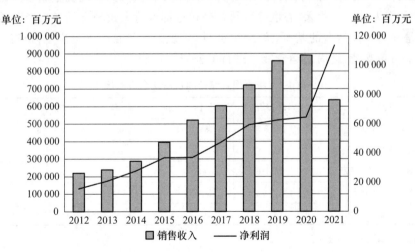

图4-1 华为2012—2021年收入及利润情况图

资料来源:根据华为年报整理。

(2) 研发、销售及雇员费用率

企业提高产品创新能力、获得差异化竞争优势的源泉在于研发活动,盈利的根本在于营销活动,保持活力的秘诀在于分配政策。华为每年将10%以上的收入用于研发以打造核心竞争力,将15%左右的收入投入销售和管理来维持产品的市场地位,并将20%左右的收入用于雇员费用以回馈员工(如图 4-2 所示)。高额的投入虽然增加了公司费用,降低了公司利润水平,但是能够助力华为打造核心竞争力并实现可持续的价值创造。

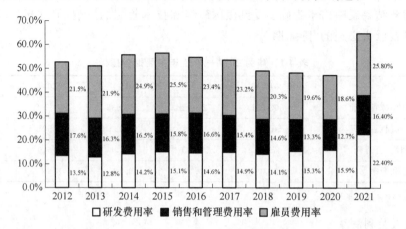

图 4-2 华为 2012—2021 年成本费用结构图

资料来源:根据华为年报整理。

(3) 现金储备及自由现金流

自由现金流最早是在 20 世纪 80 年代由美国西北大学阿尔弗洛德·拉帕波特(Alfred Rappaport)、哈佛大学迈克尔·詹森(Michael Jenson)等学者提出的,是指企业经营活动产生的现金流量扣除资本性支出的差额,本质是企业产生的、在满足了再投资需要之后剩余的现金流量,因只计算营业利润,受会计方法的影响较小。华为每年高强度投入技术研发和营销活动,这为其带来大量订单和营业收入以保持稳定的资金链,实现现金储备充足(如表 4-2 所示)。除了华为,微软、苹果、谷歌等高科技公司也都保持大量现金储备。经营活动产生的现金流也是华为赖以运营的基石,除 2020 年外,实现的大量自由现金流也为日常经营、投资活动提供了后备支持,适时对运营能力进行了补充。

表 4-2 华为现金储备和自由现金流状况

指标	2017 年	2018 年	2019 年	2020 年	2021 年
现金储备/百万元	175 347	184 106	170 684	172 898	128 395
现金储备占总资产比重/%	34.71	27.65	19.8	19.72	13.06
经营活动净现金流/百万元	96 336	74 659	91 384	35 218	59 670
资本支出/百万元	17 372	30 526	41 118	47 917	34 284
自由现金流/百万元	78 964	44 133	50 266	-12 699	25 386

资料来源:根据华为年报整理。

2. 业务收入分析

华为以运营商业务起步并在过去的三十多年持续聚焦 ICT 领域,实现了从"跟随者"到"引领者"的飞跃。由图 4-3 可以看出,运营商业务一直占据华为销售收入的主体地位,整体经营稳健。但随着 4G 市场的饱和,运营商业务的增长速度明显下滑,在营收中的占比也逐年下降。但受益于 5G 的建设尤其是国内 5G 基础设施的高速发展,运营商业务仍将继续保持稳定向好的发展势头。消费者业务自 2011 年被单独划分之后增速一路高升并取得了可观的销售业绩,占收比逐年增加,并于2018年首次超过运营商业务占据销售收入的"半壁江山"。但由于2019年以来美国政策的影响,外部芯片断供并无法使用GMS生态,加之2019年年底暴发的新冠疫情,华为海外地区营收规模出现了不同程度的下滑,消费者业务增速也随之放缓。但华为积极布局"1+8+N"全场景智慧生活战略,平板计算机、PC、可穿戴设备等其他非手机业务多点开花,一定程度上抵消了消费者业务中手机业务下滑的影响,但2021年还是出现了消费者业务占收比再次低于运营商业务占收比的情况。企业业务收入占比逐年上涨,近年来,受益于企业数字化转型加速,企业业务更是实现了高速增长。受消费者业务无法使用GMS生态的影响,2018年以来企业业务增速也随之放缓,但在2021年仍然实现了正向增长,并且通过顺应智能化和低碳化发展趋势,华为的企业业务有望实现更加强劲的发展。

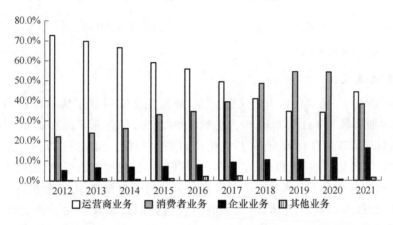

图4-3 华为2012—2021年各业务占收比

资料来源:根据华为年报整理。

3. 国内外收入分析

华为自20世纪90年代起就通过采取"农村包围城市"战略来开启国际化进程,从发展中国家向发达国家进军。进入生态联动期之后,华为已然成为国际化程度较高的科技巨头,业务覆盖国内外。2017年之前海外业务一直占据华为收入的"半壁江山"(如图4-4所示),其中欧美国家和地区所占份额较高,足以见得华为国际化发展的成功。但自2017年起,受制于美国的政策,华为的消费者业务无法使用GMS生态,华为丧失了部分国家的运营商市场,加之2019年出现的新冠疫情致使欧洲、中东、非洲、亚太和美洲地区的营收规模均出现了不同程度的下滑。其中,欧洲、中东、非洲地区2021年的销售收入同比下滑27.3%,亚太地区的销售收入同比下滑16.7%,美洲地区的销售收入同比下滑26.3%。虽然海外营收规模出现了下滑趋势,但华为在国内市场发展较为稳定。运营商业务受益于国内5G网络的高速建设,消费者业务进一步完善了PC、平板、智能穿戴设备、智慧屏等非手机业务以及全场景智慧生活战略布局,企业业务则抓住了企业数字化与智能化转型机遇,所以整体经营保持稳健。面对后疫情时代的挑战和美国政策影响的长期存在,华为将继续积极调整国际化布局,加大自主研发力度、贴近客户需求以实现公司的可持续发展。

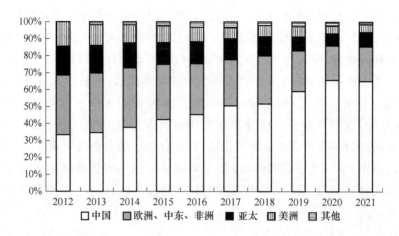

图 4-4　华为 2012—2021 年国内外收入占比图

资料来源：根据华为年报整理。

（四）管理体系

华为是一家 100% 由员工持有的民营企业，通过工会实行员工持股计划，截至 2021 年 12 月 31 日，参股人数为 131 507 人，约占总数的 67.4%，任正非仅持有 0.84% 的股份。参与人仅为公司员工，没有任何政府部门、机构持有华为股权。同时，华为拥有完善的内部治理架构，遵循共同价值、责任聚焦、民主集中、分权制衡、自我批判的原则，在治理层实行集体领导，不把公司的命运系于个人身上。股东会是公司的权力机构，由工会和任正非两名股东组成。工会履行股东职责、行使股东权利的机构是持股员工代表会。持股员工代表会由 115 名持股员工代表组成，代表全体持股员工行使有关权利。持股员工代表会一人一票选举产生公司董事会、监事会。持股员工代表会及其选举产生的公司董事会、监事会对公司重大事项进行决策、管理和监督。公司董事会及董事会常务委员会由轮值董事长主持，轮值董事长在当值期间是公司的最高领袖。坚持"以客户为中心，以奋斗者为本，长期艰苦奋斗"的核心价值观，贯彻"深淘滩、低作堰"的原则，华为在外部获得客户和合作伙伴的青睐，在内部得益于员工的积极力量，因此得以持续优化公司的管理体系，使公司保持长期稳定的发展。

（五）价值定位

价值定位是价值创造的基础，引领企业的战略制定和整体运营。合理的价值定位助力企业建立可持续性的竞争优势并实现更高质量的发展，能起到事半功倍的作用。所以，企业基于自身和客户两个视角结合价值主张、客户选择和价值内容进行价值定位。基于企业自身，价值定位用以反映其核心竞争力、传递核心价值观；基于客户，价值定位则反映公司为客户提供和创造了什么价值以及怎样提供和创造价值。基于以上对华为基本情况的整理和分析，由收入、现金流和利润指标可见，华为实现了较为理想的经营结果。为进一步判断其发展质量和可持续性，不仅要关注财务指标所反映的短期绩效，还要从成本结构、商业生态和整体战略来看其中长期发展情况。所以在进一步分析之前，首先需要对华为进行价值定位。

华为三十多年持续聚焦 ICT 主航道进行技术研发和投资，以客户、技术和品牌作为核心资源，长期艰苦奋斗。彼得·德鲁克将企业定义为"创造客户"。客户需求作为华为技术和品牌的源动力和最终归宿来驱动产品技术创新和品牌提升；技术作为产品和服务竞争力的核心要素,能够提高服务客户的能力并保障品牌价值的延续。而品牌经营作为价值链的最后一环将创造的价值变现以进一步推动技术研发,并最终证明是否切实符合客户的真实需求。所以,围绕"客户、技术和品牌"三大核心竞争力,基于经营战略与财务战略的协同机制对华为进行价值定位——华为是一家持续聚焦客户需求进行技术创新以提高品牌价值的ICT基础设施和智能终端提供商,进而对华为进行基于经营战略和财务战略的价值创造分析(如图4-5所示)。

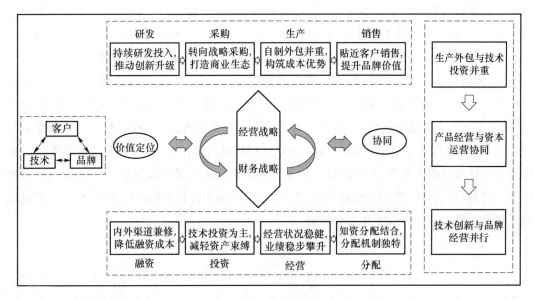

图4-5 研究框架图

三、华为基于经营战略的价值创造

美国哈佛大学著名的管理学家迈克尔·波特提出了价值链分析法,将企业的活动分为基本活动和支持性活动两类,其中,基本活动包括生产、销售、售后服务等,支持性活动则涉及财务、研究与开发、采购等。因为并非每个环节都可以创造价值,所以迈克尔·波特将价值链上真正创造价值的环节称为"战略环节",即企业的核心竞争力所在。Govindarajan和Shank将价值链理论的范围扩大,认为完整的价值链应该包括从供应商到客户的整个流程。本案例基于上述理论探讨华为基于经营战略的价值创造路径,沿着"研发、采购、生产、营销"分析内部价值链,同时从供应商和客户角度研究其高效的外部价值链管理,分析发现,华为的价值链与微笑曲线相符(如图4-6所示),即将重心放在附加值较高的研发和销售环节,着力打造技术和品牌核心竞争力,并通过构建极致的供应链体系补充和完善外部价值链,以提升服务客户的水平,内外部并举整体提升价值链的价值创造能力。

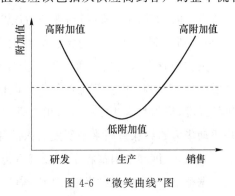

图4-6 "微笑曲线"图

(一) 持续研发投入,推动创新升级

创新作为一个国家兴旺发达的不竭动力亦是企业保持活力的重要源泉,而持续的技术研发就是企业创新的源泉。ICT 行业作为一个由信息技术和通信技术融合而成的新兴领域,一直以来都是各国积极抢占的战略高地。而初期靠代理销售交换机起步的华为,毫无疑问,无法适应 ICT 领域高速发展的节奏。长期受制于代理销售的被动困境使得华为意识到自研产品和核心技术在企业发展规划中的重要性,华为于是开启了长达三十多年的自主研发之路,至今依然沿袭研发至上的理念,持续不断地进行资金和人员的高强度投入。华为每年将 10%以上的销售收入投入研发(如表 4-3 所示),研发投入于 2018 突破 1 000 亿元,并于 2021 年持续加大研发力度,将研发投入增加到 1 426.66 亿元,占收比高达 22.4%,创历史新高。据统计,华为近十年的研发费用累计已超过人民币 8 450 亿元。欧盟委员会(以下简称"欧委会")公布的 2020 年欧盟工业研发投入记分牌排名显示,华为 2019 年的研发费用(167.1 亿欧元)仅次于 Alphabet(231.6 亿欧元)和微软(171.5 亿欧元),代表中国企业首次攀升至全球研发投入三强,其研发投入约等于紧随其后的三家大陆企业和两家台湾企业(即阿里巴巴、腾讯、百度、富士康和台积电)之和。随后,华为的研发投入于 2020 年首次超越微软跃居全球第二,并在 2021 年实现蝉联。

表 4-3 华为 2015—2021 年的研发投入

指标	2015 年	2016 年	2017 年	2018 年	2019 年	2020 年	2021 年
研发投入/百万元	59 607	76 391	89 690	101 509	131 659	141 893	142 666
销售收入/百万元	395 009	521 574	603 621	721 202	858 833	891 368	636 807
研发投入占收比/%	15.10	14.60	14.90	14.10	15.30	15.90	22.4

资料来源:根据华为年报整理。

本案例采用研发费用和研发强度两个指标来评估企业对技术研发的重视程度,其中,以研发费用占营业收入的比重来衡量研发强度。在研发强度方面(如图 4-7 所示),华为与其通信市场的主要竞争对手相比处于较高水平。高通因基本不做面向最终消费者终端的产品,并由"芯片+专利授权"构成其营收的两大支柱,所以研发强度较高,处于领先位置,而在研发费用方面(如图 4-8 所示)却被华为逐渐拉开差距,2021 年高通的研发费用为 71.76 亿美元,华为则达到了 224.03 亿美元,约为高通的 3 倍之多,同时华为的研发强度以高达22.4%的占收比首次超过高通。进一步分析发现,无论微软、谷歌等全球领先高科技公司还是爱立信、诺基亚、中兴等全球领先的电信设备厂商都极其重视研发并始终保持较高水平的研发强度,华为与这些巨头公司相比研发投入水平大体相当且只是稍有领先优势,所以这也是驱动华为始终保持高水平研发投入的原因之一,尤其是随着各国愈发看重 ICT 这块战略发展高地,美国和中国都将研发投资重点放在 ICT 领域(如图 4-9 所示),对 ICT 领域的投入占据整个研发布局的"半壁江山",华为唯有始终高度重视技术创新才能维持竞争优势、与其他科技巨头比肩,进而达到领先水平。

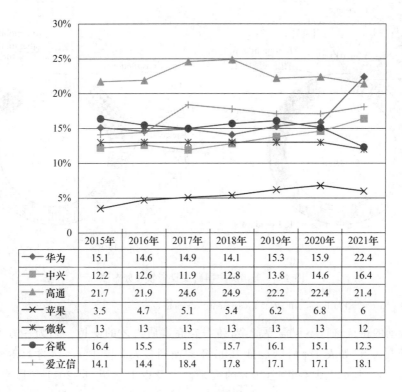

图 4-7 华为与竞争对手的研发强度比较

资料来源:东方财富网、公司年报。

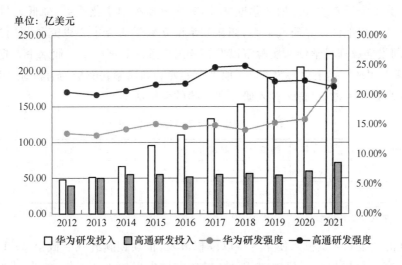

图 4-8 华为与高通研发投入比较

资料来源:整理自公司年报。

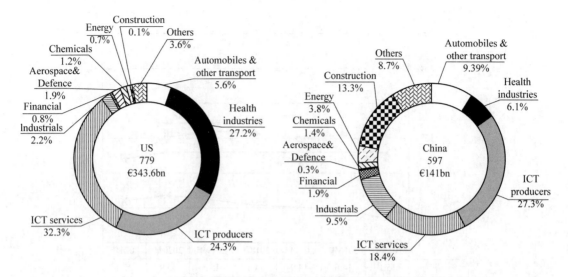

图 4-9　美国和中国研发投资领域分布图

资料来源：The 2021 EU Industrial R&D Investment Scoreboard。

研发活动的持续进行不仅需要资金，还需要高素质人才的支持。华为一方面注重自己培养专业研发人员（如表 4-4 所示），自 1995 年起便同各大高校建立了人才培养战略以招聘高校的技术人才，其员工中有将近 50% 的人是硕士及以上学历，自 2011 年以来，华为研发人员占总人数的比重一直在 45% 左右并于 2021 年达到了 54.8%。另一方面，华为积极同各国优秀的大学合作，在全球设立研发基地，例如与萨里大学合作共建 5G 创新中心、与曼彻斯特大学共同开发 ICT 领域的下一代高性能技术等。目前，华为已在欧洲设立了 23 个研发中心。为了降低全球人才的迁移壁垒，同时充分发挥本土化优势、降低人员成本，华为在高技术人才集聚地区设立研发中心，如在巴黎设立数学研究中心以充分利用当地的数学人才、在英国设立数据科学创新实验室以发挥英国先进的数据科学专业水平。据统计，华为 2020 年全球人才平均本土化率为 69%，地理上的便利和高额薪酬极为有效地帮助华为吸引了全球优秀高素质人才，以持续投入研发和后续的营销活动。

表 4-4　研发人数及研发人员占比

指标	2014 年	2015 年	2016 年	2017 年	2018 年	2019 年	2020 年	2021 年
研发人数/万名	7.6	7.9	8.0	8.0	8.0	9.6	10.5	10.7
研发人员占比/%	45	45	45	45	45	49	53.4	54.8

资料来源：根据华为年报整理。

高强度的资金和人员投入使华为得以厚积薄发、推动创新升级。截至 2021 年年底，华为在全球持有有效授权专利超过 11 万件，对比同期中兴的 4.2 万件，约为中兴的两倍多。华为在中国国家知识产权局和欧洲专利局 2021 年度专利授权量均排第一，已然成为全球最大的专利权人之一。同时，华为所持有的专利价值也得到行业的充分认可，在 5G、Wi-Fi 6 等多个主流领域居于行业领先地位，并将业务范围从传统通信行业扩展到了智能汽车、物联网等新兴领域，作为 ICT 行业能力的补充与升级。自身的重视与国家政策的支持使得华为能够从容应对美国政府的管制,即使处于芯片断供、无法使用 GMS 生态的不利境地也能够实现大部分产品的连续供应、履行为客户持续服务的承诺,在 2021 年仍然以 29% 的比重居于全球整体电信设备市场首位(如图 4-10 所示)。

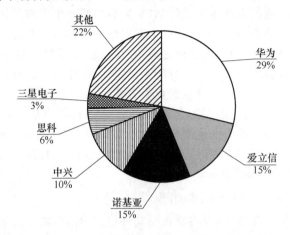

图 4-10　2020 年全球电信设备厂商占市场比

资料来源:Dell'Oro Group。

值得一提的是,苹果作为全球顶级科技公司,其总市值在 2020 年居科技公司排名首位,但是其研发强度却始终徘徊在 5%～6%,处于较低水平。究其原因,是苹果巨大的品牌影响力和高效的供应链体系实现了以低成本创造高价值。苹果不断更换供应链,将技术能力不能满足公司对未来产品需求的供应商剔除,以此推动供应商提高技术研发能力,为苹果提供更好的半导体等零部件,同时显著提高自身业务水平、实现双赢。这使得供应商愿意分担苹果的研发支出,帮助苹果实现产品零部件连续、高质量供应的同时,使其以相对较低的投入研发核心项目,成功地以供应链管理和品牌价值撬动了不可估量的价值创造。这启示华为既要高强度投入研发,也要注重完善供应链体系并提升品牌价值。

(二) 转向战略采购,打造商业生态

华为将资源重点聚焦研发和营销两个高价值创造环节,对生产环节的资源配置相较偏少,由此产生了大量的采购和外包需求,例如华为的芯片之前由台积电、中芯国际等代工生产,手机电池来自欣旺达、德赛等厂商。自 1998 年起华为开始推行 IPD(集成产品开发)模式,并于 1999 年启动 ISC(集成供应链)变革,聚焦客户,从流程、组织和 IT 全方位引进新的采购理念和国际化的采购运作方式。为了优化供应链、打造良好的商业生态,华为的采购战略正在从价格采购转向价值采购并最终向战略采购转型。

成立初期,公司为了存活更多追求的是低成本优势,而且确保供应商能及时、准确交付设备才能保证服务的连续性,这就是华为的价格采购时期。通过学习 IBM(国际商业机器公司)华为意识到采购价格最优并不等同于成本最优,而要考虑 TCO,即采购综合成本。除了关注采购价格,还应注意管理费用、运营费用、库存持有成本、质量问题违约罚款等其他成本支出。所以,如果供应商只依靠低成本优势,则无法满足华为在质量和效率方面的要求。至此,华为过渡至价值采购时期,但此时还是以"降本"为中心。2018 年以来,华为更加注重生态的协同,并设立了各领域的技术中心、认证中心定期判断供应商的价值,以高标准、严要求选拔供应商。同时,通过"集中认证、分散采购"的方式进行多源采购以保障原材料供应多

元化,避免独家供应或单一地区供应风险,并将供应商进行分类,同核心供应商建立战略合作伙伴关系,由此将采购环节推向了战略采购阶段。

华为的持续增长离不开完善的供应链体系,围绕产销研集成,有助于华为实现更高质量的可持续发展。华为集成的表现在于销售部门、采购部门和生产部门每个月进行会议,找出供需和供货能力之间的差距,并以客户需求为导向更好地制订采购计划和生产计划,在经济下行周期尤其是2019年暴发的全球疫情之后,在供应链承受较大打击的同时,还能够满足客户需求并有效地应对需求波动和供应行情不确定性等,建立从原材料、半成品到成品的合理、安全库存。华为也意识到,ICT领域的竞争方式早已不再是单个企业之间的竞争,而是产业链之间的竞争、生态圈与生态圈的竞争,供应商应该是供应链的重要组成部分,供应链能力的提升也是打造核心竞争力的重要环节。不再局限于"分蛋糕",华为正在同产业链的核心供应商"共同做大蛋糕",建立互信互助的合作伙伴关系,通过联合创新共同拥抱全球供应链体系,共同引领产业健康发展。

(三) 自制外包并重,构筑成本优势

生产是附加值较低的环节,华为实施自制与外包并重的策略来有效进行成本管控,进一步构筑成本优势。从消费电子产品到云计算,华为有强劲的外包需求,并与多家电子制造服务商(EMS)都建立了战略伙伴关系。一方面华为将自产成本较高、附加值较低的零部件生产和组装环节外包出去,例如手机屏幕面板由京东方等公司提供,触摸屏和摄像头由欧菲光等公司提供,手机电池则来自欣旺达等厂商;另一方面华为可以获得外部技术支持,以脱离传统的"通信设备商"角色,围绕产销研集成打造供应链体系,充分利用供应链的研发能力以降低研发成本,持续提升精密器部件制造的数字化能力,实现设计与制造数字化融合能力在终端新产品的全覆盖,比如科大讯飞作为多语种语音识别的最佳合作伙伴,率先帮助华为开发了鸿蒙系统的语音识别和语音合成功能。

当然,华为有能力建立自己的生产线。华为仍然坚持自制核心部件,以实现制造供应能力的备份和核心技术的应用。华为在全球建立了深圳供应中心、欧洲供应中心、拉美供应中心和迪拜供应中心四个供应中心,各供应中心之间均可相互备份整机制造供应能力。为了实现产品的连续供应,华为进行全生命周期备件储备,在产品停产之前按照市场需求与历史用量滚动进行备件储备,在产品停产后则按全生命周期预测一次性做足备件储备,确保客户设备运行的连续性。所以,即使面对种种不可控、高风险性事件,如重大自然灾害、经济下行、贸易冲突等,华为仍然能够保障产品和服务的持续供应和及时交付。华为2020年的财报表明,其2020年经营活动现金流仅有352亿人民币,同比下降了61.5%,主要原因是为了缓和美国技术管制和"缺芯"局面而持续加大了对供应和研发方面的投入,所以消耗了大量现金进行物料储备以保证产品连续供应,这在一定程度上证明了华为进行生产制造能力备份的独到之处。值得一提的是,华为十分注重生产制造能力的提升,定期对生产线设备进行更新、修理并持续优化生产流程,摒除低效率环节进而提高资源配置效率。目前,华为的制造车间已经全部升级为自动化生产线,不但拥有全球领先的设备,还可以实现对质量、效率和产出情况的实时监控,以及对风险的预警与把控。华为强大的后备实验室也在不断地开发测试装备,以实现高效生产并加快价值创造的速度,从而将其转变成自身成本优势。

(四) 贴近客户销售,提升品牌价值

彼得·德鲁克认为企业基于顾客有且只有两项最基本的职能,即创新和营销。营销是创造客户价值、实现价值增值的过程,通过有效的营销可以更好地连接产品与消费者,传递并提升品牌价值。华为营销成功的核心在于以客户为导向实施差异化营销,并加大投资力度直至销售成功。通过分析华为的成本费用结构(如图4-2所示)可知,自2012年以来,其销售和管理费用率一直维持在15%左右,对销售环节的投入始终处于较高水平。

(1) 营销战略分析

在营销区域方面,由于"农村包围城市"全球化路线的成功,华为在国内外都有广阔的市场,所以其营销是国际化也是差异化的。华为面向海外市场的营销非常注重发挥本土化优势,根据当地消费者的文化传统、审美、喜好等进行产品研发和营销。例如,华为针对马来西亚市场发起的名为"Huawei the Best Wei"的主题营销活动,为符合当地居民的语言表达方式,与当地媒体巨头合作并邀请当地知名乐团和演员进行宣传,极大地满足了马来西亚人民对于享受生活的需求,从而帮助华为取得了较好的营销效果,树立了良好的品牌形象。根据上文数据,华为海外员工的平均本土化率达到了70%左右,不仅降低了人员的迁移壁垒,而且有利于与当地消费者沟通、为其提供定制化产品,以更加有效地开展营销活动。当然,产品定位为中高端的华为,早先其营销重点在于人均收入较高的欧洲市场,2019年华为在欧洲的市场份额为20%,与苹果并列第二,成为欧洲高端品牌手机的代表。虽然在2020年受美国制裁的影响,芯片供应陷入困局,华为手机出货量下降,但在欧洲的市场份额仍然排在了第四位。不过自2017年起,华为的国内市场份额开始占据其总市场份额的"半壁江山",重点营销区域也开始向国内市场转移。

在营销渠道方面,华为积极利用同运营商建立的长期业务关系,以更优惠的政策展开合作,例如华为在欧洲市场的运营商渠道占据了手机市场50%左右的份额。同时,华为也注重线上销售与线下销售的结合,借鉴小米等品牌的线上营销模式,建设大型电商渠道来降低线下销售成本。在线下,华为通过开设旗舰店来拉近与顾客的距离,方便消费者进行体验并进行互动,从而塑造更为立体的销售渠道。华为也依靠其更为完善和优惠的售后服务为消费者展示良好的品牌形象,提高消费者的品牌归属感。

(2) 品牌经营分析

华为以提供高端优质产品和服务为目标,不断优化产品品质、提高品牌实力,并塑造"创新、高端、年轻、时尚"的品牌形象,以品牌价值引领公司整体发展。其品牌经营战略可以总结为:将服务贯穿产品的整个生命周期来优化用户体验,维护核心品牌的高端定位以提升品牌形象,通过灵活的产品定价提升品牌份额,维护高端品牌形象的同时向中低端市场渗透以实现知名度在市场的全覆盖,最终提升品牌价值,并提高品牌向销售收入的转化率。品牌经营战略的具体表现如下。在运营商业务方面,秉持解决方案重于产品的理念,华为所有产品的特性功能都为解决方案服务,并以"24小时随叫随到"的跟进服务实现产品全流程管理,优化用户体验。在消费者业务方面,通过技术研发与市场营销的"双轮驱动"成功打破欧洲市场对中国产品"质量低、价格低"的刻板印象,并针对高端市场的主要竞争对手采取"同等配置,价格更低;同等价格,配置更高"的定价策略,持续推出一系列高配产品进行价格上探,针对Mate、P等高端手机系列用户,华为提供维修期间优享高端备用机或旗舰机型、以旧换新获额外赠礼以及上门维修服务等专属服务,以强化和维护华为高端品牌的形象。

华为营销战略和品牌战略的成功一方面体现为在"全球最佳品牌排行榜"的亮眼表现(如表4-5所示)。以营销投资、利益相关者权益和业务绩效等指标确定品牌的相对实力,华为能够在2015年首度跻身BrandZ"全球最具价值品牌百强榜"并在2022年位列Brand

Finance"2022年全球品牌500强"第9位,足以说明其品牌的业绩表现、影响力以及保障公司持续收入的能力之强,也说明外界机构、消费者等对华为品牌的认可。

表 4-5　华为品牌价值事件汇总

年份	事件
2014 年	华为成为首个上榜 Interbrand"最佳全球品牌"的中国公司
2015 年	华为首度跻身 BrandZ"全球最具价值品牌百强榜"并成为同时进入两大全球权威品牌榜的中国企业
2016 年	华为进入 Brand Finance"全球最具品牌价值百强"
2017 年	华为成为唯一一登上福布斯"2017 全球品牌价值榜"的中国企业,位列 Brand Finance "2021 最有价值的10 大电信基础设施品牌"榜首
2018 年	华为入选 Brand Finance"2018 年全球品牌 500 强",名列第 25 位,位列 Brand Finance "2021 最有价值的10 大电信基础设施品牌"榜首
2019 年	华为位列 Brand Finance"2019 年全球品牌 500 强"第 12 位,成为增幅最快品牌之一,位列 Brand Finance "2021 最有价值的10 大电信基础设施品牌"榜首
2020 年	华为位列 Brand Finance"2020 年全球品牌 500 强"第 10 位,位列 Brand Finance "2021 最有价值的10 大电信基础设施品牌"榜首
2021 年	华为位列 Brand Finance"2021 年全球品牌 500 强"第 15 位,位列 Brand Finance "2021 最有价值的10 大电信基础设施品牌"榜首
2022 年	华为位列 Brand Finance"2022 年全球品牌 500 强"第 9 位,位列 Brand Finance "2021 最有价值的10 大电信基础设施品牌"榜首

华为营销战略和品牌战略的成功另一方面体现在销售数据上(如表 4-6 所示)。华为的销售毛利率近十年一直稳定在 40%左右并在 2021 年达到新高(远高于中兴的销售毛利率),说明华为通过高强度的研发推动产品创新升级,通过营销战略和品牌经营提高品牌价值,从而实现了产品价值的提升,再加上利用不断完善的价值链管理降低销售成本,于是整体运营效率提高,销售业绩越来越好。值得注意的是,华为虽然强调饱和营销,但也注重把握投入的"饱和点",当市场份额达到一定程度后便降低投入力度以避免资源浪费。2014 年华为中国区的销售人员大约有 14 000 人,销售额达到 900 亿元,而当 2016 年销售额增长到 2 300 亿元时,销售人员数量却基本保持不变。这就是因为华为找到了"饱和点",实现了最优资源配置,进而实现了成本的有效控制和较好的销售业绩。

表 4-6　华为 2014—2021 年销售情况及中兴销售毛利率

销售数据	2014 年	2015 年	2016 年	2017 年	2018 年	2019 年	2020 年	2021 年
销售收入/百万元	288 197	395 009	521 574	603 621	721 202	858 833	891 368	636 807
销售成本/百万元	160 746	230 312	311 445	365 749	443 031	536 144	564 236	329 365
销售毛利/百万元	127 451	164 697	210 129	238 142	278 171	322 689	327 132	307 442
销售毛利率/%	44.22	41.69	40.29	39.45	38.57	37.57	36.70	48.3%
中兴销售毛利率/%	31.56	31.03	30.75	31.07	32.91	37.17	31.61	35.24

资料来源:根据华为、中兴年报整理。

四、华为基于财务战略的价值创造

(一) 内外渠道兼修,降低融资成本

华为通过内外兼修的融资渠道进行多源融资,其中内部以员工持股为主实现低成本、低风险的股权融资,外部则通过银行借款、境内发债持续优化融资布局,并在 IPD 模式下适时剥离非核心业务,反哺核心业务,高强度的研发投入也为其争取了数量可观的政府补助。内外渠道结合使华为极大地降低了融资成本、持续优化了资本架构,为公司进一步开展投资、经营活动积累了大量资金。

1. 独特的员工持股计划

作为一个启动资金只有 21 000 元的民营企业,"无资金、无产品、无技术、无背景"是当时背景下华为"鲜明"的标签。难以申请银行贷款,也难以运用其他外部融资渠道。而华为不仅向员工承诺了高薪,其业务发展也需要大量资金。华为初期的经营状况并不稳定,为了生存有时甚至连员工工资都只能发放一半,另一半通过打欠条、付利息的方式当作企业向员工的借款。员工持股计划在此艰苦的背景下应运而生,并经过 30 多年的发展,从诞生时的僵化经历了三个发展阶段的持续优化变得更加完善适宜,不仅成为华为融资体系的重要组成部分,也构成了华为独到的分配激励体系。本部分首先介绍员工持股计划的三个发展阶段及其融资功能。

(1) 初创求存期和成长扩张期(1990—1998 年,内部配股)

为解决公司初期的财务困境,华为将欠发员工的工资、奖金通过"债转股"的方式转为内部股票,以解燃眉之急。1990 年华为第一次提出内部融资,即内部发行股票的方式,员工具有自主选购权,在公司任职满一年的员工都可以参与内部股票的认购,认购价格极低(1 元/股),并将税后利润的 15% 作为分红。这种内部发行股票的方式帮助华为缓解了融资渠道狭窄、无处融资的困境,而且相较于债务融资,又无须按时向外部支付利息,降低了财务风险;相较于股权融资,无须向外部股东承担较高的资本回报率,有效避免了代理问题和控制权问题。员工持股计划实施后,华为的注册资金增加了三千多倍,从最初的 2.1 万元增加到了 7 005 万元,改善了资金状况。同时,参股员工每年可以获得与工资相当的分红,提高了员工尤其是核心技术人员的归属感,起到了激励员工的作用。

(2) 开放规范期(1999—2012 年,增发虚拟股)

2001 年年底,受互联网经济泡沫的影响,IT 行业受到严重冲击,华为开始完善公司的股权结构,推行"虚拟限制股"期权改革。在此阶段,员工不再持有实股,持股员工通过股票的增值获得收益,但不享有所有权和表决权,在职持股期间不能转让和出售,离职后权利随之消失。在虚拟受限股权激励实施后,华为的公司业绩有了较大的增长,在 2002 年年末实现销售收入 234 亿,相比同行业平均收入 30 亿元高出七倍之多。最初的员工持股计划体现的是"普惠制",发展到虚拟受限股形式则更加注重"重点激励"的原则,虚拟股票的发行也更好地维护了管理层对公司的控制能力,有效避免了一系列管理问题的发生。

2008 年,面对全球经济危机的冲击,华为进一步完善员工持股计划,开始推行饱和配股制度,即规定员工的配股上限,每个级别达到上限后,就不再参与新的配股,此次改革涉及的范围几乎包括了所有在华为工作时间一年以上的员工。2008 年 12 月,华为推出了 4.04 元/股、

年利率约 6％的最新配股方案,最终融得资金超过 64 亿人民币,但大部分老员工因为持股数额达到了上限,并没有参与其中。此次改革进一步将员工的个人利益与企业的未来发展紧密联系在一起,公司获得内部融资的同时实现了对员工的股权激励,缓解了公司的现金流压力,又充分释放了新老员工作为奋斗者的动力,形成了良性的循环和发展。

(3) 成熟转型期(2013 年至今,推行 TUP 计划)

为了避免部分员工不思进取、想靠已有股份坐享收益分成,以及解决新员工因工龄或职位不够无股票可分的问题,华为在 2014 年推行了 TUP(Time Unit Plan,时间单元计划),即每年根据员工岗位及级别、绩效,分配一定数量的 5 年期权,员工无须花钱购买,并可获得相应的分红权和增值权,5 年后清零。TUP 计划的实行是对员工持股计划所做的补充和完善,其稀释作用让虚拟受限股的分红比重逐年下降,使得资本进一步向员工倾斜,总体来说是对分配制度的进一步完善,所以重点在下文的分配部分进行详述。

综上所述,员工持股计划经历了从员工持有实股到通过工会持有虚拟股的变化和发展,实施 TUP 计划并引入期权的概念使之得到了进一步的完善,在华为形成了一条有效的内部融资渠道,缓解公司现金流压力的同时,极大地降低了融资成本与财务风险,并不受一般情形下债券融资和股权融资风险的困扰。

2. 适时的业务出售

员工持股计划是华为独具一格的融资实践,通过"拜师"IBM、总耗资 20 亿元的 IPD 模式也是其高效融资的关键。华为早期在研发管理方面存在严重的问题,由于过度重视研发技术而出现了脱离客户、闭门造车的现象,研发周期长导致研发效率低下、竞争力受损,忽略产品稳定性致使维护成本高、研发浪费严重,极大地影响了客户满意度和公司利润。所以,华为的销售额实现逐年增长,伴随而来的却是其产品毛利率的下降。为了解决发展困境,华为于 1999 年"拜师"IBM,向其学习领先且成熟的产品开发模式——IPD。在 IPD 模式下,华为将产品开发视作一项投资,基于市场需求驱动产品研发以有效地缩短研发周期,同时减少研发过程中的浪费,最终实现降本增效。这使得华为更加精准地聚焦客户对产品的需求,推出新产品的速度大大提高,失败率也有效降低,从而产生了更高的资金需求。于是适时出售非核心业务并将出售所得继续投资核心业务便成为华为外源融资的重要渠道之一。

2001 年,在国内通信行业低迷的背景下,华为将经营良好但与核心业务方向背离的安圣电气剥离,以 7.5 亿美元的价格出售给美国的爱默生公司;2006 年,华为出售 H3C 获得的 8.6 亿美元帮助其顺利渡过了 2008 年全球性经济危机;在美国政策施压和技术管制下,华为于 2020 年全资出售荣耀公司,时隔一年,于 2021 年将其全资子公司超聚变全部权益出售,均不再持有任何股份。分析华为的经营业绩可知,其 2021 年实现了 1 137 亿元的净利润,同比增长 75.9％,利润的增长一方面由于以上两次战略性业务剥离回笼了大量资金,另一方面是业务出售带来的资源整合,华为将紧缺的麒麟芯片主要用于 P 系列和 Mate 系列高端手机生产,出售 X86 服务器后轻装上阵,专注发展核心的鲲鹏生态,所以实现了产品结构优化和经营质量改善。值得注意的是,"荣耀"的独立将使其可以继续购买各种零部件而不受禁令的影响,华为最大程度地保障了供应链的完整性,以退为进实现华为品牌、荣耀品牌和供应商多重共赢的局面。

3. 多源的债权融资

一般情况下,公司常见的外部融资方式主要分为股权融资和债权融资两种。为了维持组织活力并在如此分散的股权结构下保证决策的可控性,以及免受资本市场外部金融资本的干扰,华为始终坚持不上市,其股权融资主要来源于内部员工持股,不存在外部股权融资,所以公司剩余资金主要来源于债权融资。在债权融资方面(如表4-7所示),华为主要以长期借款为主,自2015年以来,长期借款在有息负债中占比超过90%,并在2020年达到历史新高99.62%。在公司财务管理中,较为恰当的融资方式是短期资金支持短期投资、长期资金支持长期投资。通过前文对华为经营战略的分析可知,华为在采购、生产方面所需的临时性资金较少,而在研发方面每年投入超过10%的销售收入,研发支出作为一项前期投入大、后期回收周期长的资本性支出,属于长期性投资。为保证资金的连续性以实现业务的连续,以及保障公司重点业务的发展以实现面向未来研究的持续压强投入,并且避免高额的资金短缺成本,华为采用长期借款为主是合适的选择。当然,长期借款带来的是更高的财务风险,所以华为组合运用固定利率和浮动利率来降低其带来的利率风险。

对华为2012—2021年长期借款的结构进行分析(如图4-11所示)可知,随着集团内担保借款所占比重越来越小,信用借款和公司债券已经成为主要的长期借款方式。尤其是信用借款,其规模迅速从2015年的11.5亿元增长到2021年的1 229.63亿元,资产负债率下降到了57.8%,一定程度上反映出华为公司整体经营状况和财务状况稳健,信用状况良好,资本结构得到了进一步的优化。自2019年起,在国内市场发行债券是华为优化资本结构的另一种方式。为了补充公司营运资金并维持现金流稳定以持续聚焦ICT建设,华为于2019年首次在境内发行债券,并在这一年总共发行了两期共计60亿元的中期债券。值得一提的是,华为凭借其良好的公司状况,无论主体长期信用等级还是债项评级均获得联合资信AAA的评价。此后,华为相继在2020年发行四期合计为90亿元的中期票据;在2021年发行两期中期票据,共计80亿元。截至2021年年底,华为通过在国内发行债券已融得230亿元。通过发行债券,华为一方面获得了大量流动资金以应对外部环境的不确定性,通过"高筑墙、广积粮"来支撑其研发活动和重要战略落地;另一方面,由于发债融资的利率低于银行借款,华为能够获得低成本资金来保持一定的杠杆率,均为3~5年的发行期也实现了负债和资产期限相匹配,降低资金短缺风险的同时提高了净资产收益率。这种在境内发行债券的方式帮助华为一改过去对国外资本市场的过度依赖,进入持续快速发展、目前市场容量居全球第二的境内债券市场确实为明智之举,这既丰富了华为的融资渠道,从而对融资布局作出进一步调整,同时优化了资本结构使得公司财务更加稳健,也在不上市的背景下使得大众可以更加了解华为的公司结构、股权结构、财务状况等。总的来说,华为境内发债并非意味着其陷入资金短缺的困境,而是对融资结构进行战略性调整,以持续打造核心技术,聚焦ICT主航道,并为客户提供更好的服务。

表4-7 华为2015—2021年借款情况表

借款情况	2015年	2016年	2017年	2018年	2019年	2020年	2021年
短期借款/百万元	2 485	3 932	1 587	3 771	7 631	541	12 824
长期借款/百万元	26 501	40 867	38 338	66 170	104 531	141 270	162 276
借款合计/百万元	28 986	44 799	39 925	69 941	112 162	141 811	175 100
长期借款占比/%	91.43	91.22	96.03	94.61	93.20	99.62	92.67

资料来源:根据华为年报整理。

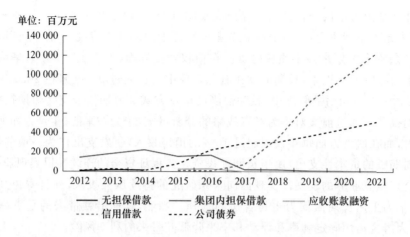

图 4-11　华为 2012—2021 年长期借款结构图

资料来源：根据华为年报整理。

4. 连续的政府补助

科学技术是经济社会发展的重要推动力，近年来，国家不断出台各种政策扶持和鼓励高新企业创新研发，不但在税收上给予减免优惠，而且给予资金上的补助，缓解其融资难度。华为持续高强度地投入研发，在获得更加先进和稳定的技术同时也获得了数量可观的政府补助。政府对华为的补助整体呈波动上升的趋势（如表 4-8 所示），并且自 2014 以来每年都有超 10 亿元的政府补贴，使华为融得了大量资金。自 2018 年起，国家不断加大对华为的帮扶力度助力其研发，以提高核心竞争力并尽快改善缺芯的局面，实现我国高科技民族企业的高质量发展。政府对华为的补助分为无附加条件补助和有附加条件补助两类，附加条件补助是完成特定项目的研发后发放相应的补贴。华为将政府补贴持续用于技术和产品研发，截至 2021 年年底，华为在全球持有的有效授权专利已超 11 万件，而且产生的研发成果又可以帮助华为继续获得政府补助，如此良性循环，政府补助已然成为华为外部融资的重要渠道之一。

表 4-8　华为 2012—2021 年政府补助表

年份	2014 年	2015 年	2016 年	2017 年	2018 年	2019 年	2020 年	2021 年
政府补助/百万元	1 033	2 076	1 295	1 178	1 545	1 667	2 785	2 571

资料来源：根据华为年报整理。

（二）技术投资为主，减轻资产束缚

可靠的融资渠道能够提供稳定的资金供给从而保障企业投资规模和效率。投资作为创造并提升企业价值的重要路径，主要分为日常性投资和战略性投资。华为在日常性投资方面展现出重资产投资比重低、流动资产投资比重高的轻资产模式，在战略性投资方面呈现自研为主、并购为辅的特点，高端芯片和生态系统主要以自主研发为主，同时对相关企业进行技术并购以获取其核心技术并进一步强化技术壁垒，从而实现"高筑墙、广积粮"的愿景。

1. 日常性投资：推行轻资产运营

按照对轻资产和重资产投资比重的不同，可以将运营模式分为重资产模式和轻资产模式。对于轻资产模式，学术界存在两种主流观点：一种观点是轻资产运营的企业固定资产和存货占比较低,现金类流动资产较多;第二种观点为企业专注于产品研发、营销和品牌建设,着重发展核心竞争力,将非核心业务以及不具备竞争优势的业务外包,从而降本增效以实现价值最大化。尤其是在后疫情时代,轻资产运营可以极大地降低企业经营风险,提高发展的韧性。

轻资产运营的核心就是"微笑曲线"所诠释的内容,即企业专注于研发、销售等高附加值环节。根据前文对华为经营战略的分析得出华为的价值链遵循"微笑曲线",连续多年坚持将10%以上的营业收入投入研发,同时实施"饱和营销"战略,将15%左右的收入投入营销,在研发和营销方面投入的资金一直高于净利润,甚至可达净利润的两倍。除了高强度投入研发和营销,华为将附加值较低的生产环节进行外包,通过打造极致的供应链来处理由此产生的大量采购需求并妥善处理与客户和供应商的关系。综上,华为的运营方式符合第二种观点,呈现轻资产的特点。进一步对华为的资产状况进行分析(如表4-9所示),其固定资产所占比重维持在10%左右,处于相对较低的水平。但其2020年固定资产及其他非流动资产所占比重有所上升,主要是应对美国管制下的"缺芯"局面而进行芯片储存,以保持业务的连续性,这也在一定程度上造成存货比重的上升。当然,同苹果、戴尔等典型的轻资产运营公司相比,华为的资产结构还是偏重,需要在稳定运营核心业务的同时继续进行资产减负。在流动资产方面,华为流动资产占总资产的比重可达80%,整体呈现较强的流动性。货币资金保持较高的水平,交易性金融资产所占比重也逐年上升,可以保证公司有足够的资金投入研发和销售策略的优化。应收账款及应收票据占比逐年下降,并维持在合理的水平,说明华为回款能力也在增强。由此可得,华为的资产类数据整体符合第一种观点,即符合轻资产运营模式。

表4-9 华为2017—2021年资产表

资产项目	2017年		2018年		2019年		2020年		2021年	
	数据/百万元	占总资产比重/%	数据/百万元	占总资产比重/%	数据/百万元	占总资产比重/%	数据/百万元	占总资产比重/%	数据/百万元	占总资产比重/%
固定资产	56 089	11.10	74 662	11.21	97 719	11.38	118 378	13.50	124 134	12.63
非流动资产合计	99 964	19.79	135 678	20.38	154 768	18.02	185 460	21.15	213 593	21.73
货币资金	175 347	34.71	184 106	27.65	170 684	19.88	172 898	19.72	128 395	13.06
交易性金融资产	24 596	4.87	81 751	12.28	200 356	23.33	184 692	21.06	288 183	29.32
应收账款及应收票据	107 595	21.30	91 995	13.82	85 525	9.96	74 741	8.52	76 234	7.76
存货	72 352	14.32	96 545	14.50	167 390	19.49	167 667	19.12	161 306	16.41
流动资产合计	405 261	80.21	530 114	79.62	703 893	81.98	691 394	78.85	769 378	78.27
资产总计	505 225	—	665 792	—	858 661	—	876 854	—	982 971	—

资料来源:根据华为年报整理。

2. 战略性投资:自研为主、并购为辅

华为实行轻资产运营的直接目的就是将资金更多地投入技术研发,为自主研发为主、外部并购为辅的技术投资布局保驾护航。通过上文分析可知,华为重点进行自主研发,不仅每年投入10%以上的销售收入,公司内部研发人员也已超半数,在2021年达到54.8%左右。除了自主研发,华为还积极地从外部借助技术并购的方式来补充自身研发能力。技术并购是指企业以并购的方式获得目标公司的技术和知识,并通过吸收整合来弥补自身技术缺陷或强化技术实力,使得企业可以在较短周期内提升技术水平并克服技术壁垒。随着知识经济的发展,技术并购已经成为高科技企业提升创新能力的重要战略途径。进行技术并购的企业更加倾向于那些与自身经营相关的目标企业,即知识相关性企业,可以在一定程度上降低信息不对称,基于对同行信息的了解快速找到并购目标,以较好地吸收并购方的知识技术并将其转化为自身的核心竞争力。华为基于聚焦ICT主航道的战略定位深耕信息和通信领域的相关技术,并在该领域展开一系列并购行为。

在2000—2011年间,华为主要在企业网络、光网络和互联网技术领域展开技术并购,如2008年华为与Global Marine合资成立华为海洋,主要业务包括海底光缆的铺设以及维护管理等,不仅获得了开展业务所必需的技术,而且打破了国外的垄断,成功进入海缆通信网络领域的市场;2011年,华为收购了主营网络安全与存储的华为赛门铁克科技有限公司。近些年,华为的投资和并购主要集中于芯片设计、AI技术和物联网技术的开发等领域。2014年,华为投资XMOS公司并收购Neul,以获取物联网领域的相关技术来增强公司对物联网市场的准入;2016年,华为收购数据库安全公司HexaTier和主营软件和芯片设计的电信公司Toga Networks,以拓展其在软件设计和数据中心应用领域的能力;2017年,华为通过投资威马公司来继续拓展物联网领域的应用;2019年4月,华为成立了哈勃科技投资有限公司,大举开展投资业务,目前已围绕与半导体产业链相关的领域投资了46家企业,展现出华为在国内打造完整半导体产业链的强大实力和决心。

(三) 经营状况稳健,业绩稳步攀升

传统对价值创造的评价侧重于利润角度,华为则强调销售收入、利润和现金流"三足鼎立",仅追求销售收入的增长或者单纯追求利润都会透支未来,没有现金流会导致只有账面利润而始终存在业务中断和资金链断裂的风险。所以,华为注重兼顾当期和未来并强调高质量的可持续发展,实现了有效的战略成本管控与长期健康经营(如表4-10所示)。

1. 利润连年增长,盈利能力较强

通过对盈利指标进行分析可知,在2021年之前,华为的销售收入实现了逐年连续增长,从2014年的2 881亿元增长到了2020年的8 913亿元,增长幅度达三倍左右,即使面对内外环境的压力,仍然向外界展示出良好的经营业绩。但在2021年华为出现了增长的中断,营收规模大幅下降,其背后的原因有:一是美国制裁导致华为供应链承压,并对手机业务的影响持续加大,消费者业务收入规模进一步下降;二是随着中国5G建设在2020年基本完成,客户需求逐渐减少,运营商业务也受到影响;三是新冠疫情带来的压力,这是信息通信行业的所有企业在未来几年仍需要应对的难题。

虽然华为的收入规模下降,盈利能力却在增强。由前文分析可知,华为的销售毛利率明显高于同期的中兴,在2021年更是达到了48.3%的高水平,这一方面源于产品结构、销售结构优化和供应链管理使得产品附加值提高,另一方面源于数字化运营提高内部作业化效率所带来的销售成本下降。但由于持续高水平的研发和营销投入,华为的销售净利率一直较低,虽然在2021年实现了较高水平的提升,主要原因却是出售子业务所获得的收入,并不属于可持续的利润增长,所以其销售净利率可能会在未来较长时间内维持较低水平。不过盈利能力的根本保障是对研发的持续投资而非短期内漂亮的财务数据,抛开狭隘的短期视角而目及长远,华为凭借对技术研发的长期积累有能力保证稳定的盈利能力和长期的可持续发展。

2. 营运资本充裕,资产效能较高

华为实行轻资产运营,固定资产占总资产的比重一直维持在10%左右的较低水平,流动资产占80%左右,企业营运资本的金额一直保持高位,这种资产结构为公司的发展准备了充裕的营运资本。同时,华为的净营运资本也维持在合理的水平,展示出资金具有一定的流动性,财务政策较为稳健,可以保证短期负债的及时偿付,从而降低公司的财务风险。分析华为的资产周转率可知,虽然在2018—2020年间稍微有所下降但几乎始终大于1,只有2021年由于销售收入下降低于1,这说明整体资产利用效率较高,销售能力强。这一方面是由于华为在2011—2020年对三大业务的布局卓有成效,消费者业务蓬勃发展并在营业收入中占据"半壁江山",从而优化了业务结构;另一方面是由于华为不断优化资产配置、减少重资产的比重,提高了资源利用效率。

3. 持有足额现金,储备保持充沛

通过分析可知,华为的经营活动现金流呈现波动上升的趋势并于2017年达到最高点,这主要受益于消费者业务的快速增长以及运营商及企业业务通过管理体系改进带来的运营效率的进一步提升,而且华为在过去十年间经营活动创造的现金流量几乎都高于其净利润(如图4-12所示),表明其拥有良好的经营状况和较高的盈利质量,并非仅实现了账面利润。但在2020年华为的经营活动现金流出现了新的低点,主要原因是受美国制裁和"缺芯"局面的影响,公司持续加大对供应和研发方面的投入以及在物料储备方面的现金消耗,同时减少应付账款以维持与供应商的关系,所以经营活动现金流仅有352亿元人民币,较2019年下降了61.5%。但好在2021年对主营业务结构进行了调整,消费者业务注重发展智能穿戴业务,并积极培养智能汽车部件、云服务等其他领先业务,使得经营活动现金流和自由现金流又有所回升。

在现金持有方面,华为的现金储备充沛并实现了波动上升,说明其经营状况良好,积累了大量的资金。华为持有高额的现金储备和自由现金流,主要用于:①保持投资活动的正常进行以及日常业务的连续性,作为投资能力的补充,以应对不时之需,有效地避免缺芯条件下可能出现的财务危机;②进行战略采购和生产外包,持续加强对供应链的打造。总之,日常经营的积累以及多种稳健的财务措施保证了华为业务的持续发展,足额的现金储备为公司营运和战略实施打造了坚实的"防火墙"。

表4-10 华为2017—2021年经营指标分析表

	经营指标	2017年	2018年	2019年	2020年	2021年
盈利指标	销售收入/百万元	603 621	721 202	858 833	891 368	636 807
	销售成本/百万元	365 749	443 031	536 144	564 236	329 365
	营业利润/百万元	56 384	73 287	77 835	72 501	121 412
	销售毛利率/%	39.45	38.57	37.57	36.70	48.3
	营业利润率/%	9.30	10.20	9.10	8.10	19.1
	总资产收益率/%	10.00	10.13	8.22	7.45	12.23
	净资产收益率/%	27.02	25.46	21.22	19.57	27.42
	销售净利率/%	7.86	8.22	7.29	7.25	17.86

续表

	经营指标	2017年	2018年	2019年	2020年	2021年
营运指标	运营资本/百万元	137 576	170 864	257 638	299 062	376 923
	净营运资本/百万元	78 625	86 191	105 383	161 226	173 659
	资产周转率	1.27	1.23	1.12	1.03	0.68
现金指标与自由现金流状况	现金储备/百万元	175 347	184 106	170 684	172 898	128 395
	现金储备占总资产比重/%	34.71	27.65	19.8	19.72	13.06
	经营活动现金流/百万元	96 336	74 659	91 384	35 218	59 670
	资本支出/百万元	17 372	30 526	41 118	47 917	34 284
	自由现金流/百万元	78 964	44 133	50 266	-12 699	25 386

资料来源：根据华为年报整理。

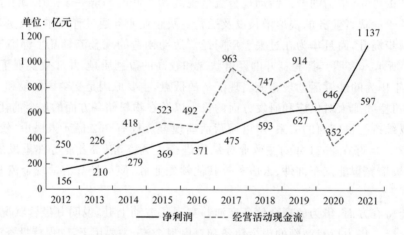

图4-12　华为2012—2021年净利润和经营活动现金流对比图

资料来源：根据华为年报整理。

（四）知资分配结合，分配机制独特

通过上述对经营状况的分析，华为展示出非凡的价值创造能力。基于利益相关者理论，企业作为契约的集合体，立足的根本是能够保障企业内外各利益相关者的权益，实现合理的价值分配，以在此基础上继续进行价值创造，实现企业的良性循环和发展。企业的利益相关者不仅包括出资的股东，还有员工、债权人和政府等。基于此，传统微观视角下的利润表因只反映股东利益而存在一定的局限性，对其进行补充和完善，基于宏观视角推出新的会计利润公式〔见式(4-2)〕，具体反映企业为社会创造的价值，以及价值总量如何在各利益相关者之间进行分配。

微观利润表：会计利润－职工薪酬－利息费用－税收费用＝税后利润　　　　　　(4-1)

宏观利润表：会计利润＝职工薪酬＋利息费用＋税收费用＋税后利润　　　　　　(4-2)

华为在2012—2021年的宏观利润表具体展示了其价值创造总量以及价值分配明细（如表4-11所示），由该表能够清晰地观察到职工薪酬每年所占比重非常大，进一步分析各利益相关者在价值分配中的权重（如表4-12所示）可知，员工权益一直维持在70%左右的高水平，其次为股东权益，达到了20%的比重，税收费用虽然绝对数额较大，反映出每年为政府贡献了数量较大的税收,但是所占比重较小,债权人权益所占比重最低。通过价值分配情况来推导华为价值创造的主体,虽然在《华为基本法》中已明确提出,劳动、知识、企业家和资本创造了公司的全部价值,但是从最终的分配情况来看,华为价值创造的主体可以简化为知识和资本两大关键要素。这是因为自 2011 年起华为研发人员比例始终在 45% 左右,截至 2021 年年底,从事研究开发的人员约为 10.7 万名,占公司总人数的 54.8%,而从事生产的人员仅占 15%,真正在流水线上完成的工作不足 10%。而且在华为全部员工中,有近半数是硕士及以上学历,这种高素质的员工团队结构以及公司的技术研发需求决定了员工主要从事知识型劳动,华为本质上也是一家知识密集型企业。这说明支付给员工的薪酬主要是其基于员工为公司贡献的知识劳动,华为将这部分报酬称为"按知分配",而将通过参与内部员工持股为公司提供资金从而获得的股利分配称为"按资分配",这便是华为针对内部员工的两大分配方式。

通过分析,华为在 2012—2021 年间为社会创造了 17 745 亿元的价值,其中 11 801 亿元以职工薪酬的方式分配给"出知者",占比高达 56%,供"出资者"分配的税后利润占 39%,而部分税后利润还要分配给参与 TUP 计划的员工。截至 2021 年年底,约有 67.4% 的员工参与员工持股计划,那么"出知者"参与分配的比例总计可达 82%(56%+67.4%×39%)。所以,华为针对员工的价值分配方式呈现按知分配为主、向员工倾斜的显著特点,并通过不断调整和优化,将劳动所得(包括工资、奖金、TUP 等收入)与资本所得(虚拟受限股分红)控制在 3:1 的比例关系上。不过,虽然股东权益分配占比相对较低,但是分配的数额较大,2012—2021 年间可供分配的数额累计达到 4 860 亿元,展示出华为也非常重视回馈持股员工,能够充分保障出资者的合理权益。

表 4-11 华为 2012—2021 年宏观利润表

单位:百万元

年份及合计	价值创造	价值分配			
	利润总额	职工薪酬	利息费用	税收费用	税后利润
2012 年	67 279	47 383	1 758	2 758	15 380
2013 年	78 970	52 450	1 358	4 159	21 003
2014 年	106 520	71 808	1 659	5 187	27 866
2015 年	144 357	100 834	1 536	5 077	36 910
2016 年	168 099	121 872	2 169	7 006	37 052
2017 年	199 355	140 285	2 942	8 673	47 455
2018 年	223 087	146 584	2 857	14 301	59 345
2019 年	251 159	168 329	4 807	15 367	62 656
2020 年	243 144	166 061	4 779	7 655	64 649
2021 年	292 600	164 538	6 117	8 227	113 718
合计	1 774 570	1 180 144	29 982	78 410	486 034

资料来源:根据华为年报整理。

表 4-12　华为重要利益相关者利润分配表

年份	员工权益	债权人权益	政府权益	股东权益	总权益
2012 年	70.43%	2.61%	4.10%	22.86%	100.00%
2013 年	66.42%	1.72%	5.27%	26.60%	100.00%
2014 年	67.41%	1.56%	4.87%	26.16%	100.00%
2015 年	69.85%	1.06%	3.52%	25.57%	100.00%
2016 年	72.50%	1.29%	4.17%	22.04%	100.00%
2017 年	70.37%	1.48%	4.35%	23.80%	100.00%
2018 年	65.71%	1.28%	6.41%	26.60%	100.00%
2019 年	67.02%	1.91%	6.12%	24.95%	100.00%
2020 年	68.30%	1.97%	3.15%	26.59%	100.00%
2021 年	56.23%	2.09%	2.81%	38.86%	100.00%

资料来源：根据华为年报整理。

在有关分配机制对企业绩效影响的大量研究中，绝大多数学者持正向影响论，即员工利益分配同企业绩效关系密切。在知识经济社会，知识成为企业价值创造的关键驱动因素，知识劳动力的地位不断上升，使得员工的收入不再局限于基本工资薪酬，而是与奖金、期权持股以及职权挂钩。有效的分配机制，既要对员工起到正向激励作用，将其利益与公司的可持续发展紧密结合，又要避免其滋生懒惰情绪、产生不劳而获的念头。华为创新性地探索出了知识资本化和股权、职权动态化的分配机制，将知识和权力结合起来，较好地实现了"知""资"分配的结合。知识资本化就是利用转化为资本的方式，使得劳动、知识对企业的累积贡献得到体现和报偿；股权和职权动态化是通过评估员工的工作能力、价值、态度和发展潜力，确定配股额、给予认股权和相应的职权，使具有责任心的人成为公司的中坚力量。

华为探索出的分配机制有别于传统的利润分配、独具特色的地方在于以下四点。①不同于传统经济学理论，"出资者"可以按资分配的同时按劳分配，而"出知者"只能按劳分配，华为设置 TUP 计划，作为奋斗者的期权奖励，参与 TUP 计划的员工同虚拟受限股股东共同参与税后利润的分配。TUP 计划使得"出知者"也可以参与按资分配，同时从中长期来看，也起到了稀释虚拟受限股的作用，从而改善股权制度中存在的过于重视历史性贡献的不合理性，有效打击了集团内部想靠所持股份坐享其成的"搭便车者"，维护了集团内部技术人才的合法权益，始终贯彻落实艰苦奋斗的原则，依靠"奋斗者"人才打造核心竞争力。②华为强调按劳分配，即多劳多得、少劳少得，收入分配的重点向奋斗者倾斜，主张拉开收入差距，为"火车头加满油"。③将职权纳入分配范围，使得"出知者"在获得经济利益的同时，也能获得组织权力，强化对公司的归属感，并感受到个人价值的实现。④华为的分配制度具有动态性的特点，收益的分配依据员工的能力和表现，能够激发员工始终保持昂扬的活力。而分配的最终依据还是公司创造的价值，可见，价值分配的最终目标还是提高公司的竞争力，通过合理的分配保障各方利益相关者的合理权益，以实现公司的可持续发展。所以，价值分配始终服务于价值创造，并为价值创造作出贡献。

五、基于经营战略与财务战略协同的价值创造

华为通过经营战略管理实现成本管控,通过财务战略管理提高资本效率,基于经营战略与财务战略的协同,进一步完善微观层面的价值链构建,以技术和品牌打造核心竞争力,贴近客户需求,始终聚焦ICT主航道建设,以实现宏观层面的可持续价值创造。华为基于经营战略和财务战略协同的价值创造路径具体总结如下(如图4-13所示)。

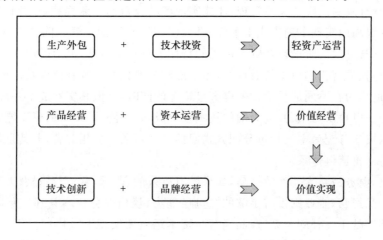

图4-13 华为协同价值创造路径图

(一)生产外包与技术投资并举

依照"微笑曲线"进行资源配置并推行轻资产运营是华为协同价值创造的重要前提。基于经营战略分析,华为的内部价值链呈"研发和营销两边高"的"微笑曲线",将资源重点配置在高附加值环节,连续多年坚持将10%以上的营业收入投入研发,将15%左右的收入投入营销,对生产环节的资源配置相较偏少,而是采用生产外包进行有效的成本管控,通过打造极致供应链进行多源战略采购以妥善处理由此产生的大量采购需求。基于财务战略,华为灵活利用投融资策略,将通过内外部多源渠道融得的和自身经营积累的大量资金主要用于技术研发,为"自主研发为主、外部并购为辅"的技术投资布局保驾护航,同时减少对固定资产方面的投入,有效地减轻了资产束缚,充分发挥了杠杆作用并提高了资金使用效率。

总的来说,华为的经营活动和财务活动同轻资产模式息息相关,并直接影响公司的财务绩效和价值驱动战略。所以,经营战略形成的生产外包与财务战略形成的技术导向战略投资布局共同驱动了华为轻资产运营模式的发展,将"技术、品牌和客户"作为核心资源所进行的价值定位即为轻资产运营的重要表现。所以,轻资产模式是华为经营战略与财务战略协同的重要表现,也是协同价值创造的重要前提。

(二)产品经营与资本运营协同

经营战略强调有效的产品经营必须与自身能力和外部环境相适应,财务战略则注重结合企业不同的发展阶段和利益相关者的期望来进行高效的资本运营,实现财务管理全流程、多模块的兼顾和拓展,为企业的发展提供有力支撑。在轻资产运营模式下,华为形成了"两头高、中间低"的内部价值链形态,为实现高质量的产品经营,需要进一步加强与外部环境的资源交流,完善外部价值链体系,即要重视客户和供应商的价值和需求。重视客户价值充分

反映出华为"以客户为本"的核心理念,贴近客户进行技术研发可以少走弯路、提高研发效率,贴近客户开展营销活动才能实现成功营销、提高品牌知名度。重视供应商价值则充分反映了华为打造极致供应链、构建良好商业生态的决心以及做好了产业链与产业链之间竞争的准备,而且供应链的重要性不言而喻,它不仅存在于价值链的开端,连接供应商与企业以满足采购需求,也存在于价值链的下游,连接企业和消费者以展开品牌营销。供应链体系的打造助力华为形成完整的产业链以及完善的外部价值链。正是由于贴近客户需求调整销售结构,以及进行有效的供应链关系管理,才能实现产品经营的全流程管理,并使得华为2021年因运营效率提高而实现了销售成本下降,进而实现了利润的上升。除了重视产品市场经营,华为还结合自身发展阶段以及资本市场的特性进行资本运营,灵活运用内外部多种渠道进行融资,无论独具特色的员工持股计划,还是适时的非核心业务剥离以及近年来进行的境内发债,都帮助华为在不同成长阶段融得大量资金的同时,降低其资本成本并最大程度地控制了财务风险。以自研为主,并购为辅的技术投资成功地补充了华为的研发能力,提高了其研发效率。以按知分配为主的特色分配方式回馈了公司的利益相关者,尤其是员工,进一步完善了公司外部价值链体系。

由此可见,财务战略支持经营战略,如果没有有效的资本运营,产品经营无法持续;如果没有高效的产品经营,企业则没有足够的"造血"能力,谈何财务资本管理。所以,经营战略与财务战略始终处于互补的关系,产品经营与资本运营要实现有效协同。华为以收放自如的资本运作为产品经营提供支持,同时在经营业务稳步推进的基础上进行资本运营,防止过分追求利润而造成的短视主义,实现了在资本市场和产品市场的良性、健康发展。所以,华为基于产品经营和资本运营的协同,完善了其内外部价值链体系,得以实现资源的全球配置和价值经营的可持续发展。

(三) 技术创新与品牌经营并行

企业要实现轻资产模式的有效运营,必须将自身战略定位建立在经营战略与财务战略的协同机制上,才能实现价值创造和管理。华为围绕"客户、技术和品牌"三大核心竞争力,将自身定位为"持续聚焦客户需求进行技术创新以提高品牌价值的ICT基础设施和智能终端提供商",减少了生产环节的消耗而使资源重点流向研发和营销两大核心环节,实现了价值链的成本管控,发挥了降本增效的作用。华为始终坚持不上市,股权融资完全来源于内部而不受外部资本的干扰,形成了分散又稳定的股权结构,为技术研发提供了稳定的财务和公司治理环境。可见,华为为其技术创新和品牌经营提供了一片沃土,截至2021年年底超过11万件的专利技术证明了华为研发的实力与成果,在国际品牌价值评估权威机构Brand Finance公布的"2022年全球品牌价值500强"榜单中位列第9名的成绩,再加之为全球170多个国家、超过三分之二的人口提供产品和服务,足以见得其品牌价值和强大影响力。

在芯片设计、"云"、5G等一系列关键技术上的研发创新使得华为在产品竞争力方面超越对手,并使得对手在短期内无法追赶,由此形成自身行业的"护城河";"创新、高端、年轻、时尚"的品牌形象不断提升着华为的品牌价值,并引领公司的整体发展。技术研发和品牌经营直接助力华为提高为客户服务的能力,持续提升产品内在价值并深入"无人区"形成稳固的竞争优势,以"高技术、高品牌、低姿态"贯彻"以客户为本"的理念,不断进行价值经营来提升公司业绩、开拓国际市场并最终实现价值创造。

六、借鉴与启示

20世纪末以来,ICT行业作为各国经济发展的主导方向之一成为新一代工业革命的重要驱动力,中国科技企业也在改革开放的浪潮下紧跟ICT的发展开始蓬勃成长,但是核心技术的相对匮乏和有待提升的品牌价值使得大部分企业仍位于全球价值链的低端,常处于受控的不利境地。2021年继续受新冠疫情影响,全球制造业普遍受到冲击,芯片领域也未能幸免,所以芯片短缺将成为常态。而作为ICT领域翘楚的华为,30余年潜心打造核心技术和品牌价值并成功跻身主流设备供应商,面对外部诸多不确定性因素,尤其是美国的政策和技术管制,都以其强大的研发实力、品牌营销能力和服务客户能力实现了企业自救和产业链自救,并成功化险为夷。"缺芯"局面的缓解还需要继续进行长期艰苦奋斗,经营方面也将持续面临较大的压力,不管从产品经营还是财务资本运营角度看,我国高科技企业都应该继续寻找一套解决方案来应对外部威胁和挑战。本案例根据对华为价值创造路径的分析和探讨,总结其成功经营的经验和方法,为中国高科技企业提出几点借鉴和启示。

(1) 明确定位,实现经营战略与财务战略的协同。价值定位是企业制定整体战略、实现价值创造的前提,如何将有限资源所创造的价值无限放大是每个企业都面临的难题,唯有明确价值定位才能在面对多元投资方向和公司自身无限需求时实现眼光聚焦、合理调配资源,起到事半功倍的作用。以价值定位为导向,制定经营战略协调外部条件与自身能力以在产品市场实现有效经营,制定财务战略进行高效的资本运营以实现财务管理全流程、多模块的兼顾和拓展,企业只有在价值定位的基础上实现经营战略与财务战略的协同,在协同的基础上落实并实现价值定位,才能为企业发展提供有力支撑。

(2) 厚积薄发,继续投入研发加固技术壁垒。技术创新是公司高利润的源泉更是高科技企业立足的根本,可以造就坚实的竞争壁垒以驱动更高水平的价值创造。而技术实力的培养绝非一蹴而就,研发投入是技术创新的基础,企业要想培育技术竞争力必须保持高水平的研发投入,不断加大研发力度,同时注重人才队伍建设以打造公司研发的中坚力量,善于通过与全球各大高校开展人才培养合作、积极利用人才本土化策略来为公司的研发注入源源不断的活力。数字经济的发展应该使企业明确认识到,仅仅依靠产品模仿和生产代工只能获取微薄利润,靠多领域股权投资和外部并购也非长久之计,只有通过技术研发提高自主创新能力才能获取超额利润、形成差异化竞争优势,从而实现企业绩效的稳步增长。

(3) 出奇制胜,提升品牌价值发挥品牌效应。作为公司产品和服务区别于其他企业的名称和标志,品牌也是企业的一种核心竞争力。知识经济的来临使得市场竞争的环境和手段都发生了较大变化,打造优质品牌、提升品牌价值作为企业出奇制胜的手段可能带来意想不到的效果。品牌价值不仅反映了企业经营活动的综合表现,从客户角度来讲,还可以直接反映产品和服务带给消费者的差异化感知,传递出客户对产品和企业本身的认同感和忠诚度,最后为企业带来源源不断的经济利益。所以,企业应注重技术和产品创新,通过长期的技术优势来改善消费者体验,通过差异化营销活动进一步影响消费者的认知,进而提升其对企业产品的认同感和忠诚度,以充分发挥品牌价值效应。

(4) 客户为本,贴近客户需求,保持价值的持续性。客户是公司不断创造的价值的来源,也是轻资产运营的核心资源,以客户为本来挖掘和打造企业的核心竞争力是其获得可持续性竞争优势的关键。高科技企业只有贴近客户进行技术研发才能少走弯路、提高技术研发的效率，在市场投入客户真正需要的产品和服务。深入了解客户需求进行产品营销，才能获得更高的客户满意度和忠诚度，从而降低营销成本并实现成功营销，真正发挥品牌的价值。企业必须注重创造客户需求并进行有效的客户关系管理，才能实现价值的持续创造。

（5）高瞻远瞩，打造长远布局，实现价值飞跃。企业的责任是获得利润，但利润并不是企业的唯一目标，企业应该以可持续发展的眼光看待价值创造，制定长期有效的增长策略。华为以十年为单位进行经营规划，目及长远，坚持不上市而是以技术立本，不受外部资本的干扰。我国企业也应学会权衡利弊，结合自身能力和规划、用理性的眼光看待资本市场，同时注重控制成本而不要过分计较成本，只有持续投入研发和营销才能打造核心竞争力，只有合理的利润分配才能维护与利益相关者的关系，不让真正的奋斗者失去动力。真正学会高瞻远瞩进行战略规划才能游刃有余地应对复杂多变的国际化市场环境和经济形势，真正实现价值的飞跃。

参考文献

[1] Michael E P. Competitive Strategy：Techniques for Analyzing Industries and Competitors[M]. New York：The Free Press,1998.

[2] Puranam P, Singh H, Zollo M. Organizing for Innovation：Managing the Coordination-Autonomy Dilemma in Technology Acquisitions[J]. Academy of Management Journal,2006,49(2):263-280.

[3] 迈克尔·波特.竞争优势[M].陈小悦,译.北京：华夏出版社,1997.

[4] 何瑛,胡月.戴尔公司基于轻资产盈利模式的价值创造与管理分析[J].财务与会计,2016(6):37-40.

[5] 宋康宁,何瑛.多维协同的腾讯市值管理[J].新理财,2018(9):20-25,6.

[6] 黄世忠.解码华为的"知本主义"——基于财务分析的视角[J].财会月刊,2020(9):3-7.

[7] 刘文秀,范英杰.宏观利润表视角下高技术企业核心竞争力分析——基于华为公司的案例[J].财会研究,2017(6):51-54.

[8] 李华,肖虎.高技术企业的价值链管理创新研究——以华为公司为例[J].商业会计,2021(20):27-31.

[9] 赵欣然,权烨.华为公司基于价值管理实践下的财务战略转型[J].财务与会计,2017(4):38-40.

[10] 沈湘,刘艳丽,邹丽雪,等.高通和华为技术创新战略研究[J].科学观察,2021,16(6):44-52.

[11] 胡左浩,洪瑞阳、朱俊辛.中国领先企业的品牌国际化营销之道——以消费电子行业为例[J].清华管理评论,2021(3):14-23.

[12] 周毅.华为轻资产商业模式下的价值创造研究[D].长沙：长沙理工大学,2020.

[13] 徐晓东.华为战略性融资方式的研究分析[D].长春：吉林财经大学,2018.

案例 4　厚积薄发，中华有为：华为基于经营战略与财务战略协同的价值创造

教学用途与目的

1. 本案例主要适用于"战略管理""财务管理""资本运营"等课程中公司财务战略、经营战略与投融资相关领域的教学。

2. 适用对象：本案例主要针对 MBA、MPAcc、EMBA 和企业管理人员，以及经济类、管理类专业的高年级本科生和研究生。

3. 教学目的：面对信息技术发展驱动的新一轮全球经济增长以及全球价值链地位和资源争夺日益激烈的宏观环境，中国高科技企业亟须寻找解决方案来缓解外部影响、深耕自身价值以实现可持续发展。作为全球最大的电信设备运营商，华为在 ICT 主航道 30 余年的深耕造就了其从"一无所有"到"跻身主流"的"神话"，华为主要围绕"客户、技术和品牌"三大核心竞争力合理安排经营战略与财务战略，结合自身发展阶段以及资本市场的特性开展理财活动，通过产品经营与资本运营协同、技术创新与品牌经营并行实现协同价值创造，为中国高科技企业基于经营战略与经营战略协同实现可持续价值增长提供经验借鉴。通过对本案例的分析，帮助读者理解和掌握以下重要知识点：

(1) 如何理解经营战略与财务战略；
(2) 企业实现价值创造的关键路径；
(3) 全面理解多维度业财融合的重要性；
(4) 如何理解"技术产品＋资本运作"是高科技企业发展的两个"车轮"；
(5) 深入理解企业基于经营战略与财务战略协同的价值创造路径。

思 考 题

1. 全面理解华为的经营战略与财务战略。
2. 华为如何基于经营战略与财务战略协同实现可持续价值创造？
3. 华为轻资产运营模式的主要体现？
4. 高科技企业实现可持续价值创造的主要路径？
5. 我国高科技企业应该如何防范并应对外部技术挑战与不确定性威胁？

第二篇

融资管理

资金作为企业开展组织生产活动的原始"血液",是决定其能否顺利运转的关键因素。换言之,企业从各种渠道以各种形式筹集资金是其整体资金循环运动的起点。然而,当前全球经济低迷、疫情尚未得到全面控制以及中美贸易摩擦等不确定性使得跨国公司经营生产面临严峻挑战,现金流承压过大。以经营范围广、管理难度大、业务复杂性高等为特征的跨国公司往往拥有更庞大的资金诉求。因此,保证充足的资金额和稳定的现金流是未来跨国公司维持竞争力与可持续经营的保障。这就要求跨国公司在融资时综合考虑融资成功率、融资成本和融资风险,努力建立多元化融资结构,善用东道国的优惠政策,规避资金供应潜在风险,利用其跨国经营的优势,进行多渠道、多国家的融资资源拓展。同时,跨国公司还可以权衡选用长期银行贷款、发行长期公司债券等低成本、融资程序相对简单的传统融资方式;酌情运用海外发行债券、向国际金融组织贷款、向所在国政府贷款、在海外发行股票、设立海外投资基金等国际融资方式;灵活采用多种方式优先考虑内源融资,在尽量避免外界资金供应方施压的同时降低融资成本,实现企业的可持续发展。

案例 5 融资有道,"债"亦变通:特斯拉可转换债券融资分析

一、引言

随着资本市场的不断发展和完善,企业资金的筹集方式越发丰富。具有独特筹资优势的混合型筹资工具可转换债券实现了发行公司、投资公司和资本市场的利益协同,越发受到青睐。作为新能源汽车的领导者,特斯拉凭借出色的融资能力多次化解其在发展过程中的危机,本案例通过对特斯拉近年来可转换债券融资活动的分析,总结其融资设计特点,并对融资风险进行分析,为其他公司筹集资金提供新思路。近年来,国内外可转换债券的发行规模不断扩大,全球可转换债券市场存量持续增长。美国是全球最大的可转换债券市场,经过170多年的发展已形成成熟的市场体系,我国可转换债券融资经过近 30 年的发展逐渐成为企业高度关注的融资新形式,尤其是在 2017 年再融资政策收紧以后,可转换债券作为被鼓励的融资工具,得到了迅速发展。作为兼具股性和债性的融资工具,可转换债券触及了投融资双方和资本市场的共振点,是能够实现利益协同的融资工具。可转换债券在发行之初可以为投资者提供固定收益,当公司的普通股价格上涨时,投资者可以自由交换普通股,享受普通股增值的收益。因此,可转换债券为投资者提供了一种有利于控制风险的选择。发行可转换债券具有高度的灵活性,企业可以根据具体情况设计融资方案,寻得最佳融资方式,同时较低的利率可以降低企业融资成本,使企业获得低成本的资本供给。此外,可转换债券一般最终要转换为普通股,可以为发行企业提供长期、稳定的资金。对资本市场来说,发行可转换债券能够提高直接融资比例,优化金融结构,增强金融服务实体经济能力,促进资本市场不断发展和完善。

从国外中小企业的发展来看,可转换债券作为一种新型融资工具,主要解决财务杠杆及风险较高但成长性好的企业因自由现金流较少而面临的融资难的问题。目前,美国可转换债券的发行主体已逐步由大企业转向高技术、高成长性的创新型中小企业,有效地缓解了创新型中小企业融资难的问题。可转换债券是汽车制造商等重资产公司的重要融资方式,作为一家创新型汽车公司,特斯拉经过十几年的时间成功从小型初创公司发展成为全球新能源汽车行业的领导者,虽然在发展过程中也历经危机,但其凭借出色的应变能力以及超强的融资能力成功化解。近年来特斯拉多次通过可转换债券进行融资,为公司发展筹集了大量资金,并通过对可转换债券融资条款的灵活设计,降低了公司融资成本。其对融资环境和融资时机的把握以及对融资方式的选择,为其他公司筹集资金提供了新思路。

二、公司简介

特斯拉(Tesla Inc.)是一家产销电动汽车的美国公司,由马丁·艾伯哈德(Martin Eberhard)和马克·塔彭宁(Marc Tarpenning)于 2003 年 7 月 1 日成立,公司以电气工程师和物理学家尼古拉·特斯拉(Nikola Tesla)的名字命名,总部设在美国加州的硅谷地带,于 2010 年 6 月在纳斯达克上市。2017 年 2 月 1 日,该公司由特斯拉汽车公司更名为特斯拉,

主要从事纯电动汽车的设计、制造和销售,产品全面覆盖高、中、低端市场,也向第三方提供电动汽车动力系统的研究开发与代工生产服务。特斯拉电动汽车在质量、安全和性能方面均处于电动汽车行业领先水平,能够提供最尖端技术的空中升级等服务方式和完备的充电解决方案,降低了全球交通对不可再生能源的依赖,真正实现了零排放。特斯拉公司不仅成立了电动化汽车批量生产研讨会,还提供电动汽车售后维修和服务方案以及国际融资方案。经过短短十几年的发展,特斯拉由一家在硅谷初创的小公司快速成长为在技术、市场份额和品牌等方面均领先的全球电动汽车行业领导者,而这一切与其独特的核心竞争力和优秀的管理团队密不可分。

(一) 核心竞争力

1. 硅谷"极客"的品牌形象

作为第一个大规模电动车制造商、第一个全直营销售网络、第一个在车内装配超大屏幕和第一个由 CEO 亲自在 Twitter 宣传的企业,特斯拉具有巨大的品牌价值。在全球最大的传播集团 WPP 和 MillwardBrown 发布的 BrandZ"全球最具价值汽车品牌榜"中,特斯拉在 2016 年以 44 亿美元的品牌价值首次跻身十强行列,2017 年、2018 年和 2019 年分别位列第八位、第八位和第七位,不断超越世界老牌知名汽车品牌。作为第一家从无到有、只生产电动汽车的公司,特斯拉通过实现量产将电动汽车带进普通大众的视野,并逐渐改变了消费者的生活方式,故对消费者来说,特斯拉具有独一无二的品牌形象。调研发现,大部分消费者认为特斯拉的产品具有安全性高、配置高、成本低、性能优等特点,这是其高品牌价值的基础。独有的电池控制系统、引以为傲的续航能力和颠覆式的自动驾驶创新为公司塑造了一个具备"极客"精神的科技型公司形象。

2. 两大核心技术

特斯拉拥有全球领先的电池管理系统和热管理系统,在能量密度和安全性方面领先同行业竞争者。电池是电动汽车最重要的部件之一,特斯拉最早成功地使用能量密度更高但危险系数也较高的 NCA 电池,并通过对电池的精准和一致性管理,有效地解决了电池的安全性问题。特斯拉一直致力于对电池进行有效管理,在保障高能量密度的同时提高电池的使用寿命和安全性,使电动汽车的综合成本低于燃油车。

特斯拉是全球第一家实现自动驾驶技术量产应用的汽车公司,其自动驾驶技术是基于视觉的低成本技术,具有稳定的图像处理能力,但是在研发初期难以解决极端天气和环境的不利影响。特斯拉 2019 年推出的 AP 3.0 搭配了自主研发芯片,能够更好地应对极端天气,这成为特斯拉 AP(自动辅助驾驶)的一个重大技术突破,也是特斯拉在自动驾驶领域的一大优势。在 Mobileye 和 NVIDIA 垄断自动驾驶芯片的情况下,特斯拉不断进行芯片研发创新,成为唯一一家具备自主研发自动驾驶芯片能力的汽车公司。

3. 扁平化供应链和直销体系

特斯拉拥有比传统汽车企业更加扁平化的供应链。传统汽车企业将采购权交给中间商,中间商从汽车零部件厂商购买零部件之后高价卖给汽车企业。作为新生品牌,特斯拉并没有沿袭这种传统模式,它跳过了一些一级供应商并直接指定二级供应商,甚至自己直接取代部分一级供应商的角色,压缩了整个供应链层级,使供应链更加扁平化,降低了生产成本。扁平化是汽车行业供应链发展的趋势,传统汽车行业与传统手机行业类似,采购权掌握在中间商手里,苹果公司的出现打破了这种格局,其更多地将采购权释放给上游企业。同为 2C

属性的汽车行业将会模仿手机行业,主机厂将订单直接发给二级厂商,使其晋升为一级厂商,压缩供应链,产业利润由中游向上游集中。

营销模式在新零售时代得到了创新发展,汽车企业在新零售时代的创新营销模式如表5-1所示。传统汽车企业的销售通常是经由4S店代理销售,消费者拿到车要经过经销商,并在4S店进行售后保养和维修,经销商从中攫取大量利益。而特斯拉建立了"实体店体验+官网预定"模式,为消费者提供体验、销售、交付和售后"一条龙"的服务。这种创新型营销模式能够直接获得消费者的数据信息和反馈,及时根据消费者需求作出产品调整,能更好地满足消费者需求,提高产品竞争力,同时也能提高消费者对企业品牌的认可度。特斯拉选择直营模式是由其产品特性决定的,与燃油车不同,电动汽车所需要的定期维修和保养等额外服务较少。从消费者角度来说,特斯拉的直营模式能够让消费者享受全球统一标准的服务,简化了购买流程,降低了购车成本。"先付款后交付"的直销模式既降低了车辆库存带来的成本压力,也在一定程度上缓解了公司的资金压力。

表 5-1 新零售时代的创新营销模式一览表

营销模式	具体内容	代表车企
直营模式	打通服务链,包揽售前售后各个环节	特斯拉、蔚来
合伙人制	通过合作伙伴共同完成交付、维修等工作,车企尽量参与门店品牌把控	威马汽车、零跑汽车
以租促销	用租赁的模式促进渠道实现共享使用	康迪、时空电动
汽车电商	与互联网电商平台合作销售	华晨雷诺金杯

资料来源:第一电动网、搜狐汽车、安信证券研究中心。

(二) 管理团队

特斯拉背后优秀的管理团队(如图5-1所示)是其成功的重要因素,CEO Elon Reeve Musk(埃隆·里夫·马斯克)在特斯拉的发展过程中起到了重要作用,其凭借自身能力和独特魅力逐步奠定了特斯拉在电动汽车行业的领导地位。2013年11月21日,马斯克荣登美国财经杂志《财富》"2013年度商业人物"榜首;2016年12月14日,荣获"2016年最具影响力CEO"荣誉。2004年2月,马斯克进入特斯拉并领导了A轮融资,其共投资630万美元,条件是出任公司董事长、拥有所有事务的最终决定权。2008年10月马斯克出任特斯拉CEO,正式开启"马斯克时代"。2010年6月,特斯拉在纳斯达克上市,成为继福特(1956年上市)后第二家上市的美国车企,之后马斯克一直担任特斯拉的CEO职务。马斯克入职特斯拉之后,在2006年8月提出了贯穿特斯拉发展的"Master Plan",即"三步走"战略:第一,打造一台昂贵、小众的跑车(Roadster),用高性能和高售价的超豪华跑车打造高端品牌,奠定特斯拉豪华品牌的市场定位;第二,打造一台价格适中、销量中等的车(Model S/X),公司的用户群体不断下沉和扩大;第三,打造一台更具经济性的畅销车型(Model 3),随着成本的不断下降逐渐进入大众市场,通过走量获得利润。这一战略的实施,奠定了特斯拉在电动汽车行业的领先地位。马斯克强调一切从产品需求本质出发,不断打破常规并积极创新,使特斯拉汽车拥有不同于传统汽车的创意和亮点。特斯拉不做广告宣传,依靠CEO马斯克"硅谷新贵""现实版钢铁侠""私人火箭"和"高速列车"的形象极大地提高了特斯拉的话题性和曝光度。

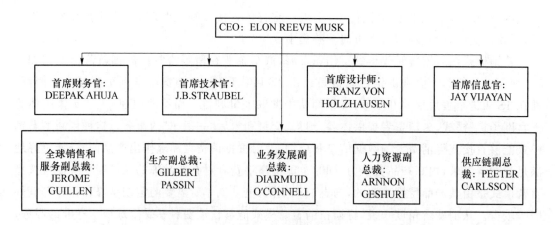

图 5-1 特斯拉管理团队

马斯克强大的融资能力多次帮助特斯拉度过危机。2008年由于前期研发投入比原计划高了5倍多,筹备数年的特斯拉第一款超级跑车Roadster在售价提高的情况下依然出现亏损,金融危机的爆发使特斯拉资金状况更加恶化。为度过危机,马斯克缩减开支、投入所有的个人资产,找来谷歌创始人拉里·佩奇(Larry Page)、谢尔盖·布林(Sergey Brin)等众多投资者,先后完成三轮融资,并向戴姆勒公司出售10%的公司股份。由于金融危机影响整个美国的经济,美国能源部对所有美国汽车公司给予每家4.65亿美元的贷款。2012—2014年连续过高的研发开支以及自建工厂使特斯拉资金严重短缺,为缓解这一状况,马斯克通过股权质押从银行获得了一笔贷款并在2014年通过可转换债券成功融资20亿美元,这是当时规模最大的一次可转换债券融资。2019年由于公司第一季度再次陷入亏损,并在3月初偿还了9.2亿美元的债务,为了缓解资金紧张和进一步扩大规模,特斯拉在5月份通过股票和可转换债券融资27亿美元并在10月份获得中国招商银行50亿元的12个月无担保循环贷款,以及几家银行新的贷款承诺。

(三) 财务状况

据特斯拉财务报告,2018年特斯拉全年营业总收入为214.61亿美元,比2017年营业总收入增加83%,收入增长较快。汽车总收入(汽车销售、汽车租赁)为185.15亿美元,占比为86%。分项目来看,2018年全年汽车销售收入达176.3亿美元,占整体营收的82%,是特斯拉的主要收入来源;分国家和地区来看,美国依然是特斯拉的主要市场,占比近70%,中国大陆市场占比达到8.4%。由图5-2可以看出,2014—2018年特斯拉的营业总收入不断增长并且增长速度较快,但净利润持续为负,这主要是由于较高的营业成本和总营业费用(研发费用、SG&A 和重组及其他)导致的,2018年营业成本和总营业费用占营业总收入的比重分别达到81%和21%,如图5-3所示,近年来特斯拉的营业成本和总营业费用占营业总收入的比重一直居高不下。连续的亏损以及产业规模的扩大导致特斯拉资金需求大,需要从多方面寻求资金支持。特斯拉2014—2018年的关键财务绩效指标如表5-2所示。

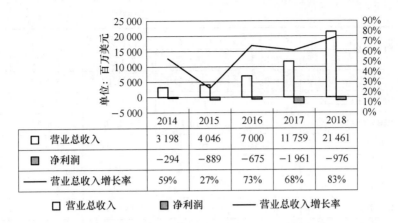

图 5-2 特斯拉 2014—2018 年的营业总收入、净利润和营业总收入增长率

图 5-3 特斯拉 2014—2018 年总营业费用和营业成本占收比

资料来源:特斯拉公司年报。

表 5-2 特斯拉 2014—2018 年关键财务绩效指标一览表

财务绩效指标		年份				
		2014 年	2015 年	2016 年	2017 年	2018 年
总资产/百万美元		5 849	8 092	22 664	28 655	29 740
营业总收入/百万美元		3 198	4 046	7 000	11 759	21 461
净利润/百万美元		−294	−889	−675	−1 961	−976
每股收益(EPS)/百万美元		−14.44	−45.00	−32.47	−77.30	−39.26
偿债能力	资产负债率/%	84.41	86.54	73.94	80.34	78.77
	速动比率	1.07	0.54	0.72	0.56	0.52
	利息保障倍数	−1.82	−6.37	−2.75	−3.69	−0.52
营运能力	总资产周转率	0.77	0.58	0.46	0.46	0.73
	存货周转天数/天	100.54	128.64	111.49	81.75	55.56
	应收账款周转天数/天	15.52	17.6	17.18	15.53	12.28

续表

财务绩效指标		年份				
		2014年	2015年	2016年	2017年	2018年
盈利能力	净利率/%	−9.19	−21.96	−11.04	−19.05	−4.95
	净资产报酬率(ROE)/%	−37.25	−88.84	−23.11	−43.63	−21.31
	总资产报酬率(ROA)/%	−4.45	−10.86	−3.56	−6.77	−1.17
	销售净利率/%	−9.19	−21.96	−11.04	−19.05	−4.95
	销售毛利率/%	27.57	22.82	22.85	18.90	18.83
	销售成本率/%	72.43	77.18	77.15	81.10	81.17
成长能力	总资产增长率/%	142.01	38.35	180.06	26.44	3.78
	营业收入增长率/%	58.85	26.50	73.01	67.98	82.51

资料来源：Wind、特斯拉公司年报。

三、中美可转换债券融资差异对比分析

美国是世界上第一个发行可转换债券的国家，经过一百多年的发展，其可转换债券市场已经进入平稳发展阶段，市场规模占全球市场的50%以上。和美国国内其他债券相比，可转换债券市场规模较小，每年发行量约占全部债券发行量的1%；和股票市场相比，可转换债券存量市场规模约为美国股票市值的0.5%，我国国内该比例（可转债规模/A股市值）仅为0.16%。相比于美国，我国可转换债券发展历程较短，市场不够成熟，相关制度体系仍在发展和完善中。2017年以来，监管层不断释放与可转换债券市场相关的政策利好，包括简化可转换债券申购流程、网上信用申购、扩大债券发行规模等，并且国家出台了鼓励双创公司发行可转换债券的政策。在国家政策的支持下，我国可转换债券市场有望得到迅速发展，发行数量和发行规模将会继续攀升。

（一）市场规模差异

由于可转换债券的发行门槛高，发行要求多，可转换债券在我国证券市场中一直处于小众地位，几乎未成为过市场焦点。可转换债券于20世纪90年代初期进入我国资本市场，1992年深圳宝安集团发行了首支A股可转换债券，标志着我国可转换债券的诞生。我国可转换债券市场的最初发展与股票市场基本同步，先后经历了试点、核准制后重新起步和跨越式增长的阶段。2017年至今，我国可转债市场处于爆发期，监管政策发生新变化以及再融资政策收紧以后，再融资市场整体融资规模下降，可转债作为被鼓励的融资工具，在一定程度上替代了上市公司的股权融资需求。截至2019年12月31日，我国可转换债券融资规模达到2695.19亿元，接近2018年全年的3倍，达到前所未有的发行规模。在新政策的支持下，非上市公司也可以发行可转换债券，加上可转换债券的自身优势，可转换债券市场的扩容趋势仍将继续。

我国可转换债券的发展历程短、发行数量较少，但发行额度较大，并且发行主体主要是有竞争优势、盈利能力强、成长性好并且无重大风险的企业。可转换债券在我国仍处于摸索前进阶段，和每年发行量超千只的其他公司债券相比，可转换债券仍有很大的发展空间。随着我国可转换债券市场的不断完善，可转换债券的融资规模还将不断大幅度地增长。我国可转换债券的发行数量和发行规模如图5-4所示。

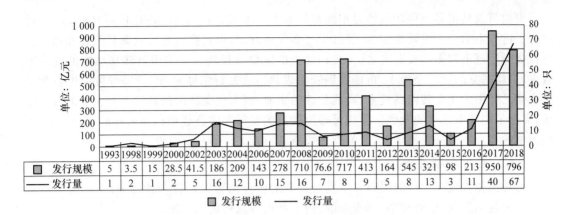

图 5-4 1993—2018 年中国可转换债券发行情况

相比于其他公司债券,我国法规对发行可转换债券有更高的要求。根据《上市公司证券发行管理办法》的规定,公司发行可转换债券首先要有较高的盈利能力,三个会计年度加权 ROE 不低于 6%,这对很多想要通过发行可转换债券来融资的公司来说要求很高;其次,对公司资本结构也有严格要求,公司不能有较多的债务余额,发行可转换债券后累计公司债券余额不能超过公司净资产额的 40%;最后,公司如果想要通过可转换债券来融资需要有足够的可分配利润来偿还公司债券利息。我国法律法规没有对可转换债券的条款设计进行具体规定,公司可以依据自身情况灵活设计可转换债券条款,表 5-3 列示了我国发行可转换债券的相关规定。

表 5-3 我国可转换债券发行规定

规定	具体内容
一般要求	(1)三个会计年度连续盈利。 (2)最近两个会计年度内曾公开发行证券的,不存在发行当年营业利润比上年下降百分之五十的情形。 (3)最近三年以现金方式累计分配的利润不少于最近三年实现的年均可分配利润的百分之三十
特定要求	(1)三个会计年度加权平均净资产收益率平均不低于百分之六。扣除非经常性损益后的净利润与扣除前的净利润相比,以低者作为加权平均净资产收益率的计算依据。 (2)本次发行后累计公司债券余额不超过一期末净资产额的百分之四十。 (3)三个会计年度实现的年均可分配利润不少于公司债券一年的利息
其他规定	(1)可转换公司债券的期限最短为一年,最长为六年。 (2)可转换公司债券每张面值一百元。 (3)公开发行可转换公司债券,应当委托具有资格的资信评级机构进行信用评级和跟踪评级。 (4)上市公司应当在可转换公司债券期满后五个工作日内办理完毕偿还债券余额本息的事项。 (5)公开发行可转换公司债券,应当提供担保,但一期末经审计的净资产不低于人民币十五亿元的公司除外。 (6)可转换公司债券自发行结束之日起六个月后方可转换为公司股票,转股期限由公司根据可转换公司债券的存续期限及公司财务状况确定。 (7)转股价格应不低于募集说明书公告日前二十个交易日该公司股票交易均价和前一交易日的均价。 (8)募集说明书可以约定赎回条款、回售条款。

资料来源:《上市公司证券发行管理办法》。

美国目前是世界上可转换债券市场规模最大的国家。1843年,美国Erie Railway公司发行了世界上第一个可转换债券,经过170多年的发展,可转换债券以其兼具股权和债券的特性吸引了越来越多的投资者,成为公司融资的重要途径之一。美国可转换债券的发行家数多,平均每家的发行金额小,市场发展较为成熟。从发行主体来看,美国可转换债券的发行主体已经由大企业转向高技术、高成长性的企业,极大地支持了创新型中小企业的资金需求,促进了创新型企业的发展。美国可转换债券的发行采用公募和私募两种形式,增加了可转换债券在资本市场的流动性,成为众多投资者重点关注的投资对象。

(二) 发行条款差异

可转换债券成功发行的关键在于发行条款的设计能否满足投资者的要求,发行条款的设计主要包括期限、票面利率、回售条款、向下修正条款和赎回条款。

1. 期限

可转换债券的期限分为存续期和转换期。存续期是指可转换债券从发行到偿清本息之日的时间;转换期是指可转换债券可以转换为公司股票的起始日至结束日的时间。根据我国《上市公司证券发行管理办法》的规定,可转换债券的期限最短为1年、最长为6年,自发行结束之日起6个月后方可转换为公司股票。除永久债外,美国可转换债券的最长存续期为40年,发行量较多的可转换债券的期限为3年、5年、7年、10年、20年、30年,和我国可转换债券的主流期限6年相比,美国可转换债券的存续期较长并且对可转换债券的期限没有特殊规定。

2. 票面利率

可转换债券的票面利率一般低于相同期限的普通公司债券。不同于普通公司债券采用固定利率或浮动利率,我国可转换债券主要采用利率分段递增的模式,可转换债券的票面利率发行时一般在0.5%以内,持有期间逐年递增。近几年我国可转换债券票面利率的区间有所扩大,之前基本稳定在0.2%~2.5%,现在部分可转换债券的票面利率甚至达到4%,这在一定程度上表明可转换债券的发行主体出现了分化并且定价更趋市场化。美国可转换债券的票面利率一般为相同风险下市场利率的三分之二左右,低的可以至0%,高的也可以超过10%,利率水平位于0%~20%之间,票面利率的差异较大,部分债券为浮动利率,美国可转换债券的票面利率分布如图5-5所示。我国可转换债券的面值为100元,美国可转换债券的面值为1美元、50美元、1 000美元,其中1 000美元面值较为普遍。

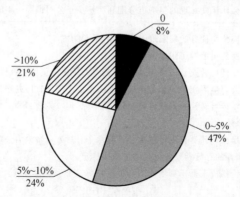

图5-5 美国可转换债券票面利率分布

资料来源:Bloomberg、招商证券研发中心。

3. 回售条款

回售条款的规定是为了保护投资者利益。美国可转换债券的回售条款较为苛刻,只有公司发生重大变化时才能回售。美国可转换债券的回售分为无条件回售和有条件回售,无条件回售是指无特别原因设定回售,有条件回售是指标的公司股票价格在一段时期内连续低于转股价格并达到某一幅度时,可转换债券持有人按事先约定的价格将所持债券卖回给发行公司。我国可转换债券回售条款的触发价格低于转股价格修正条款的触发价格,如果发行公司不希望出现回售情况,可以在转股价格低于回售条款的触发价格前向下修正转股价格以避免回售。

4. 向下修正条款

向下修正条款是发行人具有的权利,当发行公司的股价持续下降而无法转股时,可以对转股价格作出必要调整。美国可转换债券的期限长并且回售条款较为苛刻,所以发行公司向下修正转股价格的压力较小,修正情况较少出现,修正后转股价一般不低于初始转股价的80%,修正次数也会受到限制。我国可转换债券发行公司向下修正转股价格的压力较大,但向下修正的空间大,只需修正后的转股价格不低于每股净资产。

5. 赎回条款

赎回条款的作用是让投资者在公司股票价格涨势很好的情况下尽快转股。美国可转换债券的赎回条款分为硬赎回和软赎回,硬赎回是指发行人可以在转债发行一定期限后(通常为5年),以面值或者面值加上溢价的价格强制赎回债券,是一种定期期权;软赎回是指在正股价格上涨到一定高度并维持一段时间后,公司可按事先约定的价格赎回债券,是一种不定期期权,软赎回的赎回价格可以根据期限进行调整。美国可以根据可转换债券存续期的长短来决定不可赎回期的长短,我国可转换债券的不可赎回期不是根据存续期来确定的,而是由相关法律硬性规定为半年。中国和美国可转换债券的赎回价格设置相同,一般为转股价格的130%。

总体来看,美国可转换债券市场规模远大于中国,制度体系更加完善和成熟,交易机制和交易策略也更加多元化,在支持创新型企业资金需求方面的差距更大;中国可转换债券发行条款的设计更偏向于为发行公司考虑,对投资者的需求关注较少,并且发行条款的设计较为单一,投资者的选择空间小;美国可转换债券的债性更为突出,股性偏弱,而中国可转换债券具有明显的偏股性,扩股融资的动机较为明显。中美可转换债券融资在市场规模和发行条款方面存在诸多差异,具体差异如表 5-4 所示。

表 5-4 中美可转换债券融资对比分析

对比项	中国可转换债券	美国可转换债券
起始时间	1992 年,深圳宝安可转债	1843 年,Erie Railway 公司发行了世界上第一支可转债
发行主体	有竞争优势、盈利能力强、成长性好且无重大风险的企业	由大企业转向高技术、高成长的创新型中小企业
发行特点	发行数量少,发行额度大	发行数量多,发行额度小
转债特性	偏股性,扩股融资动机明显	债性突出,股性偏弱
投资者	保险、基金、资管、个人等	对冲基金、共同基金、养老基金

续表

对比项	中国可转换债券	美国可转换债券
信用风险	都有评级,至今无信用事件发生	部分转债无评级,信用风险和公司债类似
条款设置	相对单一	多样化
初始溢价率	较低(0.1%~3%,多为0.1%),基本为最低设置价格	高低有分化,普遍偏高,多在15%~20%之间
转股意愿	普遍较强,特别是遇到回售的时候	普遍不强,部分转债无修正条款
转债期限	最短1年,最长6年	转债期限跨度较大,较为分散。3年、5年、7年、10年、20年和30年较多,除永久债外,最长存续期为40年
票面利率	0.2%~2.5%,基本为1%附近,持有期间逐年递增	分化较大(0%~20%),有浮动票息和零票息
回售条款	回售价格通常高于面值	通常面值回售,回售价格较低,公司发生重大变化时才能回售
向下修正条款	向下修正转股价格压力较大,向下修正空间大(只需修正后的转股价格不低于每股净资产)	向下修正转股价格的压力较小,修正情况较少出现,修正后转股价一般不低于初始转股价的80%
赎回条款	赎回期为半年,赎回价格一般为转股价格的130%	分为硬赎回和软赎回,赎回期由转债存续期的长短决定,赎回价格一般为转股价格的130%

资料来源:根据2018年证券研究报告整理。

四、特斯拉投融资现状分析

(一)多元化融资方式,缓解资金压力

随着资本市场的不断发展和完善,企业能够选择的融资方式越来越多,只有合理选择搭配各种融资方式,才能更好地筹措所需资金,降低资金成本。发行股票、可转换债券、融资租赁等是汽车制造商的常用融资方式。特斯拉对资本市场环境有着敏锐的认识,能够在合适的时机选择合适的融资方式,对投资者的心理预期有着准确的把握。特斯拉在股票、普通债券和可转换债券之间灵活切换,及时、足额地筹集了公司发展所需资金。

1. 第一阶段:2004—2008年,股权融资开启创业之路

特斯拉通过股权融资开启了创业之路。在特斯拉发展初期,由于公司的可抵押资产少,技术产品市场前景不清晰,股权融资成为其主要的融资方式。在资金短缺的情况下,特斯拉凭借自身技术优势和电动汽车的发展前景吸引了大量资本,获得了多轮融资。初期融资活动中,CEO马斯克发挥了重要作用,2004年特斯拉进行A轮融资,马斯克领投650万美元,此后其不断将个人财富投资于特斯拉并进行多方游说引入资本,缓解了由持续的高额研发支出和初创时无可实现收入带来的严重的资金短缺问题。表5-5为特斯拉2004—2008年的融资情况,此阶段以股权融资为主,其中股权融资比例为64%,债务融资比例为36%。

表 5-5 2004—2008 年特斯拉融资情况

年份	筹资方式	筹资金额/美元	资金用途
2004	第一轮融资：马斯克领投	7 500 000	Roadster 车型的研发支出较大，公司成立初期现金流入较少，需要筹集资金支持产品开发
2005	第二轮融资：马斯克领投，Valor Equity Partners 参与投资	13 000 000	
2006	第三轮融资：马斯克领投，Google 联合创始人 Sergey Brin 和 Larry Page、eBay 前总裁 Jeff Skoll、投资公司 Draper Fisher Jurvetson 和 J. P. Morgan 等参与投资	40 000 000	
2007	第四轮融资：发行 18 440 449 股可转换优先股	45 000 000	用于 Roadster 量产支出
2008	发行可转换债券	55 000 000	

资料来源：特斯拉招股说明书、广证恒生研究报告。

2. 第二阶段：2009—2012 年，股权融资助力上市之路

2008 年 Roadster 亏本出售后，特斯拉现金流更加紧张，但鲜有投资者注入资金。为解决资金问题，2009 年特斯拉凭借强大的技术能力用时 8 周将一辆戴姆勒 Smart Car 改装成电动车，包括对底盘、电池、电动机和所有控制系统全部重新设计，由此打动了戴姆勒，使戴姆勒与特斯拉建立了战略合作关系，并对特斯拉投资 5 000 万美元收购其 10% 的股份。此后，特斯拉和丰田、奔驰等知名汽车品牌合作，向丰田、松下等定向增发股票，获得了市场肯定并提高了市场地位，增加了营业收入并缓解了现金流问题。2009 年 6 月到位的 4.65 亿美元政府低息贷款进一步解决了 Model S 的量产问题，特斯拉的财务状况逐渐稳定。2010 年 6 月，特斯拉成功在纳斯达克交易所上市，公开发行募集资金 1.89 亿美元。特斯拉 2009—2012 年的融资情况如表 5-6 所示。

表 5-6 2009—2012 年特斯拉融资情况

年份	筹资方式	筹资金额/美元
2009	戴姆勒购入 10% 股权	50 000 000
2010	公开发行普通股	188 842 000
	定向发行普通股（丰田、松下）	80 000 000
	股票期权行权	1 350 000
2011	公开发行普通股	172 410 000
	定向发行普通股（丰田、松下）	59 058 000
	股票期权行权	10 525 000
2012	公开发行普通股	221 496 000
	股票期权行权	24 885 000

资料来源：特斯拉招股说明书、广证恒生研究报告。

3. 第三阶段：2013—2015 年，债务融资大幅提升

Model S 的上市带动特斯拉汽车销量不断增加，收入也节节攀升。2013 年特斯拉第一

季度首次实现季度盈利1 120万美元,并且2012年第四季度和2013年第一季度的营业收入均实现上市以来的高速增长。2013年5月特斯拉单月股价上涨近80%,市值突破100亿美元,迎来里程碑时刻,并且特斯拉采取预付款的形式,2013年的经营现金流为正,资金压力得到缓解。在财务状况得到改善之后,特斯拉开始进一步的扩张,但是经营活动的流入远不及投资活动的支出,进入2014年之后特斯拉经营现金流再次出现为负的情况,需要通过融资来解决资金短缺问题。从表5-7可以看出,此阶段特斯拉以债务融资为主,主要通过发行可转换债券来获得大量资金。

表5-7 2013—2015年特斯拉融资情况

年份	筹资方式	筹资金额/美元	资金用途
2013	公开发行普通股	360 000 000	投资50亿美元建造电池厂;用于Model S与Model X的生产运营支出;用于Model 3的开发和生产
	定向发行普通股	55 000 000	
	发行认股权证	120 318 000	
	股票期权行权	95 307 000	
	发行可转换债券	660 000 000	
2014	发行认股权证	389 160 000	
	股票期权行权	100 455 000	
	发行可转换债券	2 000 000 000	
2015	公开发行普通股	730 000 000	用于加速美国和海外市场的业务增长,包括零售店、服务中心、超级充电网络以及特斯拉能源业务的扩张;在Gigafactory进一步投资,包括建造新的涂装车间,Model X型车身新车间以及额外的冲压能力
	定向发行普通股	20 000 000	
	股票期权行权	106 611 000	
	发行可转换债券	318 972 000	

资料来源:特斯拉招股说明书、广证恒生研究报告。

4. 第四阶段:2016—2018年,债务融资成为主角

2016年特斯拉发布另一款低端走量产品Model 3,并计划进行大规模量产,自此进入重要的转型期。随后特斯拉融资规模迅速扩大,为之后Model 3的量产作资金准备,融资金额显著提升。2017年,为了解决Model 3量产问题,特斯拉投入大量资金改造生产线,2017年资本支出高达40亿美元,加大了资金需求量。Model 3量产使公司营业成本和期间费用大幅度提升,进一步加剧了资金紧张程度。2016—2018年特斯拉通过发行股票和可转换债券等方式筹集大量资金(如表5-8所示)以解决资金短缺问题。从融资结构来看,此阶段的融资活动仍以债务融资为主。

表5-8 2016—2018年特斯拉部分融资情况

年份	筹资方式	筹资金额/美元	资金用途
2016	公开发行普通股	1 701 734 000	收购SolarCity公司;与纽约州立大学研究基金会达成协议,建设Gigafactory 2;继续扩大并提高运营效率
	股票期权行权	163 817 000	
	发行可转换债券	2 852 964 000	

续表

年份	筹资方式	筹资金额/美元	资金用途
2017	公开发行普通股	400 175 000	完成对 Grohmann Engineering Gmbh（这是一家在自动化生产方面具有专业知识的德国制造公司）的收购，预计此次收购将扩大汽车生产规模；解决 Model 3 面临的产能瓶颈问题，改造生产线
	发行认股权证	52 883 000	
	股票期权行权	259 116 000	
	发行可转换债券	977 500 000	
	腾讯收购 5%股权	1 800 000 000	
2018	发行可转换债券	6 176 173 000	对 Model 3 进行扩产；投资上海超级工厂
	股票期权行权	295 722 000	
	NCI 投资	437 134 000	

资料来源：特斯拉招股说明书、广证恒生研究报告。

上市为特斯拉提供了更加多样化的融资方式，上市后特斯拉充分把握融资时机，选择合适的融资方式，为公司筹集了大量所需资金。从历年融资情况来看，多种融资方式为特斯拉提供了充足的资金来源，使特斯拉能够在资本市场及时筹集到所需资金。2012 年之前特斯拉以股权融资为主，2012 年之后以债权融资为主，可转换债券是其主要的债权融资方式，2013—2018 年特斯拉通过可转换债券融资接近 200 亿美元，极大地缓解了特斯拉资金短缺问题，为公司持续的经营和发展提供了资金支持。

（二）扩张性投资战略，加大资金需求

汽车行业固有的高投资属性使得特斯拉需要大量资金维持公司的经营发展。作为新能源汽车公司，特斯拉需要不断投入资金开发新技术和新产品，提高市场占有率，并通过规模扩张来提高产能、整合产业链，以降低整体制造成本。

1. 研发投入

由于石油资源的不可再生性以及节能减排法规的不断收紧，汽车电动化和智能化已是大势所趋。《BP 世界能源统计年鉴 2019》的数据显示，截至 2018 年年底，全球石油的储存量以现有生产水平还可以再生产 50 年。欧盟提出的强制性二氧化碳排放标准以及中国双积分政策的修订，都在一定程度上推动了汽车的电动化进程。此外，电池技术的进步、充电时间的不断减少以及成本的降低，都为汽车的电动化提供了技术支持。汽车行业变革的上半场是"电动化"，下半场则是"智能化"。随着互联网、大数据、人工智能等技术的不断发展，汽车作为人们日常出行的交通工具融入智能化则是大势所趋。目前，全球电动汽车尚处于起步阶段，市场容量和成长空间巨大，电动汽车的"天花板"足够高。

据特斯拉年报披露，其研发费用主要包括公司在工程与研究、制造工程和制造测试组织中的人员成本，原型设计费用、合同和专业服务以及摊销的设备费用。研发前期的研发投入数量大并且研发成本高，创新研发转化成商品比较困难，首款车型 Roadster 的开发历经 3 年，整个汽车研发花费特斯拉 1.4 亿美元，远超商业计划书估计的 2 500 万美元。2005—2008 年特斯拉研发费用一路走高，2007 年已累计超过 1 亿美元。由图 5-6 可以看出，特斯拉近年的研发费用在逐渐增长，但已出现放缓趋势，前期的研发投入为特斯拉奠定了技术基础。2018 年的研发费用比 2017 年增加 8 230 万美元，增长了 6%，主要由于员工人数增加导致员工和劳务相关费用增加所致。美国专利分析公司 Relecura 的数据显示，截至 2018

年,特斯拉共计申请专利/专利族 408 件。从专利申请时间来看,2009 年后,专利申请数量和授权数量激增,这主要与 Model S 的研发准备有关;从专利申请地区来看,特斯拉在美国申请专利的数量遥遥领先,由于特斯拉全球化的市场战略,近年来特斯拉在欧洲和中国的专利申请数量也迅速增加;从专利申请的前十个关键词来看,特斯拉的主攻目标是"电池""热量管理""冷却"等。通过积极的研究和开发,特斯拉在"三电"领域与传统汽车企业形成了差异化竞争,具有独特的竞争优势。

图 5-6 特斯拉 2014—2018 年研发费用相关指标

和同行业竞争对手相比,特斯拉的研发强度也遥遥领先。特斯拉历年研发强度基本在 10% 以上,远远超过传统车企 5% 的平均水平。由图 5-7 可以看出,特斯拉的研发强度远远大于其他知名汽车公司。事实上,企业获得核心竞争力的重要途径之一是创新,研发投入能够推动企业创新,促进企业成长。作为全球电动汽车行业的领导者、电动智能汽车的集大成者,特斯拉在汽车研发中投入了巨额资金。巨额的研发投入使特斯拉拥有行业领先的专利和技术,构筑了坚固的技术壁垒,形成了核心竞争力。在"三电"领域,特斯拉拥有独特的行业"黑科技",高镍电芯和高精度电池管理系统的组合、开关磁阻电机和碳化硅功率半导体的首次应用,既提升了汽车的续航里程,又降低了整车电耗;在智能化和自动驾驶领域,特斯拉自主研发的车载操作系统和自动驾驶芯片,在整车 OTA 与 L2 自动驾驶的用户体验上超过大多数竞争对手,构筑了极强的竞争优势。

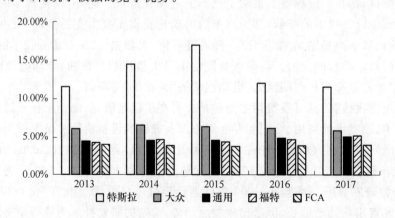

图 5-7 特斯拉与其他知名汽车公司的研发强度对比

资料来源:恒大研究院研究报告。

特斯拉积极的研发投入为其快速发展提供了技术支持,但也耗费了巨额资金。在公司发展初期,特斯拉专注新产品研发,需要投入大量资金,而此时公司筹资渠道有限,产品销量和用户较少,盈利能力以及获取现金的能力也有限,公司内部无法提供足够的发展资金,资金短缺状况严重。随着特斯拉的不断发展和壮大,面临的投资机会有所增长,所需研发投入也在不断增加,虽然公司盈利状况有所改善,但依然无法满足公司资金需求,需要不断向外部筹集资金。

2. 规模扩张

特斯拉年报指出"我们已经开发出行业领先的技术和世界上最令人兴奋的产品阵容。在此基础上,我们期待着扩展和扩展业务的下一阶段的增长"。在拥有行业领先技术的基础上,特斯拉积极购买生产设备、扩建工厂以寻求更大程度地降低成本、获得利润。

2014 年 7 月特斯拉和松下达成合作协议,在美国内达华州建造超级工厂 Gigafactory 1,以实施未来 5~10 年的生产计划,此次特斯拉投资超 50 亿美元。除 Gigafactory 1 外,特斯拉还在全球范围内修建大量的超级快充和目的地充电桩,并在全球范围内增加展区和门店数量。2016 年,特斯拉和纽约州立大学基金会达成协议,在纽约州布法罗建立超级工厂 Gigafactory 2,特斯拉在 Gigafactory 2 的建造上保持了合理的进度。但是由于公司对设施建设、购置制造设备和制造运营成本的估计不完全准确,可能会增加公司支出。特斯拉的产能问题一直饱受诟病,由于产能不足导致公司生产能力与产品预订量失衡、产品交付延迟等问题频发。为了进一步解决产能不足问题并扩展国际市场,2019 年特斯拉在上海建造集研发、制造和销售功能于一体的超级工厂,通过降低整车制造成本来以更低的产品价格吸引中国消费者。为持续降低制造成本并将公司业务延伸至电池原材料领域,特斯拉积极与锂矿公司合作开发锂矿,为自己的工厂提供原材料,减少供应链压力,并在 2019 年 2 月收购了 Maxwell 公司,利用其技术补充特斯拉现有产品线性能短板。2019 年 11 月马斯克宣布将在欧洲建立特斯拉第四超级工厂,地点位于德国柏林。12 月初,特斯拉和德国勃兰登堡州政府达成协议,获得建造第四超级工厂的土地。除在中国建立工厂外,特斯拉在美国本土的扩张也未停止,公司意欲收购通用汽车公司闲置的汽车工厂。2020 年初马斯克在接受采访时表示,他希望在每个大洲都能建立电动汽车制造工厂,以推动公司的更快发展。马斯克说:"这就是基本的经济学,也是有道理的,在汽车需求较高的大洲制造汽车,肯定要比在加州制造并将其运送到世界各地更有效率。"在自身经营活动难以产生足够资金的情况下,不断地扩张将为特斯拉带来巨大的财务压力,而建厂所需资金大部分则通过发债来获得。

由于扩建工厂、购买生产设备和生产汽车,特斯拉的资本支出一直维持在高位。2018 年报披露,未来两年特斯拉的资本支出主要用于扩建美国内华达州的 1 号超级工厂、纽约的 2 号超级工厂和上海超级工厂以及规划新产品、研发电池等。2018 年资本支出为 23.2 亿美元,其中 21 亿美元用来购置房地产和设备,主要用于 Model 3 的生产和客户支持基础架构的扩展;2017 年的资本支出为 40.8 亿美元,其中 34.1 亿美元用于购买生产 Model 3 所需的物业和设备;2016 年资本支出为 14.4 亿美元。所有年度的资本支出主要用于购买资本设备、工具和设施,以支持公司电动汽车的生产。特斯拉 2013—2018 年的资本支出及占收比如图 5-8 所示,可以看出资本支出增长较快,2017 年资本支出达 40.8 亿美元,主要用于扩大特斯拉加州汽车工厂和内华达州电池工厂的产能,以及继续扩建超级充电站和服务网络。2018 年的资本支出有所放缓,主要源于特斯拉通过改造现有的 Model 3 生产线而非新增生产线来增加产能。特斯拉 2019 年预计其资本支出在 20~25 亿美元之间,其中大部分会用来提高产能和研发新汽车。

图 5-8　特斯拉 2013—2018 年的资本支出及占收比

资料来源：特斯拉公司年报。

规模扩张在一定程度上解决了特斯拉量产问题并加深了特斯拉对自身产品线以及电动汽车行业产业链的整合；打通上游产业链与其直接合作降低了采购成本，提高了产品竞争力；在全球主要市场建造工厂、储能网络和充电网络，提升了品牌价值，为公司树立了良好的形象，降低了关税影响，同时也为长期市场战略做了铺垫，进一步推动了其国际化进程。但扩张性的投资战略给特斯拉带来了严重的财务压力，在自身经营活动难以满足资金需求的情况下，特斯拉积极寻求各种融资渠道为公司注入资金活力，以支持公司发展。

（三）经营连续性亏损，造血能力不足

随着产量提升和规模不断扩大，特斯拉的市场占有率领先于行业竞争对手，营业总收入逐年增长且增长速度较快（如图 5-9 所示），但由于营业成本以及研发投入、销售和行政等费用较高，导致营业总支出数额较大，超过营业总收入，使得特斯拉净利润持续为负，经营活动难以为公司发展提供足够所需资金。

图 5-9　特斯拉 2010—2018 年营业总收入及其增长率

资料来源：特斯拉公司年报。

作为新能源汽车行业的领导者，特斯拉的汽车销量一直处于行业领先地位，目前是全球销量最大的电动汽车企业，2018 年特斯拉共交付 24.5 万辆电动汽车，占 2019 年全球电动汽车销量的 12.3%。随着上海超级工厂的建成并投产，特斯拉在全球的市场份额有望在短期内实现迅速增长。从图 5-10 可以看出特斯拉毛利率较高但净利率却持续为负，自 2013 年开始特斯拉毛利率基本稳定在 20% 左右，亏损的核心在于公司营业费用（研发费用、SG&A、重组及其

他)较高。2010—2012年是特斯拉研发新车型的关键时期,研发费用是此阶段的最大费用项,2013年之后SG&A占据最大份额,由于近年来特斯拉在全球范围内增设销售网点,增加销售服务人员,致使SG&A不断增加。2018年第三季度是公司第三次实现季度盈利,全年毛利总额为4 042百万美元,接近2017年的两倍,但是由于营业费用较高,净利润依然为负。

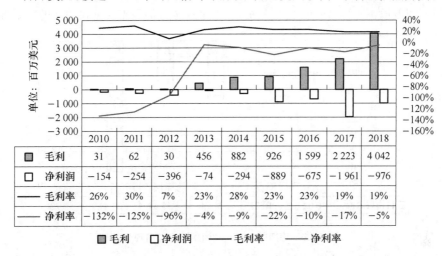

图5-10 特斯拉2010—2018年盈利状况概图

资料来源:Wind、特斯拉公司年报。

经营活动的现金流是企业销售商品、提供劳务等活动产生的,是企业自身"造血"功能的体现。如图5-11所示,特斯拉在2010—2018年间只有2013年和2018年的经营活动现金流净额为正,经营活动产生的现金流是企业重要的资金来源,但由于特斯拉长期经营活动的净现金流为负,无法为公司发展提供资金支持,所以需要从外部筹资以解决资金短缺问题。

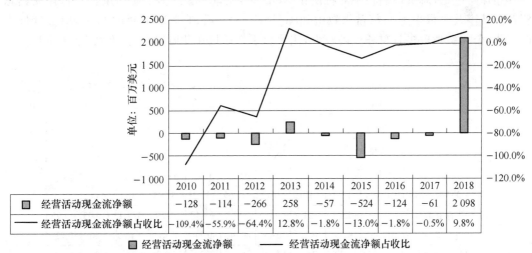

图5-11 特斯拉2010—2018年经营活动现金流相关指标

资料来源:特斯拉公司年报。

作为一家初创型高端制造企业,由于重资产、重研发属性,特斯拉的自由现金流长期持续为负(如图5-12所示)。虽然Model S和Model 3等热卖车型占据中高端新能源汽车市场,给特斯拉带来较多收入,但 2010—2018 年期间只有两个季度自由现金流为正。为扩展国际市场,进入欧洲和中国地区,2017 年以来特斯拉自由现金流进一步恶化,2018 年第四季度公司自由现金流为负 13.8 亿美元。为改善自由现金流状况,2019 年特斯拉关闭部分门店和展示厅,以降低成本开支,伴随 Model 3 的热卖,自由现金流有所好转。随着中国和美国工厂 Model Y 的加速量产,以及欧洲工厂 Model 3/Y 的提速,未来现金流仍是需要公司关注的重要方面。

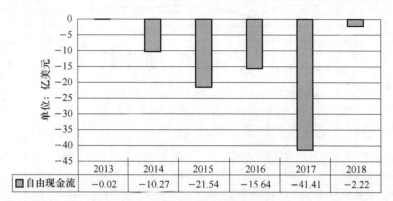

图 5-12　特斯拉 2013—2018 年的自由现金流

在经营改善和盈利逐步向好的情况下,自由现金流也呈现逐步改善的趋势,自由现金流的改善能够在一定程度上缓解资金紧张状况。公司经营的连续亏损,使特斯拉无法从内部获得资金来源,而高强度的研发投入和业务规模的扩展对资金的需求较大。在内部融资无法满足资金需求的情况下,特斯拉只能积极地从外部筹集资金以维持公司的生产和发展。

净资产收益率(ROE)反映了资本运用的综合效率,从图 5-13 可以看出特斯拉 ROE 的变化波动较大,但 2016—2018 年变化相对平稳。具体来看,销售净利率持续为负,自 2013 年开始保持平稳;总资产周转率对特斯拉 ROE 的影响较大,汽车企业的重资产特性使其总资产周转率几乎都小于 1;权益乘数由 2010 年的 1.89 增加到 2018 年的 6.37,财务杠杆不断加大,公司负债较多且财务风险较大,主要由于特斯拉在此阶段自身"造血"能力不足。

图 5-13　特斯拉 ROE 杜邦分析

资料来源:Wind。

五、特斯拉可转换债券融资分析

特斯拉早期主要通过股权融资筹集资金,持续发行股票导致股权稀释程度高,引起股东不满,另外,美国证券交易委员会(SEC)在监管上也可能拒绝特斯拉继续增发股票筹集资金。特斯拉通过发行可转换债券筹集资金能够降低股权稀释程度,维护现有股东利益;特斯拉发行的可转换债券利率较低,若转股失败利息费用也较少,若转股成功则能延缓稀释股权、避免偿还债务,缓解现金流压力。

(一) 特斯拉可转换债券融资设计分析

2012年之后特斯拉的大量资金是通过债权融资获得的,其中可转换债券是其主要的债权融资方式,特斯拉在上市后利用可转换债券融资所得金额接近200亿美元。本案例介绍特斯拉在2014年、2017年和2019年三个关键时点的可转换债券融资活动,回顾其融资历程,并对融资方案设计以及募集资金投向进行分析。

1. 融资历程回顾

2014年,插电式电动汽车占据了美国汽车销售总量的1.5%,按照这一趋势,插电式电动汽车将会在21世纪末成为市场主角,特斯拉在此关键时点选择建造一座年产量可供50万辆电动汽车使用的电池工厂Gigafactory,以使自身产业链更加完整。2014年6月,Gigafactory在内华达州里诺市外动工建设,工厂的建设需要投入大量资金,但进入2014年特斯拉经营现金流再次为负,迫切需要通过融资来解决资金问题。为了筹集50亿美元建造电池厂,特斯拉通过发行可转换债券成功融资20亿美元,票面利率为0.25%和1.25%,这是当时规模最大的一次可转换债券融资活动,此次融资成功的关键在于其发行时点恰好是投资者可选择的新发行可转换债券较少之时。

2017年,特斯拉发行了9.775亿美元的可转换债券来解决资金短缺问题。此前特斯拉各类车型定位于高端市场,供应数量有限,为了满足大众市场的需求,特斯拉需要提高定位于大众市场的Model 3车型的产能并完善供应链。2017年,为了解决Model 3量产问题,特斯拉投入大量资金改造生产线,使2017年资本支出高达40亿美元,另外,Model 3量产以来营业成本、营业开支也大幅增加,使特斯拉资金更加紧张,加大了资金需求量。对此,特斯拉通过可转换债券筹集到了所需资金,缓解了资金短缺状况。

截至2019年6月30日,特斯拉在2019年通过可转换债券共融资18.4亿美元。由于扩大规模以及实施国际化战略的需要,2019年特斯拉宣布以2.18亿美元溢价55%收购Maxwell,同时特斯拉上海超级工厂开始兴建。公司收购和新工厂的修建消耗了特斯拉大量资金,为弥补公司现金流短缺,维持公司正常运转,特斯拉发行了可转换债券融资以解决资金短缺问题。

2. 融资方案设计

特斯拉2014年、2017年和2019年的可转换债券融资方案设计如表5-9所示。

表 5-9　特斯拉 2014 年、2017 年和 2019 年可转换债券融资方案设计

项目	2014 年		2017 年	2019 年
发行金额	9.2 亿美元	13.8 亿美元	9.775 亿美元	18.4 亿美元
债券期限	5 年（2019 债券）	7 年（2021 债券）	5 年（2022 债券）	5 年（2024 债券）
票面利率	0.25%	1.25%	2.38%	2%
初始转股价	359.87 美元	359.87 美元	327.5 美元	309.83 美元
转股时间	2018 年 12 月 1 日或之后进行转股，在特定情况下可提前转股	2020 年 12 月 1 日或之后进行转股，在特定情况下可提前转股	2021 年 12 月 15 日或之后进行转股，在特定情况下可提前转股	2024 年 2 月 15 日或之后进行转股，在特定情况下可提前转股
赎回条款	到期日前不可赎回	到期日前不可赎回	到期日前不可赎回	到期日前不可赎回
回售条款	可转债到期日前发生根本性变化，持有人可要求公司以等于本金加上应计未付利息的回购价格回购其部分或全部可转债	可转债到期日前发生根本性变化，持有人可要求公司以等于本金加上应计未付利息的回购价格回购其部分或全部可转债	可转债到期日前发生根本性变化，持有人可要求公司以等于本金加上应计未付利息的回购价格回购其部分或全部可转债	可转债到期日前发生根本性变化，持有人可要求公司以等于本金加上应计未付利息的回购价格回购其部分或全部可转债

通过对特斯拉 2014 年、2017 年、2019 年可转换债券融资方案的分析可知，特斯拉这三年可转换债券的期限为 5 年和 7 年，在美国可转换债券的期限中属于较短的期限；由美国可转换债券票面利率分布可知，特斯拉可转换债券的票面利率较低，有利于降低筹资成本，票面利率虽有所变化但波动不大。由这三年发行的可转换债券可以看出，特斯拉转股价格在不断降低，这将促进转股成功。

3. 募集资金投向

（1）为完善公司电动车产业链和补足电池板块的短板，特斯拉自建电池厂以改善在电池板块的布局。2014 年，特斯拉发行的 20 亿美元可转换债券主要用于新建工厂和提高电池系统技术，特斯拉在招股说明书中表示此次融资资金将用于促进公司在美国和国际上的业务增长，开发和生产"Gen III"大众市场工具，建设 Tesla Gigafactory 以及其他一般公司用途。

（2）为更好地向低端市场转型，满足大众市场需求，特斯拉在 2017 年开始对 Model 3 实行大规模量产并完善供应链布局，因此 2017 年可转换债券融资资金主要用于改造 Model 3 生产线以及公司一般业务扩展，募集资金使用前将投资于流动性高的现金等价物或美国政府债券。

（3）13.5 亿美元的可转换债券融资是特斯拉 2019 年大规模融资活动之一，此次可转换债券融资资金主要用于公司一般开支，在资金使用之前，将投资于流动性高的现金等价物或美国政府债券。2019 年一季度财报显示，特斯拉 3 月底现金流已减少至 22 亿美元，超预期净亏损 7.02 亿美元，此次融资资金虽未用于工厂规模扩张，但将有效缓解特斯拉资金紧缺状况。

特斯拉通过可转换债券所募集的资金主要用于工厂规模扩张、新产品开发以及公司日常运营，这将有效提高特斯拉的生产能力和市场占有率，解决公司面临的量产问题并提高公

司竞争力,从而在一定程度上改善特斯拉的财务状况。

(二) 特斯拉可转换债券融资风险分析

发行可转换债券融资能够使公司获得普通债券融资所不具有的优势,但利用可转换债券融资也存在很多风险,如果发行条款设计不当,发行公司可能难以达到融资目的,并可能遭受巨大损失。这些风险包括债券本息偿付、债券转股失败、债券回售等。可转换债券融资的每一种风险都会给发行公司带来不可估计的损失,因此发行公司在通过可转换债券融资时应认真分析每一种可能发生的风险,尽可能为公司降低损失。

1. 可转换债券本息的偿付风险

越来越多的公司选择发行可转换债券融资,并将其看作股权融资和普通债券融资的替代品,公司希望投资者能够按时转股,以达到低成本融资目的。由于资本市场存在诸多不确定性,在可转换债券的有效期内,如果股价低于转换价格,投资者便不愿行使转换权,出现"呆滞转债",增加公司债务资本,从而增加财务风险,并降低公司资信等级,增加未来融资成本,严重的情况则会使公司债务重组,甚至破产或被兼并。如果公司股价持续低迷,可转换债券持有人则会认为公司不具有投资价值,不会行使转换权利,即使承受利息损失也要发行公司履行还本付息的义务,若公司现金存量不足,则会形成严重的财务危机。

偿还公司债务需要大量现金,但是特斯拉目前的经营现金流量不足以支付债务所需资金。公司能否按期支付利息或者对债券进行再融资取决于企业经营情况、财务情况等内部因素和经济环境、政治环境等外部因素。截至2018年12月,特斯拉需要赎回2.3亿美元的债务。截至2019年3月31日,特斯拉和其子公司的未偿债务约为103亿美元,其中有11亿美元于2019年到期,8.198亿美元将于2020年到期,而公司暂时可能无法从经营中产生现金流量,无法为偿还债务提供资金。

2. 可转换债券的转股风险

可转换债券的收益性和安全性是吸引投资者的重要因素。根据资本结构理论,可转换债券的债权性和股权性是动态优化资本结构的有效路径,这正是由于可转换债券的债券收益性和转股特性。可转换债券能在资本市场自由交换,可转换债券价格在其期权预期的带动下会比普通股票及债券标的价格波动更大,投资者投机意图更加明显,这将弱化可转换债券持有人的转股意识,带来较大的转股风险。在转换的有效期内,如果公司股价持续低迷或者涨幅很小,股价低于转换价格,可转换债券的持有人基于自身利益的考虑会放弃转股权利,要求发行公司支付债券本息,导致转股失败。此外,如果市场利率不断下降导致可转换债券的票面利率高于市场利率,持有人转股意愿也会降低,增加转股风险,使发行公司面临还本付息的压力。如果可转债转股未成功,特斯拉需要支付现金来清算部分或者全部可转债,而特斯拉的现金存量一直不足,这会对公司的流动性产生不利影响,给公司带来财务危机。如果转股成功,可转债的持有人从债权人转换为股东,会稀释特斯拉原有股东的所有者权益,引起股东不满,也可能会压低普通股的价格。

3. 可转换债券的回售风险

可转换债券发行条款中的回售条款规定债券持有人在规定情况发生时可以将可转换债券回售给发行公司以保证自身利益不受损害。如果在可转换债券的存续期内,股价持续下跌使得回售条件触及,会引起回售风险。可转换债券的持有者在利益受到损害时,不仅不选择转股,还会依据回售条款的规定将债券回售给发行公司,而发行公司则需要承担巨额的债券本息,回售条款的实现意味着可转换债券的发行失败。特斯拉2014年发行的、于2019年3月到期的总额为9.2亿美元、转股价格为359.87美元的可转换债券,由于在到期日之前股价已经数周没有达到或超过359美元,特斯拉不得不以现金支付9.2亿美元的债务,而不是以半股票半现金的形式支付。

为了防范发行可转换债券融资的风险,发行公司必须具备稳定良好的经营能力和持续发展的潜力。通过可转换债券融资的目的是获得发展所需资金、转换股份获得股权资本、优化资本结构等,而可转换债券具有的风险可能使公司无法顺利实现目标。为了这些降低风险,公司需要不断提升自身的盈利能力、偿债能力和发展能力,优化经营环境,提升经营业绩。公司只有保持良好的经营业绩,明朗的发展前景,才能降低可转换债券的相关风险,促使转股成功。作为新能源汽车制造厂商,特斯拉的市场前景光明,市场占有率较高,随着产能的不断提升,亏损缺口也在缩窄。

六、借鉴与启示

在美国资本市场中,可转换债券作为重要的融资工具受到诸多企业的青睐,其对企业综合资本成本的降低、股权稀释的延缓、资本结构的调整等具有积极影响。但利用可转换债券进行融资是一把"双刃剑",良好的可转换债券融资方案设计能够促使融资活动成功,为企业筹集所需资金。然而,如果融资方案设计不合理,企业不仅不能筹集所需资金,还会遭受巨大损失。企业要想成功地利用可转换债券进行融资,一方面要设计合理的融资方案以吸引投资者;另一方面,企业要科学合理地利用资金,提高投资效益,以保证企业有足够的资金支付利息。企业在行业中具有较强的竞争力、合理的融资组合以及高效的成本管控都有助于企业通过发行可转换债券融资。可转换债券的发行公司应强化资金运用,改善公司经营业绩,注重提高盈利能力和偿债能力,提升企业应对财务风险的能力,为日后转股提供相应的保障。

(一)审慎选择发行时机,促进可转债顺利发行

发行时机的选择关系到可转换债券未来能否转股成功以及企业能否取得低成本融资资金。公司在股价较高时发行可转换债券,转股价格则定得也较高,未来股价出现下跌的可能性大,则最终成功转股较为困难;公司在股价较低时发行可转换债券,转股价格则定得也较低,未来股价上涨的可能性大,则最终成功转股的概率较大。一般来说,可转换债券较好的发行时机是在证券市场繁荣发展、股市由熊转牛的时候,这时经济向好发展,利好消息促使公司股价提高,从而有利于转股。由于公司未来经营状况和股价走势具有不确定性,发行公司不仅要对证券市场的发展趋势有所了解,还要对自身的经营发展进行一定的规划,对公司发展前景做出合理预期,选择合适的时机发行可转换债券融资。特斯拉能够多次利用可转换债券成功融资,关键的一点就是其善于把握融资时机、了解融资环境。

(二)合理设计融资方案,吸引投资者目光

发行公司无法控制资本市场的波动变化,但能够控制可转换债券融资方案的设计,合理的融资方案是发行公司筹集资金并在未来取得较好经济效益的重要保障。基于资本结构理论,可转换债券的成功发行需要考虑发行者和投资者双方的利益。科学合理的融资方案设计需要考虑诸多方面,企业要根据同期市场利率情况、筹资成本以及投资者心理预期等因素

设计合理的票面利率;结合市场实际情况以及宏观经济形势的变化趋势,预测企业未来股价,预留调整空间以便进行适时微调,提升可转换债券转股价格的灵活性;考虑投资项目的收益期和经济周期的变化,合理确定转换期限;公平地保护发行人和投资者的利益,不损害任何一方的合法权益,合理设计赎回和回售条款。总体来说,融资方案的设计要考虑公司自身的财务状况和业绩的长期发展、市场现状、宏观经济形势等因素,权衡发行人和和投资者的利益,既使可转换债券具有一定的吸引力,又能优化发行公司资本结构。只有公平合理的融资方案,才能吸引不同偏好投资者的关注,为公司筹集所需资金。

(三) 提高经营业绩,强化可转债风险防控能力

可转换债券作为有效的融资方式拓展了公司的资金来源,但也给企业带来了一定的财务风险,发行公司应提高资金运用水平,提升经营业绩,从而不断提高公司对财务风险防范和化解的能力。资金运用应考虑公司整体规划、国家金融政策导向、利率变化等因素,提高可转换债券项目资金的盈利能力。在财务风险防控方面,注重提升可转换债券发行公司的偿债能力和盈利能力,通过对偿债能力指标的对比分析,防范偿债风险。关注公司总资产净利率、净利润率等指标,提高公司盈利能力。目前来看,发行大量可转换债券会导致特斯拉债务资本较高,较高的债务资本可以降低公司综合资金成本,但是债务资本高会给公司带来现金支付危机,若不能按时偿还到期债务,则会使公司出现财务危机,不利于公司长远发展。从特斯拉总资产净利率和净利润率等财务指标看,其盈利能力较弱,净利润持续为负。为降低可转换债券的给公司带来的风险,特斯拉需要不断改善经营业绩,强化风险防控能力。

(四) 加强成本管控,提高公司盈利水平

在企业的发展战略中,成本管控具有重要地位,有效的成本管控是每个企业都必须重视的问题和重要的管理课题。成本领先是企业在竞争中取得优势的关键战略之一,是企业获得成功的重要因素。强化成本管理、降低成本是任何激励和改革措施都不能代替的。有效的成本管控能增加企业盈利,帮助企业更好地完成目标,使企业得到更好的发展,在激烈的竞争中保持一定的竞争力。企业需要构建全面的成本管理思维,寻找改善成本的有效方法,从公司整体经营的视角分析并控制成本。特斯拉的毛利率较高,但是净利率却持续为负,主要是因为营业费用(研发费用、销售、一般和行政费用)高,其中研发费用所占比重较大。在成本管控的过程中,特斯拉应注重加强对研发费用的管理,使其保持在合理水平。但是在研发费用的管理过程中也应保持不断创新的能力,保证公司持续的创新力和产品质量,不能为了降低成本忽略产品质量。特斯拉应加强审核控制,建立健全各项费用管理制度,完善预算管理,控制费用支出,尽可能降低公司在销售、一般和行政方面的费用,提高公司盈利水平。

(五) 提升核心竞争力,维持行业领导者地位

特斯拉在电动汽车领域拥有很多行业领先的技术,这些技术为特斯拉构建了坚固的技术壁垒,形成了核心竞争力。但是技术在不断进步,加上传统知名汽车企业对电动汽车的研发,未来特斯拉在电动汽车领域的优势可能会逐步减弱。特斯拉的核心竞争力在于电池技术、无人驾驶技术、智能化、扁平化供应链、直销体系和品牌形象。从苹果手机的发展来看,其供应链和手机外观很容易被竞争对手模仿,但苹果公司的利润超过所有竞争对手的总和,原因在于苹果公司拥有自己的芯片和系统以及高端品牌形象,并打造了应用生态。为维持行业领导者地位,特斯拉需要不断提升自身核心竞争力,在研发设计上,继续保持研发投入

强度,使公司智能化、无人驾驶技术以及电池技术持续领先行业竞争对手;坚持高度垂直整合的生产模式,把握供应链主导权,通过规模效应降低成本;聚集精力打造吸引消费者的车型,扩大市场占有率,增加销量;提高售后服务质量,重视用户体验度,赢得消费者的认可,不断完善公司品牌形象。保持核心竞争力能使特斯拉在激烈的竞争市场上脱颖而出,使产品和服务的价值超过竞争对手。

参考文献

[1] 黄冰华,冯芸.可转换债券套利策略研究:中国市场的例子[J].管理评论,2017,29(11):3-16.

[2] 李磊.上市公司发行可转换债券对其长期财务绩效的影响研究[J].财会通讯,2014(36):85-88.

[3] 李妙娟.上市公司可转换债券融资研究——以航天信息可转换债券融资案为例[J].财会通讯,2017(14):11-15,129.

[4] 李竹梅,范莉莉.财务柔性、研发投入与企业成长性——基于生命周期理论[J].会计之友,2020(7):84-91.

[5] 李卓群,刘青青,涂雅婷.研发支出与企业绩效相关性的实证分析——以创业板制造业为例[J].中国商论,2017(8):155-158.

[6] 林建秀.可转换债券发行的动因与后果——基于"福记食品"的案例研究[J].金融发展研究,2019(3):64-71.

[7] 史琪.资本市场融资方式创新研究——混合性筹资工具的选择与应用[J].财会通讯,2016(5):13-16.

[8] 孙晓丽.可转换债券与可交换债券的特点及会计处理[J].财会月刊,2014(3):118-119.

[9] 王娟,胡敏杰.可转换债券强制赎回对股价的影响[J].会计之友,2012(34):104-108.

[10] 吴海燕,兰秋军,马超群.中美可转换债券比较研究[J].财经理论与实践,2013,34(2):49-52.

[11] 闫华红,王润,许倩.创新型中小企业的融资选择分析——基于可转换债券视角[J].财会月刊,2015(13):3-6.

[12] 喻雁.研发支出与企业绩效相关性的实证分析——以创业板上市公司为研究对象[J].会计之友,2014(36):58-61.

[13] 祝继高,张乔,汤谷良.可转换债券:融资工具还是制度安排——基于贝恩资本投资国美电器可转换债券的案例研究[J].中国工业经济,2012(5):122-134.

[14] 张魁.研发投入对公司绩效的影响——基于资本结构的调节作用[J].中国商论,2020(7):157-158.

[15] 张学平,马维兰,韩雅君,等.可转债投资价值凸性与财富效应[J].首都经济贸易大学学报,2019,21(2):104-112.

教学用途与目的

1. 本案例主要适用于"战略管理""财务管理""资本运营"等课程中投融资管理相关领域的教学。

2. 适用对象:本案例主要针对 MBA、MPAcc、EMBA 和企业管理人员,以及经济类、管理类专业的高年级本科生和研究生。

3. 教学目的:近年来,国内外可转换债券的发行规模不断扩大,全球可转换债券市场存量持续增长。混合型筹资工具可转换债券因有助于实现发行公司、投资者和资本市场的利益协同,而愈发受到投资者和资本市场的青睐。作为当前世界新能源汽车行业的"领头羊",特斯拉凭借出色的融资能力多次化解其在发展过程中的危机,良好的融资方案设计和严格的风险把控使其顺利通过可转换债券筹集到所需资金,为其他上市公司利用可转换债券融资提供了一定的借鉴。通过对本案例的分析,帮助读者理解和掌握以下重要知识点:

(1) 中美发行可转换债券融资的异同;
(2) 可转换债券的概念及特点;
(3) 结合中国资本市场简述可转换债券融资的优缺点;
(4) 可转换债券融资的主要风险;
(5) 混合性融资主要包括哪些?简述可转换债券融资与可交换债券融资。

思 考 题

1. 中美发行可转换债券融资的差异?
2. 特斯拉为何多次利用可转换债券进行融资?
3. 请对特斯拉的可转换债券融资方案进行简要评析。
4. 特斯拉利用可转换债券融资面临的风险?应如何降低或者规避可转换债券融资带来的风险?
5. 从特斯拉可转换债券融资中可以得到哪些启示。

案例6 积羽沉舟，独木难支：华晨集团债券违约

一、引言

近年来，我国债券市场呈高速发展态势，债券发行规模持续扩大。2020年，我国债券市场存量规模已突破100万亿元，对实体经济的支持能力明显增强，并吸引了更多国际投资者踊跃配置，成为仅次于美国的全球第二大债券市场。然而，随着市场经济的深入发展，融资主体日益增加，特别是近年来受经济下行压力增大、供给侧改革等因素影响，债券市场违约数量和规模整体呈上升态势，违约主体从民营企业发展到地方国企等高评级主体，债券违约呈现高频化和常态化的趋势。债券违约是指发行人未能按时、足额兑付债券的应付利息和本金。2014年"11超日债"开启了债券违约的先河，打破了我国债券市场"零违约"的记录，其引发的违约浪潮加剧了市场风险的蔓延，社会各界对此高度关注。2018年以来，在中美贸易战、美联储加息等国际金融大环境下，叠加国内经济去杠杆、货币流动性趋紧、非标融资大幅下降、P2P暴雷及股权质押爆仓等因素，债券市场新增违约本金额度创历史新高，违约企业的行业分布也呈现分散化态势。2020年高评级国企违约增加，先是由北大方正、华晨集团、紫光集团三家国企的违约事件揭开了"冰山一角"，随后永煤控股10亿元超短融"20永煤SCP003"发生兑付危机，国企信仰进一步恶化。截至2020年年底，我国共有692只债券发生违约，违约金额达4 304.04亿元。违约事件的背后既有经济下行、市场波动的外部原因，也有企业自身盲目做大、管理不善等内部原因，是多重因素叠加的结果。债券违约事件频发，不仅令众多投资者遭受严重损失，也使我国债券市场受到较大冲击。

华晨集团是我国首家在美股上市的民族品牌车企，辽宁省国资委和辽宁省社保基金理事会分别持股80%和20%，资产总额超过1 900亿元。国企"光环"叠加华晨集团"履行国企职责，按时兑付到期债券"的承诺，是投资者们作出投资决策的重要依据之一。然而，在2020年10月23日，华晨集团规模为10亿元的私募债"17华汽05"到期未能按期兑付，发生实质性违约，这也是华晨集团在公开债券市场上的首次违约。多年来，华晨集团严重依赖合资品牌"华晨宝马"，公司自主品牌盈利能力弱且产品质量差，同时地方政府拒绝伸手救援，最后资金链断裂导致违约。华晨集团此次债券违约属于典型的一类国企违约事件，打破了市场对规模大、具有核心资产、区域重要性强国企的刚兑预期，集团自身也走上了破产重整的道路。本案例以华晨集团债券违约事件为例，在总结中国公司债券违约现状及特点的基础上，从上市国企的角度详细剖析债券违约的影响因素及经济后果。债券违约是债券市场发展的必然现象，适当的违约有助于促进债券市场回归风险定价，完善中国债券市场信用评价体系，是中国债券市场日臻成熟所必须经历的"炼狱"。

二、公司简介

华晨汽车集团控股有限公司（Brilliance Auto，简称"华晨集团"）成立于2002年，是经中央决定、辽宁省政府批准设立的国有独资公司，总部坐落于有着"共和国装备部"称号的国家重点装备制造业基地——沈阳市，是中国汽车工业自主品牌的主力军。华晨集团现有员工

4.7万人,资产总额超过1900亿元。华晨集团旗下拥有华晨中国汽车控股有限公司、新晨中国动力控股有限公司、金杯汽车股份有限公司及上海申华控股股份有限公司4家上市公司,以及160余家全资、控股及参股公司,并在多个"一带一路"沿线国家建立海外KD工厂。在业务板块方面,华晨集团以整车、动力总成、核心零部件的研发、生产、销售和售后市场业务为主体,同时也涉足汽车金融、新能源(风电等可再生资源)等其他产业。

(一) 基本概况

华晨集团坚持"以我为主、外部为辅"的研发模式,旗下拥有"中华""金杯""华颂"三大自主品牌,同时与日本丰田、德国宝马以及保时捷等国际知名公司展开合作,形成"华晨宝马""华晨雷诺"两大合资品牌,产品覆盖商用车、乘用车全领域。华晨集团股权结构如图6-1所示。

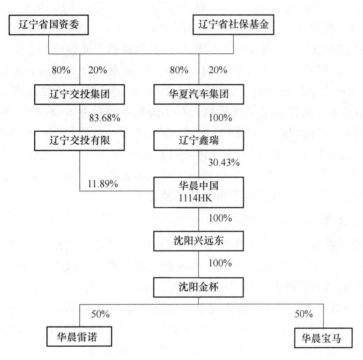

图6-1 华晨集团股权结构

华晨集团在国内拥有南北两大产销基地,集团在辽宁、四川和重庆建有6家整车生产企业、2家发动机生产企业以及多家零部件生产企业。目前,华晨集团拥有两大国家认定企业技术中心、国家认可实验室和博士后流动站,具备整车概念及造型设计、工程开发以及样车试制能力,此外还具有动力总成等汽车核心零部件的设计及开发能力。此外,华晨集团用国际市场来检验自主品牌的发展情况,成功进军以几大发达国家为代表的欧洲高端市场。近年来,华晨集团实施差异化出口战略,形成了包括欧洲、俄罗斯、美国和中东地区在内的"3+1"出口新格局,出口产品由零部件资源型向整车为主的技术型转变,出口模式由单一的供给式向市场需求型转变。华晨集团旗下的华晨金杯被中华人民共和国商务部、国家发展和改革委员会确定为"国家整车出口基地"和"国家汽车零部件出口基地",国家政策的大力支持也为集团发展提供了良好的平台。

在多年的发展探索中,华晨集团确立了一条以市场为导向、国际合作为平台、"通过自主创新、拥有自有技术、做好自主品牌"的道路,探索出了独具特色的企业经营模式,即"汽车产业发展与资本市场良性互动"。华晨集团秉承"品质先,方敢天下先"的经营理念,围绕"核心技术、精美产品、诚信经营、市场份额和盈利能力"五大要素发展品牌,其核心内涵便是以"品牌创新、研发创新、资本创新"为主的"华晨模式"。肩负"走自主创新路、造国民精品车"的使命,华晨集团形成了"国际化、市场化、现代化"的独特企业文化,构建了全方位、开放式的发展格局。2019年,华晨集团入选"中国汽车工业整车二十强"及"中国机械500强企业"榜单,并曾多次位列"中国企业500强"等榜单。

2020年,受新冠疫情影响,华晨集团自主品牌的经营状况恶化,长期积累的债务问题爆发。在此之前,辽宁省政府及有关部门一直全力帮助华晨集团解决现金流困境,但公司的债务问题积重难返。据华晨集团2020半年报,公司负债总额高达523.76亿元,资产负债率超过110%,丧失融资能力。2020年10月23日,华晨集团发行的10亿元私募债券"17华汽05"到期,而集团仅仅支付了利息,本金未能兑付,其构成的实质性违约引发广泛关注。2020年11月16日,华晨集团公告称,集团已构成债务违约金额合计65亿元,逾期利息金额合计1.44亿元。因公司资金紧张,续作授信审批未能完成,造成债务无法偿还。2020年11月20日,沈阳市中级人民法院裁定受理债权人对华晨集团的重整申请,标志着这家车企正式进入破产重整程序。2020年11月22日晚间,金杯汽车和申华控股一并发布公告称,华晨集团收到证监会辽宁监管局送达的《关于对华晨集团采取出具警示函措施的决定》,并同时收到中国证监会的《调查通知书》。华晨集团此次债券违约对公司的生产经营造成了严重影响,导致财务状况恶化,极大地影响了集团的偿债能力。

(二)财务状况

根据华晨集团财务报告,截至2020年6月30日,华晨集团的总资产为1 933.25亿元,总负债1 328.44亿元,资产负债率68.72%,华晨集团的资产负债率长期处于70%左右,公司的生产经营对负债的依赖度较高;华晨集团的流动比率为1.10,速动比率为0.83,两个指标明显偏低,公司的流动性状况不容乐观且偿债能力偏弱;华晨集团的短期债务与总债务比为54.33,短期债务规模持续扩大且占总债务的比例攀升,公司的债务结构不合理;华晨集团的经营现金流与总债务比为11.23,经营活动产生的现金流净额为49.64亿元,公司的经营性现金流增长缓慢,资金缺口较大,不足以支付上百亿的短期债务。华晨集团2017年至2020年6月的主要会计数据和财务指标如表6-1所示。

表6-1 华晨集团主要会计数据和财务指标(2017年至2020年6月)

单位:亿元

时间	2017年	2018年	2019年	2020年6月
总资产	1 612.93	1 710.00	1 953.48	1 933.25
货币资金	421.68	509.07	556.57	513.76
净资产	470.38	514.15	505.67	604.81
总债务	1 142.56	1 195.85	1 447.81	1 328.44
短期债务	194.95	249.75	289.10	240.23
主营业务收入	1 263.79	1 529.68	1 811.30	846.30

续表

时间	2017年	2018年	2019年	2020年6月
主营业务利润	306.83	351.00	429.46	202.89
EBITDA	176.12	196.53	239.75	132.42
净利润	74.51	97.74	109.50	63.12
经营活动现金流	102.36	136.21	239.24	49.64
投资活动现金流	−105.23	−110.93	−108.22	−46.00
筹资活动现金流	50.46	−3.01	−47.22	−54.42
总资产报酬率	4.62	5.72	5.61	3.26
净资产报酬率	15.84	19.01	21.65	10.44
流动比率	0.91	1.03	0.98	1.10
速动比率	0.68	0.83	0.75	0.83
应收账款周转率/次	27.15	25.42	22.97	10.47
存货周转率/次	4.87	5.59	5.51	2.16
资产负债率/%	70.84	69.93	74.11	68.72
短期债务/总债务	59.97	56.24	62.08	54.33
货币资金/总债务	129.71	114.63	119.51	116.19
货币资金/短期债务	216.30	203.83	192.52	213.86
经营现金流/总债务	31.49	30.67	51.37	11.23
贷款偿还率/%	100.00	100.00	100.00	96.34
利息偿付率/%	100.00	100.00	100.00	96.62

（三）债券情况

据华晨集团2020年公司债券半年度报告，公司累计发行债券共15只，总规模175.73亿元，华晨集团债券发行情况如表6-2所示。截至2020年6月末，华晨集团债信评级为东方金诚公司评级AAA/前景稳定和大公国际公司评级AAA/前景稳定。2020年8月26日，两家信用评估公司分别发布了《东方金诚关于将华晨汽车集团控股有限公司主体及相关债项列入信用观察名单的公告》和《大公关于将华晨汽车集团控股有限公司列入信用观察名单的公告》，将华晨集团及其发行债券列入信用观察名单。随后，华晨集团的主体信用等级多次被下调，东方金诚和大公国际将其信用评级一路从AAA级调低至CCC级。

表6-2 华晨集团债券发行情况

债券简称	起息日	到期日	发行规模/亿元	债项评级(2020.6)	票面利率/%	当前状态
17华汽01	2017-03-10	2020-03-10	20.00	AAA	6.30	正常
17华汽03	2017-08-29	2020-08-29	3.73	AAA	5.35	正常
17华汽05	2017-10-23	2020-10-23	10.00	AAA	5.30	实质违约
18华汽01	2018-09-14	2023-09-14	15.00	AAA	5.40	正常

续表

债券简称	起息日	到期日	发行规模/亿元	债项评级（2020.6）	票面利率/%	当前状态
18华汽02	2018-09-14	2023-09-14	5.00	AAA	6.30	正常
18华汽03	2018-11-05	2023-11-05	20.00	AAA	5.80	正常
19华晨02	2019-01-22	2022-01-22	10.00	AAA	6.50	正常
19华晨04	2019-03-13	2022-03-13	20.00	AAA	6.50	正常
19华晨05	2019-04-18	2022-04-18	8.00	AAA	6.50	正常
19华晨06	2019-06-13	2022-06-13	12.00	AAA	6.50	正常
19华汽01	2019-03-20	2024-03-20	11.00	AAA	5.80	正常
19华汽02	2019-06-17	2024-06-17	10.00	AAA	5.80	正常
19华集01	2019-09-18	2022-09-18	10.00	AAA	6.20	正常
20华集01	2020-01-15	2023-01-15	7.00	AAA	5.95	正常
20华晨01	2020-03-05	2023-03-05	14.00	AAA	6.10	正常

三、中国公司债券违约的现状及特点分析

中国债券市场的正式起步可追溯至1981年，这一年财政部恢复了国债发行，债券市场逐步发展和扩大。但在2015年之前，发行债券仅仅是上市公司的特权。2015年1月，中国证监会发布了《公司债券发行与交易管理办法》，该法将非上市公司纳入了交易所市场发行债券的主体范围，大量非上市公司首次进入交易所市场发行债券，其中包含众多非上市民营企业。据统计，2015年我国公司债券发行总额比2014年暴增630.61%，2016—2019年我国公司债券发行总额继续保持井喷趋势，5年内非上市公司债券发行总规模约为上市公司的3倍，占据了债券市场的主体地位。2020年3月1日，新施行的《中华人民共和国证券法》调整了证券的发行程序，公司债和企业债开始全面实施注册制。新证券法简化了公司债券公开发行的条件，降低了债券市场的准入门槛，将债券质量的评价更多地交由市场来决定，同时还明确了发行人的信息披露质量要求，建立了更为完善的投资者保护制度，并且大幅提升了违法行为的处罚力度，其采用的"宽进严管"策略对债券市场的发展带来了巨大影响。纵观我国债券市场四十年来的曲折发展过程可以发现，我国债券市场主体日益多元化，债券发行规模持续扩大且创新型产品不断涌现，债券市场结构逐步完善，市场的活跃度得到大幅提升。目前，中国债券市场已形成了统一、分层的市场体系，可供发行的债券类型多样化，大致可分为利率债券、信用债券和同业存单三大类，其中信用债券因具有种类丰富、特色鲜明的特点，日益成为备受非金融企业青睐的直接融资工具。

我国债券市场上的首例违约事件是"11超日债"的延迟利息支付，这标志着我国债券市场"零违约"的时代成为过去式。2014年，在我国宏观经济下行的大背景下，债券市场的信用风险不断加剧，企业现金流状况持续恶化，刚兑的"神话"破灭。此后，"债券违约"频频成为市场中的热议话题——违约事件频发且违约金额持续攀升；违约债券的种类从私募债延展到公募债，从公司债延展到中期票据及短期融资券等各种类型；违约主体从一般民营企业

蔓延到央企、地方国企和上市公司等;违约行业涉及制造业、批发零售、建筑、交通运输及房地产等各个行业。2014年至今,我国债券违约大致可划分为三个阶段,如表6-3所示。

表6-3 我国债券违约的阶段划分

时间	事件
2014年	"11超日债"打破刚性兑付,违约尚属个案
2015—2017年	第一次违约潮:经济增速下滑,过剩产能违约
2018—2019年	第二次违约潮:非标融资收缩,民营企业违约
2020年至今	第三次违约潮:国企信仰恶化,刚兑预期破灭

回顾我国债券市场历年的违约情况,可以发现2018年和2020年是尤为突出的两年。2018年,在中美贸易摩擦的国际大环境下,我国宏观经济承压、金融监管趋严。在这样的宏观环境下,众多企业融资渠道受阻、融资成本增加,财务压力的上升使得企业的经营成本和经营风险剧增。在多种因素的共同作用之下,我国债券违约事件集中爆发,2018年全年新增43家违约主体,违约金额突破1 200亿元,违约债券达到125只,违约数量和金额都达到了空前的规模。此外,2018年民营企业的违约情况尤为严重,违约主体的行业分布也呈现分散化态势。2020年,由于受到新冠疫情的影响,我国经济社会生活受到了强烈的冲击,企业营业收入的下滑、经营成本费用的上升以及现金流入的大幅缩减导致其偿债压力较大,加之中美贸易战对我国企业出口的不利影响,全年总违约金额创历史新高。同时,我国的债券违约也呈现出一些新的特征——一方面,华晨、永煤等几大主体的接连违约使得"大而不倒""AAA光环"的国企信仰遭受冲击,加之政府兜底意愿的降低,打破了市场对规模大、具有核心资产、区域重要性强国企的刚兑预期;另一方面,由于经营亏损、集中回售压力导致一些高信用评级主体出现流动性风险,最终导致债券违约。

接下来,将对我国2014—2020年债券违约的情况进行具体分析,从违约规模、债券类型、企业性质、行业分布及地区分布五方面总结债券违约的特点。

(一) 违约规模:呈加速上升态势,违约渐趋常态化

自2014年首例违约出现以来,我国债券违约的数量及金额呈现加速上升态势。从2016年供给侧改革背景下债券违约规模的翻倍增长,到2018年资管新规出台后债券违约的井喷式爆发,我国债券市场的信用风险不断暴露。2016年我国债券违约金额达到318.88亿元,共有97只违约债券;2018年全年违约的债券数量达到140只,违约金额突破了1 021.90亿元,同时单个违约发行人涉及的债券规模较高,债券违约规模远远超过往年。2019年经济结构转型、中美贸易摩擦和宏观政策调整使当年债券违约规模刷新了历史高位,当年违约债券数量达200只,违约金额高达1 178.00亿元。2020年受新冠疫情及新证券法实施的影响,我国债券违约风险持续上升,全年共有158只债券发生违约,违约金额达1 402.52亿元,违约率为1.60%。截至2020年12月31日,我国共有692只债券发生违约,违约金额达4 304.04亿元。如图6-2我国2014—2020年债券违约数量及金额分布情况所示,2020年债券违约金额约为2014年的127倍,我国债券市场从原来发行主体小规模的违约发展至大范围、高金额的兑付困难,信用风险事件数量不断攀升。相较于债券违约元年的个例性,目前我国信用债券违约逐步呈现常态化的特征。

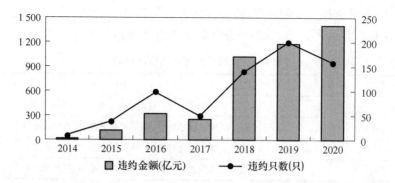

图6-2 我国2014—2020年债券违约数量(只)及违约金额(亿元)分布

(二) 债券类型:违约渠道多样化,集中于私募债券

我国债券违约类型丰富,涉及十余种融资渠道,几乎涵盖了所有债券品种,但主要集中于私募债、公司债、中期票据及短期融资券。如图6-3所示,从2014—2020年我国发生违约的债券种类分布情况来看,私募债、公司债、中期票据和短期融资券占到了违约金额的93.5%。其中,私募债为债券违约金额最大的部分,违约金额达1 719.94亿元,占比为32.84%;其次是公司债、中期票据和短期融资券,违约金额分别为1 147.02亿元、1 343.34亿元和702.07亿元,所占比重分别为23.42%、22.30%和14.94%;其余债券类型所占比重较小为0.24%,但近年来违约次数均呈现增长态势,例如可转换债于2018年年初开始出现违约,集合票据、资产支持证券等债券类型也有零星的违约情况出现。

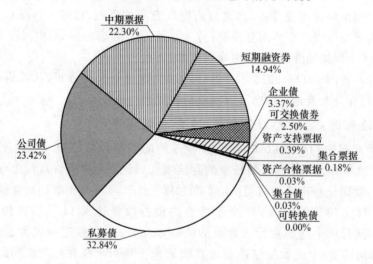

图6-3 我国2014—2020年债券违约类型分布

近年来,我国违约债券大部分为私募债,其较高的比重值得重点关注。私募债主要在中国境内通过非公开的方式进行发行和转让,发行主体多为中小微企业,这些企业普遍信用等级不高,发行的私募债具有高风险高收益的特点,在宏观经济不稳及公司治理结构不完善的情况下,违约风险相对更高。另外,我国私募债的发行数量及资金规模都较大,且与公募债相比,私募债发行条件相对宽松,信息披露较少,一旦发生违约风险可能更加严重。此外,我国中期票据和短期融资券的违约数量和规模也较大,且短期融资券违约的违约次数呈现加

速增长势头,这可能与现阶段我国银行信贷收紧有关,部分企业为缓解自身的短期偿债和流动性压力,倾向于选择短平快的债券类型,但这也使得债券市场的偿付周期变短,从而导致兑付风险的加速积累。

(三) 企业性质:民营企业为重灾区,"国企信仰"遭受冲击

我国债券违约所涉及发行主体的企业性质多样,民营企业、国有企业均存在信用风险。如图6-4所示,从2014—2020年我国债券违约企业性质分布情况来看,民营企业为债券违约的"重灾区",违约数量为161家,金额达2 675.81亿元,占违约总金额的61.92%。但2020年以来,中央和地方国有企业债券违约的数量骤增,大量国企信用风险的暴露冲击了市场对国企刚性兑付的"信仰"。到2020年年底,地方国企和其他国企发生债券违约的企业数量分别为27家和18家,违约金额分别为985.88亿元和951.08亿元,总计违约占比达34.57%。而民营企业和国有企业在违约金额上的差距也由2019年的7.7倍缩小至2020年的1.1倍。此外,外资企业及中外合资企业发生债券违约的企业数量分别为6家和8家,违约金额分别为90.60亿元和71.96亿元。我国债券市场从低资质民企违约到高评级国企违约,不同产权类型、不同信用评级的企业纷纷出现了债券违约事件,违约主体呈现多元化特征。

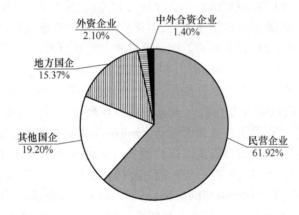

图6-4 我国2014—2020年违约债券发行人(家)企业性质分布

民营企业成为债券违约的重灾区,主要原因在于以下几个方面:一是民营企业债务结构相对不合理,有超过70%的民营企业短期债务占比过高,并有超过40%的民营企业股权质押比率过高,这种不合理的财务结构会使企业面临较高的财务风险;二是部分民营企业过分注重企业规模的扩张,忽视企业发展质量的提高,比如一些产能过剩的民营企业崇尚多元化发展,甚至试图调整自身的主营业务,将融资投入到其他回报率较高的产业中去,但回报率高的产业普遍需要大量的初始投入资金,这样的投资决策一旦失败,企业的盈利能力和现金流情况都会遭受重创,之前发行的债券发生违约的风险也会大大增加;三是由于民营企业的债券违约风险显著偏高,使得大部分投资者对民营企业发行的债券有规避情绪,投资者会要求民营企业更高的风险补偿,因此民营企业的债券必须给出更高的回报率,这使得民营企业陷入融资困难和债券违约率居高不下的恶性循环中。另外,民营企业的公司治理体系和内部控制机制不完善、企业融资渠道狭窄、业务模式单一及信息披露质量较低等也是其发生债券违约的重要原因。值得关注的是,2018年我国民营企业发生集中违约,这一方面是由于国家去产能政策力度加大,导致上游行业产能压缩、原材料成本上涨,而民营企业大多处于行业中下游,较低的议价能力使得其只能被动接受上游企业的成本转嫁,最终导致企业利润下降、经营受限;另一方面,2015年我国货币政策宽松,不少民营企业借机大量发行债券,2018年、2019年这些债券大规模集中到期,但我国自2017年以来,央行货币政策持续偏紧,各行业融资成本上升,加之金融行业去杠杆,民营企业"融资难、融资贵"的困境逐步显现,导致违约事件频发。2019年12月,在中央强调"我国民营经济只能壮大、不能弱化"的背景下,5条有关债券违约、债权纠纷和债券处置的政策陆续出台,旨在为民营企业的改革和发展创造更好的融资环境,这一举动也有利于推动我国债券市场的健康发展。

2015年4月21日,保定天威集团"11天威MTN2"发生实质性违约,国企"刚兑信仰"就此破灭。在此之前,国企债券意味着更低的票面利率、更高的信用评级、更大的发行规模以及更低的承销费用,在众多中介机构和市场投资者的眼中,国有企业更像是"无风险"的同类词,收益虽较低但风险近乎为零。2020年以来,我国国企债券违约的占比明显提升,国有企业暴露出的违约风险不容小觑。2020年10月底,辽宁省国资委控股的华晨集团发生债券违约;2020年11月10日,有着"AAA"信用评级的永煤控股债券"20永煤SCP003"发生实质性违约;2020年11月16日,有着清华大学校企光环的紫光集团发生了一笔私募债的实质性违约。一系列违约事件使得"国企+高评级"的"免险"标签失效,打破了债券市场对国企和高评级债券的信仰,信任危机迅速蔓延,弱资质地方国企债遭抛售、二级市场债券大跌、债券型基金被赎回净值大跌、投资机构全面风险排查。究其原因,一是近年来经济下行压力加大,叠加新冠疫情的负面影响,政府财力不济,难以救助国企;二是近两年民营企业的扎堆爆雷等事件,令市场对国企债券的偏好加深,过去一段时间机构投资者抱团国企债券,在一定程度上对国企的信用风险筛选不足,一些低资质主体反而得到了较充裕的资金供给,导致了违约风险的积聚;三是部分国企在经营业务、公司治理或发展战略上存在着长期积压的问题,尽管凭借一定的再融资能力得以暂时维持债务的滚动,但终究无法改变基本面恶化的现实,最终走向债券违约。当前,国内外经济逐步复苏,再融资环境由宽松逐步收紧,此环境下债券违约的发生加深了市场对于国企的担忧。展望2021年国企债券违约,我国国企产业债到期压力较大,弱资质国企尤其突出,产业债国企违约潮或已来临,叠加2020年4季度我国国企违约额的攀升,债券市场避险情绪高涨,弱国企再融资困难重重,违约风险持续上升。值得注意的是,相较于民营企业,国企债券违约的不确定因素较多,因为国企债券的违约还取决于企业、政府以及金融机构等相关主体的博弈,而一旦发生实质性违约,由于之前金融资源的过度倾斜,导致长期风险积聚,往往会给债权人带来更大的损失。

(四)行业分布:违约行业分布广泛,行业特征逐步弱化

我国债券违约行业分布广泛,并不具有明显的行业特征。如图6-5所示,按照申万一级行业分类标准,2014—2020年的违约债券发行人共涉及27个行业,总体来看分布较为分散。具体来说,违约主体集中在机械设备、综合、商业贸易和化工行业,违约数量分别为9家、18家、17家和17家;有色金属、公用事业、建筑装饰和房地产行业的违约发行人也较多。此外,商业贸易、化工、建筑装饰和综合行业违约金额较大,分别为606.63亿元、555.01亿元、381.70亿元、368.76亿元。2015—2016年违约债券的发行主体集中分布于一些产能过剩行业,如钢铁、太阳能、建筑工程等。自2018年以来,违约企业的行业分布开始呈现分散化态势,违约行业从周期性产能过剩这一"中心"行业蔓延到消费业,再到各行业"散点开花"。2020年,违约主要集中于综合、计算机、汽车、建筑装饰、房地产等行业,对于民营企业来说,则主要集中于综合、化工、建筑装饰、食品饮料行业。受疫情影响,行业景气度承压的新增违约主体较多,比如汽车、建筑装饰、房地产等,这与行业自身景气度下滑叠加疫情导致的短期现金流创造能力减弱有关。另外,综合行业违约主体较为集中,一方面综合行业发行人较为集中,另一方面也体现出债券违约主体在公司经营特征方面的规律,即过度多元化的企业更容易违约。我国经济结构转型和行业周期性特征使债券违约的行业规律性较弱,违约行业呈散点分布。

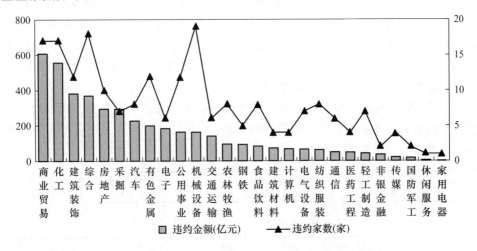

图 6-5　我国 2014—2020 年违约债券发行人(家)行业分布

(五) 地区分布:违约省份覆盖较多,华东华北分布集中

从违约债券的地域分布上看,违约债券发行主体主要集中在经济发达地区和过剩产能集中区域。图 6-6 所示的 2014—2020 年违约债券发行人地区分布中,北京市(964.58 亿元,25 家)、上海市(509.02 亿元,9 家)、辽宁省(430.83 亿元,12 家)、山东省(291.31 亿元,21 家)、浙江省(253.60 亿元,11 家)和河北省(220.38 亿元,7 家)违约金额排名靠前,其中北京由于北大方正大规模违约事件,连续两年位居违约首位。经济发达省份民营企业较多且多为出口加工型企业,企业规模和筹资需求比较大,发行的债券数量和资金规模较高,并且容易受贸易和宏观经济的影响。辽宁、河北等是传统的重工业省份,近年来,重工业行业发展整体低迷,加之国有企业的历史包袱沉重,因此违约风险较大。值得注意的是,2019 年,以

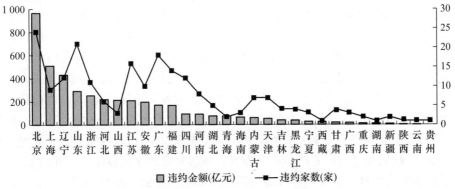

图 6-6　我国 2014—2020 年违约债券发行人(家)地区分布情况

山东省东营市为代表的部分地区暴露出较为严重的民营企业互保危机,互保企业偿债能力恶化,违约风险加大。我国不同地区发展水平和产业结构的差异形成了债券违约较为明显的地区分布特征。

四、华晨集团债券违约的影响因素分析

2020年10月23日,华晨集团发行的规模为10亿元的私募债券"17华汽05"到期无法足额兑付,构成实质性违约。华晨集团此次债券违约事件,是其在公开债券市场上的首次违约。2020年11月20日,中国证监会对华晨集团出具警示函,并对相关债券涉及的中介机构招商证券一并核查。同一时间,沈阳市中级人民法院裁定受理了债权人对华晨集团的重整申请,华晨集团正式进入破产重组程序,图6-7为华晨集团此次债券违约事件的时间轴。从首次债券违约到破产重整,华晨集团前后只用了不到一个月的时间。华晨集团作为总资产近2000亿元的国有企业却无法兑付10亿元债券,这对债券市场产生了巨大冲击。华晨集团债券违约的背后是多方因素共同作用的结果,本案例将分别从宏观层面和公司层面来具体分析其债券违约的影响因素。

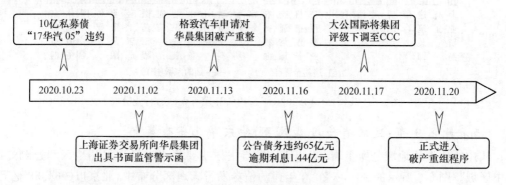

图6-7 华晨集团债券违约时间轴

(一)宏观层面因素

1. 宏观经济承压大,政府不再"兜底"

近年来我国宏观经济下行压力持续加大,叠加金融去杠杆、中美贸易摩擦、新冠疫情冲击等因素影响,众多企业盈利疲软、融资困难。我国经济短期面临总需求不足的问题,长期存在结构不合理、供给侧改革不到位等主要矛盾。从财政方面来看,2020年受新冠疫情影响,我国财政政策逆周期发力、地方债大量发行,但财政收入的减少使得地方财政收支平衡能力削弱、吃紧状况显现,地方政府兜底协调能力及协调范围边际下降。一般来讲,国有企业和高评级企业获取外部融资往往相对容易,因此对外部融资的依赖也会偏大。以信用债为例,当前非金融企业信用债存量当中,有23万亿元来自国有企业的融资,而来自民企和公众企业的只有2.3万亿元。因此,一旦融资环境和政策发生边际变化,对外部融资依赖较大的国企也会更为敏感。2020年三季度以来,随着政策刺激力度逐渐减弱,国企杠杆的扩张明显放缓,国有企业资产负债率下滑的幅度明显大于非国企,这也意味着在企业经营现金流不变的情况下,以新还旧的模式已经难以为继。华晨集团此次债券违约事件的发生,受到宏观经济下行和政府"兜底"意愿下降等多种因素的影响。在新冠疫情的影响下,2020年上半年我国经济大幅下滑,公司营业收入和利润一度恶化,此时违约风险已经在逐渐积聚,但在

货币信贷政策的支持下,公司仍可借助外部融资来弥补现金流的短缺。但随着2020年下半年经济的逐渐回暖,5月份以后信用政策便开始边际收紧,利率不断抬升且信贷投放也开始回归正常区间。在宏观经济压力下,华晨集团盈利能力弱化且融资难度及成本逐渐上升,违约风险不断暴露,加之地方政府不再"兜底",最终导致超市场预期的违约事件发生。

2. 行业发展不景气,竞争持续加剧

受国家去产能政策的影响,近年来我国工业机械、煤炭、钢铁等周期性较强、产能过剩的行业处于下行状态,行业内企业经营状况恶化、盈利能力下降,侵蚀企业的现金流和资产流动性。中国汽车市场自2018年7月开始出现下滑,汽车行业遭遇了28年来的首次负增长,2018年和2019年我国汽车销量分别下滑了2.8%和8.2%。在新冠疫情的冲击之下,2020年中国汽车市场形势愈加严峻,全年汽车销量仅有2 531.1万辆,下滑态势延续。乘用车行业作为可选消费品和周期性行业,极易受到外部政策和宏观经济的影响,前期消费刺激政策的退出和宏观经济下行的压力,在一定程度上降低了居民对乘用车的需求。目前,中国汽车行业中的上市公司除少部分实现盈利增长外,大部分公司业绩下降,行业下行周期依然明显,总体经营困难的局面仍在持续。此外,我国巨大的消费市场导致竞争者大量涌入,其中不仅有本土品牌抢占市场,更有为数众多的国际知名品牌占据着大量的市场份额,加之近年来国家开放了汽车产业的外资股比限制,使得汽车行业竞争十分激烈。同时,特斯拉、蔚来汽车、小鹏汽车、理想汽车等新能源汽车品牌的崛起,对传统汽车造成了巨大的冲击:一方面新能源汽车更加电动化、智能化,使得传统汽车的技术优势黯然失色;另一方面消费者的用车观念也随着新能源车型的出现而发生改变,更加环保的新能源汽车逐渐被消费者所认可。中国汽车行业的整体环境已经发生了很大的变化,在优胜劣汰的结构性调整阶段中,华晨汽车已经处于明显的劣势,其自主品牌金杯、中华和华颂由于在研发和技术上缺乏核心竞争力,逐渐被市场所边缘化。

3. 法律体系不健全,评级制度待完善

我国债券市场发展历史较短、发展步伐较快,部分基本法律尚未充分考虑债券的特征,相关法律体系缺乏系统性和完备性,存在一些法制短板,难以在债券市场形成统一协调的作用。就评级制度而言,国内信用评级目前存在着评级等级虚高、信用区分度低、事前预警功能弱、跨行业和资产类型可比性差等问题,尚未形成一个有序的债券市场评级违约检验机制,评级制度亟待完善。此外,我国评级机构以债券发行人付费模式为主,评级存在缺乏独立性及公信力不足等问题,相关评估机构多次因业务违规被监管部门责令整改。目前,我国几大评级机构与国际著名评级机构仍存在较大差距,在刚性兑付、市场违约率约束机制不健全、监管力度不大的情况下,评级标准宽松的评级机构更易获得优势,从而会造成市场上评级的虚高和泡沫化,出现"劣币驱逐良币"的现象。作为债券市场的重要参与方,信用评级机构有着揭示信用风险、为投资者的投资决策提供参考等重要作用,然而在华晨集团此次债券违约事件中,尽管集团多年的高负债率早已暴露了其违约风险,但评级机构并没有对此做出相应的评级调整。2020年10月23日,东方金诚在"17华汽05"违约的当天做出风险提示,将华晨集团的信用评级下调至BBB级,同时也将相关债券的信用等级做了同等程度的下调,但这样的结果无法弥补投资人所蒙受的经济损失,后续违约赔偿的维权也是相当的困难。

(二)公司层面因素

1. 子强母弱特征突出,自主品牌版块弱

华晨集团呈现典型的"子强母弱"特征,尽管公司旗下拥有多个汽车品牌,但经营收入及利润都十分依赖华晨宝马。华晨集团目前共拥有4家上市公司,分别为华晨中国、申华控股、新晨动力和金杯汽车。其中,华晨中国持有华晨宝马50%股权,盈利能力最强;申华控股负责集团的整车销售和服务,近年来主营业务持续亏损;新晨动力主营业务为汽油机、柴油机和发动机零部件的生产与销售,近年来亦处于亏损状态;金杯汽车主要负责华晨金杯整车及汽车零部件的生产与销售,利润规模较小。表6-4为截至2020年年末华晨集团旗下上市子公司及母公司层面情况。

表6-4 华晨旗下上市子公司及母公司层面情况

单位:亿元

公司名称	总资产	净资产	营业收入	净利润
华晨中国汽车控股有限公司	494.70	344.75	40.27	67.63
上海申华控股股份有限公司	73.62	24.16	73.59	−1.99
新晨中国动力控股有限公司	60.26	29.92	20.79	0.07
金杯汽车股份有限公司	60.24	9.51	56.00	2.40
华晨汽车集团控股有限公司(母公司)	474.43	−49.24	43.39	−9.59

华晨宝马作为优质资产拥有良好的财务指标,对合并口径财务报表的拉动性较强,这在很大程度上掩盖了华晨中国盈利能力弱化的特点。如图6-8所示,华晨中国和华晨宝马2015—2020年上半年的净利润差值始终为负,在剔除华晨宝马的净利润后,公司基本处于亏损状态。尤其是2019年,华晨中国合并报表净利润为67.63亿元,其中华晨宝马贡献了76.26亿元,"子强母弱"的特征掩盖了母公司近8.3亿元的净亏损,增加了公司潜在的信用风险。2020年上半年,华晨中国净利润为40.45亿元,剔除华晨宝马的利润之后,华晨中国亏损近3.83亿元。值得注意的是,作为华晨宝马品牌经营主体,华晨集团2019年披露的华晨宝马汽车收入达1 727.50亿元,而华晨中国作为汽车制造经营主体,披露的收入仅40.27亿元,这表明港股上市的华晨中国并未将华晨宝马并表。由此可以推断,华晨集团实际上对华晨宝马的掌控能力很弱,华晨集团和华晨宝马信用割裂较深。自从2003年华晨中国与宝马集团合作以来,华晨宝马为华晨中国贡献了巨大的利润,然而在与宝马集团的合作中,华晨集团并没有通过市场换取先进技术,而是逐渐对华晨宝马放权,最终沦为宝马在中国的代工厂。

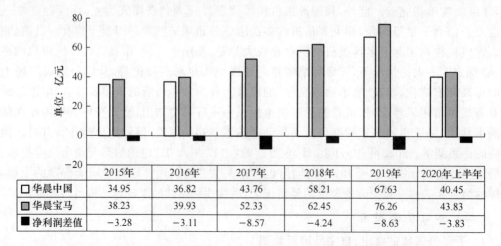

图6-8 华晨中国和华晨宝马2015—2020年上半年的净利润及差值情况

近年来,华晨集团的自主品牌销售持续疲软,由2015年的31.59万辆跌至2019年的17.62万辆,同时在行业自主品牌汽车中的销量占比也逐渐下降,难以为公司带来可观利润与市场认可度。华晨集团母公司层面由于承担较高的财务杠杆,以及自身经营的"中华"品牌轿车销售欠佳,盈利能力和现金流表现持续恶化,但华晨宝马的经营却仍然表现出强劲的盈利能力和充裕的现金流。具体来看,2019年华晨集团乘用车销量72.18万辆,其中华晨宝马销量54.59万辆,占比达75.63%;2020年上半年,华晨集团整车业务中,自主品牌"华晨中华"和"华晨金杯"分别销售4 937辆和6 845辆,同比下滑54.82%和14.95%,销量不及华晨宝马的零头。在国内汽车市场竞争加剧、分化加速的环境下,华晨集团并未形成合资与自主"两条腿走路"的良性循环,公司经营的恶化加速了信用债券违约的发生。图6-9为2015—2019年华晨宝马、中华、金杯的销量情况。

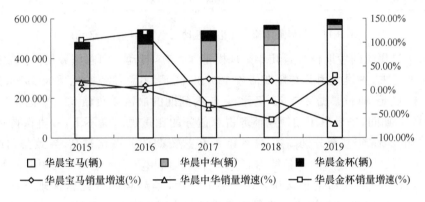

图6-9 华晨宝马、中华、金杯2015—2019年的销量情况

2. 资本结构不合理,短期偿债压力大

华晨集团的偿债压力表现在资本结构不合理和现金流覆盖能力弱。如图6-10所示,多年来,华晨集团的资产负债率长期保持在70%左右,高于行业平均水平。2019年集团资产负债率高达74.11%,公司的生产经营高度依赖负债,面临着较高的财务风险。与此同时,华晨集团的偿债能力明显偏弱,公司的流动比率和速动比率长期处于一个较低水平,2019年公司的流动比率为0.98,流动资产无法覆盖流动负债,剔除存货后的速动比率仅为0.75,表明公司的短期偿债压力较大,图6-11为2015年至2020年上半年华晨集团的流动比率和速动比率情况。

图6-10 华晨集团资产负债率情况(%)

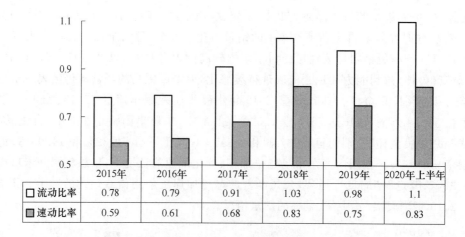

图6-11 华晨集团流动比率和速动比率情况(单位:亿元)

此外,华晨集团的短期债务近几年来规模迅速攀升,带动集团总债务规模持续扩大。截至2020年6月末,华晨集团共有短期债务439.87亿元,占总债务的比重为69%,其中短期借款165.21亿元、应付票据220.72亿元、一年内到期的非流动负债53.94亿元。同时,在2015—2019年期间,华晨集团的短期债务占总债务的比重也居高不下,一直保持在75%以上,2015年和2016年甚至分别高达84%和87%。短期债务占比过高,导致公司的流动性长时间处于紧缺状态,公司的债务结构非常不合理。而相较于迅速攀升的短期债务,华晨集团的经营性现金净流入却增长缓慢,2020年上半年,华晨集团的经营性现金净流入仅为49.64亿元。长期以来(5年以上),华晨集团的经营性现金净流入不足以支付其上百亿的短期债务,公司(合并报表)的经营性现金净流入和短期债务之间存在着高达百亿的资金缺口,公司的短期偿债风险较大,图6-12为2015年至2020年上半年华晨集团经营性现金净流入及短期债务规模情况(单位:亿元)。

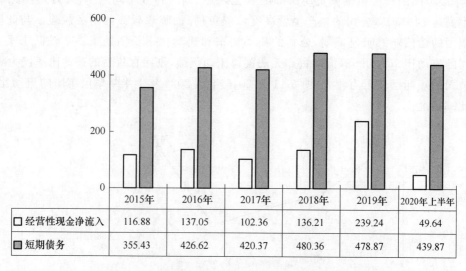

图6-12 华晨集团经营性现金净流入及短期债务规模(单位:亿元)

从债务的期限结构来看,截至2020年6月末,华晨集团的有息债务规模为641.81亿元,其中短期有息债务规模为439.87亿元,占比为68.54%,现金短期债务比为1.30,华晨集团存在短期集中偿债压力,图6-13为近几年(2017年至2020年上半年)华晨集团有息债务及现金短期债务比情况(单位:亿元)。此外,目前华晨集团的存续债券共13只,存续规模为162.00亿元,从到期分布来看,华晨集团到期及回售压力主要集中在2021年和2022年,债券到期及回售规模分别为65亿元和92亿元,可见公司这两年的债券偿付压力依然很大。

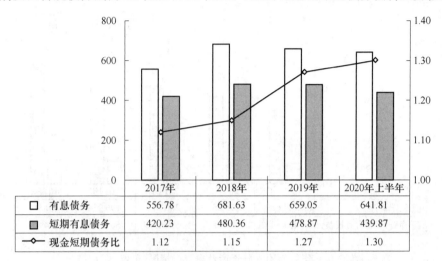

图6-13 华晨集团有息债务及现金短期债务比情况(单位:亿元)

3. 融资环境持续恶化,再融资困难重重

华晨集团自身资质变差加速了外部融资环境的恶化。近年来,华晨集团不断发生的负面事件(股权转让事项、母公司及集团其他体系亏损、资金紧张传闻等)动摇了投资者的信心,金融机构资金纷纷逃离,公司大规模的受限资产及近乎枯竭的银行授信额度使得再融资能力被严重削弱,华晨集团的融资环境持续恶化。2018年10月,华晨集团子公司华晨中国公告称,公司预计于2022年将华晨宝马25%的股权以290亿元的价款转让给宝马(荷兰)控股公司,届时华晨汽车将彻底失去华晨宝马品牌。由于华晨集团长期以来过度依赖华晨宝马,可以预见在2022年交割完成后,公司未来的生产经营将受到很大影响。此外,华晨集团已出现多笔银行贷款、信托及保险资金债权计划违约的情况,公司屡次被列为被执行人。根据华晨集团2020年半年报,由于公司现金流出现短期困难,报告期内发生了多笔银行贷款利息逾期,累计金额为6 020.29万元。截至2020年10月24日,华晨集团及其子公司被执行金额合计4.32亿元,司法冻结的股权金额达16.48亿元,冻结期限为3年,公司面临着较大的法律诉讼风险。

根据华晨集团2020年半年报,截至2020年上半年,公司受限资产规模为201.9亿元,其中主要为受限货币资金167.58亿元,公司净资产为604.81亿元,受限资产占净资产的比例为33.38%,占总资产的比例为10.44%,受限资产所占比例较高。虽然华晨集团账面货币资金有513.76亿元,但在剔除受限资产后,公司的货币资金仅能覆盖短期债务。图6-14为2016年至2020年上半年华晨集团受限资产及净资产情况(单位:亿元)。

在银行授信方面,华晨集团的授信额度接近枯竭。截至2020年3月31日,华晨集团的银行授信额度为325.65亿元,未使用的银行授信额度仅为23.68亿元,同比分别下降10.67%和48.22%,较少的银行授信额度或加大公司未来的偿债压力。而目前华晨集团的债券余额

(不含"17华汽05")共计162亿元,占2020年6月末公司有息债务的比重超过35%,此次债券违约使得华晨集团在债券市场的融资能力大幅下降。此外,由华晨集团2018年以来的筹资性现金流净额可以看到,2018年、2019年和2020年上半年,华晨集团的筹资性现金净流出分别为3.01亿元、47.22亿元和54.42亿元,公司的外部融资环境不容乐观,融资难度持续加大。

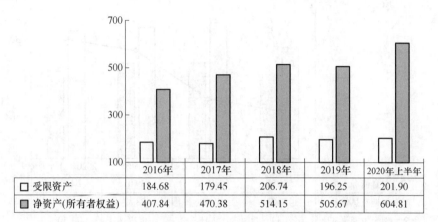

图6-14 华晨集团受限资产及净资产情况(单位:亿元)

4. 投资性净流出较大,公司投资质量较差

华晨集团过大的投资规模和较差的投资质量增加了债券违约风险。一方面,如图6-15所示,华晨集团投资性现金流出金额居高不下,2015—2019年五年投资性现金流净额均值保持在-106亿元左右的高位。另一方面,根据华晨集团的债券募集说明书,近年来公司所筹资金主要用于项目建设、固定资产及厂房建设等。这些投资资金占用大、投资期长且资金回收慢,无法及时形成有效的经营性资产,从而使得华晨集团近年的投资性净流出较大,但投资质量较差。在这种情况下,公司所拥有的资金和资源无法支撑其巨大的资金需求,最终导致资金链断裂而走向债券违约。

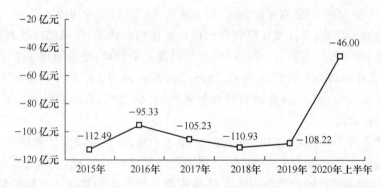

图6-15 华晨集团2015年至2020年上半年投资活动产生的现金流量净额情况

五、华晨集团债券违约的风险传导机制分析

华晨集团债券违约事件的发生,既有宏观经济承压、汽车行业下行、评级机构评级等级虚高等宏观层面因素,也有子强母弱、债务结构不合理以及投融资状况不佳等公司层面因

素。在各个层面因素的共同作用下,华晨集团的信用债违约风险不断积聚并传导,最终导致风险爆发、债券违约。以下将分别从三条传导路径来分析华晨集团债券违约的风险传导机制,分别为:传导路径一——从企业到金融机构,传导路径二——从评级机构到市场投资者,传导路径三——从政府救助到企业违约。图6-16为华晨集团债券违约的风险传导机制图。

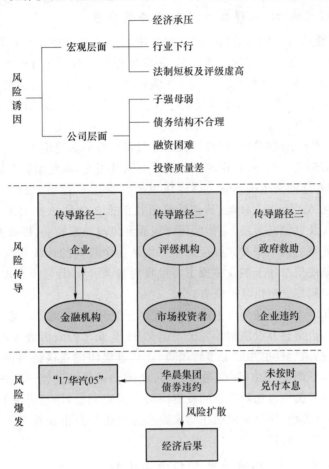

图6-16 华晨集团债券违约的风险传导机制

(一)传导路径之一:从企业到金融机构

宏观经济发展状况、国家政策、行业发展景气程度及企业自身竞争力等因素都会对企业的经营状况和盈利能力产生影响,当企业的经营状况不佳、盈利能力下降时,其经营风险和财务风险就会产生,从而引发违约风险。如果企业同时又存在银行贷款、信托等违约的负面新闻,那么其违约风险将大大提升。宏观层面及微观层面的风险诱因不断积聚,违约风险从企业传导至金融机构,金融机构做出信贷收紧等一系列相关反应,违约风险最终转变成实质性的违约事件。

在宏观经济环境下行的大背景之下,受国家去产能政策、新冠疫情等因素的影响,近年来华晨集团的经营状况持续恶化。疲软的自主品牌销售业绩及较低的市场份额也使得华晨集团利润长期走低,不合理的债务结构导致公司存在较高的短期偿债压力。随着华晨集团盈利能力的大幅下降,银行对其信贷持续收紧,公司无法从银行得到新的信贷额度,在借新换旧的模式下，公司无法按期兑付债券本息，从而发生债券违约。此外，华晨集团多次被列为被执行人，多笔银行贷款、信托及保险资金债权计划的违约等负面事件也使得公司信用持续下跌，众多金融机构对其避而远之。华晨集团的违约风险在企业与金融机构之间传导，这是集团违约风险的核心传导路径。

(二) 传导路径之二：从评级机构到市场投资者

信用评级，是债券投资的重要"标尺"。但这把"标尺"有时却并不能准确测度发债主体的风险和价格，有时甚至沦为降低发债成本、获取融资的工具。评级业务的产业链上，由于发行人付费模式的弊端，评级机构纷纷以高评级招揽生意，"竞高"现象层出不穷，评级日益"泡沫化"。截至2020年年末，信用债发债主体的信用评级主要级别集中于AAA、AA+、AA、AA-等档位，合计占比85.14%，其中AAA级企业占13.6%，而从A+评级到C评级的中间评级地带，基本呈现"真空"状态。我国评级市场总体呈现信用高等级企业比重过高、低等级企业奇少的局面。此外，信用评级的排雷有效性不高，风险预警功能较弱。从违约债券主体评级看，债券违约发生的当日主体评级主要集中在C评级，债券违约日前1个月主体评级主要集中在AA及以上评级；从违约日再往前推3个月、6个月来看，发债主体的评级更多集中于AA及以上高等级，主体信用评级验证风险功能较弱，评级滞后性较强。从债券违约后被下调评级的情形来看，"评级悬崖"(指从一个较高的评级直线下调到低评级)现象严重。评级乱象使得市场上的众多投资者接收到错误信号，导致不合理的投资决策，违约风险从而从评级机构传导至市场投资者。

华晨集团长期以来位于高评级主体行列，在国企光环之下，地方政府为了促使其顺利融资、获取更多融资，也会想方设法给评级公司施加压力，众多投资者处于严重信息不对称的劣势。同时，评级的滞后性也加剧了违约风险，在华晨集团债券违约当天，东方金诚才将华晨集团的信用评级下调至BBB，评级展望负面，此前公司仍一直处于高评级档位。评级机构向市场释放的信号关乎市场投资者的投资决策及投资回报，评级等级的虚高及调整的滞后导致违约风险的积聚。华晨集团的违约风险在评级机构及市场投资者之间传导，这是集团违约风险的另一传导路径。

(三) 传导路径之三：从政府救助到企业违约

长期以来，地方财政大力支持地方国企的发展，地方国企即便存在偿付困难，也有政府帮忙"兜底"，违约风险几乎为零。但2020年在新冠疫情的冲击之下，财政政策逆周期发力，地方债大量发行，地方财政收入骤减、收支平衡能力大幅下降，地方政府对地方国企的救助意愿显著降低，最终导致债券违约的发生。华晨集团是辽宁省政府批准设立的国有独资公司，属于大型地方国企，此次债券违约的发生也有地方政府"兜底"意愿降低、协调范围边际下降的因素。华晨集团的违约风险在地方政府及企业之间传导，这是集团违约风险的又一条传导路径。

六、华晨集团债券违约的经济后果分析

华晨集团此次债券违约是典型的一类国企违约事件，其经济后果主要表现为违约事件在公司内部及债券市场上引发的一系列危机。债券违约发生后，华晨集团的生产经营活动基本停滞，主要资产处于冻结状态且存在大量债务无法偿还，公司面临重大诉讼和行政处

罚,最终走上了破产重整的道路。同时,华晨集团的品牌形象受到了严重影响,公司的负面新闻占比高达77.93%,破产清算和债务违约一度成为其热度最高的关键词。更为严重的是,华晨集团的信用状况急剧恶化、信息披露涉嫌违法,多次收到上海证券交易所发布的监管警示函,证监会也介入了对该事件的调查。此外,受此次债券违约事件影响,华晨集团人员变动较大,华晨集团、华晨集团董事长阎秉哲等相关负责人均受到了警告及罚款。在债券市场上,受该事件影响,众多金融机构被波及,部分地方国企债推迟或取消了发行,市场信心受到冲击、避险情绪高涨。以下将分别从四个方面来具体分析此次违约事件的经济后果。

(一)公司走向破产重整,深度陷入经营危机

债券违约事件发生后,据沈阳市中级人民法院裁定,华晨集团虽面临资不抵债、无法足额兑付债券本息的处境,但仍存在重整的价值。公司最终于2020年12月20日正式进入破产重整程序,债权人将根据华晨集团管理人拟定、法院最终批准的计划获得偿付。华晨集团破产重整对公司的经销商和供应商都造成了影响,包括华晨自主乘用车、零部件等在内的部分子公司业务已陷入停滞状态,对应品牌终端经销商无车可卖,部分经销商已经转投其他品牌,集团深陷经营危机。但值得注意的是,华晨集团此次重整只涉及集团本部的自主品牌版块,不涉及公司旗下的上市公司以及与宝马、雷诺等的合资公司。在宝马强大的品牌效应下,华晨集团有望通过破产重整在最大程度上维护债权人的利益。

受到华晨集团破产重整消息的刺激,华晨中国短线上扬,涨幅扩大至近10%,A股申华控股和金杯汽车也纷纷涨停。华晨集团直接及间接持有申华控股股份约4.46亿股,占集团总股本的22.93%,其中约1.08亿股的股份处于冻结状态,占公司总股本的5.53%。经核查,申华控股有华晨集团及其关联方1.4亿元的应收账款,主要的形成原因是日常汽车购销;公司对华晨集团及其关联方提供的担保余额为44 565.48万元,其中向华晨集团融资担保提供的反担保及为原子公司华晨租赁提供的存续担保分别为4亿元和4 565.48万元。华晨集团进入破产重整程序,将对申华控股的年度业绩造成一定影响。此外,华晨集团持有金杯汽车股份约2.66亿股,占公司总股本的20.32%,其中1亿股用于融资融券,占其持有公司股份总数的37.53%,另有7 360万股处于司法冻结状态,占其持股公司股份总数的27.63%。金杯汽车应收华晨集团的账款额为5 007万元,并有总额为5.30亿元的担保余额,华晨集团破产重整导致金杯汽车计提大额坏账准备,公司能否顺利解除相关担保也存在极大的不确定性。

(二)信用评级连续下跌,监管机构发警示函

华晨集团债券违约发生后,公司的信用状况遭到重创,信用评级也被评级机构连续下调。在不到一个月的时间内,东方金诚将华晨集团的主体信用由AAA下调至CCC,大公国际也将华晨集团的主体信用由AAA多次下调至C,公司信用评级展望负面。随着华晨集团信用评级的逐渐下滑,资管机构也开始了快速反应。例如华泰证券资管就率先下调了华晨集团相关债券的估值,并持续关注其信用状况。另据企查查风险信息显示,华晨集团总共被法院列为被执行人18次,执行标的总额高达5.03亿元。此外,华晨集团也未能按时足额兑付江苏信托-信保盛158号集合资金信托计划,江苏信托在召开受益人大会审议表决后,向华晨集团发出提前还款通知书。一系列事件使得华晨集团的信用状况一落千丈,表6-5为华晨集团债券违约前后的信用评级变动情况。

表 6-5 华晨集团债券违约前后信用评级变动情况

评级标准	发布日期	信用评级	评级展望	变动方向	评级机构
主体/债项等级	2020-08-27	AAA	列入评级观察名单	—	东方金诚
主体/债项等级	2020-09-29	AA+	负面	调低	东方金诚
主体/债项等级	2020-10-16	AA−	负面	调低	东方金诚
主体/债项等级	2020-10-23	BBB	负面	调低	东方金诚
主体/债项等级	2020-11-06	CCC	负面	调低	东方金诚
主体/债项等级	2020-12-01	C	—	调低	东方金诚

此外，华晨集团的债券违约事件引发了一系列连锁反应，监管机构接连对其发布警示函。2020年11月2日，上海证券交易所向华晨集团发出书面监管警示函，指出华晨汽车在2017—2020年发行的9只公司债券存在诸多违规行为，包括未能就公司存在流动性风险、无法按时足额偿付17华汽05本息资金等事项及时履行信息披露义务并进行风险提示；未能按规定充分披露并回应关于银行成立债权人委员会统筹处理公司债务问题、公司部分工厂裁员停工等重大市场传闻等事项。2020年11月20日，证监会宣布对华晨汽车集团控股有限公司及相关中介机构采取有关措施。同一时间，上海证券交易所向招商证券出具了监管警示函，查明招商证券在承销并担任华晨集团债券受托管理人期间，存在未能及时进行信息披露、未能有效管理信用风险等一系列违规行为。2021年1月12日，上海证券交易所对华晨集团及其董事长、信息披露事务责任人予以公开谴责。上海证券交易所指出，华晨集团主要存在四个方面的违规行为：一是未及时披露不能按时清偿到期债务、重大诉讼及有关资产被司法冻结、重要子公司股权被转让等影响偿债能力和债券价格的重大事项；二是在华晨集团偿债能力发生重大变化及债券还本付息存在重大不确定性的情况下，未遵守募集说明书承诺，未经受托管理人同意即进行资产转让及质押；三是未按规定配合受托管理人开展风险排查及信用风险管理，在债券兑付关键时间点，多次拒绝受托管理人现场访谈请求，拒绝提供资金证明材料；四是在偿债能力发生重大变化的情况下，未按规定制定风险化解与处置预案，也未及时就相关兑付风险及处置进展作出提示。上海证券交易所认为，华晨集团的众多违规行为违反了《上海证券交易所公司债券上市规则》《上海证券交易所非公开发行公司债券挂牌转让规则》和《上海证券交易所公司债券存续期信用风险管理指引（试行）》的相关规定，也违反了其在公司债券募集说明书中作出的公开承诺，损害了债券持有人利益。经上海证券交易所纪律处分委员会审议，对华晨集团及有关责任人予以公开谴责。

（三）公司人事变动频繁，相关人员被处罚款

华晨集团长期面临资金紧张的问题，债券违约事件发生之后，公司的资金链条近乎断裂，职工薪酬无法支付和人员流失现象极其突出。以华晨集团旗下的华晨雷诺金杯为例，雷诺集团将从合资公司华晨雷诺金杯撤资，法方专家准备陆续离开，公司员工减少了约三到四成，长城汽车接收了不少华晨雷诺金杯的员工。企业员工和人才的大量流失将严重威胁华晨集团的生产经营。除此之外，此次债券违约事件涉及的相关人员被监管机构调查并予以处罚。华晨集团被合计处以5 360万元罚款，其中个人罚款为：华晨集团原党委书记、董事长祁玉民由于涉嫌严重违纪违法，辽宁省纪委监委对其进行了纪律审查和监察调查，证监会对其处以60万元罚款；华晨集团董事长阎秉哲被证监会处以20万元罚款；叶正华、刘鹏程分别被证监会处以40万元罚款等。

(四)违约风险持续传导,债券市场遭受冲击

华晨集团债券违约风险的持续传导对债券市场乃至资本市场造成巨大冲击。辽宁省在债券市场的表现历来很好,信用债券的发行金额排名长年居全国前位,是名副其实的债券强省。然而,华晨集团的债券违约事件极大地打击了辽宁省的信用债券市场,无论在债券发行只数还是发行规模上,市场都出现了大幅度下滑,辽宁省的信用债券发行难度呈几何级数式增加。同时,信用风险还在区域、行业间持续传导,东三省以外的其他省份地方国企、城投企业和资质较好的产业主体,也均受到了一定程度的影响,多个地方国企债以及弱资质城投债遭遇"折价抛售"现象,业内多只固收类产品净值出现下滑,该违约事件几乎打击了所有类型发行人的再融资能力。据统计,在华晨、永煤等信用债违约事件的相继影响之下,市场上推迟或取消发行的信用债数量高达77只,涉及计划发行规模超600亿元,其中地方国企债占比超七成。此外,华晨集团此次债券违约事件也波及了众多金融机构。据华晨集团公告,此次债券违约事件涉及的金融机构包括:天风证券、海尔融资租赁股份有限公司、昆仑信托、中国外贸金融租赁有限公司、北银金融租赁、建设银行大连星海支行等。市场上的违约风险逐渐演化为流动性风险,普通信用债融资的抵押率普遍下降,甚至有些金融机构再次出现了不接受信用债质押的情况。在这种情况下,市场机构会进入被动去杠杆的恶性循环,即"抛售资产—打压资产价格—资产下跌—进一步压低质押率—继续抛售资产"的负循环中,这势必会给我国债券市场带来较大冲击。

七、借鉴与启示

债券违约是债券市场发展的必然现象,我国债券市场在努力保持长期刚性兑付的情况下,也不可避免地面对着债券违约事件。近年来,我国债券违约渐趋常态化,违约风险逐渐向规模较大、行业影响较深、信用评级较高的发行主体扩散。在新冠疫情的冲击之下,2020年下半年,我国债券市场的违约风险集中释放,超市场预期的违约事件频发。过去违约率很低的国企,如今的债券违约规模反而大幅上升,首次发生违约的国企数量也不断攀升。华晨集团、永煤控股两个AAA级国企的相继违约,使得国企信仰被打破,信用债市场一度进入了"至暗时刻"。由于新冠疫情期间企业债务的大量增加,债券市场上相当一部分债务被延期,未来债券违约风险可能会更大。但从另一个角度来讲,危机也意味着机遇,任何一次债券市场的信心崩塌都是一次很好的机会,要正确认识债券违约对债券市场持续健康发展的重要意义。从中长期来看,债券市场中的违约事件将使国企信仰、投资拥挤等畸形状况得到改善,并且有利于债券市场的定价和结构优化。过去以企业所有制、股东背景为核心的"躺赢"信用评价体系,将会被以公司战略、经营效率、创现能力等基本面指标所替代,债券市场将进入了一个真正研究价值创造的时代。同时,债券违约的发生对于市场化定价估值体系的建立、市场风险分散机制的完善以及评级违约率数据库的充实均有重要意义,也是对现有机构、制度规范和市场参与主体行为的自我校验,有利于债券市场的长远健康发展。本案例通过对华晨集团债券违约事件的探讨,总结出几点借鉴与启示,以下将分别从政府部门、评级机构、发债公司、投资者四个方面来具体阐述。

(一)政府部门:完善政府管理机制,促进债市健康发展

债券市场是我国重要的金融市场之一,政府部门在促进债券市场发展当中扮演着重要角色。以下从三个方面提出建议。①推动债券市场法治建设,提升债券市场法治化水平。目前,法律对公司债券的管制多在发行层面,而债券违约的处置制度存在缺失。在债券违约发生后,债券持有人只能依照民法一般规定主张违约救济,缺乏集体行动机制和灵活处置机制。因此,政府部门应努力建立与完善债券违约的一整套应对处理机制,加强顶层设计,从事先预防、事中应对和事后处置追责等多个环节进行整体考虑,编制修订立法规划。此外,考虑现行法律制度的障碍以及地方政府的保护主义,应当加快建立全国统一的破产法院,提高破产诉讼从业人员的专业素质,确保破产诉讼的专业化、规范化、法制化。在对债券违约进行处置时实行"过错追责制",对恶意逃废债的相关企业和机构要加大惩罚力度,同时完善偿债保障条款,夯实债券市场信用基础,有效保护投资者的合法权益,促进债券市场的长远和健康发展。②制定统一的市场监管标准,提升债券市场标准化水平。长期以来,我国债券市场存在政出多门、多头监管、市场割裂等一系列问题,制约了公司信用类债券市场的进一步发展。目前,证监会监管的公司债券、国家发展和改革委员会监管的企业债券、人民银行监管的非金融企业债务融资工具均符合公司债券的特征,但是却分属三家不同部门监管,适用不同监管的规则,存在一定的监管套利、监管竞争问题。在这种情况下,亟须将现行的公司债券、企业债券、非金融企业债务融资工具等各类具有还本付息性质的有价证券统一纳入"公司债券"范畴,实现监管标准的统一。同时,要逐步完善监管体系和配套规则,实现债券市场监管体系、监管规则体系、托管结算体系的统一:首先要统一债券市场监管体系,确立核心及辅助监管机构,并由核心监管机构统一组织实施债券市场监管,解决多头监管的问题;其次要统一债券监管的规则体系,出台适用各债券市场的统一监管规则,对债券发行及交易的各个环节实施统一监管;最后要统一债券交易、托管及结算体系,实现交易所及银行间市场的互联互通,提高债券市场的效率和全市场监测能力。③建立和完善违约债券流转交易市场,提高违约债券的流动性。目前,我国债券违约发生伴随着二级市场交易的终止,这使信用风险直接转变为流动性风险,进而对整个资本市场产生影响。搭建违约债券交易市场并使违约债券继续在市场中流通,有利于债券违约后的市场化风险处置,提升违约债券的处置效率及流动性,从而更好地防范和化解金融风险。

(二)评级机构:统一信用评级标准,提高评级结果客观性

信用评级,是债券投资的重要"标尺"。但这把"标尺"有时却并不能准确测度发债主体的风险和价格,甚至会沦为降低发债成本、获取融资的"过路费"与"遮羞布"。多年来,我国评级机构采用单一的发行人付费制度、机械地使用评级结果,随着刚性兑付被打破及违约案例的增多,"评级虚高"的问题加速暴露。据统计,截至2020年年末,信用债(企业债、公司债、中期票据、短期融资券、定向工具、国际机构债、政府支持机构债、标准化票据、资产支持证券、可转债、项目收益票据、可交换债等)发行主体的信用评级主要集中于AAA、AA+、AA、AA−等档位,合计占比85.14%,其中AAA级企业占到13.6%,而从A+评级到C评级的中间地带,则基本呈现"真空"状态。我国评级市场总体处于一个高信用等级企业比重过高、低信用等级企业奇少的局面。相比之下,海外发达市场的评级分布则较为合理,接近正态分布,这不仅有利于投资者决策,也有利于债券发行定价的规范化。此外,我国信用评

级的排雷有效性不高,风险预警功能较弱。从违约债券发行主体评级来看,在债券违约发生当日,主体评级主要集中在C评级;债券违约日前1个月,主体评级主要集中在AA及以上评级;从违约日再往前推3~6个月,发债主体的评级则更多地集中于AA及以上高等级,主体信用评级验证风险功能较弱,评级滞后性较强。本案例中,华晨集团信用评级长期保持在AAA高位,此次债券违约事件中,东方金诚、大公国际等评级机构直至事发前后才下调了主体信用评级,评级短时间内"过山车",一定程度上折射出评级结果无法反映企业真实信用水平的问题。面对评级乱象,信用评级机构应防范利益冲突,不断完善公司治理机制、内部控制和业务制度,恪守独立、客观、公正的职业操守,以保证评级质量为目标,充分揭示受评对象的信用风险。同时,在银行间及交易所债券市场均开展业务的信用评级机构,应采取统一的评级标准并保持结果的一致性和可比性。此外,评级机构要及时跟踪相关企业的重大事项风险披露,运用信息化管理手段,及时关注相关企业的风险变动情况,提高评级结果的及时性。信用债并没有看上去那么安全,信用评级应当实事求是,立足于公司基本面,而非简单地固守国企信仰。

(三)发债公司:合理安排债务结构,重视自主品牌竞争力

债务结构不合理是债券违约发生的重要原因之一,其引发的财务危机往往具有牵一发而动全身、易形成恶性循环等特点。在发生债券违约的公司中,由于债务结构不合理导致的违约占比较大。生产经营高度依赖负债,资产负债率长期高于同行业、对外担保等隐性负债都极易触发债券违约。此外,公司债务的期限结构与其资产流动性匹配与否,也是公司是否存在信用风险的核心点。如果公司的短期债务在总债务中占的比重过高,而其资产或现金流却无法覆盖,再叠加融资渠道过于单一,那么违约事件发生的概率就会大大增加。本案例中,华晨集团短期有息债务规模较大,公司的经营性现金净流入长期、持续地不足以支付其短期债务,流动资产无法覆盖流动负债,加大了公司的短期偿债压力。由此,债券发行人应优化债务结构,重视未来债券本息的偿还,不可随意腾挪资金,避免在债券到期日因流动性紧张而导致违约;同时要扩大融资渠道,多种融资方式相配合,保障公司发展资金充足,不断提升资金使用效率;另外,公司应避免大规模举债,不可盲目扩张,且发展战略应与公司实际相匹配。另一方面,在经济转型的背景下,没有自主品牌和核心技术的公司极易被市场淘汰。近年来,华晨集团并没有注重研发自身的造车体系,而是患上了"合资依赖症",自主汽车品牌的技术和竞争力不强、市场占有率低,在汽车行业下行的情况下,公司产品销量急速下滑,主营业务收入和净利润大幅下降,不断被市场边缘化,以至于很多消费者购买华晨宝马时发生"抠标"情况。华晨宝马仅凭一己之力无法挽救整个集团,最终导致公司资金链断裂,引发债券违约。如今,华晨汽车已悄然落幕,这也给众多车企敲响了一记警钟。"打铁还需自身硬",当今车市,仅仅依靠合资公司帮助的时代已过,只有不断创新发展自主品牌、拥有关键核心技术、提升自身核心竞争力,才能在竞争激烈的市场中赢跑大局。

(四)投资者:转变"国企刚兑信仰",提高风险防范意识

长期以来,由于刚性兑付的存在,我国债券市场一度出现"零违约"的情况,大量投资者依然存在绝对兑付的认知。但实际上,刚性兑付早已不再,投资者们应该意识到,债券投资本身蕴含着风险,投资需要更加谨慎、更加深入地理解产品构造与基础资产。一方面,"国企信仰"只是在违约发生时的支撑因素,而非决定性因素,在分析国企产业债时应当降低股东背景的权重。此外,对于各地政府应区别看待,在不同区域和不同时间段内,政府的施政意图也存在明显差异,国企在发生债券违约时,政府的救助意愿很可能并不高,投资者应审慎考虑。另一方面,产业债研究的基本逻辑仍要集中于企业经营能力的基本面,重点关注企业自身的经营状况。在对产控类的国企进行分析时,要重点关注母公司本身的经营状况、盈利能力及偿债能力,结合公司自身的现金流产生能力、外部融资渠道的畅通性和广泛性、存量资产变现能力等方面来进行判断,具体如下。①"子强母弱"下,深入分析母公司财务报表。如果母公司对强子公司(尤其是子公司为上市公司)的资产、现金流与盈利分配等控制力要明显弱于其对自身资产、现金流与盈利分配的控制力,那么投资者在这种情况下就要保持警惕。本案例中,华晨宝马作为华晨集团的二级子公司,在整车销量和营业收入上占集团母公司的比重很大,甚至在剔除华晨宝马的净利润之后,母公司会产生净亏损。合并层面看似良好的信用状况,往往可能掩盖了母公司层面的窘境,这就需要投资者予以关注。②衡量公司的流动性情况,不能仅关注账面指标,要多方面综合考量。企业账面上流动性最好的资产莫过于货币资金,最直观的流动性监测指标就是货币资金/短期债务,但该指标存在一定的局限性。华晨集团账面流动性看似非常充裕,但若考虑其转让优质下属企业股权、非标及贷款逾期、受限资产规模大、授信近乎枯竭等种种不利状况,则其实际流动性早已异常紧张。③重点关注再融资困难及投资质量较差的公司。融资渠道不畅、较高的法律诉讼风险以及持续的负面新闻等因素,都会直接或间接地影响公司的再融资能力。此外,华晨集团的母公司本身盈利能力不强,但是却进行了大量的固定资产和项目建设,公司新增的投资并没有及时形成有效的经营性资产,投资质量较差。如果目标公司有此类状况,投资者就应该审慎做出投资决策。综上,投资者应不断提高自身的风险意识,树立理性投资、风险自担的投资理念,在综合衡量之后再做出投资决策。

参考文献

[1] 郑步高,王鹏.我国债券市场违约成因、影响及对策研究[J].新金融.2021(1):44-47.

[2] 夏金彪.华晨破产重整警示中国汽车业"打铁还需自身硬"[N].中国经济时报,2020(2).

[3] 李鹤飞.华晨汽车自主品牌发展策略研究[D].长沙:中南大学,2008.

[4] 李塽爽,何瑛.缘何出现违约潮?[J].新理财:公司理财.2019(12):29-30.

[5] 卢先兵,崔海花. 2020 债券违约启示录:关注焦点从民企转国企,"信仰"碎了一地[N].21世纪经济报道,2021(8).

[6] 罗小伟,梁晨.我国企业债券违约的特征趋势、融资特点及风险处置机制研究[J].金融发展研究,2020(4):44-53.

[7] 杨雨晴.我国近期债券违约概况浅析[J].现代商业,2017(4):83-84.

[8] 陈思阳,王明吉.经济新常态下企业债券违约研究[J].财会通讯:中.2017(10):3-5.

[9] 刘颖.如何看待地方国企债券违约[J].中国金融,2021(4):54-56.

[10] 陈玉博,余来冬,王宇斯.国企债券违约的影响[J].中国金融.2016(24):67-68.

[11] 杨国旗.我国企业债券违约的影响因素及其对策研究[D].北京:中国财政科学研究院,2017.

[12] 袁浩.中国公司债券违约的驱动事项、影响因素及治理路径研究[D].北京:北京邮电大学,2019.
[13] 苗霞.债券违约形成整合性框架:文献的视角[J].财会通讯:下,2018(2):124-128.

教学用途与目的

1. 本案例主要适用于"财务管理""资本运营"等课程中公司财务战略、融资管理等相关领域的教学。

2. 适用对象:本案例主要针对 MBA、MPAcc、EMBA 和企业管理人员,以及经济类、管理类专业的高年级本科生和研究生。

3. 教学目的:债券是一种便捷高效的融资方式,其中信用债更是备受企业青睐的直接融资工具。然而随着我国债券市场的不断发展,债券发行规模持续扩大,债券违约呈现出高频化和常态化的趋势。债券违约是债券是市场发展的必然现象,适当的违约也有助于促进债券市场的长远和健康发展。华晨集团作为一家资产总额超 1 900 亿的大型国企,多年来是我国汽车工业自主品牌的主力军。然而,在多方因素的共同作用下,华晨集团于 2020 年年底发生了超市场预期的违约事件,国企光环背后是资不抵债的窘境。通过本案例的分析,可以帮助读者理解和掌握以下重要知识点:

(1) 中国公司债券违约的发展现状;
(2) 民营企业和国有企业债券违约的风险诱因;
(3) 宏观环境如何影响上市公司债券违约;
(4) 上市公司债券违约的经济后果;
(5) 相关利益者应如何促进我国债券市场的持续健康发展。

思考题

1. 中国公司信用债券违约的现状和特点?
2. 影响华晨集团债券违约的因素有哪些?
3. 简要分析华晨集团债券违约的风险传导路径。
4. 华晨集团债券违约事件引发了哪些经济后果?
5. 通过华晨集团债券违约事件思考如何甄别公司债券违约。

案例 7 境外债潮纳百企,谋篇布局定乾坤: 中石油境外债券融资之道

一、引言

国际化发展背景下,如何采取多渠道融资方式筹集资金拓展国际业务对于企业进行可持续价值创造至关重要。随着资源全球化趋势日益明显,企业融资渠道呈现多元化和跨地域性的变化。2019—2020 年,我国境外债券余额由 7 325.62 亿美元增长至 9 529.95 亿美元,同比增长 30.1%,截至 2021 年 7 月,我国企业发行的境外债券共存量 2 071 只,约 9 521 亿美元。我国借力境外发行债券的融资策略进行资本运作布局国际市场的上市公司与日俱增,国家监管政策的支持也使得我国未来境外债券市场充满新机遇,为融资模式国际化增添助力。

在新冠疫情冲击下,全球主要经济体货币政策大幅宽松,发行中资离岸信用债,不仅可以拓宽我国企业的境外融资渠道以缓解公司资金压力,还可以丰富境外债券品种,促进中资离岸债券深度融入全球金融市场,完善信用债市场体制以及提高债券市场的流动性,加速国际化进程。然而,内地大多数企业受限于经验和政策的影响,仍不能有效利用这些资源,而且境外融资过程中也存在其他有待解决的问题。

在全球经济下行周期中,各国市场信心不足,资金供应趋紧,融资难和融资贵的问题逐渐浮现,跨国公司还要面临各国的不同宏观经济状况和政策环境,融资问题更为严峻,这就要求公司在融资时综合考虑融资成功率、融资成本和融资风险等。为了抵御经济下行的压力和风险,企业在外源融资方面可以选择传统稳健的融资方式,酌情运用海外发行债券等国际融资方式,充分利用债券利差及税差优势。中国石油天然气集团有限公司(简称"中石油")是我国能源油气行业中占主导地位的油气生产及销售商,作为一家跨国公司,为了加强境内外协调沟通、促进国际合作、维护金融稳定,中石油不仅在国内广泛筹集资金,也将国际融资作为重要的资金筹集方式。自 2011 年 4 月至 2020 年年底,中石油共成功发行六次境外债券,发行期限大多集中在 3 年期、5 年期等中长期债券,发行方式均为 REGS 私募发行。本案例通过研究在全球经济下行周期、紧缩监管政策、中美贸易摩擦以及全球疫情的宏观经济背景下国资企业发行境外债券的融资行为,以中石油为案例,剖析发行中资离岸债券的影响因素,并将中石油与我国其他两大石油公司中国石油化工集团有限公司(简称"中石化")、中国海洋石油集团有限公司(简称"中海油")的境外债券融资现状进行对比分析,进而提出中石油在发行境外债券时所面临风险和防范举措,以在一定程度上防范未来发行境外债券时的潜在风险,提高企业境外融资的有效性。

二、公司简介

中国石油天然气股份有限公司(简称"中石油")是由中国石油天然气集团公司根据我国原国家经济贸易委员会发布的《关于同意设立中国石油天然气股份有限公司的复函》,将核心业务及与核心业务相关的资产和负债进行重组,并由中国石油天然气集团公司作为独家

发起人,于 1999 年 11 月 5 日注册成立的股份有限公司,是我国主要的油气生产和销售商之一,也是全球油气行业的重要参与者。2000 年 4 月,中石油分别在纽约和香港上市(纽约证券交易所 ADS 代码 PTR,香港联合交易所股票代码 857);2007 年 11 月,在上海证券交易所上市(股票代码 601857);2017 年 12 月 19 日,中国石油天然气集团公司名称变更为中国石油天然气集团有限公司,成为国有独资公司。中国石油天然气股份有限公司是中国能源油气行业占主导地位的油气生产及销售商,恪守"绿水青山就是金山银山"的发展理念,努力建设化石能源与清洁能源全面融合发展的"低碳能源生态圈",为实现中国"碳达峰""碳中和"和全球气候目标而贡献力量。同时,以科学发展观为指导,实施国际化战略,致力于建成具有较强竞争力的国际能源公司。中石油的主要业务包括:原油及天然气的勘探与生产、石油工程建设、工程技术与服务、国际油气业务、石油装备制造、天然气与原油的输送及销售等。中石油的经营业务涵盖了石油石化行业的各个关键环节,从上游的原油天然气勘探生产到中下游的炼油、化工、管道输送及销售,形成了优质高效、一体化经营的完整业务链,极大地提高了公司的经营效率,降低了运营成本,增强了公司的核心竞争力和整体抗风险能力。

(一) 财务绩效

在 2020 年这极不平凡的一年里,各行业饱受挑战,新冠疫情突如其来、全球经济陷入严重衰退、国际油价断崖式下跌、油气市场需求急剧萎缩,全球疫情蔓延严重冲击了海外市场,各类风险急剧增加、各种矛盾相互交织,对公司生产经营冲击前所未有。中石油砥砺前行,统筹推进疫情防控、改革创新等各项工作,在"大战"之年经受住了考验,取得了优于预期的经营业绩,世界一流国际能源公司建设迈上新台阶。中石油 2016—2020 年的经营与财务业绩如表 7-1 所示。

表 7-1 中石油 2016—2020 年的经营与财务业绩

单位:万元

财务指标	2016 年	2017 年	2018 年	2019 年	2020 年
净利润	79	227.93	530.30	456.77	190.02
营业总收入	16 200	20 200	23 700	25 200	19 300
营业总成本	16 000	19 700	22 600	24 200	19 300
每股收益/元	0.04	0.12	0.29	0.25	0.1
资产合计	24 000	24 000	24 400	27 300	24 900
负债合计	10 200	10 200	10 300	12 900	11 200
所有者权益合计	13 700	13 800	14 100	14 400	13 700
收入增长率	-6.4%	25%	17%	6%	-23.4%
净资产收益率(ROE)	0.7%	1.9%	4.4%	3.7%	1.6%
销售毛利率	23.58%	21.41%	22.49%	20.44%	20.02%
息税前利润(EBIT)	884.67	693.25	609.79	464.2	681.18
经营活动现金流量净额	2 651.79	3 666.55	3 532.56	3 596.1	3 185.75
投资活动现金流量净额	-1 758.87	-2 435.46	-2 678.12	-3 329.48	-1 819.86
筹资活动现金流量净额	-670.07	-947.25	-1 257.03	-272.76	-994

数据来源:中石油 2016—2020 年年报。

从偿债能力来看,近年来中石油资产负债率相对稳定,2016年—2020年资产负债率分别为42.5%、42.5%、42.2%、47.3%、45%,略低于行业均值(同行业资产负债率均值约为50%以上)。但从筹资活动现金流量净额可以看出,中石油的该指标自2016年来均为负值,说明其流入资金(借入)小于流出资金(分红)。中石油的企业净利润自2018年后至2020年有所回落,2020年的息税前利润(EBIT)却较上一年增长46.7%,说明其净利润的下降的部分原因是利息费用等支出过多。

从盈利能力来看,首先,自2017年起中石油的营业收入呈大幅下降趋势,其收入增长率从2017年的25%直线下降到2020年的-23.4%。其次,销售毛利率的逐年上升表示公司经营状况好,盈利能力强,而中石油的销售毛利率相对稳定,并未呈现明显上升趋势,但相比前些年,2020年的销售毛利率稍有下降,公司可通过降低成本及业务创新等方式提升销售毛利率。最后,净资产收益率是综合评估企业盈利能力的核心指标,石油开采行业中位数为6.7%,而中石油的净资产收益率偏低于行业中位值之下,2020年其股东权益报酬率已低于三年前的水平。由图7-1可知,2016—2019年的营业成本占收比稳定下降,但成本占收入比依然相对较高,以至2020年营业总收入与营业总成本持平,净利润负增长。未来消费者对石油的需求与日俱增,再加上有国家政策的扶持,可以对石油行业的未来发展有所期待。在未来的企业经营中,中石油应注意筹资方面,更偏向利用融资成本低,融资效率高的筹资方式,例如发行境外债券筹资,有效降低筹资成本。由此可知,中石油盈利水平稳定,但核心指标在行业平均水平之下,可以看出其2019—2020年盈利能力与其他年度相比明显较弱。

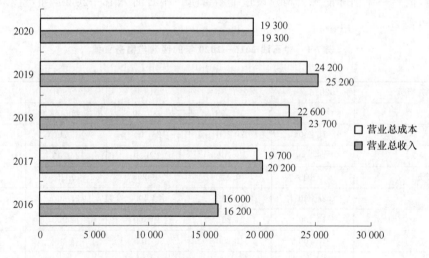

图7-1 中石油营业成本与收入对比图(单位:亿元)

从中石油持续发展能力来看,基于"德尔菲法",分别为每个维度(宏观环境维度、行业维度、财务维度、创新维度、责任维度)内的各考察变量赋值并评分,建立雷达图来综合判断中石油的持续经营能力。通过雷达图(图7-2)可以看出,中石油多受宏观环境支持,但在创新维度明显弱势,其商业模式有待调整,应继续加强融资、创新等方面,加快国际间商业合作,实现持续经营发展。

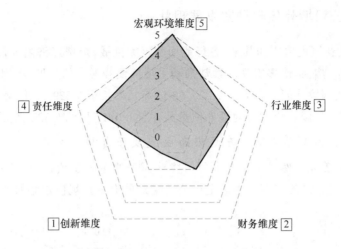

图 7-2 中石油持续发展五大维度雷达图

(二) 融资结构

国内外业务拓展促使中石油融资需求不断加大,选择适宜的融资渠道可以推进企业可持续价值创造。自中石油上市以来,筹资现金总流入 87 460.1 亿元,其中直接融资 6 588 亿元,融资类型包括短期融资券、中期票据、公司债券以及上市公开发行股票;间接融资 80 872 亿元,融资类型包括短期借款及长期借款,中石油历年融资结构如表 7-2 所示。

表 7-2 中石油历年融资结构

单位:万元

融资指标		金额 1	占比 1	金额 2	占比 2
累计募资	直接融资				
	首发	6 680 000	7.37%	6 680 000	0.76%
	股权再融资	—			
	债权融资	59 200 000	65.34%	59 200 000	6.77%
	合计	65 880 000	72.71%	65 880 000	7.53%
	间接融资				
	短期借款	6 006 200	6.63%	—	
	长期借款	18 718 400	20.66%		
	合计	24 724 600	27.29%	808 720 900	92.47%
合计		90 604 600	100%	874 600 900	100%

注:数据来源于 Wind 数据库。金额 1 中间接融资按增量负债计算,金额 2 中间接融资按筹资现金流入计算。

本案例从直接融资和间接融资的角度划分中石油的融资结构,2007 年 11 月在上海证券交易所以发行价 16.7 元首次公开发行股票总额 6 680 000 万元,首发后中石油债券融资中发行短期融资券占比最大,共募集 25 次,中期票据 16 次,境内公司债 12 次及境外公司债 6 次。按筹资现金流入来看,由于银行借款的资本成本小于发行债券的资本成本小于公开发行股票的资本成本,因此中石油间接融资的占比最大,其次是直接融资中的债券融资方式。

三、中国上市公司境外债券融资发展现状

2019年年底新冠疫情突如其来,各行业面临巨大挑战,全球经济陷入严重衰退,导致融资风险急剧增加。然而,诸多宏观因素却推动了境外债券融资的发展,巩固了企业间的国际合作。2020年,我国境外债券余额由7 325.62亿美元增长至9 529.95亿美元,增长30.1%。截至2021年7月,我国企业发行的境外债券共存量2 071只,约9 521亿美元。

(一)境外债券融资现状:美元仍为主流发债货币

按币种来看,美元依然是中国上市公司境外债券的主要发债货币,共发行1 903只,约8 960.56亿美元,占比92.71%。中国上市公司境外债券发行规模走势如图7-3所示。

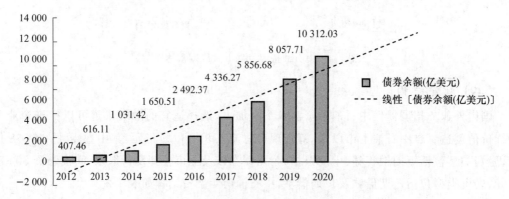

图7-3 中国上市公司发行境外债券规模走势

通过图7-3可看出中资离岸债券市场规模余额的增长速度是逐年上升的,尤其是在2019—2020年间债券余额上涨近2 254亿美元。经分析,2019—2020年境外发债规模的增长与疫情背景下全球经济下行周期相关,该经济背景导致外币利率大幅下降,降低了企业发行债券成本。通过线性预测,2021年境外债券市场余额将继续上升且增速也会继续加强,境外债券市场规模有望突破12 000亿美元。

按债务主体所在行业来看,中资金融境外信用债(38.27%)和中资房地产境外信用债(22.19%)占比最大,分别共存量660只(约2 268亿美元)、565只(近3 711亿美元)。能源行业境外发债规模占比4.74%,共计发行63只境外债券,总金额达450.66亿美元。境外债券发债主体行业分布如图7-4所示。

按期限分析,3~5年期债券占比最大(约31.16%)。2020年,投资者风险偏好下降,导致整体发行票息降低,金融行业和房地产行业的发行人纷纷把准时机,提高新发债券的年期。从已有数据来看,短年期中资境外债券发行规模同比下跌34.54%,其占总新发规模的比例由2019年的58.08%缩减至44.87%,与此同时,5年期以上债券规模同比大幅增长58.43%。期限过短的债券偿还风险较大,资金使用时间较紧张,而期限过长则导致未来需偿还更多利息,并存在利率波动以及或有闲置资金的风险,因此,大部分企业会根据资金用途来选择中年期的3~5年期债券发行。目前,我国企业借助境外债券融资的策略及布局国际市场的融资行为渐趋常态化。

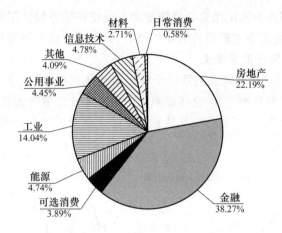

图 7-4 境外债券发债主体行业分布图

(二) 境外债券融资趋势：宏观因素推动中资离岸债券发展

截至2020年年末，中国债券总托管规模已达到114.28万亿元，债券市场的主体类型不断丰富，其中中资离岸债券总发行规模超过10 000亿美元，约合人民币6.5万亿元，占中国债券市场总规模5.7%，同比上涨6.5%。中资离岸债券规模的扩大是源于诸多全球宏观因素的推动，有利于巩固企业间的国际合作，实现各企业共同发展。

1. 全球经济下行周期使境外债券发行加速

目前，全球处于经济持续下行阶段，各国央行加大放水力度。国内生产总值是衡量经济总体发展的核心指标，也是一国最终消费、投资及净出口三种需求的总和，因此，通过世界主要经济体GDP变化率可以发现全球经济下行速率与境外债券增长率之间呈反向关系（如图7-5所示）。

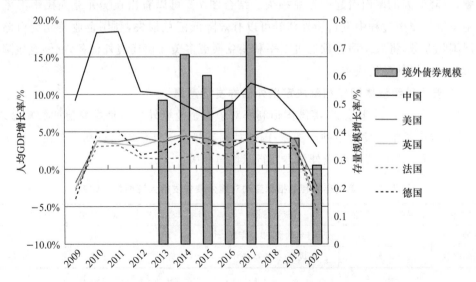

图 7-5 世界主要经济体人均GDP增长率与境外债券存量规模增长率

在全球经济下行阶段，我国境外债券的市场规模增长率普遍偏高，其原因在于美国超额印钞导致美元贬值，促使美元兑人民币汇率下降，为我国企业利用境外筹集的美元资金扩大国际业务模式,并利用企业人民币资金换取更多美元偿还债务提供了便利。因此,我国大量企业借此机会发行以美元为主要币种的境外债券,促使境外债券的发行频率呈上升态势。

2. 中美贸易摩擦降低汇兑损失

2018年以来,中美贸易的紧张关系使全球汇市战战兢兢,在中美贸易战逐步升级的影响下,美元兑人民币汇率有所上升,直接影响到中资企业发行境外债券偿还本息的人民币资金量,而在这样的背景下,对于发行境外债券的中国企业来说却未必利空。美元兑人民币汇率走势如图7-6所示。

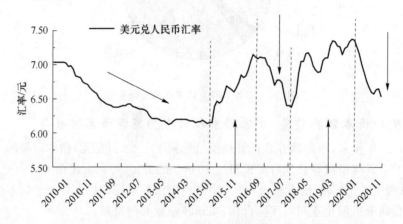

图7-6　2010—2021年美元兑人民币汇率走势图

境内公司发行境外债券筹集的资金使用较为灵活,可以选择调回境内使用、直接投资于境外项目或者偿还前一笔境外债。在间接发行的交易结构下,人民币贬值,而美元升值,企业可以利用未到期的美元债券换取更多人民币使用,也可以选择用募集资金直接偿还前一笔借款,以降低因汇率而引起的汇兑损失。结合图7-5可以看出在美元兑人民币汇率上升期及中美贸易摩擦过程中发行境外债券可以有效降低汇兑损失,利用企业美元货币储备积极拓展国际业务,将人民币存款通过汇率利差兑换更多美元偿还境外债务,能够有效降低中国上市公司的境外融资成本。

3. 主要币种经济体国债利率决定境外债券发行意愿

2015年后,中国政策放宽,美国国债利率对中国企业境外发行债券意愿的影响显现,美国(境外债券市场主要发行币种经济体)国债利率态势与境外债券发行利率存在正比例关系(如表7-3所示),与中资企业境外债券发行意愿负相关。

表7-3　美国存款利息指标变动对境外债券发行人意愿传导体系

利息指标	无风险利率(国债)	投资者意愿	市场债券价格	债券利率	债券发行人意愿
美联储加息	上升	低风险(国债、银行存款)	下降	上升	降低
美联储降息	下降	高风险(二级市场)	上升	下降	增强

美联储降息使银行存款、国债与贷款利息下降,使投资者的投资意愿偏向风险较高的二级市场,刺激股票及债券市场(如图7-7所示)以致市场债券价格上升,利率下降,而低利率降低了企业发行境外债券的融资成本,进而增强发行意愿。

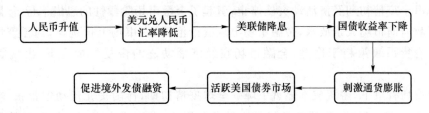

图 7-7 美国国债利率对境外债券市场传导体系

中国境外债券市场主要分为三个阶段(如图 7-8 所示)。第一阶段,2011—2015 年,由于国内对境外债券监管政策趋紧,美国国债利率对我国企业境外发债利率的影响不明显,企业境外发行债券意愿较稳定,发行规模维持在 200 亿美元左右。第二阶段,2016—2018 年,2016 年起国债利率对中国企业境外发债意愿的影响开始显现,2016 年美国国债利率最低点 1.84%,刺激股票及债券市场以至价格上升,票息下降,融资成本减少,境外债券发行规模较 2015 年上升 37%(约 300 亿美元)。2017—2018 年,美国国债利率升至最高点 2.91%,2017 年因国内出台"债券通"推进境外发债政策利好,增加了境外发债规模,但美国国债在 2018 年上升至高点 2.91% 使境外债券发行规模回落,同比下降 18.7%。第三阶段,2019—2020 年年初,受到经济下行趋势以及新冠疫情暴发的影响,美国国债利率大幅降低,使境外债券票息下降,中资企业发行境外债券意愿增强。因此,在国家政策稳健推动境外债券发展的背景下,境外债券市场主要发行币种经济体的国债利率与境外债券利率成正比例关系,与企业发行境外债意愿负相关,主要币种经济体国债利率下降,增强了中国企业境外债券的发行意愿,降低了还息成本。

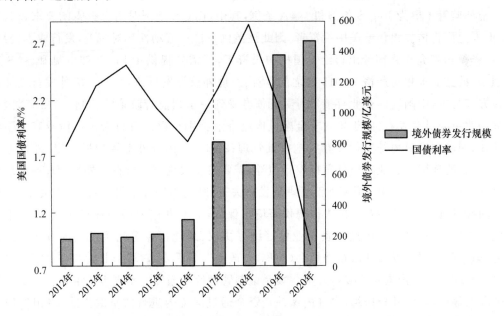

图 7-8 美国国债利率与境外债券发行规模态势

4. 全球疫情带来境外发债新机遇

2019 年年底,新冠疫情蔓延全球,疫情的突袭导致全球资本市场大幅震荡。疫情初期,各国政府开始向市场投放基础货币以刺激经济,大量货币超发使得大部分货币流入金融市场。同时由于疫情初期经济活动突然停止,引起了金融市场阶段性的恐慌下行,但随着疫情中期各国政府向市场大量放水,金融市场出现资产泡沫,有市场上行迹象,到了疫情后期随着各国政府货币政策趋于稳健,金融市场在经济活动逐渐恢复的情况下,出现震荡上行趋势。

新冠疫情背景下,融资成本显著下降。全球疫情初期,伴随美元流动性紧张,境外债券融资行为受到明显影响,为缓解危机带来的负面影响,美国出台一系列财政政策及货币政策;疫情后期,全球经济回暖,美元流动性恢复,境外债券融资市场也逐渐恢复,截至2020年年底,全年境外债券市场合计融资1 909.8亿美元,同比增长2.8%,但由于到期量明显增多,实际实现净融资800亿美元,同比减少12%。2020年1月上旬超30家房地产企业公布的融资计划中,海外发债以572亿人民币的融资规模占总融资规模的近67%。通过上述数据可以看出,疫情防控期间,发债企业更偏向选择海外发债,其主要原因有以下三点。首先,疫情原因使得企业无法进行正常经营,需要快捷有效的融资方式,而海外发债相对于境内发债,存在着审批手续更简便、周期更短的优点;其次,从2019年年底到2020年年底,因国内疫情处于爆发阶段,而国外疫情尚未大面积爆发,企业选择境内发债的方式可能无法充分实现融资目标,故企业更倾向于海外发债;最后,疫情后境外债券的融资成本创新低,且有诸多海外发行债券的利好政策,例如:外债备案登记证明有效期延长,对于企业而言,能够在延长期内选择发债成本较低的时点进行操作,可为企业节省发债成本,凸显出市场较好的韧性,为境外债券的发行带来新机遇。

5. 国内监管政策严格加速中资离岸债券发行

境外监管主要为Reg S条例和144A条例,其中,Reg S条例对信息披露的要求较为简单,但不允许将债券出售给美国投资者,因此该条例下债券流动性相对较差,发行成本较高;144A条例虽然允许将债券出售给美国机构投资者,但需要提供10b-5法律意见和SAS 72安慰函,披露要求相对严格。2015年之前,境内对境外债券发行监管严格,境外发行债券以间接方式为主,中国境内企业直接发行美元债券受到一系列监管政策的管制,2012年,国家发展和改革委员会发布《关于境内非金融机构赴香港特别行政区发行人民币债券有关事项的通知》明确国家对境外发行债券实施审批管理;2013年,国家外汇管理局制定《外债登记管理办法》明确境内企业在境外直接发行债券,需要按有关规定在所在地外汇管理局办理外债签约登记手续;2014年,国家外汇管理局发布关于《跨境担保外汇管理规定》的通知,明确对于间接发行方式,如涉及境内主体提供跨境担保的,需要办理内保外贷签约登记,由于发行监管严格且门槛较高,因此中资企业偏好维好协议、跨境担保等间接发债的方式。2016年起,国务院与国家发展和改革委员会(简称"发改委")先后发布《取消非行政许可审批事项的决定》以及《关于推进企业发行外债备案登记制管理改革通知》,不再审批中资企业发行境外债券的额度,内保外贷松绑,允许内保外贷资金通过向境内进行放贷的方式,将担保项下资金直接或间接调回境内使用,开放发展新理念推动中国企业深度融入国际市场。

(三)境外债券融资流程:六大发行步骤完善发债结构

如图7-9所示,中资美元债的主要发行流程一般包括策划发行体系、指定中介机构、匹配评级机构、完善启动项目、推进发债路演、落成定价发行等六个环节,理论耗时6~8周,实际耗时约 6~12 周,具体项目会存在进度差异。

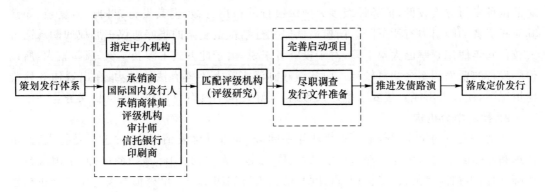

图 7-9　中国上市公司境外债券发行流程图

1. 策划发行体系

在债券发行前的准备期,发债公司需要通过评定大背景下适合债券发行的方式来确定本次的发行结构,以确保有效发行。境外债券的发行架构主要有两大类,第一类是境内企业直接海外发债,第二类是母公司以各种方式提供跨境担保或承诺的间接发债,有维好协议+股权回购承诺、内保外贷两种架构,而内保外贷又根据担保方不同,分为境内集团公司跨境担保、境内外银行提供备用信用证担保两种方式。中国上市公司境外债券发行结构体系如表 7-4 所示。

表 7-4　中国上市公司境外债券发行结构体系

发行方式	境内企业直接发债	母公司跨境担保	银行出具备用信用证	维好协议+股权回购承诺
发行门槛	很高,国企、金融机构为主	较高,需要母公司信用评级较高	较低,债券评级多为担保银行的信用评级	较低,不涉及担保
监管力度	较大	较大	较大	最小
发行架构	最直接	较直接	较复杂	最复杂
融资成本	票息最低	一般	较低	最高
资金回流	过去受限,现较灵活	过去受限,现较灵活	过去受限,现较灵活	一直较灵活
发行趋势	上升	上升	上升	下降

资料来源:百度数据库。

境内企业直接发债的发行门槛较高,但融资成本票息低,发行主体为境内公司,不需要担保、维好、信用证等增信方式,因此直接发债是所有发债架构中最简单、但门槛最高的方式,但由于 2015 年发改委发布取消了企业发行外债的额度审批,实行备案登记制管理,发改委按年度一次性核定外债规模,企业可分期分批完成发行,降低了直接发债的过审难度,这种发行方式监管要求较高,但相对以前有所放开。在 2015 年发改委"2044 号文"出台之前,直接发行境外债的主体主要是金融机构和大型国有企业,"2044 号文"出台之后,政策支持海外募得资金优先用于"一带一路"、京津冀协同发展、长江经济带发展等重点领域,降低了某些行业直接发债渠道的进入门槛,且资金回流的灵活度较高,但要注意的是需要上交 10% 利息预提所得税。间接发债主要分为境内母公司担保和维好协议两种方式,第一种方式是国内集团提供担保,可以由境内母公司直接担保或母公司在银行开具备用信用证,由银行进行担保；第二种方式是维好协议＋股权回购协议，而银行出具备用信用证的发行门槛相对前两种发行方式较低，债券评级多为担保银行的信用评级，但其发行架构较为复杂，导致其对投资者的吸引力有所下降。门槛最低但发行结构最复杂的维好协议＋股权回购承诺方式较前几年使用频次已大幅下降，对于投资者来说，由于此方式不涉及担保，风险较大，所以债券发行的票面利率会相对较高。而且维好协议实际上不具有法律效力，在出现债务风险的情况下，债权人不能直接要求维好人履约，维好人也不具有对债权人的支付义务。

2. 指定中介机构

在债券发行的第1周企业要选聘法律顾问，通知审计师发债事宜，并选择受托人、上市代理和印刷商。参与中介一般包括承销商、国际发行人律师、国际承销商律师、中国发行人律师、中国承销商律师、评级机构、审计师、信托银行和印刷商。境外债券发行中中介机构也占着相当重要的角色，选择信用高、名誉优的中介机构不仅在路演时会带来极大的好处，而且也能使投资者在选择债券投资时更加信服、更加安心，因此能够吸引更多投资者。比如公司在评级时会请一家投行作为评级顾问，评级顾问往往都有在评级公司工作的经验、较为熟悉评级公司在评级时关注的重点问题，并且与评级公司有着较好的关系，可以帮助公司获得较为理想的评级目标。

3. 匹配评级机构

债券发行人的信用评级在境外债券的发行过程中至关重要。信用评级是第三方信用评级中介机构对债务人如期足额偿还债务本息能力的评价，是国际投资者进行债券投资的重要参考，在国际资本市场中受到广泛关注。根据历史境外债券发行分析来看，评级每低一级，发行的利差将会增加10bp左右，而且投资者也对发行人的信用评级相当看重。鉴于此，发行企业应积极配合中介机构，精心准备信用评级材料，在路演中充分体现自身优势以及信用亮点，以获得国际信用评级机构的认可，降低融资成本。

4. 完善启动项目

在境外债券的发行过程中，在确定评级机构、配合评级机构完成相关流程、公布评级之后，企业将开始启动项目，项目启动工作包括：准备法律文件，如准备法律信息及财务信息，律师及审计师等专业人员出具的相关法律文件；相关尽职调查，如开展财务、业务、法律的尽职调查等。首先，项目启动一般是在第1周完成，其内容包括召开启动大会并启动业务、法律、财务等方面的尽职调查，企业在此阶段会初步接触潜在投资者，为后期销售策略的制定做准备。其次，准备发行文件一般在债券发行的第2周至第6周完成，包括展开尽职调查，准备草拟募集说明书、安慰函、法律意见书、条款协议、代理协议、认购协议等文件，召开评级机构说明会，草拟路演演示材料及回应投资者问题等具体工作。最后，投行会对审计师进行尽职调查，作出尽调报告。启动项目各审查机构的主体职责如图7-10所示。

5. 推进发债路演

发行前路演一般在债券发行的第7周完成。路演是国际上广泛采用的发行推广方式，发行商在投资银行家或者支付承诺商的帮助下，于发行债券前针对机构投资者进行推介活动，该活动是在投资、融资双方充分交流的情况下，促进债券成功发行的重要推介和宣传手段，能够促进投资者与发行人之间的沟通和交流，以保证债券的顺利发行，并有助于提高公司发行债券的潜在价值。路演可以促进投资者与管理人之间的沟通和交流，以保证境外债券的顺利募集，包括安排路演及投资者会议、录制网上路演、刊印和分发发行通函、公布交易、路演、公布交易前尽职调查、定价及签署等细项。

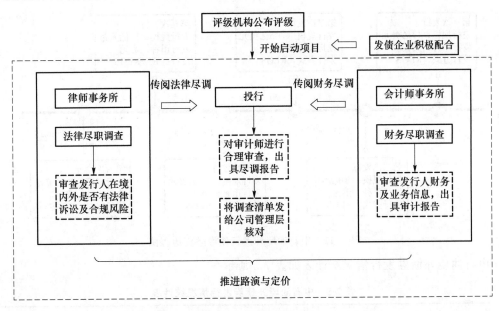

图 7-10　启动项目各审查机构的主体职责

6. 落成定价发行

债券价格与债券本身的票面利率、复利年收益率、到期时间都有关系。总体来说,债券价格的特性可以归纳为五点:债券价格与到期收益率成反比;到期时间越长,债券价格对利率的敏感性越大;债券价格对利率变动的敏感性的增加程度随到期时间的延长而递减;到期收益率下降使价格上涨的幅度高于到期收益率上扬使价格下跌的幅度;低票面利率债券对于利率变动的敏感性高于高票面利率债券。

四、中石油境外债券融资发展现状

随着对外开放程度不断加深,"引进来,走出去"的理念也深深地融入我国各大企业的融资管理思想中,越来越多的企业发行以美元为主的境外债券。2011 年 4 月 28 日,中石油在香港联交所首次发行以美元为发行币种的债券,开启了境外融资之道。中石油最近一次发行境外债券是在 2020 年 6 月,它成功定价发行了 20 亿美元的 S 规则美元债券,这是中石油在国际美元债券资本市场上的第六次成功发行,亦是其阔别海外美元债券市场六年后的首次亮相。

(一)中石油境外债券融资历程:阔别境外债券六年精准把握时机再发行

中石油 2011 年在港完成发行 17 亿美元债券,开创了国内"三桶油"(中石油、中海油、中石化)境外发债的先河。此后,中石油境外债券(如图 7-11 所示)主要发行币种为美元(USD),发行期限大多集中在 3 年期、5 年期等中长期债券。2011 年 10 月中石油成功发行第二次境外债券,共融资 30 亿港元;2012 年 4 月成功发行第三次境外债券,共融资 11.5 亿美元;2013 年 4 月成功发行第四次境外债券,共融资 7.5 亿美元;2014 年 11 月成功发行第五次境外债券,共融资 15 亿美元;最近一次发行境外债券是在 2020 年 6 月全球疫情的背景下,中石油积极把握有利宏观环境,取得极低的融资成本,成功发行 20 亿美元境外债券。

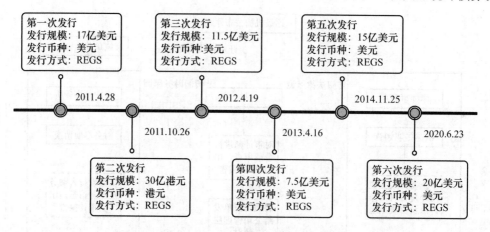

图 7-11 中石油境外发行债券融资历程图

中石油境外债券发行情况统计表如表 7-5 所示。

表 7-5 中石油境外债券发行情况统计表

发行日期	发行主体	发行规模/亿美元	发行期限/年	发行方式	币种	主体评级
2011.04.28	中国石油财务(香港)有限公司	5	30	REGS	USD	A1/——/——
2011.04.28	中国石油财务(香港)有限公司	7	5	REGS	USD	A1/——/——
2011.04.28	中国石油财务(香港)有限公司	5	30	REGS	USD	A1/——/——
2011.10.26	中国石油天然气集团有限公司	25	2	REGS	CNH	A1/——/A+
2011.10.26	中国石油天然气集团有限公司	5	3	REGS	CNH	A1/——/A+
2012.04.19	中国石油财务(香港)有限公司	5	10	REGS	USD	A1/——/——
2012.04.19	中国石油财务(香港)有限公司	6.5	5	REGS	USD	A1/——/——
2013.04.16	中国石油财务(香港)有限公司	7.5	10	REGS	USD	A1/——/——
2014.11.25	中国石油天然气集团有限公司	7	5	REGS	USD	A1/——/A+
2014.11.25	中国石油天然气集团有限公司	5	3	REGS	USD	A1/——/A+
2014.11.25	中国石油天然气集团有限公司	3	3	REGS	USD	A1/——/A+
2020.06.23	中国石油天然气集团有限公司	9	5	REGS	USD	A1/——/A+
2020.06.23	中国石油天然气集团有限公司	6	3	REGS	USD	A1/——/A+
2020.06.23	中国石油天然气集团有限公司	5	10	REGS	USD	A1/——/A+

数据来源:Wind 数据库。

注册发行指的是在美国证监会注册发行,发行人必须是在美国债券市场进行定期披露的公司,因此,一般企业发行以美元为币种的境外债券时,为规避严格的监管和披露规则,经常选择私募发行作为境外债券的发行方式。私募发行的方式分为 REGS 与 144A 两种方式,REGS 的发行对象是美国境外的投资者,即国际投资者;而 144A 的发行对象还包括美国境内的合格机构投资者(即 QIB),这种发行方式主要是吸引非美国企业进行债券发行。由于 144A 规则下的发行对象还包括美国境内投资者,因此,一般大于 5 亿美元且期限长于

10年以上的境外债券会采取144A发行,以确保发行成功。在私募市场面向机构的证券再销售,虽可以不受美国证监会限制,但只能面对合格机构投资者私募发行,所以涵盖的投资者规模相对较小。与中国"三桶油"之一——中海油不同的是,中石油六次境外债券的发行方式均为REGS,而非在美国证监会注册发行。通过对比分析,国内主要的三大石油公司中石油、中石化以及中海油如今已成境外债券发行的"常客",自2011年以来中石油的发行规模相对低于另外两家石油公司(如图7-12所示)。

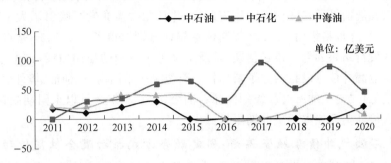

图7-12 三大石油公司2011—2020年境外债券发行规模趋势图

由图7-12可看出,"三桶油"中,中石化的发债规模是普遍偏高的。2013年,中国能源企业掀起了海外融资的热潮,中石油、中石化、中海油在境外发行总计95亿美元的美元债券。其中,中石油在港完成发行20亿美元债券,开创了境外发债的先河。2014年之前,三大石油公司发债的规模总体来说呈稳定增长趋势,且差异不大;自2015年起,中石油连续6年未发行海外债券,直至2020年,这次发债是其六年来第一次发行境外债券。中石油积极把握了目前全球极低的基准收益率水平和高流动性的市场环境,精准把控动荡环境里的市场窗口,取得了大幅为负的新发行溢价和极低的融资成本,精准研判市场走势成功发行3/5/10年期共20亿美元境外债券。在长达十年的境外债券发行史中,中石油是"三桶油"中发行债券规模最小的公司,可以看出中石油对发行境外债券的需求相比中海油以及中石化更低。2020年国内"三桶油"均进行了境外债券融资,发行情况如图7-13所示。

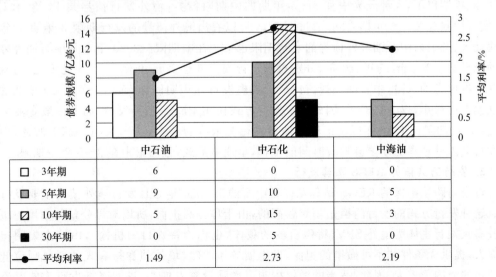

图7-13 三大石油公司2020年境外债券发行情况统计图

2020年5月14日,中石化成功发行10亿美元5年期、15亿美元10年期、5亿美元30年期债券,共计30亿美元多品种债券,利率分别为2.15%、2.7%、3.35%;2020年6月18日,中海油成功发行5亿美元5年期和3亿美元10年期无抵押美元债券,利率分别为1.875%、2.5%;2020年6月23日,中石油发行美元债券6亿美元3年期、9亿美元5年期、5亿美元10年期,共计20亿美元,利率分别为1.125%、1.35%、2%。在2020年境外债券的发行中,中石油突破的多项纪录中包含着投资者对其再次回归的情绪溢价,反映出投资者对中石油未来发展前景的持续信心和较高期待,并且此次债券发行吸引了大量高质量投资者的积极参与,最终价格指引3、5、10年期债券累计分别取得了70、67、67基点的收窄。此次境外债券的发行结果远超于市场预期,重新定义了中石油的信用曲线,创造了多项纪录,成功为中资企业海外债券发行树立了新标杆。新纪录一是国内"三桶油"境外美元债券发行历史同期限最低;二是全球所有高级别国际石油公司2020年3月以来同期限最低;三是中国企业发行人境外美元债券历史同期限最低。

(二)中石油境外债券融资偏好:固定融资方式推动混合性发债动机

发行债券是企业筹资融资的重要途径之一,其发债动机可以分为三方面:扩张性、调整性以及混合性。扩张性指的是企业为了扩大经营规模等进行筹资,调整性指的是调整公司的资本结构,比如企业负债率、杠杆率等,混合性则是两者结合。债券存在多个特点,吸引着各大企业。第一,发行债券最重要的优势是利息可抵所得税,债券利息可计入财务费用进行抵税,对于企业而言发行债券的成本低于股权融资和融资租赁,对于投资者而言买入债券的风险低,相对增强吸引力度。第二,公司发行债券保障股东控制权,不至于因稀释股权而影响到股东利益。中石油境外债券融资更偏好混合性发债动机,一方面,是为了拓展国际业务,促进国际合作,大力开发石油、天然气等能源;另一方面,是为了调整负债结构,优化财务状况。

1. 发行期限偏好中期限

截至2020年6月中石油共发行境内债券41笔,共计25次,并且境内发行的债券期限均在20年期以下,大部分集中在3~5年期的中期限债券;境外发行债券共14笔,共计6次,发行期限在2~30年期之间,通过图7-14可以看出境外债券的发行期限3年期、5年期占比最大(29%),中石油境外债券的发行期限也集中在中期限。2020年6月中石油境外债券的发行期限为3年、5年、10年,分别对应发行规模6亿美元、9亿美元、5亿美元,为减少短期还本付息的风险,中石油选择占比最大规模发行5年期债券,而由于发行10年期的债券规模占比最小,仅5亿美元,因此此次发行方式使用REGS私募发行,而非一般企业大于5亿美元且期限长于10年以上的境外债券发行会采取的144A方式发行。综上所述,中石油发行境内外债券的期限会随着时间的推移,呈递减形式,且均集中在3~5年中期限。

2. 发行方式偏好REGS私募发行

母公司跨境担保的REGS私募发行是中石油于2020年6月发行境外债的主要发行方式。这种发行方式的发行门槛是相对较高的,由于母公司担保,所以对母公司的信用评级要求较高。发行主体为境外SPV(特殊目的的载体,也称为特殊目的机构),由境内集团担任担保人,提供无条件和不可撤销的担保,发生债务违约时,境外债券持有人的偿付顺位低于母公司的境内债权人,因此,适当的增信措施可增强投资者信心,进而降低发行人的融资成本。中石油担保股权架构如图7-15所示。

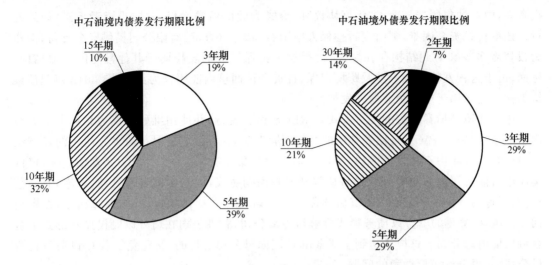

图 7-14　中石油境内外债券发行期限占比

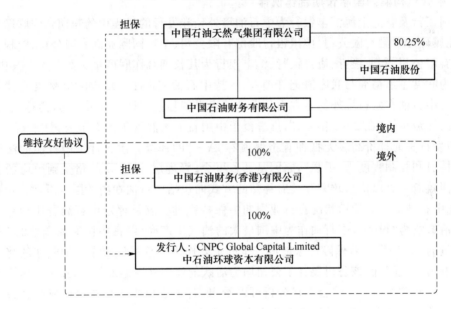

图 7-15　中石油担保股权架构

中石油境外债券融资的发行架构是直接跨境担保结构,境外子公司为债券的发行人,境内注册的母公司通过对债券提供跨境担保,成为实际发行人,该结构下的债券定价主要参考担保人的信用评级,投资者对于直接担保的债券结构也较为青睐,因此该种结构可以满足较大的融资需求,由于资金使用及审批流程上的限制,采取此种方式发债的企业多为在海外有资金需求的大型企业,此次中石油就是运用此方式进行债券发行的。该种结构的优势是债项增信效果明显,融资成本较低,缺点是审批流程较长,且资金回流受到限制。中石油的担保结构与中石化和中海油相比较为复杂,中石化发行的境外美元债券由境内100%母公司为其提供直接的信用担保,担保结构最强;中海油发行的境外美元债券由在香港上市的中国海油提供担保;而中石油发行境外债券由100%子公司中国石油财务(香港)有限公司提供担保,但由于中国石油财务(香港)有限公司担保能力不强,为了增加投资者信心、吸引更多投资者,中石油集团选择通过"维好协议"的形式为此次债券增信,并向投资者承诺:如果发行人还本付息资金困难,则由发行担保人中国石油财务(香港)有限公司提供资金支付,但作为投资者多少会对此结构存在疑虑,使得这一担保结构的安排弱于其他常见的担保结构。然而,由于这种发债架构不涉及跨境担保,且资金调回境内使用较为灵活,自2012年起该架构就被广泛运用于中资企业境外发债。

中石油境外债券融资的发行方式是REGS私募发行,并使用维好协议为企业增信。境内企业通过境外SPV发行债券常用的"维好协议(keep well)"是中石油率先使用的发行结构,比如2020年中石油发债阶段,中国石油天然气集团有限公司(CNPC)是发债主体,境内集团中石油集团向CNPC提供维好协议和股权回购协议,同时中国石油财务(香港)有限公司(后续称为香港公司)为CNPC(后续称发行公司为"C")提供担保,双重保障信用,在资金回流阶段,C募得的资金以债务形式拆解给香港公司,香港公司在境外以股权投资形式把资金调回境内母公司。这样既达到了资金由C流向母公司的目的,又避免了若C以股权投资母公司,所得分红需要纳税的问题。

3. 中介机构偏好国际长期合作伙伴

中国银行及香港上海汇丰银行为中石油境外债券发行的过程中的长期合作联席全球协调人,花旗环球金融有限公司、中国银行股份有限公司、中银国际亚洲有限公司、摩根大通证券股份有限公司、兴业银行、渣打银行、汇丰银行为其长期合作联席牵头经办人。其中,渣打银行作为联席主承销商与联席簿记管理人,支持中石油完成了2020年20亿美元债券的境外发行。中石油在发行境外债券方面长期聘请惠誉国际信用评级有限公司(简称"惠誉")担任发行的评级机构,在2020年6月,惠誉授予中国石油天然气集团有限公司(中石油,A+/稳定)拟发行美元计价高级无抵押有担保债券"A+"的评级。惠誉评定中石油的法律地位及政府持股和控制程度为"很强",原因是其董事会、管理层、业务及战略受到政府的有力控制。中国政府一直以优惠政策和政府补贴的方式向包括中石油在内的国有石油公司提供支持,因此中石油的独立信用状况在行业周期中保持稳健。惠誉评定中石油若违约将带来的社会政治影响为"很强",中石油作为中国最大的油气生产商(约占中国原油产量的53%、天然气产量的70%)发挥着保障国家能源安全的重要作用。惠誉评定中石油若违约将带来的融资影响为"很强",因该公司及其子公司均为活跃的境内外债券发行人,投资者将中石油发行的债券视同政府债券。综合上述分析可以看出,若企业想要成功获得低成本、大规模、吸引投资者的美元债券发行,聘请有经验丰富、信誉卓著的中介机构是相当重要的,优秀的中介机构在帮助企业成功发行境外债券的同时,也有助于降低债券发行成本、提高发行人的信用并且增强投资者信心,因此,企业在发行境外债券前有必要选择实力雄厚的中介机构,以支持其债券的成功发行。

五、中石油发行境外债券的影响因素

在中石油发行境外债券的背后,经济环境、监管环境、行业环境、企业发展以及投资者需求等多方面因素共同起到决定性作用。经济环境与发行时机决定了融资成本,国内境外债券监管政策的放宽推动了中石油境外债券融资的发展,行业发展需求促使了中石油拓展融资渠道,资本结构优化的需求可以引导中石油进行境外债券融资,把握人民币贬值等时机来获取更低利率则可以更有效地降低融资成本。

(一) 经济环境层面：低位汇率创造有利发行时机

中石油六次发行境外债券时期的美元（主要发行币种）兑人民币汇率均处于历史低位水平或滞涨阶段，中石油境外债券发行时期的汇率走势如图7-16所示。

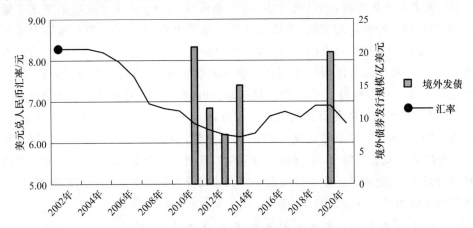

图7-16 中石油境外债券发行时期的汇率走势

2011—2014年美元兑人民币汇率（年均）分别为6.46元、6.31元、6.20元、6.14元，由于我国逐渐摆脱"盯住美元汇率"制度，美元兑人民币汇率从8.28元（2002年）迅速下降到最低点6.14元（2014年）。2014—2019年美国政府采取的一系列保护美元价值的措施使得美元兑人民币汇率有所上升（期间最高点为6.90元）。2020年由于全球疫情，美元兑人民币汇率（6.52元）直线下降，因此中石油时隔六年，避开汇率高位时期，在2020年再次精准把握时机成功发行境外债券，利用全球经济下行周期、中美贸易摩擦等宏观经济环境，发行以美元为主要货币的债券，持续开拓国际业务，并利用人民币兑换更多美元来偿还境外债务，有效地减少了境外发行债券的成本。中石油密切观察境内外金融市场动态，时刻关注国内外政策变革，分析影响美元汇率的变动因素，以把握最佳发行时机进行境外债券融资。

(二) 监管环境层面：国内境外债券市场监管政策放松

"十三五"期间，国家明确指出开放发展新理念"通过双向开放资源高效配置和市场的深度融合，推动中国企业深度地融入国际市场"。2015年之前，国内境外债券市场监管严格，境外发行债券以间接方式为主，中国境内企业直接发行美元债券受到一系列监管政策的管制，例如《国务院办公厅转发国家计委、人民银行关于进一步加强对外发债管理意见的通知》，由于发行监管严格且门槛较高，因此中石油选择维好协议、跨境担保等间接发债的方式。2016年起，国家监管机构发布《关于推进企业发行外债备案登记制管理改革的通知》明确企业发行外债的审批手续被取消，改为事前备案登记和事后信息报送的管理方式，发改委进一步开展外债规模管理改革试点，在年度外债规模内发行债券不再进行事前备案登记，因此，中石油偏好间接跨境担保融资方式，国内境外债券市场监管政策的放宽促使中石油积极拓展海外融资，有效地减少了融资成本。

(三) 行业环境层面：石油石化行业国际业务需求加速

"十二五"海外业务的规划总体按"突出中亚、加强非洲、拓展美洲、推进亚太"的思路展开。目前,中石油建成中东、非洲、中亚-俄罗斯、亚太及美洲五大油气国际合作区,海外油气业务分布在全球 32 个国家,囊括 88 个油气合作项目,在石油石化行业国际业务需求加速的背景下,外币需求的增加促使中石油发行境外债券融资。中石油境外债券发行过程中包括以下重要国际业务发展历程:2011 年 1 月,中石油斥资 10.15 亿美元收购英国化工集团股权,推动中石油进入欧洲高端市场,建设欧洲油气运营中心;2012 年,中石油新中标 9 个海外项目,共计签订 5.5 亿美元合同,业务国际化的步伐不断加快;2013 年,中石油积极拓展海外市场,完成 4 项国际合作项目,2 月成功获取波塞冬项目(美国康菲石油公司)20% 的权益及页岩气项目 29% 的权益,3 月收购埃尼东非公司(意大利埃尼集团全资子公司)28.57% 的股权,11 月收购巴西能源秘鲁公司的全部股份;2019 年,中石油成功签署北极 LNG-2 项目股权收购协议,并于 7 月中旬完成 10% 的股权交割,中俄油气合作再上新台阶。在石油石化行业全球化的发展趋势下,中石油作为全球油气行业的重要参与者及中国主要的油气生产和销售商之一,随着国际业务发展需求的加速以及为提前实现"十三五"规划目标,利用境外债券融资增加了中石油的国际信用,提高了企业的核心竞争力。

(四)企业发展层面:借力低利率债务优化资本结构

2019 年年底暴发的新冠疫情的打击使中石油业绩亏损,国际石油市场供需宽松局面进一步加剧,国际原油价格断崖式下跌,北海布伦特原油和美国西德克萨斯中质原油现货平均价格分别为 40.99 美元/桶和 38.13 美元/桶,比上年同期分别降低 36.5% 和 33.2%。中石油的天然气与管道业务坚持以市场为导向、以效益为中心,积极研判季节用气规律及市场竞争格局,分区域、分行业、分客户制定差异化营销策略,同时持续加大终端市场开拓力度,努力提升市场占有率,加强管道安全运行管理,坚持市场化原则,稳步推进管道资产重组。2020 年前三季度,受天然气销量减少、价格下降以及管道资产重组收益等因素综合影响,天然气与管道板块实现经营利润 577.07 亿元(含部分管道资产重组收益),比上年同期增长 162.9%。2019—2020 年中石油主要生产经营数据如表 7-6 所示。

表 7-6 中石油 2019—2020 年主要生产经营数据表

生产经营数据		截至 9 月 30 日,9 个月期间		同比增减/%
		2020 年	2019 年	
原油产量/百万桶	总计	701.2	682.7	2.7
	国内	560.0	556.9	0.6
	海外	141.2	125.8	12.2
可销售天然气产量/十亿立方英尺	总计	3 079.8	2 892.8	6.5
	国内	2 907.4	2 688.0	8.2
	海外	172.4	204.8	(15.8)
油气当量产量/百万桶	总计	1 214.6	1 165.0	4.3
	国内	1 044.7	1 005.0	4.0
	海外	169.9	160.0	6.2

数据来源:中石油 2019—2020 年年报。

从企业内部资本结构的角度来看,中石油 2020 年境外债券的发行能有效地发挥杠杆作用,实现利润增长。中石油主营业务原油的产销态势如图 7-17 所示。

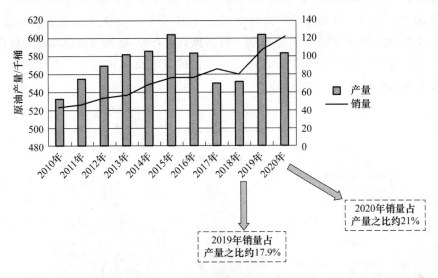

图 7-17 中石油的原油产销态势

为持续加大国际市场开拓力度以及努力实现提升市场占有率的经营目标,中石油在扩大国际业务规模的目的的驱动下,于 2020 年 6 月发行境外债券 20 亿美元,利用中美利差实现低成本融资,在三季报中体现了成果,实现经营利润 433.35 亿元,环比增长 403.22 亿元,息税前利润从 464.2 亿元增长至 681.18 亿元。由于境外债券的发行降低了企业利息支出,财务杠杆系数从 2.89(2019 年)降至 1.64(2020 年),通过调整财务杠杆,中石油的财务风险有所缓解,因此,境外债券融资能够有效发挥其杠杆作用,实现企业利润的大幅增长。中石油之所以能够利用境外债券发行调整负债结构,原因在于以下两方面。一方面,中石油偿债能力强。2019 年中石油的资产负债率约为 47.15%,2020 年的资产负债率约为 46.97%,相比之下,2020 年的资产负债率呈下降趋势,其数值也在合理范围之内,意味着 2020 年中石油的偿债能力增强。另一方面,中石油的还款压力下降。2019 年中石油的产权比率约为 0.892,2020 年产权比率为 0.886,对比之下,2020 年的产权比率相对下降,表明中石油的还款压力下降。资产负债率及产权比率计算参考数据如表 7-7 所示。

表 7-7 中石油 2019—2020 年资产负债率及产权比率计算参考数据

单位:亿元

财务指标	2019 年	2020 年
货币资金	110 665	106 311
资产合计	2 733 190	2 566 916
负债合计	1 288 612	1 205 667
股东权益合计	1 444 578	1 361 249

注:数据来源于中石油 2019—2020 年年报。资产负债率 = $\dfrac{总负债}{总资产}$,产权比率 = $\dfrac{总负债}{股东权益}$。

(五)投资者需求层面:配置美元债分散投资风险

为赚取汇率差额利润及分散投资风险,投资者积极配置美元债券,中国合格境内投资者(QDII)在配置美元债券时偏向于熟悉的中资企业,中资企业发行美元债受国内监管,公司信息透明可查,对于投资者而言风险较小。根据投资者心理,在美元价值偏低时倾向于加持美元债等待升值,即美元价值与投资者持有美元债的意愿反向相关,QDII 投资额度与美元兑人民币汇率态势如图 7-18 所示。

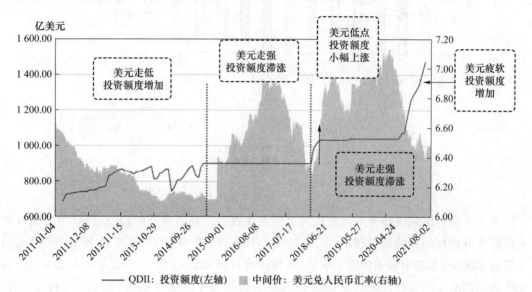

图 7-18　QDII 投资额度与美元兑人民币汇率态势

通过图 7-18 可以看出,2011—2014 年美元持续走低,由于美元汇率下跌至低点后期看涨,投资美元债可以赚取汇率上涨后的利润,中国合格境内机构投资者投资美元有价证券的额度波动上行;2015—2020 年,整体来看呈上升趋势,因此 QDII 投资额度滞涨,2018 年美元兑人民币汇率下降时期较短,投资额度小幅上涨;2020 年后由于新冠疫情的影响,美元疲软致使 QDII 投资美元债的情绪高涨。投资者情绪高涨促使中石油在 2011—2014 年积极发行 5 次境外债券,2020 年因投资者投资意愿增强,中石油时隔六年再次发行境外债券,缓解了融资压力,提升了融资效率。

六、中石油境外债券风险识别与防范

中石油是国际上最有影响力的能源企业之一,国家对它的支持力度较大,因此境外发行债券过程中易出现伤害性高的宏观风险:汇率风险、减产风险及行业内竞争风险等。对于发债主体而言,汇市动荡、政策变动和行业竞争等是重要的宏观风险预警信号,发债汇率利差越大,融资成本越高,从而融资风险越大;对于石油企业而言,信用评级、市场需求和资金流动性波动是潜在的内部风险,能够影响公司的偿债能力,进而影响其融资效果。中石油境外债券发行潜在风险模型如图 7-19 所示。

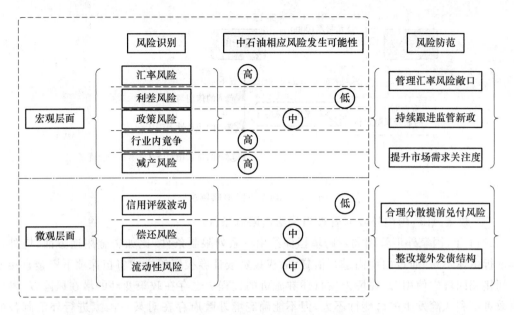

图 7-19　中石油境外债券发行潜在风险模型

（一）中石油境外发行债券风险识别

对于发债主体而言，境外债券融资规划过程中存在一系列的潜在风险。对于中石油而言，汇率风险、行业内竞争及减产风险发生的可能性较高，政策风险、偿还风险及流动性风险发生的可能性为中等，以上风险的发生对中石油影响极大。一般企业发生违约情况会对企业信誉产生巨大影响，但由于中石油信用良好且稳定，利差风险和信用评级波动相对发生的概率偏低，中石油亟须有效地识别境外债券融资的潜在风险，规范融资行为。

1. 宏观层面风险

（1）汇率风险：币种不匹配导致货币错配问题

由于我国企业的营业收入与境外债券发行币种不匹配，所以会存在货币错配等问题。货币错配是指企业由于国际业务扩大，外汇使用率增加，出现以外币计值债务，而收入通常以本币计值的一种状态。目前世界经济波动较大，各国汇率受宏观环境因素的影响较大，未来的汇率涨跌倾向于对企业不利的汇率结算方向，将对公司的财务体系造成较大的影响，因此存在汇率风险敞口，可能给企业带来巨大的汇兑损失。近年来，中石油在"一带一路"沿线19个国家完成了51个油气合作项目，累计向沿线各国上缴税费超过670亿美元，拓展国际业务需要大量外币资金，货币错配的度量以净外币头寸为核心展开：净外币头寸＝外币资产－外币负债，巨额的净外币头寸敞口存在货币错配风险，严重的货币错配所蕴含的风险可能会危及整个企业体系的稳定性及持续发展。

（2）利差风险：收益率差值变动增加债券相对风险

债券利差巧妙地建立起收益与风险的动态联系，债券投资者可以通过利差这个"信号"，相互传递和接收最新的市场观点，而不再是被动地接受一套来自权威评级机构的评级结果。利差的变动反映市场最新的动态博弈结果，利差突然跳升或者收窄通常表示债券发行人的财务状况或经营状况出现重大变化，为增强投资者意愿，中石油需根据市场需求合理给定债券利率。利差风险形成体系如图 7-20 所示。

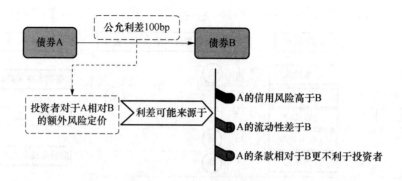

图 7-20 利差风险形成体系

(3) 政策风险:国内外政府管理当局给出限制条件

2014年,国家外汇管理局对跨境担保给出一系列限制条件,比如资金用途方面,境外债券发行主体不得"通过向境内进行借贷、股权投资或证券投资等方式将担保项下资金直接或者间接调回境内使用"。在境外发行债券融资的过程中也存在政策变动的潜在风险,尽管国内政策不利风险发生的可能性不大,但不能确定境外政府存在对某一国家进行外汇制裁的行为是否会影响境外债券发行进展,而且虽然政策风险发生的可能性较小,但影响力度却极大,因此,中石油应加强对监管政策的跟进,实现融资多元化,降低政策不利导致的融资风险。

(4) 行业内竞争:同业竞争增加融资成本

行业内竞争会导致一系列的风险隐存。中石化与中海油是中石油的主要竞争企业,国内石油市场基本由中石油、中海油及中石化垄断,三者在国际业务上竞争激烈。而中石油本身就是国内"三桶油"中境外债券发行活跃性最弱的企业,不利于加强投资者对企业的综合评价,若在竞争中失利,则会影响中石油的国际地位、信用评级等,导致融资成本增加等问题。

(5) 减产风险:国际石油市场需求增加引发减产风险

在国际石油市场需求方面,人们的预期为全球经济增长将支撑稳固的原油需求增长。在国际石油市场供应方面,委内瑞拉的严峻形势,西方国家可能对伊朗实施新的制裁,以及中东地区紧张局势的加剧,可能导致市场上的原油供应降幅超出石油输出国组织(OPEC)的预期。2019年世界原油供应量急剧下降,供应量自10 000万桶/日(2019年)直线下降至约9 000万桶/日(2020年),石油行业的减产风险对中石油等石油公司造成巨大打击,对于国际核心石油企业中石油而言,减产对在发行境外债券时的信用评级有一定的影响,会增加融资成本。

2. 微观层面风险

(1) 信用评级波动:避免债券违约引起的信用评级波动

企业的信用评级是国际投资者在进行债券投资前参考的核心指标,是对企业守约行为和债务偿还能力的综合评价。根据历史境外债券发行分析来看,信用评级每低一级,发行的利差将会增加10bp左右,严重影响融资成本。中石油的信用评级相对稳定,信用评级波动的可能性较小,一旦发生影响信用评级的行为则会对企业产生严重后果,因此中石油需持续规避违约行为,严格履约。

(2) 偿还风险：企业债务负担过重存在偿还风险

截至 2020 年年底，中资境外债券共有 90 笔债券发生违约，违约债券金额达 245 亿美元。近年来，中资境外债券因偿还困难导致违约规模显著提升，2018 年和 2020 年达到中资境外债券集体违约的高峰。2018 年，由于去杠杆带来的信用收缩、再融资压力提升，导致境内债券违约率激增，带动中资境外债券违约数量增加，而 2020 年则是由于疫情导致企业内部现金流恶化，同时境外债券市场由于二级市场波动较大导致融资难度增加，违约率再度攀升。一方面，中石油境外债券发行期限偏好中短期（3~5 年期），因此存在一定的偿还风险。偿债风险是企业由于债券期限短或债务负担过重，缺乏短期融资合理的现金持有量，潜在偿还困难的风险。另一方面，发债结构管理不当、过高的境外发债杠杆，会增加中石油发行境外债券的融资成本，提升偿还难度。若选择高保险性的直接发债方式，投资者会更偏好稳定的债券，因此利率成本会偏低，但由于其风险小，发债主体加强以直接注册发债的结构发行意愿，需要很高的门槛。私募发行虽融资成本中等偏低，但也要承担由于只面对机构发行债券导致的投资者范围缩小、债券规模受限等问题。

(3) 流动性风险：交易活跃度差降低债券发行流动性

流动性风险是在可供交易的金融市场中普遍存在的风险。目前我国债券市场的交易活跃度低于股票市场，股票市场中每天的交易量最低在上万水平，较差的发行流动性会降低投资者对公司债券的信心，进而影响债券转化为现金的速度和融资质量，最终导致企业错失投资机会。因此，对于投资者而言，在投资债券时，查看债券主体的公司经营情况及历史交易量是很有必要的。

（二）中石油境外债券发行的风险防范

1. 管理汇率风险敞口

为有效降低汇率风险给企业造成的损失，企业应加强外债发行管理和汇率风险敞口管理。境外发行债券能够增加企业的外汇储备量，中石油应在发行境外债券前，增强对外汇市场的敏感度，实时关注汇率变动情况，制定外汇储备最佳持有量等管理机制，合理利用外汇推动国际业务的发展，中石油也应密切关注所发境外债券的久期，预防期限错配导致流动性枯竭而引发的债务违约问题。

2. 持续跟进监管新政

为把握合适的发行时机，发债主体需持续跟进监管政策。2015 年以前，国内监管机构对境外发债主体审批严格，境外发债的高门槛降低了部分行业的境外融资可行性；144A 发债方式不受美国证监会监管，监管较为宽松，但只允许以向机构发行的私募方式进行筹资，这种监管政策有监管宽松的优势同时也有投资者范围紧缩的局限性。企业需要结合自身的融资目的以及规模来衡量债券发行方式，抓住时机选择融资效率最高的发行方式。

3. 提升市场需求关注度

中石油一般采用 REGS 和维好协议，而并不使用直接注册发行债券，相比之下，中海油一直采用直接在美国注册发行的方式进行境外债券筹资，这样的方式对于中海油而言，一方面，既因为低风险而能吸引更多的投资者，又因为低风险而能降低利息成本，是债券融资成本最低的方式。另一方面，简单的发行结构会使投资者对发行结构一目了然，可以打消部分投资者对债券投资违约风险的顾虑。因此，中石油应积极提升市场投资者需求关注度，提升企业核心竞争力，提高信用评级，并披露债券用途，这是投资者选择债券投资时最关注的因素,投资者一般会在了解其用途后再选择是否投资。

4. 合理分散提前兑付风险

中石油六次发行境外债券均更偏向于发行中短期债券,这会导致提前兑付风险的产生。提前兑付风险是指投资者认为所购买债券存在不利时或亟须大量资金时提前收回资金的风险。比如中石油发行债券1亿美元,用来发展新项目,运用新项目的利润偿还债券本息,但项目的回收期为4~5年,而债券的发行期限是3年,如果投资人选择提前收回资金,则企业没有足够的利润偿还本息,对公司资金周转的影响极大。因此,建议中石油根据回收期和对企业净利润的考察来确定发行债券的年限,制定现金持有量管理机制,管理部分资金(用于偿还债务),以预防紧急意外事件导致的提前兑付风险。

5. 整改境外发债结构

中石油每次发行境外债券均以维好协议以及私募发行REGS的方式进行发行,此发行方式结构复杂,REGS的私募发行方式虽不受美国证监会的监管,但对投资者入场限制过多,难以吸引投资者进行投资行为。如果未来境外债券监管放松或政策利好,企业可以采用直接注册发行的方式,通过综合评估来选择合适的增信架构,有助于提高债券评级,降低债券发行成本,从而提高融资效率。中资企业境外债券发行体系如表7-8所示。

表7-8 中资企业境外债券发行体系表

项目	注册发行	REGS	144A
意义	美国证监会注册发行	吸引美国的境外投资者	吸引美国机构投资者
投资者倾向	更倾向	较倾向	较倾向
结构复杂度	简单	复杂	复杂
限制条款	最多	不受美国证监会限制	不受美国证监会限制
发行成本	注册费高,其他成本低	利息成本比注册发行高	利息成本比注册发行高

数据来源:百度数据库。

采用有利的发行体系也会降低融资成本,提高融资效率。对于投资者来说,其更倾向于美国证监会注册发行,中海油在发行境外债券的方式中最常选用此种发行方式,大大地提高了投资者的信赖程度。这种发行方式相对结构简单,但限制条款多,门槛极高。不过由于风险低,利息率相对较低,利息成本是表7-8所示的三种发行方式中最少的,但在美国证券交易委员会(SEC)注册还需要注册费用,每发行一百万美元收取1.288 bp,相当于1亿美元的发行额需要缴纳12 880美元的注册费。因此,建议中石油结合发债当期的注册费用、发行额和利率综合评估利用合适的发债方式发行境外债券,降低融资成本。据分析,中石油是国内"三桶油"中发债最不频繁的企业,2020年的发债也是自2014年发债后时隔六年的第一次发行。中石油应提倡少额多次地发行境外发债,根据宏观经济情况合理利用境外债券发行机会,境外债券的成功发行有助于提高企业的国际信用,能够提高其信用评级。少额多发的举措不仅可以使企业保持良好的国际信用及国际地位,加速国际业务的发展,还能够降低融资成本。在保证公司债务结构的基础上,结合发债当时的相关监管政策、利率利差等因素,抓住合适的时机,适当地增加发行境外债券的次数对中石油未来的发展是有必要的。

七、借鉴与启示

"境外债潮纳百企",通过发行境外债券来融资的企业数量与日俱增,如今境外债券的发行已经成为我国企业很常见的一种融资方式。境外债券可以规避国内严格的审核程序以及监管政策,融资成本也比国内发行债券或股票低很多。一场前所未有的全球疫情,再加上市场与政策的影响,导致外币价值波动,进而使国内企业境外债券融资频率在不同时期或增或减,将导致中国企业境外债券发行的情况持续性发展。在国际化的背景下,各行各业需要"走出去,引进来",拓展国际业务,研习发达国家的技术,加快我国的经济发展,提高我国的经济地位。中国现处于疫情过后的回暖状态,又经历了中美贸易摩擦、美元流动性减弱,全球经济还处于下行周期,在此背景下,美元的超额印钞导致美元贬值,我国大量企业借此机会发行以美元为主要币种的境外债券,使得境外债券的发行呈上升趋势。通过研究和分析,本案例分别从投资者、发债主体、评级机构及监管部门等四个角度,对中国企业境外发行债券提供以下持续发展的思路。

投资者需综合考察发债主体,谨慎投资。境外债券的购买者大部分为合格机构投资者,而投资者是促进发债企业良性融资的重要角色。对于投资者而言,购买境外债券的主要原因是其风险比一般金融工具(股票、期货等)更低,但相对国内债券不确定性增加,为降低不确定性所带来的投资风险,投资者在投资前应对标的债券进行投资回报率预测、敏感度分析以及风险评估,综合考察该公司的融资目的、债券发行期限、信用评级等因素,谨慎作出投资决策。

发债主体需合理规划境外债融资策略。随着国际化的普及,境外债券已成为中国企业的主要融资方式之一。对于发债主体来说,合理规划境外债券融资策略是必不可少的,其目的是提高融资效率且使融资成本最小化。为了更有效地吸引投资者,发行境外债券前,发债机构应积极配合评级机构,选择合理的发行结构,提高信用等级。发债主体还应时刻关注市场动态、跟进各国新政,以规避相关融资风险。

评级机构需增强评级结果的客观性。评级机构是资本市场和金融体系健康高效运行的重要组成部分,在防范金融风险、优化金融资源配置等方面发挥了重要作用。评级机构应秉持客观性原则,在境外债券发行前,为发债主体赘计各项指标,不以营利为目的,规避随波逐流的评级现象,完善评级机构的信用评级系统。随着中资企业境外债券市场逐渐走向成熟,中国信用评级机构的商业模式亟须创新,而且要在借鉴西方的信用评级模式之上进行有效创新,比如信用评级机构不应该向发债人收费,而应该向投资者收费,用市场机制筛选出具有实力、可信赖、能够预警风险的信用评级机构。

监管部门需完善债券市场监管体系。对于境外债券发行规模,建议国家外汇管理局适当地放松境内企业对境外发行债券的担保审批,至少对像中石油这样资信优秀、偿付能力强的大型国有企业适当地放宽担保审批条件,让企业按照宏观经济环境及金融市场的情况选择适合自己的融资方式,让中国大多数企业均可享受境外低成本的美元债券,不仅对企业有利,对国家发展来说也是有好处的。此外,对国内外审计监管机构来说,境外发债数据采集的准确性有待进一步提升,而且外汇局对以"维好协议""红筹架构"方式发行的境外债券资金流向缺乏必要的监管和统计以及对间接发债的登记管理,导致对企业的整体负债估量不足,宏观调控精准度不高。

参考文献

[1] 李壏爽,何瑛. 缘何出现违约潮? [J]. 新理财:公司理财,2019(12):29-30.
[2] 张莹. 境外债券发威 三桶油"乘风破浪"[J]. 中国石油石化,2020(14):42-43.
[3] 胡昊. 我国非金融企业境外债券融资研究[J]. 区域金融研究,2019,40(2):21-25.
[4] 王杏平. 离岸人民币债券市场发展最新现状及建议[J]. 金融会计,2013(10):70-75.
[5] 胡晶. 城投企业境外债券发行现状与风险分析[J]. 金融与经济,2017(12):92-95.
[6] 杨国强. 中国企业境外发债特点、问题及建议[J]. 债券,2016(3):54-57.
[7] 王春萍. 境内机构境外发行人民币债券政策研究[J]. 吉林金融研究,2016(5):46-48.
[8] 李梦,陈奉先. 外汇衍生品、汇率风险暴露与企业价值——来自中国制造业上市公司的经验证据[J]. 金融经济学研究,2017(6):44-54.
[9] 彭飞,朱建林. 中国债券市场对外开放现状、问题与建议[J]. 现代管理科学,2018(5):21-23.
[10] 陈创练,张年华,黄楚光. 外汇市场、债券市场与股票市场动态关系研究[J]. 国际金融研究,2017(12):83-93.

教学用途与目的

1. 本案例主要适用于"财务管理""资本运营"等课程中公司财务战略、融资管理等相关领域的教学。

2. 适用对象：本案例主要针对 MBA、MPAcc、EMBA 和企业管理人员,以及经济类、管理类专业的高年级本科生和研究生。

3. 教学目的：国际化发展背景下,如何采取多渠道融资方式筹集资金来拓展国际业务对于企业的可持续价值创造至关重要,境外发行债券成为我国企业"引进来,走出去"的核心融资途径。为了抵御经济下行的压力和风险,企业在外源融资方面可以偏好传统稳健融资方式,酌情运用海外发行债券等国际融资方式,综合利用债券利差及税差优势。该种融资方式不仅有助于提升企业的国际信用评级,还能有效降低融资成本。中石油作为实施国际化战略的一流石油公司,常年盘踞国际业务榜的前列。由于中资离岸债券的发行还存在一系列的风险,其境外债券的发行频率却远远低于发行国内债券频率。通过对本案例的分析,可以帮助读者理解和掌握以下重要知识点：

(1) 在全球经济下行周期中企业应该如何优化融资；
(2) 中国上市公司在发行境外债券过程中的重要关注点；
(3) 中国上市公司境外发行债券的影响因素；
(4) 中国上市公司境外发行债券过程中的风险管控；
(5) 不同相关利益者应该如何推动我国境外债券融资市场的发展。

思 考 题

1. 宏观经济环境如何影响微观企业融资行为？
2. 中国企业境外债券融资的利弊分析。
3. 影响中石油境外发行债券的主要因素是什么？
4. 中石油在境外发行债券过程中如何进行风险管控？
5. 与国内"三桶油"中的另外两家石油公司相比，中石油在境外债券融资方面需要如何优化改进？

第三篇 投资管理

众所周知,经济周期的变化对企业经营和投融资具有较大影响,当前全球范围内的经济低迷状态对跨国公司的影响更加强烈。面对瞬息万变的市场格局,企业迫切需要在精准定位客户需求、广泛联合相关利益主体的基础上共同把握市场机会、扩大投资范围、实现合理布局以提高对环境的适应能力。在经济下行态势下,绝大多数跨国公司选择顺势而为,战略性跨界布局科技前沿领域,通过跨行业投资并购高新科技企业来增强自身的研发和创新能力,弥补自身科技优势不足的短板,从而助力传统企业转型升级。事实上,对于业务复杂性高、经营范围广的跨国公司而言,如何高效运用内部研发与外部并购获取战略资产、如何通过对高价值环节的聚焦和对非核心业务的剥离提高运作效率、如何在财务战略与经营战略密切联动全面协同的基础上布局生态系统与价值系统更显得更尤为重要。但需要注意的是,过于积极乃至激进的投资战略也更容易因投资标的选择不当、支付过高并购溢价、无法实现有效业务整合以及管理者与投资者的非理性因素而招致重大风险,良好的风险管控也是跨国公司管理者在投资并购中的必修课之一。

案例8 化"散"为整,"药"纳百川:国药集团混合所有制改革与并购

一、引言

当前,中国经济步入新常态,并迈进转型升级的关键时期:经济增长速度进入换挡期、结构调整面临阵痛期、前期政策处于消化期。"三期"相遇,给迅速成长的中国资本市场带来了挑战,改革之路任重道远。并购重组一直被誉为资本市场"皇冠上的明珠",具有改善产业结构、优化资源整合、实现加速发展的独特能力。2019年10月,证监会重新修订了《上市公司重大资产重组管理办法》,对比之前严苛的政策有所放宽:取消重组上市认定标准中的"净利润"指标;支持上市公司依托并购重组实现资源整合和产业升级;恢复重组上市配套融资,多渠道支持上市公司置入资产改善现金流、发挥协同效应。

与此同时,作为体制改革的关键,国有企业(简称"国企")的混合所有制改革(简称"混改")已成为其市场化进程中的重要一环。2020年6月30日,中央全面深化改革委员会第十四次会议审议通过了《国企改革三年行动方案(2020—2022年)》。该行动方案意味着国企改革的目标、时间表、路线图被进一步明确,国企改革进程正在加速。国有资本、非公有资本等交叉持股、相互融合的混合所有制经济是基本经济制度的重要实现形式,有利于国有资本放大功能,保值增值,提高竞争力。国企的混合所有制改革能引入民营企业(简称"民企")灵活的市场应对机制和管理创新机制,激发国企的活力与竞争力,同时促进非公有制经济的发展。并购重组作为中国国企进行混合所有制改革的路径之一,能解决国有企业的诸多隐疾,是国企做大做专做强的重要途径。

在混合所有制改革中,越来越多的国有企业通过并购完成了部分的退出和重新进入的过程,实现了国有制与市场经济的兼容。国药集团是国务院国有资产监督管理委员会(简称"国资委")直接管理的一家中央医药企业,其所处的医药行业各企业较为分散,具备整合前提,该行业特征能够使其在并购整合中获得更多的发展机遇。国有经济在国药集团中所占的高比重决定了国药集团在混改情境下的并购实践具有先导性、示范性。因此,笔者拟从混合所有制改革并购重组的角度出发,并以医药行业的典型代表国药集团为例,分析国有企业混合所有制改革对企业并购的影响,探究如何提高并购效率,规避并购风险,实现企业价值最大化,以及达到国企与民企的互利共赢,旨在为采用并购重组路径实现混合所有制改革的国有企业特别是医药行业国有企业设计实施并购方案,进行并购后管理,通过混改释放活力、取得显著成效提供些许借鉴和启示。

二、公司简介

(一) 基本概况

中国医药集团有限公司(简称"国药集团")成立于1998年11月,是国资委直接出资设立并进行管理的大型医药健康产业集团,主要从事医药类产品的研发、生产、分销、零售等工作。国药集团旗下有1 500余家子公司,其中包括国药控股(01099.HK)、国药股份

(600511.SH)、国药一致(000028.SZ)、天坛生物(600161.SH)、现代制药(600420.SH)、中国中药(00570.HK)6家上市公司。

2020年9月,国药集团在中国企业联合会、中国企业家协会发布的"2020中国企业500强"榜单中以48 835 454万元的营业收入排名第37。国药集团的规模、效益和综合实力持续保持中国和亚洲医药行业的领先地位,连续七年被国资委评为"中央企业负责人经营业绩考核A级企业",在《人民日报》发布的"中国品牌发展(企业)指数榜单"中位列医药类企业第一位。国药集团是中国医药行业与外资合作最多的企业,其先后与诸多国际著名药企合作建立了华瑞制药有限公司、西安杨森制药有限公司、中美施贵宝制药有限公司、苏州胶囊有限公司等20家合资企业,与世界上的100多个国家和地区建立了贸易合作关系,开展了多项国际技术合作,国际化步伐不断加快。

国药集团积极承担多项改革试点任务,并取得积极成效。国药集团是首批董事会试点中央企业之一,是首家完成中央企业集团层面的股权多元化改革工作的企业。近年来,国药集团一直着力建设和完善现代企业制度,积极探索法人治理新模式,进行的积极探索和不懈努力帮助自身进一步强化了企业市场主体地位。国药集团作为首批发展混合所有制经济的试点中央企业,积极探索与推进企业体制、战略管控、运营机制、人才激励方面的全面发展,激发各种要素活力,形成了更为市场化的经营机制。国药集团的历史大事记如表8-1所示。

表8-1 国药集团的历史大事记

年份	事件
1950	中央人民政府政务院批准成立中国医药公司,统一领导全国医药的购销和生产,该公司成为国药集团的前身
1998	中国医药公司联合7家单位,在11月26日组建并成立中国医药集团总公司
2003	中国医药集团作为国家防治"非典"指挥部后勤保障组成员单位全力帮助抗疫,受到了国资委和发改委的嘉奖
2010	中国医药集团被评为"国家创新型企业",签署战略协议,将建设华中地区最大的现代化中药制剂产业基地
2011	中国医药集团发布《关于避免国药集团药业股份有限公司同业竞争的承诺》,将积极推进旗下子公司的业务资产整合
2014	中国医药集团入选国资委"四项改革"试点企业
2017	中国医药集团总公司名称变更为"中国医药集团有限公司"
2020	积极投入新冠灭活疫苗研制,同年4月入选国资委"科改示范企业"名单

(二) 平台搭建

国药集团主营业务多样,旗下的产品种类包括化学制剂、特色原料、中成药及饮片、生物制品、大健康,从事的业务范围包括物流分销、零售连锁、生物制药、化学制药、现代中药、医疗器械、化学诊断试剂、科研与工程设计、国药刊物、医疗健康产业、国药会展与传媒、国际经营与海外实业。

图8-1展示了国药集团的主要领域及板块细分。国药集团涉足八个领域,分别为:医药

商贸流通领域、医药科技研发领域、医药工业制造领域、医药卫生健康领域、综合专业支撑领域、国际合作发展领域、生命健康保障领域、金融投资融资领域。国药集团正全力推进集团五大平台——现代物流分销一体化运营平台、产学研一体化科技创新平台、国际经营一体化平台、医疗健康产业平台和高效管控与融合协同一体化平台的全面建设,形成了五大全覆盖网络——全国医药物流分销配送网络、全国医药零售连锁网络、全国麻醉药品配送网络、全国生物制品营销及冷链配送网络、全国医疗器械耗材产品配送网络。

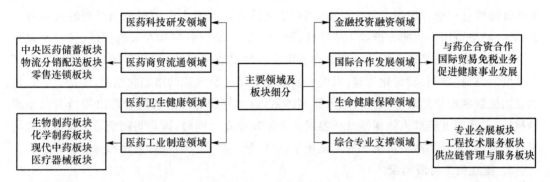

图 8-1　国药集团的主要领域及板块细分

(三) 公司治理结构

在长期改革过程中,国药集团积极推动所有权与经营权两权分离,突出企业董事会在公司治理中的核心作用,不断追求与落实混合所有制企业的经营自主权,激发经营主体的活力和创造力,建立以市场化为导向、内部约束有效的经营机制。国药集团的组织架构如图8-2所示。

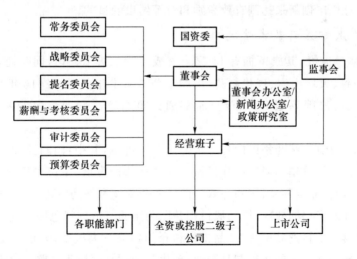

图 8-2　国药集团的组织架构

1. 法人治理结构有效制衡

国药集团在公司治理的过程中明确集团总部与试点上市公司的治理关系,厘清权责界限,依据《中华人民共和国公司法》规范各项议事决策流程,明确了股东和董事会的行权边界,形成了依法合规的公司治理机制。同时,对于旗下的六大上市公司,国药集团力求加强上市公司的董事会建设，落实和维护董事会的重大决策权、高管选聘权、业绩考核权和薪酬管理权，建立派出董事的行权规范，改进考核评价体系。同时，国药集团切实保障经理层的经营自主权，建立有效监管机制，切实发挥监事会的监督作用，强化企业内部监督，建立并完善了母子公司监事会有效联动的工作机制。

2. 建立职业经理人制度

在坚持党管干部的原则下，国药集团依法产生董事会，由董事会依法选择经营管理者，经营管理者依法选择聘用人员。目前，国药集团混合所有制企业中担任总经理的人员有三类：第一类是由国药集团方推荐人选担任；第二类是由民营股东推荐人选担任；第三类是由社会化选聘的职业经理人担任。在试点上市公司的高管人员中，国药集团建立了职业经理人制度，实行任期制、契约化管理，以此为基础建立了一套规范的市场化选聘、激励、约束、流动退出机制和配套的培养、评价、绩效管理体系，以方便职业经理人的管理决策被有效地贯彻执行，实现职业经理人依据制度从容进入和退出企业。同时，国药集团全面推行劳动合同规范化管理，完善和落实市场化的劳动用工制度，建立健全人力资源管理和保障体系。

3. 建立员工持股制度

一直以来，国药集团积极地健全与完善员工绩效考核制度，以业绩为导向，科学地评价不同岗位员工的贡献，切实做到员工收入根据不同情况能增能减，以此调动企业员工的积极性，并建立对称的约束机制。同时，国药集团在试点上市公司实施面向董事（除独立董事外）、高级管理人员和业务骨干的股权激励计划，依据市场化原则制定激励方案，并依据激励与约束对等的原则设置限制性条件，促使激励对象的个人利益与公司的长远利益保持一致。此外，国药集团在试点非上市公司中实施面向高级管理层和业务骨干的"岗位激励股"员工持股计划，以通过机制创新来达到有效激励和对等约束的目的。

（四）旗下上市公司基本情况

国药集团体量庞大，其旗下拥有11家全资或控股二级子公司，同时拥有国药控股、国药股份、国药一致、天坛生物、现代制药、中国中药6家上市公司。2016年，国药集团旗下的上市公司曾先后停牌筹划资产重组，希望通过重组解决同业竞争的问题并整合资产平台。

在资产重组完成后，国药集团的各上市公司业绩可观，其中：国药控股是国药集团的医药商业运营平台，围绕分销、零售、医疗器械三大主业协同发展；中国中药是中药生产平台，致力于打造中医药行业引领者；国药一致为两广医药商业和医药零售平台，实施批零一体核心战略，追求增强业态协同效应；国药股份则是国药集团打造的特色医药健康产业资源的整合平台，其主要营收来自商品销售、产品销售和仓储物流三大板块；天坛生物作为生物制品平台，致力于打造国际一流的血液制品企业；现代制药则是国药集团旗下化学药工业发展的统一平台，聚焦抗感染、抗肿瘤、心脑血管、麻醉精神、代谢及内分泌五大领域。2020年，国药控股的营业收入超过4 500亿元，医药分销业务占比近80%；中国中药、国药一致的净利润均超10亿元。国药集团旗下各上市公司的发展战略制定相对较为完善。在未来，各上市公司将继续保持各自的战略，打造与主营业务相对应的平台，加强整合后的创新能力。国药集团旗下上市公司2020年经营业绩如表8-2所示。

表 8-2　国药集团旗下 6 家上市公司 2020 年经营业绩

单位：亿元

公司名称	收入	同比增长	净利润	同比增长
国药控股	4 564.15	7.32%	71.87	14.95%
中国中药	148.06	3.4%	16.63	4.7%
国药一致	596.5	13.00%	14.02	10.57%
国药股份	403.8	−9.56%	13.83	−13.79%
现代制药	125.6	2.93%	6.49	−1.15%
天坛生物	34.46	4.99%	6.39	4.57%

三、混合所有制改革情境下国有企业兼并收购民营企业的驱动因素及风险点分析

（一）国有企业兼并收购民营企业的驱动因素

现如今，在混合所有制改革的背景下，国有企业与民营企业的并购重组成为热潮，总体来看，国有企业兼并收购民营企业的驱动因素主要分为宏观因素和微观因素。

1. 宏观因素

（1）实现可持续的价值创造，促进国家经济高质量发展

企业发生并购行为的内在驱动力都基于实现价值创造与资本增值。从并购的类型来看，在混合所有制并购中，通过横向并购，即国有企业收购业务类型相同或相似的民营企业，双方可以避免资源浪费，实现规模效应，减少竞争对手的数量，提高市场议价能力；通过纵向并购，即国有企业收购上下游产业链上的民营企业，将供应商和客户转移到企业内部，双方可以提高经营效率，降低交易费用，促进企业进行专业性资产投资，提高资产质量与技术水平；通过混合并购，企业可以实现多元化经营，减少研发新产品的时间成本和试错成本，充分实现多元化投资的综合效益，完善产业结构，减少新行业的进入壁垒，有效地消除潜在新进入者带来的竞争影响。混合所有制改革背景下的国有企业与民营企业的并购重组，可以完成企业的外部跳跃式增长，实现可持续的价值创造。

（2）提高监管效率，优化产业结构

从国有资产监管层面来看，推动国有企业并购重组能提升国有资产监管效率。2003年，国资委组建时，其监管的 196 家国有企业规模悬殊、效益不同、结构分散，监管效率低下。因此，为优化国有企业的布局，需要将国有企业整改成具有自主知识产权和知名品牌、国际竞争力较强的大公司、大集团。推进产业整合、促进规模化经营、提高产业集中度是优化产业结构的重要手段。并购重组能够避免国有企业转让造成的国有资产流失，同时能够在一定程度上规避国企改革造成的职工下岗问题。因此，中央政府和各地方政府积极制定相关政策，推动国企通过混合所有制改革并购民营企业，国资委制定并出台了一系列的上市公司并购重组政策文件和细化措施，以推动更多上市企业通过并购重组发展和壮大。

2. 微观因素

（1）改善国有企业治理结构，为其搭建融资平台

国有企业并购民营企业是实现国有企业自身优化的一个重要方法。国企通过并购民

企,可以促进国企存量资产的盘活,引入民营企业先进的管理制度,建立现代企业制度,实现公司治理结构的相互制衡,激发国有企业的活力,解决国有企业所有者缺位、缺少监督的弊病。国有企业同时还能利用对民营企业的并购重组实现搭建融资平台的目的。对于一些资产质量良好的未上市国有企业,可以通过并购公众持有型民企实现借壳上市,从而在股市上筹集低成本的股权资本,利用资本市场做大做强企业,增强国有经济的控制力;对于已经上市的国有企业,可以通过并购民企实现国有股权的转让,重组上市公司,提升公司质量。因此,国有企业的并购重组是立足于现在、着眼于未来的一种战略投资,对深化国有企业体制改革具有重要意义。

(2)盘活国有存量资产,实现企业增值

企业并购实质上是一种投资行为,国有企业利用原有的存量资产对民营企业进行并购重组,一方面,可以获得被并购企业原有的土地、设备等有形资产及民营企业品牌、专业技术等无形资产,增加国有企业经营资源。另一方面,国有企业通过对被并购企业资源的重新整合,优化企业资本运营结构,可以提高企业整体规模经济,增强行业竞争实力,实现国有企业并购所要达到的经济效益,最终实现国有企业增值的目标。

(二)国有企业兼并收购民营企业的风险点

1. 财务风险:估值定价及支付方式选择不当

财务风险是国有企业兼并收购民营企业中最为普遍的风险。企业并购的财务风险是各种并购风险在价值量上的综合反映,是一个由定价、融资、支付等财务决策行为引起的价值风险的集合。在国有企业并购民营企业过程中,最为常见的财务风险是定价风险与支付风险。一方面,由于信息不对称因素及不确定性因素的存在,部分民营企业可能出于自身利益考虑粉饰财务报表,导致财务数据失真,国有企业对其估值过高,从而为此支付过高的价款,严重的情况甚至可能造成国有资产的流失。另一方面,国有企业并购民营企业时选择的支付方式不同导致会对其现时或未来的资金状况带来不同程度的影响。倘若国有企业拟采用现金支付的方式完成并购,则会在并购发生时给自身带来较重的财务负担;倘若国有企业拟采用承担债务的方式完成并购,则会在并购完成之后对其资金周转造成一定程度的压力;此外,非股权支付方式还可能给企业带来增值税、所得税等大额税负。如果国有企业在并购民营企业时未妥善权衡支付方式的选择,则该并购行为很可能引发财务风险。

2. 合规性风险:对拟并购企业评估不到位

部分国企在开展并购活动时具有盲目性,缺乏高素质中介机构的参与,没有深入开展尽职调查和可行性研究,缺乏对拟并购民营企业的综合深入评估。在经济增长放缓的背景下,有些国有企业的经营管理者为了完成考核任务,缺乏风险意识,盲目兼并亏损或濒临破产的民营企业,具有明显的短期行为特点。同时,由于存在信息不对称且民营企业经营的规范程度参差不齐,部分民营企业可能存在隐瞒或有负债、潜在诉讼等,导致国有企业在并购后面临债务、官司等纠缠的复杂情况。在实际操作中,国有企业为了加快并购以实现政策目标,不乏出现对民营企业评估缺位的现象,这样会造成国有企业并购民营企业的合规性风险,这样不仅无法实现混合所有制改革将企业做大做强的初衷,还有将经营状况良好的企业拖垮的风险。

3. 并购后经营管理风险:并购后整合难度大

由于国有企业和民营企业的性质不同,两者在文化、战略、制度、人力资源等方面均存在显著差异,结合我国国企与民企并购重组实践的情况来看,有很多企业并购后整合的效果不好,没有实现协同效应,这将导致双方不能很好地融合,更是对资源的浪费。

(1) 文化整合

由于国有企业与民营企业在管理风格、企业形象、经营思想等方面存在显著差异,国企在完成对民企的并购后需要进行文化整合。在管理风格上,国有企业在选拔人才时更注重政治素养、人际关系,激励机制更注重论资排辈;而民营企业在选人、用人时更加注重人才结构的合理性,激励机制往往与业绩挂钩。在企业形象上,一般而言,国有企业的产品和服务的社会形象佳,商业信誉更好;而相当一部分民营企业的产品与服务社会认可度不高。在经营思想上,国有企业的管理者往往寻求国有资产的增值保值,较少考虑如何在现有市场中将企业做大做强,创新意识较差,一般为风险规避型;民营企业的管理者则寻求企业在市场竞争中生存并且发展壮大,创新意识更强,更愿意直面风险、迎接挑战。由于企业文化具有记忆性和变化上的迟缓性,在混合所有制改革情境下国有企业并购后的文化整合通常是个很大的难题。

(2) 战略整合

国有企业在完成对民营企业的并购后,并购双方战略整合的顺利实施是提高并购后企业核心竞争力的重要保证。在完成"混"的步骤后,国企与民企的重组能否满足并购后企业的发展战略是判断"改"的步骤能否顺利进行的关键一环。重组后随着主营业务规模的扩大或种类的增加,企业需要根据自身状况和外部市场变化调整发展战略。在重新制定发展战略后,如果参与并购的国企与民企的原本规模结构存在较大差异,可能会导致战略执行层面的冲突。此外,国有企业的战略评估不仅包含对利润的考评,还包含对执行过程和社会责任的考评,而民营企业的战略评估有很多是结果导向,战略评估的标准不一致也可能会给并购后的战略整合带来问题。

(3) 制度整合

由于国有企业与民营企业在组织结构、管理氛围等方面存在巨大差异,两者的制度风格存在很大的不同,这就给并购后的制度整合带来难题。国有企业往往制度数量众多,在制度建设中更注重制度内容的继承,更依靠固有的传统经验,旧制度更新与修订的速度往往跟不上企业成长的速度。民营企业往往以人治代替法治,多数情况下制度建设不健全,制度规范性差,经验式管理居多。因此,在并购后进行整合时,双方有可能难以找到制度上的契合点,甚至有可能产生背道而驰的制度。

(4) 人力资源整合

一般情况下,并购双方的员工,特别是被并购方的员工,需要经历新的心理调适过程,需要适应一种全新的组织框架下的工作模式。在国有企业并购的实践中,部分国有企业并购后忽视对人力资源的整合,有的国有企业即使在人力资源整合上有所努力,但由于缺乏统筹安排,极易导致高级管理人员、技术骨干等人才流失。在国有企业的人力资源管理体系中,员工对于企业之间的雇佣关系有长期稳定的预期,员工的忠诚度高,自我学习的主观能动性较低;在民营企业的人力资源管理体系中,员工的流动性强,忠诚度低,但努力提升自身素质的主观意愿更强烈。在混合所有制改革中,国企与民企的并购重组往往会对双方企业的员工造成心理压力,并导致员工对组织的信任感降低,这就加剧了混改并购后人力资源整合的难度。

四、国药集团混合所有制改革的背景及历程

国药集团成立二十多年以来,从一家包袱沉重、资金短缺的传统国企演变为一家理念先进、绩效突出的现代国企,混合所有制改革为其转型升级起到了功不可没的作用。国药集团进行混合所有制改革的措施主要是引入战略投资者、并购民营企业、实施股权激励。二十多年以来,国药集团成功地探索了混合所有制改革的道路,使国企与民企的活力得到了有效的结合,成为国企混改的典范。

(一) 1950—1998 年:混合所有制改革的酝酿阶段

国药集团的前身为中国医药公司,成立于 1950 年 8 月,承担全国医药商业的行政主管单位的职能,负责全国重大灾情、疫情、事故的急救供应工作。在计划经济时期,中国医药公司建立了三级医药批发网,自总部层层下达指标,逐一分层级调拨,以此来实现在全国范围内分配药品。然而,此种药品流通体制存在弊端:第一,药品周转时间长,难以实现在三级采购站之间迅速分配药品;第二,部分药品出现产销脱节的情况,价格调整机制滞后,下游医院的资金占用时间比上游制药企业要求的回款时间约长 15~30 天;第三,各级采购站听从政府的指令,普遍缺乏激励机制和风险意识,难以激发活力,不够灵活,造成资源的浪费。

1984 年的政府工作报告中提出"所有批发企业都应办成自主经营的经济实体,相互之间是平等的经济业务关系",这意味着三级医药批发网需要改革,原有的按行政层级统一收购和供应商品的流通体系将被打破。因此,全国各地开始推进医药流通体系改革,一级采购站同地市二级采购站合并,成立批发公司,由封闭式经营模式转变为开放式经营模式,逐步向自负盈亏的独立法人主体转变。在医药行业市场充满活力的同时,新的问题出现了:医药流通体系的放开使得处于医药行业的企业较为分散,市场经营混乱,不正当竞争行为频发,假冒伪劣药品充斥市场,制假售假行为泛滥,这些不正当行为触碰了法律界限,严重破坏了市场秩序。此外,在药品调配体系被取消后,各级医药公司被下放到地方,中国医药公司面临巨大变革,难以拥有市场规模。

在这种情况下,国家开始加强整顿治理,规范医药市场行为。1997 年,国务院提出了《中共中央、国务院关于卫生改革与发展的决定》,重新改革医药流通体制。在这种情况下,1998 年,中国医药(集团)公司同中国医药工业公司、中国医疗器械工业公司、中国医药对外贸易总公司合并组建了"中国医药集团总公司",国药集团应运而生。然而,由于前期长时间的亏欠,在成立之初,国药集团的市场占有率仅不到 1%。由此,国药集团踏入了混合所有制改革的摸索阶段。

(二) 1999—2012 年:混合所有制改革的摸索阶段

1999 年,党的十五届四中全会通过的《决定》提出"三改一加强"的方针,即推进国有企业改革和发展,必须坚持改革同改组、改造和加强管理相结合的指导方针。同年,国家经济贸易委员会下发《深化医药流通体制改革的指导意见》,把"调控有力、管理科学、统一开放、竞争有序"的医药流通体制作为改革的总目标,力图将医药企业打造成适应社会主义市场经济机制的现代化企业。

在这一背景下,国药集团积极完善医药流通体系,并在体制上做了大胆突破。在国药集团成立初期,国药集团资金短缺,2002 年利润总额仅 5 000 万元,经营状况惨淡。2002 年 11

月,国药集团踏出了变革的第一步,将一些优质核心业务归集组合,发起并成立了国药集团药业股份有限公司(简称"国药股份"),并在上海证券交易所(简称"上交所")成功上市。上市后,国药股份在上交所发行了5 300万股普通股,募集资金25 263万元。自此,国药集团开始走向资本市场,并开始利用资本市场为业务发展寻求资金支持,并为日后的并购重组打下了良好的基础。

2003年1月,国药集团引入战略投资者,与民营企业上海复星高科技集团有限公司合资组建国药控股股份有限公司(简称"国药控股"),注册资本为10.27亿元。通过以引入战略投资者为路径的混合所有制改革,国药控股以惊人的速度发展扩张,在成立五年的时间里,实现了净利润近60倍的增长。2003年,国药集团与中国药材集团合并,使得集团拥有了中药业务,其产业链更为完善。2009年到2010年的一年时间里,国药集团完成了与中生集团、上海医药工业研究院、中国出国人员服务总公司三家央企的重组整合,成为兼并重组中"合作、合心、合力"的典范,国药集团实现了跨越式发展。

(三) 2013年至今:混合所有制改革的深化阶段

虽然经历了十余年的改革,但国药集团旗下的中药企业仅有中国药材公司一家,比起化学制药与生物制药,国药集团在中药板块的实力较弱。因此,国药集团针对中药板块制订了混改计划,进行了一系列对民营企业的并购活动。

2013年2月,国药集团收购民营企业盈天医药集团(简称"盈天医药"),完成收购后成功在香港证券交易所上市,并更名为中国中药有限公司(简称"中国中药")。中国中药成为国药集团旗下中药板块的第一个上市公司。2013年5月,中国中药收购贵州同济堂制药有限公司(简称"同济堂")的全部股份,快速进军骨科中药市场,实现了结构的优化。2015年10月,中国中药收购江阴天江药业有限公司(简称"天江药业")87.3%的股权,将中药业务扩展至中药颗粒市场,进一步提升了国药集团在中药板块的竞争实力。

到这个阶段,由于国药集团旗下子公司众多,出现了各子公司业务重合的问题,在一定程度上造成了资源的浪费。2016年,国药集团旗下的上市公司曾先后停牌筹划资产重组,搭建平台并突出各子公司主业,以期提升子公司的竞争力,体现了国药集团将混合所有制改革向纵深处发展的决心。

一方面,在医药商业子公司中,国药控股通过开展对国药一致与国药股份两家旗下子公司的整合完成其内部资产的整合。国药一致的工业资产被剥离,划入国药控股旗下的国大药房和广东医药分销资产等商业资产。重组完成后,国药一致成为国药集团旗下的医药商业和医药零售平台。国药股份购买了国药控股旗下的4家北京商业资产,成为国药集团在北京地区的唯一医药分销平台。另一方面,在医药工业子公司中,除了与其他子公司业务板块不存在重叠的中国中药,现代制药和天坛生物均参与了资产重组计划。在本次重组过程中,现代制药买入原由国药控股、国药一致以及13名自然人股东持有的12家药企资产,由此成为国药集团旗下的化学工业平台。天坛生物向控股股东中生生物出售疫苗业务资产,购买血液制品业务资产,重组完成后,血液制品业务成了天坛生物的主营业务。由此,国药集团旗下的子公司完成了资产重组,主营业务更专更精,业务布局更为合理化。

2016年11月,国药控股发布《公告限制性股票激励计划项下之首次授予》,将723万股限制性股票授予190名激励对象,其中包含1名董事、4名高管、185名其他骨干核心人员。通过此次股权激励计划,雇员不再领取固定工资,能够使对公司真正做出贡献的人获得高回报,将部分员工的利益与公司的长远利益结合起来,带动公司的长远发展。

2017年,国药控股全资子公司国大药房引入战略投资者 Walgreens Boots Alliance(沃博联)——欧美地区最大的医药保健用品零售商,对国大药房进行增资扩股,认购完成后,国药一致持股40%,Walgreens Boots Alliance持股60%。此次引入战略投资者后,有别于国内零售连锁的同质化竞争,国药集团可借鉴国外同行业企业的先进管理理念,国大药房可走出一条有别于大多数国内零售商的差异化竞争战略。

五、混合所有制改革情境下国药集团并购动因分析

在完成混合所有制改革的过程中,国药集团旗下涉及并购的子公司有医疗器械板块企业国药器材和中药板块企业中国药材,但国药器材并未公开企业混合所有制改革相关信息,所以此处选取中国药材作为案例分析对象。

(一) 打造中药板块业务平台和融资平台

根据资源获取理论,对企业而言,是否拥有核心的产品和技术决定了企业的发展前景。常见的技术和产品获取方式有研发和并购,而研发获取的方式需要耗费大量资源,同时不能保证获取能够实现,而并购能最快速度地扩大企业的产业链条,弥补企业业务短板。此外,通过并购的方式实现间接上市已是当前资本市场上企业并购重组的重要动因之一,因为此类并购简化了许多审批手续,减少了交易成本,并购后绩效表现良好。从国外的发展经验来看,通过并购重组实现企业的优质核心资产上市对企业后续发展的推动作用巨大,国有企业可以借鉴该经验,吸收非公有制经济参与产业链分工。现实中,一些具有良好资产质量和竞争优势的国有企业通过一家公众持有的上市公司能够达到间接上市的目的,而后可进一步搭建融资平台,通过股市筹集资金,利用资本市场将企业做大做强。

在实施并购前,国药集团旗下涉及中药产品和服务的只有中国药材公司,中国药材公司的主营业务是中药药材经营,业务范围较窄,且其本身并非上市公司,因此国药集团在中药板块相对比较薄弱。为此,国药集团提出打造"百亿中药"企业的雄伟目标。除了依靠自身的内生式增长外,国药集团选择外延式扩张,倘若并购成功,势必能形成新的平台,整合集团内部中药材的资源,有望彻底改善中药板块的现状。国药集团一方面能以此新平台为依托,继续加大对外部中药资源的并购整合,打造中药板块的对外整合平台;另一方面还可借助被并购企业的上市公司地位,迅速搭建融资平台筹集资金,节约将中药板块上市的时间成本,有助于在最短的时间内实现集团的战略目标,向投资者和资本市场传递积极信号,赢得良好的企业口碑。因此,在第一阶段,通过并购在中药领域业绩优秀的上市民企打造中药板块业务平台和对外筹资平台是国药集团的最佳战略选择。

(二) 实现战略转型,布局全产业链

按照企业进行并购的目标不同,可以将企业的并购划分为财务并购和战略并购。财务并购的目标是增加企业的财务收入,获取超额收益率;战略并购的目标是实现公司的发展战略,基础是并购双方都有核心竞争力。国药集团对中药板块的一系列并购属于"整合型"战略并购。"整合型"战略并购可以将被并购企业的有形资源(如厂房、设备)、核心技术及市场与并购企业有效结合,扩展产品市场范围,沿着企业既定的发展方向匹配相应的资源,在行业中减少竞争对手数量,形成竞争优势。2010年,中国中药制订了清

晰的战略转型规划和"以工业为主导、以科技为支撑、大力发挥中药资源产业、充分发挥传统贸易优势、积极进入中药大健康增值服务领域"五个发展方向,计划到2017年通过内生性增长和外延式扩张推动其中药产业的销售额到100亿港元。因此,国药集团在中药板块确立了"择优并购"的并购战略,以期通过整合优质中成药工业企业来增强工业规模和实力,加强和改善中药板块里的中成药品种结构,增强工业产品营销能力;同时还能通过并购优质中药颗粒配方企业整合现有药材资源,与中医药生产销售制造形成互补,形成全面发展的全产业链战略布局,进而实现由中药药材经营企业到全方位中医药工业企业的战略转型。

(三) 实现规模经济和协同效应

协同效应的出现是不同资源之间存在潜在联系的具体表现,不仅包含通过降低成本或提高价格能带来的有形好处,也包含市场认可程度提高、商标品牌的强化、企业文化更完善等某些方面的无形好处,产生"1+1>2"的效果。企业并购重组可以实现资源的优化整合,带来协同效应。对医药制造业企业来说,这种协同效应可以具体产生三类效果。一是产生生产协同效应,医药制造企业通过并购扩大企业规模,对企业的生产资源(厂房、生产设备、劳动力等)进行细化分工,提高生产效率。二是研发协同效应,企业共享关键技术和专业人才,推进新产品和新技术的研发创新,能够很好地解决医药行业研发周期长、对专业知识要求高、风险性大的难题,提升主营业务实力。三是销售协同效应,企业间共享销售网络和销售团队,可以提升品牌知名度,快速抢占市场份额,扩大市场占有率。国药集团通过策划中药板块下的一系列并购,获取被并购企业数以千计的销售人员,从而使中国中药有限公司成为国内拥有最大自建营销团队的中成药企业,实现了销售协同效应。国药集团的并购活动所带来的协同效应亦可体现在规模经济上。通过连续并购优质的中药领域的民企,国药集团通过大规模和专业化的生产,以及与之相对应的技术创新,使得各类生产要素的费用降低,产品平均成本下降,提高了经济效益,从而获得了规模经济。

同时,国药集团中药板块并购活动的协同效应还体现在提高公司声誉方面。自国药集团实施第一次并购开始,国药集团的中药板块受到资本市场的广泛关注,多个证券机构的投资机构分析师对中国中药的股票评级为"买入""增持",国药集团旗下的大规模合并重组事件受到各方广泛关注和媒体报道。股票分析师的看好和媒体的广泛报道使人产生国药集团是中药行业巨头的深刻印象,显著提升了企业形象和公司声誉。

(四) 环境因素和政策因素推动

中国医药行业十分复杂,其中有出彩的一面,也存在很多弊病。一直以来,国内医药行业的特点是:多、小、散、乱。盛世华研编写的《2019—2025年中国药品流通行业市场投资机会研究报告》中的数据显示,截至2016年11月,全国共有医药分销企业12 975家。目前,我国医药流通行业市场集中度不高,前4家全国性分销企业合计收入份额仅为37.4%,前15家区域性分销企业合计收入份额为18.4%,市场集中度远低于美国、日本、欧盟等成熟市场。2016年我国前五大医药分销企业的销售规模及市场份额如表8-3所示。此外,医药行业还存在重复性建设严重、仿制药居多、自主创新能力差的问题。因此,医药行业改革势在必行。分散的企业走向集中已是大势所趋,并购整合则是推动行业集中的重要因素之一。

表 8-3　2016 年我国前五大医药分销企业的销售规模及市场份额

单位：亿元

排名	公司名称	销售规模	市场份额
1	国药集团	2 988.10	16.25%
2	华润医药集团有限公司	1 145.93	6.23%
3	上海医药集团股份有限公司	1 137.71	6.19%
4	九州通医药集团股份有限公司	615.57	3.35%
5	广州医药集团有限公司	362.85	1.97%

由于医药行业存在上述特点，近年来国家出台了医药产业政策和法规政策主导推动医药产业并购。《医药工业"十二五"发展规划》中将提高医药产业的集中度作为发展目标之一，将鼓励医药产业中的优势企业实施兼并重组作为主要任务。国家针对中医药产业的发展十分重视，制定了一系列战略目标，《中药材保护和发展规划（2015—2020 年）》提出"到 2020 年，中药材资源保护与监测体系基本完善，中药材现代生产流通体系初步建成，产品供应充足，中药材保护和发展水平显著提高"的发展目标。中国医药产业在国家产业政策的引导下不断前行，国内医药并购市场愈加活跃。与此同时，自 2013 年开始，国有企业的混合所有制改革进入全面深化时期，十八届三中全会将混合所有制作为"基本经济制度的重要实现形式"，并鼓励非公有制企业参与国有企业改革，按照混合所有制模式进一步推进产权制度改革。中国医药集团总公司是由国资委直接管理的中国规模最大、产业链最全、综合实力最强的医药健康产业集团，在医药行业急需并购重组和国有企业混合所有制改革进入深化实施阶段的双背景下，国有经济在国药集团中所占的高比重决定了国药集团在混改情境下的并购实践需要具有先导性、示范性。

六、混合所有制改革情境下国药集团并购过程分析

（一）并购历程

国药集团在中药板块的并购重组混改布局可大致分为三个阶段。第一阶段是在 2013 年 2 月，国药集团并购民营企业盈天医药，将其作为中药产业发展的平台，实现间接上市，借以提高知名度，并作为对外融资的平台，为以后的规模化发展打下良好的基础。第二阶段是在 2013 年 5 月，盈天医药收购品质优良的民营中药企业同济堂，开展横向并购，完成从药材经营向工业制药的转型，完善了药材制造方面的战略布局。同年 11 月，完成并购后的盈天医药改名为"中国中药有限公司"。第三阶段是 2015 年至今，国药集团继续开拓中药市场，弥补业务空缺，与原有产品实现优势互补，实现资源整合。2015 年 1 月，中国中药并购天江药业，从而在中药颗粒市场站稳脚跟，一举成为配方市场的龙头企业；2016 年 9 月，中国中药通过收购取得贵州同济堂药房连锁有限公司 60% 的股权；2017 年 10 月，中国中药完成收购四家大型饮片药企，分别为北京华邈药业有限公司（简称"北京华邈"）、北京华泰中药新技术开发有限责任公司（简称"北京华泰"）、黑龙江国药药材有限公司（简称"黑龙江国药"）、四川江油中坝附子科技发展有限公司（简称"四川江油"）；2018 年 6 月，中国中药通过股权转让加增资的方式完成对亳州市宏大中药饮片科技有限公司（简称"宏大饮片"）的并购；

2021年2月25日,中国中药与太极集团签订战略重组协定并获得国务院批复——中国中药持有太极集团股份的66.66%。在完成了对数家知名药企的并购之后,中国中药成为国药集团中药业务重要的生产平台、资本运作平台。国药集团中药板块并购历程进程如表8-4所示。

表8-4 国药集团中药板块并购进程表

阶段	时间	事项
第一阶段	2013年2月	国药集团收购民营企业盈天医药的全部股权
第二阶段	2013年5月	中国中药收购民营中药企业同济堂的全部股份
第三阶段	2015年1月	中国中药收购天江药业的股份,持股87.3%
	2016年9月	中国中药收购贵州同济堂药房连锁有限公司60%的权益
	2017年10月	中国中药并购北京华邈药业有限公司等四家大型饮片药企
	2018年6月	中国中药收购宏大饮片股份,持股51%
	2021年2月	中国中药收购太极集团股份,持股66.66%

(二)并购对象

1. 第一阶段并购对象:盈天医药

盈天医药集团于1993年通过重组的方式在香港联合交易所有限公司(简称"香港联交所")红筹上市,股票代码为00570。盈天医药主营业务以中成药为主,集科研、制造、销售于一体,产品涵盖中成药、化学药及生物药三大领域。盈天医药致力于传统中药二次开发、现代中药制剂、特色抗生素、缓控释制剂、抗肿瘤药等产品的发展。截至2012年,盈天医药在境内拥有四家下属公司,分别为广东环球制药有限公司、佛山德众药业有限公司、佛山冯了性药业有限公司及山东鲁亚制药有限公司,下属公司均通过了国家GMP/GSP认证。盈天医药旗下拥有5个知名品牌,包括"德众""冯了性"和"源吉林"三个中华老字号。在销售渠道方面,截至2012年公司拥有超过1 700人的销售队伍,在全国拥有59个办事处。截至2011年年底,在盈天医药的所有控股股东中,持股最多的两位股东杨斌和胡铁峰分别持股37.13%和29.31%,二者共同持股达到66.44%,另外有33%的股份属于社会公众股。

国药集团制定了"择优并购"的重组策略,在选择并购对象时势必要综合考虑目标企业的价值和盈利情况。在目标企业价值方面,首先,盈天医药作为在香港联交所上市的红筹公司,在并购完成后能够为国药集团的中药板块提供广阔的融资平台,以获取成本更低的股权资本,实现间接上市;其次,盈天医药拥有从传统中药到现代制药的全部剂型和卓越的品牌产品,加之国药集团本身拥有的药材生产、加工、仓储基地和优质的药材资源,并购完成后国药集团能充分发挥其自身产业链前端优势,与盈天医药的资源恰好形成互补,形成有效的产业链,打造中药板块的对外整合平台;最后,盈天医药拥有庞大的直营销售团队,并购完成后能够充分发挥其销售协同效应。在并购发生前,盈天医药整合了广东省佛山市的主要医药资源,是佛山市政府重点扶持的医药类龙头企业,受到投资分析师的普遍看好。在盈利情况方面,2011年年报显示,盈天医药每股盈利为4.04仙,同比增长14.45%,营业额达10.16亿港元,盈利状况良好。因此,盈天医药是现阶段能满足国药集团在混改情境下战略发展需要的合适并购对象,并购盈天医药有望彻底改变国药集团中药板块结构不完整、建设不全面的状况。

2. 第二阶段并购对象：同济堂

同济堂创始于清朝光绪十四年,是贵州地区大名鼎鼎的中医药老字号。2007年3月,国药集团同济堂(贵州)制药有限公司成功登陆美国纽约证券交易所,成为国内第一家在纽约证券交易所上市的中药制药企业。2010年4月,同济堂完成私有化方案并退市。同济堂药业有限公司在开曼群岛注册,通过其两个境外子公司Hanmax和Fosun(复星医药)间接持有境内贵州同济堂100%的股权。贵州同济堂制药有限公司是一家集生产、科研、种植和销售为一体的民营中成药高科技制造企业,下辖四家子公司,拥有"仙灵""同济堂""仙灵骨葆"三个驰名商标。截至2013年5月,同济堂已在29个省市建立了营销办事处,配备了1 800多名专业的营销人员,在全国与1 800多家医药公司、5 000多家医院、3.8万家药店建立了业务往来,市场营销网络和服务体系较为成熟和完善。

在完成对盈天医药的并购后,国药集团完善了中药板块的产业结构,搭建了中药板块的平台,但此时的国药集团在药材制造方面依然存在短板。从企业价值的角度考量,一方面,同济堂拥有百年品牌,多年专注于中药的推广,在企业规模和实力上在国内中成药企业中位居前列,经历过多年的资本整合,企业发展战略清晰、管理规范。公司旗下的4个主要中药独家品牌——仙灵骨葆胶囊、润燥止痒胶囊、颈舒颗粒及风湿骨痛胶囊都列入国家基本药物目录。同济堂的骨科类中药知名度高,拥有国家基药品种60多个;而盈天医药亦有部分骨科类中药品种,拥有独家中药品种30多个。国药集团并购同济堂后,同济堂与盈天医药的产品结构能够形成互补,业务可以发挥协同效应。另一方面,同济堂拥有较强的产品销售能力,盈天医药与其合并后将有一支4 000人的销售团队,这将会大大地增强对公司各主线产品的推广能力,使其成为国内拥有最大规模自建团队的中成药销售企业。从盈利状况的角度考量,2012年同济堂的营业收入达10.55亿,增长率高达37.28%,净利润1.46亿元,可见其发展潜力很大。完成并购后,两家公司的合并营业收入达到25亿元以上,合并利润达到3.5亿元以上,这有助于进一步增强国药集团中药板块工业规模和实力。基于上述原因,将同济堂定为第二阶段的并购对象是国药集团在完成对盈天医药的并购后的绝佳选择,实现对同济堂的横向并购可令国药集团获取其在中成药业务上多年积淀的经验,完成从药材经营业到中药制造业的主业战略转型。

3. 第三阶段并购对象：天江药业等

江阴天江药业有限公司成立于1992年,是首批获得国家食品药品监督管理总局批准的中药配方颗粒试点生产企业,是国内生产规模最大的中药配方颗粒生产厂家,也是唯一一家专营配方颗粒的企业。天江药业先后承担国家级中药配方颗粒研究15项,单味中药配方颗粒的研究、生产处于国际领先水平。天江药业拥有5家子公司,其两个品牌"江阴天江"和"广东一方"分别在全国三级医院和县级医院布局,而其他中药配方颗粒生产药企主要为区域性布局。

中国中药第三阶段的并购计划意在弥补空缺业务,完善产业链。在完成对盈天医药和同济堂的并购后,国药集团中药板块的业务覆盖了中药材种植、中成药、中药材贸易及健康产业,唯独缺少中国现代饮片颗粒这一项业务。中药配方颗粒具备较高的准入门槛,将每味药制成安全有效的现代颗粒技术的试验成本平均为100万人民币左右,这方面的龙头企业天江药业能够生产约700单位的中药配方颗粒。国药集团并购天江药业,能填补业务空白,并在国内引领配方颗粒市场,最终控制终端,完成中药全产业链布局。在并购前的市场中,在所有生产中药配方颗粒的药企中,天江药业的市场占有率高达58%。公司的营业额由2001年的5 700万元增长至2014年的25亿元,营业额复合增长率高达157.35%,远远高于行业平均增长率。并购前企业的总估值约在92亿到102亿人民币之间,达到2014年经营性净利润的15倍。此外,随着配方颗粒市场逐步开放、医保覆盖,配方颗粒渗透率将逐步提高,配方颗粒未来的市场态势向好。因此,完成对天江药业的并购可迅速实现中国中药树立的销售百亿的经营规模目标,国药集团在现代中药产业中将在中药工业销售规模、中药颗粒饮片销售规模及市场份额、独家中药基药品种数量、中药全产业链布局四个方面成为全国第一,从而确立在中药产业全国领先的地位。

在完成对天江药业的并购后,中国中药陆续完成了对贵州同济堂药房连锁有限公司、北京华邈药业有限公司、宏大饮片等药企的并购。2016年,国药集团将贵州同济堂药房连锁有限公司列为并购对象,拟整合中医药药房零售业务。贵州同济堂药房连锁有限公司主要在贵州省从事连锁药房及中医诊所营运,被并购后将成为推广集团品牌及产品的有效渠道,国药集团通过整合上下游覆盖整个中医药产业链,践行打入中医药行业不同范畴的整体业务策略。对贵州同济堂药房连锁有限公司的收购将帮助国药集团进军中医药大健康产业业务,通过分担营运成本及共享分销网络产生协同效应。2017年10月,中国中药收购北京华邈、北京华泰、黑龙江国药、四川江油四家大型饮片药企,这四家公司目前均为国药集团附属公司。此时,各地地方保护政策频出,拥有本地化企业有助于公司业务在当地持续发展。通过收购北京华邈、黑龙江国药,可以借助其成熟的医院销售网络,与中国中药已有的销售渠道发挥协同效应和规模优势,拓展在北京市和东北地区的中药配方颗粒市场份额。收购北京华邈及四川江油将分别扩大中国中药在北京市及四川省的产能、市场份额及分销渠道,连同其现有生产基地,中国中药的中药饮片业务将形成在中国主要地区的全国性地域覆盖。北京华泰收购事项为旨在提高管理效益并对资产的所有权及使用者进行调整的资产重组。2018年6月,中国中药进行了对民企亳州市宏大中药饮片科技有限公司的收购。宏大饮片主营药材饮片生产经营,已备案400多个品种,建成产能达3 600吨的中药饮片生产车间。宏大饮片立足亳州,拥有稳定的采购渠道及客户资源,在亳州的中药饮片行业具有一定的竞争力和发展潜力,且具有较强的盈利能力。对宏大饮片的收购将满足中国中药的全国性战略布局,并购完成后中国中药将以其为平台在安徽省开展共享中药智能化配送中心的布局。2020年10月28日,中国中药参与太极集团的混合所有制改革,围绕医药产业链条重组,将医药大健康产业链条的上下游合并,促进双方在各领域的战略合作,实现了优势协同、资源共享,全面提升了企业的核心竞争力。2021年2月25日,有关太极集团的增资事宜获得国务院批复。

(三) 并购模式

企业的并购有多种模式,基于并购双方所处的行业、并购的支付方式等不同视角可对并购模式进行多维度的划分。笔者通过梳理国药集团在三个并购阶段的并购过程,总结出国药集团中药板块并购模式的特点。

在国药集团对盈天医药的并购中,将收购计划分为两步:先进行协议收购,再进行要约收购。在被收购前,盈天医药的股权较为集中:大股东杨斌持股37.13%,徐铁峰持股29.31%,33.56%的股份为社会公众股。第一步,国药集团与目标公司进行谈判,通过协议收购杨斌、徐铁峰共计19.9%的股权;第二步,通过要约收购的方式收购杨斌、徐铁峰两位大股东31.54%的股权,其余股份由社会公众股自愿选择是否出售。国药集团与盈天医药达成协议,通过当时的股价以及对盈天医药未来盈利能力的估值确定收购价格,收购价格确定为最低每股1.4港元,最高每股1.7港元,最高收购价格每股1.7港元须待盈天医药于2012年取得目标1.9亿港元或以上的经营净利润方可作实。最终,国药集团对盈天医药的收购价格为1.7港元/股,以现金的方式支付,支付对价为2 577 028 616港元,收购前盈天医药的股价约1.3港元/股,此收购价格大幅高于当时的股价。关于资金来源,并购资金一部分来自国药集团自有资金,另一部分来自债务融资。其中,债务融资的部分是通过"内保外贷"的筹资方式取得的。

在国药集团对同济堂的并购中,采用现金支付、股票支付、承债式并购相结合的方式支付收购价款收购其全部股权。同济堂的实际运营主体是境内的贵州同济堂制药有限公司,股权结构相对简单:王晓春作为Hanmax的所有者,为同济堂的董事长兼CEO,间接持股67.9%,复星医药持股剩余的32.1%。盈天医药按照同济堂2012年经营净利润的20倍对其估值,最终确定的支付对价为26.4亿元。对于王晓春所持股份,盈天医药通过三种支付方式支付相应对价:一是以现金支付的方式购取股权;二是定向增发股份,配发及发行3.34亿股予以Hanmax公司;三是以承担联辉公司的债务的方式支付,承担Hanmax公司所欠联辉公司的债务2.744亿元。对于复星医药所持股权,则全部支付现金。在资金来源上,盈天医药主要通过定向增发股票、私募以及债务融资取得资金。首先,董事杨斌以3.1港元/股的发行价格用现金认购盈天医药定向增发的股票66 488 379股,所获资金用于支付对王晓春一部分股份的收购款;其次,盈天医药与国药基金受托人订立国药认购协议,通过私募配售1.25亿股国药股份给机构投资者,获得现金以支付收购款;最后,通过"内保外贷"的方式从境外银行获得贷款,国药集团和中国药材对银行提供担保,杨斌按照相应份额提供反担保。完成收购的同时,盈天医药更名为中国中药有限公司。

在第三阶段所列示的被并购标的企业中,中国中药对天江药业与宏大饮片两家公司收购的性质属于混改情境下国企对民企的并购,对贵州同济堂药房连锁有限公司的并购实质为对其间接全资附属公司的收购,对北京华邈、北京华泰、黑龙江国药、四川江油四家饮片药企的并购实质为与国药集团四家附属公司的关联交易,对太极集团的并购实质为央企对地方国企的收购。在对天江药业的并购中,天江药业的股权结构较为分散,其中上海家化持股23.84%,中金佳泰持股19.71%,广东省中医研究所持股12.7%,还有若干小股东持股在10%以下,中国中药收购了天江药业除事业单位股东广东省中医研究所之外的所有股权,共计87.3%。按照2014年天江药业经营净利润的15倍对其估值后,中国中药对天江药业的个人股东以现金支付与股票支付相结合的形式支付,对其他股东则以现金的方式支付。在资金来源上,中国中药主要通过向其股东和机构投资者定向增发股票以及债务融资的方式取得资金。在对宏大饮片的并购中,国药集团以其全资子公司国药集团冯了性(佛山)药材饮片有限公司作为收购实施平台,与宏大饮片的股东李红光、李甜甜签署投资协议,通过股权转让加增资的方式向宏大饮片出资人民币5 000万元,股权交割完成其全资子公司冯了性药材饮片持有宏大饮片51%的股权,李红光持有剩余49%的股权。

国药集团在其中药板块成功的并购模式可以归纳为以下三点。

(1) 灵活的"内保外贷"筹资方式。国药集团在涉及海外交易的并购时,巧妙利用"内保外贷"的筹资方式。国药集团第一阶段和第二阶段的并购均运用了此种筹资方式,在国药集团并购盈天医药时,债务融资的部分是通过国药集团在大陆向中国银行提供担保,中国银行在香港对国药香港提供贷款的形式取得的。盈天医药在并购同济堂时,中国银行同意就拨付收购事项资金向盈天医药提供贷款9亿港元。由于盈天医药有5亿港元的贷款余额,控股股东国药香港不具备贷款和担保条件,因此,国药集团为此收购事项提供了担保支持,相应地,盈天医药股东杨斌按规定依照应承担的份额对国药集团提供反担保。借助中国银行提供的债务融资,国药集团的两次并购顺利完成了现金支付,解决了其境外融资业务的困境。

(2) 完善的全产业链并购布局。国药集团在中药板块的一系列并购实际上是分步骤进行的,国药集团通过三个阶段的并购完成了在中药板块的全产业链布局。国药集团原本的优势在于产业链前端中药材的种植,在第一阶段,国药集团对盈天医药的并购获取了中成药板块的业务;在第二阶段,盈天医药对同济堂的并购获取了同济堂在中成药板块的积淀,弥补了中国中药在药材制造板块的短板;在第三阶段,中国药材对天江药业的并购获取了配方颗粒板块的业务,此后对北京华邈、宏大饮片的并购获取了中药饮片板块的业务,对贵州同济堂药房连锁有限公司的并购获取了终端药房零售板块的业务。如此,国药集团的并购活动沿着中药产业链的上下游拓展业务,从药材资源延伸到药材制造、销售网络等各个方面,完成了全产业链布局。国药集团全产业链并购的基本情况如图8-3所示。

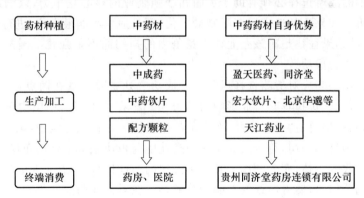

图8-3 国药集团全产业链并购的基本情况

(3) 恰当高效的并购方式。国药集团借鉴了国际通行做法,设立特殊目的公司来实现并购。在对盈天医药的收购中,国药集团于2012年1月为本次收购事项新设立了国药香港有限公司(简称"国药香港")作为收购主体,注册资本50万港币。国药香港原本由国药集团四级子公司香港富胜贸易有限公司设立,在并购期间,在报批时国药集团将国药香港划归为其二级子公司,直接对其增资,以支付收购价款。待收购完成后,再将国药香港划归到中国药材有限公司。国药集团组建设立复杂的交易结构的好处是可以减少跨境审批手续的繁琐流程,节约时间成本。此外,中国香港有优惠的税收政策,方便实现优惠的税收安排和便利的现金流。国药集团并购盈天医药的交易结构如图8-4所示。

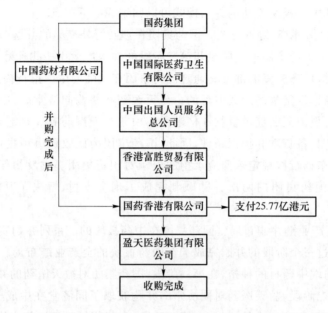

图8-4 国药集团并购盈天医药的交易结构

(四)并购风险

1. 并购前:战略选择风险

企业在战略定位中如何把握时机、选择并购对象、合理成功地运用并购是一个复杂艰深的抉择。并购中的战略选择必须有助于巩固和增强企业的核心竞争力,以满足财务管理的目标。企业决策者如果不是追求股东财富最大化,而是追求利润最大化,进行盲目多元化的战略扩张,导致的结果往往是对该企业核心竞争力的损伤而不是强化。国药集团对此项风险的识别与应对较为成功。

国药集团在识别与应对战略选择风险上的成功之处主要表现在两点:一是选择上市公司作为并购对象,二是选择具有行业影响力的公司。早在2010年,中国中药就制订了清晰的战略转型规划,提出打造"百亿中药"企业的战略目标。在首次并购中,国药集团选择上市公司盈天医药作为目标公司,符合其战略中的搭建中药板块融资平台的布局。在后续阶段,以盈天医药作为收购主体,充分利用了其上市公司的属性优势,国有企业的控股地位再加上上市公司良好的公信力,使得后续的并购十分顺畅。在对天江药业的收购中,天江药业在国内配方颗粒市场中品种数量以及市场份额均为行业第一,国药集团将天江药业并入自己旗下,会直接在中药配方颗粒市场迅速奠定自身的行业龙头地位。这样就节约了时间成本,使得国药集团在短时间内迅速进入行业并确定领先地位。并购之后,直接填充了国药集团中药板块在配方颗粒市场的空白,完成了中药板块全产业链的布局,完全符合战略预期。

2. 并购中:估值风险

估值风险发生在并购方案的设计阶段,对拟并购企业的价值评估是影响并购方案的关键性一环,对整个并购活动的成败起到关键性作用。在全面衡量被并购企业的行业地位以及潜在价值等因素后,方可对经济利益进行评估。医药制造行业是技术密集型行业,故对其而言，估值的准确性十分重要。国药集团在进行并购时，大多是为了引进先进技术和资源。但在被并方掌握核心技术资源时，主并方的议价能力会受到制约，很可能出现估值溢价过高的情况。

以中国中药并购天江药业为例，中国中药按照 2014 年天江药业经营净利润的 15 倍对其估值，计算得出总估值为人民币 92 亿元到 102 亿元之间，随后又运用多种方法验证估值的合理性。中国中药运用资产法计算出天江药业资产、负债的公允价值，随后又运用市场法进行验证。首先，中国中药找出可比较的同行业上市公司，同一时间可比较公司按照市账率 1.2~21.4 倍（平均值及中间值约为 6.6 倍及 5.2 倍）进行交易。随后，与天江药业市账率相比较，计算天江药业引申的市账率约为 3.4 倍，低于可比较公司市账率的平均值及中间值。最后，判断商誉是否有减值迹象，中国中药的董事认为并无发生商誉减值的迹象。因此，国药集团认为总代价公平合理。多种估值方法的交互验证降低了因估值方法选择不当带来的高估风险。

3. 并购后：整合风险

有的企业被并购后，并购方会马上任命新的高级管理人员，改变被并购企业的管理团队。而国药集团的做法则是保持被并购企业原有的管理团队和员工队伍的稳定性，保持公司的独立性。此外，国药集团一直以尊重与学习的心态看待被并购民营企业的股东。中国国药集团有限公司副总经理石晟怡说过："与国药集团合作的民营企业股东多是行业专家；坚持股东间相互尊重、平等合作、互利共赢的价值观，保证各股权资本决策的话语权是各方融合的基础。"为充分发挥民营企业家的作用，国药集团在投资所并购的民营企业时，采取了"我中有你、你中有我"的股权架构，即在保持控股地位的前提下，留给原民营股东一定比例的股权，这样就避免了所有权与经营权相分离可能产生的代理问题。国药集团一直以尊重而非"征服"的心态对待被并购的各个民营企业，因此其并购后的整合工作开展较为顺利，降低了整合风险。

（五）并购整合

并购取得成功需要考虑的步骤除了挑选满意的并购对象、选择合适的并购模式、进行合理的估值、签署有效的并购协议之外，还有很重要的一个步骤，就是有效地整合。企业并购后的整合是一项长期的复杂性工作，涉及企业管理的方方面面，其中涉及宏观层面的战略整合，也涉及更为详尽的业务整合、人力资源整合、文化整合。如果并购后的整合完成得好，并购的积极作用就会显现出来，如果并购后的整合完成得不尽如人意，就会导致并购失败，从而给企业带来巨大的损失。

对国药集团来说，在短时间内实现国企与民企两种不同所有制形式的企业的整顿与融合并非易事。然而，面临整合挑战，国药集团制订了一系列的整合计划，以发挥协同效应、提升整合程度，从而达到了较好的效果。

1. 战略整合

自并购之初，国药集团就制订了清晰的战略规划，提出打造"百亿中药"企业的战略目标和"以工业为主导、以科技为支撑、大力发挥中药资源产业、充分发挥传统贸易优势、积极进入中药大健康增值服务领域"的发展方向。国药集团结合企业自身特点在每一次并购民企之后均进行了战略整合。在完成对盈天医药的并购后，结合盈天医药自身的战略规划：充分利用和发挥上市公司融资平台的作用，用三年时间打造一个年销售 50 亿元的医药集团，国药集团将盈天医药作为中药板块对外融资平台和对外整合平台。在完成对同济堂的并购后,国药集团以自身战略目标为导向,结合同济堂的战略规划:三年内每年实现销售增长30%~40%,预计实现销售收入20亿元,"十二五"期间成为中药百强企业。国药集团将其定位为实现"百亿中药"目标的核心贡献企业。在完成对天江药业的并购后,结合天江药业的龙头地位以及中药颗粒市场的巨大发展空间,国药集团从战略上将其视作打造中药全产业链布局的关键一环。在完成对宏大饮片的并购后,结合宏大饮片在亳州的中药饮片行业的竞争力,公司以其为平台在安徽省开展共享中药智能化配送中心的布局。

2. 业务整合

国药集团对其一系列并购活动业务层面的整合主要从完善板块布局和营销资源整合两方面着手。国药集团在中药板块的并购最终形成了中药板块全产业链布局:在上下游产业链的关系上,中国药材自身的优势在于前端中药材的种植采摘,被并购的盈天医药、同济堂、天江药业、宏大饮片等民企可在药品生产加工端口补齐中成药、中药饮片和配方颗粒等业务模块,同济堂药房连锁有限公司在终端连接了药房、医院等,完成药品销售。可见,国药集团所并购的各个企业实现了产品与服务的相互补充,弥补了业务板块的不足。在营销资源的整合上,盈天医药和同济堂本身有比较强的大规模营销团队,覆盖全国大部分地区。为了充分发挥协同作用,实现非处方药(OTC)和处方药渠道互补,中国中药用时三个月对其各个地区的营销团队进行快速整合,尤其在重叠的管理层方面,在每个省设立办事处,将两个独立运作的团队整合到一个体系中,再进行医院终端和OTC的细分,整合后的营销团队达到3 900多人,预计营销网络覆盖中国100余个城市。

3. 人力资源整合

在高级管理人员层面,国药集团在并购后未采取大幅度地更换管理团队的策略,很大程度上保留了企业先前的管理团队,不过度引入自己的管理机制,只是按照规定派驻董事和少数的高管,以保证企业的合规化经营。一方面,这一举措能够保留被并购企业原来的管理风格,尊重民企强调管理者"个人魅力"的特点,对被并购企业员工来讲,能够促进其增加对组织的信任感、缓解心理压力、加快适应过程。另一方面,这一举措能够在不干涉被并购企业日常经营活动的前提下,保证被并购后企业的经营合法合规,以国企经营的经验促进企业的规范化管理,使公司治理体系更为完善,实现国企与民企的取长补短,使混合所有制改革达到目标效果。在普通员工层面,以盈天医药并购同济堂为例,人力资源部门定期召开各区域整合会议,同时安排团队建设活动。此外,公司还制定了名为"木棉花奖"的员工激励机制以激发员工的工作积极性,并设计建议意见反馈平台,使员工的意见能够及时向上反馈,对于整合过程中出现的问题,及时安排负责人员进行解决。

4. 文化整合

不同背景企业的企业文化存在显著的差异,国药集团在完成并购后努力调和各种企业文化的色彩,使企业员工能够接纳新的文化。以盈天医药并购同济堂为例,盈天医药的企业精神是"和谐、奋进、快乐",同济堂的企业宗旨则为"为民除病,济世为民"。针对不一致的企业文化,并购完成后,盈天医药在一周之内提出了新的公司的企业文化,新的企业文化内容以盈天医药原有的文化为基础框架,充分融合了同济堂的企业愿景。原盈天医药"和谐、奋进、快乐"的企业精神进行保留,原同济堂的愿景"让员工过上富裕、健康、有尊严的幸福生活"也成了新的企业文化内核之一。在整合的过程中,人力资源部门对新的企业文化进行了大力宣传,两公司的文化整合取得了较好的效果。

七、混合所有制改革情境下国药集团并购效果分析

(一) 财务协同效应明显,盈利能力增强

从2013年中国中药开始以并购民营企业的方式进行混合所有制改革至今,通过分析中国中药的各项财务指标可以发现,进行并购后中国中药的资产显著扩大,盈利能力呈增强趋势,未来呈现出较大的成长性。反映其财务状况和经营成果的相关数据如表8-5所示。

表8-5 中国中药2012—2019年财务状况、经营成果主要数据

单位:千元

年份	财务状况			经营成果		
	资产总额	负债总额	权益总额	营业收入	营业利润	净利润
2012	1 554 220	708 449	845 771	1 031 766	235 795	168 526
2013	5 066 470	2 231 707	2 834 763	1 394 613	272 757	198 463
2014	5 331 852	2 074 730	3 257 122	2 650 454	551 696	411 546
2015	19 208 676	7 068 463	12 140 213	3 709 406	760 978	689 160
2016	21 036 784	8 280 922	12 755 862	6 532 867	1 376 783	966 927
2017	24 885 307	11 070 050	13 815 257	8 337 795	1 786 453	1 170 434
2018	30 287 390	12 776 819	17 510 571	11 258 941	2 156 025	1 439 018
2019	32 473 725	13 423 000	19 050 725	14 320 949	2 460 716	1 588 114
2020	33 088 383	12 191 962	20 896 421	14 806 168	2 490 631	1 663 255

图8-5展示了中国中药资产负债率的变动,中国中药的资产负债率在第一、第二并购阶段和第三并购阶段的前期(2012—2015年)一直呈下降趋势,可见企业与被并购企业实现了一定的财务协同效应,提升了企业的长期偿债能力。自2016年开始,中国中药围绕其全产业链的打造继续开展了大量并购,意图打造中药大健康产业集团,因大量并购支付的对价给公司带来了财务压力,公司的资产负债率在2016年和2017年出现了短暂的上升迹象,然而这种迹象自2018年开始出现好转。在完成多次并购后,中国中药的资产和负债规模均大幅度地逐年增加,在2015年,增幅尤为明显,原因是对天江药业的并购。结合2012—2020年的财务数据来看,国药集团在中药板块一系列的并购行为使得中国中药的体量不断增大,并带来了明显的财务协同效应。

图8-6展示了中国中药获利能力相关指标的变动,自2012年至今,公司的营业收入一路攀升,其中2014年和2016年两年营业收入的增幅尤为明显,主要原因在于公司完成了对同济堂和天江药业的并购,直接增加了销售绩效。2012—2016年,公司的毛利率、净利率波动频繁,主要原因在于由于频繁并购带来的资本运作以及部分资产处置带来的费用支出。2017—2020年,中国中药的净利率呈轻微下降态势,主要原因是毛利率较低的中药饮片业务占比提升和配方颗粒拓广市场、成药业务销售模式转变导致的销售费用投入较大所致。总体而言,经过并购,中国中药的盈利能力总体处于上升趋势。

表8-6展示了2012—2020年中国中药的营业收入增长率和净利润增长率,这两个数据

能够反映企业的成长能力。可见,自实施并购以来,中国中药的营业收入和净利润一直保持高速增长,虽增长率波动较大,但仍然呈现出较强的成长能力。

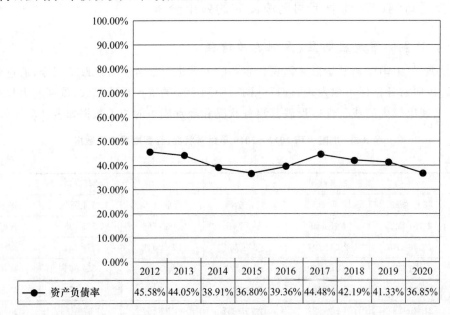

图 8-5 中国中药 2012—2020 年资产负债率变动

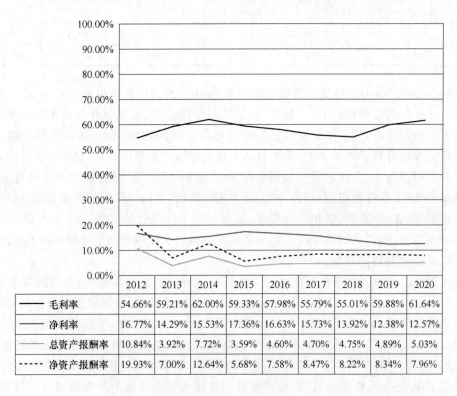

图 8-6 中国中药 2012—2020 年获利能力相关指标

表 8-6 中国中药 2012—2020 年营业收入增长率、净利润增长率

年份	营业收入增长率	净利润增长率
2012	1.56%	134.73%
2013	35.17%	15.22%
2014	90.05%	106.43%
2015	39.95%	55.41%
2016	76.12%	69.87%
2017	26.2%	20.7%
2018	35.03%	22.95%
2019	27.2%	10.35%
2020	3.39%	4.31%

(二) 市场业绩增强,占据行业龙头地位

长期来看,自实施并购以来,中国中药的股价总体呈上升趋势。在这期间,中国中药的股价有三次较为明显的涨幅:第一次增长是在 2012 年 6 月到 2013 年 7 月,盈天医药入驻国药集团,带来了股价的大规模增长;第二次增长是在 2015 年完成对天江药业的收购后,其开拓的中药颗粒市场被外界一致看好,因此出现了股价大规模的上涨,虽然在 2016 年,因中成药业务低迷、2015 年业绩差于市场预期导致中国中药股价出现了大幅下降的情况,但 2017 年很快迎来了公司股价的大规模上涨;第三次增长是自 2017 年年底到 2018 年上半年,中国中药完成了对数家中药饮片公司的并购并成功进入相关市场,并且制定了积极的中药颗粒和饮片的 5 年销售目标,公司股价自公布 2017 年的业绩后上涨了 25%,在 2018 年 5 月 31 日涨至历史最高价 7.348 港元,充分反映了市场对公司未来增长潜力有良好预期。中国中药 2012 年 6 月—2020 年 3 月的股价变动如图 8-7 所示。

图 8-7 2012 年 6 月—2020 年 3 月中国中药股价变动图

以中国中药并购天江药业为例,使用事件研究法对其短期并购行为进行研究,若最终得出窗口期企业累计超额收益率大于 0,则表明并购交易为企业带来了正向绩效,若累计超额收益率小于 0 则表明并购交易为企业带来了负面绩效。

2015 年 6 月 23 日,中国中药发布《有关收购江阴天江药业有限公司注册资本之 87.3%之非常重大收购事项》公告,确认了对天江药业的并购,并且披露了并购细节。因此,选取并购信息披露日为 2015 年 6 月 23 日,设定披露日前后 10 天为本次并购交易事件的窗口期,

将事件发生前的 240 天确立为估计窗口,由此本事件确定的窗口如图 8-8 所示。

图 8-8 时间研究法的窗口期与估计期

根据个股和市场收益率比较验证,发现变化趋势基本吻合,由此运用相关数据进行分析被视为有效。将窗口期内中国中药的日收益率与其上市所在的港交所恒生指数的日收益率进行对比,然后将相对变化用表 8-7 表示。

表 8-7 中国中药与其港交所恒生指数日收益率对比

窗口期	日期	个股收益率	市场收益率
-10	2015/6/8	-2.60%	1.10%
-9	2015/6/9	-0.77%	-0.40%
-8	2015/6/10	1.91%	0.58%
-7	2015/6/11	10.01%	0.76%
-6	2015/6/12	5.81%	1.15%
-5	2015/6/15	5.01%	-2.11%
-4	2015/6/16	-4.95%	-3.83%
-3	2015/6/17	3.23%	1.96%
-2	2015/6/18	4.87%	-3.91%
-1	2015/6/19	-2.76%	-6.79%
0	2015/6/23	-8.01%	2.13%
1	2015/6/24	10.01%	2.47%
2	2015/6/25	3.99%	-3.84%
3	2015/6/26	-10.00%	-8.34%
4	2015/6/29	-9.25%	-4.56%
5	2015/6/30	5.89%	6.06%
6	2015/7/1	-10.00%	-5.74%
7	2015/7/2	-10.00%	-4.56%
8	2015/7/3	-10.03%	-6.23%
9	2015/7/6	-10.03%	1.13%
10	2015/7/7	-10.01%	-2.71%

由表 8-7 不难看出,在披露日前后一个月的交易时间内,中国中药的日收益率大体上和恒生指数日收益率趋势保持一致。在公告披露之后的第一个交易日,中国中药日收益率上涨幅度明显超过恒生指数,说明资本市场对中国中药并购天江药业的交易对中国中药后续的影响是有所看好的。

由估计区间的个股收益率和市场收益率趋势图(如图 8-9 所示)比较分析发现,在估计区间个股收益率与市场收益率变化趋势大体一致,所以可利用市场收益率计算非事件影响的预期收益率。

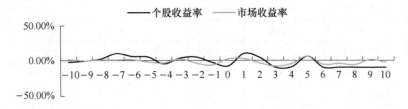

图 8-9 中国中药与其港交所恒生指数日收益率对比

采用市场模型法计算并购事件披露窗口期内中国中药股票的预期正常收益率。根据资本资产定价模型(CAPM),设定估计期内中国中药的股价收益率为 R_{it},恒生指数的收益率为 R_{mt},则公式为:

$$R_{it}=\alpha_{it}+\beta_i * R_{mt}+\varepsilon_{it}$$

其中,α_{it} 表示回归截距,β_i 表示回归斜率,ε_{it} 为回归残差。

表 8-8 为中国中药与其港交所恒生指数日收益率回归分析表。将日收益率进行回归,得出回归结果:$R_{it}=-0.000\,884+0.780\,5R_{mt}$,P-value 远小于显著性假设 5%,因此显著性水平较高。

表 8-8 中国中药与其港交所恒生指数日收益率回归分析表

K_t	回归系数	标准误	t 值	$P>|t|$	置信区间 95%	
R_{mt}	0.780 5	0.092 4	8.44	0	0.598 3	0.962 8
常数项	0.000 883 7	0.001 363 5	−0.65	0.518	−0.003 569 7	0.001 802 3

根据已知公式 $R_{it}=-0.000\,884+0.780\,5R_{mt}$,可以计算出中国中药正常情况下窗口期内股价的预期收益率,如表 8-9 所示。超额收益率(AR)=该交易日实际收益率−该交易日预期收益率,累计超额收益率(CAR)为窗口期内超额收益率的累计数。

表 8-9 窗口期内中国中药股价超额收益率与累计收益率计算表

窗口期	日期	个股收益率	市场收益率	预期收益率	AR	CAR
−10	2015/6/8	−2.60%	1.10%	0.77%	−3.37%	−3.37%
−9	2015/6/9	−0.77%	−0.40%	−0.40%	−0.37%	−3.74%
−8	2015/6/10	1.91%	0.58%	0.37%	1.55%	−2.19%
−7	2015/6/11	10.01%	0.76%	0.51%	9.50%	7.31%
−6	2015/6/12	5.81%	1.15%	0.81%	5.00%	12.31%
−5	2015/6/15	5.01%	−2.11%	−1.74%	6.75%	19.06%
−4	2015/6/16	−4.95%	−3.83%	−3.08%	−1.86%	17.19%
−3	2015/6/17	3.23%	1.96%	1.44%	1.78%	18.98%
−2	2015/6/18	4.87%	−3.91%	−3.14%	8.01%	26.98%
−1	2015/6/19	−2.76%	−6.79%	−5.39%	2.63%	29.61%

续表

窗口期	日期	个股收益率	市场收益率	预期收益率	AR	CAR
0	2015/6/23	-8.01%	2.13%	1.57%	-9.58%	20.03%
1	2015/6/24	10.01%	2.47%	1.84%	8.17%	28.19%
2	2015/6/25	3.99%	-3.84%	-3.09%	7.07%	35.27%
3	2015/6/26	-10.00%	-8.34%	-6.60%	-3.40%	31.87%
4	2015/6/29	-9.25%	-4.56%	-3.65%	-5.60%	26.27%
5	2015/6/30	5.89%	6.06%	4.64%	1.25%	27.51%
6	2015/7/1	-10.00%	-5.74%	-4.57%	-5.43%	22.08%
7	2015/7/2	-10.00%	-4.56%	-3.65%	-6.35%	15.73%
8	2015/7/3	-10.03%	-6.23%	-4.95%	-5.08%	10.66%
9	2015/7/6	-10.03%	1.13%	0.79%	-10.83%	-0.17%
10	2015/7/7	-10.01%	-2.71%	-2.20%	-7.81%	-7.98%

图 8-10 展示了窗口期内中国中药股价超额收益率与累计收益率的变化。窗口期内,在并购消息发出后的第二天,中国中药股价的超额收益率由负转正,累计超额收益率在 6 月 23 日发布消息以后,在未来九天均为正值,一定程度上说明了资本市场对国药集团并购天江药业的后续影响表示乐观,短期内带来了财富增长。

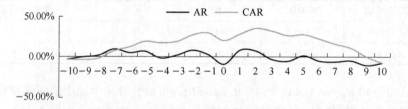

图 8-10 窗口期内中国中药股价超额收益率与累计收益率的变化

图 8-11 中显示,自国药集团开展并购以来,中国中药的每股盈余(EPS)保持逐年上涨的态势,可见其盈利状况较为可观。自 2016 年以来,公司的每股股利(DPS)和股利支付率也一直呈持续增长的态势,且股利支付率一直保持在 25% 以上的较高水平,这表明归属于普通股股东的利润状况维持在理想水平,并且有增长的态势。

在市场占有率上,并购完成后,中国中药的中药工业销售规模、中药颗粒饮片销售规模及市场份额均在行业内达到第一。中国中药已成为全产业链中药龙头,占据行业领先地位。近几年,中国中药积极打造大健康和产地综合业务,这两块业务目前还处于扩展阶段,待布局成熟以及与传统业务的协同效应加强,中国中药有望打破传统中药行业地方政策为主导的市场壁垒,进一步巩固行业龙头地位。

(三) 全产业链布局优化,实现并购战略价值

通过并购,中国中药实现了中药业务的全产业链布局,其所经营的产品互为补充,在产品上延长了上下游产业链,实现了产业链的相互配合,大大地节约了时间成本、采购成本和机会成本,实现了一系列并购活动的战略价值。在产品结构的完善上,中国中药的产品结构形成了配方颗粒、中成药、中药饮片业务三足鼎立的态势,其中:配方颗粒板块市场前景较为

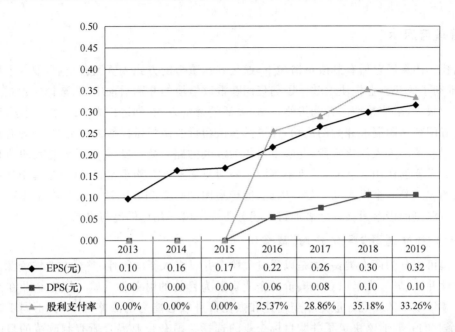

图 8-11 中国中药 2013—2019 年的 EPS、DPS 及股利支付率

广阔,因此自完成对天江药业的并购后公司的配方颗粒板块持续发力、业绩表现优异,也占据了较大的业务份额比例;中成药板块一直以来经营稳健;中药饮片板块存在部分毛利率较低的业务,2019 年公司主动放弃部分低毛利业务,导致该板块整体短期收入放缓。自 2019 年开始,中国中药拓展了大健康和产地综合业务,这对进一步实现全产业链布局具有重要的战略意义。到 2018 年,中国中药的销售收入达到 11 258 941 元,在并购实施的五年之后实现了国药集团制定的"百亿中药"的战略目标。由此可见,国药集团在混改情境下的一系列分阶段、分步骤的并购活动实现了极大的战略价值,使国有企业和民营企业达到了互利共赢。中国中药 2016—2020 年各业务收入构成如图 8-12 所示。

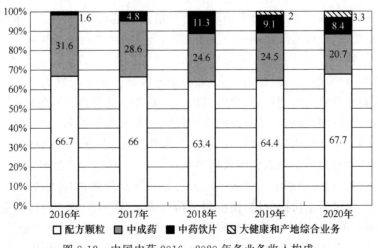

图 8-12 中国中药 2016—2020 年各业务收入构成

八、借鉴与启示

国药集团在混合所有制改革情境下,通过并购重组的方式入资民营企业,取得了积极成果,并推动了医药行业提质增效。国药集团在混改情境的并购活动中,在选择民营企业时秉持独到的眼光,采取精准的并购策略,选择灵活的融资方式,创造出先进的融合理念,以上因素推动着国药集团混改并购的成功,促进其在医药行业做强做优做大。现如今,国有企业混合所有制改革已进入深化阶段,并购重组作为混改的路径之一必将对国企混改的顺利进行起着至关重要的作用。然而,混改不等同于一般意义上的并购重组,在这个过程中如何处理各方面的关系是一个巨大的挑战。因此,国药集团的一系列并购活动对国有企业跨所有制并购具有深刻的借鉴意义。笔者通过上述分析提出以下几点借鉴与启示。

(一)精准选择"择优并购"战略

并购可以分为两大类:一类是以通过收购合以进入新的行业、整合产业链资源为目的的战略性并购;另一类是以获取廉价的企业资源为目的的财务性并购。国有企业在混合所有制改革情境下的并购一般是基于构建和强化自身核心能力的战略性并购,不同于财务性并购,企业的并购战略决定了并购目标企业的选择。国有企业混合所有制改革的目的是实现国企和民企的优势互补、强强联合,"择优并购"可以降低并购风险,增加并购成功的概率,达到较好的并购效果。"择优并购"的战略目标是构建或强化国有企业的核心能力,因此其寻找的民营企业应该具备可匹配的资源或能力。关于混合所有制改革中国有企业如何选择民营企业的问题,前国药集团董事长宋志平曾说:"一是选战略上有协同作用的;二是接受国企文化,如果不愿意接受国企的管控文化,格格不入的话肯定不能混。三是愿意进行规范治理的民企,就可以在一起混。"国企在资本、技术等方面具有优势,掌握的资源更为丰富;民企则机制更加灵活、激励更加到位、市场反应更加灵敏。在"择优并购"的情况下,注重优势互补的强强联合更能促进混改背景下企业并购的成功。

(二)理性实施"全产业链"并购

"全产业链"并购的目的是将分散的环节通过整合连接到一起,相互之间可以实现交流共享,减少成本费用,进而实现协同效应。一方面,当前的医药行业药材成本、人工成本呈上涨趋势,在这种情境下,医药企业需要降低内部生产交易成本,以获得竞争力。"全产业链"并购可以从内部节约成本,发挥协同效应,为药企开辟新的生存与发展空间。另一方面,中国经济进入了转型升级的关键时期,政府出台了一系列政策推动医药企业并购重组、优胜劣汰,为药企的全产业链并购创造了良好的政策环境。未来几年医药行业的并购重组和整合的市场机会将围绕企业价值做强而展开,所以互补性并购、专业化重组将成为主流,母公司将会更加注重并购重组后企业的整体效果和战略价值。中国中药"全产业链"并购的实施非常成功,这一举措不仅为中国中药带来了巨大的短期财富价值、正向的短期市场反应,也在经营、管理、财务上带来了协同效应,使中国中药形成了"药材种植—药材制造—终端销售"的模式,最终确立了在中药产业全国领先的地位。我国企业在进行"全产业链"并购时,需要充分了解自己优势和劣势,明确自己的核心业务,在已经拥有的业务板块上进行横向并购或纵向并购。同时,在拟定并购方案时要尊重市场的规律、政策的引导,理性选择具有潜力的产业链进行拓展,始终以构建完善自身产业链为主,切勿分散精力、盲目实施多元化。

(三)更加灵活的融资方式

国药集团在并购重组时灵活地选用了"内保外贷"的方式进行融资。内保外贷,是指由企业内部的总公司给银行担保,银行在外部给企业解决贷款问题的一种形式。在涉及海外并购的并购业务时,需要一定融合资金作为并购的保障,但由于我国现有信贷政策及门槛较高,如想从海外借贷又缺少相关手续,"内保外贷"成为近年来企业的新型融资方式。采用此种方式取得筹资的好处有三:第一,同银行合作能提高融资效率、降低融资成本;第二,借助境内公司的实力就能为海外企业提供支持,简化了对境外投资贷款申请的手续;第三,通过内保外贷可有效促使境外实体企业与国内母公司共同发展。国药集团在中药板块的并购结合自身实际情况选择"内保外贷"的融资方式,由国药集团提供担保,由中国银行向国药香港在香港提供贷款。2014年5月,国家外汇管理局汇发《跨境担保外汇管理规定》,对于跨境担保外汇的管理确立了简政放权、转变职能、从事前审批转向事后监管、强化风险防范的管理思路,在"内保外贷"事项上,取消了担保事前审批、担保履约核准和大部分资格条件限制,为国内企业"走出去"提供了有力支持,为国有企业的混合所有制改革的融资方式提供了更为便利的条件。因此,在混改中,国企要积极拓宽融资渠道,充分利用国家的政策利好,在利用"内保外贷"等新型融资方式时,合法合规地办理融资手续。

(四)"重混合更重融合"的理念

混合所有制改革既要"混",又要"改"。国企通过企业并购入资民企是实现"混"的过程,并购后的融合过程则是实现"改"的关键环节。混改后各方能否"拧成一股绳",决定了企业的混改成色与质量。国药集团在历次完成对民企的并购后充分尊重被并购方的民营企业家,充分保障各种股权资本的决策话语权,在涉及企业发展战略、业务扩展、机制创新等方面坚持与各方股东充分沟通,避免存在侵犯其他股东权益的情况。前国药集团董事长宋志平曾提到,"国企和民企的混合要做到三个融合:一是双方战略目标的融合;二是产权的融合,按照《公司法》成为规范的股份公司,真真正正地以股权说话;三是文化的融合,互相包容,如果不包容,怎么混也混不到一起"。正是这种兼容并包的理念促使国药集团在历次企业并购的过程中取得积极成效,并推动中国中药占据行业领先地位。国有企业在混改情境的企业并购中,更要注重与被并购民营企业的融合,充分尊重民营企业家的权益,注重融合速度,高度重视融合过程中的风险管理。此外,在融合过程中,要积极与各方进行沟通,因为在真正的融合阶段面临的困难可能比并购之前的评估更为繁琐,此时双方只有加强沟通才能促进融合工作的顺利进行,进而让两个企业步调一致,形成产生优秀绩效的内在动力,达到"1+1>2"的效果。

参考文献

[1] 国药集团官方网站[EB/OL].[2021-02-18].http://www.sinopharm.com/.
[2] 刘洪久.并购中的目标企业选择[M].哈尔滨:黑龙江大学出版社.2012.
[3] 史佳卉.企业并购的财务风险控制[M].北京:人民出版社.2012.
[4] 陈春雷.我国中药企业全产业链并购效应研究——以"中国中药"为例[D].重庆:西南财经大学,2019.

[5] 陈亚冰.国药集团系列并购案研究[D].北京:中国财政科学研究院,2014.
[6] 国务院发展研究中心企业研究所调研组,马骏,袁东明,等.国药集团:混合所有制助推世界一流企业[J].经济导刊.2019(3):88-96.
[7] 陈文.论我国国有企业的并购动因与并购过程中的财务风险防范[J].中国内部审计.2014(2):96-99.
[8] 赵子坤,李彬,秦淑倩.混合所有制陷阱真的存在吗——来自我国民营类上市公司跨所有制并购的微观证据[J].财经科学.2017(6):82-93.
[9] 张金鑫,张艳青,谢纪刚.并购目标识别:来自中国证券市场的证据[J].会计研究.2012(3):78-84,95.
[10] 佟岩,王茜,曾韵,等.并购动因、融资决策与主并方创新产出[J].会计研究.2020(5):104-116.
[11] 王艳,何竺虔,汪寿阳.民营企业并购的协同效应可以实现吗?[J].会计研究.2020(7):64-77.
[12] 邱明.关于提高并购成功率的思考[J].管理世界.2002(9):146-147.
[13] 王艳,阚铄.企业文化与并购绩效[J].管理世界.2014(11):146-157.
[14] 王艳.混合所有制并购与创新驱动发展——广东省地方国企"瀚蓝环境"2001~2015年纵向案例研究[J].管理世界.2016(8):150-163.
[15] 唐兵,田留文,曹锦周.企业并购如何创造价值——基于东航和上航并购重组案例研究[J].管理世界.2012(11):1-8,44.
[16] 何瑛,杨琳.改革开放以来国有企业混合所有制改革:历程、成效与展望[J].管理世界.2021(7):44-60.
[17] 李维安.深化国企改革与发展混合所有制[J].南开管理评论.2014(3):1-1.
[18] 王梅婷,余航.国有企业并购重组的趋势、模式和挑战[J].经济学家.2017(8):5-11.
[19] 国浩律师事务所.内保外贷:能源型企业并购及项目开发融资新途径[J].国际融资.2014(6):46-49.

教学用途与目的

1. 本案例主要适用于"财务管理""战略管理""企业并购"等课程中并购决策、资产重组、公司治理等相关领域的教学。

2. 适用对象:本案例主要针对MBA、MPAcc、EMBA和企业管理人员,以及经济类、管理类专业的高年级本科生和研究生。

3. 教学目的:国企的混合所有制改革能引入民企灵活的市场应对机制和管理创新机制,激发其活力与竞争力。并购重组作为中国国企混合所有制改革的路径之一,能解决国有企业的诸多隐疾,是国企做大做专做强的重要途径。在混合所有制改革中,越来越多的国有企业借并购之力来获取市场份额及提升核心能力,实现国有制与市场经济的兼容。国药集团是国资委直接管理的一家中央医药企业,其所处的医药行业具备并购整合前提,且国有经济在国药集团中所占的高比重决定了其在混合所有制改革情境下的并购实践具有先导性、示范性。因此,国药集团的一系列并购对我国国有企业混合所有制改革情境下的并购活动具有深刻的借鉴意义。通过对本案例的分析，可以帮助读者理解和掌握以下重要知识点：

(1) 混改情境下国有企业实施"整合型"战略并购时的重要关注点；
(2) 混改情境下国有企业在选择并购对象时应考虑的因素；
(3) 混改情境下国企在并购民企过程中对并购风险的管控；
(4) 混改情境下国企参股民企后如何实现"国民共进"；
(5) 企业布局"全产业链并购"时应关注的要点。

思 考 题

1. 国药集团为何选择盈天医药、同济堂、天江药业作为并购对象？
2. 国药集团在并购活动中如何解决融资问题？
3. 国药集团如何识别并应对并购活动可能存在的风险？
4. 中国中药如何通过其全产业链并购达成"百亿中药"的战略目标？
5. 国药集团在参股民营企业之后如何实现与民营企业的融合发展？

案例9 "股神"爱财,取之有道:伯克希尔·哈撒韦价值投资

一、引言

企业的价值创造与增值主要通过生产经营与资本运营来实现,在新常态下我国经济增长速度放缓且需求增速下降,企业通过扩大生产经营实现规模扩张的可能性降低,如何通过有效资本运营实现企业价值持续增长,成为我国企业亟须解决的问题。伯克希尔·哈撒韦公司(简称"伯克希尔·哈撒韦")作为企业资本运营的标杆,其在价值投资方面的卓越表现能够为我国企业的进一步成长提供借鉴和启示。

价值投资由证券分析之父本杰明·格雷厄姆(Benjamin Graham)于1934年在《证券分析》一书中首次提出,作为股票市场上一种主流的投资方法,价值投资通过延长投资周期,将资本市场上的股票投资的内在本质进行放大,突出股票意味着对企业的所有权,倡导投资者拥有实业投资的思考模式,在企业成长中共享收益。对企业而言,价值投资作为一种独特的资本运营方式,可以使资金在资本市场上获得更高的经济效益,企业通过价值投资建立创新性的资本良性流动循环从而找到新的经济增长点。半个世纪以来,伯克希尔·哈撒韦公司作为全球投资行业的佼佼者,始终秉承价值投资理念,坚持多元化投资方式,凭借其稳健的价值投资策略与良好的资本运作模式实现了财富的平稳高速增长,连续多年位于"全球财富五百强"前位,在风起云涌的资本市场中留下了浓墨重彩的一笔,同时也为价值投资做了最精彩的背书。除此之外,价值投资作为一种成熟稳定的长期投资策略,凭借其维护资本市场平稳运行的功能,受到了政府的推行,在2022年3月16日,"一行两会"发布通知,称为支持资本市场的稳定发展,鼓励信托、理财和保险等机构进行价值投资,可以说价值投资在我国的应用正值旺时。现如今我国金融体系的日趋完善、上市公司治理的愈发成熟、股票交易监督的愈发公正严明以及二级市场可投资股票的愈加丰富等都为企业进行价值投资提供了更好的投资环境与投资对象,加之2022年3月16日后"一行两会"对国务院金融稳定发展委员会"积极出台对市场有利政策"要求的回应,将大力支持企业进行直接融资,以促进融资结构优化的相关政策支持,企业运用价值投资这一资本运营手段促进自身企业成长成为切实可行的发展路径。从1965年到2021年年末的半个多世纪里,伯克希尔·哈撒韦公司的市值价值年均复利回报率为20.1%,超过同期标准普尔500指数年均复利增长率9.6个百分点,而且几乎没有发生重大的投资失误,价值投资战略作为其多年来商业运作策略的核心,为其发展壮大提供了重要的作用,是其能成长为"世界500强"的一个主要的原因。本案例通过剖析伯克希尔·哈撒韦公司的价值投资理念、价值投资生态与价值投资实例,为企业更深刻地认识、理解和应用价值投资实现自身价值增长提供帮助,助力我国企业在当前国内经济形势和资本市场环境下,从资本运营的角度规划企业价值增长。

二、公司简介

伯克希尔·哈撒韦(Berkshire Hathaway,NYSE:BRKA,NYSE:BRKB)是由沃伦·巴菲特(Warren Buffett)和查理·芒格(Charlie Munger)领导的著名保险投资集团,1979年在

纳斯达克上市,总部位于美国内布拉斯加州奥玛哈,业务范围涉及保险、公用事业、传媒、运动服装和器材、金融服务、互联网、玩具、食品加工、餐馆、房屋建造、零售等领域。过去五十年来,该公司以日益雄厚的资本及微乎其微的负债,平均每年为股东创造20%以上的价值增长,2021年在《财富》"世界500强"中名列第11位,2022年1月31日,伯克希尔·哈撒韦市值6 870亿美元,位列全球市值前十。伯克希尔·哈撒韦最初是一个传统的纺织品制造企业,在1965年沃伦·巴菲特掌管该企业后,伯克希尔·哈撒韦开始了其从纺织业到保险行业的转型。

(一) 公司发展历程

1. 萌芽期(1965—1975年)

1965—1967年,伯克希尔·哈撒韦公司的纺织业获得了良好收益,两年所创造的营业净利润高达700万美元,由于现金比较充裕,伯克希尔·哈撒韦开始筹划纺织业以外的业务。1967年,通过分析从各种渠道获取的国民保险公司(National Indemnity Insurance Company, ANICO)的信息,伯克希尔·哈撒韦以860万美元的价格收购了国民保险公司,这标志着伯克希尔·哈撒韦正式开始多元化投资,也是巴菲特掌管伯克希尔·哈撒韦后的第一笔大型收购。从这次收购开始,伯克希尔·哈撒韦开始将保险作为核心业务,原因在于保险业务能够提供强大的浮存金(浮存金是指保户向保险公司缴纳的保费,除了计提一定比例的近期理赔金,其余部分将进行对外投资,投资收益一般归保险公司所有),这也为伯克希尔·哈撒韦后期的有价证券投资提供了资金来源。1972年,一个里程碑式的收购事件发生了,伯克希尔·哈撒韦公司以2 500万美元收购了喜诗糖果(See's Candies),该收购价远大于喜诗糖果公司账面价值,完全不同于格雷厄姆式低于公司账面净值的投资策略,这标志着具有伯克希尔·哈撒韦特色的投资策略出现,公司开始倾向于投资优质企业。事实上,从收购喜诗糖果之后,伯克希尔·哈撒韦所投资的企业大部分都是非常出色的企业,其中就包括1973年以10%的股权投资的《华盛顿邮报》。1975年,伯克希尔·哈撒韦合并巴菲特、芒格以及好友创立的多样化零售公司,查理·芒格正式加入伯克希尔·哈撒韦并成为集团副主席,获得了伯克希尔·哈撒韦2%的股权,巴菲特如虎添翼,至此伯克希尔·哈撒韦步入高速发展时代。

2. 成长期(1976—1988年)

1976年,美国政府雇员保险公司(GEICO)的股票从60美元骤降到2美元,面临即将破产的危险,伯克希尔·哈撒韦以400万美元买入美国政府雇员保险公司。1977年伯克希尔·哈撒韦以3 250万美元收购《布法罗新闻报》。到20世纪80年代,由于亚洲的低成本竞争,伯克希尔·哈撒韦的纺织业务逐步收缩,尽管巴菲特曾许诺不进行大规模的纺织业调整,但最终还是在1985年关停了新英格兰的最后一家纺织厂。1983年,伯克希尔·哈撒韦以5 500万美元的价格收购了内布拉斯加大卖场(Nebraska Furniture Mart)90%的股份,这家公司在之后的10年里为伯克希尔·哈撒韦贡献了约8 000万的净利润。1984年,伯克希尔·哈撒韦以每股172.5美元买入大都会(Capital Cities)新发行的股票共计300万股,持有18%股权,并在成为大都会的控股股东后,以35亿美元外加认股权证的方式收购美国广播公司(American Broadcasting Company, ABC),在持有美国广播公司的十年里,年均复合回报率高达20%。这个阶段具有代表性的有价证券投资还有可口可乐,1987年中的美国股市"黑色星期一"使得可口可乐股价下跌25%,1988年始伯克希尔·哈撒韦集中购入可口可乐公司7%的股份,之后长期持有可口可乐股权,可口可乐的整体投资回报率一直处于高水平。20世纪80年代,伯克希尔·哈撒韦的投资进一步多元化,不仅有成功的有价证券投资,还有非常不错的收购,其子公司也得到了快速的发展,整个集团业务呈现多头并进,这也意味着伯克希尔·哈撒韦资本帝国开始进入成熟期。

3. 成熟期(1989年至今)

伯克希尔·哈撒韦除了部分股权投资外,逐步扩大其收购范畴,涉及银行、保险、高科技、能源和铁路等资本密集型行业。1989年,随着房地产行业走向衰弱,美国大量储蓄贷款银行面临着严重的危机,有些机构已经面临倒闭的处境,富国银行也是岌岌可危,但是就在这市场消极的时候,巴菲特在1989—1990年持续增持富国银行股份。1996年伯克希尔·哈撒韦耗资23亿美元收购美国政府雇员保险公司(GEICO)剩余股权,至此美国政府雇员保险公司成为伯克希尔·哈撒韦的全资子公司。1997年亚洲金融危机波及全球且1998年俄罗斯国债违约,全球市场悲观至极,巴菲特果断收购通用再保险(General Reinsurance)。1999年,伯克希尔·哈撒韦首次投资了一家资本密集型、处于高度监管行业的公司,以每股35.05美元的价格,耗资12.5亿美元收购中美能源公司(MidAmerican Energy Company)76%的普通股股权,同时在这笔交易中花费约8亿美元买入中美能源公司的可转换优先股和固定收益证券。2007年年底,伯克希尔·哈撒韦与北伯灵顿铁路公司(Burlington Northern Santa Fe)进行了股权交易,持有该公司17.5%的股权,并在随后几年里不断增持。2008年美国次贷危机波及全球,全球股市陷入低迷,伯克希尔·哈撒韦以45亿美元收购马儿门(Maemo)60%的股权;以61亿美元投资高盛(Goldman Sachs)的可转换优先股;以每股8港元,斥资18亿港元买入比亚迪(BYD)10%的股份。2011年,伯克希尔·哈撒韦又用107亿美元买入国际商业机器公司(International Business Machine)5.5%的流通股。2013年,伯克希尔·哈撒韦与私募股权基金3G资本合作收购了卡夫·亨氏公司(Kraft Heinz),交易总额为280亿美元。2016—2018年,伯克希尔·哈撒韦持续买入苹果公司股票,共耗资约350亿美元。大量的收购、子公司的壮大和有价证券投资的增值,使得伯克希尔·哈撒韦成为名副其实的资本帝国,截至2021年年底,其拥有超过9 500亿美元的总资产。

(二)公司业务分布

伯克希尔·哈撒韦公司的业务主要由实业投资、金融资产、保险业务三大部分构成。

1. 实业投资

伯克希尔·哈撒韦公司控制着数十家非保险业务公司(通常拥有100%的所有权,从不低于80%),这是公司最有价值的一部分,如表9-1所示。伯克希尔·哈撒韦控股的非保险公司作为一个整体,2021年的营业收入为2 012.81亿美元,较2020年增长14.37%,税前利润为255.97亿美元,较2020年增长26.97%,这部分收入占伯克希尔·哈撒韦总营收的72.9%。其中,BNSF是北美最大的铁路运营商,拥有51 500千米的运营网络,遍及美国28个州和加拿大2个省,每年运送超过500万个集装箱和拖车,亦被公认为世界最大的铁路多式联运承运公司。BHE是全球最大的电力供应商之一,主营业务是发电、输电、配售电、输气管网及电网工程的建设及维护,同时大力发展新能源,打造了全美最大的两个太阳能发电项目。McLane是美国最大的供应链服务公司之一,主要为美国的便利店、大卖场、连锁药店、连锁餐厅等提供杂货、食品、酒水饮料等综合性供应链服务。该业务的收入体量巨大,但利润率极低,风险也非常低。除此之外,伯克希尔·哈撒韦还控股 Clayton Homes、International Metalworking、Lubrizol、Marmon、Precision Castparts、Forest River、Johns Manville、MiTek、Shaw 和 TTI 等各种制造业及零售服务行业的公司。

与此同时,伯克希尔·哈撒韦公司与他方共享控制权的实业投资有四个,分别是拥有 Kraft Heinz 26.6%的合资权益、Pilot 38.6%的合资权益、Berkadia 50%的合资权益以及 Electric Transmission Texas 50%的合资权益,并在 2021 年拓展实业投资,拥有了 Iroquois Gas Transmission Systems 50%的非控股权。其中,Kraft Heinz(卡夫亨氏)是全球知名的食品公司,主要产品包括饼干、番茄酱,还有卡夫奶酪、麦斯威尔咖啡、菲力奶油芝士、奥利奥夹心饼、趣多多巧克力等,旗下有近 50 个品牌每年在全世界销售额达到一亿美元以上。Berkadia 公司的主营业务为房地产贷款,它是伯克希尔·哈撒韦和莱卡迪亚国际公司(Leucadia National)在 2009 年收购已破产商业房地产放贷巨头 Capmark Financial Group 并将其业务进行重新组建而存续下来的公司。Pilot 是北美最大的旅游中心运营商,在美国 44 个州和加拿大 6 个省拥有 800 多家零售网点,并通过批发分销。ETT(得克萨斯电力传输公司)的主营业务是收购、建造和运营美国得克萨斯州的电力传输设施。Iroquois Gas Transmission System 拥有并运营一条位于纽约市和康涅狄格州的天然气管道。截至 2021 年 12 月 31 日,伯克希尔·哈撒韦对这些实体的投资的总账面价值为 174 亿美元,在 2021 年期间,伯克希尔·哈撒韦从这 5 家公司税后利润中获得了约 17.21 亿美元的分红。

表 9-1 伯克希尔·哈撒韦 2021 年控股的非保险公司概况

控股的非保险公司	主营业务	营业收入/亿美元
BNSF(伯灵顿北圣达菲铁路公司)	铁路运输	232.82
BHE(伯克希尔·哈撒韦能源公司)	公共事业和能源	249.87
Manufacturing(制造业)	包括各种工业、建筑和消费品业务	687.30
McLane(麦克莱恩公司)	供应链服务	494.50
Service and retailing(服务及零售业)	零售、航空、租赁等服务业	348.32

资料来源:伯克希尔·哈撒韦公司 2021 年年报。

2. 金融资产

伯克希尔·哈撒韦公司拥有的股票投资组合通常涉及一家非常大的公司的 5%～10%所有权,这对公司的价值仅次于伯克希尔·哈撒韦公司控股的非保险公司。截至 2021 年年底,伯克希尔·哈撒韦的股票投资市场价值已经超过 3 500 亿美元,股票投资概况如表 9-2 所示,其中有快消品、银行、航空公司和科技公司,大多是耳熟能详的知名企业,包括苹果公司、可口可乐、美国运通、高盛、穆迪、西南航空等,这个投资组合为伯克希尔·哈撒韦长期持续地创造了高额回报。与此同时,截至 2021 年年底,伯克希尔·哈撒韦的资产负债表包括 1 440 亿美元的现金和现金等价物(不包括 BNSF 和 BHE 的持股),其中 1 200 亿美元是美国短期国库券,都将在不到一年的时间内到期,这些现金等价物中的一部分将作为防范外部灾难的缓冲资本,而更大一部分则与公司的价值投资策略相关(详后)。

表 9-2 伯克希尔·哈撒韦 2021 年股票投资概况

持仓个股	持股数/亿股	占投资组合比例/%	持股成本/亿美元	持股市值/亿美元
美国运通	1.51	19.90	12.87	248.04
苹果	9.07	5.60	310.89	1 611.55
美国银行	10.32	12.80	146.31	459.52
纽约梅隆	0.66	8.30	29.18	38.82
比亚迪	2.25	7.70	2.32	76.93
特许通讯	0.03	2.20	6.43	24.96
雪佛龙	0.38	2.00	34.20	44.88
可口可乐	4.00	9.20	12.99	236.84
通用汽车	0.52	3.60	16.16	31.06
伊藤忠商事有限公司	0.89	5.60	20.99	27.28
三菱公司	0.81	5.50	21.02	25.93
三井物产株式会社	0.93	5.70	16.21	22.19
穆迪	0.24	13.30	2.48	96.36
合众银行	1.43	9.70	53.84	80.58
Verizon 通信	1.58	3.80	93.87	82.53
其他			266.29	399.72
以市场为基准的股权投资总额			$ 1 046.05	$ 3 507.19

资料来源：伯克希尔·哈撒韦公司 2021 年年报。

3. 保险业务

从 1967 年收购奥马哈市当地的两家保险公司开始，伯克希尔·哈撒韦不断在保险行业深耕，时至今日其保险业务已扩至全球，雇佣员工达 4.9 万名，拥有美国第二大汽车保险公司 GEICO（美国政府雇员保险公司）和全球最大的财产和伤亡再保险公司 General Re Corporation（通用再保险公司），如表 9-3 所示。不同于实业投资与金融资产，保险业务在半个世纪中一直是伯克希尔·哈撒韦的核心业务，从 1970 年到 2021 年年底，公司保险业务提供的浮存金（float）从 0.39 亿美元增长至 1 470 亿美元，保险浮存金形成的并购杠杆，为伯克希尔·哈撒韦参股一系列公司的长期投资提供了巨大的价值。

表 9-3 伯克希尔·哈撒韦 2021 年控股的保险公司概况

控股的保险公司	主要下属子公司	主营业务	营业收入/亿美元
GEICO（美国政府雇员保险公司）	政府员工保险公司、GEICO 通用保险公司、GEICO 赔偿公司、GEICO 伤亡公司等	私人乘用车、摩托车、船只等财产保险	377.06
BHRG（伯克希尔·哈撒韦再保险集团）	NICO、General Re Corporation 等	为保险和再保险公司提供广泛的财产、伤亡、生命和健康风险保险	115.75

续表

控股的保险公司	主要下属子公司	主营业务	营业收入/亿美元
BH Primary（伯克希尔·哈撒韦基础保险集团）	NICO Primary、BHHC、BH Specialty、MedPro Group、USIC、Applied、Berkshire Hathaway GUARD 等	一系列独立管理的主要保险公司，为美国保单持有人提供各种保险	201.97

资料来源：伯克希尔·哈撒韦公司2021年年报。

（三）公司业绩及构成

1. 公司业绩

（1）账面股东权益报酬率

每股账面价值也叫每股净资产额，是股东权益总额与发行股票的总股数的比率，通过基于伯克希尔·哈撒韦年报对公司历年每股账面价值增加值的披露信息，对公司账面股东权益报酬率进行测算并模拟累计值，结果如图9-1所示。在1965—2021年伯克希尔·哈撒韦账面股东权益报酬率的年化回报率达到了18.7%，尤其在伯克希尔·哈撒韦公司的巅峰时期（1976—1998年），公司不仅不曾有过负收益年份，此间的年均回报率数值更是达到了30.4%，伯克希尔·哈撒韦公司的资本运营能力由此可见一斑。

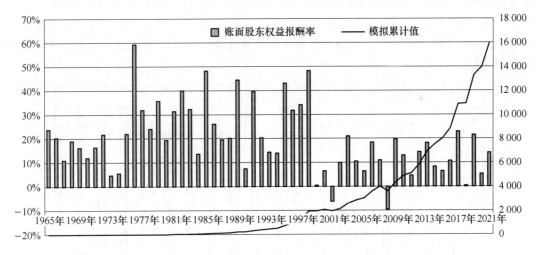

图9-1 伯克希尔·哈撒韦1965—2021年账面股东权益报酬率及模拟累计值

资料来源：伯克希尔·哈撒韦公司2021年年报。

（2）每股市场价值增长率

1965—2021年，绝大多数年份伯克希尔·哈撒韦的每股市场价值增长率都高于标准普尔500指数的年增长率，如图9-2所示，56年间其每股市场价值年复合增长率达到20.10%，累计增长36 416倍，远远超过标准普尔500指数10.50%的年复合增长率和302倍的累计增长倍数。而在2022年3月21日，伯克希尔·哈撒韦A类股创出每股50万美元新高，是当之无愧的全球最贵股票。

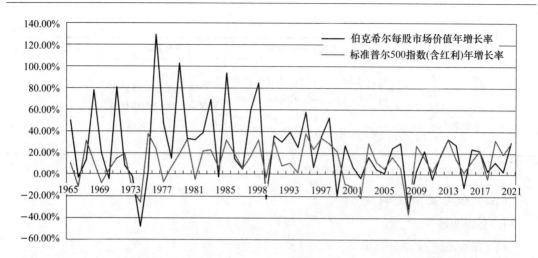

图 9-2　伯克希尔·哈撒韦 1965—2021 年每股市场价值年增长率及标准普尔 500 指数年增长率对比

资料来源：伯克希尔·哈撒韦公司 2021 年年报。

2．业绩构成

（1）营收构成

伯克希尔·哈撒韦的营收主要由两大板块构成：保险相关企业以及控股的非保险实业企业，如图 9-3 所示。2021 年，实业营收高达 2 012.81 亿美元，是保险营收 694.78 亿美元的近 3 倍，而在近 20 年（2002—2021 年）间，实业营收年化增速为 13.88%、保险营收年化增速为 7.01%，可见伯克希尔·哈撒韦前期价值投资控股的非保险实业企业为企业带来的收益日益凸显。

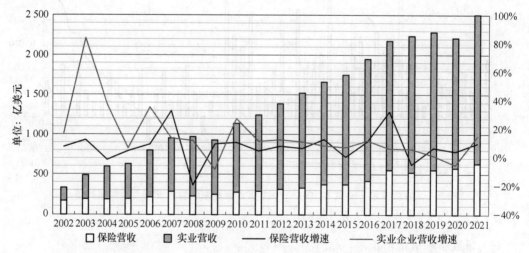

图 9-3　伯克希尔·哈撒韦 2002—2021 年保险营收及实业营收情况

资料来源：伯克希尔·哈撒韦公司历年年报。

（2）利润构成

伯克希尔·哈撒韦的利润主要由三大板块构成：控股的非保险实业企业利润、投资利润及保险相关企业利润，如图 9-4 所示。2021 年，伯克希尔·哈撒韦控股的非保险实业企业利润占总利润比例为 79.54%，近 20 年间年化增长率为 15.63%，利润增速非常优秀，而同期伯克希尔·哈撒韦的账面股东权益报酬率的年化回报率为11.09%,总体来看近20年来公司在控股的非保险实业企业获得的业绩增长要好于公开投资市场。

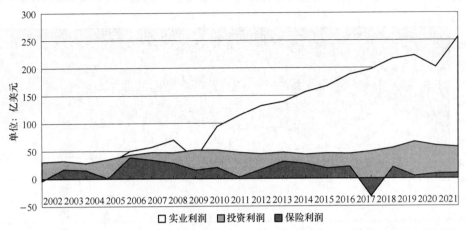

图9-4 伯克希尔·哈撒韦2002—2021年保险、投资及控股非保险实业企业利润

资料来源:伯克希尔·哈撒韦公司历年年报。

(3) 资产及负债

伯克希尔·哈撒韦的资产主要由三大板块构成:保险及其他、投资组合及铁路、公用事业及能源。在资产表中,伯克希尔·哈撒韦年报的数据比较笼统,只给出了保险及其他与铁路、公用事业及能源两大板块,这里把投资组合、现金及其等价物单独列出,一部分控股的非保险企业仍旧包含在保险及其他板块中。由图9-5可以看出伯克希尔·哈撒韦近20年的主要资产结构中,保险及其他、投资组合及铁路、公用事业及能源三足鼎立,同时长期持有占总资产10%左右现金及其等价物。在2002—2021年间,总资产年化增速为9.27%,投资组合资产年化增速为7.25%,保险及其他资产年化增速为4.54%,铁路、公用事业及能源资产作为近20年公司投资新领域年化增速达到26.94%,总体来说公司规模仍然处于扩张阶段。

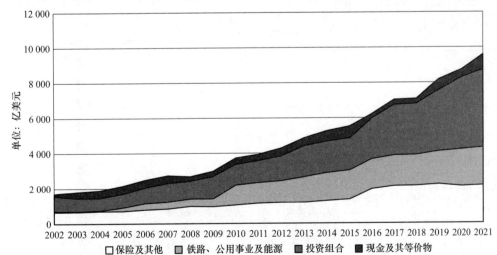

图9-5 伯克希尔·哈撒韦2002—2021年资产结构

资料来源:伯克希尔·哈撒韦公司历年年报。

伯克希尔·哈撒韦的债务包含两大低利率低风险的板块：保险业务产生的浮存金、递延所得税，两者在公司总负债中的共同占比近20年稳定在50%左右，如图9-6所示。

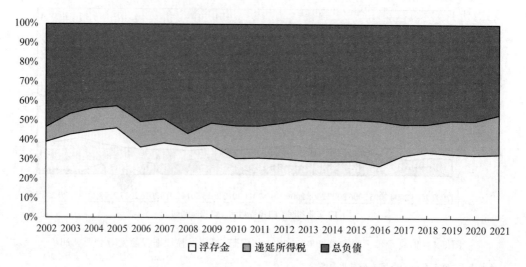

图9-6 伯克希尔·哈撒韦2002—2021年负债结构

资料来源：伯克希尔·哈撒韦公司历年年报。

由于保险浮存金与递延所得税在伯克希尔·哈撒韦公司总负债中具有较大的占比，此处进行分析时，定义剔除债务中浮存金、递延所得税后的资产负债率定为调整后资产负债率。在2002—2021年间，伯克希尔·哈撒韦的资产负债率几何均值为54.46%，如图9-7所示，但剔除浮存金、递延所得税后的调整后资产负债率几何均值仅为27.26%，资产状况优良，同时也显示出伯克希尔·哈撒韦公司对传统债务融资的回避。

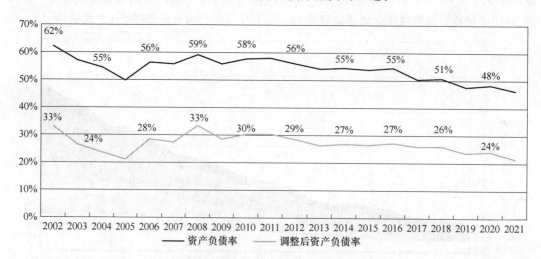

图9-7 伯克希尔·哈撒韦2002—2021年资产负债率

资料来源：伯克希尔·哈撒韦公司历年年报。

三、伯克希尔·哈撒韦的价值投资理念

(一) 价值投资思想渊源

半个世纪以来,伯克希尔·哈撒韦一直在其独特的价值投资理念指导下进行资本运营,论到其价值投资思想渊源,据主席巴菲特所言,那便是85%来自本杰明·格雷厄姆,15%来自菲利普·费雪(Philip Fisher),并受到副主席查理·芒格的较大影响。总体而言,本杰明·格雷厄姆提供了股票价格向企业内在价值回归的规律趋势,倡导寻找廉价股票,以获得潜在的收益并且规避可能的巨大损失;费雪重视企业业务和管理能力的定性分析,以增长为导向的投资方法,是关注潜力股的先驱,努力寻找那些真正具有成长价值并且价格合理的优质公司;而芒格是促使伯克希尔·哈撒韦价值投资思想从格雷厄姆"雪茄烟蒂"投资策略转向费雪"成长型"投资策略的关键人物,让巴菲特摒弃用低廉的价格购买"烟蒂"公司股票逐渐转变为热衷于以合适的价格购买优质公司股份。

1. 本杰明·格雷厄姆的价值投资理论

1929年美国股灾发生后,投资事业的困顿促使格雷厄姆深入思考并认识到投资的根本是判断上市公司的投资价值。经过数年的思考与在母校哥伦比亚大学证券分析课程的教学,格雷厄姆总结了他的投资思想和方法,于1934年正式出版《证券分析》一书,书中第一次提及了价值投资的基本理念。由此格雷厄姆开创了价值投资流派,他认为股票的市场价格会回归其内在价值,并提出了"雪茄烟蒂"投资策略,此策略主要有两个特点:一是定量分析,二是寻找廉价股。他认为应当通过对上市公司进行必要的财务分析,在此基础上确定其投资价值并作出投资决策,并进一步通过股市实践得出了安全边际法这一股市投资方法,该方法具体是指投资者对目标公司的内在价值进行估计,当其内在价值与股票市场价格之间的差价达到某种程度时就可以对该股票进行投资。在运用这种方法进行股市投资时,最佳的购入时机是在股价远低于内在价值时,投资者最终会因为市场纠正错误的定价而获利。另外格雷厄姆也很强调投资与投机之间的区别,通过形象的比喻,格雷厄姆认为投资者是在与情绪很不稳定的市场先生进行交易,告诫投资者应当时刻保持平稳的心态,与市场情绪隔离开来。

2. 菲利普·费雪的成长股理论

菲利普·费雪在1957年出版的《怎样选择成长股》一书中提及了"成长股"的概念。这本书出版后得到专业人士和普通投资者的广泛认同,成为投资理财方面的经典著作,"成长型投资"也随之成为美国股市的主流投资理念之一。经过60多年的实践检验,费雪的投资理念成为价值投资者争相学习的对象。根据费雪的价值投资哲学,他认为股市中存在少数具有长期成长性的股票,他并不完全认同有效市场的理念,他认为有效市场在解释股市短期走势时是狭隘的,投资者应当避开较差前景的投资机会,寻找那些拥有良好长期前景的投资机会。市盈率低的股票并不一定具有吸引力,也可能是公司存在弱点的信号,他认为在衡量股票价格昂贵还是廉时,应该用股票价格与未来数年盈余来比较,而不是股票价格与当年盈余来比较;认为投资者如果追求资本的成长性,那么应该淡化股利的重要性。成长型公司总是倾向于将大部分盈利投入到新的业务扩张中去,分配给股东的股利很少甚至不分配股利,但是一些公司由于获利高股价上涨很快,所以也很可能成为理想的投资对象。费雪认为

优秀的股票管理者应当不受投资圈的主流思想的干扰,应当拥有足够的判断力、知识和勇气,详尽地评估特定的投资环境,根据自身的判断来做决定。

3. 查理·芒格的投资格栅理论

查理·芒格是巴菲特以努力和智慧著称的"幕后智囊"和"黄金搭档"。在芒格的投资思想中,很重要的一条是要构筑"格栅思维",所谓格栅思维,大意就是通过广泛涉猎各学科、各领域的基础知识,理解每一个学科领域的思维模式,然后将之相互连接、融会贯通。查理·芒格坚信,通过整合不同学科的思维模型建立起的思维格栅理论框架,是获取超额投资回报的强有力的途径,如果从不同学科的角度能得出同样的结论,那样做出的投资决策会更正确,更全面的理解也让我们得以成为更棒的投资者。对投资者来说,希望了解的主要课题是股票市场或经济走势,但在金融领域积累用来解释股市和经济中的现象的无数源模型常常不尽如人意,而市场和经济的表现至今仍然是谜团,投资者需要开拓视野,以丰富对市场的认知,探索更多的领域,就更有可能找到厘清谜底的共同机理,而所谓创新思维,也正是在两个或更多不同思维模型的结合中产生的。查理·芒格的投资哲学的核心在于开发出一种将金融和投资看成整个社会所有知识的一部分的理论模型,在正确处理的时候,该模型能够产生强大的力量,成为投资者获得成功的长期投资的希望所在。

(二)价值投资概念体系

伯克希尔·哈撒韦主席巴菲特吸收了三位重要影响人物的投资思想精髓,构造出了其经典价值投资概念体系,即通过把实业投资思维应用在资本市场投资上倡导投资者拥有"公司所有权"概念,在"能力圈"范围内选择具有高"护城河"型企业,并在"市场先生"犯错产生足够的"安全边际"时进行投资。

1."公司所有权"概念

"公司所有权"概念指把投资证券当作投资企业一样来对待,股票不仅仅是可以买卖的证券,实际上代表的是对公司所有权的证书,投资股票不是击鼓传花的游戏,也不是投资者之间的零和博弈游戏,投资者不应该从同伴手中获利,而要通过企业实际经营获得内在价值的增长盈利。当投资者买入一家公司的股票,实则是买入这家公司的部分或者全部所有权,而当市场经济持续增长的时候,公司内在价值就会随之不断地提高,而作为部分所有者,投资者持有的股票价值也会随着公司价值的增长而增长。只要投资者以股东形式投资,支持了这个公司,在公司价值增长的过程中就可以分得应得的利益,而企业的内在价值并不依赖于其股票价格,故无论价值投资者的投资组合的数量多少,在选择每一只的时候都要从企业所有者的角度出发。

2."护城河"概念

伯克希尔·哈撒韦在1993年致股东的信中第一次提出了"护城河"概念,提出公司本身等同于"城堡",而城堡的价值是由"护城河"决定的,"护城河"的建设需要卓越的管理技巧。所谓"护城河"就是其他公司所不拥有的独特优势,等同于看不见的特许经营权,不是垄断但胜过垄断,因为市场垄断的公司往往会出现效率低下、价格控制,而具备"护城河"的公司则需要持续拓宽"护城河"从而不断提升经营效率。具体而言,"护城河"是指公司的品牌、商标、专利、技术、知识产权、客户渠道等各方面,拥有这些方面优势的企业能够源源不断地创造盈利,由此具备长期投资价值。这样的公司往往集中在通信传媒、日用消费、金融保险、资讯科技等领域,于是这些领域成为伯克希尔·哈撒韦的重点投资对象。20世纪80年代伯克希尔·哈撒韦投资可口可乐就是这种投资理念的典型体现,可口可乐的业务模式简单易懂,高毛利率能够带来很好的投资回报预期,更重要的是品牌效应很强,拥有很深的"护城河",深受全球不同地区、不同文化消费者普遍喜爱,故至今可口可乐仍然是伯克希尔·哈撒韦少数"永远不卖"的公司之一。

3. "能力圈"概念

查理·芒格在对伯克希尔·哈撒韦主席巴菲特的评价中曾说过,"巴菲特决定将自己的投资活动限定在少数几个种类,并五十年如一日地高度专注这几个种类",这其实就是巴菲特的"能力圈"概念,伯克希尔·哈撒韦一直坚持投资自己"能力圈"之内的公司,也就是巴菲特自己能够理解和读懂的公司。20世纪90年代末,巴菲特不愿投资科技股的一个原因就是:"他看不出哪个公司具有足够的长期竞争优势。""能力圈"可以由投资人经过长期不懈的努力建立起来,通过对某些公司、行业获得超出几乎所有人更深的理解,做出对公司未来长期表现较他人更准确的判断。巴菲特1996年致股东的信中说:"投资人真正需要具备的是正确评估所选择企业的能力。请特别注意'所选择'这个词,你并不需要成为一个通晓每一家或者许多家公司的专家,你只要能够评估在你的'能力圈'范围之内的几家公司就足够了。"可想而知,边界是"能力圈"最重要部分,没有边界的能力就不是真的"能力圈",只有通过在边界里面持续不断的长期努力才有可能建立起对未来真正的预测。

4. "市场先生"概念

市场的存在是价值投资的前提,市场提供机会既让投资者购买所有权,也能将股票出让变成现金,格雷厄姆将随时能支配证券价格的非人力因素称为"市场先生",其最大的特性便是情绪很不稳定,总是在短命乐观和不合理的悲观之间摆动,给出过高或者过低的报价。其实所谓"市场先生"正是市场中所有股民的平均值,而他性格不稳定是因为市场中很多股民的行为更加情绪化、更为不稳定。格雷厄姆将股市竞局简化成一场投资者自身与"市场先生"两个人之间的博弈,当投资者能够不被"市场先生"的情绪感染,耐心等待"市场先生"犯错,利用短期内价值与价格的偏离,在市场极度悲观市场价格远远低于内在价值的时候去购买股票,在市场过分乐观价格远远超出它的内在价值时卖出,便可以在价值与价格的差异中通过低买高卖获取投资利润。

5. "安全边际"概念

"安全边际"是指内在价值与市场价格间的差距,内在价值是由资产、收益、股息等事实和可以确定的前景决定的企业未来所有现金流的折现,有别于在人为操纵和狂热情绪扭曲下过高或者过低的市场价格,内在价值是真实且稳定的,投资者当价格在证券内在价值基础上有30%~40%以上的折价时才进行购买,能够为投资留有一定的"安全边际",而这是对投资者自身能力有限性、股票市场波动的巨大不确定性以及公司发展不确定性的一种预防和扣除。由于投资的本质是对未来进行预测,而预测结果不可能是百分之百准确,因此要预留"安全边际",有了较大的"安全边际",即使对公司价值的预测有一定误差、市场价格在较长时期内仍低于价值或公司发展暂时受挫也不会影响投资资本的安全性,并能保证取得最低限度的满意报酬率。当出现足够的安全空间时才开始买入成为价值投资的基本原则,即用40美分买入具有1美元内在价值的东西的理念,只有投资者秉持安全性原则,无论看起来多令人神往的投资永远不要支付过高的价格,才能使犯错误的概率最小化。

(三)价值投资核心理念

对于伯克希尔·哈撒韦的价值投资核心理念,笔者将其归纳为适时地拥有在人类社会需求中具有壁垒性的可生产性资源的所有权,无论它的表现形式是资产、公司、农场,还是房地产。这类资产在要求很少新资本再投入的情况下,依然能在通货膨胀期间提供维持其购买力价值的产出,农场、房地产以及很多公司,例如可口可乐、IBM、喜诗糖果等,都可以通过这个双重标准的测试。这些商业资源就好比永生的"奶牛",夜以继日地生产出鲜美的"牛奶",而持有者只需要等待丰收,它们的价值并不取决于交换的媒介,而是取决于它们的可持续产奶功能。在伯克希尔·哈撒韦价值投资概念体系中,"公司所有权"概念认为投资者关注的重点应在于企业内在价值,"能力圈"概念则指出投资者选取企业的前提是自己能够读懂其内在价值,而"护城河"概念提示投资者应确保投资企业具有可持续增长的内在价值,"市场先生"概念提出市场价格超脱内在价值的波动性与不可控性,最后"安全边际"概念将内在价值与市场价格联系起来,指出投资者要把握市场价格远低于内在价值的这个时机。"内在价值"作为其中的核心关键词提供了评估投资和企业相对吸引力的唯一逻辑路径,而"内在价值"的衡量正是其存续期间所产生现金流的折现值,可以说,投资具有可靠盈利能力的企业是伯克希尔·哈撒韦公司成功巩固并不断扩大自己商业帝国的核心秘诀。

四、伯克希尔·哈撒韦的价值投资生态

伯克希尔·哈撒韦的价值投资理念指导价值投资者识别出具有高内在价值并被市场低估的企业进行长期集中控股持有,这看似简单却很少有公司能做到,最重要的是缺乏将价值投资理念贯彻实施的价值投资生态的支持。

伯克希尔·哈撒韦价值投资生态的有效运行主要基于三个支柱,如图9-8所示:一是"低廉稳定"的资金来源渠道,公司拥有来自保险子公司的浮存金、实业经营盈余和股票投资分红以及享有的高额递延所得税作为投资并购的主要资金;二是"理性沉稳"的价值投资策略,公司的投资策略由极具投资意识与头脑的主席沃伦·巴菲特和副主席查理·芒格理性、有序且耐心沉稳地进行谋划;三是"张弛有度"的资产管理模式,公司保险业和实业的子公司经营管理被委托给优秀且值得信任的职业经理人,而营利之后不断向总部输送现金由总部集中进行资本配置活动。由此,伯克希尔·哈撒韦集团内部自然形成了一个生态循环:一方面,通过投资并购,伯克希尔·哈撒韦不断吸纳优质的企业;另一方面,优质的企业自行运转,不断地创造出浮存金和盈余以便于伯克希尔·哈撒韦再次进行投资并购。可以说,投资并购与实业经营的相得益彰是让伯克希尔·哈撒韦的内在价值随着时间的推移不断提高的核心所在。

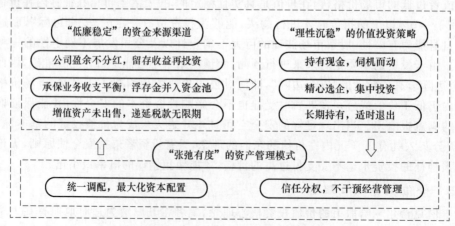

图9-8 伯克希尔·哈撒韦的价值投资生态研究框架

(一)"低廉稳定"的资金来源渠道

数量庞大的现金流是收购、经营等投资操作所不可或缺的,而伯克希尔·哈撒韦的现金流来源一般不通过向银行等中介机构借贷的模式,而是主要源自其下属的全资持有的非金融子公司通过经营盈利获得的权益资本增益。除此之外,子公司保险业务的浮存金是公司账内数额庞大的现金流"蓄水池",最后,其所持有的资产在出售之前产生的递延税款也是一类特殊债务资本支持。

1. 公司盈余不分红,留存收益再投资

将净利润完全保留持有,是伯克希尔·哈撒韦选择的独到策略,这巨额的流动资金能够为伯克希尔·哈撒韦的再投资建立良好的决策支撑。对大部分企业而言,公司净利润的用途主要有作为公司相关股权人员的分红收益,或者作为公司股份的回购资本,抑或将其留存作为后续公司运营的运维资金。如何判断公司的收益盈余应该应用于公司运维再投资,还是作为股东们的利润分红,需要详细分析资金的单位留存收益增效,即每单位美元是否能够在一定的时间内完成超过单位美元的市场价值。显而易见地,留存收益如果能够精准地投资在盈利性较好的投资业务中,即持续不断地购入持有具有长期市场优势地位的公司,或是一些高性价比回报业务,则留存收益将毫无疑问地应该持续在公司的运作中留存而不是作为股东们的分红被分发出去,这样留存收益可以为公司的长期经济状况带来意义重大的改进,而股东也将进一步从中获利。而伯克希尔·哈撒韦正是依据这样的判断方式,果断采取不分红政策,1967 年唯一的股息派发之外(数额上也仅有 0.10 美元/股),在后续发展中伯克希尔·哈撒韦在巴菲特的控制下再也未将公司盈余进行分红,公司将全部盈余作为公司的发展运营资金,用以在市场上建立影响力强大的资本实力。而事实上,留存收益也切实地为伯克希尔·哈撒韦的乘风破浪提供了强劲的动力源泉,流动顺心且充沛的自由现金使得伯克希尔·哈撒韦的每一个操作都显得游刃有余,子公司的业务拓展、并购、债务偿还、股票回购均能使用这些留存资金作为坚实的运行基础,而子公司的顺畅运行也实实在在地增加了伯克希尔·哈撒韦所能够获得的未来收益数额。

需要特别标注的问题是,上述留存收益是以经济意义进行考量的,并非会计模式的考量,即并不是伯克希尔·哈撒韦资产负债表留存收益账户的数值,但是,这种考量角度的不同是有理有据的,财报中留存收益对于伯克希尔·哈撒韦的实际经济盈余的映射是不够全面的,这种现象的原因是如果基于公认会计原则(GAAP)进行财务报表编制,那么某公司持有其他公司的部分股权,在账目上必须按照其股票持有比例遵守三大类型择一的记账方式进行记录,这样的例子在资本市场中俯拾皆是,而能够体现这一问题的就有伯克希尔哈撒韦持有大都会/ABC公司的股份案例。大都会在 1990 年中有 17% 的股份是为伯克希尔·哈撒韦所持有的,其产生了 8 300 万美元的收益,但是,按照 GAAP 伯克希尔·哈撒韦的损益表,只有 53 万美元将会被损益表所反映,而其余的多达两个数量级以上的 8 200 多万的留存金额则不会被集团合并报表所体现,但这份"消失"在账目上的盈余仍会持续地流入伯克希尔·哈撒韦的资本运作网络,并在其中发光发热,为伯克希尔·哈撒韦的持续发展作贡献。并且,尽管一些公司是伯克希尔·哈撒韦所全资持有的,这些公司的处置权为伯克希尔·哈撒韦所完全控制,但值得考量的是在 GAAP 的要求下,伯克希尔·哈撒韦的财报中也并非完全反映这些全资持有子公司的盈利情况,故使用经济意义上的留存收益概念更能说明伯克希尔·哈撒韦拥有的经济实力。同样,那些被伯克希尔·哈撒韦少量持有股份的公司,

其优秀的盈余再投资也带来了稳定且持续增长的运营盈利,留存收益作为伯克希尔·哈撒韦使用成本与风险均低的再投资资金,为公司的价值投资战略提供了最坚实的资金基础。

2. 承保业务收支平衡,浮存金并入资金池

保险业务提供的大量流动浮存金是伯克希尔·哈撒韦构建商业帝国的另一基石,1967年国民保险公司作为伯克希尔·哈撒韦收购的第一家保险公司,开辟了伯克希尔·哈撒韦公司的保险业务,随后保险业务逐渐成为集团核心业务。保险业被伯克希尔·哈撒韦确定为核心业务主要因其具有无法效仿的产业优势,保险公司的承保业务具有与其他金融中介机构服务截然不同的运作逻辑,保险费用需要客户在获取赔付服务之前许久就进行支付,从保险费用金进入公司到真正实施赔付流出公司往往会经历较长时间,在这段时间里公司保险费用收入尚未形成公司营业利润,但又暂存于公司账面,于是便有一个特定的名称"保险浮存金",利用保险浮存金进行投资所产生的所有利润都归属于保险公司,这就是保险业务潜藏的最大价值所在,即在利润之外还能够享受保费收入这个巨额资金池所带来的资本增值收益。由于在承保业务实现收支平衡的前提下,浮存金是无成本和长期可持续的,故浮存金可以不被严格当成负债,而被视为连续滚动的基金,这种先天的优势让伯克希尔·哈撒韦能够以极低的成本获取到大量资金以壮大实力。虽然伯克希尔·哈撒韦也可以通过向银行借款或发行债券的传统负债筹资方式获得大量现金流进行资本配置,并获取更高额的收益,但是负债往往存在偿还等违约风险,无法为长期投资提供坚固稳定的保障,且其成本往往高于内部留存资金,故在自有资金之外,保险浮存金成为伯克希尔·哈撒韦最常使用的资金获取渠道。据伯克希尔·哈撒韦年报披露,在公司2021年总负债4 439亿美元中,保险浮存金占比达到33%,超过1 470亿美元。自20世纪70年代以来,伯克希尔·哈撒韦的浮存金一路高歌猛进,从1970年的3 900万美元增长至2021年的1 470亿美元,如表9-4所示,近20年仍以超过200%的速度增长。

表9-4 伯克希尔·哈撒韦浮存金数额对比表

年份	伯克希尔·哈撒韦浮存金/亿美元
1970	0.39
1980	2.37
1990	16.32
2000	278.71
2010	658.32
2020	1 380
2021	1 470

资料来源:伯克希尔·哈撒韦2021年公司年报。

必然存在的是,由于这部分资金收入尚未提供相应服务,资金池中有部分浮存金必然面临着未来流出公司的可能性,若公司承保业务失衡,需要赔付的保险金额远超出公司保费收入,那公司也将面临破产的风险,例如,承保方在行业竞争压力之下给出过低的风险定价或是由于精算模型与实际情况的不相吻合而导致定价过低,那将会导致保险公司在最终的赔付中出现入不敷出的现象,更有甚者便是公司资本被消耗殆尽公司面临灭顶之灾。正因如此,伯克希尔·哈撒韦防患于未然,制定了合理有效的管理制度,将员工薪酬与承保利润及浮存金成本相联系,鼓励员工遵守承保规则而不盲目追求保费收入的增长,极大程度上控制了承保业务的风险。除了规范员工的不理智行为,伯克希尔·哈撒韦还从保险产品的设置入手,将保险范围限制在风险保障业务中,对于短期理财或是违反保险经营原则的业务采取敬而远之的态度,避免了非保障型业务自身携带的复杂财务管理模式和高风险相关压力,让公司的保险子公司保持较为专一的局面,从而能够有利于公司总部对浮存金的使用保持在较为低风险的状态。在这种情况下,若当年保险费用流入量大于保险赔付流出量,那公司保险浮存金水平将总体呈现增长的趋势,这将为伯克希尔·哈撒韦集团持续扩大投资提供稳定可靠的资金来源,且风险与成本也将远小于向银行进行借贷或在资本市场发行债券。但若单单只有保险业务,则保险业务的浮存金往往需要遵循监管机构的规章制度进行严格的投资分配,例如将大部分浮存金投资风险较低的政府债券或公司债券,或为保证资产流动性集中投资中短期债券而非进行权益性投资。但伯克希尔·哈撒韦的独到之处在于其现金流来源不仅局限于旗下保险行业,还有多元化实业资产提供的留存收益,此时保险浮存金需要满足的如流动性等必要条件不仅不会成为集团价值投资的阻碍,反而能够为集团实施价值投资提供即时性的现金,使实业投资实现现金流盈利,又可转而恢复保险浮存金对流动性的要求。这样,相比于其他在单一保险行业深耕的公司或集团却出于监管和信用评级的原因,只能将重点放在债券投资上无法进行大额权益性投资,伯克希尔·哈撒韦的保险浮存金更像是流动转化器,为集团的重股权投资战略提供支持,并造就了伯克希尔·哈撒韦在价值投资方面的先天投资优势。

3. 增值资产未出售,递延税款无限期

递延所得税负债是伯克希尔·哈撒韦又一种低成本、无风险的非传统资金来源,由于价值投资理念往往要求投资者寻求公司内在价值增长而长期持有股票,故持有股票的公允价值升高带来的巨额资本利得由于尚未兑现,伯克希尔·哈撒韦便产生了体量庞大的递延所得税负债,2021年伯克希尔·哈撒韦账上递延所得税负债约占公司总资产的9.41%,达到了900亿美元。递延所得税负债属于企业在未来需要支付的金额,虽属于负债但却完全无息,且"还款"期限在现行税法下只取决于伯克希尔·哈撒韦何时出售其增值资产,而这可以完全由伯克希尔·哈撒韦自主决定,故不存在任何偿债压力与财务风险。在伯克希尔·哈撒韦惯常使用的价值投资长期持有策略下,这笔切实的债务资金便可视为伯克希尔·哈撒韦向美国政府借入的一笔"免息无期贷款",只不过这类"贷款"的局限性是被限定在伯克希尔·哈撒韦已经购买的优质股票上而不可随意移动,另有"贷款"金额随市场公允价值或国家税率的变动而变动的特点。换个角度,由金融资产的资本利得产生的递延所得税实质上类似于资产转移时缴纳的交易税,由于伯克希尔·哈撒韦长期持有的价值投资风格极大地减少了其资产出售的频率,故相比于频繁买卖股票的投资策略可以有大笔税款被延迟支付,而节约下来的税款资金用于继续投资又将产生后续盈利,并最终归属于伯克希尔·哈撒韦公司。如此经年累月地控制实际缴纳税金,积攒递延所得税负债,显著地扩大了伯克希尔·哈撒韦的最终投资收益率。

如上所述,可以见得伯克希尔·哈撒韦金额巨大的递延所得税负债成为伯克希尔·哈撒韦能够长期配置的零成本无风险资金,加之公司合理利用的保险浮存金这类非传统负债带来的杠杆效应,以及控股子公司的大量留存收益,共同塑造了伯克希尔·哈撒韦坚如磐石的资金来源链。

(二)"理性沉稳"的价值投资策略

内在价值的判定,是伯克希尔·哈撒韦投资的核心原则,通过在主席"能力圈"中寻觅、筛选并最终持有优质企业,来实现资本的高效增值,在这样的运营过程中,伯克希尔·哈撒韦并非盲目地扩张自己的金融版图,也并非残忍地迅速放弃运营不佳的企业。如果对伯克希尔·哈撒韦的价值投资策略深入剖析,我们能够发现所有决策都首先基于公司保有的数额庞大现金流,当满足伯克希尔·哈撒韦投资原则的企业出现的时候,便可以动用深厚的资本对此类企业进行集中投资,并且能够抵抗短期波动而实现股份的长期持有。当然长期持有并非撒手不管,伯克希尔·哈撒韦会按照一定的时间周期对名下所持有企业的内在价值进行重新评估,衡量是否仍然满足伯克希尔·哈撒韦的投资原则,以判断继续持有还是果断退出。

1. 持有现金,伺机而动

从伯克希尔·哈撒韦历年致股东的信中可以看出,除了部分公司(铁路公司、公用事业),两百亿美金是伯克希尔·哈撒韦所保有的最小量的现金池,这首先使得公司可以在面临难以预料的保险行业意外赔付的时候,以坚韧的抗风险冲击能力从各种天灾人祸当中幸存下来,为公司的屹立不倒提供了足够的保障,如 2005 年的"卡特丽娜飓风"很好地验证了这一点,"卡特丽娜飓风"为整个保险行业带来二次冲击,对公司造成三十亿巨额美金损失,但这并没有使得伯克希尔·哈撒韦元气大伤,而这对于同时代其他大量涉及保险业务的投资者都是巨大的洗牌。最重要的是,保有大量现金流的好处是使得伯克希尔·哈撒韦能够在出没无常的金融危机期间,依靠其充足的现金池迅速把握住绝佳投资机会,不至于做出迫不得已的损失性抉择。例如在融资困难期,金融市场中不同类型资产的价格由于流动性而产生同向变动情况,大部分资产转换的情况,都将带来一定的经济损失,这是因为在资产不分类型同时大幅度跌价的时候,依靠资产之间的配置转换无法带来大额乃至超额的收益,在这种时期唯一能够稳定产生超额收益的抉择,只有通过消耗预先留存的大量现金池换取大幅度叠加的各类资产,这样产生的收益较为稳定且收益巨大。任何投资者都知晓这样的情况,但是与之矛盾的是,资产大幅度跌价的时期也正是投资者现金匮乏的时期,而此时手持现金蓄势待发的伯克希尔·哈撒韦就能够以"收割"的姿态,以长时间的等待成本换取一击制胜的机会,该种策略被巴菲特风趣又精准地称之为"打大象"。这样的大决策方针一直被伯克希尔·哈撒韦延续到了现在,在 2020 年和 2021 年伯克希尔·哈撒韦总保有的现金及等价物占当年资产总额的 5% 和 9%。长期持有如此大量的现金有着相当高的成本,相对于持有低风险债券,持有现金会产生每年 3% 的收益率损失,也正因如此大部分投资者都明白伯克希尔·哈撒韦策略所能带来的好处,但并非所有的投资者都有这样的决心采取这样高现金流的资产配置行为。然而,伯克希尔·哈撒韦的成功证明,这样的决策是有意义的,失去一些不是"最优解"的选择,也就同时为那些更好的投资目标预留了空位。不仅如此,大量现金流也带来了把握并购机会的及时性,这也是伯克希尔·哈撒韦每每执行出卓越投资的一个关键点。例如在 2014 年,汉堡王因要以 110 亿美元对 Tim Hortons 进行收购但现金缺乏,便与伯克希尔·哈撒韦达成交易,将年息为 9% 的公司优先股和将之转为公司 1.75% 股权的转让股权以 30 亿美元现金的售价出售给伯克希尔·哈撒韦,而汉堡王选择伯克希尔·哈撒韦作为交易对象的原因最主要的一点便是其无可比拟的快速执行力,资本市场看似充满流动性,但却缺乏持有巨额现金的投资者,而伯克希尔·哈撒韦却是例外,其能够一次性地以现金形式完成30亿美元优先股投资的执行力无人能及,而这也就造就了伯克希尔·哈撒韦在大型并购交易中屡获佳绩。

2. 精心选企,集中投资

投资集中在少数几家杰出的公司上是伯克希尔·哈撒韦价值投资策略中最关键的一步,正如沃伦·巴菲特所言:"将所有鸡蛋放在同一个篮子里,然后小心地看好这个篮子。"伯克希尔·哈撒韦选择企业有四个层面的要求,分别是以企业基本面来评估一家公司的好坏;以企业管理层信誉来评估一家公司可以走得多远;以企业平均5年的财务成绩来评估一家公司的财务状况;以企业市场价格与内在价值的差异来判断是否买入。在企业运营层面,伯克希尔·哈撒韦主要考察企业的三个基本特点,即"简单易懂""稳定经营"和"护城河",其含义分别是:首先,是否在主席巴菲特的"能力圈"范围内;其次,是否有稳定的、多年经营的历史,产品或服务是否足够专一;最后,是否有良好且难以取代的前景,这通常来自企业所拥有的一些"特许经营权"或者与其相似的相关产品和服务,属于一个企业不可替代性的体现。在管理层层面,管理层的选择是伯克希尔·哈撒韦购入企业的重要参考因素,其要求其管理层需要持有"主人思维"而不是把自己放在一个"员工"的角度来思考,因为这样才能使得管理层时刻思考如何提升股东价值,伯克希尔·哈撒韦主要考察三个重要高管素质,即"管理理性""坦诚相待""主动思考",其含义分别是:首先,对于公司资本配置的理性选择,能够在保留资金再投资、并购、分红或者回购中进行合理选择;其次,管理层无论做出了成功还是失败的决策,都应该尽可能地使股东了解公司发生的全部重要情况,前文已经叙述过伯克希尔·哈撒韦对于子公司的高度信任和高度放权,这就是基于子公司管理层做到足够程度的开诚布公才能实现的管理策略;最后,管理层需要做到充分发挥主观能动性,而不是因循守旧,在已有的惯性下趋于陈腐。在财务状况层面,伯克希尔·哈撒韦并不看重某个单年度表现,而是将5年财务情况进行综合呈现,并且极度否定通过会计的润色来掩盖业绩的真实性的不当操作,伯克希尔·哈撒韦主要考察企业的四个至关重要的财务标准:第一,重视净资产回报率而不是每股盈利,即剥去财务杠杆之后,是否能够产生足够的回报;第二,扣除损耗、折旧、摊销、资本支出等企业运营必需的运营资本之后,结合公司的净利润再来计算"真实的盈余";第三,注重企业成本控制以及筛选利润率较高的企业,利润高但成本巨大的企业也并不在伯克希尔·哈撒韦的考虑范围内;第四,选择每单位美元留存利润至少要创造一美元市值的企业。在市场购买层面,伯克希尔·哈撒韦主要基于企业两项相关的成本指导,来确定企业的内在价值以及"捡漏"的可能性,其含义是,首先以企业未来会产生的所有现金流进行合理利率的折现,得到企业真正的内在价值,然后选择足够低的市场价位进行折扣购入。

伯克希尔·哈撒韦经过对企业的整体考量选定"好公司"后便进行集中投资。在权益投资方面,伯克希尔有很多持股比例较高且在 GAAP 会计准则下实现并表的战略投资,比如在2009年以每股100美元(高达31%的溢价)收购 BNSF 77.4%的股权,从而在2007年持有22.6%股权的基础上实现了100%的收购,总金额高达266亿美金;在2013年进行的另外一笔并购中,伯克希尔对 Marmon 进行了增持并实现了100%的控股,诸如此类的案例还有很多。同时,伯克希尔也有许多投资并未实现100%控股但与他方共同控制的企业,如伯克希尔·哈撒韦公司拥有卡夫亨氏公司26.6%的普通股,Berkadia Commercial Mortgage LLC 50%的合资权益,Pilot Travel Centers LLC 38.6%的股权,Electric Transmission Texas 公司 50%的合资权益,以及 Iroquois Gas Transmission Systems 50%的非控股权。

除此之外,伯克希尔·哈撒韦也会使用集中购买股票的方式跟优质上市公司分一杯羹,如集中持股苹果公司、美国银行、美国运通、可口可乐公司等,在 2021 年伯克希尔·哈撒韦持有股票的总市值超过 3 500 亿美元,其中约 73% 的总公允价值集中在四家公司,第一仓位持股苹果公司占公司总仓位比重达 45.95%(如表 9-5 所示)。事实上根据巴菲特的说法,并购整个企业或是购买部分股票都是获得优质企业的全部或部分所有权,并没有根本性的不同,故在选出优质企业之后伯克希尔·哈撒韦不会过度重视投资或者入股的形式,而是在乎集中投资的实质。而与分散投资相比,集中投资也往往具有风险更低、收益更高的突出优势;其一由于伯克希尔·哈撒韦公司对所投资企业整体的缜密调查与考量,使得每项投资的风险都能够得到有效的控制,而许多机构投资人常常一次性对一二百种股票进行买卖操作,强调运用多元化策略来分散投资风险,实际上却根本不可能深入了解每家公司的经营状况,反而分身无术、弄巧成拙;其二在于如果太过分散投资组合,即使买入一只优秀的企业的股票,也会因为持有仓位过低,而获得较低的整体投资回报。伯克希尔·哈撒韦正是因为集中投资几家不同经济特性的超过平均收益的股票,才最终获得了远高于市场平均水平的投资回报。

表 9-5 伯克希尔·哈撒韦 2021 年十大重仓股票

证券名称	持仓股数	占总仓位比重
苹果	907 559 761	45.95%
美国银行	1 032 852 006	13.10%
美国运通	151 610 700	7.07%
可口可乐	400 000 000	6.75%
穆迪	24 669 778	2.75%
Verizon 通信	158 824 575	2.35%
合众银行	143 456 055	2.30%
比亚迪	225 000 000	2.19%
雪佛龙	38 245 036	1.28%
纽约梅隆	66 835 615	1.11%

资料来源:伯克希尔·哈撒韦 2021 年公司年报。

3. 长期持有,适时退出

伯克希尔·哈撒韦在实施投资行为之后的大多数情况下将会长期持有该公司股份,在 2021 年度伯克希尔·哈撒韦位列前十的重仓股中,有 7 支是公司持有年限超过 10 年的,如表 9-6 所示。伯克希尔·哈撒韦的长期持有策略主要由价值投资方法论所决定,首先,由于公司购买股票是在股票被市场低估时折价买入,属于逆市场风向进行投资,但由于市场整体的趋同性较强,股票内在价值真正被市场正确评估需要一定时间,故价值投资在短期无法立即见效,需要投资者长期持有以等待市场将股票价格与企业持续经营内在价值等同起来;其次,由于伯克希尔·哈撒韦注重企业内在价值的后续成长,坚信这些上市公司具有持续竞争优势和良好发展前景,企业未来价值的增长将使得投资回报随之悄然提升,但这个过程很可能是曲折和长期的,一旦看到市场波动就因贪图眼前的甜头而失去对未来收益的规划,将投资变成投机那便失去了价值投资的策略性。对于股市交易而言,长期持有还有其他优势,如减少交易次数、手续费和税负,推迟缴税时间,为投资者带来更丰厚的投资回报等,故投资者持有一家优秀公司的股票不应该因为短期涨跌而轻易卖出公司股票,因为投资者很难再次找到优秀公司股票的购买机会,秉持长期持有策略投资者便可以享受复利带来的丰厚回报。

表 9-6　伯克希尔·哈撒韦 2021 年十大重仓股票持有年限一览表

证券名称	首次购买年份	截至 2021 年持有年限
苹果	2016	5
美国银行	2011	10
美国运通	1991	30
可口可乐	1988	33
穆迪	2000	21
Verizon 通信	2014	7
合众银行	2009	12
比亚迪	2008	13
雪佛龙	2020	1
纽约梅隆	2010	11

资料来源:伯克希尔·哈撒韦 2021 年公司年报,公开数据。

伯克希尔·哈撒韦公司也不是投资之后便撒手不管,而是会定期重新审查投资组合,当发现企业已经不符合伯克希尔·哈撒韦公司选择企业的诸多标准转向衰败与混乱时,伯克希尔·哈撒韦会及时修正投资策略、果断卖出股份,例如伯克希尔·哈撒韦在 2006—2013 年对乐购公司的投资与撤资。乐购公司是英国领先的食品零售商,2006—2007 年,乐购公司完全符合伯克希尔·哈撒韦公司投资的各项标准,故 2006—2012 年间伯克希尔·哈撒韦公司先后买入总共 4.15 亿股乐购公司股票;但 2011 年菲利普·克拉克接任 CEO 后,乐购的国际市场经营业务开始接连失利,于是在 2013 年,因对乐购管理层稍感失望,伯克希尔·哈撒韦出售了乐购公司 1.14 亿股股票;在 2014 年乐购公司的困难处境有增无减,利润率的明显衰退造成市值萎靡不振加之会计造假问题的暴露,乐购公司管理层的能力和诚信已经彻底违背了巴菲特的投资标准,乐购公司的长期竞争优势和品牌也受到较大的影响,此时伯克希尔·哈撒韦出售了全部的乐购股票仓位,亏损 4.44 亿美元。资本市场投资之路充满风险,在进入投资前做的万全之策也止步于预测未来,对于现实发生在眼前的暴风骤雨,伯克希尔·哈撒韦的适时退出策略就为投资决策失误做好了防微杜渐的止损工作。

(三)"张弛有度"的资产管理模式

经年累月的积累使得伯克希尔·哈撒韦公司在半个世纪间成长为如今拥有八十多个子公司的庞大商业帝国,但最令人感到惊奇的是,仅仅只用 26 名核心人员,公司总部就可以牢牢把控住旗下的子公司和负担其运行的四十多万名员工。这样"小杆撬动大石头"的奇特局面,依托于集团最高当局的"放权"原则,26 名核心人员作为伯克希尔·哈撒韦的"大脑",集中统一调配集团内部资本,而在运营方面彻底授权给子公司抑或事业体的专业经纪人,这种模式类似于工程领域的"总承包—分包"模式,巴菲特以及伯克希尔·哈撒韦的核心决策人员只需要牢牢把握住旗下子公司的 CEO 们,就可以以"点"拖动"面",以"轻"举起"重",很好地使这个商业帝国长久地运营下去。

1. 信任分权，不干预经营管理

作为 CEO 兼主席，伯克希尔·哈撒韦集团的所有资本配置决策，几乎都是出自巴菲特的手中，而对于旗下的子公司，伯克希尔·哈撒韦以完全放权的姿态，令子公司以最大程度实现自治，坚韧而庞大的商业帝国，复杂而全面的集团企业，在 20 年间悄然形成，依靠的是信任分权。伯克希尔·哈撒韦对于每一个收购的子公司，并不随意更改其组织架构和公司职能，而是分而治之，通过总部的总体监管来负责串联起全球的子公司管理问题，并设立相关的人力资源总监来协助各机构进行协议磋商，这种"职能下放"（除了内部审计），体现了伯克希尔·哈撒韦对整个商业帝国的每一位管理参与者的极度信任，当然这种信任也基于上文所言，即伯克希尔·哈撒韦或者说其主席巴菲特对于并购企业的管理层在收购前的详尽了解。"我们宁肯为决策失误付出一定的代价，也好过因为太过官僚迟迟不做决定——或者干脆不做决定而在无形中付出很大的代价"，这是巴菲特对于分权模式带来的风险和好处关系做出的诠释，在他的理解中，迅速且有效的决策，相对于迟滞拖延的官僚化管理而错失良机，更能在机遇来到的时候，迅猛地抓住市场给予的一线良机。这样的模式，还能给予旗下的子公司的 CEO 自主决策形成相应的公司文化的富余空间，使得 CEO 们能够逐渐培育每个企业所精准适应的经济文化氛围，而人员上又相对精简，让 CEO 脱离上级总公司的限制，设定自己感到最舒适的，也是最适合公司的组织管理架构。每一个和伯克希尔·哈撒韦商榷过关于公司并购业务的公司管理层，都会收到伯克希尔·哈撒韦毫无掩饰的态度——"伯克希尔·哈撒韦并不干涉所收购公司的日常运行"。正是因为有了这种化繁为简的营运管理模式，才得以让这个资产总额超过 8 700 亿美元的"庞然大物"拥有了与体量不相符的灵活运营模式。而"术业有专攻"的分权分责分职能的运行方式，也令每一个伯克希尔·哈撒韦成员都能够恰得其所，这同时也解放了巴菲特的日常时间和精力，令其能够专心处理公司重要的资本配置工作。

2. 统一调配，最大化资本配置

伯克希尔·哈撒韦在给子公司的经营管理充分放权的同时，总部则专注于资本配置的工作，掌管下属子公司的保险业务浮存金、全资持有实业子公司盈余收益的投资去向，基于此种管理模式，子公司经理人只需要专注于各自业务的经营，集团总部则在巴菲特和芒格的带领下，超脱单个经理人对子公司所在行业的了解，在更大范围内更好地运用内部资金进行再投资活动。除此之外，总部还同时肩负在集团内部将资金进行最优化配置的责任，根据巴菲特的自述，他更加愿意选择通过对整个企业的完整购入的方式来持有一家公司，这两者的主要区别在于，是否能够使他完全掌控企业的资本配置。正如前文所说，伯克希尔·哈撒韦常年累积着数量庞大的资金池，这样巨额的资本流动达到最优资本配置的方式是通过选择最高边际资本回报率的子公司进行内部现金配置，通过把缺乏发展扩张但富足的子公司盈余输送至前途光明但饥渴的子公司来实现的。而这也产生了额外特殊优势，即回避了第三方对伯克希尔·哈撒韦的监管，从而极大地减少了资本转移过程中产生的所得税和获取资本需要的诸如银行利率、贷款契约在内的多种经济损失和契约限制，甚至能在集团内部不同子公司之间进行税收豁免的调换。这在伯克希尔·哈撒韦之外的其他大型集团是不可想象的，其他集团的业务常态往往是层层审批、上下管理层彼此之间用猜疑取代信任、董事会的反复谈论、金融顾问的繁琐意见……或许对于中小型的企业而言这并非大事，但是对于数千亿美金体量的伯克希尔·哈撒韦商业帝国而言，这将使得整个集团的运转不可避免地陷入迟缓乃至停滞。而通过削减这些繁琐的程序,伯克希尔·哈撒韦几乎不干涉、无合约、无条件、无契约、无到期日的资金申请机制,令下属子公司有需要可以直接对接总部进行沟通,可以说没有任何一家银行能够提供这样的无中介类限制的资金服务。以上种种,使得资本以及资本以外的综合资源调配都能够在市场中极大地凸显伯克希尔·哈撒韦的调节优势,也完全能够证明,这种管理模式对于伯克希尔·哈撒韦这一类巨型企业具有高度的可行性。

五、伯克希尔·哈撒韦的价值投资实例

伯克希尔·哈撒韦对可口可乐公司的投资是其价值投资理念在资本市场中的成功应用。可口可乐是世界上最大的软饮料生产和经销商,其所生产的软饮料早在1886年就在美国销售,现已销往世界上190多个国家和地区,据巴菲特所言,伯克希尔·哈撒韦一直在观察可口可乐公司的成长,但一直没有买进过可口可乐公司的股票,即使1986年伯克希尔·哈撒韦公司将可口可乐生产的樱桃可乐作为股东年会的指定饮料,其仍然没有买进1股可口可乐公司的股票,直到两年后在1988—1989年间才开始买入,这期间伯克希尔·哈撒韦共投资10.23亿美元分批买入可口可乐公司股票2 335万股,1994年继续增持总投资达到12.99亿美元,2003年年底伯克希尔·哈撒韦持有可口可乐公司的股票市值达到101.50亿美元,15年间持有市值增长了681%,投资十分成功。

(一)观望期:发觉品牌影响力,观望不景气时期

伯克希尔·哈撒韦早在投资可口可乐公司前数十年就已经意识到可口可乐公司的品牌影响力。可口可乐公司业务简单易懂,公司将制成的浓缩液体卖给装瓶商,由装瓶商把浓缩液与其他成分配在一起,将最终制成品卖给零售商,此外公司还向杯装饮料经销商出售软饮料糖浆;并拥有长年稳定的经营历史,多年稳定经营,提供同样的产品。可以说自1886年约翰·彭伯顿(John Pemberton)用一只三角铜壶第一次调制出可口可乐糖浆,并用"可口可乐"来为他的发明产品命名,经过一百多年的发展,可口可乐饮料已经成为美国人乃至全世界人们生活中不可缺少的一部分。可口可乐公司在二十世纪初开展的一系列展览宣传和促销活动,让可口可乐公司逐步发展成为全球最强大的软饮料企业,作为全球碳酸饮料龙头,可口可乐公司强大的品牌效应、延续数百年的饮料秘方、遍布全球的销售渠道,让其在商业竞争中拥有很深的"护城河",早已成为大众消费文化的代表。

但在20世纪70年代,在伯克希尔·哈撒韦公司逐渐成长并拥有雄厚可投资资本的时期,可口可乐公司经历了一段不景气的时期,令伯克希尔·哈撒韦尽管看好可口可乐公司的品牌影响力,但是久久处于观望状态没有进行投资。在这十年,可口可乐公司经历了各种麻烦:与装瓶商争吵,受到"移民工人待遇不公正"的指控,环境保护主义者批评易拉罐增加了国家日益严重的环境问题,联邦商业委员会指责可口可乐公司日渐增长的特许经营权违反了谢尔曼反托拉斯法等等。同时可口可乐公司的国际市场也不景气,阿拉伯国家因可口可乐公司在以色列出售特许经营权,联合抵制可口可乐公司的产品,使数年的中东市场投资毁于一旦;日本消费者对公司在芬达葡萄水中使用人造木焦油色素感到愤怒,而当公司生产出用真正的葡萄皮做色素的饮料时,却又因发酵问题而倒进了东京湾。此外,在1971年可口可乐公司总裁保罗·奥斯汀(Paul Austin)被任命为董事长后,公司开始了偏离饮料主业进行多元化的行为,如投资于众多与可乐无关的项目,包括水净化、白酒、养虾、塑料、农场等,

这一阶段可口可乐公司的税前收益逐渐在下降,公司市场价值年均增长率也远远低于标准普尔500指数的平均增长速度,公司每1美元留存收益仅产生1.02美元的市场价值,盲目的多元化经营加重了可口可乐公司20世纪70年代的不景气。终于可口可乐公司董事会财务委员会主席罗伯特·伍德鲁夫(Robert Woodruff)在民怨沸腾的情况下,要求奥斯汀辞职,并起用罗伯托·格伊苏埃塔(Roberto Goizueta)。

(二)看好期:欣赏卓越管理者,青睐出众财务

20世纪80年代,罗伯托·格伊祖塔在经营管理中表现出来的卓越天赋赢得了伯克希尔·哈撒韦的瞩目,自1981年罗伯托·格伊祖塔上任后,可口可乐从70年代的一系列坎坷中逐渐恢复生机并获得了二次成长。可口可乐公司的税前利润率在1976—1980年连续下降,1980年可口可乐公司的税前利润率不足12%,远远低于公司1973年18%的水平,但在罗伯托·格伊祖塔有效的成本管理下,1981年公司税前利润率就上升到13.7%,之后5年时间公司产品盈利能力大幅度增长,营业利润每年增长12%,到1988年,可口可乐公司的税前利润率已上升到创纪录的19%。与此同时,可口可乐公司本阶段的经营战略强调公司长期现金流的最大化,主要通过集中投资高收益的软饮料企业,并不断降低资本成本的经营战略、果断抛弃任何已不能产生可接受的股权收益率的业务与资产来实现,如将葡萄酒厂卖给酿酒业巨头西格拉姆公司,这一剥离非相关业务、回归核心主业的行为令可口可乐公司重新满足了伯克希尔·哈撒韦对公司特性的要求。而对于可口可乐公司而言,这一经营战略的成功又表现为公司净现金流增长、权益资本收益率提高和股东收益增加。净现金流增长使可口可乐公司有能力增加现金红利并回购股票。1984年,可口可乐公司第一次采取股票回购行动,回购了600万股,此后,公司每年都要回购股票,共动用了53亿美元,回购了4.14亿股,相当于1984年初公司流通股份的25%。可口可乐公司的权益资本收益率也从70年代的只超过20%,到1988年的达到31.8%。再看可口可乐公司股东收益(税后利润加折旧减资本性支出),在1973年为1.52亿美元,1980年增至2.62亿美元,年均增长8%;而1981年至1988年,股东收益又从2.62亿增至8.28亿美元,年均增长17.8%。股东收益的增长直接反映在可口可乐公司股票市价中。1973—1982年的10年中,可口可乐公司的总收入年均增长6.3%;而1983—1992年的10年期间,这一增长率猛增为31.1%。80年代,可口可乐公司通过增加权益资本收益率和利润率来提高红利水平,同时减少红利支付率来留存发展资金,支付给股东的红利平均每年增长10%,而红利支付率却由65%降至40%,这样一来,可口可乐公司可以把更多的未分配利润用于再投资,以使公司保持一定的市场增长率。1980—1987年,可口可乐公司股票的市场价值以平均19.3%的速度递增,公司每1美元留存收益产生了4.66美元的回报,连续多年的优秀财务可以说再次从财务数据层面赢得了伯克希尔·哈撒韦的认可,此时只待市场时机的到来助力伯克希尔·哈撒韦实施投资。

(三)买入期:识别超级内在价值,把握安全边际

直到1987年10月,美股经历了崩盘,可口可乐公司从高点下跌了30%,当市场恢复平静后,伯克希尔·哈撒韦终于开始买入可口可乐公司股票,此时是1988年6月,在随后的10个月伯克希尔·哈撒韦共投资10.23亿美元,买入9340万股可口可乐公司股票。实际上伯克希尔·哈撒韦花了5倍于账面价值的价钱买入可口可乐公司股票,伯克希尔·哈撒韦1988年首次购入可口可乐公司股票时,其市场价值为148亿美元,相当于税后净收入的

15倍、现金流的12倍,分别比市场平均水平高30%和50%,而这其实是因为伯克希尔·哈撒韦看中了可口可乐公司在资本支出相对很小的情况下权益资本收益率能够达到31%的超级内在价值。

如同任何一家公司一样,可口可乐公司股票的内在价值也是由公司未来预期赚取的净现金流用适当的贴现率贴现后所得到的,1981—1988年,可口可乐公司的净现金流以年均17.8%的速度增长,比无风险收益率要高,此时可用两阶段估价模型来估算可口可乐公司股票今后的预期现金流在1988年的现值。1988年,可口可乐公司的股东收益为8.28亿美元,美国30年期国债(无风险利率)到期收益率为9%左右,假设以后10年中,净现金流年增长率为15%(这个假设是有道理的,因为这个数字低于可口可乐公司前7年的平均增长率),到第10年,净现金流就是33.49亿美元,再假设从第11年起,净现金流年增长率降低为5%,以无风险利率9%贴现,可算出1988年可口可乐公司股票的内在价值为483.77亿美元。还可以假设别的增长率重复这一计算,如果设前10年增长率为12%,以后为5%,仍以9%贴现,则内在价值为381.63亿美元;如果前10年增长率为10%,以后仍为5%,内在价值仍有324.97亿美元;如果干脆假设净现金流以年平均5%的速度增长,内在价值仍可达207亿美元。1988—1989年,在伯克希尔·哈撒韦大量购入可口可乐公司股票的那段时间,可口可乐公司股票的市值平均为151亿美元,但据巴菲特估计,可口可乐公司股票的内在价值至少应该是207亿美元,甚至会达到483亿美元,因此,伯克希尔·哈撒韦获得的安全边际至少有27%,多则有70%。尽管其他看重公司内在价值的投资分析家及投资者们也在深入分析可口可乐公司股票的内在价值,但他们认为可口可乐公司股票的市盈率、股价与账面价值比率以及股价与现金流比率相对偏高,便认为可口可乐公司股票价格已处于高估状态,而没有发觉可口可乐公司非凡前景中蕴含的超级内在价值,未被市场充分认识到的高成长性为伯克希尔·哈撒韦的兜底买入带来了最大的安全边际。

(四)获利期:集中投资,长期持股,持续获利

1988年,伯克希尔·哈撒韦公司首次购买了可口可乐公司股票,至1989年年底,可口可乐公司的股票在伯克希尔·哈撒韦公司的普通股投资组合中占比达35%,成为绝对的重仓股,此后,公司就一直保持稳定的持仓数量和股份占比,仅在1995年进行了一次小幅度补仓,而三次大幅度股数变动源于可口可乐公司的拆股行为,而其股权占比受益于可口可乐公司利用留存收益回购股票的活动,由2012年的8.9%上升至2021年的9.2%。可口可乐的股票价格在1998年达到了20世纪的顶点,同时可口可乐公司的市值也超过了1 500亿美元,在1998年年底,巴菲特在可口可乐的持股为134亿美元,十年间涨了11倍,年化收益率达27%。同时可口可乐公司每年固定发放股息,如表9-7所示,股息收益率也非常稳健地达到3%,源源不断地为伯克希尔公司提供现金流收益。当公司拥有良好的经济状况和出色的管理时,伯克希尔·哈撒韦愿意长期持股,伯克希尔·哈撒韦对可口可乐的持仓已经多年未变,而可口可乐公司当前良好的发展势头也会进一步促使伯克希尔·哈撒韦在价值投资理念的指导下继续持仓,一如华盛顿邮报公司、政府雇员保险公司、大都会/美国广播公司。

表 9-7　可口可乐公司 1987—2021 年分红情况

年份	每股分红金额	年份	每股分红金额
1988	$1.20	2005	$1.12
1989	$1.36	2006	$1.24
1990	$0.80	2007	$1.36
1991	$1.12	2008	$1.52
1992	$0.56	2009	$1.64
1993	$0.68	2010	$1.76
1994	$0.80	2011	$1.88
1995	$0.88	2012	$1.03
1996	$0.49	2013	$1.12
1997	$0.56	2014	$1.20
1998	$0.60	2015	$1.32
1999	$0.64	2016	$1.40
2000	$0.68	2017	$1.48
2001	$0.72	2018	$1.56
2002	$0.80	2019	$1.60
2003	$0.88	2020	$1.64
2004	$1.00	2021	$1.68

资料来源：可口可乐公司历年年报。

六、借鉴与启示

持续 50 多年的成功表明伯克希尔·哈撒韦的成功并非运气，价值投资理念的指引，加上其独特的价值投资生态系统，最终成就了伯克希尔·哈撒韦独树一帜的商业帝国。以此为鉴，企业要想成功地通过价值投资获得资本的最大化增值，最终实现企业价值增长的目的，构建适合自身的价值投资生态至关重要，首先要"寻找稳定资金来源，支持企业长期投资"，企业进行价值投资绕不开长期持有股份，而这不仅仅需要一定的商业定力，还需要充足的资本，因此价值投资的首要条件是要保证有源源不断低成本资金的支持；其次是"理性辨识投资对象，耐心获取成长收益"，资本的配置需要投资者强大的辨识能力和果敢的博弈勇气，在充足资金的支持之下，将价值投资的时机、对象、手段一一落实，最终才能不断共享被投资方的经营收益；最后要做到"资产管理张弛有度，信任分权各司其职"，价值投资会让子公司的数量不断上升，多元化资产的有效管理需要的不再是面面俱到，而是敢于信任与放权，适合的资产管理模式能够极大地缓解价值投资的后顾之忧。

1. 理念指引生态支持，双重保障投资实践

企业进行价值投资需要构建合理的投资体系，其中最高屋建瓴的当属价值投资理念，紧接着是支持性作用的内部价值投资生态，由此才可保障企业价值投资实践的平稳运行。价值投资理念注重在市场价格远低于企业内在价值时，对有长期发展前景的优质企业进行投资，理念指引着企业实施价值投资的方向，坚定理念方可对抗市场的不理性波动，企业领导者制定并持有相对明晰的投资理念细则,可以有效地保障企业在未来的投资活动中理性地坚定战略方向,不被"市场先生"所迷惑而失去方向。企业内部价值投资生态则能够提供支持价值投资落地的资金土壤、确保价值投资有效开展的决策步骤以及保障价值投资后续能有效进行的管理环境,构建和谐有序的价值投资生态能够助力企业进行全面布局,为企业未来的每一步价值投资实践做好准备,使之理性有序地进行并最终成为企业价值增长的助推器,而非待到事情发生之时才忙于局部应付。可以说,伯克希尔·哈撒韦价值投资的实践就是建立在坚定理性的价值投资理念的指引与良好有序的内部生态体系的支持之下的,对此我国企业需要做到强化企业价值投资理念与完善企业价值投资生态,才能更好地保障价值投资实践的进行。对诸多企业而言,企业投资生态并不缺乏然而却并不完善,由于企业在长期的生产经营过程中已形成各方面的行为规范,因此对企业而言重要的是如何基于价值投资的新理念、新原则对企业原有的行为规范结合实际情况进行修整完善,并基于此构建一整套导向明确的价值投资生态。

2. 寻找稳定资金来源,支持企业长期投资

资金是企业流动的"血液",由于价值投资中必不可少的长期集中持有策略,企业在进行价值投资前需要拥有充足、稳定且低廉的资金来源,以此支撑企业能够以较低的资本成本进行较大规模的投资并购或集中持股,并且能够具有更多的耐心维持策略的一致性,等候被投资企业的价值成长与实现,获得投资回报。我国上市公司主要的长期资金来源渠道包括外部融资与内部融资,在外部融资渠道中由于债权融资存在确定的债务利息,对公司经营形成了一种显性约束,造成管理者倾向于采取股权融资方式进行融资的行为,这虽然带来了表面上的低市场利率,却面临着其更高的隐性资本成本,即忽视和放弃了获得投资回报的权力,但与此相对应的是承担巨额的债务也会加大企业的杠杆比率,为企业带来更大的经营风险,可以说二者各有利弊。与外部融资相比,内部融资就是更为稳定、低风险且低廉的,同时不会稀释原有股东的每股收益和控制权的资金来源渠道,但内部融资由于企业自身盈利能力有限,资金积累过程往往受到限制,十分缓慢。故伯克希尔·哈撒韦在早期便对资金来源渠道进行了设计,保险业务作为其核心业务在伯克希尔·哈撒韦内部虽不露锋芒但却有着不可磨灭的功勋,与日俱增的巨额保险浮存金为公司的价值投资提供了源源不断的流动资本,成为公司价值投资战略中至关重要的基石。

3. 理性辨识投资对象,耐心获取成长收益

持有股票实际上是拥有了企业的所有权,选择优质的、具有发展性的企业,耐心等待其市场价格远低于其市场价值的时候收购入场,并等待其在波动成长的过程中实现乃至超越其本身的价值,则价值投资者将作为最大受益对象而享受到企业成长的庞大且持续不断的红利。由于市场价格长期而言围绕企业内在价值上下波动,而内在价值可以理解为一家企业在其余下的寿命中可以产生的现金的折现值,可以说价值投资是在投资企业不确定的未来成长,而为了最大化成长收益,投资者需要在股票的市场价格相对于企业内在价值有较大折扣时买入,即投资被显著低估的企业,这与"市场先生"逆向而行的选择,对投资者的能力也提出了较高的要求:首先投资者具有慧眼识珠的能力,能够重点关注企业的成长空间,具有如伯乐一般的识货能力,能够准确地定位其最终真正的价格潜力;其次便是能够坚定自我克服从众心理,坚信被低估价格将会迟早依据客观市场规律回归到其内在价值上来,而不被非理性市场的认知障碍所影响。伯克希尔·哈撒韦正是因为做到了理性辨析与坚定持有,在市场出现波动时不被动摇、耐心等候,才在长期集中的投资中获得了不菲收益。

4. 管理资产张弛有度,信任分权各司其职

基于价值投资进行的企业收购往往会带领企业逐渐成为多元化投资集团,这给大型企业集团所带来的,并不只有规模增长、市值上涨这一好处,也不可避免地由于横跨多领域经营而带来跨界管理难题。单项产品或业务型公司只需要将产品和服务不断优化,以在市场竞争中获得顾客的青睐,从而获取一定回报,这样单线程运营是相对简单的,所涉及的经营业务也无外乎产品研发、物料采购、生产管理、市场销售等;而一旦成长为集团性跨界公司,那么其对下属子公司的运营指导和协调,在某种程度上会是更加重要的课题。行业整合、公司调配、资源配给、资金流动……这些手段和单项产品型公司的生存之道,有着极大的不同。面对这样多元化的运营需求,如果企业规模超过了作为最高领导层的主席或者主席团能够承载的范围,那么其有效管理必然成为一个不能实现的问题,从而导致运营出错、管理失衡,以至于商业帝国逐渐的崩塌。正确处理母子公司关系的实质,主要解决好三个问题:一是集团公司以资本经营为主、兼顾生产经营,子公司以生产经营为主;二是子公司必须在服从集团公司战略决策的前提下实施自主经营;三是处理好出资者所有权与法人财产权之间的关系。例如,总部具有对下属企业的经营班子录用审批权、人员编制审批权、工资总额审批权、人力资源管理费用预决算审批权等,下属公司具有除经营班子以外人员的录用、考核、晋升决定权限等,同时为保障公司经营目标的实现,需要在母子公司权限划分方面能够保证下属子公司有足够的经营自主权。伯克希尔·哈撒韦在子公司管理方面的做法正是如此,建立在认同其经营策略的前提下的收购,令伯克希尔·哈撒韦对旗下公司管理团队的领导策略主要集中在激发其自主创造能力上。迅速收购,果断放手,管理自洽,自主发展,成为伯克希尔·哈撒韦横跨多个商业领域,而始终游刃有余的成功之法!

参考文献

[1] 黄建平. 巴菲特投资案例集[M]. 北京:中国经济出版社,2013.

[2] 德群. 巴菲特投资思想·方法·实录[M]. 北京:中国华侨出版社,2011.

[3] 万智宇. 巴菲特价值投资思想和方法在中国企业投资中的运用[D]. 南昌:江西师范大学,2015.

[4] 徐弘意. 中国股市价值投资策略及案例分析[D]. 杭州:浙江大学,2019. DOI:10.27461/d.cnki.gzjdx.2019.000383.

[5] 罗刚. 解读巴菲特的价值投资策略[J]. 审计与理财,2007(9):35-36.

[6] 巴菲特. 巴菲特致股东的信[M]. 陈鑫,译. 北京:机械工业出版社,2004:102.

[7] 洛尔. 查理·芒格传[M]. 张戎,赵平莉,译. 海口:海南出版社,2003:76.

[8] 费舍. 怎样选择成长股[M]. 吕可嘉,译. 北京:地震出版社,2017.

[9] 林奇. 罗瑟查尔德. 彼得林奇的成功投资[M]. 刘建位,译. 北京:机械工业出版社,2007.

[10] 格雷厄姆,多德. 聪明的投资者[M]. 王中华,译. 北京:人民邮电出版社,2016.

[11] 格雷厄姆,多德. 证券分析[M]. 巴曙松,译. 北京:人民大学出版社,2013.

[12] 李唯. 巴菲特公司治理实践与思想研究[D]. 青岛:中国海洋大学,2012.

[13] Buffett M. The Warren Buffett Stock Portfolio: Warren Buffett Stock Picks: Why and When He is Investing in Them[M]. New York: Simon & Schuster Ltd. 2011.

[14] Buffett W E, Cunningham L A. The Essays of Warren Buffett: Lessons for Investors and Managers[M]. New York: John Wiley & Sons Inc., 2013.

[15] Hagstrom R G. The Warren Buffett Portfolio: Mastering the Power of the Focus Investment Strategy[M]. Dove Entertainment Inc, 2013.

[16] Lowenstein R. Buffett: The Making of an American Capitalist[M]. New York: Random House, 2013.

[17] Dorsey P. The Little Book That Builds Wealth: The Knockout Formula for Finding Great Investments[M]. New York: John Wiley & Sons, 2008.

教学用途与目的

1. 本案例主要适用于"战略管理""财务管理""资本运营"等课程中公司财务战略与投融资相关领域的教学。

2. 适用对象：本案例主要针对 MBA、MPAcc、EMBA 和企业管理人员，以及经济类、管理类专业的高年级本科生和研究生。

3. 教学目的：价值投资是一种成熟稳定的长期投资策略，因具有维护资本市场平稳运行积极作用被广为推行。从1965年到2021年年末的半个多世纪里，伯克希尔·哈撒韦公司始终秉承价值投资理念，坚持多元化投资方式，凭借其稳健的价值投资策略与良好的资本运作模式实现了财富的平稳高速增长，连续多年位于全球财富五百强前位，在风起云涌的资本市场中留下了浓墨重彩的一笔，同时也为价值投资做了最精彩的背书。本案例对伯克希尔·哈撒韦公司的价值投资理念、价值投资生态与价值投资实录进行深刻剖析，引导我国企业在当前国内经济形势和资本市场环境下更深刻地认识、理解并且应用价值投资来实现价值增长。通过对本案例的分析，帮助读者理解和掌握以下重要知识点：

（1）如何正确理解"投资"与"投机"；
（2）价值投资理论的思想渊源与概念体系；
（3）伯克希尔·哈撒韦公司的价值投资生态；
（4）上市公司应如何实施价值投资；
（5）上市公司实施价值投资后可借鉴的资产管理模式。

思 考 题

1. 伯克希尔·哈撒韦公司的总体指导原则和依据是什么？
2. 伯克希尔·哈撒韦公司如何成功实施价值投资？
3. 伯克希尔·哈撒韦公司价值投资成效斐然，有哪些成功经验值得借鉴？
4. 上市公司应如何基于价值投资理念制定企业战略目标？
5. 你认为在中国当前资本市场情境下适合持有"价值投资"理念吗？

第四篇 营运资金管理

全球宏观经济的严峻形势在使跨境投资陷入低谷的同时,也给企业的营运资金管理带来较大的负面影响。跨国公司因其经营业务、融资来源和投资布局的多域化,使得营运资金管控相比于普通的企业更具复杂性和特殊性。在当下跨国公司经营业务受阻、融资难度加大的困境下,加强企业内部的营运资金管理,保持现金流量的安全性、流动性、持续性和效率性是公司理财的核心要旨。跨国公司现金流的分布、流向和利用效率与企业的国际化战略密不可分,因此跨国公司应从战略视角出发,规划好现金流量与战略现金流的匹配,安排好现金流的流量、流向、流速,将跨国企业集团母子公司的现金流量分层管理,做到从战略上规划好现金流量,从执行中控制好现金流量,权衡处理好企业增长、创造价值和风险防范之间的关系。当前宏观经济环境的不确定性和复杂性,使得跨国公司的现金流动保持稳健性和持久性更为重要。此外,转移、分散、规避、隔离风险对于企业长期稳定发展也异常关键,跨国公司应在正确辨析局势的同时规避好风险,凭借出色有效的营运资金管理举措实现企业可持续的价值创造。

案例 10　运筹唯"沃"巧营运，环环相扣自天成：基于价值链的沃尔玛营运资金管理

一、引言

　　营运资金是企业重要的短期财务资源之一，是保证其机能连续运转的新鲜"血液"，直接关乎公司生死，营运资金管理的本质是在风险和收益间做取舍，在确保营运资金足够的流动性、安全性的条件下，加快营运资金周转，提高其盈利性。营运资金管理的概念于20世纪30年代被提出，对其的研究经历了从单独项目管理到全面管理研究的阶段，随着80年代起公司财务管理目标逐渐统一，20世纪90年代以后供应链管理思想被引入营运资本管理过程中，营运资金的优化转向以供应链作业优化为重心，企业必须建立上至供应商，下至终端消费者的控制网，从整体上把握营运资金的流转。随着全球经济发展进入"微利"时代，以"赚差价"为主要盈利模式的零售商利润空间受到挤压，零售业越来越向"薄利多销"的方向发展，对营运资金的快速周转提出了更高的要求。我国零售行业在过去的二十年实现了快速发展，规模的急剧膨胀掩盖了很多行业内本质性的问题，形成了典型的"重结果，轻过程"的管理风格，作业流程繁琐，作业效率低下，供应链成为共性难题。在产业链上，零售业是生产者与最终消费者之间的中间环节，其发展状况及变革能力直接反映了供给侧的效率和消费者福利的现实状况，在此政策背景下，我国零售企业亟须寻找一条改革之路来提升营运资金管理水平、增强可持续发展能力。

　　21世纪以来，"零负营运资本"逐渐成为财务管理新理念，国内外的许多知名连锁零售超市纷纷采用该模式进行运营管理，世界第一大连锁零售集团沃尔玛基于对价值链各个关键节点的把控，广泛考虑供应链上利益相关者的广泛利益，实现了对营运资金的零占用，创造了"无本经营"的经营神话，其在营运资金管理上的"沃尔玛模式"无疑为我国的零售业改革之路提供了一种思路和范式。本案例将从价值链的视角出发，结合连锁零售业本身商业模式的特点及其对营运资金管理的影响，借鉴国内外学者相关研究结果，深入剖析沃尔玛在营运资金管理上的独到和精明之处，促使我国正处在改革风口浪尖的零售企业开始重视"营运资本管理"的理念与工具，在经营管理中更多地关注"过程"、关注"供应链"、关注"现金流"，进而提高行业整体经营管理能力。

二、公司简介

（一）公司概况

　　沃尔玛百货有限公司（Wal-Mart Stores，简称"沃尔玛"；NYSE：WMT）是美国的一家全球性连锁企业，是全球营业额最高的公司，销售体量是全美所有百货公司的总和。沃尔玛由山姆·沃尔顿（Sam Walton）在美国阿肯色州的本顿维尔创立，主要经营零售业务，包含沃尔玛购物广场、山姆会员店、沃尔玛商店、沃尔玛社区店等四种营业方式。经过五十余年的成长，沃尔玛已是美国最大的私人雇主和世界上最大的连锁零售企业。截至2019年年末，沃尔玛的门店遍及全球27个国家，沃尔玛共开设11 500多家商场，拥有56个品牌，共计雇

佣员工 220 多万人,每周有 2.65 亿顾客光临沃尔玛。2020 年 8 月,福布斯公布"2020 年度全球最具价值品牌"排行榜,沃尔玛位列第 19 位;此外,沃尔玛还连续七年蝉联 2014 年至 2020 年"世界五百强"首位。

追溯沃尔玛公司的成长脉络,可以将其归纳为以下"成功四部曲"(如图 10-1 所示)。

图 10-1　沃尔玛发展阶段——"成功四部曲"

1. 第一阶段:小镇起家(1962—1970 年)

在离本顿维尔不远的小城罗杰斯,沃尔玛迎来了其第一家营业面积约 1 500 平方米的折扣店,并在数年内将其面积扩张到原来的两倍。业界对居民不到五万的罗杰斯能否支持该折扣店生存并不看好,但 1962 年在居民只有几千的罗杰斯,沃尔玛就实现了 70 万美元营业额,并在接下来的几年保持着每年 30% 的持续增长率。两年后,在仅有六千居民的小城哈里森,沃尔玛开了第二家折扣店。1964 年底,沃尔玛在邻近罗杰斯的小城春谷开了第三家折扣店。沃尔玛一直保持飞快的发展速度,到 20 世纪 70 年代初共开办 18 家折扣店。为支持沃尔玛快速发展的需要,沃尔顿于 1970 年 10 月在纽约证券交易所将沃尔玛股票上市。为了加速扩张,沃尔玛于 1971 年创立了一个负责为新店选址、设计和建房的不动产和建筑部门,先把建好的店面销售给投资商,沃尔玛再以售后租回的方法开办新店。当年沃尔玛共拥有 25 家折扣店,销售收入共计 4 400 万美元。1962—1970 年也是美国折扣百货业的黄金时期,尽管这一阶段沃尔玛的发展速度非常惊人,却也只能说是跟上了行业发展的步伐,与当时的零售巨头相比其规模仍难望其项背。1966 年,折扣百货业共有 3 503 家店铺,销售收入共计 150 亿美元,折扣百货业态已于 70 年代初超越传统百货公司,成为全美零售业的主导力量,但沃尔玛在零售业中的地位仍与有坚实资金后盾的凯玛特和伍尔科相差甚远。

2. 第二阶段:区域霸主(1971—1980 年)

20 世纪 70 年代中后期,美国经济面临全面的衰退和接下来的通货膨胀,零售业销售额增速放缓,开支迅速上升,销售利润空间被大大压缩,折扣百货连锁公司不得不放缓增速,甚至处在破产的边缘,即便是西尔斯、凯玛特这样的零售巨头也不例外。在整个行业生存困难的背景下,沃尔玛的增长却让人瞠目结舌:在 20 世纪 70 年代的十年,沃尔玛的门店从 38 家扩建至 276 家,销售收入从 4 429 万美元增至 12.48 亿美元,净利润从 165 万美元增长到 4 100 万美元,利润增长率平均超过 40%。初创阶段,门店位置的偏远迫使沃尔玛只能建立自己的物流体系;而在 70 年代美国零售业的不景气阶段,沃尔玛却正是凭借物流能力上的差别逃过了经济萧条对它的冲击,高效的自有物流系统降低了运输费用,坚持"小镇路线"远离疯狂的价格战中心,同时强大的物流能力为扩张提供了保证。正是因为自有物流体系的支撑,沃尔玛才能在维持净利率快速增长的同时实现高速发展。

3. 第三阶段：美国第一（1981—1990 年）

20 世纪 80 年代初期，沃尔玛已经成为覆盖全美中西部的区域性折扣百货业霸主。1980 年，沃尔玛一共拥有 3 300 家门店，营业额 16 亿美元，净利润 8 300 万美元，在全美最大零售企业排行榜中名列第 33 位。此时，尽管沃尔玛的销售总额并不是最突出的，与最大的零售企业西尔斯相比仅是其 9%，与最大的折扣店凯马特相比是其 11%，但每年超过 40% 的递增速度却令沃尔玛的前景无比乐观，远远高于增速为 9% 的凯马特，更别提几乎零增长的西尔斯。在接下来的十年里，沃尔玛通过兼并在美国各个州"逐步填满"，即先在一个州开店，再在其周围发展，在这个州填满以后再向其周围的州扩张，这种方式可以保证沃尔玛货物运输网络对门店的全覆盖。在整个 20 世纪 80 年代，沃尔玛的门店从 491 家扩展至 1 721 家，并于 1990 年以 326 亿美元的销售额跃居零售业龙头企业西尔斯之上，实现了其"全美第一"的夙愿。

4. 第四阶段：世界巨头（1991 年至今）

沃尔玛将其国外扩张的眼光首先放在了与其文化基因相似的美洲。1991 年，墨西哥首家山姆会员店由西弗拉公司与沃尔玛共同在墨西哥城开办，标志着沃尔玛实现首次向国外扩张。1994 年，沃尔玛通过并购 Woolco 公司的 122 家门店成功在加拿大市场占据一席之地。1995 年，沃尔玛进入巴西。在美洲取得成功后，沃尔玛于 20 世纪末大举进入欧洲（德国、英国）、亚洲（日本、中国、韩国）以及非洲的许多国家，虽然其出海之路常常会遇到"水土不服"的状况，但总体上依然在一步一步地向世界最大的连锁零售商发展。截至 2002 年 1 月，沃尔玛在全球共有 4 294 家分店，当年销售额 2 198 亿美元，首次登上"世界 500 强"榜首。截至 2020 年 1 月 31 日，沃尔玛拥有覆盖全球 27 个国家的 11 500 家门店，包括在本土的 3 571 家购物广场、376 家折扣百货店、809 家社区店和 599 家山姆会员商店，以及在世界范围内的 5 815 家零售店、313 家批发卖场和一些药店、便利店。2020 年 8 月 10 日，沃尔玛以 5 239.64 亿美元销售额荣获"世界五百强"第一名，至此沃尔玛已经连续七年蝉联"世界五百强"首位。

（二）零售业态

沃尔玛的商店中，包含以下四种零售业态。

一是折扣百货店，即廉价商店。沃尔玛折扣商店向消费者供应物美价廉的商品和提供自在舒适的购物环境。典型的沃尔玛折扣商店一般达到 1 000～1 250 平方米，雇佣 150 名店员，供应约 8.9 万种商品。1962 年，沃尔玛首家折价百货店由山姆·沃尔顿创办，当年就实现了 100 万美元销售收入，超出同类杂货店的 3～4 倍。沃尔玛折扣店的理念是"低价买入，大量进货，廉价卖出"，这种模式成功地使消费者记住了低价销售和保证满意的沃尔玛，使其在接下来的 5 年内扩张到 18 家，截至 2020 年 1 月 31 日沃尔玛在美国共开设 376 家折扣百货店。

二是沃尔玛购物广场，又称为"超级购物中心"。沃尔玛购物广场几乎销售所有日用品，它随着人们日益加快的生活步调应运而生，致力于为客户打造"一站式"综合购物体验。1988 年 3 月 1 日，第一家沃尔玛购物广场在华盛顿开业。沃尔玛购物广场除了保留折扣店内特色的 36 个传统非食品部门，还在此基础上增添了食品杂货类和特色服务，为确保良好的用户体验,每家购物广场都有200～550名店员。截至2020年1月31日沃尔玛在本土共拥有3 571家购物广场。

三是山姆会员店。山姆会员店本质上是仓储式商店,向顾客供应品类丰富、物美价廉的商品。1983年,第一家山姆会员店创立于美国,专门向会员提供服务,通过最大限度降低营运成本的营运模式来降低商品价格。山姆会员店的产品大包装、低毛利,靠向顾客收取会员费盈利,而会员可以得到10%～30%的折扣。截至2020年1月31日沃尔玛在美国共开设599家山姆会员店。

四是社区店。1998年,沃尔玛进行了新一轮业态探索,开设了名为"邻家铺子"的零售门店。沃尔玛社区店的营业面积最大只有5 000平方米,一般雇佣80～100名员工,通常在沃尔玛购物广场商圈近旁选址,与购物广场共用采购和物流中心,发挥规模效益,节约成本。不同社区的沃尔玛社区店商品定位、卖场布局、营销策划有很大区别,旨在根据不同社区的消费情况为顾客提供多样化的服务。截至2020年1月31日沃尔玛在本土共拥有809家社区店。

(三) 财务绩效

1970年年末,沃尔玛公司股票在纽约证券交易所挂牌上市。表10-1列示了其股票2019年和2020年在市场上的股价表现,从股价上可以看出2020财报年沃尔玛的股价较2019年上涨明显,一方面是因为沃尔玛2020年进行的20亿股票回购刺激了股价上升,另一方面是由于沃尔玛长期以来对电商的大手笔投入开始收到回报,增加了沃尔玛在新销售环境中的竞争力。2020年2月1日沃尔玛共有28.32亿普通股,收盘价为111.70美元,总市值为3 163.34亿美元,市盈率为23.52(如表10-1所示)。

表10-1 沃尔玛股票市场表现

单位:美元

季度	2020年		2019年	
	最高	最低	最高	最低
第一季度	104.18	93.11	106.56	84.84
第二季度	115.49	98.85	89.66	81.78
第三季度	120.71	104.84	102.60	87.62
第四季度	125.38	112.68	106.21	85.78

截至2020年2月1日,沃尔玛总资产规模达到2 364.95亿美元,同比增长7.84%;当年销售收入为5 199.26亿美元,同比上升1.88%;实现净利润152.01亿美元,同比上升111.74%;基本每股收益为5.22美元,同比上升128.95%(如表10-2所示)。沃尔玛在新冠疫情期间的一片颓势中业绩逆势上涨,主要是由于市民的大量囤货行为刺激了销售。同时,随着沃尔玛推出"沃尔玛+"计划,沃尔玛的电商销售收入增长迅速,其为抗衡以亚马逊为代表的电子商务巨头,以及适应新的销售环境所做出的改变成效显著。

表 10-2 沃尔玛 2018—2020 年财务绩效指标一览表

单位：百万美元

	财务指标	2020年	2019年	2018年
投资经营效果	主营业务收入	523 964	514 405	500 343
	总资产	236 495	219 295	204 522
	净利润	15 201	7 179	10 523
	净利润率	2.90%	1.40%	2.10%
	总资产报酬率(ROA)	6.43%	3.27%	5.15%
	净资产	81 552	79 634	80 822
	净资产报酬率(ROE)	18.64%	9.01%	13.02%
	每股盈利(EPS)(元/股)	5.22	2.28	3.29
成本费用管理	营业成本占收比	75.31%	74.90%	74.63%
	销售及管理费用占收比	20.76%	20.83%	21.29%
	营运资金占收比	-3.05%	-3.03%	-3.77%
成长管理	主营业务收入增长率	1.86%	2.81%	2.98%
	总资产增长率	7.84%	7.22%	2.87%
	净利润增长率	111.74%	-31.78%	-26.38%
	每股盈利增长率	128.95%	-30.70%	-25.23%

（四）资本资产结构

资产结构是指在进行投资的过程中企业拥有的各类资产在总资产中的占比，主要包括流动资产和非流动资产，企业资产结构的确定涉及收益和风险的衡量。沃尔玛的资产结构在 2016—2019 年基本维持不变（如图 10-2 所示），大致维持在流动资产占比 29%、非流动资产占比 71% 的水平，2020 年非流动资产比重稍有提高，约占 73.87%。

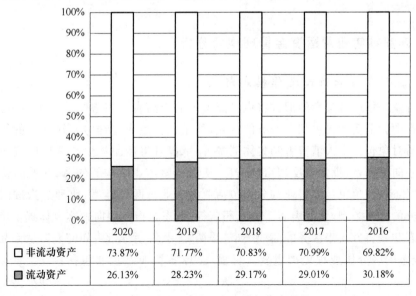

图 10-2 沃尔玛 2016—2020 年资产结构

资本结构是指企业通过不同方式融资后,流动负债、非流动负债、权益资本分别在公司资本构成中所占的比重,最佳的资本结构能够降低融资成本,有效运用财务杠杆能放大企业价值,实现股东财富最大化的财务管理目标。沃尔玛的资本结构在2016—2020年稍有波动(如图10-3所示),流动负债在2018年占比最大,约为38.39%,权益资本在资金来源中所占比重稍有下降,在2020年约占34.48%。

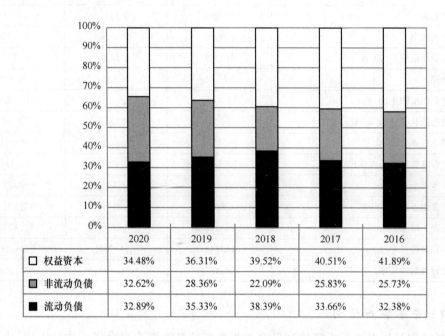

图10-3 沃尔玛2016—2020年资本结构

通过对沃尔玛的资本结构和资产结构的配比,可以发现沃尔玛2016—2020年的流动比率均小于1,意味着流动负债"穿透"流动资产导致净营运资金为负,其采用"零负营运资本"战略管理营运资金。

三、全球连锁零售业营运资金管理现状分析

(一)连锁零售业商业运作模式特点

零售行业是指通过买卖的形式将供应商提供的产品直接销售给最终消费者使用,并在买卖的过程中为消费者提供相关服务的行业,处于社会生产过程中交换环节的终端。零售企业的交易对象包括个人消费者和集体消费者,承担着将商品从生产领域或流通领域向消费者转移并向生产者、批发者反馈市场信息,从而调整产业结构的使命,在产品价值创造环节中扮演"传递者"角色。零售业的分类包括业种和业态两种类型,业种是指按照经营商品品种来区分的企业类型,例如肉店、米店、药店等;业态是指按照向顾客群体提供商品和服务的具体形态和销售方式来区分的商业类型,强调"怎么卖,卖给谁,如何卖",从商品经济的发展来说,业态的区分比业种更加重要。目前,全球零售业态主要包括以下几类(如表10-3所示)。

表 10-3　全球主要零售业态及特点

零售业态		特点
超级市场 （Supermarket）	便利超市 （convenience supermarket）	经营面积为 200~500 平方米，以满足顾客便利性需求为主要目的的零售业态
	社区超市 （community supermarket）	经营面积为 500~2 000 平方米，以经营食品（包括生鲜和包装食品）为主，满足社区居民日常生活必需品为主的零售业态
	综合超市 （general supermarket）	经营面积为 2 000~6 000 平方米，品种比较齐全，基本满足顾客日常生活必需品一次性购齐的零售业态
	大型超市 （hypermarket）	经营面积为 6 000 平方米以上，品种齐全，满足顾客日常生活必需品一次性购齐的零售业态
购物中心 （Shopping mall）	社区购物中心 （community shopping center）	经营面积在 5 万平方米以内，商圈半径为 5~10 千米，拥有 300~500 个停车位，20~40 个租赁店，位于市、区级商业中心的零售业态
	市区购物中心 （regional shopping center）	经营面积在 10 万平方米以内，商圈半径为 10~20 千米，拥有 500 个停车位，40~100 个租赁店，位于市、区级商业中心的零售业态
	城郊购物中心 （regional shopping center）	经营面积在 10 万平方米以上，商圈半径为 30~50 千米，拥有 1 000 个停车位，200 个租赁店以上，位于市、区级商业中心的零售业态
百货店 （Department store）	高档百货店 （top department store）	经营面积一般为 6 000~20 000 平方米，位于市、区级商业中心或历史形成的商业聚集地，目标顾客以追求高档商品和品位的顾客为主，满足顾客对高档商品需求的零售业态
	时尚百货店 （fashion department store）	经营面积一般为 6 000~20 000 平方米，位于市、区级商业中心或历史形成的商业聚集地，目标顾客以追求时尚商品和品位的流动顾客为主，满足顾客对时尚商品需求的零售业态
	大众百货店 （popular department store）	经营面积一般为 6 000~20 000 平方米，位于市、区级商业中心或历史形成的商业聚集地、大中型居住区，目标顾客以追求大众商品的顾客为主，满足顾客对大众商品需求的零售业态
折扣店 （Discount store）	硬折扣店 （hard discount stores）	经营面积为 300~600 平方米，以店铺小、商圈小、就近便利为基本特征，经营商品以食品及自有品牌为主，兼顾经营周转快的商品，建立排他性的商品供应链，限定销售品种的零售业态
	软折扣店 （soft discount stores）	与硬折扣店相比主要以店铺面积与商圈范围较大为基本特征的零售业态

续表

零售业态	特点
便利店 （Convenience store）	经营面积在 200 平方米以下，以满足顾客便利性需求为主要目的的零售业态
专业店 （specialty store）	专门经营一类商品或几种互有关联的商品的零售业态
专卖店 （Exclusive shop）	专门经营或被授权经营某一主要品牌商品为主的零售业态
无店铺零售 （non-store selling）	不通过店铺销售，由厂家或商家直接将商品递送给消费者的零售业态

不同的零售业态能够满足不同的消费需求，但如何有效地满足消费需求并获得适当盈利则是零售商最基本的组织问题。零售业按照组织方式大致可以分为四类：(1)独立商店，指仅拥有一个门店，所有的商品采购、储存、销售、服务、营销均在门店内完成的商店；(2)连锁商店，指若干家零售店隶属于统一企业所有者的商店，实行一定程度的集中采购和统一管理，实现资源共享，连锁化是目前零售业演进的主要方向；(3)特许经营，是特许人把成熟的体系变成金钱，被特许人利用少量投资加入成熟的零售体系降低投资风险的一种商业组织模式，对扩大连锁经营规模有重要意义；(4)租赁经营，指零售商把自己拥有或承租的营业场所出租给其他经营者的营运模式，在我国的应用非常普遍。

连锁经营是当代大工业模式的衍生物，适应现代大工业的生产要求。在流通领域应用社会化大生产的原理是连锁模式的本质，目的是提高协调运作能力、实现运营效益规模化。连锁模式能通过有效发挥规模效益优势降低边际成本，因而广受零售企业的青睐，已成为零售企业规模扩张的主要发展方向和必然趋势，无论是超市、购物中心，还是便利店、折扣店，都能看到连锁经营的影子，连锁经营与传统经营模式的区别如下（如表10-4所示）。

表10-4 连锁经营与传统经营模式的区别

项目	经营方式	
	连锁经营	传统方式经营
定义	公司连锁，同一资本所有，经营同类商品和服务的组织化零售企业集团	商业企业集团下属企业，独立经营模式，由总部投资扩建的分店有较大的自主权
特点	分店必须有统一的经营风格，分店不独立，与总部具有协作关系，特别强调总部与分店的互动关系	分店都独立运作，没有形成统一的经营风格，偏重于差异化管理
经营范围	一般以流通业、服务业为主	涉及诸多行业，范围更广
运作方式	需足够的资金和合适的业态类型，同时需受总部约束	一般总部掌握分店的所有权，分店的经营决策有很大的自主性
法律关系	依各种连锁模式而定	分店属总部所有
发展方式	扩大规模只需有市场、有资金，总部必须有成熟的运行模式和专利技术	取决于企业集团的决策

连锁零售业指的是在总部指导下,多个分散的零售门店采用一致的商业模式,同受一个中心组织管理,统筹进货,商店内外装潢、商品种类及服务方式具有统一风格,以规范化的运作方式实现规模效益的一种零售企业组织形式。作为一种先进的商业经营模式,连锁经营集团在总部集中控制资金流、信息流和物流的条件下,推行统一决策、分散经营,集中采购、分散销售运营体制。与普通的零售企业相比,连锁零售企业把分散的经营主体组织起来形成规模效益,控制了销售渠道从而在价值链中占据主导地位;通过规模化的物流配送体系提升存货的周转速度,降低了流通费用从而控制了成本;将已成范式的管理运营模式在众多门店中推广形成集聚效应,提高了管理效率从而打造品牌形象。连锁零售业的商业运作流程可以简化为产品的采购、库存、物流和销售四个环节,这四个环节也构成连锁零售企业的内部价值链(如图10-4所示)。

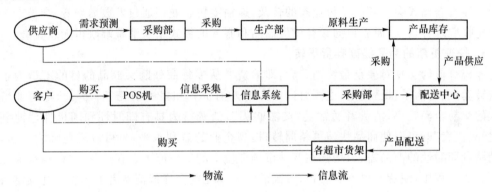

图 10-4 连锁零售企业内部价值链

连锁零售业的供应链以连锁零售企业为中心,凭借信息系统和战略规划掌控资金流、物流和信息流,将上游供应商、下游消费者和自身组成虚拟的"V型组织",进行信息共享和资源整合以提升供应链的绩效。连锁零售业供应链是由连锁零售企业主导的供应链,与其发生直接供求关系的企业数量大;在供应链中流动的主要是直接面向消费者的终端商品,属于以消费者购买为驱动的拉动式供应链。与传统零售业相比,连锁零售业拥有更加完整的供应链,不仅具有从供应商到零售商前端的配送分拨系统,还具有从物流仓库到消费者手中的物流作业系统,这也意味着连锁零售商对上下游资源更强的掌控和整合能力。

(二) 连锁零售业营运资金管理特点

营运资金是企业在一定时期内投资的短期资产与融通的短期负债之间的差额,其过度增长是对公司现金流的严重消耗。从财务的角度来看,企业创造价值的能力本质上是由其生成现金流的能力所决定的,现金流不等同于利润,但现金流状况与利润状况同等重要。根据杜邦分析体系,零售业作为典型的低毛利企业,提升资产周转率是其提升权益净利率的重要手段,这也意味着把控价值链上各个关键节点的资产周转速度对连锁零售企业而言非常重要。结合连锁零售业商业运作模式的特点,从价值链角度考量其营运资金管理有以下四个特点。

1. 价值链主导地位占用商业信用

零售业企业处于产品价值创造环节中的销售环节,是社会整体供应链的终端,同时也是离终端消费者最近的环节。连锁零售企业往往规模可观,在消费者中具有很大的品牌影响力,控制着整个供应链上终端的渠道市场,由此在市场整体供过于求的情况下成为商业信用的主要受益者。具体地说,是指连锁零售企业可以利用其在价值链上的主导地位与供应商或经销商约定一个"还款期",以此来延长结算的时间差进行商业信用融资,而连锁零售企业通过占用供货商和经销商的资金,继续购入地产、铺设新的门店,进一步培育并强化其垄断优势。

2. 较少的赊销比例降低货款拖欠

零售行业的分销渠道为商品的最终消费者,按照购置的规模可以分为居民消费者和大宗采购消费者。居民消费者数量巨大,分布分散,买卖关系随机性强,单个消费者单次消费金额较小,但总额在零售行业营业额中占比较大,其买卖形式多为现销模式;而诸如政府采购等能够形成应收账款的大宗采购消费者在整个行业营收中所占比重较小且赊销的比例也不大。随着仓储式会员商店零售业态的普及,连锁零售企业还通过发放消费券、会员卡等方式预先收取顾客货款,而后再向顾客供应商品和服务的模式来从消费端获得无息资金。

3. 快速更新的商品提高存货周转

零售行业的交易对象是最终消费者,即消费者从零售商处购买商品的目的不是为了生产或转卖,而是为了自己使用,主要可以分为个人消费者和集团消费者。因此,零售业贸易每次的交易金额较小,消费者通常是"按需购买",消费行为具有即时性和随机性,"薄利多销、快买快卖"既可以使商品快速更新周转,提高企业的盈利水平,也可以避免陈货积压,满足消费者即时性的商品需求,增强在变动市场环境下的适应能力。在适量进货、保证商品快速更新的过程中,缺货率也不容忽视,过高的缺货率无疑会降低消费者的体验。连锁零售企业要在快速更新商品,较少存货积压和降低缺货率之间实现平衡,一方面要与供应商进行战略合作,另一方面要建设能够快速反应的物流配送体系,提高供货的灵活度。

4. 现销和连锁模式导致大量现金收支

由于消费者分布分散、需求多样、偏好复杂,零售企业往往以建设分店的扩张方式满足广大消费者的广泛需要,例如在沃尔玛的资产结构中房产及设备占比约在50%左右,分店扩张自然需要大量的资金支持,使得现金流出增多;连锁零售企业的买卖模式多为现销模式,现金流入的体量也非常可观,可以为分店的建设提供资金支持;此外,连锁零售企业还通过延长给供应商的货款交付周期和发行消费卡的模式从供应链的两端获取商业信用为建设分店提供资金支持。总的来说,连锁零售企业的发展大致处于"规模扩张—销售规模提升带来账面的浮游现金—利用商业信用资金用于规模扩张—进一步提升销售渠道价值带来账面浮游现金"的资金循环体系中。

(三) 连锁零售业营运资金管理绩效

随着营运资金管理理论的发展,营运资金管理绩效评价的体系也在不断丰富。20世纪90年代以前,主要通过对各个要素的单独考量评价营运资金管理绩效,包括存货、应收账款、应付账款的周转效率。基于要素的营运资金管理绩效评价体系存在其固有的缺陷,第一,对各个要素的周转速度进行单独衡量割裂了各部分之间的内在联系,因此营运资金单个要素优化时彼此会出现冲突。例如,放宽信用政策会刺激销售从而导致存货周转加速但同时也会引起应收款对资源的占用;延长结算周期可以延长应付账款的周转期但可能会导致供应商供货的不满,影响商品质量,降低存货的周转。第二,对于营运资金的考察不够全面,无法全面系统地评价营运资金管理绩效。在此基础上,20世纪90年代以后,随着价值链管理的思想被引入营运资金管理中,营运资金管理绩效评价体系逐渐发展为基于渠道理论的评价体系,将营运资金重新分类为经营活动的营运资金和理财活动的营运资金,并进一步将经营活动的营运资金分为采购渠道营运资金、生产渠道营运资金和营销渠道营运资金进行考核。基于渠道理论的营运资本绩效评价体系与价值链紧密结合,解释了营运资金在各个环节的占用情况,对经营策略的反馈更加精准,已逐渐成为营运资金管理绩效的主要评估方法。本案例运用基于要素理论和渠道理论对营运资金管理绩效评价的方法,选取2020年"世界500强"榜单中排名前150的连锁零售企业沃尔玛、CVS Health、好市多、克罗格、沃博联、家得宝、特易购、家乐福、塔吉特、永旺集团、劳氏公司以及国内的苏宁、国美对连锁零售业营运资金管理做行业先进水平的绩效评估。

1. 基于要素理论的连锁零售业营运资金管理绩效评估

基于要素的营运资金管理绩效评价体系主要通过对存货及应收、应付账款周转期的核算反映企业营运资金的占用情况,囊括了企业采购、库存以及销售回款的所有阶段。现金周期反映企业在运营过程中资金的流转速度,等于应收账款周转天数与存货周转天数之和减去应付账款周转天数,其中,存货周转天数越长,企业将存货转化为销售的时间越长;应收账款周转天数越长,销售回款的延迟期越久;应付账款的周转天数越长,企业与上游商家结算的推迟期就越久,其对现金周期的影响与存货和应收账款刚好相反。通过分析连锁零售领头企业的上述指标(如表10-5所示),发现以下特点。

(1)应付账款占比高,周转期长。应付账款是企业在生产经营过程中因购买原材料、商品或接受劳务等应付给供应商的款项,与企业的采购行为相伴而生,代表企业本身对供应商资金的占用。连锁零售企业由于控制了销售渠道成为商业信用的主要获得者,因此可以延长给供应商的还款期限,在资产结构中表现为应付账款在流动负债中的比重较大,平均水平在46%左右,且周转期长,平均为62天。与国外相比,国内零售商付款周期长达两到六个月,普遍通过延长货款支付期的方式降低运营压力。从追求长远利益的角度出发,零售商提升营运资金管理效率应该从根本上优化作业流程,而不是一味延长供应商货款支付期占用无息资金,在与供应商的"双赢"的基础上实现良性发展。

(2)存货资产占比高,周转期短。存货是指企业在日常活动中持有以备出售的产成品、处在生产过程中的在产品、在生产和劳务过程中消耗的材料或物料等,主要包括原材料、在产品和产成品,是流动资产的组成部分,也是一项"垫支"的营运资金。连锁零售商的经营模式决定其需要在客户购买之前在货架上陈列大量的商品,因而在报表中体现为存货在流动资产中所占比重较高,平均占比接近50%,同时"薄利多销、快买快卖"的销售模式又决定了存货的周转相对较快,销售期为46天左右。除了与市场需求相关,供应链管理水平也是存货的周转速度的关键决定因素,例如采购频次、供货周期、配送中心布局和配送周期等指标都对存货周转期有不同程度的影响。

(3)应收账款占比低,周转期短。应收账款是指因企业对外销售商品、提供劳务及其他原因,应向购货单位或接受劳务的单位收取的款项,与企业的销售行为相伴而生,代表供应链下游对企业资金的占用,其占比的高低决定企业收入质量的高低。由于连锁零售企业大量采用现销模式,应收账款的占比很低,平均水平约为20%,且周转期较短,平均为20天。

表 10-5　连锁零售领头企业基于要素理论的营运资金管理绩效

企业及均值	存货		应收账款		应付账款		现金周转期
	占流动资产比	周转期/天	占流动资产比	周转期/天	占流动负债比	周转期/天	
沃尔玛	72%	40	10%	4	60%	43	2
CVS Health	33%	40	39%	28	56%	72	−5
好市多	44%	29	6%	3	57%	32	1
特易购	18%	17	40%	37	30%	38	16
克罗格	65%	26	16%	5	45%	23	8
沃博联	52%	30	39%	19	53%	46	2
家得宝	73%	71	11%	7	42%	39	39
家乐福	31%	36	40%	37	59%	83	−11
塔吉特	70%	61	7%	5	68%	65	1
永旺集团	9%	39	29%	77	16%	65	51
劳氏公司	86%	94	0%	0	50%	58	36
苏宁	23%	41	13%	22	25%	60	3
国美	23%	73	6%	20	39%	184	−92
均值	46%	46	20%	20	46%	62	4

资料来源：2020 年"世界 500 强"排行榜、公司年报。

通过对存货、应收账款、应付账款周转速度的分析，核算出连锁零售先进企业的平均现金周转期为 4 天，这意味着整个行业营运资金占用企业资源很低，接近"无本经营"，即零售商几乎不需要为日常营运垫支资金，再次从财务数据上印证了连锁零售业在整个社会的产品供应链上的优势地位。

2. 基于渠道理论的连锁零售业营运资金管理绩效评估

基于渠道理论的营运资金管理绩效评价体系不再对割裂的项目进行评估，而是将营运资金管理与供应链上各个环节结合起来考虑，从经营和理财两个方面，采购、物流和销售三个环节评价其营运资金的管理绩效。从价值链视角出发的营运资金管理模型如图 10-5 所示。

连锁零售企业对营运资金的管理从理财活动开始，营运资金筹资活动筹集到的资金流入经营活动各个环节，流经供应链各个环节收回后，运用于营运资金投资活动，在这个过程中涉及货币资金，交易性金融资产，短期借款，应收及应付的股利、利息账户；其经营活动主要分为采购、物流和销售三个环节，在采购环节中，连锁零售商凭借渠道权利获得大量商业信用，主要涉及预付、应付账款账户，在物流环节中，影响营运资金的项目较为冗杂，主要包括雇佣劳动力引起的应付职工薪酬以及日常运营中的一些应收应付项目，在销售环节中，主要关注的是收入的质量，涉及应收、预收款以及由销售导致的各种应交税费，在整个供应链的运转过程中，物流、信息流随之流动。由于连锁零售业的存货没有原材料、在产品和产成品的形态之分，同时在三个渠道内流转，因此存货的周转不归入任何一个渠道；此外，连锁零售企业内部的作业环节可以等同于物流配送环节，适用于连锁零售业的基于渠道理论的营运资金评价指标体系如表 10-6 所示。

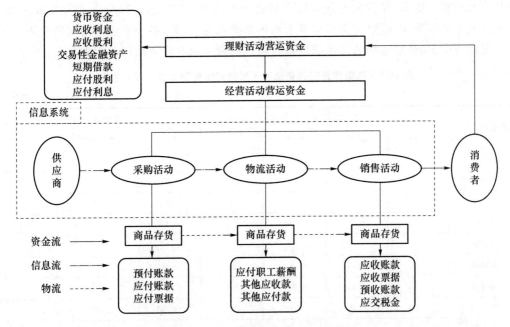

图 10-5 连锁零售业基于渠道理论的营运资金管理模型(资料来源于参考文献[6])

表 10-6 连锁零售业基于渠道理论的营运资金绩效评价指标体系

企业营运资金周转期		营运资金周转期公式	
经营活动营运资金周转期	采购渠道周转期	采购渠道营运资金/(全年销售收入/360)	(预付账款－应付账款、应付票据)/(全年销售收入/360)
	物流配送周转期	物流渠道营运资金/(全年销售收入/360)	(其他应收款－应付职工薪酬－其他应付款)/(全年销售收入/360)
	营销渠道周转期	营销渠道营运资金/(全年销售收入/360)	(应收账款、应收票据－预收账款－应交税费)/(全年销售收入/360)
	存货周转期	存货/(全年销售收入/360)	
理财活动营运资金周转期		理财活动营运资金/(全年销售收入/360)	(货币资金＋应收利息＋应收股利＋交易性金融资产等－短期借款－应付股利－应付利息等)/(全年销售收入/360)

按照基于渠道理论的营运资金评价体系指标对连锁零售领导企业进行绩效评估(如表10-7 所示),可以发现行业整体营运资金平均周转期为－4 天,营运资金的流动性很好,企业几乎不需要为日常经营垫支资金;采购渠道的营运资金周转期平均为－47 天,体现了连锁零售业利用商业信用向供应商融资的商业模式特征,样本中法国、中国、日本的企业的 OPM (Other People's Money)战略导致延长给供应商付款期的财务表现更加明显,连锁企业应该在由零供关系影响的长远利益和无息资金带来的短期收益之间做权衡;物流渠道的营运资金平均周转期接近－14 天,物流也实现了营运资金的零占用,周转相对高效;营销渠道的营运资金周转期平均为 9 天,其中专卖店业态的周转期明显高于其他业态,这是由于专卖店

面对的大型客户更多;经营渠道营运资金周转期平均为-17天,大部分企业都实现了经营渠道营运资金零垫支;理财渠道营运资金周转期平均为13天,各个企业的情况则差别较大,与宏观经济政策、金融市场的完善程度以及内部的营运资金投资战略有很大关系。

表10-7 连锁零售主导企业基于渠道理论的营运资金管理绩效

单位:天

企业及均值	经营渠道营运资金周转期					理财渠道营运资金周转期	营运资金周转期
	采购	物流	营销	库存	总和		
沃尔玛	-31	-13	2	31	-12	2	-9
CVS Health	-36	-12	38	25	15	8	23
好市多	-31	-6	-7	26	-17	29	12
特易购	-33	-8	-21	15	-48	17	-31
克罗格	-19	-14	1	21	-11	-1	-12
沃博联	-37	-14	18	24	-9	-8	-17
家得宝	-25	-12	0	47	10	-2	7
家乐福	-61	-10	11	27	-34	19	-15
塔吉特	-43	-10	-5	42	-16	19	3
永旺集团	-52	-25	72	24	20	47	66
劳氏公司	-38	-5	-7	66	16	-11	4
苏宁	-39	-22	18	35	-8	13	5
国美	-161	-25	-5	68	-122	34	-89
均值	-47	-14	9	35	-17	13	-4

资料来源:2020年"世界500强"排行榜、公司年报。

(四)连锁零售业营运资金管理存在的问题

1. 价值链观念薄弱,营运资金管理方法落后

零售业的上市公司规模越来越大,营业范围也越来越繁杂,很多公司的营业范围逐渐扩展到不同地区甚至国外,给营运资金管理带来很大的挑战,但由于传统观念的影响,许多连锁企业在营运资金管理上因循守旧,制约了营运资金管理水平的提高。首先,将商品按品类分类并将某一品类从采购到销售的全部作业流程交给专门团队统一负责的组织架构在零售企业很少见,按职能划分事业部制的组织形式在零售企业较为常见,存在对某一品类商品资金流、物流、信息流的协调能力差的问题。其次,连锁零售企业和供应商之间尚未建立相互协作的"双赢"关系,把获取利益的关注点停留在"分蛋糕"上而不是怎样降低成本、提高效益,"把蛋糕做大"。再次,物流系统效率低下,物流设备落伍,大部分连锁零售企业对车辆、装卸搬运设施等物流设备投入不足;物流信息系统建设不完善,仍以人工物流作业为主;物流效率很低,货品损失率大,与先进连锁零售企业以机电一体化、智能化为特征的现代化物流作业相比有很明显的劣势。最后,连锁零售价值链上各企业信息化水平参差不齐,导致后台产业链条的信息共享和同步运作难以实现,制约了供应链管理水平的提高。

2. 过度负债经营,资本配置财务风险较大

由于规模庞大、渠道能力强,连锁零售企业的融资能力强,渠道广泛,这也导致大多数连锁零售企业过度负债经营,形成了高风险的资本结构(如表 10-8 所示),行业平均资产负债率达到 80%,样本中资产负债率最高的家得宝达到 106.08%,资产负债率最低的苏宁也达到 63.76%,普遍超过权益资本的占比,其中流动负债平均占总资产比重达到 44.24%,已经穿透流动资产的配置比例。资产负债率较高的财务结构具有高杠杆,在企业的资产报酬率大于资本成本的情况下能为企业带来更多的利益,但尽管连锁零售企业资金的周转速度较快可以抵消流动性不足的风险,连锁零售企业整体资本结构风险依然较大,表现在向银行等金融机构贷款较多,贷款到期无法按时偿还且利息负担沉重,企业之间贷款拖欠严重,应付款项不能及时到位。此外,宏观环境对企业资本结构也有一定的影响,从样本中可以看出日本永旺集团、中国国美和苏宁的流动负债比率普遍偏高,说明在资本市场不够发达的国家,连锁零售企业运用流动负债经营的表现更加突出,这是由于融资渠道以银行为主,营运资金来源受限引起的。

表 10-8 连锁零售主导企业资本资产结构配置情况

企业及均值	资产结构		资本结构			
	流动资产	非流动资产	流动负债	非流动负债	负债资本(资产负债率)	权益资本
沃尔玛	26.13%	73.87%	32.89%	35.53%	68.43%	31.57%
CVS Health	24.43%	75.57%	26.88%	43.04%	69.92%	30.08%
好市多	50.62%	49.38%	44.72%	21.61%	66.33%	33.67%
特易购	25.60%	74.40%	35.10%	39.70%	74.80%	25.20%
克罗格	24.06%	75.94%	31.47%	49.52%	80.99%	19.01%
沃博联	20.73%	79.27%	31.05%	45.27%	76.33%	23.67%
家得宝	38.66%	61.34%	35.86%	70.22%	106.08%	−6.08%
家乐福	36.46%	63.54%	44.85%	34.57%	79.42%	20.58%
塔吉特	30.16%	69.84%	33.86%	38.47%	72.34%	27.66%
永旺集团	60.68%	39.32%	59.65%	30.71%	90.36%	9.64%
劳氏公司	38.81%	61.19%	38.46%	56.54%	95.00%	5.00%
苏宁	50.68%	49.32%	58.75%	5.01%	63.76%	36.24%
国美	52.43%	47.57%	75.10%	17.92%	93.03%	6.97%
均值	36.88%	63.12%	42.20%	37.55%	79.75%	20.25%

资料来源:2020 年"世界 500 强"排行榜、公司年报。

3. 国内企业流动资产规模较高,资产收益能力较弱

国内零售行业企业流动资产的规模普遍偏高,这与零售行业特殊的行业背景有关,大多数公司的产品是通过现金收付途径销售,同时还要持有一定数量的存货以降低企业的缺货率。充裕的流动资产可以增强企业流动性,降低财务风险,但是流动资产收益能力较弱,一旦销售不畅势必会影响公司的整体收益情况,国内连锁零售领头企业苏宁、国美的流动资产配置比率都在 50% 左右(如表 10-8 所示),远远超过许多跨国经营的连锁零售巨头,接近沃尔玛流动资产配置比率的两倍,其中货币资金的配置比率也明显高于行业平均水平(如图 10-6 所示)。货币资金是流动性最强的资产,但其收益能力却是最弱的,大量持有货币资金,会增加企业的机会成本,降低盈利能力,过多的闲置资金也反映了企业没有合适的短期投资机会,企业应该结合自身特点,确定最佳货币资金持有量,将多余的货币资金加以利用,使之既能满足企业日常生产经营的需要,又可以提高收益水平。

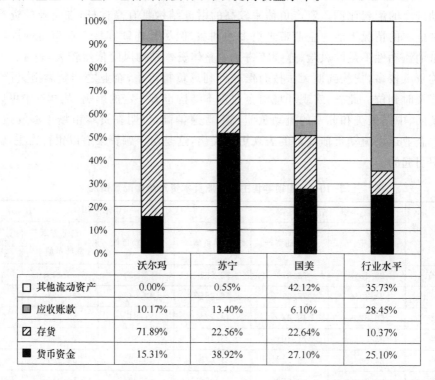

图10-6 沃尔玛、苏宁、国美与行业流动资产内部结构图

四、基于价值链的沃尔玛营运资金管理模式分析

一直以来,沃尔玛在零售市场的优势之一就是其精细的价值链管理体系。沃尔玛营运资金管理的秘诀在于价值链,在于全覆盖的信息流、高效的物流、快买快卖的快速现金流"三流合一"的最佳机制,在于其基于强大的信息系统支撑下供应商关系和客户关系的完美整合,在于其长久以来形成的核心竞争优势打造的供应商和客户忠诚度都很高的价值链。沃尔玛价值链管理的成功有六大秘诀:共赢的战略供应商关系,即时的J-I-T库存管理,高效的自有物流体系,快速响应的客户需求管理,全覆盖的信息共享系统和价值协同的合作模式,这些秘诀并非样样皆为沃尔玛所独有,但唯有沃尔玛将它们无缝兼容,优势互补,考虑价值链上相关者的广泛利益,将价值链理念融入营运资金管理从而构成了"独步天下"的竞争力,提升了公司的效率,提高了企业活力。

(一) 共赢的战略供应商关系

供应商是产业价值链的开端,是所有商业活动不可或缺的主体之一,与供应商之间良好的伙伴关系能有效保证产品质量,确保价值链的稳定,也是供应链搭建的基石。然而,随着经济发展进入微利时代,零售企业的竞争日益激烈,价格大战迫使零售商只能想尽一切办法降低成本,从供应商那里尽量"榨"出可能的利润,但沃尔玛却用实践证明,零售企业和供应商之间并不是永远处在不可调和的利益之争中,在供应商和零售商之间形成互惠互利的共赢关系,以相互合作来实现双方的长期发展是可以做到的。

1. 标准化采购保证质量

沃尔玛对其上游企业的考核非常严格,对供应商有一套系统、完整的考核标准且有良好的执行能力,无论供应商是工厂抑或代理商,沃尔玛都会实地核查其库存能力和生产能力,同时评估供应商的新品开发能力,除了价格、配合度、质量以外,沃尔玛对供应商绩效的考核还包括员工文化、基础设施、工作环境等,这一切对供应商标准化的约束为沃尔玛商品质量提供了有力保证。

沃尔玛在采购业务过程中有着严格规范的作业流程(如表10-9所示),其中与供应商谈判的过程也是高度标准化的,主要包括两大步骤:一是统一在沃尔玛公司洽谈室谈判,一方面"东家"优势便于掌握主动权,另一方面可以使流程透明化,规避商务谈判风险,避免员工私下暗箱操作,保证产品质量;二是谈判内容按照事先规定的格式开展,涉及商品属性、采购数量、批次、交货时间和地点、包装要求、价格折扣、退货方式、退货数量、退货费用分摊、股款要求、产品促销配合、促销费用分担等标准内容。在整个产品采购过程中,流程规范透明,杜绝了采购中"桌下交易"和"暗箱操作"的可能性,保证货架上产品的质量,也是保证沃尔玛可持续运营的根基。

表 10-9 沃尔玛采购作业流程

步骤	具体做法
确定采购产品	采购小组采集各地供应商提供的新产品及报价的信息,分类沟通后确定
选择商品	各个地区的采购员在世界各大区采购小组到来前准备好标明价格、规格但是不标注厂家的样品,采购小组最终决定采购那些产品
与供应商谈判	由采办人员通知厂商与其据各种细节进行谈判
编码	议价后即给通过核准的商品编一个号,以便未来进销存管理
建档	建立商品编号、规格等资料,输入总部和各分店的电子计算机,并确认无误
商品配置表	进货前采购员修改商品配置表,规划陈列位置,指示各门店依表陈列
第一次进货	为保证进货统一性,首次进货是由采购人员集中订货,再分配到各店陈列
追踪管理	新品导入卖场后,采购员主导陈列,每周记录销量,观察1~2个月,直至确定为畅销品为止;否则便要分析销售不佳的原因,并加以改善

2. 大量直接订货实现低价

在"天天平价"的经营理念指导下,低价采购成为沃尔玛一贯坚持的采购方针,沃尔玛员工不需要折扣,不要求供应商打广告,车队会直接到厂商的货仓取货,尽力将进价控制到最低,而省下的每一分钱最后都会回馈给消费者。为了在供应商可接受的范围内尽力压低价格,沃尔玛在采购环节实施绕过中间商的直接买断和统一集中采购方式。

在零售行业,多数企业采用代销的方式规避销售欠佳带来的经营风险,而沃尔玛却反其道而行之,采用直接买断的方式免去供应商的后顾之忧,虽然承担了更大的存货积压滞销风险,却大大地降低了购物成本,使沃尔玛拥有比其他零售商更优惠的进价。沃尔玛绕过中间商直接向供应商订货,促进中间商环节利润转移,有效缩短了供应链,节省了2%~6%的采购成本。此外,沃尔玛实施在全球范围内的集中采购,通常一次性签订一年内销售某种商品的全部订单,巨大的采购数量赋予了沃尔玛强大的议价能力,使其能获得远低于竞争对手的价格,成本降低使得沃尔玛需要垫支的营运资金自然减少,同时优惠的价格也加快了存货的周转。

3. 融洽的协作促进"双赢"

沃尔玛与供应商的协作实现了对传统供应链运作模式的颠覆,在之前的供应模式中,零售商与供应商重在各自分工,仅有限的信息能实现共享,双方尽量激发自身的潜力以达到降低成本、提高经营效率的目的,但非常抵抗对方对自身业务的接触或参与,沃尔玛与宝洁公司的产销联盟模式成功改写了零供关系的历史。20世纪80年代,沃尔玛要求制造商直接向其供货并提供2%~6%的价格优惠,剔除中间商,在其强大的议价能力和渠道优势下,小型供货商逐渐屈服,却引起了大型供应商的反弹和声讨,特别是与宝洁公司(简称"宝洁")的谈判曾一度陷入僵局。1987年7月,合作协议终告形成,以计算机的应用促进信息共享的实现,宝洁对沃尔玛销售与库存等信息加以及时掌握,促进生产与配送计划的制订与实施;沃尔玛则实现了物流等事项的解脱,更注重销售领域(如图10-7所示)。

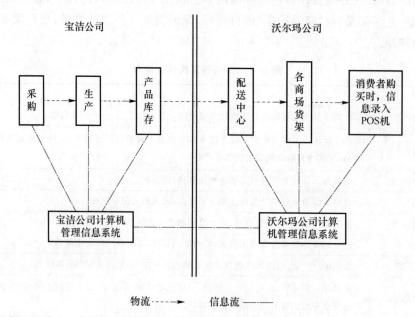

图10-7 沃尔玛与宝洁公司产销联盟运作图(资料来源于参考文献[22])

沃尔玛与宝洁产销联盟的具体运作分为三个步骤:第一,沃尔玛的每个门店都拟定了一个安全库存警戒线,产品消费信息通过POS机录入信息系统,一旦检测到库存数量突破警戒线,信息系统自动向宝洁公司订货;第二,宝洁公司为沃尔玛配置了一个"持续补货系统",通过跨企业的计算机系统实时掌握产品的销售动态,按照沃尔玛反馈的产品出售信息组织采购和生产并在接到订单后于恰当的时候将恰当数目的货物配送至沃尔玛配送中心;第三,用EFT(电子基金转换)系统支持沃尔玛和宝洁之间的支付,传统支票的形式被摒弃,计算机、POS终端等电子设备的应用大大地提高了支付效率。宝洁公司可以通过产销联盟实时掌握其产品在沃尔玛物流中心的库存情况,实现连续自动补货,避免出现结构性机会成本,并通过分析其产品的销售量、销售额把握市场发展的方向从而进行有效的研发和生产;沃尔玛则不必亲自参与货物配送,凭借MMI(制造商管理库存)系统实现进货流程自动化,压缩了采购的前置期;产销联盟的结果是双方共赢,宝洁在沃尔玛销售产品的销售额和利润实现超过50%的大幅增长,沃尔玛从宝洁产品上的获利也实现了48%的增长,库存几近为零,营运资金管理绩效显著提升。

在之后与供应商的合作中,沃尔玛对联盟模式实现了有效推广,并在一定程度上对供货商生产、技术开发和管理过程中的开销进行控制。沃尔玛与供应商的合作主要涵盖以下内容:对厂家的新品研发给予适当的指导,广泛考虑上游厂商的利益,充分负担市场风险;在权限控制体制下,供应商对沃尔玛各商场充分了解以对自身产品实现准确掌握。信息分享的实现不仅可促进供应商对生产的及时调整,而且可对沃尔玛产生一定的优惠并保证产品质量和创新速度,提升沃尔玛产品在品类和价格上的竞争力。与供应商间产销联盟的实施,使沃尔玛的优势更为突出,提升了其营运资金管理绩效。

采购渠道营运资金是指企业为采购活动的日常运转所垫付的款项,其中应付账款是企业在生产经营过程中因购置原材料、商品或接受劳务等应付给供应商的资金,是企业占用商业信用短期筹资的负债形式。在沃尔玛2016—2020年的流动负债中,应付账款占比稳定在60%左右,是沃尔玛短期资本来源的主体,应付账款周转期有所增加,2019年和2020年沃尔玛给供应商的结算周期为47天左右(如图10-8所示)。

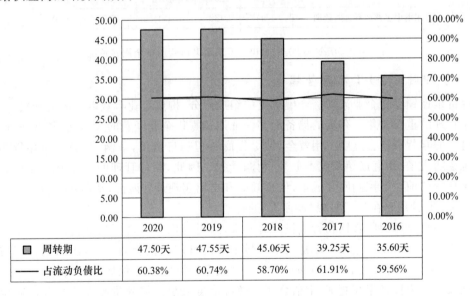

图10-8 沃尔玛2016—2020年应付账款周转情况

世界第二大连锁零售集团家乐福的应付账款周转期为83天,苏宁为60天,国美更是高达184天(如表10-5所示)。作为世界第一大零售巨头,沃尔玛的渠道权利毋庸置疑,但其43天的货款结算周期显著低于样本企业的均值62天,印证了沃尔玛和上游商家和谐的合作关系。沃尔玛坚决抵制向供应商收取"进场费"和回扣,没有货位费、处置费等繁杂的收费项目,不滥用渠道权利延长货款支付期,其平均结算周期为43天,旨在维持与供应商的伙伴关系,追求互利双赢,例如家乐福的进场费曾高达25%,占比超过其整体营业额的三分之一,家乐福运用渠道权利与供货厂商签订的货款交付期约为两个月,可以实现对上游商业信用的充分占用,但无疑也招致了供货商的不满。

沃尔玛2016—2020年的采购渠道营运资金周转期稳定在－31～－28天(如图10-9所示),低于样本连锁零售企业平均－46天的采购渠道融资水平(如表10-7所示),与应付账款周转期反映出的财务状况一致。沃尔玛采购渠道营运资金的管理政策与其他零售巨头不同,其与供应商的伙伴关系为其提供了持续的低成本货源,而货品的质量不会受到价格的影响。沃尔玛物美价廉的商品保证了销售状况,只要销售状况良好,带来现金,货款交付就不是问题,沃尔玛正是在这样的良性循环中不断成长为世界上最大的跨国连锁零售集团。

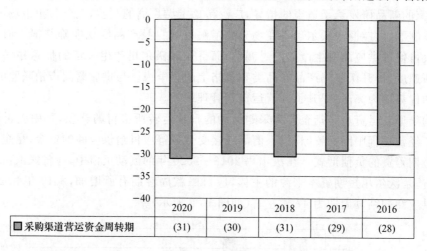

图10-9　沃尔玛2016—2020年采购渠道营运资金周转情况

(二) 即时的J-I-T库存管理

存货是连锁零售企业流动资产中重要的组成部分,构成企业半数以上的流动资产,是营运资金管理的重要对象。存货的储备能够保证连锁零售企业经营的灵活性,降低缺货率,但投资过多的存货资产会过度占用资金,使零售商负担利息费用,采购、仓储等与存货相关的成本也会随之增长,直接导致成本上升、利润受损。因此,存货管理的目标就是在最大限度保证不缺货的前提下控制库存成本,使得效率和支出实现最佳匹配,沃尔玛从价值链出发对库存的J-I-T管理正在趋于实现"零存货"的理想。

沃尔玛将仓库的所有权和管理权分离开来,通过与供应商之间建立自动补货系统要求供应商实现实时送货。宝洁公司是沃尔玛最主要的日用品供货商之一,沃尔玛长期与其合作,宝洁公司旗下的女性卫生用品如"护舒宝""朵朵"等体积大、保质期短,占用资金且不利于长期保存。为提高库存效率,宝洁公司先通过信息系统掌握其货品在沃尔玛商店销售的实时动态,再在恰当的时候将恰当数目的货物配送至沃尔玛配送中心,降低了双方的库存成本和由于保质期造成的存货毁损(如图10-7所示),由于UPS条形码和价格标签已经事先贴好,宝洁公司的产品可以跳过在配送中心的加工步骤直接送到各门店销售。通过产销联盟,沃尔玛实现了库存向供应商环节的前移,宝洁公司提高了生产的效率,又优化了供应链上库存效率,双方实现共赢。为了实现JIT的库存管理,沃尔玛对订单的管理也极为严格,给供应商发出订单后,供应商必须在24小时内确认能不能严格按照订单要求的时间数量送货,以保证J-I-T库存体系正常运转。

在沃尔玛中,无缝物流系统的有效实施与运行,使其存货周转期显著改善。与供应商的产销联盟实现了由供应商到沃尔玛配送中心的J-I-T库存管理,库存的高效运转同样离不开由配送中心到各门店"最后一公里"的运送。当每个门店的产品库存降低至警戒线时,系统会自动发出提醒信号,总部据此组织安排并调配货源,将供货信息传递至最近的发货中心,最终由发货中心作出送货安排,平均在订单发出后 36 个小时即可实现短缺货物向门店的高速运输,即使是其竞争对手要花费 30 天才能完成的特种商品配送,沃尔玛也仅需不到 7 天。相比于其他零售企业平均 5 天一次的送货频率,沃尔玛每天更新一次库存,大大地降低了库存水平,以及库存的空间费用和人力消耗。J-I-T 库存管理使沃尔玛降低了库存风险,减少了资金在流动资产上的垫支,优化了营运资金管理效率。

连锁零售企业的存货是指其在日常经营中持有以备销售的产成品或商品,在沃尔玛 2016—2020 年的流动资产中,存货占比高达 70% 以上(如图 10-10 所示),是流动资产的重要构成部分,其周转速度决定了流动资产整体的周转速度。存货周转期反映连锁零售商将存货转化为销售的时间,沃尔玛 2016—2020 年的存货周转期略有上升,2019 年和 2020 年的存货周转期在 40 天左右,与先进行业水平持平,表明其存货周转状况良好,不存在库存积压,同时沃尔玛商品销售速度与沃尔玛给供应商付款的周转基本一致,反映了沃尔玛资金流运转的可持续性以及其"零营运资金"的营运资金管理策略。

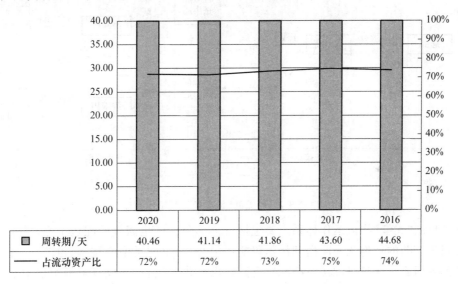

图 10-10 沃尔玛 2016—2020 年存货周转情况

	2020	2019	2018	2017	2016
周转期/天	40.46	41.14	41.86	43.60	44.68
占流动资产比	72%	72%	73%	75%	74%

(三)高效的自有物流体系

表面上,企业的物流是原材料、半成品和商品在企业内价值链上的流动,实际上背后是库存动态、市场需求、服务水平的流动,从根本上看则是企业盈利的流动。除成本、效率外,物流是企业重要的第三利润源,一个高效的物流体系对企业提高经济效益的重要性可见一斑。沃尔玛的物流配送体系可称一绝,其庞大的物流配送体系具有规模效益优势,严格有效的物流配送管理制度则保证了物流体系"大而不乱"、运转高效,降低物流配送成本的同时加快存货的周转,提高了营运资金管理效率。

1. "无缝"的物流作业系统实现不停歇送货

"无缝"指的是价值链的运转几乎没有时滞,物流的流动平滑无阻,实现一种极为畅通的连接。在沃尔玛中,"无缝"物流系统的有效实施和运行,使其营运资金周转效率显著改善,沃尔玛的供应链体系是由顾客需求驱动的拉动式供应链,以消费者的需要为动力,整个供应链集成度较高,信息流动畅通,反应迅速,因此沃尔玛的物流循环从顾客开始。信息系统将顾客消费信息汇总并及时向区域配送中心反馈补货信息,配送中心将补货信息传递到总部,由配送中心统一进行商品的采购和配送(如图10-11所示),整个物流系统具有典型的依托于信息系统的中央集权制特色。物流信息系统能够实现与遍布全球各个国家的门店和上游厂商连接并即时发送命令,既能和供应商分担运送到位置零散的商场的运输成本,进一步降低商品进价,也可以借助大批量作业实现规模效应,从物流、库存等作业步骤进一步降低成本,从而降低货物的价格。凭借这套信息系统,沃尔玛能够在几个小时内实现对全球所有门店仓库的盘点,通过整合上游供应商、下游消费者,沃尔玛打造了物流"无缝"运转的供货系统,缩短了商品流转时间,提升了物流效率。

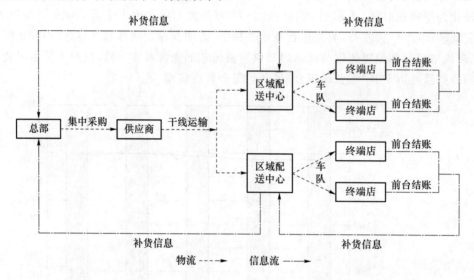

图 10-11 沃尔玛"无缝"物流运作系统作业流程

沃尔玛的"无缝"物流运作体系主要包括三个部分。一是高效的配送中心,供应商将沃尔玛各门店订购的货物统一配送到沃尔玛配送中心,再由配送中心挑选、包装、分拣后依据订单送到各门店。沃尔玛配送中心配置有高度机械化的设备,八成以上由配送中心统一处理的货物都实现机械化运作,机械化设备得到充分利用,体现了规模效益,降低了人工成本。二是迅速的运输车队,沃尔玛拥有一个庞大的高素质机动车运输车队,2 000辆卡车组成的运输车队可以确保从配送中心到各门店的时滞不超过两天。为节省运输成本,沃尔玛送货的卡车比传统的集装箱运输车更长、更宽,容量提升的同时安全系数也随之降低。为确保运输系统的高效,人车安全至关重要,沃尔玛车队的司机贯彻"安全第一、礼貌第一"的运输准则,避免了事故风险,也为沃尔玛赢得了良好的口碑。三是先进的信息系统,沃尔玛每一家门店的电脑都与总部通过信息系统相连,并专设机构负责补货、查货、点货。每销售一件商品,POS终端就将数据通过电脑传入信息系统,销售动态实现实时更新,沃尔玛各门店、上游厂商、配送中心之间搭建的卫星通信网络系统使沃尔玛物流运作体系如虎添翼。

2. 集权的配送中心体现规模效益

在沃尔玛创立最初,由于位处小镇、交通不便且运输成本高,几乎没有经销商肯给沃尔玛供货,沃尔玛只能自己联系货车去制造商处取货,效率极为低下,无奈之下沃尔玛只能自已建立配送组织送货。1970 年,沃尔玛在美国阿肯色州的小城本顿维尔成立第一个配送中心,负责为 4 个州共计 32 个商场送货,几乎集团所售商品的五分之二都由该配送中心供应。而这一成立之初的无奈之举不仅使沃尔玛在经济萎靡中保持快速扩张,还成为沃尔玛难以复制的核心竞争力之一,大型的配送中心意味着充足的货源,是沃尔玛快速扩张的保证,由供货商将商品运送至配送中心再由配送中心统一送至分店的运送模式不仅发挥了规模效益,降低了整个配送流程的成本,还更便于各门店统一验货接收,大大地降低了对正常营业活动的干扰。

  沃尔玛的配送中心一般选址在 100 个门店的中心位置,为运送半径约为 320 千米的商圈内所有的门店提供配送服务,大小相当于 23 个篮球场,平均占地 11 平方米,配送中心到运送范围内门店的路程一般不会超过一天,保证了运输系统的高效运转。从配送中心类型上看,沃尔玛的配送中心包括干货、食品、山姆会员店、服装等六种不同类型的配送中心,六类配送中心彼此联系,彼此补充,一同支撑沃尔玛多层次、全品类的物流配送体系。配送中心虽然占地面积很大,却仅有一层,分为两端,一端是装货月台,30 辆卡车可一同在此装货,另一端是卸货月台,可供 135 量大卡车同时停放,装卸作业 24 小时不停地按照事先排好的时间表运行。配送中心内部由收货区、拣货区和发货区三个区域组成,基本实现全自动化运作。在收货区,商品用叉车卸货后先堆放在暂存区,员工在核对条形码、核对计划、检查质量后将商品存放于不同的货架。在拣货区,为了加快作业速度,负责装载向零售门店发运货物的纸箱上的条形码在晚上由计算机自动打印好,工人第二天直接使用手持扫描仪识别纸箱上的条形码完成拣货工作。在发货区,自动分拣机读取纸箱上的标签并将数据返回计算机,系统指令叉车将纸箱分至对应装车线,由送货车集中派送。通过这一系列作业流程,沃尔玛一天可完成 20 万箱货物的传输,将商品配送至分店的物流成本只占营业额的 2%,而其他零售商一般要花费 5%,仅物流成本每年沃尔玛相较于竞争对手就省下数亿美元,同时沃尔玛从下订单到货物到达各个店面的等待期也缩短为 2~3 天,很大程度上优化了物流的速率和效益,提升了物流渠道营运资金的周转效率。

3. 快速的运输系统确保低成本高效率

  车队是物流的重要组成部分,对供应链的成功运营意义重大,与许多大型连锁零售公司不同,沃尔玛选择建立自有物流体系而不是将运输职能外包给第三方专业人员,专门负责运输的自有车队虽然能为门店提供更加专业、灵活的派送服务,但与此同时也提高了运送成本,特别是自建车队燃料费用、司机聘用费用非常昂贵,在整个物流过程成本中占比最高。由此,沃尔玛不停地提升物流效率以控制成本,在实现物流系统"高效率"的同时保证自有车队"低成本"。为此,首先,沃尔玛车队采用的是比传统集装箱运输卡车更长更高的 16 米加长货柜,车里塞得满满当当,每立方米空间都被充分利用,最大限度地节省物流成本;其次,沃尔玛的物流配送系统 24 小时不间断运转,大量的货物借用晚上的时间进行运送,大大地降低了对日常营运活动的影响。此外,为了随时掌握车辆的配送进度,沃尔玛采用全球定位系统精准监控货物运送进程,调度中心可以通过系统实时掌握车辆的位置,管理精确度提高到以小时为单位,提高了物流系统的运转效率。

  沃尔玛的车队在配送过程中坚持"安全第一,礼貌第一"的原则,把车队作为沃尔玛向公众展示形象的窗口。为了提高运输效率,运输车队要保证人车安全,确保公路畅通,减少事故概率,沃尔玛每辆卡车上都明显地标有沃尔玛车辆编号,如发现车队司机违章,沃尔玛会根据编号对司机作出处罚。在运送过程中,沃尔玛司机还会热心地帮助其他遇到困难的车辆。在美国,沃尔玛车队自律友好的形象早已深入人心,对他们来说,这已经不是一种公关活动,而成为一种自觉的行为,对沃尔玛而言,车队不出事故,就是节约公司支出,就是节省物流成本,就是提高物流渠道营运资金周转效率。

物流渠道营运资金是连锁零售企业为日常物流配送活动垫支的营运资金,沃尔玛2016—2020年物流配送渠道营运资金周转期稳定在-14~-13天(如图10-12所示),物流系统的运作政策与效率维持稳定,尽管财务报表详细数据有限,仍能看出沃尔玛物流渠道的财务表现能代表连锁零售企业物流周转速度的先进水平(如表10-7所示)。沃尔玛与供应商、门店紧密联系,利用信息化对运输实现了合理化安排,通过配送中心和自有车队完成无缝物流的整个流程,使得成本大大降低,运作效率大大提高;使得在各分店中,较小的库存即可满足销售需求,从而使仓储空间与成本显著缩减,为存货周转绩效提高提供了必要保障,整体上提升了营运资金管理绩效。

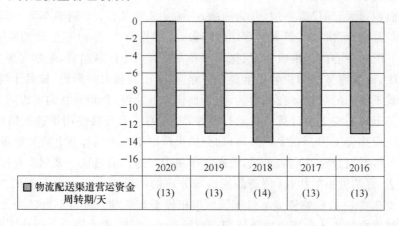

图10-12 沃尔玛2016—2020年物流配送渠道营运资金周转情况

(四) 快速响应的客户需求管理

21世纪的今天,激烈的竞争已使许多行业成为一片红海,对客户需求作出快速反应、以速度取胜成为越来越多企业关注的焦点。市场的变化日新月异,竞争对手不断开发新需求占领市场,消费者的忠诚度在产品升级速度不断加快的今天面临着越来越严峻的考验,如果不能把握消费者需求的方向,积极制定满足消费者需求的策略,再成功的企业也难以在未来的竞争中生存下去。特别是就连锁零售企业而言,顾客需求的变动对其发展方向作用巨大,对顾客需求缺乏重视会使自身的生存和发展遭遇困境,导致在激烈的竞争中失败。沃尔玛是需求链管理的代表企业,其供应链具有明显的客户需求驱动的特色。

沃尔玛公司的经营秘诀在于设身处地地为客户着想,了解客户的需求,虽然其以货仓式经营崛起于零售业,其运作方法注定了无法提供太多的服务,但沃尔玛员工始终将为顾客提供无微不至的服务看作自己的责任,若顾客在雨天走进沃尔玛门店,员工会打着伞迎接顾客进店并送顾客上车;沃尔玛会按照消费顾客的消费习惯进行商品陈列,即使相隔很近的两家沃尔玛门店商品陈列方式也是不同的;沃尔玛的员工为客户提供"微笑服务",永远保持一种敬意。沃尔玛旨在让消费者在购物的过程中感受到家一样的轻松自在,让顾客从沃尔玛的员工身上感受到朋友般的真诚与亲近,优化客户的购物体验。

除了给顾客提供最好的服务,快速响应客户需求还要追溯到生产的源头,供过于求必然会导致商品滞销,供不应求则会错失赚取利润和正的现金流的机会,沃尔玛通过产销联盟与供应商实现市场需求信息共享,包括产品的实际销售或使用情况、当前连锁零售商的库存大小、相关活动的开展以及消费者需求的改变等,以使供应商快速作出反应,推出市场需要的产品,增强整条供应链应对市场的敏捷度。沃尔玛的客户需求管理以顾客意见及销售结果的调查统计开始,通过商场调查、电话回访、在线问卷及社区调查等方式,有效收集顾客建议并对其进行分析与整理,实现分析结果在管理决策中的运用。同时,位于行业销售终端的沃尔玛利用其与客户最近的优势,通过信息系统实现对当天销售的实时跟踪掌控以及对全球所有分店数据的汇总与分析,针对不同商品实现对各地区分店在各时间段的需求预测和分析,最终以报告形式对结果加以列示,并将这些信息共享给供应商,短期内有利于物流系统的精准高效周转和降低库存率,长期内这些信息将对供应商商品供应的品类和新产品研发方向产生指导性影响。

营销渠道营运资金是指连锁零售企业为销售产品而垫支的资金,其中应收账款是连锁零售企业应向购货单位收取的款项,与销售活动相伴而生,属于企业对购货单位的债权,对收入的质量产生极大的影响。沃尔玛 2016—2020 年应收账款占流动资产的比重在 10% 左右(如图 10-13 所示),因此供应链下游占用资金的情况并不明显;应收账款周转期为 4~5 天,表示沃尔玛客户欠款平均 5 天就可以收回,远远低于家乐福 37 天的应收账款周转期(如表 10-5 所示),是其应收账款回收期的一半,表明沃尔玛应收账款周转情况较优。

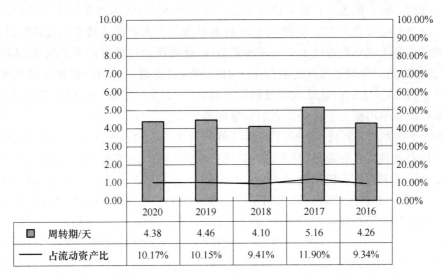

图 10-13 沃尔玛 2016—2020 年应收账款周转情况

沃尔玛 2016—2020 年营销渠道营运资金周转期稳定在 1~2 天(如图 10-14 所示),对营运资金基本没有占用,快于样本中先进连锁零售企业平均 9 天的周转期,营运资金管理绩效较好。

基于信息系统针对客户需求做出需求分析,以分析结果为基础,应用补货系统进行连续性自动控制以促进采购较快实施与完成,对门店基础设施、商品陈列、服务态度加以优化以提高环境的舒适性。在美国,即使两家沃尔玛门店相距很近,商品的摆放和品类的选择也会

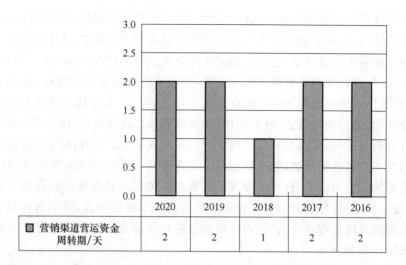

图 10-14　沃尔玛 2016—2020 年营销渠道营运资金周转情况

有很大差异,以上都体现了沃尔玛对不同地区做出的销售调整,以实现对顾客需求最大程度的满足,实现库存快速流通,现金尽快回流,从而提升营运资金管理效率。

(五) 全覆盖的信息共享系统

虽然沃尔玛只是一个连锁零售集团,但其信息系统的建设却始终保持世界先进水平,沃尔玛已共计投入数十亿美元打造其信息系统。1969 年至今,沃尔玛先后实现了内部日常关键作业以及与供应商之间的信息化,并仍保持着敢为天下先的创新精神投资新的信息技术,高度的信息化将沃尔玛供应链上各环节有效整合,使得沃尔玛供应链系统高效、透明和无缝对接,而沃尔玛的竞争对手虽然也装配了 ERP 系统,但普遍没有和价值链上的其他企业进行信息共享,价值链上的信息链没有被很好地整合,从而导致了致命的竞争弱势:信息孤岛。信息技术帮助沃尔玛赢得了很多核心的竞争优势。

(1) 电子标签和射频技术促进了对运营效率的优化。以前为了保证及时补货,沃尔玛各门店经理要审核所有的商品,整个过程要耗费大量人工且效率低下。20 世纪 80 年代,沃尔玛开始尝试要求供应商使用商品 UPC 条形码,沃尔玛商店则使用扫描阅读器并引进了射频技术,大大地改善了商品从订购到销售的整个流程。2005 年起,沃尔玛开始在全球范围内以电子标签作为新武器打造核心竞争力,RFID(射频识别技术)相对于条形码具有防水、防磁、耐高温、使用寿命长、读取距离大、数据可加密、数据存储容量更大、信息修改更自如等优点,通过射频识别技术,经理们不仅可以随时扫描 UPC 条形码获得自己想要的数据,而且可以随时了解库存货物的储量和具体位置,正是借助于射频识别技术和电子标签技术,沃尔玛才能够实现信息共享、自动订货,提高了供应链管理效率。

(2) 销售时点系统实现对顾客需求的快速反应。沃尔玛的 POS 终端读取商品条形码并传送至信息系统,再通过网络将信息在总部汇总,由总部管理人员进行需求分析,确定沃尔玛采购的品类和数量。通过销售时点系统,沃尔玛能实时掌握商品的销售情况,大大地加快了沃尔玛对客户需求的反应时间,缩短了供应链信息传递的时滞,也使沃尔玛能及时地把握市场时机,提升了经营管理的效益。

(3) 电子自动订货系统维持与供应商的战略合作关系。沃尔玛使用 EOS 系统通过电子手段完成供应链上从零售商到供应商的产品交易过程,首先将门店所发生的订货数据输入计算机,利用电话线通过调制解调器传到供应商的电子计算机中,供应商在分析零售商订货情况的基础上判断产品是否畅销同时及时修正生产安排,并通过沃尔玛发来的信息开出提货传票,根据传票开出拣货单,实施拣货后根据送货传票将商品发出。送货的传票成为沃尔玛和供货商交付的凭证,对供应商送到的货物完成验货后,商品可以直接上架出售,供应商到沃尔玛的供货流程被压缩,供货时间消耗大大地缩短,订货费用也随之降低。电子订货系统在沃尔玛和零售商之间搭起了一条信息高速公路,加速了营运资金周转。

(4) 自动补货系统完成对库存变动状况的实时监控。订货系统中订货点与最低库存之差能有效防止库存脱销等风险的出现,其数值的确定与供货时滞、库存周转期、需求情况等因素有关。自动补货系统能让供货商实时掌握其商品在沃尔玛门店的销售状况,根据库存信息即时组织货源,通过信息共享的联盟关系,沃尔玛缩短了商品从供应商到门店的时滞,库存费用也随之降低。自动补货系统需要电子数据交换系统的辅助,是指沃尔玛和供应商之间设置一套固定模板,将标准化的交易数据通过信息系统传送,双方进行信息交换和自动处理,可以大大地减少交易过程中纸面单支,也称为"无纸化贸易",因而条形码作为统一的编码系统成为自动补货系统的技术基础。运用自动补货系统,沃尔玛降低了商品的储存费用,加快了存货的周转速度,优化了价值链上供应环节的作业流程,实现了库存环节营运资金管理的优化。

(5) 专有的卫星通信系统提高信息流通速度。卫星系统的建立在沃尔玛成长历程中具有里程碑式的意义,至今卫星通信系统依然是沃尔玛最棒的基础设施和最大的优势。卫星通信系统将遍布世界的各个门店的信息汇总起来反馈给总部,并分享给供应商,实现对客户需求的快速反应;可以实时监督集团内供应商、物流中心、门店的经营活动以及一切与供产销相关的商品作业,实现对供应链环节的管理优化;支持从支票确认到自动订货,再到传输销售数据和会计信息的所有连锁店经营范围,提高了运营效率,加快了结算速度,为沃尔玛赢得了很大的竞争优势。

信息系统的构建也许并非沃尔玛成为零售龙头的最主要原因,却无疑是沃尔玛飞速发展的重要保障,动辄上亿的资金投入看似奢侈,却保障了沃尔玛在行业的先导性地位,形成竞争对手短期内难以复制的核心竞争力。沃尔玛依靠价值链上各个环节的信息系统构建了一张以卫星通信系统为基础的信息网,优化物流、信息流、资金流的流通,高效整合现有资源,为营运资金管理绩效的提升奠定了必要基础。

(六) 价值协同的合作模式

不同行业的经营模式不同,必然会具有不同的财务表现。作为世界上最大的连锁零售商,产品大批量的现销会为沃尔玛带来大量现金,现金资产的流动性最强但收益性也最弱,大量持有现金资产会影响企业的盈利性,因此只要不造成交易障碍,企业应该尽量降低现金及现金等价物在资产中的配置比率。2016—2020年,沃尔玛的经营活动每年为企业带来25 000~31 000百万美元的净现金流,但沃尔玛持有的现金及现金等价物始终低于1百亿美元,约占经营活动净现金流量30%左右,在流动资产中的占比则更低,在11%~16%之间波动(如图10-15所示)。

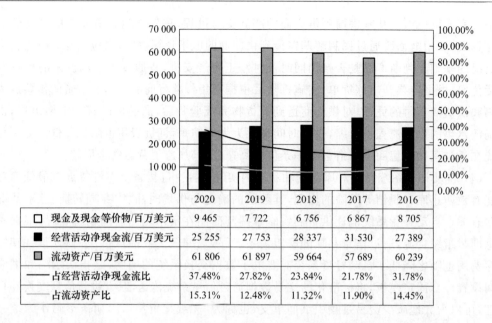

图 10-15　沃尔玛 2016—2020 年现金及现金等价物配置情况

实际上，从沃尔玛约占 30% 的流动资产配置比例就可以发现沃尔玛垫支的营运资金占比并不高，其中占流动资产绝大部分比重的是存货，约为 70%（如图 10-10 所示），而沃尔玛经营活动产生大量的现金则有一大部分流向了对地产的投资。与零售业恰恰相反，房地产具有前期投入大、投资回收期长的特征，就零售业和商业地产企业的现金流运行特点来看，前者是连续性的，以销售收款为主要资金来源，以占用上游厂商的商业信用为主要融资模式，资金流转非常快速但利润较少；后者的现金流是阵发性的，以销售款回收、租赁房款以及融资款为主要资金来源，以金融机构借款、股票市场融资为主要融资来源，资金流转比较慢但利润高。房地产和零售业在资金运用上形成的互补可以降低沃尔玛的闲置现金，产生更高额的利润，同时提高营运资金管理效率。此外，投资的地产可以用来建设门店，进一步地扩大销售规模，获得租金收入和资产本身增值的收益，形成持续发展的生态闭环。

五、借鉴与启示

从 20 世纪 90 年代起，中国零售业在改革开放的"东风"下开始蓬勃成长，产业内部管理等方面的本质性问题被企业规模膨胀带来的繁荣景象所掩盖，然而随着中国进入经济发展新常态，行业规模发展减速，电商行业异军突起，零售业被掩藏在迅速发展下的问题开始逐渐暴露出来，使其面临着业务转型的巨大压力。与国际连锁零售巨头相比，我国零售企业的绩效衡量标准大多采用单一的盈利指标，对经营管理过程的关注度不够，绩效考核的"重结果，轻过程"也制约了营运资金管理水平。营运资金体现企业的经营管理效率，在数值上等于流动资产减流动负债的净值，反映企业对风险和收益衡量的结果，营运资金周转期反映了企业一个经营周期的长短，对"薄利多销"的零售企业至关重要。2016—2020 年，中国零售企业库存商品周转期保持 50 天左右的水平，远远低于同期美国零售企业不到一个月的周转速度；我国零售企业和供应商的结算期约为 2~6 个月，而美国零售企业平均为 45 天，不管从管理政策还是财务表现角度看，我国零售企业都亟须寻找一条改革之路以提升营运资金管理水平。根据上述对沃尔玛成熟的营运资金管理范式进行的分析和探讨,总结其成功经验,给正在转型中的中国零售业提出几点借鉴与启示。

1. 勠力同心,放眼零售业价值链实现共同发展

未来的竞争不再仅仅是单个企业之间产品和服务的竞争,而是以提升运营效率为核心的整条价值链资源协同水平的竞争,对零售业而言更是如此。从外部价值链来看,竞争实质的变革注定了零售商必须冲破产业桎梏,颠覆零供之间简单的商品供应关系,与优势合作伙伴建立良好的战略伙伴关系,把握消费者个性需求,从"商品组织者"转化为"商品经营者",从市场需求分析、产品设计、采购、生产、物流配送、库存和销售各个作业步骤加强创新、优化运营,组建目标和利益一致的联盟,从价值链各环节创造利润。从内部价值链来看,零售企业通过再造业务流程、优化资金流程,重组组织结构将企业信息流、物流和工作流进行融合,通过优化价值链实现高效、有序运作。只有依托于产业价值链的协同,零售企业才能在保证货源质量、降低采购成本、压缩库存费用、实现实时配送方面具有竞争对手无法复制的核心竞争力,自然而然地实现运营效率的优化和营运资金管理绩效的提高。

2. 运筹帷幄,建立零供产销联盟创造"双赢"局面

高效的营运资金管理归根结底来源于零售企业日常运营的高效,零售企业运营效率的提高则离不开对市场需求的精准把控。如何应对日益丰富的市场需求,通过预测与计划工作使产业链上的利益相关者形成对未来市场发展方向的共识,以便在此基础上更好地提升消费者满意度,提高服务质量,优化消费体验已成为企业核心竞争力的重要来源。我国零供关系基本还处在讨价还价的利益对立阶段,零售商最关注的是价格折扣、贷款交付周期;而供应商则大多只关心自己的商品在零售店的进货数量和陈列位置,双方存在天然的信息壁垒,只重视眼前的利益,而忽视合作带来的长远效益。通过建立产销联盟,供应商、零售企业和消费者形成一个虚拟的"V型组织",零售企业将其销售信息快速统计并共享给其供应商,实现实时供货的库存管理和敏捷反应的物流配送体系,并在长期内帮助供应商基于大数据优化产品供应的种类和数量,引领产业发展的方向,避免结构性成本,提高零售企业营运资金管理的绩效。

3. 顺应潮流,关注现代信息技术发挥增值效应

运营管理过程中经营管理精细化程度的提高需要有完善的内部信息系统提供的数据收集、整理和分析能力来支撑,但是我国零售企业信息化程度的平均水平还远远达不到支撑精细化管理的程度,据调查,商品条码标识技术在我国零售企业零售终端的覆盖率为61.2%,但条码技术在储运和货运环节的使用率却很低,使用人工点货方法的零售企业约占四分之三,不仅提高了人力成本,也加大了出错的可能性,降低了营运效率;我国零售企业在信息系统优化上投入的资金只占年销售额的千分之几,不及国际零售集团的百分之一,更是远远低于零售巨头沃尔玛,部门与部门之间的信息流通不畅,价值链上的企业之间更是形成了制约产业效率提升的致命问题——信息孤岛。全面覆盖的信息系统在沃尔玛发展过程中起着不可小觑的作用,信息技术把供应链上的各个环节串联起来,实现了沃尔玛供应体系的高效、透明和无缝对接。信息系统的投入在短期内看似奢侈,却能形成竞争对手短期内难以复制的竞争力,实现存货和物流环节的精准控制,提高运营过程中资金流、物流的周转速度,在"薄利多销"的零售企业中至关重要。

4. 聚沙成塔,组织自有物流系统降低物流成本

我国零售企业销售的产品价格构成中将近五分之一是物流成本,配送成本高、效率低、退换率高等问题的转嫁成本已成为影响产品价格的重要因素,控制物流费用无疑是目前零售商节流的重要手段之一。国内的大型连锁零售企业应该借鉴"沃尔玛模式"组建自有车队,建立一个多元化、低成本、集约型的物流中枢,在订货与存储环节上,实行直接订货与统一配送相结合,有效地降低库存、物流成本,同时能够对消费者需求和断货现象做出快速反应,保证零售企业的健康、高效、持续发展,提高营运资金的周转效率。但是搭建大型配送中心必定需要消耗大量资金,例如沃尔玛每一个大型现代化物流中心的投资额都约为8 000万美元。只有企业销售规模足够大时,规模成本的优势才能显现出来,对小型零售企业而言,投资大型配送中心是不划算的。

参考文献

[1] 迈克尔·波特. 竞争优势[M]. 陈小悦,译. 北京:华夏出版社,1997.
[2] 李浩举,程小可,郑立东. 经济政策不确定性、营运资本管理与企业价值[J]. 中央财经大学学报,2016(3):72-81.
[3] 孙莹,王竹泉,张先敏,等. 中国上市公司营运资金管理调查:2014[J]. 会计研究,2015(12):67-73,97.
[4] 魏春艳. 批发零售业营运资金管理研究[J]. 经营管理者,2015(1):105.
[5] 张先敏. 供应链管理影响营运资金管理绩效的机理研究[J]. 财务与会计(理财版),2014(6):67-70.
[6] 彭小欢. 连锁零售业供应链管理对营运资金管理绩效的影响研究[D]. 广州:广东财经大学,2014.
[7] 张先敏,王竹泉. 批发零售业营运资金管理透视[J]. 财务与会计(理财版),2014(2):39-41.
[8] 杨春露. 浅析连锁零售企业的成本领先战略——沃尔玛VS.家乐福[J]. 统计与管理,2014(1):127-128.
[9] 戴佳丽,郑福盛,金怡伶. 零售业供应链之管见——以沃尔玛为例[C]//中国管理现代化研究会、复旦管理学奖励基金会. 第八届中国管理学年会——中国管理的国际化与本土化. 上海:2013.
[10] 张先敏. 供应链管理与经营性营运资金管理绩效:影响机理与实证检验[D]. 青岛:中国海洋大学,2013.
[11] 王竹泉,房巧玲,杜瑞. 营运资金管理的新思维 财务风险评估的新视角——2012营运资金管理高峰论坛观点综述[J]. 财务与会计(理财版),2013(1):67-68.
[12] 吴玉娟. 沃尔玛与家乐福经营模式对中国连锁超市的启示[J]. 商场现代化,2012(28):14.
[13] 王竹泉,张先敏. 基于渠道管理的营运资金管理绩效评价体系设计[J]. 财会月刊,2012(5):11-13.
[14] 胡松平. 向沃尔玛学供应链管理[M]. 北京:北京大学出版社,2006.

[15] 彭家钧,王竹泉.海尔集团营运资金管理体系的构建与运行[J].财务与会计,2012(3):36-38.
[16] 王玲.国际大型连锁超市盈利模式对于中国连锁超市的启示——基于家乐福与沃尔玛的比较分析[J].辽宁经济职业技术学院·辽宁经济管理干部学院学报,2011(5):23-25.
[17] 冯雪莲.论连锁零售业的营运资本管理模式[J].商业会计,2011(16):9-10.
[18] 王竹泉,孙莹.营运资金概念重构与分类研究——由IASB/FASB联合概念框架引发的思考[C]//中国会计学会.中国会计学会2010年学术年会营运资金管理论坛.青岛:2010.
[19] 王晗,陈文兵."沃尔玛模式"VS"家乐福模式"——基于成本领先战略的分析[J].企业导报,2010(1):128-129.
[20] 陈亨溦.浅谈现代零售企业营运资本管理[J].现代商业,2009(24):13-14.
[21] 武智慧,牟歌.解读沃尔玛的发展历程[J].技术经济与管理研究,2005(6):66-68.
[22] 符蓉.存货管理的优化——从沃尔玛公司的供应链管理谈起[J].财务与会计,2002(9):19-20.
[23] 彭剑锋,孟泽元.从乡村小店到世界零售巨头:全方位剖析沃尔玛成功历程[M].北京:机械工业出版社,2010.
[24] 康怡祥.一分钱优势:沃尔玛连锁制胜之道[M].合肥:安徽人民出版社,2012.

教学用途与目的

1. 本案例主要适用于"财务管理""价值投资"等课程中公司财务战略、营运资金管理、价值链成本管理等相关领域的教学。

2. 适用对象:本案例主要针对MBA、MPAcc、EMBA和企业管理人员,以及经济类、管理类专业的高年级本科生及研究生。

3. 教学目的:营运资金是企业重要的短期财务资源之一,营运资金管理的本质是在风险和收益间做取舍,在确保营运资金具备足够流动性、安全性的条件下,加快营运资金周转,提高其盈利性,这对于"薄利多销"的连锁零售业而言尤为重要。沃尔玛作为世界第一大连锁零售集团,在营运资金管理中精准把控价值链各个关键节点,广泛考虑供应链上利益相关者的广泛利益,实现了对营运资金的零占用,创造了"无本经营"的经营神话,其在营运资金管理上的"沃尔玛模式"无疑为我国的零售业改革之路提供了一种思路和范式。通过对本案例的分析和探讨,帮助读者理解和掌握以下重要知识点:

(1) 营运资金及营运资金管理的经济内涵;
(2) 营运资金管理的目标;
(3) 连锁零售业营运资金管理的特点;
(4) 连锁零售业价值链营运资金管理的主要策略。

思 考 题

1. 连锁零售业价值链有何特征？连锁零售业的营运资金管理有何特征？
2. 沃尔玛如何实现"无本经营"？其价值链营运资金管理主要包括哪些环节？
3. 沃尔玛流动资产的主要构成？其如何通过投资提高现金类资产的收益性？
4. 沃尔玛如何提升库存和物流环节的营运资金管理绩效？
5. 沃尔玛如何在实现采购营运资金快速周转的同时与供应商保持良好关系，又如何在实现销售渠道营运资金快速周转的同时为客户提供最优质的服务？

案例11 三管齐下"控成本",优质服务"赢知己":海底捞价值链成本管控

一、引言

"民以食为天",餐饮行业是与民生息息相关的产业。新冠疫情使餐饮行业生命周期缩短,竞争愈发激烈,以信息化为背景的O2O餐饮业务模式也为传统餐饮企业带来新挑战。面对来自宏观环境与企业内部的双重压力,餐饮企业亟待构建高效的价值管理体系。在中国餐饮市场发展态势略显低迷之际,以O2O餐饮为典型代表的海底捞逆势而上,凭借独特的文化理念与出色的价值链成本管理手段展示出连锁餐饮强大的发展潜力。在餐饮行业竞争白热化的背景下,海底捞对于本企业价值链的成本管控工作进行了诸多实践并取得显著成效。实践证明,面对新竞争形式的出现,仅从企业内部进行成本管理往往难以满足企业的发展需要,基于价值链的成本管理思想逐渐受到管理层的重视与青睐。价值链管理是将企业改造为最大限度地创造价值的组织的过程,其本质是运用价值链分析,找到驱动企业价值提升的关键因素并加以改进,促进整个组织的高效运转。价值链成本管理则是将企业产品的生产成本与价值创造以价值链为基础有针对性地分解到企业内部与外部价值链的各个节点上,从企业内部价值链、行业价值链以及竞争对手价值链等视角对价值链各个节点进行整合与改进,以达到成本最优、价值最大的目的。基于全面动态的价值链成本管理有助于帮助企业优化业务流程,对企业实施成本控制,最终提高企业的整体效益。随着资本加速介入与餐饮业融资浪潮的兴起,海底捞凭借独特的文化理念与出色的价值链成本管理手段,以迅猛之势从地方性的火锅餐厅逐渐成长为全球领先的"火锅龙头",一跃成为中国餐饮界的风向标。本案例拟从价值链成本管理原则和内涵出发,以企业价值最大化为导向,分别从海底捞自身价值链、所属产业价值链以及竞争对手价值链等多重视角深入剖析其成本管理手段,为我国餐饮企业的成本管控提供新思路与新范式。

二、公司简介

海底捞(06862.HK)由张勇夫妇于1994年创立,是一家主营川味火锅、融汇各地火锅特色的大型跨国直营品牌餐饮店。自创立以来,海底捞从未停止过对于门店扩张的探索。1999年,海底捞在西安市开设第一家直营店,标志着海底捞正式开启省外拓展之路。在1999年到2011年期间,海底捞迅速扩张至上海等地并建立火锅外卖业务,成立蜀海供应链。在该阶段,公司获得"驰名商标"等社会评价,逐步形成良好的品牌形象。2012年,海底捞首次扩张至海外,在新加坡开设首家门店。随后,海底捞加快海外布局,门店覆盖日本、韩国、美国等国家。2018年5月17日,海底捞国际控股在香港交易所递交了上市申请。截至递交招股说明书之日,海底捞在全球共有363家门店。由于上市后资金充裕,海底捞迎来了又一次的门店扩张。历经二十余年的发展,海底捞已经成长为全球知名的国际餐饮公司。目前,海底捞集团已经建立起全产业链体系——上游创立颐海国际(01579.HK)、蜀海供应链,提供火锅底料和新鲜食材;中游开拓优鼎优(871375.OC),孵化新快餐品牌;下游培育海

鸿达经营外卖业务,开发海海科技负责餐饮零售的游戏运营,成立微海咨询提供餐饮培训,开创蜀韵东方提供连锁餐厅店面装修等。Frost & Sullivan 数据显示,海底捞在全国火锅餐饮市场份额位居行业第一,已然成为全球领先的火锅餐饮品牌。本部分主要从发展历程、股权结构、管理体系、业务分布与财务绩效五个方面展示海底捞的基本概况。

(一) 发展历程

海底捞自成立至今,其发展历程大致可划分为 4 个阶段(如图 11-1 所示)。在创业初期阶段,公司通过细致贴心的服务树立了差异化的餐饮品牌形象;在经营模式探索阶段和精细化管理阶段,公司通过商业模式的探索突破了限制餐饮企业规模化扩张的三大瓶颈,实现了门店的高速扩张与自我裂变;2017 年起,公司进入门店快速扩张阶段。

创业初期阶段(1994—1998 年):1994 年 3 月,创始人张勇夫妇、施永宏夫妇 4 人以 8 000 元的初始投资经营了第一家海底捞火锅店。海底捞的创始人极具前瞻性,在创业初期便摸索出后续 25 年征服顾客的理念,即"服务必须要好,态度必须要好,速度必须要快"。这些理念在每一位海底捞员工身上均有良好体现,微笑引客、送菜打折、照顾儿童等张勇当年的招牌服务在今天的海底捞门店中仍可以体验到。

经营模式探索阶段(1999—2004 年):1999 年海底捞在西安开设第一家全国分店后,以合作经营模式为主陆续开设了其他分店,经过实践探索后公司又将门店收回直营,从而确立了实践至今的直营扩张模式。这一时期,高层经理人授权制度、师徒制度逐步建立,大量创新特色服务在各门店中被传播和学习,"双手改变命运""顾客是一桌一桌抓的"等理念逐渐形成并开始付诸于餐厅运营的实践中。

精细化管理阶段(2005—2016 年):产业布局方面,公司逐步将产业延伸至物流供应链、底料加工、门店运营等火锅产业链上下游,在品质控制和成本控制端开始建立"护城河"。公司治理方面,除张勇外的 3 位创始人逐步淡出管理层,进入产业链延伸的职能部门并使其逐步发展为独立运作的关联公司,海底捞阿米巴经营模式优化升级,内部职能部门向外部市场化机构转变。"连住利益、锁住管理"的理念落地成为合伙人制度、抱团小组制度,大幅削减了管理成本与无效成本。

门店快速扩张阶段(2017 年至今):2017 年起海底捞加速门店扩张,2017 全年净开店数量超过 2014—2016 年 3 年的总和,2019 年与 2020 年第一季度总门店数分别同比增长 67%、58%。在标准化经营管理模式日渐成熟后,海底捞门店质量也得以提升。2019 年一、二、三线城市的同店翻台率(含老店及次新店)能维持在 5.1、5.3、5.2 的较高水平。

图 11-1 海底捞集团发展历程

资料来源:海底捞招股说明书,西南证券。

(二) 股权结构

海底捞自上市以来,股权结构发生了较大的变迁。成立之初,由于沿用家族企业的管理模式,海底捞的股权分配主要是由创始人张勇夫妇和施永宏夫妇4人均分,每人各拥有25%的持股比例。随着海底捞的不断发展,这种简单股权分配模式的弊端逐渐凸显。2004—2007年,张勇夫妇陆续从施永宏夫妇手中回购18%的股权,成为拥有海底捞集团控制权的绝对控股股东。2018年海底捞为筹备上市,进一步精简其股权结构。在正式递交招股说明书之后,海底捞通过建立家族信托的方式完成了股权的一系列转让,股权实际控制人一致构成关联关系,使得股权结构较为集中和稳定。海底捞创始人及实际控制人张勇和舒萍夫妇,通过直接和间接方式持股68.6%。张勇为公司首席执行官,拥有绝对的话语权,可以实施强力有效的管理。此外,创始人施永宏和李海燕夫妇控股16.39%。海底捞与颐海集团、蜀海集团(简称"蜀海")、扎鲁特旗海底捞、蜀韵东方、微海咨询、红火台、讯飞至悦等企业构成关联关系,主要实控人一致。张勇和舒萍夫妇持有颐海国际35.59%的股份,通过四川海底捞和静远投资持有扎鲁特旗海底捞67.5%的股份,通过静远投资和乐达海生持有蜀海集团46.95%的股份,通过上海海悦持有红火台25.62%的股份、讯飞至悦25.89%的股份,通过乐达海生持有微海咨询43.89%的股份。施永宏和李海燕夫妇在扎鲁特旗、蜀海、红火台、讯飞至悦、微海咨询也持有一定股份。海底捞及关联方的控股股东情况如图11-2所示。

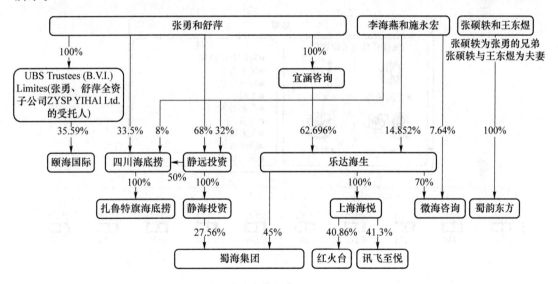

图11-2 海底捞及关联方的控股股东情况

资料来源:海底捞招股说明书,天风证券研究所。

(三) 管理体系

在"连住利益、锁住管理"的管理理念下,海底捞采用自下而上的发展战略,由总部控制系统性风险,员工与公司的利益高度统一,充分激发员工工作积极性。海底捞的内部管理机制,尤其是对组织、员工以及店长的管理,支撑了公司"优质服务"的规模化扩张,铸造了公司的品牌优势和核心竞争壁垒。在组织层面,海底捞精简组织机构,形成自下而上的扁平化管理体系。利用地域优势成立"抱团小组",以抱团小组教练团队的绩效与下属门店表现挂钩的方式,让它们形成互帮互助的利益共同体(如图11-3所示)。这种做法有助于加强门店之间的联系,共享信息和资源,提升管理效率。在员工层面,从招聘培训到选拔晋升,海底捞为员工打开阶梯式的人才晋升通道。海底捞以"双手改变命运"为核心价值观，对普通员工的招聘采用推荐制，对中高层员工实行内部选拔制，除财务总监和工程总监之外的其余管理层人员均来自基层的选拔晋升，任何一位员工均有可能通过"进入人才库—大堂经理—店长"的阶梯式晋升路径成为门店经理。同时，海底捞还通过创建"师徒制"将各门店的利益连在一起。新员工在正式上岗之前的试用期内实行导师制，经理将为每位新员工分配一位经验丰富的师父。在经理的许可下，员工可以在海底捞的工作组相对自由地调换岗位，保证员工对多个职位的胜任能力，进一步了解各个部门的工作要求和流程细节。同时，海底捞还创建了海底捞大学，针对门店内不同岗位的人员开设不同的专项培训班和不同类别的课程，通过线上线下培训平台的延伸，为员工"充电"。此外，海底捞员工的薪酬福利制度非常完善，涉及基本工资、级别工资、工龄工资、加班工资、奖金、分红、父母补贴、话费等多项目工资，鼓励员工多劳多得，激发员工的工作积极性。在店长层面，由于"师徒制"的设置，店长薪酬在普通员工之上增加一个级别，具体分为两个方案：一是所管理餐厅利润的2.8%，二是所管理餐厅利润的0.4%＋徒弟所管理餐厅利润的3.1%＋徒孙所管理餐厅利润的1.5%。无论哪种方案，都会激励老店长不遗余力地将经验传授给自己的"徒弟"，从而激励门店扩张，为企业创造更大的价值。

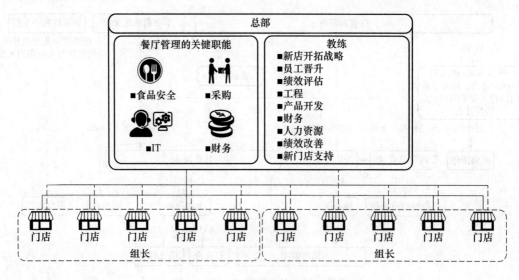

图11-3　海底捞管理体系设置情况

资料来源：海底捞招股说明书。

（四）业务分布

海底捞的收入主要来源于餐厅经营、外卖业务、调味品及食材销售等几大业务板块。餐厅经营每年营业收入占比约在97%以上，外卖业务每年占比约2%左右，调味品及食材销售每年平均占比0.5%以下。随着新冠疫情的暴发，整个餐饮行业受到巨大冲击，海底捞率先发力外卖业务，推出安心送外卖服务，使得外卖收入大幅增长，疫情带来的不利影响得以缓解。截至2020年下半年，公司营业水平基本已恢复至疫情前状态。对比2018年年末与2019年年末数据，海底捞门店数由466家增至768家，除租约到期和其他商业原因关闭门店6家之外，净开业数为302家。根据海底捞发布的2020年中期业绩公告，疫情缓解后门店数量净增加167家,环比19年年末增长7.2%。高速的门店扩张是促进海底捞营收增长的关键因素,图11-4展示了海底捞在中国大陆范围内门店的数量及分布。截至2020年6月底,海底捞在全球已开设935家直营餐厅,其中868家遍布中国大陆的164个城市,67家位于中国香港、中国澳门、中国台湾及海外(包括美国、加拿大、新加坡、韩国、日本、马来西亚、越南、印度尼西亚及澳大利亚等地)。目前,海底捞餐厅在中国大陆的数量占比高达93.23%,且公司仍在不断加密一二线城市布局,并向三线及以下城市下沉,2019年一线、二线、三线及以下城市门店数量分别为190家、332家、194家。海底捞的主要营收贡献来源于二线城市,三线及以下城市营收增长迅猛。截至目前,海底捞门店数量超过50家以上的省份和直辖市分别为广东省、北京市、上海市、浙江省、江苏省。总体来说,海底捞餐厅主要分布在中国大陆,并逐渐向二三线市场下沉,但海外市场仍有较大的拓展空间。据海底捞相关负责人介绍,海底捞将进一步拓展海外餐厅覆盖面,重视拥有大型华人社区的地区,继续开发新加坡、韩国、日本及美国等现有市场及英国、加拿大、澳洲及马来西亚等具有增长潜力的新市场等。同时,新开设的餐厅也将通过菜品研发和定制化锅底,推出符合当地人口味偏好的菜单,实现本土化。

(五)财务绩效

近年来,海底捞的业绩呈现规模化高速扩张、盈利能力增强、发展前景良好的持续增长态势。自上市以来,海底捞正式进入高速扩张阶段,持续拓展线下门店,股价一路上行。图11-4为海底捞上市11个月以来的股价趋势变动情况,由图中可见,其股价涨幅一度高达94.16%。在标准化流程的加持下,海底捞在财务方面的表现同样亮眼(如表11-1所示)。从经营规模上来看,截至2019年年末,海底捞的总资产达206亿元,归母净利润达23.45亿元,同比增长42.4%。同时,海底捞的营业收入和净利润实现稳定双增长——营业收入从2016年的78.25亿元跃升至2019年的266.19亿元,三年连续复合增速高达50.40%;净利润从2016年的7.35亿元增至23.45亿元,三年连续复合增速高达47.21%。从盈利能力来看,2019年海底捞净资产收益率为24.36%,较前两年有所下降,这主要受上市融资和IFRS16号准则的影响;但海底捞卓越的成本管控能力使其销售净利率、净资产收益率仍处于行业领先地位,同期呷哺呷哺和味千(中国)的净资产收益率水平分别为12.48%和4.77%,均低于海底捞。从偿债能力来看,海底捞2019年资产负债率为48.5%,较去年提高20%,财务杠杆效应增大;流动比率和利息保障倍数稍有下降,偿债能力有一定程度的减弱,但基本维持在安全水平。从营运能力来看,2019年海底捞应收账款周转率为150.18,较2016年下降11.53%;固定资产周转率也从2016年的9.00降至2019年的4.98,总资产周转率从2016年的3.04降至2019年的1.64,这主要与海底捞加速门店布局的扩张战略有关。以上财务数据表明,海底捞的营运能力呈小幅下降趋势,但总体仍维持在较高水平,企业整体运转较为高效。此外,海底捞的现金流状况较为乐观,经营活动现金流量净额从2016年的14.14亿元增至2019年的45.80亿元,表明其经营活动现金流量充裕,现金回流能力强。虽然由于业务扩张、偿还租赁负债、股息分配以及收购附属公司等原因导致公司现金流出增多,现金及现金等价物由2018年的41.19亿元降至2019年的22.22亿元,但其经营活动现金流量净额与营业收入的比值仍大于销售净利率。综上所述,海底捞的整体财务绩效呈现稳中向好的发展态势。

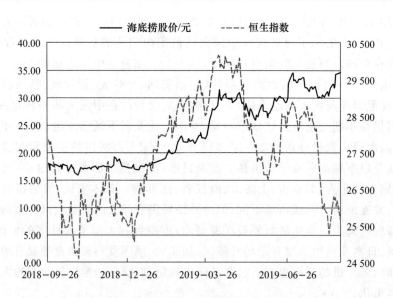

图 11-4 海底捞上市后股价变动情况

资料来源：Wind。

表 11-1 海底捞 2016—2019 年财务绩效一览表

指标		年份			
		2016 年	2017 年	2018 年	2019 年
经营规模/百万元	总资产	2 749.52	3 735.83	11 944.64	20 613.93
	营业收入	7 825.09	10 658.84	16 997.22	26 619.16
	净利润	735.17	1 027.85	1 646.16	2 344.71
	净资产	1 071.74	1 090.99	8 629.55	10 626.03
偿债能力	资产负债率/%	61.02	70.80	27.75	48.45
	流动比率	0.77	0.56	1.74	1.27
	利息保障倍数	165.79	189.65	73.42	14.71
盈利能力	净资产收益率/%	96.65	108.70	33.89	24.36
	总资产报酬率/%	52.52	50.38	29.25	21.40
	销售净利率/%	12.50	11.21	9.70	8.82
	每股收益/元	0.02	0.03	0.05	0.06
营运能力	应收账款周转率/%	167.49	89.92	105.06	150.18
	固定资产周转率/%	9.00	7.04	5.59	4.98
	总资产周转率/%	3.04	3.29	2.17	1.64
	经营活动现金流量净额/百万元	1 414.06	1 399.72	2 388.39	4 580.48
	现金及现金等价物期末余额/百万元	406.88	282.03	4 118.62	2 221.96
成长能力	主营业务收入增长率/%	35.63	36.24	59.53	56.49
	总资产增长率/%	14.25	35.87	219.73	72.58
	净利润增长率/%	169.60	39.81	60.16	42.44

资料来源：Wind、中信证券研究部。

三、O2O 模式下餐饮行业价值链成本管控

新冠疫情席卷全国后,餐饮行业所面临的竞争激烈、生命周期缩短等一系列问题日益凸显。这些难题无疑推动着企业努力寻找自身独特的竞争优势,力求在企业运营的各个环节创造更大的价值增值。企业的经营管理活动实质上是维持并提高企业价值的过程,迈克尔·波特将企业进行的一系列连续的价值增值活动总结为价值链。在价值创造、价值实现和价值经营的过程中,餐饮企业自身与上下游的供应商、渠道商、顾客以及行业内竞争者、跨行业互补者之间形成密切的竞争、合作和依赖关系,企业组织的竞争形式也逐渐从单一企业的价格竞争转变为整个产业的价值链竞争。面对新竞争形式的出现,仅从企业内部进行成本管理往往难以满足企业的发展需要,基于价值链的成本管理思想逐渐受到管理层的青睐。价值链成本管理指的是以识别和分解价值活动为基础,收集与价值链各环节相关的成本信息并进行加工、分析、处理和报告,向企业管理者提供价值链管理决策和控制所需要的成本信息。这种管理模式是一种以企业价值最大化为导向的基于价值链的管理模式,它通过全面动态的成本管理来帮助企业优化业务流程,对企业实施成本控制,最终提高企业的整体效益。

(一) O2O 模式下价值链基本特征

伴随着互联网经济的崛起,中国餐饮行业逐渐催生了以信息化为背景的 O2O 新型餐饮业务模式,其实质是集消费者决策、下单、支付、外卖、配送等流程为一体的网络平台,作为传统餐饮和互联网共同孵化的产物,O2O 餐饮平台的涌现对传统餐饮行业的经营模式产生了高度冲击,亦为餐饮业转型突破提供了重要机会。在"互联网+"浪潮兴起与餐饮行业转型升级的背景下,O2O 餐饮模式风靡中国餐饮市场。中国饭店协会数据显示,2018 年,O2O 餐饮的总体市场规模超 3 000 亿元,用户规模占比高达餐饮消费者的半数以上。2020 年,中国线上订餐人数近亿人,餐饮外卖领域收入呈爆炸式增长。

在餐饮行业竞争日趋激烈的背景下,识别出价值链条各个环节的增值活动对餐饮企业的成本控制具有突出的战略意义。根据餐饮企业所处环境的范围,价值链可以划分为内部价值链与外部价值链。其中,外部价值链又可以划分为行业价值链与竞争对手价值链。餐饮企业的价值链主要由企业内部价值链、行业价值链和竞争对手价值链三个方面构成。第一,企业内部价值链,即企业经营过程中各项价值作业连接在一起构成的价值链。企业从购入原材料到形成最终产品的过程离不开各项价值作业的相互联动。其中,价值作业主要包括基础设施建设、人力资源管理、产品技术开发、采购、生产、后勤、营销及服务等。第二,行业价值链,也称纵向价值链。随着技术的进步与社会分工的细化,价值链的增值环节也不断增多。在单一产品从采购到售出的整个价值实现过程中,核心企业会尽可能地利用上下游资源将自身调整到全产业链条中最具备优势的位置,以便优化流程、降低成本与提高效益。第三,竞争对手价值链,也称横向价值链。企业通过对比分析自身与竞争企业在价值链条各个环节的成本状况,采取相应措施(如开展策略性收购等)强化自身的竞争优势,从而降低资源配置成本。然而,网络经济的高速发展为传统价值链赋予了新的时代内涵。以信息系统开发为代表的创新型科技推动了餐饮企业价值链重构,传统价值链模型很难完全阐述餐饮新模式下的价值流转,互联网价值链模式和传统价值链模式相结合的网络时代价值链,即虚拟价值链,已经逐渐被用于价值链的整合与重塑。O2O 网络经济模式和信息化背景下的餐饮行业价值链呈现出以下新特征。

1. 价值链供求端一体化

传统餐饮企业的商业价值链重视企业资源集合优势,强调企业内部的核心能力,部分"种子"企业往往利用内部竞争优势参与到"红海市场"的激烈竞争中。随着互联网技术浪潮的席卷和新冠疫情的暴发,企业内部单一化的价值活动已经无法满足企业追求最大化利润的基本目标。价值链开始向前端消费和后端供应延伸,逐渐构建起"供应商+企业内部+销售渠道+消费者"的一体化产业价值系统(如图11-5所示)。同时,由于O2O模式的兴起与线上订餐人数的爆炸式增长,餐饮行业的价值链逐渐从传统价值链向虚拟价值链演变。在价值创造的过程中,传统价值链和虚拟价值链相互关联交错,最后发展到供求适配的产业价值网络,该变化过程正是传统价值链向现代价值链不断进化的表现。

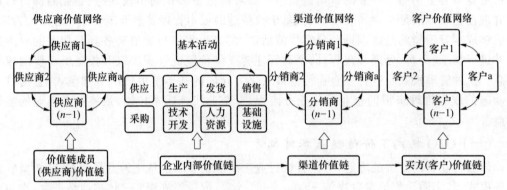

图11-5 餐饮产业价值系统

2. 价值链处理流程高效化

互联网技术发展的源动力在于整合社会资源,提高社会再分配的效率。信息技术的发展将各类信息资源从物流与资金流中分离出来,推动传统商业价值链的整合与重塑,逐渐实现了以物流为依托、资金流为形式、信息流为核心、商流为主体"四流归一"的全新格局。对于餐饮行业而言,传统网络价值链的重构势必对价值传递产生重大影响。随着移动互联技术的普及,越来越多的餐饮企业将大数据技术应用于企业的日常经营活动,如根据消费者的付款清单和相关凭证准确判断其消费偏好和人群属性,以便有针对性地满足消费者的多层次需求,从而降低企业的信息搜集成本。电子支付方式的改变为企业与供应商的交易和与消费者的结算提供了较大的便利,降低了企业的实际运营成本。在现代信息技术的支持下,核心企业与其价值链联盟能够对价值链各节点上发生的业务进行实时的跟踪、计量、记录及查询,并能进行实时的控制和评价。

3. 虚实价值链关系协同化

O2O餐饮模式的本质是利用互联网构建客户的消费入口,将原本零散的餐饮企业整合到互联网平台上来,集合消费者的需求并反馈给门店运营,如此循环往复,以达到餐饮信息化运用的至臻境界。近年来,餐饮类信息管理软件开发掀起一股热潮。对于一些既成规模的连锁餐饮企业来说,运用信息管理系统开展企业经营管理日渐重要。随着信息技术在餐饮企业经营的普及,餐饮企业对相关管理软件与信息系统的利用率逐年提升。基于信息资源本身具有丰富性、共享性和增值性的特性,信息系统和管理软件的应用将用户信息与需求一同整合到餐饮企业的价值创造活动中,使得虚拟信息与实际活动紧密地联系在一条价值链上。通过对整条价值链的资源集成和管理优化,来达成虚拟价值链和实体价值链的高效协同。

(二) O2O 模式下餐饮行业成本管控现状

企业成本来源于其生产经营过程中产生的各项价值活动,如采购环节会形成以原材料、产品为基础的实物流,订单确认环节会形成以数量金额为载体的信息流与资金流等。在市场环境日趋复杂的背景下,即使某些餐饮企业能够较好地控制自身成本状况,也难以应对上下游企业由于各种原因带来的不利影响。运用价值链的方法管控成本能够有效解决传统成本管理方法的弊端,对于促进企业形成可持续竞争优势具有重要的战略意义。价值链战略成本管理主要有两个优势。其一是在成本管理范畴扩大的前提下,价值链战略成本管理可以有效获取外部信息,尤其是了解上游供应商与下游消费者的需求,企业继而跟随市场释放的信号对企业内部的成本管理缺陷及时作出调整。其二是价值链战略成本管理更注重成本识别、分析与改进,借助该方法能够深化对竞争对手成本管理方法的认识,从而挖掘自身潜在的成本管理空间,实现资源的有机整合,保证成本管理的可持续性。在餐饮企业的经营过程中,出于对供应商所提供原料的安全性和新鲜性等多方面因素的考虑,运用价值链的思想进行成本管控显得尤为重要。然而中国餐饮市场异常分散,绝大多数以独立餐厅运营为主。2019年,美国的餐饮连锁化率有54.3%,而中国只有10.3%,且中国餐饮市场连锁化餐厅收入占比低于五分之一。整体来看,O2O模式下的中国餐饮市场存在头部餐饮企业聚集性差、连锁化程度低等诸多不足,中国餐饮行业的供应链仍不成熟,多数餐饮企业尚未形成完整的价值链体系。从价值链视角来看,我国餐饮产业成本管理主要存在以下问题。

1. 内部价值链:组织层级纷繁复杂,门店管理效率低下

O2O餐饮企业的组织管理模式大多为科层制,即依据职能和职级的不同而将权力进行切分并分层,以组织规则为管理主体的组织形式和管理方式。这种组织管理形式有着很大的弊端:由于企业在经营过程中要涉及若干个环节的处理与组织协调,这种多层划分的组织管理模式会导致企业不得不将大量精力耗费在整合资源与权责分配上,不仅使整个组织运作迟缓,还会大幅降低企业的管理效率。科层制的机构设置还会造成企业分工过细,层层叠加的授权审批流程与人员冗余的分工设置导致组织机构过于臃肿,降低企业运营效率,增加企业管理成本。整体来看,O2O模式下的餐饮企业在内部价值链管控方面仍存在着较大的改进空间。

2. 行业价值链:上下游资源整合不当,冷链物流运输成本增加

对于O2O餐饮企业而言,处理好与上下游企业的关系,建立稳定的货源供应渠道至关重要。上游供应渠道的不稳定,会阻碍企业适时地获取各种品类的生鲜食材及原料。下游分销商乃至消费者的不信任,也会使得企业难以进一步拓展市场。因此,餐饮企业应与上下游企业建立良好的伙伴关系,以便最大限度地发挥资源的协同效应。通常来讲,餐饮产业链以食品生产为起点,经过食品加工之后进入流通环节,在此过程中借助冷链技术将食品低温输送至分销商与消费者处。对于意图扩大自己品牌影响力的连锁化餐厅来说,如果没有关联企业的底层系统化支撑或相关设施储备运作,社会化干线和冷链运输资源便无法得到良好整合,这不仅会使冷链物流的运输效率低下,还会导致价值链条上生产运输环节的成本叠加。我国生鲜产品冷链技术起步较晚,发展速度相对缓慢,餐饮企业的冷链技术投入尚有不足,相关生鲜食材不可避免地在运输途中出现腐损。据前瞻产业研究院统计,中国每年消费的易腐产品超过10亿吨,其中需要冷链物流运输的超过50%,然而目前国内综合冷链流通率仅为19%,而欧美地区则达到95%以上。除此之外,我国餐饮企业的分散经营减少了冷链企业可容纳的货量,造成较高的冷库空置率,使得我国冷链成本远高于美国和日本(如表11-2所示)。如今,我国常温利润率是10%,冷链利润率为8%,相比于发达国家20%~

30%的利润率差距较大。冷链物流发展的相对落后严重阻碍了我国餐饮行业规模化程度的提升与海外市场的拓展。

表 11-2　中国与美国和日本的冷链物流对比

国家	预冷保鲜率	综合冷链物流	综合冷藏运输率	人均冷库容量	冷藏保鲜车保有量
中国	30%	19%	30%	0.143 m²	11万辆
美国	80%~100%	100%	95%	0.440 m²	23万辆
日本	80%~100%	98%	90%	0.277 m²	15万辆

资料来源：前瞻产业研究院，中信证券研究部。

3. 竞争对手价值链：竞争策略同质单一，缺乏业务拓展与战略联盟

随着人们生活水平的提高，餐饮行业内部的市场竞争也愈演愈烈，多数企业追求低成本战略，一味启用价格战术，导致产品同质化严重，市场反馈效果不甚显著。因此，企业亟须转变竞争策略，实施差异化的竞争策略，强化自身竞争优势。首先，企业可以结合自身优势考虑进军新业务，提供多样化的产品服务以延长价值链。其次，对于规模相当且优势突出的竞争对手企业进行定点超越分析，分析这些公司的发展战略、经营策略和转型方向，进而对自身的优势和短板进行合理调整，提升自身竞争能力。最后，积极开展与竞争对手企业的合作，建立战略联盟关系，不仅能够细化各自企业的分工获取低成本优势，亦能为新业务的开辟拓展提供内外经营基础。在中国餐饮产业正处于快速增长周期的背景下，实施差异化的竞争策略有助于企业在激烈的市场竞争中立于不败之地。

四、海底捞价值链成本管控

作为O2O餐饮行业的"翘楚"，海底捞在内部价值链、行业价值链与竞争对手价值链方面开展了一系列的成本管理实践（如图11-6所示），为其他餐饮企业的成本管控提供了示范效应，也为成本管理创新注入了新的活力。

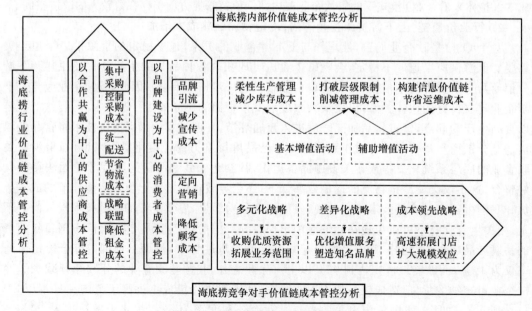

图 11-6　海底捞价值链成本管控框架

（一）海底捞内部价值链成本管控

1. 海底捞内部价值传递流程及关键成本分析

在企业进行实际经营活动过程中，内部成本的发生主要涉及两个方面：一是产品研发、设计、生产等直接为顾客提供价值的作业，企业为维持客户黏性需要有针对性地制定能够提升顾客价值的经营方案；二是库存管理、半成品加工、产品运输等支撑企业高效运转的经营活动，这些经营活动看似对顾客价值影响较小，但与企业的加工、存储以及销售每个环节都息息相关。与传统制造业企业类似，海底捞的内部价值链主要包括基础设施建设、人力资源招聘及培训、信息技术研发、采购、后勤与营销服务等，其中所涉及的成本大体可将其归为两类：可变成本与固定成本。可变成本主要指食材、底料及调味品等原材料的采购成本、水电成本；固定成本包括物业租金成本、日常折旧摊销成本、员工培训及管理等成本。从内部价值链的角度来看，海底捞的主要任务就是分析其各项作业有无改进的必要和增值的可能，并进行战略性的改进，以便实现价值链的整体优化。由于海底捞在上下游价值链成本管控方面做得较为出色，因而在其内部经营过程中，海底捞能够专注于核心业务的成本管理，形成一条始于进货采购，终于顾客服务的流畅的内部价值链（如图11-7所示），具体流程的传递过程可以描述为：海底捞的各个直营餐厅形成采购需求后，推送至上游供应端，蜀海供应链在集合采购需求完毕后，借助自备的冷链运输系统将食材及底料消耗品配送到海底捞附近的仓储中心，由仓储中心对其进行分拣、加工及部分深加工，检验合格后将食材及底料消耗品运至各直营餐厅，最后由餐厅后厨统一进行拣选、清洗等再提供给消费者。在该过程中，食材及底料消耗品通过在企业内部价值链上的传递完成了价值的逐步积累与转移，并最终传递给消费者。换个角度来说，消费者对于餐饮企业凝聚在各种火锅品类上的实物价值和服务价值作出判断并接受付费，这一价值流转过程构成了企业的利润来源。

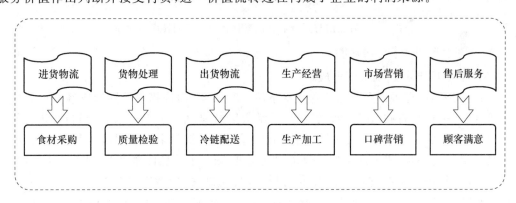

图11-7 海底捞内部价值链

2. 海底捞内部价值链成本管理

（1）柔性生产管理，减少库存成本

随着消费者需求的日益多元化，餐饮行业的品类供应也日渐丰富，库存积压带来的成本损耗成为餐饮行业面临的痛点。鉴于此，海底捞引入了VMI库存管理模式和中央厨房加工制度。首先，各门店将订单需求在海底捞的信息系统上反馈，餐厅负责人在确认门店目前的实时库存之后，根据顾客需求与库存水平确定合理的采购及生产计划，反馈至上游供应链企业蜀海集团和中央厨房加工中心，经过中央厨房统一加工后提供给终端消费者。据此，海底捞不仅实现了原料和食材的精准供应,还降低了企业自身的库存损耗成本。其次,海底捞采取经济订货批量法来加强库存成本管理,借助运营部对食材、设备与其他消耗品使用量的统计,得出各项采购数据的平均值、开方值及变化趋势,结合不同时间与特殊节假日的客流情况与翻台率,依据各类食材、锅底的使用情况在全球各大门店的信息系统中精准投放采购信息,有效地减少了信息错配和资源浪费。最后,海底捞采用滚动价格进行结算。普通食材采购价格的更新周期为15天,若其在更新周期内发生波动,采购部需与供应商重新商定并滚动更新,同时上交最终拟定的采购价格表到财务部与库房进行备份。通过实时反馈调整市场价格的敏捷机制,海底捞的库存周转速度大幅提升,以近四倍的库存周转率领先于核心竞争企业(如图11-8所示),不仅削减了食材的损耗成本和积压成本,还使得订货成本无限接近储存成本,从而达到最小化库存成本的目标。

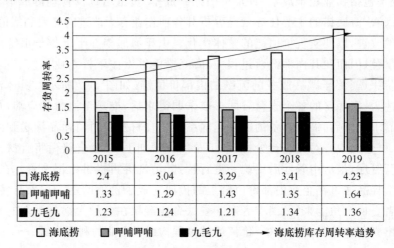

图11-8 海底捞与同行业其他餐饮企业存货周转率对比图

资料来源:根据海底捞官网数据整理。

(2) 打破组织层级,削减管理成本

组织管理是所有餐饮企业运营的基本条件。2010年,海底捞借鉴阿米巴经营模式进行组织变革。一方面,打破组织层级的限制,取消大区经理、小区经理设置,并对员工进行不同程度的授权。其一,精简组织结构,公司只由总部、教练、报团小组和门店四部分构成,内部管理体系高度扁平化,极大地增加了公司的透明度,减少了信息传递成本,提高了决策效率。其二,对于不同决策层级进行不同程度的授权,公司副总、财务总监等高级管理人员拥有100万元以下的签字权,采购部长、工程部长、小区经理拥有30万元以下的签字权,店长拥有较大的门店经营自主权,这种充分放权的决策机制不仅能够节省管理成本,还有助于激发员工热情。另一方面,海底捞汲取阿米巴经营模式的精华理念,对新店开拓战略、员工晋升与绩效评估等进行创新。海底捞将其下设的门店均划分成独立的经营单元,使得每个小团队像"微型企业"一样直接感知市场变化,有助于发挥小团队内全体员工的主观能动性,减少因权责划分不当而导致的互相推诿。海底捞还将拓店权力下放,利用师徒间的利益挂钩机制培养新店长,引导老店长对新店长倾囊相授,有利于削减再培训成本与培训失败的机会成本。海底捞借助师徒和抱团小组机制实现自我裂变,促使多家地域相近的门店抱团经营,实现了一定地区内的信息资源共享。

（二）海底捞行业价值链成本管控

1. 海底捞行业价值传递流程及关键构成部分

价值链通常始于原始资源的获取，终于产品与服务的销售。行业价值链则是指企业以自身为核心，连接上游供应商与下游消费者的价值流转链条。由于资源的有限性，单独的企业难以将所有外部环节内部化。随着互联网技术浪潮的席卷与新冠疫情的暴发，价值链供给端与需求端的资源信息相互关联交错，经济社会格局的双重震荡推动餐饮企业的价值创造活动向外部价值链延展，企业的增值活动与成本管理更多来源于与供应商、渠道商有关的合作环节。经济新常态背景下，价值链环节得到进一步的延伸，成本控制的范围也随之拓展，越来越多的企业认识到成本管理的内容不仅包括研发、采购、生产、销售等内部生产经营活动，还包括产品运输、配送以及售后服务等环节。在餐饮企业竞争日益激烈的今天，了解整个价值链条中每个环节的成本行为十分必要，只有这样才能帮助企业识别与分析成本耗费与价值创造严重不匹配的作业，从而进行更高效的成本改进。与传统制造企业类似，餐饮企业的日常经营活动主要涉及采购、生产加工与营销三个方面，上述活动构成价值链中最为核心的增值部分。然而，这些经营活动均离不开冷链技术、运输系统以及售后服务平台的支撑。由于海底捞所有门店均是总部授权的直销餐厅，并不涉及经销商、分销商和其他利益相关者，因此在海底捞的价值链中，对行业价值链的成本管控主要是指对供应商的成本管控和对消费者的成本管控。由此，可抽象出海底捞基于商流、物流和信息流的行业价值链上的业务流程模式图（如图11-9所示）。当门店形成采购需求后，海底捞通过自有的供应链聚合客户需求，统一向上游食材生产商处采购，相关货品经过拣选、清洗、加工、化验等环节检查全部合格后，经由海底捞自有的冷链物流集中配送至各直营餐厅，满足消费者需求。这一流程高效便捷，能够减少第三方平台模式所需的佣金或者服务费用，优化整体业务运转效率，形成较高的行业壁垒。海底捞的高效运营与其对于行业价值链成本的良好把控密不可分。在供应商价值链方面，海底捞自建配送系统，布局多个物流站点，结合各门店采购的需求对货物集中统一管理，节省了大量的物流成本。同时，海底捞与大型房地产供应商建立战略联盟，针对租期租金等相关事宜展开长期良好的合作，获取较大的租金优惠从而降低租金成本。在顾客价值链方面，一方面，海底捞利用品牌影响力，扩大口碑效应以减少二次宣传成本；另一方面，海底捞通过与用友共同斥资成立的红火台对顾客进行分类管理和精准营销，以达到削减营销费用的目的。由此可见，海底捞在供应商价值链管理与消费者价值链管理有着非常出色的表现。

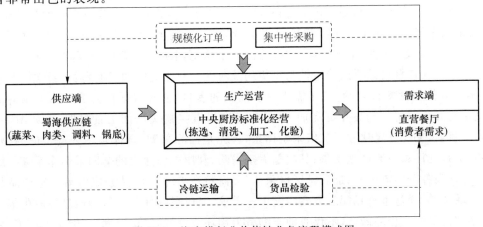

图11-9 海底捞行业价值链业务流程模式图

2. 海底捞行业价值链成本管理

(1) 以合作共赢为核心,实施供应商的价值链成本管控

打通供应渠道是海底捞在行业价值链成本管控方面脱颖而出的重要原因之一。海底捞集团及其关联公司布局了从原料供应到终端服务整条产业链的生产线,为门店扩张和提高品牌影响力提供了强有力的支撑。2011年,海底捞将稻盛和夫关于阿米巴经营的理念灵活运用在火锅品牌经营上,将集团内部的火锅产业链条全部打散,即针对火锅产业的各项业务单独成立公司,将已拆分的各个关键子公司定位于为大型连锁餐饮企业提供各项专业化服务的供应商(具体包括颐海国际、扎鲁特旗、蜀海供应、蜀韵东方、海海科技、微海咨询、海鸿达、优鼎优、红火台以及讯飞至悦等),实现集底料加工、食材供应、仓储物流、装修设计、餐饮零售运营、人力资源招聘和培训、新业态孵化、信息化管理、智能餐饮服务等服务领域的全覆盖。针对餐饮行业供销两头小且分散、货品种类多且繁杂的现状,海底捞整合行业资源,建立了一条覆盖供、产、销价值活动的标准化供应链。这种通过关联公司整合供应链的做法,有助于海底捞打造最有效率和最低成本的供应链,而且为海底捞提供了稳定优质且低廉的供货来源,推动了采购成本的降低和经营效率的提升。2015—2019年,海底捞的前五大供应商中平均关联数量超4家,来自关联方供应商的采购额为51.82亿元,占采购总额的30%。海底捞通过业务拆分覆盖全产业链这一举措,既保证了各子公司对海底捞的关联交易,又充分利用了产业链的优势,让子公司之间产生更强的协同性。这种方式有助于控制企业成本,分散企业风险,实现公司总体规模的快速扩张。

① 缩减采购环节、控制采购成本

对于餐饮企业来讲,食材采购是开展日常经营活动不可或缺的重要环节。目前传统的餐饮供应环节众多,通常一级代理商的加价率高达20%。若没有较为优质且稳定可靠的供应商,企业的发展将受到很大的掣肘。海底捞对采购成本的把控无疑是餐饮行业的业界标杆,其关键措施在于建立蜀海供应链。蜀海供应链是海底捞集团2011年设立的餐饮食材B2B公司,基于海底捞自身标准化的中央厨房系统为连锁餐饮提供一站式的初加工与深加工食材供应。在基础设施投入方面,蜀海供应链在全国拥有多个现代化的冷链物流中心、火锅底料加工厂、食品加工中心、羊肉加工厂与蔬菜种植基地等。在物流投入上,蜀海供应链建立了全国七大多温区物流中心,极大程度地辐射了海底捞的直营餐厅,为其提供配送支撑。在生产加工流程方面,海底捞引入中央厨房运作模式开展工业化生产,利用标准化流程优化采购成本。除此之外,蜀海供应链还成立了品控部门,直接负责各类食材的品质把控,降低食品安全风险。对于海底捞而言,无论是火锅底料、肉类、海鲜及蔬菜,抑或餐厅所需的装修材料、设备及项目管理服务等,均由总部的采购部门统一管理供应商并为所有餐厅采购,保证了海底捞食材品质的稳定性与供应的及时性。对于无须加工的食材,通常情况下直接与第三方供应商签订合约;对于需进一步加工的食材,公司根据自身需求选择原料供应商,交由蜀海集团统一购买并负责加工,最后海底捞直接购买已加工食材即可(如图11-10所示)。目前,蜀海已经建立了三级采购体系,首先是国际采购,具体是指采购全球的物料,最终目标是到厂家与原产地拿货;其次是大宗采购,利用先前建立的全国采购体系进行统一采购,分配到各个物流中心;最后是区域采购,蜀海将所有采购商品分成贸易流通产品与加工类产品两类,通过生鲜日配的方式匹配用户需求,完成采购任务。这种通过规模化集中采购严格规范采购流程的做法,不仅有助于缩减采购环节,提高采购效率,还能减少员工"采购

吃单"现象,保证采购廉洁,从而降低采购成本。

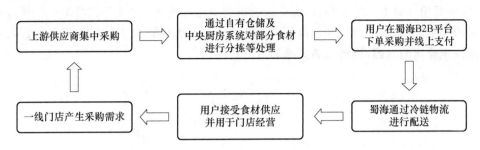

图 11-10 蜀海供应链采购流程图

② 集中配送管理,节省物流成本

价值链的基本思想在于价值创造不是靠单一企业或者单一环节实现的,而是要求处在价值流动链条上每一个节点的密切配合。物流配送是价值链各个流程的衔接点,亦是实现客户价值的重要环节。把握住商品的物流,整个价值流转的过程就成功了一半。不同于其他餐饮企业,海底捞拥有自己的配送中心与仓储站点。早在 2011 年,海底捞管理层便意识到物流配送对于企业经营的重要性,因此对集团内的各项业务进行拆分,蜀海国际随之成立。作为供应链的龙头企业,蜀海国际不仅负责海底捞和其他餐饮连锁企业的供应链业务,同时还为众多火锅餐饮企业提供专业化的仓储物流服务。自成立以来,蜀海投入大量资源用于基础设施的建设,构建起较为密集的配送网络。截至目前,蜀海供应在全国建有 23 个物流中心,完备的物流配送系统为海底捞的采购需求提供了强大的支持。此外,海底捞对于自身的物流管理和生鲜产品配送有着一套较为严格的流程要求。蜀海需要根据信息系统大规模聚集海底捞各分店的采购需求,结合需求端的信息反馈,经由分拣、加工及部分深加工后统一配送。物流配送作为海底捞连接内外部价值链的关键环节,是海底捞进行行业价值链成本管控不可忽视的一部分。海底捞通过自建供应链系统、集中管理和批量运输生鲜产品的方式,一方面利用规模效应分摊较高的仓储运输成本,另一方面通过减少生鲜产品的流通环节降低损耗成本,从而实现对供应环节各项成本的良好控制。海底捞通过对上游供应链的布局,有效控制了配送环节的成本,将整个产业链的优势发挥到极致,为连锁餐饮的成本管理提供了新思路。

③ 建立战略联盟,降低租金成本

物业租金是餐饮企业成本的重要构成部分,强大的租金优势是海底捞领先竞争对手的关键因素之一。海底捞的租金成本远低于同行业其他企业,不足其他餐饮企业租金成本的六分之一(如图 11-11 所示),其原因有五。第一,海底捞与国内多家大型地产供应商建立战略合作伙伴关系,直接签订 5~10 年并附带续约选择权的长期租约,同时支付固定的租金金额。第二,海底捞凭借其高速的门店扩张和强大的聚客能力,使得地产供应商放宽租赁限制,海底捞得以获取有利的租赁条款。第三,海底捞强大的品牌影响力使其无须依靠黄金地段引流即能为商圈带来人气,因此地产供应商给予海底捞的租金优惠较大,海底捞需要支付的绝对租金较低。第四,海底捞平均占地较广,门店面积为 600~1 000 平方米不等,符合多数地产供应商的顾客偏好,增加了地产供应商让惠给海底捞的意愿,从而降低了租金成本率。第五,在火锅门店经营上,海底捞凭借充足的客流量、多元化的消费场景、高时长的营业时间将翻台率提至4以上,促使其单店营收坪效远远领先于行业平均水平,进一步摊薄租金费用率,压低租金成本。整体而言,海底捞通过建立战略联盟,将自身利益与地产供应商的收入紧密绑定,一跃成为地产开发商的利益共同体。上述举措不仅能够降低租金成本,还有助于减少企业间的摩擦,推动资源共享和价值共创。

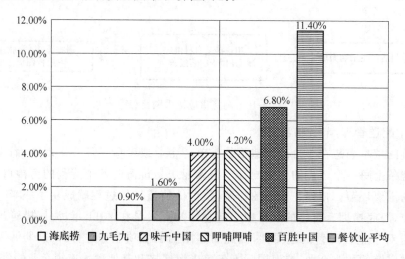

图 11-11 连锁餐饮快餐企业租金占营收比重比较

(2) 以品牌建设为策略,实施消费者的价值链成本管控

① 强化品牌引流,降低宣传成本

近年来,餐饮行业中火锅"赛道"的竞争异常激烈,如何创造顾客价值、打造差异化品牌成为各企业面临的一个痛点。海底捞在业内拥有如此高的知名度,关键在于其为顾客打造的极致就餐体验,众口相传形成良好口碑,最终塑造了强大品牌影响力。曾经当过服务员的张勇说过,"差异化的服务就掌握在每一个员工手里,只有海底捞的员工愿意并且能够动脑服务顾客,并且还不怕犯错——让公司吃小亏,让顾客占小便宜,海底捞才能感动顾客"。为激励更多员工全心全意服务顾客,海底捞始终秉持把员工当家人的理念,给员工以优厚待遇。在生活方面,海底捞为员工提供优质的住宿条件,建立寄宿学校供员工子女上学等。在工作方面,海底捞为员工提供良好的工作环境,对员工信任有加并给予高度授权,一线员工有权为顾客赠送果盘、打折、换菜甚至免单。正是由于有这样的信任和授权,员工可以感受到自己被人信任,进而全身心地为顾客服务。海底捞员工自始至终都秉持着一个信条:服务好每一位顾客,做好每一单生意。因此,海底捞全员始终将"服务至上,顾客至上"的宗旨铭记在心,从厨师烹饪、服务人员点菜到传菜人员上菜的每个环节都力求让顾客感受到最优质的服务,从细节处提高消费者对于海底捞服务质量的感知,最终以"变态服务"闻名世界。海底捞的考核标准只有顾客满意度与员工努力程度,这种无财务指标的柔性考核方式能够激励员工尽自己所能地进行服务创新,最大程度地使顾客满意。乘着互联网与"粉丝经济"的快车,海底捞的优质服务体验在网络上迅速发酵,大批粉丝及自媒体达人在微博、知乎、抖音、快手以及小红书等社交平台分享自己去海底捞就餐的体验。各大社交平台上掀起关于海底捞的讨论热潮,高度吸睛的话题讨论叠加消费者的猎奇心理,促使海底捞的知名度得到很大的提升,为其节省了大量宣传成本。海底捞仅凭借口碑传播效应便实现了"低成本-快拓展-高回报"的正向循环。沙利文数据显示,在海底捞就餐的顾客中约99.3%满意而归,

有98.2%会再次惠顾,65%以上的顾客每个月至少光顾一次。目前,海底捞在中国主要餐饮品牌中拥有极高的知名度,已然成为最受消费者欢迎的外出用餐选择。

② 实施定向营销,增强顾客黏性

随着人们消费观念的转变和价值追求的多元,传统营销模式已经难以刺激消费者需求,以互联网技术为依托的定向营销成为管理者吸引消费者注意的手段之一。然而,大多数O2O餐饮企业仍沿用传统营销模式,采取投放广告、地推大屏等方式单向推送营销信息。由于缺少对潜在客户的信息掌握与意见反馈,不仅没有达到预期营销效果,还造成营销费用损耗与公众资源浪费。作为餐饮界的领军企业,海底捞率先对新型定向营销模式作出探索,寻求成本降低的新可能。首先,海底捞与用友跨界合资成立餐饮云服务公司"红火台",打造智能会员运营体系。该系统通过记录会员的个人喜好与点餐信息,对用户进行专业化的数据分析,推算出用户的消费偏好,以便定向推送信息与提供定制化服务。以大数据为支撑的定向营销有效地帮助海底捞提高了会员转化率,增强了客户黏性,达到了降低营销成本的目的。其次,海底捞针对会员推出"私人定制锅底"来满足消费者个性化定制和私人专享的需求,让顾客吃到最符合自己口味的锅底,增强顾客黏性。最后,海底捞还在等位区推出大屏游戏,通过连接顾客的智能手机终端,为其提供多样化娱乐活动,安抚顾客等位时的急躁情绪,给消费者以人文关怀。

(3) 构建信息价值链,节省运维成本

信息系统是餐饮行业精细化管理的基础,对于连锁餐厅的管理至关重要。企业通过信息价值链的构建,能够迅速调用自身的价值链管理体系,使信息流、资金流、物流无阻碍地运行在整条价值链中。信息系统作用于企业内部经营过程的实质在于任何一个因素的变化都会在企业内部开发的系统中反映出来,并通过协同的商务平台提供给企业各部门及企业外部资源,从而使业务过程达到高效、协作的目的。顺应餐饮行业消费趋势,构建与企业自身经营适配的信息化价值链网络,不仅能够为餐饮企业节省大量人力物力成本,也能够为消费者提供更全面的产品服务和更优质的就餐体验。作为餐饮行业龙头企业,海底捞持续投入智慧餐厅、SaaS系统、会员App等数字信息化服务系统,引领传统餐饮行业向信息化运营方向迈进。2019年,海底捞开设3家新技术餐厅(含首家海外新技术餐厅),小范围试用和推广机械臂自动上菜及中央厨房直接供应,率先在信息化与服务业的结合上作出勇敢尝试。通过对信息系统的部署,海底捞将线上、线下与供应端、消费端的数据打通,增强商户端与供应端、消费端的互动联通。截至2020年一季度末,海底捞已经装备958台传菜机器人和385部电话机器人并将其应用到后厨管理中,提高了后厨的智能化水平,带动了门店管理效率的提升。在具体门店管理上,海底捞针对性地改进传统低效的作业环节,升级相关生产设备,帮助餐厅实现从排队、点餐、收银、预订、订单、外卖到报表管理的效率提升,具体体现在以下几个方面。首先,海底捞使用全新自主研发的IKMS系统(Intelligent Kitchen Management System)来实现厨房的综合管理。借助IKMS系统,海底捞可以随时跟踪生产所需的采购数据并连接上游关联供应商,实现与供应端的高效联动。其次,海底捞运用科学技术对传统传菜流程进行改进,将自动出菜机、机械臂和传菜机器人投入到企业生产经营的实践中。这种流程式创新帮助海底捞提升了运营效率,节约了员工成本,使得海底捞的运维成本远远低于其他竞争对手(如表11-3所示)。除了在后厨管理和出菜流程方面创新外,海底捞还自主研发了收拣餐具的机器人。在消费者完成就餐后,负责收拣餐后垃圾的机器人会将垃圾从餐桌运至后厨,再由后厨的自动洗碗机对其进行清洗、烘干和臭氧杀菌,这样既能提高餐具卫生标准,也有助于企业节省人力运营成本。

表 11-3 海底捞与呷哺呷哺的部分成本比较

餐饮企业名称	成本项目	2013 年	2014 年	2015 年	2016 年	2017 年	2018 年	2019 年
呷哺呷哺	物业租金成本率	12.3%	12.9%	13.5%	12.9%	12.0%	12.4%	12.6%
	折旧及摊销费用率	4.6%	4.2%	5.0%	4.1%	4.1%	4.2%	4.4%
	其他开支成本率	4.9%	7.5%	5.7%	5.3%	6.5%	6.4%	6.6%
海底捞	物业租金成本率	—	—	4.7%	3.8%	3.9%	3.6%	3.3%
	折旧及摊销费用率	—	—	4.2%	3.7%	3.4%	3.3%	3.1%
	其他开支成本率	—	—	4.7%	4.8%	4.2%	4.1%	3.9%

资料来源:中国饭店业协会、天风证券研究所。

(三) 海底捞竞争对手价值链成本管控

1. 海底捞竞争对手成本分析及比较

面对日趋激烈的竞争环境,餐饮企业亟须了解行业内主要竞争对手的经营策略并对自身战略及时作出动态调整,以便在激烈的竞争中获取优势地位。从竞争对手价值链的角度来看,通过收集和分析来自有关竞争对手、政府机构、金融市场等方面对企业成本行为的约束信息,有助于企业明确自身在行业中所处的位置,继而制定适合自身的竞争策略以获取竞争优势。目前,海底捞的"龙头"地位较为稳固,市场空间广阔,但仍面临来自休闲火锅快餐"呷哺呷哺"、中式快时尚火锅"九毛九"等知名火锅餐饮品牌的挑战。在火锅行业竞争如此激烈且格局分散的背景下,海底捞何以领先同行坐上火锅品牌的第一把交椅?首先,从供应端来看,海底捞通过设立专业化的供货公司构筑了较为完善的供应商体系,绝大部分货物和服务均来自旗下子公司及其关联方。2015—2017 年,海底捞向关联方采购的金额分别为 4.38 亿元、5.89 亿元及 9.02 亿元。2017 年,由子公司提供的货物及服务占据海底捞总购买金额的比重高达 82%。供应商体系的完善为海底捞统一配方、供货与运输提供了良好的保障,助推海底捞实现了高效的成本管控。反观呷哺呷哺和九毛九,二者的供货渠道主要来源于第三方采购,议价能力略显不足。此外,呷哺呷哺与九毛九尚未与供应商建立深厚的合作基础。海底捞的每类食材均有备选的合格供应商,且与主要供应商合作关系超过 5 年;呷哺呷哺的供货渠道较为稳定,但可合作供应商的数量较少,一旦出现意外情况易导致缺货风险;而九毛九与主要供应商的合作关系仅超过 3 年,价格波动的情况时有发生,成本管理工作也因此受到挑战。其次,从门店运营来看,海底捞分别成立了颐海国际、蜀海供应、蜀韵东方、微海咨询等公司并独立运营,为海底捞提供底料、原料采购、仓储物流等服务,使企业形成一条供、产、销配合良好的流畅价值链,以此实现对各环节成本的标准把控;而呷哺呷哺和九毛九主要在第三方租用分仓及供应中心,仓储配送及中央厨房制作覆盖尚不全面,存在较多价值缺失环节。最后,从财务绩效来看,2019 年海底捞、呷哺呷哺、九毛九的销售净利率分别为 8.8%、4.8% 和 6.1%,这主要是由于海底捞的成本管控颇有成效导致其整体费用率较低。整体而言,无论从多元化、差异化还是成本领先方面,海底捞均有突出优势。

2. 海底捞竞争对手价值链成本管理

(1) 体内孵化品牌,体外收购优质资源

不同企业在价值链的各个环节中具备不同的优势。通过企业之间的产业链重构,能够有效降低交易成本。例如,企业由于缺乏业务拓展方面的经验,可以寻求与其他在业务拓展方面有较多经验的企业进行合作,以此做到共同成长、共同抵御潜在风险的发生。随着消费群体的迭代,"80后""90后"人群成为餐饮消费的中坚力量。面对年轻消费群体多样化的需求,海底捞开启多品牌发展战略,积极推出多种品牌,扩充产品品类以满足消费者多元化的应用场景,采用体内孵化和体外收购两种方式丰富餐饮业态。一方面,海底捞自主孵化新品牌,近年来陆续成立子公司拓展业务范围。2019年,海底捞旗下全资子公司成立十八汆餐饮管理有限公司,产品涵盖面条、早餐、茶饮、甜品。海底捞为全自助经营模式,产品多为成品和半成品,顾客从进店到自主结账仅需一分钟,极大地减少了人工成本。另一方面,海底捞采用体外收购的方式进军快餐领域,全资收购优鼎优以提供冒菜业务,同时对汉舍中国菜、Hao Noodle等品牌进行重新整合,通过对优质资源的策略性收购探索餐饮多元化发展的新可能。2020年,海底捞再次推出新品牌,主打川味盖饭的"饭饭林"和主打陕西风味餐食的"秦小贤"相继亮相,进一步扩充了企业产品品类。自主孵化和体外收购帮助海底捞拓展了业务范围,增强了不同品类之间的协同效应,降低了成本。通过寻找收购机会和自我孵化,海底捞实现了餐饮业态的纵向涉猎与餐饮产业的横向扩张,进一步提升了市场地位与国际竞争力。

(2) 提供增值服务,塑造差异化品牌

随着餐饮服务逐渐成为影响餐饮收入的中坚力量,服务态度和服务质量日益成为影响消费者满意度和忠诚度的重要因素。越来越多的餐饮企业致力于制定合适的服务营销策略,以期留住客户。餐饮企业若想以服务取胜,就需要做好全程服务工作。每个部门、每个岗位、每位成员都要完成属于自己的工作任务,包括采购、仓储、后厨烹饪、服务人员点菜与传菜等,环环相扣,提升整体服务水平。海底捞以持续提升顾客就餐体验为长期发展理念,不断精进服务能力,凭借差异化的服务筑起品牌壁垒。海底捞的差异化服务主要体现在以下五个方面。第一,菜单设置人性化。所有餐品均可以半份出售,服务人员会根据顾客人数建议点菜量,已经端到顾客桌上的菜品如未食用可以直接退回后厨,避免食材浪费。第二,提供多样化的服务项目。海底捞在顾客用餐之前提供美甲、洗照片、桌游道具等附加服务环节以缓解顾客等待时的焦急情绪。在顾客用餐过程中安排川剧变脸、抻面表演等多种服务,唤起顾客的好奇心以吸引其注意力。第三,服务极致贴心。海底捞为老人、儿童、孕妇及过生日的顾客设计专门的细节服务,服务过程中多次为顾客主动打沫、加水、收垃圾、换碟以及用三种不同的毛巾擦桌子等。第四,用餐环境卫生且设施齐全。海底捞的等候区面积较大,环境宽敞舒适,洗手间整洁干净,洗手台的架子上还专门配备护手霜、梳子及化妆用品,为同行业其他餐厅的环境设计与维护提供了新思路。第五,营业时间长。海底捞大部分门店会经营至凌晨2点,部分门店24小时营业。差异化的极致服务让海底捞的顾客数量呈指数级爆炸式增长,促使海底捞翻台率整体维持在较高水平。2015—2019年,海底捞整体翻台率平均保持在4以上,海底捞的服务顾客数量从2015年的0.63亿人次增加至2019年的2.44亿人次,复合年增长率高达40%。截至2020年年初,海底捞的会员数量已经超过5500万人。在门店飞速扩张的背景加持下,海底捞通过提供差异化服务,攻破消费者心理防线,赢得了顾客的认可,提升了市场份额。事实证明,通过提高顾客满意度来提升顾客价值是极具战略眼光的。海底捞在提升顾客价值的同时,也塑造了强大的品牌价值。看似"免费又繁琐"的服务,不仅为海底捞带来良好口碑,还加快了海底捞收回投资成本的速度,更为海底捞带来了极大的战略回报。

(3)高速拓展门店,扩大规模效应

规模化经营是O2O餐饮企业实现门店扩张与效益增长的必要前提。相较于其他竞争企业,海底捞在企业发展初期为开展规模化经营、实现规模效益作出了巨大的努力,这也为其克服成本上涨,在行业内保持优势成本地位注入一剂强心剂(如图11-12所示)。首先,在渠道拓展方面,海底捞拥有充裕的资金与丰富的融资来源,为其培养拓店人才与租金支付提供了强大的资金支撑。其次,由于蜀海供应链的建立,海底捞在食材加工、前台服务、后厨操作等一系列流程实现标准化经营,亦为海底捞的规模化扩张打下坚实的基础。此外,优质的供应渠道、安全的采购流程以及专业的冷链运输帮助海底捞建立了强大的食品安全保障。这些工作均为海底捞的门店扩张提供了核心支持,进而推动海底捞的规模化经营,促使其提升规模化的成本效益。事实证明,规模化经营与门店扩张的确是推动海底捞成本降低和业绩增长的关键因素。由于单店辐射客源十分有限,门店扩张是海底捞扩大营业规模的必然要求,而恰恰是这个决策成为推动海底捞发展的主要驱动力。为保证扩店计划顺利进行,海底捞对于不同组织形式的关系也进行了许多创新。其中,最主要的工作是通过设置明确的晋升路径来选拔具有丰富餐厅管理经验的新店长负责拓店事宜,同时推行师徒制,将师父店长的薪酬与徒弟门店业绩关联在一起,实现利益的高度绑定,推动海底捞门店的裂变式增长。历经二十余年发展,海底捞门店几乎覆盖全国各大商圈。随着海底捞线下门店的不断增加,海底捞在一定程度上享受到了由规模经济带来的成本优势。一方面,海底捞可以通过集中采购、统一配送等作业增强上游供应链的经济性,降低食品的采购运输成本;另一方面,门店的聚集能够扩大品牌优势,在降低单店固定成本分摊的同时,有效节省海底捞在信息系统运用和智能技术投入方面的相关研发成本。同时,门店扩张能够提高不同区域之间分店的紧密程度,缩短价值链间的反映环节,推动地区资源信息共享,使得价值流转过程从无序变为有序,利用协同效应降低海底捞的总体成本。

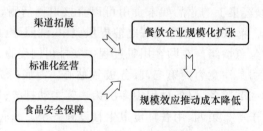

图11-12 支撑海底捞高速扩张的"三驾马车"

五、借鉴与启示

海底捞能够成为餐饮行业的"常青藤",与其强大的成本管控能力密不可分。在内部价值链上,海底捞凭借信息价值链的构建与核算单元的细分,将组织内部管理成本和运维成本保持在较低水平。在行业价值链上,海底捞布局上游产业,铸造强大的供应链体系,缩减流通环节,减少低增值作业发生频次,有效控制了供应端成本。同时,海底捞还通过创新服务方式来满足消费者的多层次需求。在竞争对手价值链上,海底捞逐渐布局新业态,在体内孵化和体外收购方面均做出大胆尝试,开启了多元化发展之路。此外,海底捞还采取差异化战略和成本领先战略,利用优质服务和高密度门店布局以强化自身的竞争优势。在火锅行业竞争白热化的今天,海底捞的价值链成本管控模式为新型餐饮企业尤其是大型连锁餐饮企业提供了诸多宝贵经验与启示,具有极强的借鉴意义。

第一,拓宽成本管理界限,延伸成本管理环节。互联网技术浪潮和餐饮O2O的兴起促使传统餐饮企业只关注企业内部经营的现状被打破,外部价值链环节的各项价值创造活动逐渐受到重视,推动餐饮企业将业务延伸至产业链的上游和下游以增加成本协同,从而扩大成本管理范围的外延。首先,在供应环节,餐饮企业应该建设强大的供应链体系,为企业生产活动提供支撑。在供应商的选择方面,严格制定供应商选拔标准,重点考虑食材品质、价格折扣、提供服务年限以及赊销容纳度等多项因素。在内部经营方面,完善自身的供应商管理系统,及时更新供应商名单和交易明细,通过分析供应商的动态对上游供应链进行整合,与供应商形成合作共赢的友好型关系。在具体采购环节方面,餐饮企业应尽可能地进行批量采购,提高企业自身的议价能力,确保采购食材的优质和采购价格的低廉,继而达到有效控制企业成本的目的。其次,在库存环节,餐饮企业应强化对供需部门信息沟通的追踪,利用准时化生产及采购的管理思想,最大限度地降低食材的损耗成本,提高企业经济效益。最后,在顾客环节,餐饮企业应该运用信息管理系统精准记录客户的消费偏好,并对客户进行信用评估,适时对其展开增值服务,提升客户转化率。

第二,树立战略成本管理理念,从战略的角度审视企业成本与回报。价值链管理是一项长期的系统性工程,绝非一朝一夕之事。个别餐饮企业由于对自身成本管理的认知程度不够,没有形成良好的战略成本管理思维,盲目追求短期成本的降低而放弃对长期成本战略的部署,缺乏全局意识。海底捞通过培训员工、提供增值服务以增加客户满意度的做法,是成本管理与战略发展思想结合的良好实践。短期来看,海底捞增加了员工培训成本与其他成本耗费,殊不知正是这种做法才使得海底捞打响品牌卖点,以最快速度收回单店原始投资成本,在大幅减少营销成本的同时,也减少了因资金占用产生的机会成本。此外,海底捞所有门店皆采用直营的管理模式,也是进行战略性成本管控的表现。在火锅餐饮头部品牌中,绝大多数餐饮企业采用加盟模式。相较于海底捞的直营模式而言,加盟店的前期成本投入较低,但由于缺乏门店运营管理的统一性与服务质量的一致性,后续经营过程中的成本管控稍显乏力。显然,海底捞的直营模式在对整体价值链的成本管控方面更具备后发优势。因此,餐饮企业应该正视战略成本管理的重要性,将目光从对企业内部生产运营的微观成本管理转移到影响企业发展方向的战略成本管理,只有这样企业才能保持自身发展特色,降低企业的整体成本,从而建立长久的竞争优势。

第三,构建新型信息价值链体系,开发以综合信息服务平台为支撑的成本管理系统。在信息时代的背景下,战略成本管理涵盖的成本范围较广,成本信息含量异常庞大。想要实现对餐饮生态链的综合管理,构建新型信息价值链体系十分必要。通过对信息价值链的构建和信息系统的部署,餐饮企业能够很容易地将线上、线下与供应端、消费端的数据打通,串联起餐饮企业的运营场景、消费场景甚至金融场景,继而为提高顾客满意度、提升企业运营效率提供强大支撑。海底捞正是通过构建SaaS系统,得以在菜品、消费者、行业交易等信息的基础上搭建门店运营、连锁运营、会员运营等服务内容,同时将连锁门店数据和后端供应链数据相结合,实现集团产业生态链的协同发展,从而提高了集团整体的管理运营效率。对于餐饮企业而言,构建新型信息价值链体系、搭建企业自身的信息系统是企业提供标准化服务、提高市场占有率的必由之路,也是企业做好成本管理工作的必然选择。基于此,餐饮企业能够对上游下游乃至全产业链的信息进行收集、分析、处理与整合,以便更有针对性地对成本加以改进。

第四,探索适合企业自身的有效评价机制,助推企业成本管控取得实效。为保证战略成本管理的实践有效施行,餐饮企业需要建立与之相匹配的成本评估机制。该评估机制的核心目的在于衡量成本改进的措施是否如期推进并确有实效,以便进行下一次成本管理目标和成本管理措施的设定。海底捞结合企业实际,将顾客满意度与员工的努力程度作为考核标准,激励员工进行服务创新。同时,为确保员工工作效果和授予员工的权力不被滥用,海底捞设有成熟的监察流程制度,一旦某店的订单错配超出正常范围,相关管理人员即可对所有员工进行排查,避免因员工吃单而造成不必要的成本耗费的情况出现,降低企业的无效成本。因此,餐饮企业应该努力探索适合企业自身的有效评价机制,将预先设定的成本目标与实际成本结果进行差异对比和分析改进,这样才能促使价值链成本管控取得实效,最终达到价值链成本持续降低的目标。

参考文献

[1] 迈克尔·波特.竞争优势[M].陈小悦,译.北京:华夏出版社,1997.
[2] 崔迅,苗锡哲,仲伟林.顾客价值链与顾客满意[J].经济管理出版社,2004.
[3] 苏尼尔·古普塔,唐纳德·R.莱曼.关键价值链:从客户价值到公司价值[M].王霞,申跃,译.北京:中国人民大学出版社,2006.
[4] 王健,黄铁鹰.海底捞你学不会[J].电脑迷,2011(9):1-1.
[5] 黄德霞.企业竞争对手成本战略拓展研究——基于价值链视角[J].财会通讯:上,2014(6):22-24.
[6] 刘宝红.采购与供应链管理:一个实践者的角度[M].北京:机械工业出版社,2015.
[7] 何瑛,袁筱月,于文蕾.亚马逊价值链成本管控分析[J].财务与会计,2016,17(17):23-25.
[8] 齐向宇.变态求存阿米巴——对话中科金财副总裁陈毅贤[J].人力资源,2016(1):12-19.
[9] 郑向民.全过程成本管控体系在煤炭企业的应用[J].内蒙古煤炭经济,2018,000(22):85-86,91.
[10] 伍锐.移动互联网下中小企业精准营销模型构建[J].商业经济研究,2018(18):59-61.
[11] 李秀全.基于战略管理需要实行全价值链成本管控[J].财经界(学术版),2019,000(15):63-64.
[12] 韩涓.基于价值链的企业战略成本管理探究[J].财会学习,2020,278(33):123-124.
[13] 贺梅.基于价值链理论成本管控的探讨[J].时代经贸,2020,520(23):79-80.

[14] 罗延博.基于价值链视角的企业成本管控策略研究[J].企业改革与管理,2020,386(21):187-188.
[15] 路志恒.基于价值链视角的企业成本管理研究[J].中国外资,2020,455(8):51-52.
[16] 高俊梅.沃尔玛战略成本管理研究[J].财务管理研究,2020,11(8):88-92.
[17] 孔笑寒.基于价值链的海底捞营运资金管理研究[D].南昌:南昌大学,2020.
[18] 莫云骄.餐饮O2O经营模式投资分析——以海底捞为例[J].国际商务财会,2020(10):22-25.

教学用途与目的

1. 本案例主要适用于"财务管理""战略管理""成本管理会计"等课程中公司成本管理领域的教学。

2. 适用对象:本案例主要针对MBA、EMBA和企业管理人员,以及经济类、管理类专业的高年级本科生及研究生。

3. 教学目的:数字科技的发展与新冠疫情的蔓延使得餐饮行业生命周期缩短,竞争愈发激烈,以信息化为背景的O2O餐饮业务模式也为传统餐饮企业带来新挑战。如何突破成本瓶颈与高效运营已然成为不容忽视的问题。现行经济环境下,企业的活动在很大程度上已经超越了自身边界,传统的成本管理难以适应新经济时代企业的发展需要。以开放、系统、动态为支撑理念的价值链管理理论越来越受到企业高层管理者的青睐,基于价值链进行成本管控显得尤为重要。作为全球领先的餐饮龙头,海底捞凭借独特的文化理念与出色的价值链成本管理手段成为餐饮行业的翘楚,其在内部价值链、行业价值链与竞争对手价值链方面的成本管控举措均为我国餐饮企业提供了良好的借鉴。通过对本案例的分析与研讨,帮助读者理解和掌握以下重要知识点:

(1) 战略成本管理;
(2) 企业价值链分析;
(3) O2O餐饮企业价值链与传统餐饮企业价值链的异同;
(4) 价值链成本管理与传统成本管理模式的区别;
(5) 价值链成本管理的核心框架与具体内容。

思 考 题

1. 与传统餐饮相比,O2O餐饮最本质的特征是什么?
2. 海底捞不同维度的价值链成本管控有何特点?
3. 信息价值链的构建对于海底捞的成本管控具有哪些重要作用?
4. 相较于行业内其他餐饮企业,分析海底捞在成本管控方面的优势和劣势。
5. 中国餐饮行业的成本管控目前存在哪些瓶颈?能够从海底捞集团获得哪些经验借鉴?

第五篇 收益分配管理

受全球经济不确定性和投资者市场消极预期的持续影响,许多公司的股价一度跌出历史低点,大有"高处不胜寒"的趋势。因此,对于获取日常经营所获取的销售收入和利润进行分割和分派有助于提振股票价格与稳定企业价值。事实上,收益分配是资本市场投资者获取回报的重要方式,符合价值投资长线持有的科学理念。然而,信息不对称问题仿佛在企业和投资者之间横亘了一条巨大的鸿沟,导致外部投资者难以及时准确了解企业经营与财务信息,也使不少前期就具备良好发展前景的独角兽企业蒙尘。其中,股利分配作为传递企业经营理念、帮助投资者正确判断企业价值的重要手段,可视为企业向资本市场释放特定信号的标识器,有助于推动企业达到市场价值匹配企业价值的稳定平衡状态。通常来讲,当企业的股票价格被严重低估时,发布股票回购信息或制定股利分配决策有助于向资本市场传递利好消息,推动股票价格重新趋于合理化。正如可口可乐、麦当劳等跨国公司都纷纷通过高频的股利分配和积极的股份回购回馈股东,对于长期处在成熟期的跨国公司而言,如何高效运用收益分配吸引投资者入局、稳定投资者预期、增强投资者信心对其维持行业领军地位尤为重要。

案例12 撬动高杠杆,回购增市值:麦当劳的股份回购

一、引言

　　股份回购最早起源于20世纪50年代的美国,指上市公司利用自有资金或债务融资等方式,按照一定程序购回发行或流通在外的本公司股份的市场行为。随着美国资本市场的逐步发展与成熟,股份回购在企业价值经营上的重要作用日益凸显,越来越多的上市公司开始接纳并尝试股份回购这一资本运作工具。20世纪90年代,在全球公司制度变革的背景下,股份回购在世界各地得到迅速发展,广受诸多上市公司的关注与青睐。现如今,股份回购作为一种常见且重要的公司金融行为和价值分配方式,在上市公司财务管理中的重要性不言而喻。2008年金融危机之后,美股回购规模不断增长,上市公司的股份回购热潮成为美股市场维持近11年牛市的重要引擎。基于美股长期持续的低利率环境,一大批利用"高杠杆"进行股份回购的上市公司应运而生,引起了资本市场和投资者的密切关注。"高杠杆"股份回购,是指上市公司以大规模的负债融资作为资金来源进行股份回购,将财务杠杆的作用发挥到极致。然而,高杠杆实是一把"双刃剑",尽管降低了企业的融资成本、扩大了回购资金规模,但也显著增加了企业的财务风险,导致诸多美国知名上市公司在股份回购的过程中纷纷出现资不抵债的现象,成为传统理论上的"负资产"公司。值得注意的是,许多负资产公司并没有如预想般濒临破产,反而在股价上屡创新高,其中标准普尔500指数成分股之一的麦当劳公司(McDonals Corporation,简称"麦当劳")便堪称个中翘楚。

　　麦当劳作为全球快餐行业的多年龙头,亦是"高杠杆"股份回购的积极参与者。2014—2021年间,麦当劳复权股价一路上扬,涨幅高达186.09%。麦当劳的优秀业绩离不开其"高杠杆"股份回购的助力,面对餐饮行业竞争愈加激烈、新冠疫情不确定性加剧的现实环境,麦当劳虽然背负"负资产"公司的标签,却凭借强大的品牌效应和灵活的现金配置能力,充分运用杠杆实施股份回购,实现了企业股价与市值的双重飞跃,成为上市公司"高杠杆"股份回购的成功典范。相较于美股上市公司股份回购的热潮涌动,我国股份回购的起步时间较晚,在回购规模、回购力度等方面与发达国家的资本市场仍有较大差距。因此,本案例拟从中美上市公司股份回购对比分析出发,解读两国股份回购的演进历程、制度环境与多重动因,并以麦当劳"高回报"的股利政策为切入点,遵循驱动因素、支撑逻辑、潜在风险、价值实现的研究脉络深入剖析麦当劳的"高杠杆"股份回购机制,旨在从宏观制度层面为我国资本市场完善股份回购相关法律法规、规范股份回购市场行为提供经验参考,同时在微观企业层面为上市公司理性定位股份回购、灵活运用股份回购和谨慎选择股份回购提供些许借鉴与启示。

二、公司简介

　　麦当劳由雷蒙·克洛克(Raymond Kroc)于1955年创立于美国芝加哥市,是一家主营汉堡包、薯条、炸鸡、汽水等快餐食品的全球大型跨国连锁餐厅。截至2021年12月31日,公司经营餐厅40 031家,遍布全球六大洲的119个国家及地区。麦当劳的前身源自麦当劳兄弟于1940年在美国加利福尼亚州的圣贝纳迪诺创建的"Dick and Mac McDonald"餐厅,

餐厅的蓬勃发展和未来前景吸引了当时还是搅拌机经销商的雷·克洛克,在与麦当劳兄弟初步达成合作意向后,他开始勾画将麦当劳开遍全美的事业蓝图;1955年,麦当劳公司创始人雷·克洛克正式以特许经营权的名义在伊利诺伊州的德斯普兰斯开设首个麦当劳餐厅;1960年,雷·克洛克将"Dick and Mac McDonald"餐厅更名为"McDonald's";随后,雷·克洛克以270万美元的价格从麦当劳兄弟手中了买断了麦当劳餐厅的经营权,全力开发麦当劳的特许加盟发展模式;1965年4月15日,麦当劳于纽约证券交易所(简称"纽交所")正式上市(NYSE:MCD)。从名不经传到快餐行业"霸主",麦当劳走过了半个世纪的漫漫征程,如今已经成为全球餐饮业最具价值的品牌,在BrandZ"全球最具价值品牌排行榜"上连续13年位列前十。本部分主要从发展历程、股权结构、经营理念、业务分布和财务绩效五个部分介绍麦当劳公司的基本概况。

(一)发展历程

纵观麦当劳近70年的发展历程,大致可将其划分为5个阶段(如图12-1所示)。在初期摸索阶段,创始人克洛克实现了对麦当劳的绝对控制,建立了独特的特许经营制度;在经营模式成型阶段,麦当劳公司进行餐厅服务体系变革,通过上市解决了公司的财务困境;在全球高速扩张阶段,麦当劳加快门店扩张速度,将版图延伸至100多个国家及地区,奠定了行业内的领先优势;在品牌战略调整阶段,麦当劳推行"致胜计划"遏制业绩亏损,实施以顾客为核心的长期发展战略;2010年起,公司进入稳定经营阶段。

图12-1 麦当劳公司发展历程

初期摸索阶段(1955—1961年):怀揣着将麦当劳餐厅开遍全美的梦想,1955年3月2日,雷·克洛克与麦当劳兄弟签署了麦当劳的特许经营权合同,麦当劳系统公司正式成立。与以往行业内从经营商身上攫取利润的做法不同,克洛克以"帮助经营商成功"的理念创造并形成了麦当劳独特的特许经营制度,从供应链采购到营销运营的全方位支持不仅吸引了大批经营商的加盟,也为麦当劳后续的扩张与发展奠定了坚实的基础。此外,克洛克在这一时期招揽到哈里·索恩本(Harry Thornburn)、弗雷德·特纳(Fred Turner)等大批人才,成立麦当劳地产公司并聘用索恩本担任财务总监,通过超高杠杆进军地产行业以筹措资金,在初期有效实现了对加盟商的控制和管理。截至1960年,麦当劳的加盟店数量已超过200家。1961年,为了拥有麦当劳的绝对控制权,雷·克洛克以270万美元的价格从麦当劳兄弟手中买下麦当劳品牌,实现对麦当劳在全美范围内的统一管理,麦当劳公司开始步入正轨。

经营模式成型阶段(1962—1967年):20世纪60年代初,麦当劳销售业绩骄人,截至1960年年末,麦当劳总计售出了价值7 500万美元的汉堡包、薯条和饮料。然而,麦当劳的累计利润却仅有15.9万美元,大笔的战略投资和在产品研发上的高额投入让麦当劳陷入资金短缺的困境,机构融资已无法满足麦当劳高涨的资金需求。1964年,索恩本开始推动麦当劳上市;1965年,麦当劳在纽约证券交易所上市,成为在纽交所上市的第一家餐饮企业,甫一上市就成为华尔街最热门的股票之一,在短短几周时间里实现价格翻番,缓解了麦当劳当时的财务困境。然而,财务上的新局面并未解决公司治理上的严峻问题,创始人克洛克和CEO索恩本之间的分歧与斗争不断激化。直至1967年索恩本辞职,克洛克才开始整改公司内部管理结构,由此结束了高管层的混沌局面。上市后的良好声誉、日益清晰的高层治理以及更为紧密的合作伙伴关系,成为麦当劳未来几十年快速扩张的基石。这一阶段,麦当劳在经营模式上作出重大变革,实现了从汽车餐厅到室内餐厅的转变,并成功研发出炸薯条、巨无霸、热苹果派等著名产品。

全球高速扩张阶段(1968—2000年):此前,麦当劳秉持财务稳健的经营目标,门店增速大幅放缓,各大竞争对手如肯德基、汉堡王等纷纷崛起,在门店数量上逼近麦当劳。1968年,弗雷德·特纳(Fred Turner)接任CEO,开始推行高速扩张战略,并且积极推进地区管理机构的发展。在供应链方面,特纳将原先分散的供应商集中削减为每个地区内的几个关键供应商,以高度集中的供应链来提高配送效率;在门店管理方面,特纳则将新店选址和甄选加盟商的权力移交至地区经理,实现权力下放。仅仅几年时间,特纳便将索恩本时代麦当劳的集权组织形式更改为权力分散的结构,有效加强了对区域门店的控制。切实可行的管理变革举措成为麦当劳本土高速发展的助推器,其门店数量从1968年的970家上升至1974年的3 000余家,餐厅总数实现了三倍的增长。本土的迅猛发展为麦当劳的海外扩张之路提供了动力,自1967年在加拿大开设第一家海外门店后,麦当劳加快了走向全球的步伐。1971年,日本麦当劳株式会社(合资)成立;1990年,麦当劳在中国大陆(深圳)和苏联(莫斯科)分别开设首家餐厅;20世纪90年代以后,麦当劳不断扩张海外版图,门店规模呈现加速发展趋势,门店数量从1990年的11 803家增长至2000年的27 896家。

品牌战略调整阶段(2001—2009年):2002年,麦当劳经历了上市以来的首度亏损,对门店数量增长的盲目追求、产品与服务质量的下滑、空前激烈的价格竞争等因素导致麦当劳的经营状况陷入困境。2002年末,公司原CEO杰克·格林伯格(Jack Greenberg)离任,接任的吉姆·坎塔卢波(Jim Cantalupo)着手将公司的经营重心回归到"为顾客提供优质产品、服务、环境和就餐体验",并于2003年初提出拯救麦当劳的"致胜计划"。"致胜计划"将顾客体验放在首位,重点关注"服务提升、餐厅装修、菜单革新"三个维度,明确提出了"更好,而非更大"的发展思路,关闭利润率低于10%的门店,使麦当劳从迅速扩张的战略中抽身而退,转而将精力投入到提高现有店面的整体水平上,扭转了麦当劳的业绩下滑态势。

稳定经营阶段(2010年至今):推行"致胜计划"后,麦当劳在世界各地的同店销售额实现了9年的连续增长。2010年之后,公司进入稳定发展期,门店增速及加盟比例维持在平稳水平,公司经营势头稳健。尽管曾面临2014—2015年的食品卫生事件以及2019年年底突如其来的新冠疫情危机,麦当劳仍凭借其强大的品牌效应和高效的营运能力,通过出售特许经营权等方式保持业绩的稳步增长,稳坐全球第一大连锁餐厅的宝座。

(二) 股权结构

美股市场结构历经近90年的演变,逐渐从个人投资者主导发展为机构投资者主导。现如今,美国作为全球最大的经济体,不仅拥有最为发达和成熟的资本市场,也是全球最大规模的投资者资金池之一。作为世界餐饮连锁品牌的标杆,麦当劳优秀的业绩回报使其成为美股中穿越周期的价值型牛股,其股权结构亦表现出典型的美股市场特征。从投资者结构的角度看,截至2021年12月31日,麦当劳69.44%的股权由以世界顶级投资机构和顶级共同基金为主的机构投资者掌控;30.51%的股权由个人投资者持有;0.05%的股权掌握在内部人员手中(如图 12-2 所示)。

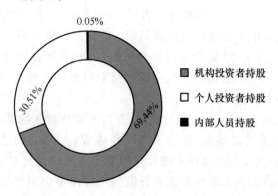

图 12-2　麦当劳股权结构图

麦当劳的前十大股东分别为先锋集团公司、道富基金管理公司、贝莱德基金顾问公司、威灵顿管理公司、Geode 资本管理有限责任公司、摩根大通投资管理公司、北方信托投资公司、挪威央行投资管理公司、摩根士丹利美邦公司、资本研究与管理公司,这些股东共同维持了麦当劳股权结构的长期稳定;最大股东先锋集团公司控股 8.41%,第二大股东道富基金管理公司持有约 4.95% 的股份,第三大股东贝莱德基金顾问公司则持有约 4.64% 的股份(如表 12-1 所示)。

表 12-1　麦当劳前十大股东

持股排名	股东名称	持股比例	持股数量
1	先锋集团公司	8.41%	62 878 253
2	道富基金管理公司	4.95%	36 973 382
3	贝莱德基金顾问公司	4.64%	34 706 008
4	威灵顿管理公司	3.17%	23 721 291
5	Geode 资本管理有限责任公司	1.72%	12 846 007
6	摩根大通投资管理公司	1.45%	10 825 641
7	北方信托投资公司	1.28%	9 537 837
8	挪威央行投资管理公司	1.01%	7.531 953
9	摩根士丹利美邦公司	1.00%	7 502 696
10	资本研究与管理公司	0.90%	6 706 341

资料来源:雅虎财经,CNN Business。

(三) 经营理念

自成立至今,麦当劳之所以能够成为全球最成功的连锁餐饮企业,在于其独特的 QSC&V 经营理念。对于麦当劳来说,最核心的理念便是"标准化",而 QSC&V 则是麦当劳标准化运营的落地工具。QSC&V 分别取自 quality(质量)、service(服务)、cleanliness(清洁)、value(价值)四个单词的首字母,由麦当劳的创始人雷·克洛克在创业之初提出。几十年来,这一理念始终被麦当劳所有的餐厅和供应商严格贯彻,帮助麦当劳走向一个又一个辉煌。"Q":质量。作为享誉全球的大型连锁餐厅,高质量的食品是公司赖以生存和发展的基础。为保证食品的独特风味与品质,麦当劳制定了一系列近乎苛刻的指标,严格把控原材料与食品质量。其中,牛肉饼需要接受的检查指标多达 40 余个,并且肉饼的肉质脂肪含量需维持在 7%~20%之间;奶浆的接货温度不能超过 4 ℃;奶酪的库房保质期为 40 天,上架时间仅为 2 小时。在餐厅经营中,若汉堡已经制成超过 10 分钟、炸薯条超过 7 分钟,也会被舍弃不卖。严格的质量标准使得麦当劳能够在拥有众多门店的情况下依然保持食品味道与品质的高度统一。"S":服务。麦当劳的标志是"快捷、友善、可靠的服务",餐厅内的每位员工都秉持"百分百顾客满意"的基本原则。麦当劳提供的服务,包括餐厅的温馨氛围、营业时间的便利、先进便捷的设备和服务人员的贴心态度等,力求让顾客全方位地感到在麦当劳进食是一种享受。"C":清洁。在清洁方面,麦当劳也实行了严格的管理,制定了一系列卫生标准,如员工上岗前必须先用特制的杀菌洗手液搓洗 20 秒,然后冲净、烘干。麦当劳不仅重视餐厅和厨房的卫生,还注意餐厅周围和附属设施的整洁,在麦当劳的观念中,"清洁"不仅指字面意义上的清洁,凡是与餐厅环境相关的事务,都应纳入严密的监视和管制范围内。"V":价值。所谓价值,即"价格合理、物超所值"。这不仅体现在麦当劳的产品本身,更附加于餐厅环境、人员服务等多个方面。麦当劳总部认为,餐厅为顾客提供服务,不是简单地将汉堡售卖给顾客的过程,更重要的目标是向顾客提供消费时的便利和愉悦感,让顾客体会到食物以外的精神满足。

(四) 业务分布

依托于餐饮和房地产两项主业,麦当劳的收入主要来源于自营餐厅收入和特许经营餐厅收入,其中特许经营门店又分为传统特许经营(Conventional Franchise)以及发展许可和联营公司(Developmental License or Affiliate)两种。在传统特许经营模式下,加盟商对公司贡献的收入包括租金收入(按照销售额的百分比收取)、特许经营费(按照销售额的百分比收取)和开店时的初始费用(在新餐厅开业或者授予新特许经营权时支付)。与传统特许经营模式不同,麦当劳公司一般不会对发展许可和联营公司投入资本,仅根据加盟商销售额的百分比收取特许经营费用和初始费用,在这种模式下,被许可人不用向公司支付租金。自 2013 年开始,麦当劳不断收缩自营餐厅规模,同时加大加盟餐厅的扩张力度,在 2015—2021 年间,自营门店数量从 6 444 间迅速下降至 2 736 间。截至 2021 年年末,麦当劳共拥有 40 031 家餐厅,其中特许经营餐厅 37 295 家,占麦当劳餐厅总数的 93%。数据显示,随着特许经营门店数量的增长,其贡献的收入占比也在逐年递增,并于 2018 年首次超过自营门店收入。麦当劳在 2019—2021 年间的自营门店和特许经营门店收入占比如图 12-3 所示。

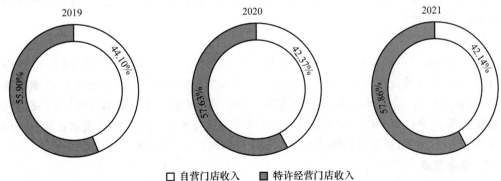

图 12-3 麦当劳 2019—2021 年门店收入占比

目前，麦当劳公司根据地域将市场划分为美国市场、国际运营市场（International Operated Markets）以及国际开发许可市场（International Developmental Licensed Markets）三部分。国际运营市场主要包括澳大利亚、加拿大、法国、德国、意大利、荷兰、俄罗斯、西班牙和英国市场；国际开发许可市场和公司则包括麦当劳系统里其他的联营公司和许可方，涵盖约80多个国家及地区。近年来，国际运营市场的营收占比始终保持在50%以上，截至2021年年末，美国地区营收占比约为38%，国际运营市场占比约为53%，国际开发许可市场和公司贡献了总营收的9%（如图12-4所示）。随着新冠疫情的暴发，全球餐饮行业遭受巨大冲击，麦当劳2020年的营业收入较2019年下降约10%。受餐厅临时关闭和有限经营的影响，国际运营市场收入下降更为明显，而麦当劳作为全球餐饮行业中的头部企业，得益于自身的品牌效应和标准化流程，通过全面升级防疫措施、积极实施"无接触配送"等举措来缓解疫情带来的不利影响。2021年，麦当劳的营业收入和净利润较上一年均有大幅提升。

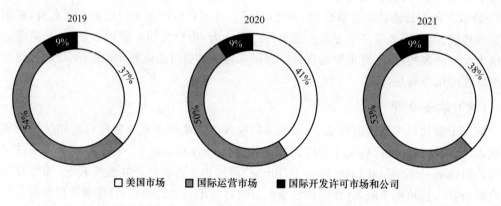

图 12-4　麦当劳 2019—2021 年三大市场收入占比

（五）财务绩效

1. 经营效果

近年来，麦当劳的业绩呈现稳健增长、稳中向好的发展态势（如表12-2所示）。从经营效果上看，截至2021年年末，麦当劳的总资产高达536.06亿美元，营业收入为232.23亿美元，较2020年增长了20.90%，表明麦当劳已平稳应对新冠疫情对公司经营造成的冲击；净利润同比飙升59.48%，达到75.45亿美元，反映出麦当劳净利润强劲的增长势头。整体来看，麦当劳除2020年受新冠疫情影响，营业收入和净利润均有所下降之外，其营业收入和净利润基本实现双增长。

2. 偿债能力

麦当劳的资产负债率自2016年飙升至107.11%后，2017—2021年间其净资产始终为负，公司长期债务的负担较重。从偿债能力来看，麦当劳2017—2021年的资产负债率基本维持在108%~120%之间，远超出合理范围，这在一定程度上源于麦当劳庞大的股份回购资金需求；麦当劳的负债以长期借款为主，短期债务比重较小，2021年其流动比率为1.78，较2020年略有增长，说明短期偿债能力有一定程度的增强，基本维持在安全水平。

3. 现金管理

现金流是餐饮企业赖以生存的"血液"，强大的现金管理能力是企业决胜千里的法宝。

作为餐饮行业的中流砥柱,麦当劳的现金流量充裕,经营活动现金流量净额从2017年的55.51亿美元增至2021年的91.42亿美元,每股经营活动净现金流从2017年末的6.99美元/股增至2021年末的12.27美元/股,表明麦当劳具备较强的现金回流和管理能力,稳定的现金流在一定程度上支撑了企业的债务负担。

4. 库存管理

对于餐饮企业而言,高效的库存管理是企业稳健运营的关键。2021年,麦当劳的存货周转率为194.61,即存货周转一次仅需1.85天,是全世界存货周转率最快的公司之一。麦当劳在存货周转率上的绝佳表现得益于其高度集中的供应链体系,公司形成了独具特色的"产品供应商+物流供应商"组合,通过有效减少存储传输来简化订购流程,加快存货周转,有效降低了存货成本。

5. 盈利能力

从盈利能力来看,除2020年公司的盈利状况受到新冠疫情冲击影响,其余各年麦当劳的总资产净利率和销售净利率基本呈上升趋势,2021年销售净利率为32.49%,高于同期百胜餐饮的23.92%,处于行业领先地位。麦当劳的每股收益则从2017年年末的6.37美元涨至2021年年末的10.04美元,反映出麦当劳稳定的盈利能力。然而,2017—2021年间麦当劳的净资产收益率为负值,这是由于麦当劳大量回购股票使得账面库存股剧增,导致麦当劳的股东权益小于零,此时不能单纯依据净资产收益率的数值来说明公司的盈利能力出现问题。

综上所述,麦当劳的整体财务绩效呈现出盈利能力增强、发展前景良好的持续增长趋势,有赖于稳步增长的净利润和充裕的现金流,高资产负债率暂未影响公司的正常运营。

表12-2 麦当劳2017—2021年财务绩效一览表

	项目	年份				
		2017年	2018年	2019年	2020年	2021年
经营效果	总资产/亿美元	338.04	328.11	475.11	526.27	536.06
	营业收入/亿美元	228.20	212.58	213.64	192.08	232.23
	营业收入增长率/%	−7.31	−6.84	0.50	−10.09	20.90
	净利润/亿美元	51.92	59.24	60.25	47.31	75.45
	净利润增长率/%	10.77	14.10	1.70	−21.48	59.48
	净资产/亿美元	−32.68	−62.58	−82.1	−78.25	−46.01
偿债能力	资产负债率/%	109.67	119.07	117.28	114.87	108.54
	流动比率	1.84	1.36	0.98	1.01	1.78
现金管理	经营活动现金流量净额/亿美元	55.51	69.67	81.22	62.65	91.42
	每股经营活动净现金流/美元每股	6.99	9.08	10.89	8.41	12.27
库存管理	存货周转天数/天	1.74	1.93	1.83	1.98	1.85
	存货周转率/次	207.3	186.34	196.67	181.42	194.61
盈利能力	总资产净利率/%	16.02	17.79	15.00	9.45	14.17
	销售净利率/%	22.75	28.18	28.59	24.63	32.49
	净资产收益率/%	−189.8	−124.4	−83.3	−59.0	−121.4
	每股收益/美元	6.37	7.54	7.88	6.31	10.04

资料来源:根据麦当劳公司年报整理。

三、中美上市公司股份回购对比分析

麦当劳作为全球最具价值的餐饮品牌,近十年来其股票价格一路上扬,然而资产负债率却从 2014 年的 62.51% 攀升至 2021 年的 108.54%,成为传统理论上资不抵债的"负资产"公司。究其原因,在于麦当劳于 2014—2020 年间,通过"高杠杆"方式大肆实施股份回购。股份回购指上市公司利用自有资金或债务融资等方式,按照一定程序购回发行或流通在外的本公司股份的市场行为,是上市公司优化资本结构、提升投资价值、稳定公司股价的重要手段。股份回购最早起源于 20 世纪 50 年代的美国,随后在 20 世纪 70 年代兴起并得到广泛发展,之后逐渐扩展到英国、德国、日本等国家的资本市场,至今已有近 70 年的发展历程。2008 年金融危机之后,美股经历了 2009—2019 年间长达 11 年的牛市,而上市公司不断增长的股份回购规模则是牛市背后的重要推动力之一。随着我国对股份回购相关制度的逐步完善,A 股回购规模稳步提升,然而与美国等发达国家的成熟资本市场相比,我国股份回购起步较晚,在回购规模及力度、回购制度、回购目的等方面均与美股市场有较大差距。本部分主要研究并归纳中美上市公司股份回购在演进历程、回购制度以及回购动因上的异同点。

(一)中美上市公司股份回购演进历程对比

1. 美国上市公司股份回购演进历程

随着资本市场的不断发展与成熟,市场及上市公司对股份回购的理解程度与重视程度亦随之加深。股份回购最早起源于美国,纵观美国上市公司股份回购的实践历程,大致可将其划分为严格限制阶段、逐步认同阶段和快速发展阶段三个阶段。

严格限制阶段(20 世纪 50 年代以前):美股关于股份回购的相关制度,最早可追溯至美国俄亥俄州 1851 年的法律中规定异议股东具有股份回购请求权。20 世纪 50 年代以前,美国传统公司法注重公司资本的维持,认为上市公司一经注册成立,就应将资本维持在一个稳定的状态,公司资本的减少将影响股东持有股份的价值,从而不利于保障股东的合法权益,因此上市公司不得随意减少公司资本,由此严格限制了股份回购在当时的发展。

逐步认同阶段(20 世纪 50 年代—20 世纪 70 年代):随着美国资本市场的不断发展,资本市场逐渐认识到股份回购对于提高公司资本灵活性的积极作用,越来越多的上市公司开始接纳并尝试股份回购这一资本运作工具。市场对股份回购的态度转变,推动各国在此期间规范并完善股份回购的相关法律法规,随着股份回购限制条件的逐渐放松,股份回购活动开始兴起。20 世纪 70 年代,美国经济出现滞胀,在此期间,尼克松政府颁布 8 项主张以挽救不断下滑的经济状况,其一即是限制上市公司发放现金股利,以鼓励企业进行投资。但是面对萧条的经济环境,上市公司管理层对投资的前景预期并不乐观,因此股份回购作为现金股利发放的替代方式开始在资本市场中盛行。

快速发展阶段(20 世纪 80 年代至今):进入 20 世纪 80 年代,资本市场上的股份回购活动愈加频繁。一方面,美国证监会于 1982 年制定了 10b-18 规则,降低了上市公司实施股份回购后被认定操纵市场的风险,为上市公司回购提供了"安全港";另一方面,里根政府放开市场管制的措施,导致上市公司间的敌意收购行为大幅增加,诸多上市公司为避免敌意收购,大肆进行股份回购以维持对公司的控制权。1987 年 10 月 19 日发生了著名的"黑色星期一"事件,这一天纽约证券交易所的 1 600 种股票中只有 52 只股票上涨,其余全部下跌,引发全球金融市场的恐慌。此后一周内,约有650家公司宣布在公开市场上回购本公司股份,股份回购规模达到空前水平,此次大规模的股份回购对稳定美国资本市场发挥了重要作用。20世纪90年代,股份回购活动显著增多,股份回购动机也愈加多样化,自由现金流假说、信息传递假说、EPS假说、财务灵活性假说等理论得到学者的广泛关注;进入21世纪后,股份回购的规模及数量迅猛增长,并在回购方式上呈现创新性,除公开市场回购、固定价格回购、荷兰式拍卖、协议收购等方式外,衍生回购方式应运而生,主要表现为加速股份回购和结构性股份回购。2008年金融危机之后,美股回购规模显著增长,成为美股11年牛市的重要引擎。综合来看,当前美股股份回购在总量、行业、资金来源三个方面具有显著特征。从总量的角度看,美股股份回购在回购规模及回购力度上居高不下,2009年至2020年上半年,美国本土上市公司普通股回购合计6823例,回购总金额达到5.8万亿美元,单笔回购平均金额8.5亿美元;从行业的角度看,美股股份回购以信息技术行业为主,信息技术行业的上市公司在2009—2019年间的累计回购金额占总额的28.54%,是美股股份回购金额最大的行业(如图12-5所示),尤其是以苹果、脸书、亚马逊、谷歌等公司为代表的科技龙头企业成为美股回购浪潮的主力;从资金来源的角度看,支撑美股股份回购规模快速上涨的增量资金来源,一方面源自上市公司低成本的债务融资,另一方面则来自美国税改计划后的海外利润回流。然而,大规模的股份回购同样会导致美股流动性下降、风险性上升,在2020年初新冠疫情的冲击之下,美股出现暴跌,结束了长达11年的牛市。因此,新冠疫情的发展趋势、上市公司的资金运用以及政府的监管强度,均将制约美国上市公司未来股份回购的发展方向。

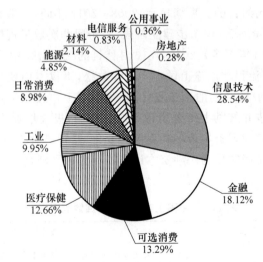

图12-5　2009—2019年标准普尔500指数成分股累计回购规模行业分布

资料来源:Thomson Reuters,Wind。

2. 中国上市公司股份回购演进历程

相较于发达国家的资本市场,我国股份回购的起步时间较晚,在推行时也更为审慎。随着我国资本市场环境的不断变化,股份回购政策也经历了由紧到松的转变。自1992年我国实施首次股份回购案例以来,中国上市公司股份回购的演进历程可根据股份回购30年间的制度变迁划分为严格管制阶段、初步建立阶段、市场化推进阶段和政策鼓励阶段四个阶段。

严格管制阶段(1992—2004年)：我国股份回购政策的开端是1992年大豫园成功回购小豫园事件，在此次回购中，大豫园作为小豫园的股东，以协议回购方式回购小豫园的所有股票并注销，合并后再发新股。1993年，我国颁布的《中华人民共和国公司法》(以下简称"《公司法》")中对股份回购进行了严格限制，除减少公司注册资本和与持有本公司股份的其他公司合并两种情况外，不允许上市公司进行股份回购。此后，陆续有公司实施股份回购，如上海陆家嘴集团为改善股本结构，于1994年通过回购2亿股国有股份减资，增发新股后进行再融资；1999年申能股份通过协议回购方式减持国有资本，意在优化公司资本结构等。然而，这一阶段的股份回购多在政府干预下进行，旨在实现国有资本的战略转移，股份回购作为行政手段而非公司资本运作手段登上历史舞台，并不符合市场化发展的要求。

初步建立阶段(2005—2007年)：2005年，我国资本市场开始实施股权分置改革，证监会于2005年6月颁布了《上市公司股份回购社会公众股份管理办法(施行)》，开启了我国股份回购发展的序幕。在此期间，一方面，监管层和上市公司对股份回购的推行仍保持谨慎的态度；另一方面，相关资金扶持政策还未完善，股份回购资金基本依赖公司自有资金，因此相较于美国的上市公司，中国上市公司的回购频率低、回购规模小。从2005年到2007年，A股市场仅有7家上市公司实施股份回购，远不及同期美国上市公司的回购总量。

市场化推进阶段(2008—2017年)：市场化推进阶段，政府对股份回购的态度从谨慎试水向引导支持过渡。2008年10月，证监会颁布《关于上市公司以集中竞价交易方式回购股份的补充规定》，从制度上规范股份回购的市场操作，引导上市公司正确认识股份回购的作用。此后，政府相继出台多份文件，支持上市公司通过多种方式筹集资金进行股份回购，以达到提振股价、稳定市场的目的。数据显示，2008—2017年间，A股市场上共有657家上市公司实施了1 733次股份回购，较初步建立阶段，股份回购次数呈现爆发式增长。

政策鼓励阶段(2018年至今)：2018年10月修订的《公司法》中，对实施股份回购的上市公司从范围、规模、决策流程和用途上做出实质性放松，不仅专门明确并完善了股份回购的相关规定，进一步简化股份回购的决策程序，还增加了上市公司适用于股份回购的三类情形，从政策层面大力推进并鼓励上市公司进行股份回购，极大地促进了A股上市公司的回购热情。由此可见，随着我国资本市场的发展和变化，监管层对股份回购的态度亦从严格管制向政策鼓励转变，股份回购作为一项资本运作工具愈加受到资本市场和上市公司的青睐，逐渐向常态化发展。

表12-3　中国上市公司股份回购规则演进

时间	相关法律法规	股份回购相关内容
1993年12月29日	《公司法》	公司仅在减少公司注册资本及与持有本公司股份的其他公司合并时，才能实施回购
1997年12月16日	《上市公司章程指引》	对回购方式做出规定，包括：①向全体股东按照相同比例发出回购要约；②通过公开交易方式购汇；③其他
2002年9月28日	《上市公司收购管理办法》	收购人做出提示性公告后，被收购公司董事会不得提议回购上市公司股份
2005年6月16日	《上市公司回购社会公众股份管理办法(试行)》	确定了实施回购的企业的资质、回购方式

续　表

时间	相关法律法规	股份回购相关内容
2005年10月27日	《公司法》第三次修订	将上市公司股份回购的情形增至4种
2008年10月9日	《关于上市公司以集中竞价交易方式回购股份的补充规定》	明确上市公司不得在开盘集合竞价、收盘前半小时内以及价格无涨跌幅限制时期进行股份回购的委托，同时上市公司应当在定期报告中公告回购进展情况，包括已回购股份的数量和比例、购买的最高价和最低价、支付的总金额
2013年4月1日	《上海证券交易所上市公司以集中竞价交易方式回购股份业务指引(2013年修订)》	鼓励符合7种情形的上市公司回购股份
2018年10月26日	《公司法》第五次修订	新增3种回购情形，放松回购规模上限，设立并延长库存股持有期限，下放回购决定权
2018年11月9日	《关于支持上市公司回购股份的意见》(证监会公告(2018)35号)	从股份回购公司限制、回购实施程序以及回购资金来源等多方面进行松绑
2019年1月11日	《上海证券交易所上市公司回购股份实施细则》(上证发(2019)4号)	将《公司法》有关股份回购的最新修订内容逐项予以落地，对股份回购新增情形、回购实施程序、回购资金来源、已回购股份处理及违规监管等作出明确安排
2019年1月11日	《深圳交易所上市公司回购股份实施细则》(深证上(2019)22号)	落实《公司法》有关股份回购的各项修订，为新股份回购制度功能的发挥提供业务指引

资料来源：国盛证券研究所。

(二) 中美上市公司股份回购制度对比

由中美上市公司股份回购的演进历程可知，上市公司股份回购的健康发展与法律制度的支撑配合息息相关。我国上市公司股份回购的发展状况与美国之间的巨大差距，不仅在于经济水平与市场环境方面的差异，更在于我国股份回购的制度建设不够完善，具体细则亟待明确，相关法律的修改调整尚无法与股份回购的实践应用相匹配。政策的缺失与法律的滞后，在制约上市公司实施股份回购积极性的同时，为资本市场的良性运转埋下隐患。详细对比中美股份回购法律制度可知，从立法模式来看，美股市场秉持"原则允许，例外禁止"的自由回购立法模式，政府给予上市公司股份回购较大的自由度；A股市场则是"原则禁止，例外允许"的模式，指除非法律有明确规定，否则上市公司不得回购本公司股份。如表12-4所示，"特殊允许类型"一栏中列示了A股市场允许股份回购的七类情形，在一定程度上制约了我国股份回购的发展。从回购资金来源限制来看，美国作为联邦制国家，各州拥有一定的立法权，因此对上市公司股份回购资金来源的规定不尽相同，多要求公司使用可分配盈余和资本公积进行回购，而在实践中，美国上市公司则多以发行债券募集的资金用于回购或派息；我国沪深两市交易所于2019年1月发布了《上市公司回购股份实施细则》，完全放开回购资金来源限制,对财源的放松性管控提升了上市公司债权人所需承担的债务风险。从库存股制度来看,美国的库存股制度较为成熟,对库存股的界定及权力内容均进行了明确规定;相较之下,我国虽然初步建立了库存股制度,但是在权力内容和具体细则的规范上尚不完善,相关规定的缺失同样阻碍了股份回购的长效发展。从法律责任认定来看,美国制定的"安全港"制度,从回购方式、回购价格、回购数量和回购时间四个方面对股份回购进行限制,当满足以上限制时,上市公司就可进入"安全港",无须承担法律责任;对比之下,虽然我国已借鉴"安全港"制度简化了回购决策程序,但尚未对内幕交易、操纵市场等损害公司利益的行为形成完善和严密的防范机制,因此仍难以区分合法股份回购行为和操纵市场等违法行为,我国的"安全港"制度有待进一步改进与完善。综合来看,美股股份回购的法律制度健全、发展更为成熟,是近年来美国上市公司积极参与股份回购的重要基石,我国股份回购制度也逐渐向美国模式的股份回购制度靠拢。可见,正是基于良好的制度环境,麦当劳才得以通过"高杠杆"方式进行大规模回购。

表 12-4 中美股份回购法律制度对比

	美股	A 股
相关法律与规则	1982 年,SEC Rule 10b-18; 2000 年,SEC Rule 10b5-1	2018 年,《中华人民共和国公司法修正案》; 2019 年沪深两市公布的《回购股份实施细则》
立法模式	原则允许,例外禁止	原则禁止,例外允许
特殊允许类型	无	① 减少公司库存资本; ② 与持有本公司股份的其他公司合并; ③ 将股份用于员工持股计划或者股权激励; ④ 股东因对股东大会作出的公司合并、分立决议持异议,要求公司收购其股份; ⑤ 将股份用于转换上市公司发行的可转换为股票的公司债券; ⑥ 上市公司为维护公司价值及股东权益所必需; ⑦ 法律、行政法规规定的其他情形
回购资金来源限制	各州立法不尽相同	无
库存股制度	完善	未完善
法律责任认定	明确	缺失

(三) 中美上市公司股份回购动因对比

完善的法律制度是麦当劳实施股份回购的行动准绳,多元的回购动因则是麦当劳采取"高杠杆"方式进行回购的内在源泉。回购动因不仅是上市公司股份回购实施与否的本质出发点,也是直接影响投资者决策的一项重要的投资参考因素。自 20 世纪 50 年代以来,美国资本市场对股份回购的管控逐渐放松,有关股份回购动因的研究也随之不断发展与完善。在动因研究方面,中美上市公司的理论动因大致相同,包括财务灵活性假说、财务杠杆假说、信号传递假说、自由现金流假说、并购防御假说、财富转移假说、管理层激励假说等,具体内容如表 12-5 所示。

表 12-5 股份回购动因假说汇总

股份回购动因假说	主要观点
财务灵活性假说	股份回购不具有规律性,决策层可根据公司现金流量状况,灵活选择回购时机,避免向股东持续支付现金股利,从而保证财务上的灵活性
财务杠杆假说	公司通过股份回购可以减少权益资本,提高财务杠杆比率,从而优化资本结构、增加公司价值
自由现金流假说	通过回购股份可以将多余现金返还给股东,从而降低因自由现金流过度投资引发的相关代理成本
信号传递假说	公司管理层与投资者之间存在严重的信息不对称,公司可以通过股份回购向资本市场和投资者传递"公司股价被低估"的信息
并购防御假说	管理层为维持自身控制权,通常采用公开回购股份以减少发行在外的流通股股本的方式来提升股价,以达到防止被收购的目的
财富转移假说	股份回购主要表现为债权人向股东、出售股票的股东向持有股票的股东以及同行业非回购公司向回购公司的转移,并不能产生新的价值
管理层激励假说	公司管理层为维护自己持有的股票期权的价值,倾向于选择不稀释每股收益的股份回购

然而,两国在经济体制与市场环境方面的差异造就了二者之间迥异的实践动因(如表12-6所示)。在不同阶段的历史背景下,美国上市公司进行股份回购的实践动因亦有所区别,主要包括股利替代及避税、反收购、期权激励和养老金保值增值。(1)股利替代及避税:20世纪70年代,在美国政府限制现金股利发放的背景下,股份回购作为现金股利的替代方式,既能避免直接投资带来的潜在亏损,又能帮助股东降低税负,因此得到上市公司的广泛关注。(2)反收购:反收购指上市公司为防止公司控制权因敌意收购转移而在二级市场上公开从股东手中溢价赎回股份。20世纪80年代期间,美国资本市场上大幅增长的敌意收购行为,促使美国上市公司多以反收购为目的实施股份回购。(3)期权激励:股票期权作为一项长期激励制度,能够促进股东与管理层的利益趋同,降低公司的代理成本;上市公司通过股份回购持有的股票可在不稀释原股东权益的情况下,作为日后期权激励的储备,从而备受上市公司的青睐。(4)养老金保值增值:养老金体系关乎一国的社会稳定与经济发展,如何解决养老金的长期贬值缩水问题一直是各国政府的关注焦点,而资本市场则是实现养老金保值增值的重要途径。经过多年的探索实践,美国构建了典型、灵活的三支柱养老金体系,养老金已成为美国股市的稳定器之一。股份回购能够维持资本市场稳定,基于养老金在美国资本市场上的特殊地位,以养老金保值增值为目的的股份回购在美股市场中逐渐兴起。

我国特殊的经济环境及股份回购制度,催生出上市公司多样化的回购目的。鉴于股权分置改革(简称"股改")对我国资本市场发展里程碑式的影响,我国上市公司股份回购的实践动因可以股权分置改革为时点进行划分。在股权分置改革实施前,我国的股份回购大多作为行政手段出现在资本市场,为数不多的回购案例均诞生于非流通股"一股独大"的特有局面下,以企业并购、国有资本减资等特殊目的为主。2005年股权分置改革实施后,中国上市公司实施股份回购的实践动因则拓展出推进股权分置改革、剥离不良资产、改善公司股权结构与规避可转债回收风险四种。其中,推进股权分置改革是股份回购在股改实施前期的首要作用,上市公司通过股份回购减持国有股,有助于优化资本结构,改善公司的盈利指标,由此提升公司的投资价值和资本运作能力。我国许多上市公司在股改前后均面临不良资产处置的问题,以剥离不良资产为目的的股份回购是以资产形式取得控股股东的相应股份并注销,在解决不良资产的同时能够有效提升企业价值。此外,上市公司在进行可转债回售时,有动机下调转股价格以规避回售风险,然而直接下调转股价格可能引发上市公司股权稀释风险,因此上市公司在此时宣告股份回购所传递出的积极信号,有利于稳定并提升公司股价,缓解可转债回售压力。

表 12-6 中美上市公司股份回购动因对比

国家	美国	中国	
实践动因	① 股利替代及避税; ② 反收购; ③ 期权激励; ④ 养老金保值增值	股权分置改革实施前	① 企业并购; ② 国有资本减资
		股权分置改革实施后	① 推进股权分置改革; ② 剥离不良资产; ③ 改善公司股权结构; ④ 规避可转债回售风险

现如今,中美两国上市公司在回购目的上呈现明显差异,2009—2020 年间,美国上市公司以市值管理为目的的股份回购行为占比达到 45%,其他股份回购行为则多出自调整资本结构、抵御敌意收购等目的;与之相反的是,A 股中以股权激励注销为主的回购行为占比高达 73%,出于市值管理目的的回购则仅占 4.3%。综上所述,上市公司的股份回购动因与其所在的资本市场环境及法律制度息息相关,尽管中美两国在理论层面的动因大致相同,但是囿于经济发展水平的差异,两国在股份回购的具体实施过程中表现出迥异的实践动因。

四、麦当劳"高回报"的股利政策

美国股份回购悠久的演进历程、良好的制度环境和多样的回购动因催生了上市公司的回购热情,为麦当劳运用"高杠杆"实施股份回购提供了机遇,而麦当劳自上市以来始终奉行的"高回报"股利政策,则为其"高杠杆"股份回购机制的诞生孕育了土壤。即使在全球经济陷入低谷的 20 世纪 90 年代初期,麦当劳的股票依然深受投资者欢迎,成为 90 年代以来美国认购者人数最多、发行量最大的 100 种股票之一,即是得益于其"高回报"的股利政策。基于不同阶段的历史背景与公司发展状况,麦当劳回报股东的政策手段亦有所区别。本部分系统梳理麦当劳在不同时期所采取的不同股利政策手段,为后续剖析麦当劳的"高杠杆"股份回购奠定研究基础。

(一)高频股票分割,增强流动性

麦当劳在高速扩张阶段,顺应道琼斯工业股票的大幅上涨,多次进行股票分割以增强股票流动性,吸引散户投资者。股票分割又被称为股票细分,是指上市公司将面额较高的股票按一定比例交换为数股面额较低的股票,例如 3∶2 的股票分割意味着将原来的 2 股股票交换成 3 股新股票。股票分割能够在降低每股股票面值的同时,增加上市公司流通在外的股数。自上市以来,麦当劳总共进行了 12 次股票分割(如表 12-7 所示)。

表 12-7　麦当劳股票分割汇总

拆分比例	分发日期	分发日价格(单位:美元)	第二日收盘价(单位:美元)
3:2	1966年4月18日	/	/
2:1	1968年5月20日	/	/
2:1	1969年6月13日	/	/
3:2	1971年6月11日	82.88	55.50
2:1	1972年6月5日	111.50	54.63
3:2	1982年10月6日	86.25	56.00
3:2	1984年9月24日	74.50	49.38
3:2	1986年6月25日	105.63	70.88
3:2	1987年6月22日	85.63	55.00
2:1	1989年6月16日	56.88	29.00
2:1	1994年6月24日	59.00	29.88
2:1	1999年3月5日	94.31	45.25

从分割时间上看,麦当劳的股票分割行为与美股市场的繁荣程度密切相关,基本聚集在美股市场较为成功的时期:20世纪60年代末至70年代初期,美国逐渐走出战后的阴霾,美股市场再度繁荣,道琼斯指数飞速上涨,麦当劳在此期间进行了5次股票分割,推升其股票价值达到空前水平;直至20世纪70年代中期,美国经济因通货膨胀开始走向下坡路,萧条的经济环境使麦当劳暂时停止了股票分割计划;随后,在里根政府强势的美元政策下,美股市场迎来了自1982年起的5年牛市,1982年道琼斯工业指数创出新高并一举突破2 000点,麦当劳也在美股持续繁荣的背景下恢复了每1~2年进行1次的股票分割;尽管1987年美国股市再度崩盘,但是有赖于美联储积极迅速的政策响应,此次暴跌并未造成经济的持续萎缩,美股市场于1989年再创历史新高,道琼斯工业指数上涨至2 400点,股市崩盘后的快速反弹促进了麦当劳进一步的股票分割;进入20世纪90年代,麦当劳于1994年和1999年相继进行了两次2:1的股票分割,总股数增至13.51亿股。从拆分比例上看,麦当劳基于股票分割前的股价水平选择适宜的拆分比例。相较于3:2的拆分方式,2:1的拆分方式对于股价下跌的影响程度更大,从而导致股票分割的必要性有所降低,因此在早期,当麦当劳的股票价格位于80~90美元之间,甚至接近三位数水平时,麦当劳的管理层倾向于选择3:2的拆分比例以将价格推低至50~60美元,有助于公司在后期股票价格回升后更频繁地进行股票分割。而在20世纪90年代,麦当劳逐渐放宽了股票分割的门槛,更倾向于选择2:1的拆分方式降低股票分割频率。综合来看,麦当劳在1966—1999年间的股票分割操作具有两方面的积极作用:一方面,频繁的股票分割降低了麦当劳的每股市价,在增强股票流动性的同时,吸引了更多散户投资者的关注,从而扩大了麦当劳的投资者基础;另一方面,股票分割向市场传递出麦当劳股票的积极信号,有助于提高投资者对公司未来前景的信心,这对于正处在高速扩张阶段的麦当劳而言意义深远。然而,麦当劳在1999年后停止了股票分割行为,原因有三。第一,麦当劳在2000—2002年的美股熊市中遭受重创,21世纪初的战略失误以及餐饮业日益激烈的竞争状况,导致麦当劳的股票价格出现回落,暂无力支撑股票分割操作。第二,以低经纪费用为标志的贴现经纪人的出现,在一定程度上减少了市场参与者的入场成本和交易成本,使得散户投资者不再满足于两位数的股价,从而降低了麦当劳实施股

票分割的动机。第三,步入战略调整阶段的麦当劳在再度实现股价和业绩的双重飞跃后,不再以市场波动为需求,而是专注于市值的持续增长,通过高股价筛选投资者,以期为公司的优质投资者提供更稳定的长期回报。

(二) 积极股份回购,提振股价

麦当劳在2002年出现上市以来的首次亏损后,提出"致胜计划"回归盈利轨道,并开始积极实施股份回购计划提振股价,增强投资者的信心。自2005年以来,麦当劳实施了持续有力的股份回购,使其股价在2008年金融危机的市场压力下依然保持上扬势头。与股票分割的作用相反,股份回购会推升上市公司股价,减少流通股股数。麦当劳流动的普通股股数从2005年的12.63亿股降至2020年的7.45亿股,呈现持续下降趋势(如图12-6所示);同时股票价格从2005年年初的32.06美元升至2020年年末的214.58美元,涨幅高达569%。从回购规模上看,麦当劳在2005—2020年间总共花费624.18亿美元实施股份回购,其中,2016年的回购金额达到峰值,为111.42亿美元;而受新冠疫情影响,麦当劳于2020年暂停了150亿美元的股份回购计划,因此回购金额较2019年出现断崖式下滑(如图12-7所示)。

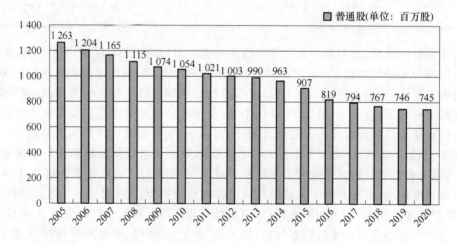

图12-6　麦当劳2005—2020年普通股变动情况

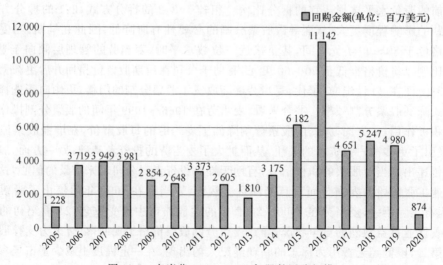

图12-7　麦当劳2005—2020年股份回购规模

麦当劳的每股收益（EPS）则从2005年的2.02美元飙升至2019年的7.88美元，累计涨幅达290.10%，并带动同期股价大幅上涨。2008年金融危机后，美股市场受多番因素影响迎来股份回购热潮，麦当劳随之加大了股份回购力度，2009—2019年累计回购了其约40%的股份，总回购金额达到486.67亿美元。从回购资金来源上看，2009—2013年，麦当劳主要依托公司净利润进行股份回购；然而自2013年后，麦当劳的净利润规模有所下滑，且不足以支撑日益扩大的股份回购资金需求，因此麦当劳于2014年起调整了融资端战略，开始了负债回购的狂潮。在2014—2019年间，麦当劳累计分红和回购金额达到548亿美元，而同期净利润却仅为311亿美元，股份回购的大量资金缺口使得麦当劳的负债规模急速扩大，资产负债率从2014年的62.51%迅速攀升至2016年的107.11%，成为传统意义上的负资产公司。尽管负债规模始终居高不下，但是麦当劳仍然没有放慢负债回购的脚步。总体而言，麦当劳的股份回购措施具有"双刃剑"效应：积极方面，持续的股份回购有效地稳定并且提振了公司股价，使麦当劳股票自2015年以来的平均年回报率达到25%，为其带来了丰厚的资本回报；消极方面，负债回购方式使得麦当劳的资产负债率不断升高，在影响公司信用评级的同时，显著提升了公司的财务风险，为麦当劳后续的现金筹划和经营发展埋下隐患。

（三）持续现金股利，回馈股东

自1976年起，麦当劳连续46年进行现金分红并保持股息稳定增长，成为美股名副其实的"股息贵族"之一。现金股利指以现金形式分派给股东的股利，是股票投资者实现报酬的重要组成部分。纵观麦当劳悠久的分红派息历史，麦当劳保持了每年至少增加一次股息的良好传统，股息从1976年的0.0019美元增加至2020年的5.04美元，反映出麦当劳强劲稳定的现金流状况（如图12-8所示）。

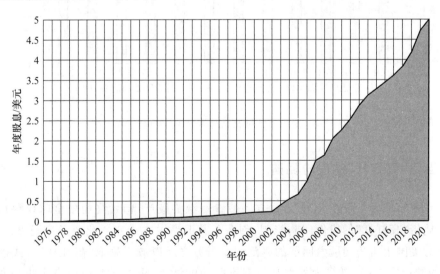

图12-8　麦当劳年度股息（1976—2020年）

尤其是 2008 年金融危机后,萧条的经济环境并未影响麦当劳的分红计划,麦当劳 2009 的年度股息为 2.05 美元,较 2008 年的 1.63 美元增长了 25.77%,稳步提升的股息助力麦当劳释放利好信息、切实回馈股东。从分红规模和派息率来看,2009—2020 年间,麦当劳的分红金额与派息率的趋势走向大致相同(如图 12-9 所示),2014—2016 年间派息率的大幅提升,源自麦当劳于 2014 年开始加大长期负债比重以维持企业持续扩大的现金分红与股份回购规模。新冠疫情发生前,麦当劳 2019 年的派息率为 59.46%,处于合理水平,稳定的派息率和丰厚的留存收益为麦当劳维持当前的股息水平提供了充足的保障。尽管麦当劳 2020 年的股份回购规模受新冠疫情影响短暂下调,然而麦当劳却借此提高了现金分红规模,以 37.53 亿美元的充足回报稳定了投资者对公司的信心。作为纽交所唯一一家连续 46 年提高股息的餐饮连锁企业,麦当劳持续稳定的现金股利政策,有赖于麦当劳防御性的商业模式:在经济不景气时,消费者在餐饮方面的偏好转变更为显著,消费者倾向于选择价格更低的快餐店,而不是相对而言价格更高的餐厅,因此具有强大品牌效应和稳定现金流的麦当劳往往能够在股市大跌、金融危机、新冠疫情等经济衰退阶段中受益。在大衰退期间,麦当劳的年收入都以两位数的复合年增长率增长,为麦当劳提高股息奠定了现金基础,从而进一步推升了麦当劳的股价,增强了投资者的信心。

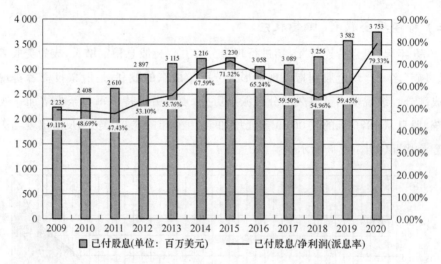

图 12-9 麦当劳已付股息及派息率(2009—2020 年)

五、麦当劳"高杠杆"的股份回购

自 2016 年成为负资产公司以来,麦当劳看似濒临破产,却始终稳坐全球快餐行业第一的宝座,凭借"高杠杆"的股份回购机制,创造了其股票过去十年年化收益率近 22%的优秀业绩,成为美国上市公司股份回购的典范。麦当劳之所以敢于采取"高杠杆"方式进行股份回购并能够稳守巅峰,既是内外部环境多维驱动的结果,更在于其地产模式的全方位支撑(如图 12-10 所示)。

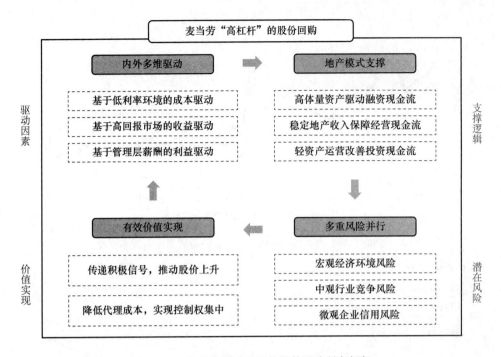

图 12-10　麦当劳"高杠杆"的股份回购研究框架

（一）内外多维驱动的"高杠杆"股份回购

1. 基于低利率环境的成本驱动

美股长期的低利率环境是麦当劳采用"高杠杆"方式进行回购的成本动因。2008 年金融危机之后，美股走出了 2009—2019 年间长达 11 年的"慢牛"行情，上市公司在此期间成为美股市场中极为重要的参与者与购买者。上市公司持续高涨的回购热情来自美股低利率环境和量化宽松等非常规货币政策。金融危机发生后，美联储迅速将联邦基金利率降至近乎零利率，但由于金融机构信贷机制已被破坏殆尽，为挽救实体经济、刺激经济复苏，美联储不得不在传统货币政策工具之外诉诸一系列创新的货币政策工具，并启动量化宽松货币政策，由此带来了上市公司融资方式和融资成本的变化。如图 12-11 所示，美国公司债券利率在 2009 年后持续走低，由于债券利率下降和股价处于低位，债务融资成本明显低于股权融资成本，因此上市公司更倾向于选择债务融资而不是股权融资，并通过"加杠杆"所筹集的资金进行股份回购，推动股价上涨。2009—2013 年，麦当劳的净利润稳步增长，然而自 2014 年起，麦当劳的营业收入和销售额开始下跌，公司当下的净利润已无法满足日益高涨的回购资金需要。在低利率环境的背景下，麦当劳审时度势，及时调整融资战略，通过低成本的长期债务融资不断提高杠杆以满足资金缺口，保障其在业绩下滑的情况下实现股票价格的大幅上升。2009—2019 年间，麦当劳的借款总额从 105.78 亿美元升至 341.77 亿美元（如图 12-12 所示）；其中，长期借款规模不断攀升，短期债务则大幅度削减，在一定程度上降低了麦当劳的流动性风险。

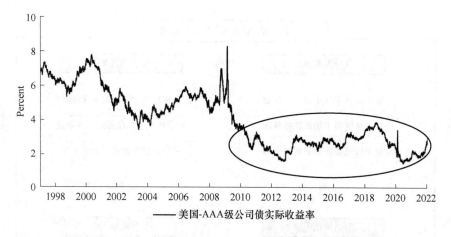

图 12-11　1998—2022 年美国-AAA 级公司债实际收益率变动

资料来源：MacroMicro。

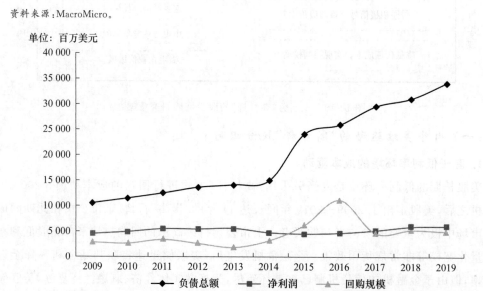

图 12-12　2009—2019 年麦当劳负债总额、净利润及回购规模变动情况

2. 基于高回报市场的收益驱动

实体经济的长期低增长与美股市场的高投资回报率是麦当劳实施股份回购的收益动因。无论是金融危机后的多轮量化宽松货币政策，还是特朗普政府于 2017 年年末实施的税改政策，本意均是激励企业增加生产性投资，在拉动就业的同时刺激消费增长。然而，美国实体经济的投资回报率长期偏低，美国股市却持续走高，大量资金由此流向了回报率更高的金融市场。如图 12-13 所示，美国的 GDP 增速从金融危机前的 3%~4% 左右降至金融危机后的 2% 左右，实体经济持续低迷；而标准普尔 500 指数的年回报率则在金融危机后呈现出周期性波动趋势，总体来看，美股的投资收益率十分可观。相较于颓靡的实体经济投资，股份回购对上市公司的股价上涨具有立竿见影的效果，因此现金流充裕、盈利能力稳定的头部企业纷纷通过股份回购来获取丰厚的美股收益率。基于此，麦当劳亦成为股份回购的积极参与者，在公司营收下跌和实体经济萎靡的双重冲击下，麦当劳消耗大量资金用于股份回购，同时不断降低实体经济投资的比重，以实现股票价格的大幅上升。

图 12-13 2005—2020 年美国 GDP 增速与标准普尔 500 指数年回报率

3. 基于管理层激励的利益驱动

管理层薪酬与公司股价的深度绑定成为管理层推动麦当劳实施股份回购的主要内因。大多数美国上市公司通过将高管薪酬与每股收益和公司股价挂钩,来促进股东和管理层的利益趋同,规避代理问题。然而每股收益、股票价格等反映企业经营业绩的短期绩效指标不仅与企业的盈利水平和经营能力息息相关,同时也会受到股份回购等资本运营手段的影响。即使公司的财务业绩有所下降,在实施股份回购将股东总回报提高到目标水平后,管理层依然能够收获高昂的薪酬回报。近年来,股权激励成为上市公司进一步绑定管理层薪酬与公司股价的另一种选择。麦当劳在 2009—2020 年间的股权激励计划现金流入和高管股权激励平均行权价格变动如图 12-14 所示,行权价格伴随麦当劳飙升的股价呈现持续上涨趋势。以 2016 年为例,高管股权激励的加权平均行权价格为 92.25 美元,若麦当劳股价低于 92.25 美元,高管则无法在任期内行权;唯有不断推高股价,高管才能在任期结束后行权并以更高价格出售股票,实现自身利益的最大化。

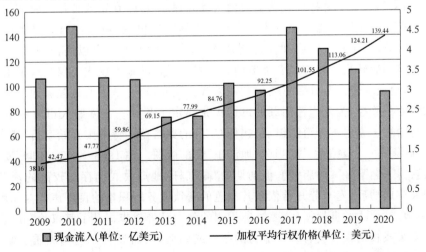

图 12-14 麦当劳 2009—2020 年股权激励计划现金流入及加权平均行权价格

股权激励在麦当劳高管的薪酬结构中扮演着重要的角色,当股市行情向好时,高管的股权收入可以达到其总薪酬的 80% 以上。2020 年,麦当劳总裁兼首席执行官 Christopher Kempczinski 的总薪酬约为 1085 万美元,其中,基本工资为 96.35 万美元,期权奖励约为 475 万美元,股票奖励约为 475 万美元,其他薪酬约为 38.3 万美元,股票期权激励约占总薪酬的 87.6%(如图 12-15 所示)。因此,在高额股权收入的助推下,对公司的战略决策具有举足轻重影响的麦当劳管理层为最大化自身收益,具备更强的动机推动公司实施股份回购以不断推升每股收益、提振公司股价。从公司经营角度看,麦当劳高管积极进行股份回购有助于维持麦当劳的股价稳定,减轻利润下滑对公司经营的影响;从高管利益角度看,面对巨额的薪酬奖励,股份回购是高管快速推高股价、完成预期业绩目标的不二之选。

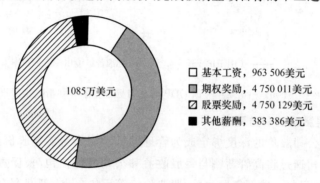

图 12-15　麦当劳 CEO 2020 年度薪酬构成

(二)地产模式支撑的"高杠杆"股份回购

在大众的固有印象里,麦当劳是一家以售卖汉堡包、薯条等快餐食品为主的连锁快餐企业,凭借其标准化的运营方式、特有的食品风味和快捷可靠的服务,赢得了全球消费者的青睐。然而,鲜有人知麦当劳还是全美最大的商业地产公司之一,其经久不衰的餐饮业务的背后,离不开地产业务的鼎力支撑。自 1956 年以 1 000 美元的资本成立麦当劳地产公司以来,麦当劳便在哈里·索恩本的带领下开始在地产行业开疆扩土。在创立初期,麦当劳因面临巨大的财务压力而不得不采用高杠杆方式进入地产行业,其地产模式的与众不同之处在于差价盈利:麦当劳负责替特许经营加盟商选址并建立餐厅,在正式合作经营前提前向加盟商收取一笔租赁押金以作为麦当劳购买或长租土地的首付款,随后麦当劳以取得的土地为抵押向银行贷款,用于建设门店和支付剩余款项,在餐厅完工后再以高出原始价值 20%~40% 的价格将门店转租给特许经营加盟商。索恩本设计的地产模式不仅缓解了麦当劳当时的财务压力,也成为麦当劳日后重要的利润来源。同时,这一举措通过控制地产加强了对特许经营加盟商的管控,为麦当劳后续的迅速扩张奠定了基础。在创始人雷·克洛克因经营理念不合与哈里·索恩本分道扬镳后,接任 CEO 的弗雷德·特纳则开始奉行"所有地产,能买则买"的政策,进一步扩大了麦当劳"地产王国"的版图。在 1968—1974 年间,麦当劳通过直接购买获得了名下 2/3 的店铺。但初期的"高杠杆"地产模式仍存在较高的现金流风险,在该模式大获成功后,麦当劳开始依靠其出色的餐饮业务所积累的良好声誉与品牌效应,构建"餐饮+地产"模式的良性循环:麦当劳积累的强大品牌效应提升了其议价和融资能力,能够以低价购买或长期租赁具有升值潜力的土地或门店,从而吸引并选择优质加盟商入驻并收取租金,最终进一步强化品牌效应并扩大门店规模。截至 2020 年 12 月 31 日,麦当劳共拥有其全部餐厅约55%的土地和80%的建筑,账面总资产为526.27亿美元,固定资产净额约为414.77亿美元,占总资产的78.81%。依托餐饮业务的"标准化"运营和以地产业务为基础的特许经营制度,麦当劳丰富的地产资源使其能够拥有高体量资产驱动融资现金流,获取稳定地产收入保障经营现金流,以及转型轻资产运营改善投资现金流(如图12-16所示)。作为以现金交易为主的餐饮企业,麦当劳基于地产模式所拥有的充沛现金流成为其实施"高杠杆"股份回购的核心支撑。

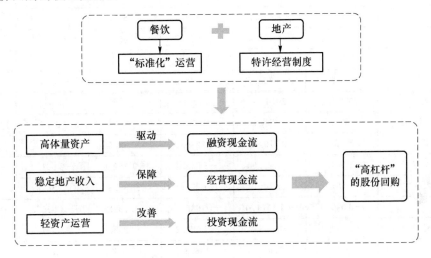

图12-16 地产模式支撑的"高杠杆"股份回购框架图

1. 高体量资产驱动融资现金流

上市公司的股利分配政策决定了其融资需求和融资方式,麦当劳持续扩大的负债融资规模是其近年来能够大规模实施股份回购和现金分红的助力之一。相较于大部分以租赁为主的餐饮公司,麦当劳独特的"餐饮+地产"模式不仅帮助它避免了日后高涨的租金负担,而且体量庞大的固定资产有助于麦当劳以更低的成本取得抵押贷款,最大限度地发挥财务杠杆的效用。从融资情况来看,麦当劳主要通过发行公司债券和银行借款的方式进行融资,融资货币包括美元、欧元、澳元、英镑、日元等。近年来,麦当劳为降低债务流动性风险,在扩大固定利率的长期负债规模的同时,不断削减短期负债的比重,凭借其优质体量资产和强大经营能力将长期负债的加权平均成本维持在行业低位。截至2020年年末,麦当劳拥有长期负债542.71亿美元,其中长期借款374亿美元,固定利率债务占总债务的95%,受利率波动的影响较小;在短期负债方面,麦当劳总共拥有45亿美元的信用额度,短期贷款加权平均利率仅为1.9%。

麦当劳2009—2020年的融资净现金流情况如表12-8所示,除2015年融资净现金流呈现净流入外,其余各年均为净流出,并且自2016年后,麦当劳的融资净现金流总体呈上升趋势,彰显出麦当劳强劲的融资和偿债能力。麦当劳的融资现金流情况如图12-17所示,自2014年以来,麦当劳的长期债务流入、股份回购与现金股利规模皆呈现大幅增长;2015年麦当劳借入高达102.2亿的长期借款,导致资产负债率由62.51%迅速增至81.32%;此后几年,麦当劳持续借入大额长期借款,致使其杠杆率急速攀升。尽管麦当劳已因巨额负债沦为"负资产"公司,但是对比债务净流入与股份回购和现金股利的净流出可以看到,当前巨额的债务增长依然无法满足持续扩大的股份回购规模与现金股利派发,麦当劳还需要其经营现金流与投资现金流的配合支撑才得以实施"高杠杆"股份回购。

表 12-8　2009—2020 年麦当劳融资净现金流(单位:百万美元)

指标	2009 年	2010 年	2011 年	2012 年	2013 年	2014 年
短期债务净流入	−285.4	3.1	260.6	−117.5	−186.5	510.4
长期债务流入	1 169.3	1 931.8	1 367.3	2 284.9	1 417.2	1 540.6
长期债务还本	−664.6	−1147.5	−624	−962.8	−695.4	−548.1
债务净流入	219.3	787.4	1 003.9	1 204.6	535.3	1 502.9
股份回购	−2 797.4	−2 698.5	−3 363.1	−2 615.1	−1 777.8	−3 198.6
普通股股利	−2 235.5	−2 408.1	−2 609.7	−2 896.6	−3 114.6	−3 216.1
其他	392.6	590.5	435.9	457.3	314.1	293.5
融资净现金流	−4 421	−3 728.7	−4 533.0	−3 849.8	−4 043.0	−4 618.3
指标	2015 年	2016 年	2017 年	2018 年	2019 年	2020 年
短期债务净流入	589.7	−286.2	−1050.3	95.9	799.2	−893.1
长期债务流入	10 220	3 779.5	4 727.5	3 794.5	4 499.0	5 543.0
长期债务还本	−1 054.5	−822.9	−1 649.4	−1 759.6	−2 061.9	−2 411.7
债务净流入	9 755.2	2 670.4	2 027.8	2 130.8	3 236.3	2 238.2
股份回购	−6 099.2	−11 171.0	−4 685.7	−5 207.7	−4 976.2	−907.8
普通股股利	−3 230.3	−3 058.2	−3 089.2	−3 255.9	−3 581.9	−3 752.9
其他	310	296.4	436.3	383.2	327	173.5
融资净现金流	735.7	−11 262.4	−5 310.8	−5 949.6	−4 994.8	−2 249.0

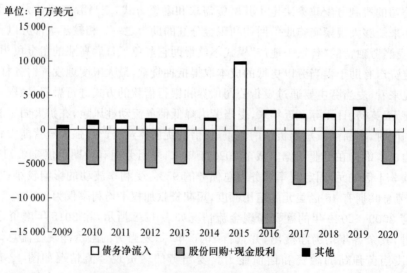

图 12-17　麦当劳融资现金流情况

2. 稳定地产收入保障经营现金流

麦当劳的经营现金流可以简化为净利润、折旧与摊销、运营资本变动和其他四个部分,从构成占比来看,净利润和折旧与摊销对于经营净现金流能够保持多年的净流入功不可没。其中,麦当劳的净利润在经营净现金流中的占比基本维持在 70%～80% 之间,是经营现金流的核心支撑与保障(如表 12-9 所示)。

结合麦当劳的营业收入与净利润来看(如图 12-18 所示),2009—2013 年,麦当劳的营业收入虽然保持增长,但是后期增速逐渐减缓;直至 2013 年,麦当劳的营业收入开始出现下滑,2019 年年底突如其来的新冠疫情进一步影响了麦当劳的营收状况。麦当劳的净利润虽然在前期伴随营业收入的波动趋势不断变化,于 2013—2015 年间出现短暂下滑,但随后却一反营收下降的颓势,呈现出迅速上涨的态势;除 2016—2017 年因特朗普政府出台税改政策,麦当劳需在 2017 年缴纳巨额的递延所得税,导致运营资本变动较大从而拖累了麦当劳的经营现金流之外,恢复增长的净利润在 2018—2019 年带动了经营净现金流的提升。不断下滑的营业收入与持续增长的净利润形成了鲜明对比,麦当劳何以在营收端压力逐渐增大的情况下,仍能维持净利润的增加?首先,从营业收入的构成来看,麦当劳的收入来源于自营门店和特许经营门店两种模式,其中,特许经营门店收入又分为租金收入、加盟费用和初始费用三种,因此可将自营门店的收入看作餐厅业务收入,将特许经营门店收入看作地产业务收入;2020 年,麦当劳的收入中 42.37% 来自自营门店收入,35.63% 来自租金收入,加盟费用和初始费用则贡献了总收入的 20%(如图 12-19 所示)。其次,从营业利润的构成来看,自营门店虽然贡献了麦当劳近一半的收入,但是运营餐厅同时需要承担金额高昂的食材费用、人员薪酬及福利费、门店管理费用等成本,使其 2020 年运营利润仅占总营业利润的 11%;而在特许经营门店方面,麦当劳仅需支付较低比例的租金开支和 SG&A 管理费用,因此特许经营门店利润占据了总营业利润的 88%(如图 12-20 所示)。整体来看,地产业务中的租金收入和加盟费用是麦当劳净利润稳定增长的主要动力源泉,稳定的地产收入不仅保障了麦当劳经营净现金流的持续稳健,起到现金流"护城河"的作用,也成为麦当劳难以被竞争对手超越的竞争优势,为麦当劳的"高杠杆"股份回购保驾护航。

表 12-9 2009—2020 年麦当劳经营净现金流(单位:百万美元)

指标	2009 年		2010 年		2011 年	
	数额	占比	数额	占比	数额	占比
净利润	4 551.0	79%	4 946.3	78%	5 503.1	77%
折旧与摊销	1 216.2	21%	1 276.2	20%	1 415.0	20%
运营资本变动	171	3%	−129	−2%	40	1%
其他	−187.2	−3%	248.1	4%	192	3%
经营净现金流	5 751.0	100%	6 341.6	100%	7 150.1	100%

指标	2012 年		2013 年		2014 年	
	数额	占比	数额	占比	数额	占比
净利润	5 464.8	78%	5 585.9	78%	4 757.8	71%
折旧与摊销	1 488.5	21%	1 585.1	22%	1 644.5	24%
运营资本变动	−53.1	−1%	−191.4	−3%	−63.6	−1%
其他	65.9	1%	141.1	2%	391.6	6%
经营净现金流	6 966.1	100%	7 120.7	100%	6 730.3	100%

续 表

指标	2015 年		2016 年		2017 年	
	数额	占比	数额	占比	数额	占比
净利润	4 529.3	69%	4 686.5	77%	5 192.3	94%
折旧与摊销	1 555.7	24%	1 516.5	25%	1 363.4	25%
运营资本变动	167.9	3%	167	3%	−980.5	−18%
其他	286.2	4%	−310.4	−5%	−24	0%
经营净现金流	6 539.1	100%	6 059.6	100%	5 551.2	100%

指标	2018 年		2019 年		2020 年	
	数额	占比	数额	占比	数额	占比
净利润	5 924.3	85%	6 025.4	74%	4 730.5	76%
折旧与摊销	1 482.0	21%	1 617.9	20%	1 751.4	28%
运营资本变动	−472.7	−7%	298.5	4%	−212.1	−3%
其他	33.1	0%	180.9	2%	−4.6	0%
经营净现金流	6 966.7	100%	8 122.7	100%	6 265.2	100%

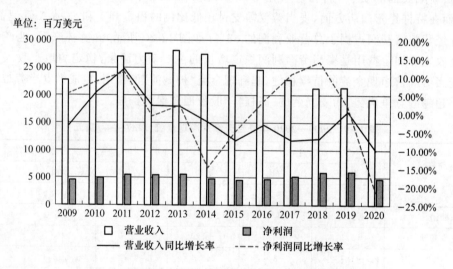

图 12-18 2009—2020 年麦当劳营业收入与净利润变动情况

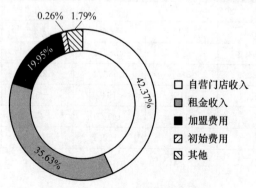

图 12-19 麦当劳 2020 年收入构成

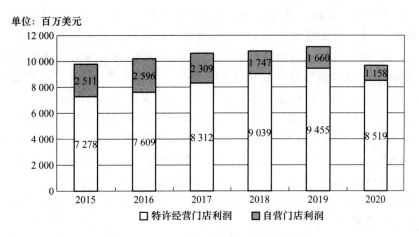

图 12-20　麦当劳 2015—2020 年自营门店和特许经营门店利润状况

3. 轻资产运营改善投资现金流

对于餐饮企业而言，成本管控是日常经营中不可或缺的重要环节。近年来，麦当劳自营餐厅的食材、人工、纸张等成本费用飞涨，身处完全竞争格局的快餐行业，产品迭代速度快、可替代性强、价格敏感度高等因素导致麦当劳的餐厅经营成本不断上涨的同时，利润却停滞不前。尽管自营餐厅在 2015 年为麦当劳贡献了 64.88% 的收入，但是逐渐被压缩的利润空间促使麦当劳通过削减自营门店占比，推动公司从重资产运营模式向轻资产运营模式转型。2015 年起，麦当劳大幅削减自营门店比重，同时加速扩大特许经营门店规模，自营门店数量由 2009 年的 6 262 家降至 2020 年的 2 677 家，特许经营门店数量则由 2009 年的 26 216 家增至 2020 年末的 36 521 家（如图 12-21 所示）。面对愈加激烈的市场竞争格局和持续增加的成本控制压力，麦当劳及时调整投资战略，转向轻资产路线，一方面，通过特许经营门店数量的规模化增长来分摊整体营销及管理费用，实现成本结构优化、提升企业毛利率；另一方面，转嫁经营风险至特许经营加盟商，以获得更稳定的固定收入，提高现金流质量。

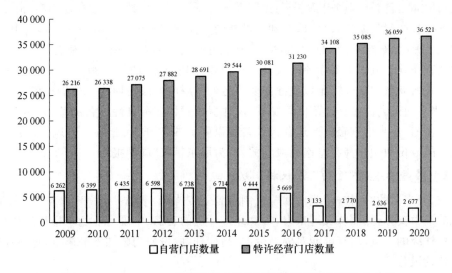

图 12-21　2009—2020 年麦当劳自营门店和特许经营门店数量分析

麦当劳转型轻资产运营对其投资净现金流影响显著。在现金流出方面，餐饮企业的资本开支数额较大，麦当劳的资本开支主要用于新餐厅的建设以及现有餐厅的升级改造等方面。近年来，麦当劳通过加速出售自营餐厅、削减自营业务，卓有成效地遏制了资本开支的增长。在现金流入方面，麦当劳自 2015 年向轻资产运营模型转型以来，"出售餐厅业务及资产"项目在投资净现金流中贡献的金额与所占比重不断提升，有效改善了麦当劳的投资现金流状况（如表 12-10 所示）。2017 年，麦当劳以 20.8 亿美元的价格向中信股份、中信资本控股和凯雷集团出售了中国市场 20 年的特许经营权，并保留了 20% 的股权，自此麦当劳在中国内地和中国香港的 1 750 多家自营餐厅转为特许经营。得益于此次中国区经营权的转让，麦当劳的投资现金流出现 2009—2020 年来的首次净流入，出售经营权所回笼的资金和后期可持续获得的固定收益为麦当劳提供了更稳健的现金流净流入，有助于麦当劳日后股份回购计划的顺利实施。

表 12-10　2009—2020 年麦当劳投资净现金流（单位：百万美元）

指标	2009 年	2010 年	2011 年	2012 年	2013 年	2014 年
资本开支	−1 952.1	−2 135.5	−2 729.8	−3 049.2	−2 824.7	−2 583.4
出售餐厅业务、资产等	406	377.9	511.4	394.7	440.1	489.9
其他	−109.2	352.5	−352.5	−512.8	−289.2	−211.4
投资净现金流	−1 655.3	−2 056	−2 570.9	−3 167.3	−2 673.8	−2 304.9
指标	2015 年	2016 年	2017 年	2018 年	2019 年	2020 年
资本开支	−1 813.9	−1 821.1	−1 853.7	−2 741.7	−2 393.7	−1 640
出售餐厅业务、资产等	554.2	1 058.5	2 738.6	691.2	492	103.7
其他	−160.3	−219	−322.9	−404.6	−1 169.4	−8.7
投资净现金流	−1 420	−981.6	562	−2 455.1	−3 071.1	−1 545.8

总体而言，麦当劳稳定的经营净现金流得益于以地产收入为主的净利润的支撑，投资净现金流则依靠出售餐厅业务及资产和控制资本开支得到有效改善，结合麦当劳 2011—2020 年来持续增长的债务净流入，可以看到三者共同支撑起麦当劳的巨额股份回购及现金分红。如图 12-22 所示，麦当劳在 2011—2020 年十年间的股份回购和现金股利总额为 758.08 亿美元，"经营净现金流＋债务净流入及其他＋投资净现金流"的总额则为 775.76 亿美元，基于地产模式所获取的现金流足以支撑起麦当劳的"高杠杆"股份回购。凭借独树一帜的地产模式，麦当劳通过高体量资产不断增加杠杆，在保持餐饮业务良性运营的基础上获取稳定的地产收入，并且逐步推进轻资产运营模式转型以降低成本开支、分散经营风险，最终维持了其大规模的股份回购和高派息率的股利派发，为股东带来"高回报"。

（三）多重风险并行的"高杠杆"股份回购

当前，麦当劳的"高杠杆"股份回购机制得到了麦当劳"餐饮＋地产"业务所带来的充沛现金流的鼎力支撑，然而从长远来看，宏观经济环境的动荡、中观行业竞争格局的恶化、微观企业信用评级的下调，均有可能对麦当劳的"高杠杆"股份回购施加不利影响，进而加剧企业的债务违约风险。

1. 宏观经济环境风险

宏观经济因素是影响资本市场长期走势的重要因素，而资本市场的变动会进一步影响

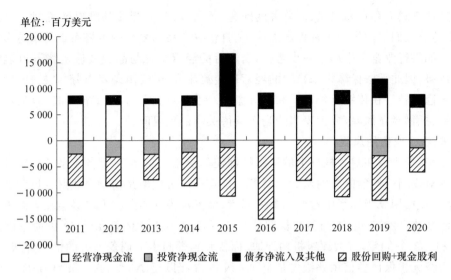

图 12-22 麦当劳现金流、股份回购与现金股利状况

上市公司的资本运作。麦当劳作为全球知名的跨国公司，餐厅及业务遍布全球六大洲的119个国家及地区，因此全球宏观经济环境的变化势必对其当前实施的"高杠杆"股份回购产生诸多影响。一方面，2019年以来，世界经济增长持续乏力，新冠疫情的暴发导致世界经济进一步恶化，全球经济面临贸易和技术紧张局势升级、通货紧缩压力加剧、全球避险情绪升温、地缘政治局势动荡等多方风险。在全球经济下行周期中，各国金融市场的资金供应趋紧，增加了企业的融资难度和融资成本，因此依赖债务融资的麦当劳可能将面临严峻的融资问题。另一方面，美股近十年间的回购热潮大幅减少了上市公司股本，造成资本市场的流动性枯竭，而变幻莫测的俄乌局势，更成为扰动全球市场的最核心变量，进一步加剧了全球金融市场的流动性风险，从而加大了公司的债务融资难度。对于以债务融资作为股份回购主要资金来源的麦当劳而言，宏观经济环境风险将严重限制其回购资金的规模和途径，一旦麦当劳的长期融资出现问题，面对亟待偿还的过往债务和股利分配所需的资金流出，巨额的偿付需求更易造成企业的现金流断裂，从而引发债务违约危机。

2. 中观行业竞争风险

餐饮企业本身具有高度分散化、市场集中度低、准入门槛低等特点，因此一向面临异常激烈的行业竞争。多年来，麦当劳虽然凭借其"标准化"体系实现了规模化发展，在休闲餐饮类企业中独占鳌头，但始终面对另一巨头百胜餐饮的强力竞争。百胜餐饮是全球大型跨国连锁餐饮集团，旗下有肯德基、必胜客、塔克贝尔等多个品牌，与麦当劳相同的产品定位和不同的多品牌策略，使百胜餐饮成为麦当劳扩大市场份额的最大阻力。然而，随着经济社会的不断发展，消费者的心理偏好亦发生改变，传统快餐行业的竞争中也加入了来势汹汹的"新对手"。一方面，随着居民人均可支配收入的提高，人们在餐饮上的消费不再以快捷、便宜为首要标准，而是更注重食物的独特品质和品牌文化，力求消费升级。FiveGuys、Shake Shack等在美国倍受欢迎的汉堡品牌，近几年入驻中国后也广受好评，不断挤压麦当劳、肯德基等传统快餐店的营收空间。对比之下，麦当劳曾引以为傲的标准化制作流程，却为它贴上"廉价快餐"的标签，令消费者失去了餐饮的体验感和仪式感，降低了品牌黏性。另一方面，健康意识日渐深入人心，全球消费者在餐饮方面的选择逐渐向营养均衡与低脂健康倾斜。快餐食品在烹饪方式上存在高热量、低营养的问题,长久以来,麦当劳都难以摆脱"垃圾食品"的标签,而随着人们对健康的重视程度加深,主打快餐食品的麦当劳也将面临越来越多的质疑与反对。如果行业竞争格局进一步恶化,麦当劳的经营状况与品牌效应也将不可避免地面临下滑颓势,因此无法保障未来稳定的经营现金流流入,最终阻碍麦当劳"高杠杆"股份回购机制的平稳运转。在传统竞争对手和新兴竞争对手的双重夹击下,如何维持市场份额、扭转品牌劣势、抵御经营风险,成为麦当劳当下亟待关注的重要问题。

3. 微观企业信用风险

近年来,麦当劳在财务杠杆上的运筹帷幄使其受益匪浅,但是债务水平的不断升高亦加大了外界对麦当劳偿债能力的质疑。财务杠杆与资产负债率是衡量企业财务风险的重要指标,也是企业信用评级体系中重要的参考因素,债务规模的不断扩大势必会显著影响公司的信用评级结构。2015年,麦当劳的长期债务流入高达102.2亿美元,资产负债率因此迅速升高至81.32%;同年,三大评级机构穆迪、标普和惠誉同步下调麦当劳的信用评级,导致麦当劳的高级无担保债券信用评级先是自A2级和A级跌至A3级、A-级和BBB+级,后又二次下调至Baa1级、BBB+级,甚至BBB级(如图12-23所示)。BBB级是投资级债券的最低评级,被称为"堕落天使",低于这个评级的债券则会被视为高收益债券。穆迪公司认为,麦当劳加速股份回购和高额派发股息均是激进财务政策的体现,在公司的债务水平大幅提高的同时,暗藏着巨大的风险。麦当劳信用评级的连续下调,将进一步制约其融资规模和融资能力,而麦当劳近些年持续增加的债务规模,可能会导致公司陷入借新债还旧债的恶性循环,最终触发"高杠杆"股份回购的全线崩盘。

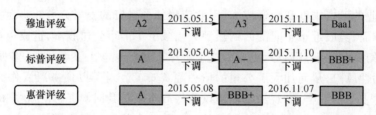

图12-23 麦当劳2015—2016年三大评级机构信用评级

(四)有效价值实现的"高杠杆"股份回购

麦当劳自2003年起实施"致胜计划"回归盈利轨道后,开始一并优化公司的股利政策,逐渐认识到股份回购作为公司收缩性资本运营方式的重要性。在衡量自身发展战略和财务状况的基础上,麦当劳顺应资本市场热潮,采用"高杠杆"方式进行股份回购,切实回馈股东。具体而言,麦当劳在内外多维驱动的背景下,凭借地产模式支撑的优质现金流,巧用"高杠杆"股份回购以释放利好信息、积极提振股价、推动控制权集中,最终取信资本市场、达成价值实现。

1. 传递积极信号,推动股价上升

股份回购的有效价值实现体现为传递积极信号,推动股价上升。首先,由于企业内部管理层和外部投资者之间存在高度的信息不对称,因此管理层可以通过股份回购及时向市场传递内部信息、释放企业利好信号。当企业以高于市场价的溢价购回股份时,则表明企业管理层认为股票被低估,此时管理层可以择机选择股份回购宣告时点,向市场传递正确的企业价值。2015年,麦当劳面对收入大幅下跌的情形,果断扩大股份回购规模,通过大举借债提升融资现金流,将股份回购金额增至前所未有的61.82亿美元,目的即在于向资本市场和投资者传递对公司未来发展前景的积极信号,增强投资者信心。其次,股份回购增加了二级市场的股票需求,有利于形成股价的正反馈循环。尤其是在实体经济环境低迷、企业业绩停滞不前的状况下,通过股份回购来减少流通股股本是上市公司提高每股收益、刺激股价上升的有效手段。股份回购提振股价的逻辑在于股份回购→净资产减少、总股本减少、EPS上升→ROE上升、P/E回落→股票价格上涨。麦当劳自2014年起通过扩大长期负债比重、充分抬高财务杠杆的方式实施大规模股份回购,在2014—2021年间,麦当劳的净利润仅增长58.58%,但每股收益却增长了108.30%,复权后股价涨幅更是高达186.09%。"高杠杆"的股份回购为麦当劳在业绩下滑时期的股价注入了源源不断的上升动力。

2. 降低代理成本,实现控制权集中

股份回购的有效价值实现体现为降低代理成本,实现控制权集中。一方面,基于内部治理视角,上市公司的管理权和经营权分离,在公司自由现金流较为充裕的情况下,公司管理层可能会出于自身利益而进行过度投资或消费,从而侵占公司股东的利益。因此,上市公司通过股份回购将现金返还给股东,既提升了现金使用效率,也能够降低代理成本,减少委托代理风险。麦当劳通过将股权激励和高管薪酬挂钩,推动公司管理层积极实施股份回购,有效抑制了管理层过度投资行为,实现了对闲置资金的合理利用。另一方面,股份回购通过直接削减公司在二级市场的流通股规模,从而增加了公司的控股数量,有利于提升股东对公司股权的控制能力,在一定程度上降低了公司被收购的风险。对于采取"高杠杆"方式进行回购的麦当劳而言,回购股份不仅实现了对自由现金流的充分利用,还进一步优化了其股权结构,为公司维持治理体系的集中化与稳定化提供了土壤。

六、借鉴与启示

在发达国家的成熟资本市场上,股份回购是上市公司进行市值管理、优化资本结构的一项常见且重要的金融行为。近十年来,基于美股的低利率环境与高收益市场,股份回购既成为推动美股长期牛市的重要引擎,也是决定美股未来走势的关键变量。麦当劳能够成为全球餐饮企业的标杆,与其独树一帜的商业模式和强大的资本运营能力息息相关,尤其是在"高杠杆"股份回购的运作下,麦当劳的股价和市值实现了同步飞跃,成为美股市场上的超级蓝筹股。在股份回购方面,麦当劳审时度势,依托有利的市场条件、准确把握回购时机,凭借高体量资产扩大长期负债融资规模、依靠稳定地产收入保障经营现金流持续稳健、通过转型轻资产运营回笼大量资金;即使资产负债率已多年超出100%,麦当劳却始终保持餐饮行业中的领先地位,创造了高回报率的"神话"。在行业竞争日益激烈、经济环境变幻莫测的今天,麦当劳成功的"高杠杆"股份回购机制能够在宏观制度层面为我国资本市场完善股份回购相关制度、加强上市公司股份回购实践提供借鉴与参考;同时在微观企业层面为上市公司理性实施股份回购提供宝贵的经验与建议。

(一) 宏观制度层面——加强监管,正面引导

1. 完善法规制度,规范引导股份回购

上市公司是资本市场的价值基石,全面提高上市公司的质量一直以来都是资本市场发展的重要战略方向。自股权分置改革后,我国资本市场经历了巨大变革,而如何完善上市公司回购制度恰是横亘在 A 股市场面前的重要问题。美国上市公司的股份回购经历了较长的发展历程,拥有丰富的实践经验;相较之下,我国股份回购的制度建设尚不完善,具体细则亟待明确,相关法律的修改调整尚无法与股份回购的实践应用相匹配。因此,我国应借鉴美国等成熟资本市场的股份回购法律制度,尤其是进一步建立健全回购过程中的信息披露制度,通过信息披露与风险揭示,规范上市公司股份回购行为、增强市场及投资者信心。

2. 健全舆论机制,合理认知股份回购

我国股份回购的起步时间较晚,前期一直处于谨慎试水状态,因此尽管 2018 年的股份回购新规中已进一步放宽回购条件与回购资金来源,但是在具体应用和实践方面,资本市场对股份回购的认可程度尚需提高,投资者对股份回购的正确认识有待引导。2009—2020 年间,A 股市场以股权激励为目的的回购行为占比 70% 以上,而以市值管理为目的的股份回购则不足 5%,严重影响了股份回购在我国资本市场上的常态化推进及多元化发展。总体而言,我国应加快建设资本市场舆论引导的长效机制,规范资本市场信息传播秩序,正面宣传股份回购的积极作用,引导投资者做出理性判断。

(二) 微观企业层面——品牌为先,量入为出

1. 着眼品牌建设,理性定位股份回购

麦当劳股价一路高涨的背后,离不开"高杠杆"股份回购机制的成功运转,但股份回购并非企业长期的"股价稳定器";虽然股份回购对于短期内稳定和提振股价具有一定的积极作用,但是却缺乏长期的正向市场效应。麦当劳"高杠杆"股份回购的成功有赖于其高效稳定的地产业务,而地产业务的顺利开展则与餐饮业务的稳健经营密不可分。正是麦当劳多年来苦心经营的品牌效应支撑起其强大的盈利能力,从而促进了"餐饮+地产"两项业务的协同发展,最终令"高杠杆"股份回购发挥出最佳效果。反之,若上市公司不注重品牌建设而一味抬高财务杠杆,利用负债融资频繁实施股份回购提振股价,不仅可能无法达到预期目的,反而会加剧公司的财务风险,引发债务违约危机。因此,上市公司应理性定位股份回购,以品牌建设为核心,打造企业盈利的"护城河",才能最大限度地发挥股份回购的积极作用。

2. 加强现金管理,灵活运用股份回购

上市公司实施股份回购后的市场反应受到行业特点、公司规模、公司估值、盈利能力、持有现金等多方因素的影响;其中,充沛的现金流是上市公司股份回购得以顺利实施的基础。通过负债融资实施回购能够优化公司的资本结构,同时降低公司整体的资本成本,因而备受美股诸多知名上市公司的青睐。然而,"高杠杆"的股份回购机制高度依赖公司的现金流状况,长期大规模的债务流入,需要企业合理规划未来几年的现金流以保障经营所需和债务偿还,以避免公司信用评级的崩盘。因此,上市公司进行负债回购时,更应注重现金的管理与配置,量入为出,基于外部环境变化与内部现金策略,灵活利用盈余资金、及时调整股份回购计划。

3. 关注多维风险,谨慎选择股份回购

"高杠杆"股份回购为股东带来高额回报的同时,也在无形中增加了上市公司的财务风险。当前,全球经济正处于下行周期,新冠疫情、俄乌争端等"黑天鹅"事件屡见不鲜,极大地影响了资本市场的稳定性,也增加了企业发生流动性危机的可能性。一旦上市公司因宏观环境恶化、行业竞争加剧、信用评级下调等潜在风险出现现金流断裂的情况,不仅难以维持正常经营,亦无法偿还企业的巨额债务,从而导致"高杠杆"股份回购机制的全面崩溃。因

此,上市公司应在综合公司的外部环境、盈利能力、治理水平等多项因素的基础上,谨慎选择股份回购、合理配置回购资金来源,并保持对经济环境、政治环境的高度敏感性,以便公司能在风险来临前准确预判、及时预警。

参考文献

[1] 彭剑锋.标准化的偏执狂——金色拱门背后的麦当劳[M].北京:中国人民大学出版社,2017.
[2] 谭苑芳,周维华.QSC&V麦当劳王国成功秘诀[J].珠江经济,2001(3):26-28.
[3] 张望军,孙即,李博.上市公司股份回购的国际比较与借鉴——基于美股、港股与A股上市公司数据分析[J].清华金融评论,2020(12):75-80.
[4] 刘鉴,高晗雨,于棠子.美股回购浪潮反思[J].国际金融,2021(3):65-73.
[5] 李银香,骆翔.从制度演进视角看股份回购动机及经济后果[J].财会月刊,2020(22):39-43.
[6] 顾小龙,辛宇.中国式股份回购:制度变迁、结构特征与类型辨析[J].中山大学学报(社会科学版),2022,62(1):195-206.
[7] 陈岱松,孙亚南.护盘式股份回购的弊端及风险防控机制探究——兼评《公司法》第142条第六项[J].金融发展研究,2020(4):79-86.
[8] 曾秋根,郭子敬.股票回购与高财务杠杆风险:以A航空公司为例[J].商业会计,2021(4):68-71.
[9] 华创证券研究所.从麦当劳看美式快餐业系列(三):麦当劳现金流对餐饮研究框架的启示[R].餐饮旅游行业深度研究报告:华创证券,2018.
[10] 郑延巍.麦当劳的"舍得"智慧[J].新理财,2016(9):42-43.
[11] 何瑛,万芊芊.宏观经济环境与跨国公司财务策略[J].财务与会计,2021(10):25-28.
[12] 天风证券研究所.回购那些事儿(上):毒药还是糖果?——从可口可乐和波音说起[R].投资策略专题:天风证券,2020.
[13] 何瑛,孔静敏.中美上市公司股份回购经济后果的比较研究[J].北京邮电大学学报(社会科学版),2015,17(2):67-72.

教学用途与目的

1. 本案例主要适用于"财务管理""战略管理""资本运营"等课程中股利理论与政策、股票分割与股份回购相关领域的教学。

2. 适用对象:本案例主要针对MBA、MPAcc、EMBA和企业管理人员,以及经济类、管理类专业的高年级本科生和研究生。

3. 教学目的:金融危机之后,美股市场维持了长达十一年的牛市,上市公司"高杠杆"的股份回购是其背后的重要引擎。作为杠杆管理的一种强有力工具,股份回购补充并强化了债务发行对公司资本结构的影响。面对餐饮行业竞争愈加激烈、新冠疫情不确定性加剧的现实环境,全球大型跨国连锁餐厅麦当劳积极投身"高杠杆"的股份回购,一反"负资产公司"濒临破产的常态,凭借强大的品牌效应和灵活的现金配置能力,充分运用杠杆实施股份回购,实现了企业股价与市值的双重飞跃,为上市公司理性定位和灵活运用股份回购提供了经验借鉴。通过对本案例的分析,帮助读者理解和掌握以下重要知识点:

(1) 股份回购的内涵、动机与方式;
(2) 辨析中美上市公司股份回购的制度环境与实施动因的异同;
(3) "高杠杆"股份回购的内外部驱动因素及风险要素;
(4) 上市公司基于"高杠杆"股份回购的价值实现路径;
(5) 正确理解股份回购作为杠杆管理工具的作用。

思考题

1. 美股制度环境为麦当劳实施股份回购提供了哪些助力?
2. 上市公司实施股份回购的动机有哪些?
3. 麦当劳为何考虑通过"高杠杆"实施股份回购?
4. 麦当劳如何利用其地产模式抬高杠杆实施股份回购,以达成价值实现?
5. 麦当劳实施"高杠杆"股份回购的过程中,主要存在哪些风险?
6. 上市公司应该如何防范高杠杆率带来的债务违约风险?